陕西师范大学"一带一路"文化研究院高水平成果资助出版
陕西师范大学优秀学术著作出版基金资助出版
国家社会科学基金项目（16XJL004）结项成果

U0514657

丝绸之路经济带 "核心区"

物流业效率及其影响因素研究

王琴梅 等 ◎ 著

中国财经出版传媒集团

经济科学出版社

Economic Science Press

图书在版编目（CIP）数据

丝绸之路经济带"核心区"物流业效率及其影响因素研究/王琴梅等著 . —北京：经济科学出版社，2022. 7

ISBN 978 - 7 - 5218 - 3835 - 0

Ⅰ.①丝… Ⅱ.①王… Ⅲ.①丝绸之路 - 经济带 - 国际贸易 - 物流 - 经济效率 - 研究 Ⅳ.①F252

中国版本图书馆 CIP 数据核字（2022）第 119411 号

责任编辑：李 军 刘 莎
责任校对：杨 海
责任印制：范 艳

丝绸之路经济带"核心区"物流业效率及其影响因素研究
王琴梅 等著
经济科学出版社出版、发行 新华书店经销
社址：北京市海淀区阜成路甲 28 号 邮编：100142
总编部电话：010 - 88191217 发行部电话：010 - 88191522
网址：www. esp. com. cn
电子邮箱：esp@ esp. com. cn
天猫网店：经济科学出版社旗舰店
网址：http://jjkxcbs. tmall. com
北京季蜂印刷有限公司印装
710×1000 16 开 29. 75 印张 600000 字
2022 年 7 月第 1 版 2022 年 7 月第 1 次印刷
ISBN 978 - 7 - 5218 - 3835 - 0 定价：116. 00 元
（图书出现印装问题，本社负责调换。电话：010 - 88191510）
（版权所有 侵权必究 打击盗版 举报热线：010 - 88191661
QQ：2242791300 营销中心电话：010 - 88191537
电子邮箱：dbts@ esp. com. cn）

前　言

　　丝绸之路经济带是构建人类命运共同体的重要平台，是推动中国高水平对外开放、构建国民经济"双循环"新发展格局的重要路径。作为通道经济，丝绸之路经济带物流业的高效发展无疑是经济带建设的重中之重，经济带建设"政策沟通、道路联通、贸易畅通、货币流通、民心相通"五大目标的落实程度，都可以通过"物流畅通"体现出来。所以，研究丝绸之路经济带沿线国家和地区的物流业效率状况，对构建陆路国际商贸物流大通道，造福沿线各国人民，具有重大意义。

　　近年来，国内外学者在丝绸之路经济带建设和物流业效率两方面都取得了丰硕的研究成果。但是，现有研究也存在不足，主要是缺少把丝绸之路经济带建设和物流业效率两方面联系起来研究的成果，更缺少从理论和实证的结合上、全面深入地研究丝绸之路经济带物流业效率及其影响因素的成果，仅有的对丝绸之路经济带物流业的研究也大多局限于国内。本课题成果基于这种现实背景和理论背景，并立足于丝绸之路经济带建设的阶段性特征和实际调研、获取数据的可行性，把包括中国西北五省区和中亚五国在内的空间范围划定为丝绸之路经济带"核心区"，并就该"核心区"物流业效率及其影响因素作为自己的研究主题，主要从内涵界定、机理分析、效率评价及比较、各主要因素影响程度实证、对策建议等方面进行了重点研究。

　　本成果内容由导论、总论、分论和全书总结四部分构成，形成了"总—分—总"的总体框架。导论和总论（即第 1～3 章）清晰界定了核心概念，并依据马克思主义经济学、西方经济学以及中国特色社会主义经济理论中的相关原理，先从学理上深入分析各主要因素影响物流业效率的机理，对 2004 年以来十多年间该"核心区"整体及其中的中国西北五省区和中亚五国这三个空间范围的物流业总体效率、纯技术效率和规模效率进行评价和比较，再对影响"核心区"物流业效率的主要因素进行实证回归分析，最后提出针对性的政策建议。因此，导论和总论已构建了一个相对完整的分析研究框架。分论是对总论中实证分析的进一步展开和具体化，其必要性在于总论中对"核心区"物流业效率各影响因素的实证分析限于篇幅还比较简略，需要进一步展开和深化。分论由第 4～13 章共 10 章构成，分别对 10 个影响"核心区"物流业效率的主要因素进行深入的实证分析，据此提出更精准的对策建议。全书总结（即第 14 章）进一步概括归纳全书的主要研究结论、最重要的政策建议及未来研究的展望。本课题成果的主要研究结论、观点和政策建议有以下五个方面：

（1）清晰界定了丝绸之路经济带"核心区"和物流、物流业、物流业效率的概念内涵。丝绸之路经济带"核心区"（本书中简称"核心区"）从概念上讲是指一种空间范围，是在整个丝绸之路经济带上发挥承东启西、连接南北作用的地理中心区域。从范围上讲，丝绸之路经济带"核心区"是包括中国的西北五省区（陕西、甘肃、青海、宁夏、新疆）和中亚五国（哈萨克斯坦、吉尔吉斯斯坦、塔吉克斯坦、土库曼斯坦、乌兹别克斯坦）在内的空间范围。这样界定和划分，既符合历史，也符合现实需要。物流是物品从供应地向接受地的实体流动过程。物流业是指从事物流活动或各种物流支援活动的产业。在现实的产业分类及统计年鉴中，物流业基本包括运输业、仓储业和邮政业等。效率在经济学中主要考察投入与产出之间的关系，因此，物流业效率考察的就是物流业总投入与总产出之间的关系，可以用公式 $E = Y/X$ 表示物流业效率。

（2）根据相关经济学理论深入分析了物流业聚集水平、市场化、产业结构演进、金融发展、经济发展水平、物流专业人才、物流资源利用率、对外开放程度、信息技术、运输差异等主要因素影响物流业效率的机理。物流业集聚水平是处于同一地理位置上的属于物流业的公司和机构相互联系的深度及集中程度。根据外部经济、交易费用、内生增长、劳动分工、竞争优势和知识溢出等理论，物流业集聚水平提高能够产生外部经济、交易费用降低、知识溢出、分工细化和竞争优势等效应，提高物流业效率。市场化是指资源配置和经济运行的调节方式从计划转为市场的整个过程。根据市场、政府有效或失灵理论，市场化将通过调整市场与政府关系、推动要素和产品市场发展、活跃民营经济发展等影响物流业效率。产业结构演进主要指产业结构合理化和产业结构高级化。产业结构合理化能够通过产业和区域关联效应以及结构效应提高物流业集聚度，产业结构高级化能够通过升级和创新效应，提升物流业效率。金融发展主要指一国或一地金融规模扩大、金融结构优化以及金融效率提高。根据金融结构论、金融深化论、金融功能论等，金融发展能够扩大物流业资金支持、优化物流业资金配置、强化物流业风险管理、促进物流业技术创新等提升物流业效率。根据经济增长和发展理论，经济发展水平能够通过影响物流业的需求、基础设施建设、技术水平、人员素质以及区域产业结构等影响物流业效率。物流专业人才是物流业中具有专业知识技能的专门人才，是专业化人力资本的载体。基于舒尔茨、罗默和卢卡斯等的人力资本及知识溢出理论，物流专业人才将通过集聚、知识溢出、学习、生产、创新和规模经济等效应影响物流业效率。物流资源利用率是道路、仓储等物流基础设施的使用效率。根据"黑大陆"、成本冰山和成本削减的乘数等物流理论，交通运输业、仓储业和邮政业等资源利用率的提高，都将通过更具体的方式提高物流业效率。对外开放程度是一个国家或地区的国际开放程度，包括贸易开放度和投资开放度。根据国际贸易和 FDI 的技术溢出理论，国际贸易和 FDI 将通过示范、竞争、规模、人员培训以及关联等效应对东道国技术进步产生溢出，提高其物流业效率。信息技术是利用计算机、网络和现代通信手段获取、传递、存储、处理、显示和分配信息的相关技术。根据劳动分工、人力资本、扩大再生产和"干中学"模型等理论，信息技术将通过分工、工作、生产和学习等效应提高物流业效率。运输差异是指不同地区运输组织结构不同，以及同种运输在线路构建、设施建设以及用途等方面的差异性。根据韦伯的工业区位论、胡佛的运输成本论等，运输差异将通过影响运输成本和运输产出而影响物流业效率。

（3）丝绸之路经济带"核心区"物流业效率评价结果及比较。①在 2004～2017 年，"核心区"整体的物流业总体效率、纯技术效率和规模效率均值分别为 0.664、0.807 和 0.824，均小于 1、DEA 无效，且总体效率和规模效率呈波动中略有上升、纯技术效率呈波动中略有下降的趋势。②在 2004～2017 年，"核心区"内的中国西北五省区物流业总体效率、纯技术效率和规模效率均值分别为 0.696、0.788 和 0.883，均小于 1、DEA 无效，且总体效率和规模效率呈波动中上升、纯技术效率呈波动中下降的趋势。③在 2004～2017 年，"核心区"内的中亚五国物流业总体效率、纯技术效率和规模效率均值分别为 0.633、0.825 和 0.767，均小于 1、DEA 无效，且总体效率和纯技术效率呈波动中略有下降、规模效率呈倒 U 型变化趋势。④在 2004～2017 年，中国西北五省区的物流业总体效率和规模效率均值高于"核心区"整体和中亚五国，中亚五国的物流业纯技术效率均值高于"核心区"整体和中国西北五省区。⑤总体来看，"核心区"物流业效率不高，中国西北五省区高于中亚五国。"核心区"物流业总体效率排序与国际物流绩效指数（LPI）近年的排序大体一致。

（4）"核心区"物流业效率与影响因素相关性大小的实证结果及分析。对"核心区"物流业效率有显著正向影响的因素是物流业集聚水平、经济发展水平、人口密度、对外贸易水平和物流资源利用率，有显著负向影响的因素是信息化水平、城镇化水平和金融发展水平，影响不显著的因素是地区产业结构、市场化水平和人力资本水平。这与"核心区"信息化、城镇化、市场化和人力资本水平较低，金融发展不足和产业结构不合理有关（中国西北五省区与中亚五国有差异）。

（5）针对性的政策建议。①中国西北五省区要推进物流业创新发展、提升物流业技术水平，要提高物流业集聚、经济发展、金融发展、对外开放、市场化、城镇化、信息化和人力资本水平以及物流资源利用率，促进人口的集中、产业结构的合理化特别是高级化。②中亚五国要注重物流业投入增加和规模化发展，促进人口增加和集中，提高物流业集聚、对外贸易、经济发展、城镇化、信息化、物流资源利用率和人力资本水平，尤其下大力气促进金融发展和市场化水平，不断优化地区产业结构。③中国西北五省区与中亚五国要创新物流业交流与合作方式，尤其要依靠"互联网＋"的平台，共享物流业资源。

本课题成果的理论创新：①明确界定了丝绸之路经济带"核心区"的概念和范围、物流业效率及其各影响因素的概念内涵。②基于相关经济学原理对 10 个主要因素影响物流业效率的机理分别进行了深入分析，其中市场化程度、对外开放程度、运输差异等特殊因素体现了该"核心区"作为经济体制转型区域和深处亚欧大陆内地区域的独特性，考察研究具有重要价值。

本课题成果的应用价值：①从丝绸之路经济带建设构建陆上国际商贸大通道、实现中国与亚欧非国家的互联互通目标和需要出发，同时考虑物流业被喻为现代经济发展的"加速器"，本课题将经济带"核心区"物流业效率及其影响因素作为研究主题并进行了理论与实证相结合的系统性研究，抓住了国家重大关切，有助于国家解决丝绸之路经济带建设的重中之重问题——这个通道经济物流业的高效发展问题。②主张"核心区"物流业要以提高效率、内涵发展为重点，更好发挥物流中心和枢纽的物流业集聚效应，坚决防止各地借机大搞房地产和外延扩张的圈地运动。③本成果弄清了"核心区"整体及其中的中国西北五省区和中亚五国物流业效率高低状况及主要影响因素的影响程度，提出的针对性建议可作为各级政府部门制定政策的依据，也可供"核心区"物流业部门决策时参考。

王蓉梅

2022 年 5 月 18 日

目　录

第1章 导　论

随着分工的细化，物流业近年突飞猛进，被誉为经济发展的"加速器"。物流业的高效发展对丝绸之路经济带建设更是具有重要意义，经济带建设"政策沟通、道路联通、贸易畅通、货币流通、民心相通"五大目标的落实程度，都可以通过"物流畅通"体现出来。所以，研究丝绸之路经济带沿线国家和地区的物流业效率状况，对中国构建沿线大通关合作机制，建设国际物流大通道，实现丝绸之路经济带的高质量发展就显得尤为重要。

1.1　研究背景和意义

1.1.1　研究背景

1."一带一路"建设是新时期中国全面提升对外开放水平的正确选择，丝绸之路经济带建设倡议为中亚五国和中国西北五省（区）带来发展新机遇

新时期，中国面临着人民日益增长的美好生活需求与不平衡不充分发展之间的主要矛盾，而"一带一路"倡议的初衷在于实现资源优化配置、经济要素自由流动和市场高度融合，力求实现产业均衡发展，帮助国内更多的产业走出国门、走向世界，获得更大的国际话语权，并促进沿线各个国家开展更大范围、更高水平、更深层次的区域协调合作，不仅有利于世界各国共同打造开放、包容、平衡、普惠、共赢的区域经济合作架构，也是全球治理新模式的勇敢尝试，将为世界和平发展的伟大事业注入新的活力①。李克强总理在 2016 年政府工作报告中强调，要"坚持共建共享，使'一带一路'成为和平友谊纽带，共同繁荣之路"。2017 年中共十九大报告提出，要"以'一带一路'建设为重点……形成陆海内外联动、东西双向互济的开放格局"。中共十九届五中全会通过的《中共中央关于制定国民经济和社会发展第十四个五年规划和二〇三五年远景目标的建议》也指出，要推动共建"一带一路"高质量发展，推进基础设施互联互通。

共同建设丝绸之路经济带的倡议是在 2013 年 9 月 7 日上午，国家主席习近

---

① 2015 年 3 月 28 日，国家发改委、外交部、商务部联合发布《推动共建丝绸之路经济带和 21 世纪海上丝绸之路的愿景与行动》。

平在哈萨克斯坦的纳扎尔巴耶夫大学做演讲时提出的。塔吉克斯坦总统埃莫马利·拉赫蒙指出，"这一倡议对复兴丝绸之路空间有着巨大的意义"①，土库曼斯坦总统库尔班古力·别尔德穆哈梅多夫指出，"土库曼斯坦位于国际交通运输的要冲，为充分发挥巨大运输潜力，具有非常独特的地理优势"②，哈萨克斯坦首任总统基金会世界经济与政治研究所副所长艾达尔·阿穆列巴耶夫指出，"这一倡议已经开始对风云变幻的国际局势产生巨大影响"③，乌兹别克斯坦国家通讯社副社长茹马纳扎尔·梅利库洛夫指出，"乌中两国都是丝绸之路十字路口上的国家，拥有巨大的经济潜力"④，吉尔吉斯斯坦经济部长捷米尔·萨利耶夫指出，"丝路经济带建设不仅对于中国、中亚国家而且对于整个世界贸易而言都具有重大意义"⑤。这一倡议的提出是自中国改革开放以来第一次主动改变或者说是引导世界，这一倡议的提出将不止于是一个理念，而是给沿线国家及其边缘区域一个全面腾飞的契机，这一倡议将会为在整个经济带上起着承东启西、连接南北作用的中亚五国和中国西北五省（区）（本书把它们统称为"核心区"）带来一个经济快速发展和贸易往来的重要新机遇。

2. 物流业的发展对"一带一路"建设具有非常重要的意义

2013 年 9 月，国家主席习近平在出访中亚地区期间，第一次提出共同建设"丝绸之路经济带"的倡议，并提出"政策沟通、道路联通、贸易畅通、货币流通和民心相通"的合作方针。丝绸之路经济带"五通"目标的实现都可以通过"物流畅通"来表现。丝绸之路经济带是在古丝绸之路的基础上构建的新的经济发展区域，被认为是全球最具发展潜力的经济走廊。经济带的建设，一方面能为中国西部经济的高质量发展提供动力及资源，实现东西部地区非均衡协调发展的"分享式改进"⑥；另一方面也能通过互利共赢的经贸文化交流，带动沿线六十多个国家和地区的经济发展，为世界的和平与发展提供保障。《大道之行》微视频中，习总书记指出，提出"一带一路"的构想，就是要通过互联互通的作用以促进（产品和）生产要素的自由流通⑦。2016 年 3 月，李克强总理在《政府工作报告》中指出，"扎实推进'一带一路'建设，构建沿线大通关合作机制，建设国际物流大通道"。经济带的建设，从根本上讲就是通道经济的发展⑧。王雅静（2016）也指出，以区域经济的视角来看，丝绸之路经济带是一种路域经济，是依托重要经济通道形成的产业合作带和因道路辐射带动形成的生产力布局及区域经济发展体系⑨。故该经济带政策沟通、道路联通等五大目标的落实程度，都可

---

① ② ③ ④ ⑤ 李宁，宋一苇，刘慧. 丝路回声 [N]. 人民日报，2015 - 02 - 17 (13).
⑥ 王琴梅. 分享改进论：转型期区域非均衡协调发展的机制研究 [M]. 北京：人民出版社，2007.
⑦ https://v.qq.com/x/page/b0502ht6t2b.html.
⑧ 高新才. 丝绸之路经济带与通道经济发展 [J]. 中国流通经济，2014，28 (4)：92 - 96.
⑨ 王雅静. 霍尔果斯在丝绸之路经济带"中哈经济走廊"建设中发挥互联互通作用的优势凸显 [J]. 大陆桥视野，2016，(8)：44 - 47.

以通过"物流畅通"以及高效完善的物流体系表现出来。

"一带一路"要实现生产要素跨区域市场化配置，推进区域经济一体化，其中，"政策沟通"是首要环节，"道路联通"是前提，其直接结果是"贸易畅通"。2014 年习近平总书记在"加强互联互通伙伴关系"东道主伙伴对话会上说过，如果将"一带一路"比喻为亚洲腾飞的两只翅膀，那么互联互通就是两只翅膀的血脉经络。近几年高速发展并被誉为"经济发展加速器"的物流业，是实现"互联互通"的基础，对丝绸之路经济带的建设具有举足轻重的意义。2014 年 9 月 12 日，国务院《关于印发物流业发展中长期规划（2014－2020 年）的通知》中，更是明确了现代物流体系建设的要求①。《物流业发展中长期规划 2014－2020》中指出，物流业是融合运输、仓储、货代和信息等产业的复合型服务业，是支撑国民经济发展的基础性和战略性产业，对经济发展有非常重要的作用②。继古丝绸之路上货物交换的"商流"，到新丝绸之路经济带"五通"目标的实现，由古到新的转变对其物流业发展提出了越来越高的要求。在第十二届全国人大四次会议表决通过的《关于国民经济和社会发展第十三个五年规划纲要》的决议中，十八次提到"物流"这个关键词，再次印证了发展物流业是"十三五"建设中的重中之重。2017 年中共十九大报告提出，要加强物流基础设施网络建设，在现代供应链领域培育新增长点、形成新动能。这就对中国物流业提出了更高要求，也制造了新机遇。我们应积极响应"一带一路"倡议，科学配置沿线国家的物流业资源，构建适应国际贸易需求的国际物流服务网络，加大中国的国际物流话语权，从而更有效地加大对国际市场的影响力。

3. 提高物流业效率是促进物流业发展的关键，物流业的高效率高质量发展将加速推动丝绸之路经济带倡议落地

世界银行集团贸易与竞争力全球实践局高级局长安纳贝尔·冈萨雷斯（Anabel Gonzalez）在 2016 年世界银行发布的《联结与竞争：全球经济中的贸易物流》报告的前言中就指出："无论任何国家，高效的物流意味着民生福祉。"③ 国际上惯用全社会物流业总成本占国内生产总值的比例来评价一个经济体的物流业效率，该比例越低，表示该经济体物流业效率越高，物流产业越发达。所以研究丝绸之路经济带沿线的国家和地区物流业效率的水平，可以很好地评估其物流业发展现状，促进物流业发展，实现丝绸之路经济带的繁荣富强。尤其是在其中发挥连接枢纽作用的"核心区"，这一空间范围内的物流业发展带来的物流高效率活动，将会对整个丝绸之路经济带倡议的加速建设起到积极的促进作用。

在中国经济领域，物流业已经发展成为相对最为活跃、增速最快的产业之

---

① 关于印发物流业发展中长期规划（2014－2020 年）的通知，http：//www. gov. cn/.

② http：//www. gov. cn/xinwen/2014－10/04/content_2760366. htm.

③ 世界银行网站，2016－06－28. https：//openknowledge. worldbank. org/discover？query＝2016 LPI.

一。据统计，2016 年中国社会物流总额为 230 万亿元，同比增长 6%，物流业增加值超过 3.4 万亿元，社会物流总费用与 GDP 比率为 14.9%，物流景气指数常年处于 55% 上下区间波动①。2016 年国家发改委正式对外发布《营造良好市场环境推动交通物流融合发展实施方案》，要求要以提质、降本、增效为导向。到 2020 年，中国全社会物流总费用占 GDP 比率较 2015 年降低两个百分点②。虽然随着物流行业升级、电商迅速成长，近年来中国物流质量和效率逐步提升，但总体来看，中国物流大而不强、成本高、质量效益不佳的粗放特征明显，物流效率尚待提升。破解这些难题，需要我们全面改善物流效率③。

就丝绸之路经济带"核心区"的现状来看，世界银行 LPI 物流绩效指数报告（2016）通过对世界上 160 个国家的物流业绩效进行排名，发现当年中国的物流业绩效指数排名比较靠前，为第 27 位，得分为 3.66。到 2018 年的世界银行物流绩效指数报告，发现中国的物流业绩效指数排名第 26 位，比 2016 年上升一位，得分为 3.61④。而"核心区"范围内的中亚五国物流绩效水平却相对比较低，2016 年的 LPI 报告显示最高的是哈萨克斯坦，在总体中的排名为第 77 位，得分为 2.75，最低的是塔吉克斯坦，在总体中的排名为第 153 位，得分为 2.06，其余三个国家的物流绩效指数排名和得分分别为：乌兹别克斯坦排第 118 位，得分为 2.4；土库曼斯坦排第 140 位，得分为 2.21；吉尔吉斯斯坦排第 146 位，得分为 2.16。到了 2018 年，中亚五国也分别有不同程度的绩效提升，哈萨克斯坦的 LPI 最高为 2.810，比 2016 年上升了 2.18%，最低的依然是塔吉克斯坦，得分为 2.340，比 2016 年上升了 13.59%，其余三个国家的物流绩效指数依次为乌兹别克斯得分为 2.577，吉尔吉斯斯坦得分为 2.546，土库曼斯坦得分为 2.410⑤。可以明显地发现，"核心区"物流绩效指数不仅不均衡而且比较落后的现象。鄢飞和王译（2016）通过对世界各国物流绩效指数（LPI）进行分析后发现，丝绸之路经济带物流业绩效水平整体低于世界平均水平，且各国间的差异在不断加大⑥。因此，要建设丝绸之路经济带，就必须研究其物流业效率问题，尤其是其"核心区"的物流业效率提升问题。

1.1.2　研究意义

国内对物流业效率的研究还处在初级阶段，对物流、物流业和物流业效率等

---

① 数据来源：《2017 – 2021 年中国物流行业发展前景与投资预测分析报告》（中经未来产业研究院）。

② http：//www. gov. cn/xinwen/2016 – 06/21/content_5084166. htm.

③ 彤新春. 提升质量效益，发展现代物流［J］. 经济日报，2017（14）：3 – 5.

④⑤　［法］让 – 弗朗索瓦·阿维斯. 世界银行物流绩效指数报告. 2018 年//联结以竞争：全球经济中的贸易物流［M］. 北京：中国财富出版社，2019.

⑥ 鄢飞，王译. 基于 LPI 的丝绸之路经济带物流绩效分析［J］. 中国流通经济，2016，30（8）：28 – 34.

相关概念的界定还不准确，对物流业效率的评价指标体系构建也不够完善。本课题的研究对象是丝绸之路经济带"核心区"内中国西北五省区和中亚五国的物流业效率，均属于物流业发展水平较低的国家和地区，物流产值占国内生产总值的比重较小，所以在选择评价方法，建立指标体系，搜集数据方面都必须全面考虑。总体来看，本课题对物流业效率相关概念进行界定，并在此基础上对"核心区"内个省区和国家的物流业效率进行分析比较具有一定的理论意义和现实意义。

1. 理论意义

第一，促进物流业及其效率理论的探讨。本课题组遵循"最新、最权威、最准确"的原则界定了"物流""物流业""物流业效率"等概念。通过查询最新资料和阅读大量相关文献，我们根据中国 2006 年最新修订的《物流术语》，界定了物流的概念。又根据国务院 2014 年发布的《物流业发展中长期规划（2014 – 2020）》中对物流业的定义，即"物流业是融合运输、仓储、货代、信息等产业的复合型服务业，是支撑国民经济发展的基础性、战略性产业。"并考虑数据的可得性，将物流业分为运输、仓储、货代、信息四大类。还考虑到效率主要考察投入与产出之间的关系，而物流业效率考察的是物流业总投入与物流业总产出之间的关系，因此用公式 $E = Y/X$（E 代表物流业效率；Y 代表物流业总产出；X 代表物流业总投入）表示物流业效率。这都在物流业及其效率的理论研究上有促进作用。

第二，促进跨国物流业效率评价与比较的研究。目前国内对区域物流业效率的研究较为丰富，但是缺乏着眼于丝绸之路经济带"核心区"这种跨国性区域的物流业效率水平的评价，而本课题的研究目标就是要对包括中国西北五省区和中亚五国的这个丝绸之路经济带"核心区"范围的物流业效率水平进行评价和比较研究，无疑是一次有意义的探索和创新尝试，可以对以后这方面的研究提供些许借鉴。

2. 现实意义

第一，有利于促进中国物流业的高质量发展。随着经济全球化时代的到来，全球产业根据要素禀赋在各个国家中分布，在产业链之间的频繁交流中，促进了物流业不断扩张，也将中国的物流业带入了新的阶段。因此，专门研究丝绸之路经济带"核心区"物流业的效率水平，有利于进一步提高中国物流业效率，从而促进中国物流业的高质量发展。

第二，有利于加强中国与丝绸之路经济带"核心区"内其他国家的交流与合作。中国物流业的发展离不开与周边国家的合作，尤其是丝绸之路经济带"核心区"内的省区和中亚国家之间的密切合作。本课题对丝绸之路经济带"核心区"物流业效率水平进行跨国性区域的评价，能够通过实证分析"核心区"各省区间、各国间的物流业效率的差异，为制定提升物流业效率的政策提供依据，从而更好地促进区域经济协调可持续发展，促进中国与中亚国家的分工协作和利益分享。

1.2 文献综述与问题的提出

本课题组通过搜索中国期刊网、中国知网、web of science 等，发现 1980 年以来关于物流业效率及其影响因素的国内外研究大体包括以下几个方面：

1.2.1 国内外关于物流业效率评价的相关文献综述

1. 对物流企业的效率进行评价

第一，一些人建立了 DEA 模型来评价物流企业的效率。如希纳（Schinnar A. P., 1980）建立 DEA 模型来评价第三方物流企业的效率[1]。韦伯（Weber, 1996）选取价格、退货率和延迟到货率作为投入指标，构建 DEA 模型，实证评价了物流企业的效率[2]。拉比诺维奇（Rabinovich, 2006）测算了多个美国物流企业的效率水平，并分析了不同企业服务绩效和广度对效率的影响[3]。克内迈耶（Knemeyer, 2006）从用户角度出发，发现用户的信任度与沟通是影响物流企业效率的直接原因[4]。哈姆丹和罗杰斯（Hamdan and Rogers, 2008）对第三方物流仓储企业的技术效率水平进行了评估，并给出了相应的提升效率水平的方法[5]。周根贵和闵合科（Gengui Zhou and Hokey Min, 2008）运用了 CCR – DEA 和 BCC – DEA 模型，对中国 10 家国有上市的第三方物流企业的效率进行了测算，并发现固定资产投资、员工素质等对物流企业效率变化起着重要作用[6]。雷扎·法兹普尔·桑（Reza Farzipoor Saen, 2009）研究了将数据包络分析法（DEA）

---

① Schinnar A P. Measuring Productive Efficiency of Public Service Provision [J]. *Fels Discussion Paper*, No. 143, 1980, 9.

② Weber C A. A Data Envelopment Analysis Approach to Measuring Vendor Performance [J]. *Supply Chain Management*, 1996, 1（1）：28 – 39.

③ Rabinovich E, Knemeyer A M. Logistics Service Providers in Internet Supply Chains [J]. *California Management Review*, 2006, 48（4）：84 – 108.

④ A. Michael Knemeyer, Paul R. Murphy. Evaluating the Performance of Third – Party Logistics Arrangements: A Relationship Marketing Perspective [J]. *Journal of Supply Chain Management*. 2006（1）.

⑤ Hamdan A, Rogers K J. Evaluating the Efficiency of 3PL Logistics Operations [J]. *International Journal of Production Economics*, 2008, 113（1）：235 – 244.

⑥ Gengui Zhou, Hokey Min, Chao Xu, Zhenyu Cao. Evaluating the Comparative Efficiency of Chinese Third – party Logistics Providers Using Data Envelopment Analysis [J]. *International Journal of Physical Distribution and Logistics Management*. 2008.

用于选择最优第三方物流供应商的方法①。克里斯蒂娜·瓦西尤特（Kristina Va-iciute et al.，2017）分析了立陶宛和波兰两个国家中物流专业人才对物流企业效率的影响，得出结论：物流专业人才的增加对物流企业的发展具有重要的促进作用②。刘源（2001）具体阐述了 DEA 方法的原理并且说明了其在评价企业物流经济效益的实用性及其应该注意的问题③。吴金卓（2005）选择了 8 家物流企业，并采用了 C^2R 和 C^2GS^2 两种 DEA 模型进行了综合效率评价，发现了企业存在的问题，并为企业效率的提升指明调整力度④。艾小辉（2008）定义了第三方物流，使用 DEA 模型研究发现第三方物流企业效率值不高，并且使用托宾模型分析了影响效率的各种因素⑤。臧晓宁（2009）选取 15 家企业作为研究对象，通过熵 – DEA 分析，将中国国内的物流企业与国外相比，仍然存在很大差距，尤其是在经营管理水平和技术水平上存在很大改进空间⑥。苗娟（2010）在文章中，指出作为第三方利润源的物流领域发展状况，并对加强中国企业物流成本管理提出针对性建议⑦。张福明、孟宪忠（2010）研究了中国前沿上的各家物流企业，并对它们依次进行了排序和对比分析，得出存在上市企业的技术进步贡献率大于规模效率贡献率的结论⑧。

第二，另一些人对第三方物流企业竞争力等进行了量化分析。如周涛（2003）等研究了第三方物流企业的竞争力，建立评价体系并结合模糊综合评判法进行量化分析⑨。黄福员（2003）建立物流成本模型，研究既保证服务水平，又能实现物流成本最优化的方法⑩。杨头平（2008）在文章中说明了传统的作业成本法在企业物流成本的核算和管理上的效果不理想，为规避出现的问题，提出了时间驱动作业法，说明该方法有操作简单、应用成本低等优点，真正适合于实际应用⑪。

---

① Reza Farzipoor Saen. A Mathematical Model for Selecting Third – party Reverse Logistics Providers ［J］. *International Journal of Procurement Management* . 2009.

② Kristina Vaičiūtéa, Jolanta Skirmantiené, Lidia Domanska. Assessment of Transport Specialists' Competencies in Transport/Logistics Companies ［J］. *Procedia Engineering*, 2017, 187：628 – 634.

③ 刘源. 基于 DEA 方法的企业物流系统效益评价 ［J］. 经济经纬, 2001 (5)：54 – 55.

④ 吴金卓. 基于 DEA 原理的物流企业综合效率评价 ［D］. 哈尔滨：东北林业大学, 2005.

⑤ 艾小辉. 基于 DEA 的第三方物流产业效率研究 ［D］. 厦门：厦门大学, 2008.

⑥ 臧晓宁. 基于熵 – DEA 模型的物流企业绩效评价 ［D］. 合肥：中国科学技术大学, 2009.

⑦ 苗娟. 我国物流成本管理初探 ［J］. 中国商贸, 2010, 14：133 – 134.

⑧ 张福明, 孟宪忠. 我国物流企业效率与效率持续性评价的实证 ［J］. 工业工程与管理, 2010 (2)：46 – 49.

⑨ 周涛, 程钧谟, 乔忠. 第三方物流竞争力评价体系及模糊综合评判 ［J］. 物流科技, 2003 (5).

⑩ 黄福员, 聂瑞华. 非线性规划多目标优化物流成本随机模型的研究 ［J］. 华南师范大学学报 (自然科学版), 2003 (3)：54 – 59 + 157.

⑪ 杨头平, 刘志学. 基于时间驱动作业成本法的企业物流成本核算：基于时间驱动作业成本法 ［J］. 当代经济 (下半月), 2008 (12)：144 – 146.

第三，还有一些人分 DEA 模型和 AHP 模型两阶段来评价物流企业的系统效率。如王瑛（2003）等将 DEA 模型和 AHP 模型融合，构建两阶段评估模型来分析物流企业的系统效率水平①。马雪芬、刘易勇等（2003）在文章中，从供应链角度出发，研究分析了关于将集成 AHP 和模糊综合评价用于进行第三方物流企业选择的具体步骤②。许欣（2014）等对跨国公司应如何选择物流运营模式以及选择的模式对物流效率的影响进行了分析，得出结论：不同的跨国企业必须结合自身特点和目标市场以及所处行业的实际情况来选择物流运作模式③。

2. 对物流业内部各行业效率进行评价

第一，一些人对主要港口的效率进行评价。如罗尔和海斯（Roll and Hayuth，1993）以 20 个港口为研究对象，选择 DEA 模型研究了港口效率问题④。马丁内斯·布德里亚（Martinez – Budria E.，1999）对西班牙主要港口的物流效率进行了评价⑤。瓦伦丁和加里（Valentine V. F. and Gary R.，2001）从世界前 100 个集装箱港口中选取了 31 个集装箱港口作为研究对象，建立 DEA 模型中的代表性模型——CCR模型实证评价了这些港口 1998 年的物流效率⑥。桐梓（Tongzon，2001）选择规模报酬不变和可加性的 DEA 模型，对比研究了澳大利亚的四个集装箱港口与国际上的 12 个集装箱港口的效率问题⑦。乔安娜和亚历山德拉（Joanna and Aleksandra，2015）使用数据包络分析和曼奎斯特指数衡量了集装箱的技术效率和全要素生产率⑧。李谭（2012）以辽宁省为研究对象，具体研究了港口物流效率的变化，同时建立了港口物流与腹地经济协同发展的指标体系，认为港口物流业效率高并且港口物流与腹地经济之间存在协同发展关系⑨。

---

① 王瑛，孙林岩，陈宏. 基于两阶段的物流系统综合评价 DEA /AHP 法 ［J］. 长安大学学报（自然科学版），2003（3）：79 – 84.

② 马雪芬，刘易勇，孙树栋，吴秀丽. 供应链管理环境下第三方物流企业的评价选择 ［J］. 计算机工程与应用，2003（2）：7 – 9.

③ 许欣，张彦敏. 跨国公司物流运营模式选择及其影响因素研究 ［J］. 商业研究，2014（3）：169 – 174.

④ Rolly，Hayuth Y. Port Performance Comparision Applying Data Envelopment Analysis（DEA）［J］. *Maritime Policy and Management*，1993（20）：153 – 161.

⑤ Martinez – Budria E，Dlaz – Armas R，Navarro – Ibanez M，et al. A Study of the Efficiency of Spanish Port Authorities Using Data Envelopment Analysis ［J］. *International Journal of Transport Economics*，1999，37.

⑥ Valentine，V F.，Gray R. The Measurement of Port Efficiency Using Data Envelopment Analysis ［R］. Proceedings of the 9th World Conference on Transport Research，Seoul，South Korea，2001.

⑦ Tongzon. J，L. Efficiency. Measurement of Selected Australian and Other International Ports Using Data Envelopment Analysis ［J］. *Transportation Research A：Policy and Practice*. 2001.

⑧ Baran Joanna，G. Aleksandra. Seaport Efficiency and Productivity Based on Data Envelopment Analysis and Malmquist Productivity Index ［J］. *Logistics and Sustainable Transport*，2015，6（1）：25 – 33.

⑨ 李谭，王利，王瑜. 辽宁省港口物流效率及其与腹地经济协同发展研究 ［J］. 经济地理，2012（9）：108 – 113.

第二，一些人对机场的效率进行评价。如吉伦和拉尔（Gillen D. and Lall A., 1997）首先建立 DEA 模型分析了美国 21 家机场的物流效率，然后通过具有截断性质特征的 Tobit 模型对影响机场效率的相关因素进行了回归分析[①]。亚历山德拉等（Alexandra et al., 2016）使用 DEA 模型研究了希腊严重经济危机（2010～2014 年）期间的机场运营效率和生产率变化，发现机场效率的提高主要依靠外部因素，希腊机场运行效率低，但大多数机场存在相当大的改进空间[②]。奥克库等（H. H. Örkcü et al., 2016）研究了 2009～2014 年间 21 个土耳其机场的数据，并使用基于 DEA 分析法的 Malmquist 指数实证研究后发现，大多数土耳其机场的全要素生产率都有所下降，但是它们的技术效率却都在提高[③]。张青磊（2014）构建机场物流 7 大领域的指标体系，并选取中国 5 个国际性机场进行实证研究，发现为了保证机场物流的可持续发展，需要密切关注经济、运行、环境和社会四个方面的内容[④]。

第三，一些人对仓储业的效率进行评价。如哈姆丹和罗杰斯（2008）通过建立 DEA 模型，对美国 19 家同类型的仓库进行了物流效率评价[⑤]。

第四，一些人对道路运输业的效率进行评价（刘玉海等，2008）。如科托和格雷厄姆（Couto and Graham，2008）以欧洲各国铁路运输业的数据为样本，利用超越对数的随机边界成本函数测算了其技术效率和配置效率[⑥]。刘玉海（2008）等对 2000～2004 年中国道路运输业营运效率进行动态评价分析，结果表明中国道路运输业的技术进步和营运效率的增长机制存在不稳定性[⑦]。

第五，一些人对交通全行业的效率进行评价。如王亚华、吴凡等（2008）对中国交通全行业及四个主要部门的生产率变化情况进行了测算，得出中国技术效

①　Gillen D, Lall A. Developing Measures of Airport Productivity and Performance：Application of Data Envelopment Analysis [J]. *Transportation Research Part E*, 1997, 4.

②　A Fragoudaki, D Giokas, K Glyptou. Efficiency and Productivity Changes in Greek Airoprts During the Crisis Years 2010 – 2014 [J]. Journal of Air Transport Management. 2016, 57：306 – 315.

③　H H Örkcü, C Balıkçı, M I Dogan, A Genç. An Evaluation of the Operational Efficiency of Turkish Airports Using Data Envelopment Analysis and the Malmquist Productivity Index：2009 – 2014 Case [J]. *Transport Policy*, 2016, 48：92 – 104.

④　张青磊，樊重俊，冉祥来. 机场物流可持续发展评价体系研究 [J]. 科技管理研究，2014，14：68 – 72 + 77.

⑤　Hamdan A, Rogers K J. Evaluating the Efficiency of 3PL logistics Operation [J]. *International Journal of Production Economics*, 2008, 113 (1).

⑥　Couto A, Graham J D. The Contributions of Technical and Allocative Efficiency to the Economic Performance of European Railways [J]. *Portuguese Economic Journal*, 2008, 7 (2)：125 – 153.

⑦　刘玉海，林建兵，翁嘉辉. 中国道路运输业营运效率动态分析：基于 Malmquist 生产力指数 [J]. 产业经济研究，2008 (1).

率持续下降的结论，认为中国交通行业的发展模式需要面临转型[①]。李宇芊等（2013）构建货运物流效率评价指标体系，从口岸货运物流、制造业货运物流、城市配送货运物流三个方面对上海市货运物流效率进行全面系统的评价。得出结论：上海市货运物流效率处于全国领先水平，但与国际物流发达地区存在着相当大的差距[②]。

第六，一些人对航运中心的效率进行评价。如倪程程、林国龙（2012）运用DEA模型测算上海、天津、大连、青岛、香港、安特卫普、鹿特丹和新加坡8个航运中心的物流效率[③]。

第七，一些人对第三方物流业的效率进行评价。陈等（Chan et al.，2006）用 Double – AHP 方法对中国香港特区邮政的技术效率水平进行了测算，据此对中国香港特区邮政效率改进和现有提升措施的有效性进行了分析[④]。旺克和彼得（Wanke and Peter F，2012）对2001～2009年间巴西第三方物流业的规模效率进行了研究，研究发现库存管理、资源配置和信息技术是影响效率的决定因素[⑤]。

3. 对区域内物流业效率进行评价

从国外学者的研究看，詹姆斯·拉森等（James A. Larson et al.，2010）以美国东部为研究对象，从物流的具体环节出发，提出了降低物流成本的一系列对策建议[⑥]。丽塔·马尔科维茨·索莫吉和佐尔坦·博科（Rita Markovits – Somogyi and Zoltan Bokor，2014）运用 DEA – PC 模型实证研究了欧洲29个国家的物流业效率，并将结果与世界物流绩效指数 LPI 对比验证[⑦]。路易斯·马蒂等（Luisa Martí et al.，2017）参照世界银行公布的 LPI 指数对141个国家建立 DEA – LPI 模型，并根据国民收入将141个国家分成三个层次，结论表明收入越高的国家物流效率越高，物流发展水平越好[⑧]。法拉利和克劳迪奥（Ferrari and Claudio，

① 王亚华，吴凡，王争. 交通行业生产率变动的 Bootstrap – Malmquist 指数分析（1980 – 2005）[J]. 经济学（季刊），2008（3）：891 – 912.

② 李宇芊，张永锋，赖庆勉，上海市货运物流效率评价[J]. 水运管理，2013（9）：36 – 42.

③ 倪程程，林国龙. 基于 DEA 模型的上海国际航运中心物流效率的比较研究[J]. 武汉理工大学学报（交通科学与工程版），2012（4）：858 – 860.

④ Chan F T S, Chan H K, Lau H C W, et al. An AHP Approach in Benchmarking Logistics Performance of the Postal Industry [J]. *Benchmarking：An International Journal*，2006，13（6）：636 – 661.

⑤ Wanke, P F. Determinants of Scale Efficiency in the Brazilian Third – Party Logistics Industry from 2001 to 2009 [J]. *BAR – Brazilian Administration Review*，2012，9（1），66 – 87.

⑥ James A Larson, Tun Hsiang Yu, Burton C English, Daniel F Mooney, Chenguang Wang. Cost Evaluation of Alternative Switchgrass Producing, Harvesting, Storing, and Transporting Systems and Their Logistics in the Southeastern USA [J]. *Agricultural Finance Review*. 2010（2）.

⑦ Rita Markovits – Somogyi and Zoltán Bokor. Assessing the Logistics Efficiency of European Countries by U-sing the DEA – PC Methodology [J]. *Transport*，2014，29（2）：137 – 145.

⑧ Luisa Martí, Juan Carlos Martín and Rosa Puertas. A Dea – Logistics Performance Index [J]. *Journal of Applied Economics*，Vol. XX，No. 1（May 2017），169 – 192.

2018）研究意大利物流供给、物流配送效率及其在物流部门中的成因①。

国内学者对区域物流业效率的研究成果非常丰富，主要可以分为以下几个区域层次：

第一，对中国各大区域的物流业效率分别进行了评价分析。如张诚、张广胜（2013）分析了中部六省的物流产业效率，结论为物流产业对中部地区的经济影响分为两个阶段，物流产业的规模在不断扩大，物流发展水平不断提高②。孟魁（2014）利用三阶段 DEA 模型剔除了单一阶段 DEA 方法中的环境因素和随机因素影响，评价了中国中部六省的物流效率，研究结果表明，中部六省的物流产业存在非技术效率和非规模效率③。任华（2014）等对新疆面向中亚国家的国际物流业进行了实证评价，结果表明新疆与中亚国家开展物流活动时存在物流流程衔接不畅、物流行业管理不善和现代化物流企业缺乏等问题④。孟鑫（2015）运用 DEA 模型分析了长江经济带总技术效率、纯技术效率和规模效率，并提出提升物流业效率的相关建议⑤。秦雯（2016）以位于 21 世纪海上丝绸之路上中国境内的 6 个省份 2008～2013 年间的数据为样本，运用 SE - DEA 模型对该区域物流效率的动态演化及其区域间的物流效率差异进行分析比较⑥。

第二，对部分省市的物流效率分别进行了评价分析。如雷勋平（2012）等选取区域物流业固定资产投资和物流业从业人数作为资本和劳动力投入变量，区域物流业增加值作为产出变量，运用 DEA - Malmquist 模型对 2003～2010 年安徽省 17 个城市区域物流业全要素生产率的增长来源、区域差异和变化差异进行了实证分析⑦。乐小兵（2014）对广西 2004～2011 年物流系统的综合相对有效性、技术有效性、规模效益有效性和超效率进行分析⑧。张媛（2013）等基于 DEA 构造了一种面向地区的货物周转量、贸易总额与 GDP 总量的评价模型，充分考虑了地区在人、财、物等几方面对物流部门的投入影响，对湖南省 2011 年 14 个地市的物流部门实际投入、基础设施建设以及实际运行数据做了实证研究⑨。秦雯（2016）运用 DEA 模型评价了青海省物流效率，并用 Tobit 模型对青海省物流

①　Ferrari，C，Migliardi，A，& Tei，A. A Bootstrap Analysis to Investigate the Economic Efficiency of the Logistics Industry in Italy ［J］. *International Journal Of Logistics*：*Research & Applications*，2018，21（1）：20 - 34.

②　张诚，张广胜. 中部六省物流产业效率分析及政策建议 ［J］. 江西社会科学. 2013（2）：57 - 61.

③　孟魁. 基于三阶段 DEA 方法的中部六省物流效率评价 ［J］. 统计与决策，2014（2）：57 - 60.

④　任华，赵国涛，新疆面向中亚国际物流发展研究 ［J］. 新疆财经，2014（4）：66 - 73.

⑤　孟鑫. 基于 DEA 模型的长江经济带物流产业效率分析 ［J］. 企业经济. 2015（12）：108 - 113.

⑥　秦雯. 新时期海上丝绸之路物流业效率评价 ［J］. 商业经济研究，2016（9）：79 - 81.

⑦　雷勋平，吴杨，龚月琴，陈兆荣. 基于 Malmquist 指数的区域物流业技术进步与技术效率测度：安徽省 2003 - 2010 年的实证分析 ［J］. 天津商业大学学报，2012（5）：45 - 50.

⑧　乐小兵，王瑛. 基于 DEA 模型的广西物流服务效率评价研究 ［J］. 科技管理研究，2014（5）.

⑨　张媛、张革伕、解淑青. 一种基于 DEA 的区域物流效率评价模型及其实证研究：以湖南省 14 个地市州为例 ［J］. 物流工程与管理，2013（1）：76 - 79.

效率影响因素进行实证分析，结论为：物流业综合效率较高，人力资源、专业化程度、物流资源利用率这三种影响因素对物流业效率影响显著①。钟群英，朱顺东（2019）运用 DEA 和 Malmquist 指数法对江西省 11 个设区市 2012～2016 年物流的规模、技术效率进行静态和动态评价，分析产出导向下物流全要素生产率变化与技术进步变动的影响因素，并对提高江西省物流全要素生产率与技术进步水平提出建议②。

第三，对 31 个省份的物流业效率分别进行了评价分析。如郭晓平等（2007）利用改进的 DEA 方法对中国各省份物流产业的发展状况和竞争力水平进行了评价③。刘卫（2010）对 2004 年中国 31 个省份物流业效率进行了分析比较，结果表明中国物流规模效率相对较高，绝大多数省份的规模报酬是递增的，纯技术效率偏低，从而导致物流技术效率较低④。钟祖昌（2010）以 2007 年中国 31 个省份的数据为样本，运用三阶段 DEA 方法分析物流产业的运作效率，研究发现中国各省份的物流业综合技术效率值较低，各地区间物流业发展存在明显差异⑤。雷勋平（2012）等运用 DEA 和"超效率"模型，研究了中国各个省份的物流业投入产出效率，认为其中 15 个省份的投入产出是有效率的，16 个省份还存在投入冗余⑥。高慕瑾（2012）使用 DEA 模型对陕西省 2001～2010 年间以及 10 个城市的数据进行分析研究⑦。王蕾、薛国良等（2014）选择北疆 8 个地区 7 年的物流业数据，建立指标体系，选用 DEA 模型进行分析，发现北疆整体物流业效率水平低，同时发现这些地区的物流业效率值存在差异，研究认为公共环境，社会保障投资及物流业产值对区域物流业效率有较强的影响力⑧。于丽静等（2017）以 2008～2014 年中国 30 个省份的数据为样本，在利用 PP 模型对物流业的产出进行降维分析之后，用随机前沿分析（SFA）模型测算该区域的物流业效率⑨。

---

① 秦雯. 青海物流效率及其影响因素的实证研究 [J]. 青海社会科学，2016（1）：99 – 104.

② 钟群英，朱顺东. 区域物流产业生产效率评价：以江西省 11 个设区市为例 [J]. 企业经济，2019，38（3）：132 – 138.

③ 郭晓平、张岐山. 基于改进 DEA 方法的物流产业竞争力评价 [J]. 物流技术，2007，26（11）：139 – 140.

④ 刘卫. 基于 DEA 的中国地区物流效率研究 [J]. 中国物流与采购，2010（2）.

⑤ 钟祖昌. 基于三阶段 DEA 模型的中国物流产业技术效率研究 [J]. 财经研究，2010，36（9）：80 – 90.

⑥ 雷勋平. 基于 DEA 的物流产业效率测度实证研究：基于我 31 省、市、自治区 2008 年投入产出数据 [J]. 华东经济管理，2012，26（7）：62 – 66.

⑦ 高慕瑾. 基于 DEA 的陕西省物流业效率研究 [D]. 西安：西北农林科技大学，2012.

⑧ 王蕾，薛国梁，张红丽. 基于 DEA 分析法的新疆北疆现代物流效率分析 [J]. 资源科学，2014（7）：1425 – 1433.

⑨ 于丽静，陈忠全. 低碳视角下中国区域物流效率研究：基于 SFA 与 PP 的实证分析 [J]. 生态经济（中文版），2017，33（4）：43 – 48.

第四，对主要城市和城市群的物流效率分别进行了评价分析。如王琴梅和谭翠娥（2013）运用 DEA 模型对西安的物流效率进行了评价，并用 Tobit 回归模型对影响因素进行了分析，认为物流业的综合效率较高，纯技术效率低，物流资源利用率是影响物流效率最重要的因素[①]。肖佳（2015）选择长江中游城市作为研究对象，使用 DEA 分析法和 Tobit 模型后发现长江中游整体综合技术效率较低[②]。

第五，对全国总体的物流效率分别进行了评价分析。如姚娟和庄玉良（2013）对中国 2000～2008 年整体的物流业效率做出了评价，研究发现物流业的所有权结构与物流效率有一定的相关性，中国目前国有控股结构模式不利于物流效率的提高，而民营及外资结构模式可以有效提高物流效率。

4. 对物流业效率评价方法的研究

由于 DEA 方法可以清晰区分有效单元和无效单元，实用性较强，因此，它成为国外学者在研究物流效率时采用最多的一种方法。国外学者马克维茨·绍莫吉（Markovits - Somogyi，2014）为了研究欧洲 29 个国家的物流效率，将 DEA 与层次分析法相结合对物流效率进行评估[③]。陈继红和万征等（Jihong Chen and Zheng Wan et al.，2016）在对港口物流效率进行评估时，采用了将 DEA 和主成分分析法相结合的方法[④]。

国内对物流业效率的评价方法有主成分分析法（PCA）、集成分析法、随机前沿分析法（SFA）、数据包络分析法（DEA）等。在众多的效率研究方法中，国内学者使用最多的还是 DEA 方法。隽志才（1994）首先将 DEA 模型用来分析效率，研究了公路运输企业的技术和规模效率[⑤]。田宇（2000）对 DEA 分析法、AHP、指标树法、作业基础成本法四种物流效率评价方法进行了详细讨论[⑥]。刘源（2001）专门探讨了 DEA 方法评价物流企业效益的优越性[⑦]。倪志敏（2017）运用 DEA 模型对河南省近 10 年的物流业效率进行评价，并用 Tobit 模型对物流效率的影响因素进行了分析，然后对物流业发展提出相关建议[⑧]。张皓南

---

① 王琴梅，谭翠娥. 对西安市物流效率及其影响因素的实证研究：基于 DEA 模型和 Tobit 回归模型的分析 [J]. 软科学. 2013，27（5）：70 – 74.

② 肖佳. 长江中游经济带物流效率评价的研究 [D]. 南昌：南昌大学，2015.

③ Rita Markovits - Somogyi, Zoltán Bokor. Assessing the Logistics Efficiency of European Countries by Using the DEA - PC Methodology [J]. *Transport*. 2014 – 2.

④ Jihong Chen, Zheng Wan, Fangwei Zhang, Nam - kyu Park, Xinhua He, Weiyong Yin, Sergio Preidikman. Operational Efficiency Evaluation of Iron Ore Logistics at the Ports of Bohai Bay in China：Based on the PCA - DEA Model [J]. *Mathematical Problems in Engineering*, 2016, Vol. 2016.

⑤ 隽志才，金俊武，王景星. DEA 方法与运输企业技术规模的有效性 [J]. 公路交通科技. 1994（12）：44 – 50.

⑥ 田宇. 物流效率评价方法研究 [J]. 物流科技，2000（2）：15 – 19.

⑦ 刘源. 基于方法的企业物流系统效益评价 [J]. 经济经纬，2001（5）：54 – 55.

⑧ 倪志敏. 对河南省物流效率及其影响因素的实证研究 [J]. 河南理工大学学报（社会科学版），2017.

（2018）以 DEA 模型为分析工具，建立涵盖经济性产出和社会负面影响产出两方面的综合评价体系，测算两种效率的投入产出效率，综合评价福建省物流业经济社会发展情况①。张帅等（2018）运用 DEA 模型和 Tobit 回归模型研究了山东省 2007～2015 年物流效率，并进一步探讨提升物流效率的可行路径②。曹睿雯（2019）运用 DEA 模型研究了安徽省 A 级物流企业，评价了对 DEA 分析法、AHP、指标树法、作业基础成本法企业的物流效率，结果为非国有企业物流效率高于国有企业物流效率③。

有些学者将 DEA 方法和 AHP 方法结合起来研究。如戴勇（2002）结合影响物流企业生产率的定性定量因素，将 AHP 和 DEA 方法相结合对物流企业生产率进行了分析④。王瑛等（2003）讨论了将 EDA 和 AHP 结合起来评价的可行性⑤。帅斌和杜文（2006）将 DEA 和 PCA 两种方法结合起来对物流业效率进行综合评价等⑥。林珊（2014）以中国十大运输类物流公司为研究对象，将 AHP 和 DEA 方法结合起来，构建了适合物流公司绩效评价的指标体系，并建立了 AHP – DEA 两阶段评价模型，验证了该方法的科学性和可行性⑦。

近年来，超效率 DEA、三阶段 DEA、网络 DEA 等模型随之出现。樊敏（2010）在分析中国八大区域物流产业效率的问题上，运用了三阶段 DEA 模型⑧。肖丹和刘联辉（2011）运用超效率 DEA 方法研究了广东省的物流效率，建议应该大力发展第二产业，建立现代化物流系统，扩大物流业规模⑨。吕璠和李竹梅（2013）在研究物流上市公司的经管效率的问题上，运用了超效率 DEA 模型⑩。张娜等（2018）在评价 2011～2014 年中国西部地区物流业效率时，运用了三阶段 DEA 模型⑪。王博等（2019）在研究 2010～2016 年中国"一带一路"沿线地区及其他地区的物流业效率的问题上，运用了三阶段 DEA 模型进行

① 张皓南. 基于 DEA 模型的福建物流业经济与社会负面影响效率评价［J］. 青岛农业大学学报（社会科学版），2018，Vol. 30；No. 93（2）：44 – 49.

② 张帅，蒋兵，董会忠，等. 基于 DEA 和 Tobit 模型的山东省物流效率的测度及其提升路径研究［J］. 山东理工大学学报：自然科学版，2018（5）：63 – 69.

③ 曹睿雯. 安徽省物流企业的效率评价研究［J］. 产业与科技论坛，2019，18（3）：95 – 96.

④ 戴勇. 基于 AHP 的 DEA 分析基础上的虚拟物流企业联盟伙伴选择［J］. 系统工程，2002（3）.

⑤ 王瑛. 基于两阶段的物流系统综合评价 DEA/AHP 法［J］. 长安大学学报，2003（2）.

⑥ 帅斌，杜文. 物流产业结构的 DEA/PCA 评价［J］. 西南交通大学学报，2006（5）：599 – 602.

⑦ 林珊，温惠英. 基于 AHP – DEA 两阶段模型的物流公司绩效评价研究［J］. 华南理工大学学报：社会科学版，2014（16）：55.

⑧ 樊敏. 中国八大区域物流产业运作效率分析：基于三阶段 DEA 模型［J］. 现代管理科学，2010（2）：48 – 71.

⑨ 肖丹，刘联辉. 基于 SE – DEA 模型的广东城市物流效率评价分析［J］. 物流技术，2011（11）.

⑩ 吕璠，李竹梅. 基于超效率 DEA 模型的物流上市公司经营效率分析［J］. 商业会计，2013（15）.

⑪ 张娜，李波. 基于三阶段 DEA 模型的西部地区物流产业效率测度研究［J］. 数学的实践与认识，2018，48（20）.

分析①。龚雪等（2019）运用 DEA-Malmquist 模型，研究中国省域物流业效率②。王琴梅等（2019）采用 Super-DEA 模型对"核心区"物流业效率进行评价③。

1.2.2　国内外关于物流业效率影响因素的相关文献综述

1. 国外相关研究

国外学者梅伦德斯（Melendez，2001）通过对拉丁美洲地区的研究后，发现低水平的物流基础设施，陈旧的区域经济制度环境是造成其物流业效率低下的主要原因④。丹尼斯（Denis，2004）对巴西邮局经营点进行分类后，运用数据包络分析法测算了相应的效率值⑤。克内迈耶（Knemeyer，2004）基于用户角度，发现其对物流企业的信任和有效沟通直接影响物流企业效率，而满意度、机会行为和企业信誉是间接影响信任进而影响效率⑥。汉斯·伦哈尔和罗布·范德·海登（Hens Runhaar and Rob Vander Heijden，2005）以荷兰为研究对象，分析了公共政策对运输成本的影响⑦。哈姆丹（2008）在文章中加入了专家意见等限制性的条件，并将其用于对美国 19 个类型仓库的评价分析，测算出了仓库的效率值并得出了提高效率的方法⑧。班米翁等（Banomyong et al.，2008）深入剖析了东盟地区物流发展政策和战略整合，对于减少其内部物流发展障碍，实现物流一体化具有较强的参照意义⑨。詹姆斯和邓香玉等（James，Tun Hsiang Yu et al.，2010）以美国东部为研究对象，从物流的具体环节出发，提出了降低物流成本的

———————

①　王博，祝宏辉，刘林. 我国"一带一路"沿线区域物流效率综合评价：基于三阶段 DEA 模型 [J]. 华东经济管理，2019，33（5）：78 – 84.

②　龚雪，荆林波. 基于 DEA – Malmquist 模型的中国省域物流效率研究：来自省际面板数据的实证分析 [J]. 河北经贸大学学报，2019，40（5）：60 – 69.

③　王琴梅，李娟. 产业结构演进对丝绸之路经济带"核心区"物流业效率的影响研究 [J]. 陕西师范大学学报（哲学社会科学版），2019，48（3）：128 – 140.

④　Melendez O Maria Fernanda. The Logistics and Transportation Problems of Latin American Integration Efforts：The Andean Pact，A Case of Study. 2001.

⑤　Denis Borenstein，Joao Luiz Becker，Vaner Jose do Prado. Measuring the Efficiency of Brazilian Post Office Stores Using Data Envelopment Analysis [J]. *International Journal of Operations & Production Management*. 2004.

⑥　Knemeyer A M，Murphy P R. Evaluating the Performance of Third – party Logistics Arrangements：A Relationship Marketing Perspective [J]. *Journal of Supply Chain Management*，2004，40（1）：35 – 51.

⑦　Hens Runhaar，Rob vander Heijden. Public Policy Intervention in Freight Transport Costs：Effects on Printed Media Logistics in the Netherlands [J]. *Transport Policy*，2005，12（1）：35 – 46.

⑧　Amer，Hamdan，K Jamie，H Rogers. Evaluating the Efficiency of 3PL Logistics Operations [J]. *International Journal of Production Economics*，2008.

⑨　Banomyong R，Cook P，Kent P. Formulating Regional Logistics Development Policy：the Case of ASEAN [J]. *International Journal of Logistics*：*Research and Applications*，2008，11（5）：359 – 379.

一系列的对策建议①。莹、菲和图基（Ying，Fei，Tookey；2014）分析了建筑行业物流发展水平，发现建筑业物流效率在很大程度上受制于管理水平和技能操作水平②。埃莱诺拉·博塔尼和安东尼奥·里西等（Eleonora Bottani，Antonio Rizzi et al.，2015）以食品厂物流供应链为例，发现将包装、采购、仓储和运输活动的集中管理可以使得物流效率得到显著改善，即一种集成的方法来提高物流效率，进而提高其物流资源利用率③。特奥多尔·加布里埃尔·克雷尼克和贝诺特·蒙特勒（Teodor Gabriel Crainic and Benoit Montreuil，2016）指出最后一段的物理网络和交通网络结合是提升城市物流效率的关键④。米根（MiGan，2018）的研究显示：欧几里得距离、车辆装备重量和人口密度是影响城市物流效率的关键因素⑤。梅拉库·杜比（Melaku Dubie，2018）在研究偏远地区的物流效率时，认为基础设施资源利用率是影响物流效率的主要因素⑥。坦等（Tan et al.，2019）研究发现外生的经济发展水平、城镇化水平、物流资源利用率和区位优势对可持续的物流效率有显著正向影响⑦。沃尔格穆特和穆里洛等（Wohlgemuth，Murilo et al.，2020）发现，物流服务外包可以提升物流技术效率，但服务包装对效率的作用大多为负⑧。

　2. 国内相关研究

　　国内学者认为，一方面，在物流产出既定的情况下，物流业效率的提高取决于物流成本的降低（顾煜，2005；王之泰，2013；等）。物流成本包括运输

---

①　James A Larson，Tun Hsiang Yu，Burton C. English，Daniel F Mooney，Chenguang Wang. Cost Evaluation of Alternative Switchgrass Producing，Harvesting，Storing，and Transporting Systems and Their Logistics in the Southeastern USA［J］. *Agricultural Finance Review*，2010（2）.

②　Ying，Fei，Tookey，John，Roberti，Johannes. Addressing Effective Construction Logistics Through the Lens of Vehicle Movements［J］. *Engineering*，*Construction and Architectural Management*，2014，Vol. 21（3）：261–275.

③　Eleonora Bottani，Antonio Rizzi，Giuseppe Vignali. Improving Logistics Efficiency of Industrial Districts：A Framework and Case Study in the Food Sector［J］. *International Journal of Logistics Research and Applications*，2015，Vol. 18（5）：402–423.

④　Teodor Gabriel Crainic，Benoit Montreuil. Physical Internet Enabled Hyperconnected City Logistics［J］. *Transportation Research Procedia*，2016，Vol. 12.

⑤　Mi Gan，Si Chen. The Identification of Truck–related Greenhouse Gas Emissions and Critical Impact Factors in an Urban Logistics Network［J］. *Journal of Cleaner Production*，2018（1）：561–571.

⑥　Melaku Dubie. An Evaluation of Logistics Sprawl in Chicago and Phoenix［J］. *Journal of Transport Geography*，2018（2）：231–237.

⑦　Tan，Lingling，etc. A Panel Analysis of the Sustainability of Logistics Industry in China：Based on Non–radial Slacks–based Method［J］. *Environmental Science and Pollution Research*，2019，Jul. 26（21）：21948–21963.

⑧　Wohlgemuth，Murilo，etc. Assessment of the Technical Efficiency of Brazilian Logistic Operators Using Data Envelopment Analysis and One Inflated Beta Regression［J］. *Annals of Operations Research*，2020，286（1–2）：703–717.

成本（李刚，2008），站场保管成本（王之泰，2013；李刚，2008），物流管理成本（黄福员，聂瑞华，2003；顾煜，2005；黄湘民，2006；李刚，2008；杨头平等，2008；苗娟，2010）、物流信息与技术成本（巨莹，2005；王航，2010；赵芹，2011；曹慧等，2012；张琳，吴文娟，2013；范志国，杜萍，2014）和物流体制性成本（王之泰，2013）等。另一方面，认为在物流成本既定的情况下，物流业效率的提高就取决于物流产出的提高。而物流产出的提高，将有赖于提高物流资源利用率（刘秉镰等，2010；袁丹，雷宏振，2015）、物流业信息化水平和技术进步率（陆勤丰，2007；庄玉良等，2009；田刚，李南，2009；田振中，2011；任保平，2012；范月娇，2015；朱志辉，2015）、物流中心发展水平及物流业聚集程度（董燕泽，2001；袁英红，2003；朱海文，2003；张席洲等，2005；许文韬，2008；宋之苓，2009；王海松等，2011；张曦，2013；李勇，2013）、经济开放程度（田振中，2011；田刚等，2011；袁丹，雷宏振，2015）、区域市场化程度和物流意识及观念（刘秉镰等，2010；陆勤丰，2007；田刚等，2011；蒲国利等，2011；刘勇，2014）、物流业人力资本水平和专业化程度（欧阳小迅，黄福华，2010；田振中，2011；姚娟，庄玉良，2013；刘勇，2014）、物流业基础设施水平和地区经济发展水平（陆勤丰，2007；李克，李光明，2010；田振中，2011；曹小华，欧国立，2011；李爱国，2012）以及物流管理水平（鞠颂东等，2003），还有赖于优化产业结构（田刚等，2011；范月娇，2015）、用户对物流企业的信任与及时沟通和需求（李克，李光明，2010），等等。

国内学者陆勤丰（2007）研究后发现，现代物流意识、观念滞后、物流业技术水平低下等都是会影响区域物流发展的重要因素[①]。李克和李光明（2010）研究了新疆的物流业效率的影响因素，认为产业发展环境、基础设施、需求因素、技术因素和政府支持是影响新疆物流业发展的主导性因素[②]。田振中（2011）研究了中国区域物流业效率的影响因素，认为对外开放程度、信息化水平、区域经济发展水平和劳动者素质是物流业效率的主要影响因素[③]。田刚和李南（2011）将1991～2007年中国29个省级地区作为研究对象，使用SFA一步法，得出开放程度是技术效率提升的促进因素，同时还发现政府干预会阻碍技术效率的提升[④]。蒲国利和苏秦等（2011）采用聚类分析方法对各个地区的物流业现状研究后，提出在物流业发展的欠发达地区应该从产业资源、市场定位、企业组织等方

① 陆勤丰. 影响区域物流中心物流效率的因素［J］. 商丘职业技术学院学报，2007（3）：35－36.
② 李克，李光明. 新疆物流业发展影响因素实证分析现代商贸工业［J］. 2010（3）：88－89.
③ 田振中. 我国区域物流业运行效率评价及其影响因素［J］. 商业时代. 2011（33）：40－41.
④ 田刚，李南. 中国物流业技术效率差异及其影响因素研究：基于省级面板数据的实证分析［J］. 科研管理，2011（7）：34－44.

面加强物流业发展的建设①。王之泰（2013）介绍了物流成本的构成，认为在物流产出既定的情况下，物流业效率的提高取决于物流成本的降低②。范志国（2014）对企业物流成本控制的文献进行了回顾，总结得出了三种重要的控制模式，同时对每种模式的优缺点进行了分析，并对未来研究方向提出了五点建议③。范月娇（2015）选择国家级流通节点城市2010～2013年的面板数据，使用随机前沿分析方法，得出导致节点城市非效率情况出现的因素是信息化水平和产业结构的差异④。陈杰（2016）对辽宁省物流业效率研究后发现，经济发展水平、物流资源利用率、区位优势都对物流业效率产生正向影响⑤。曹兵斌（2017）在研究江西省区域生态物流效率问题时，认为影响物流效率的最主要因素是生态发展水平，而经济发展和低碳经济发展水平、政府支持度、产业结构也是影响物流效率的关键性因素⑥。董春凤（2017）在研究内蒙古物流业效率的问题时，认为经济发展水平、市场化指数和区位商这三个影响因素对物流效率的提升有显著的促进作用⑦。杨星（2017）基于对福建省9个城市的研究，认为第二产业占比和信息化水平与物流效率呈负相关关系，而区位因素、经济发展水平和第三产业占比与区域物流效率呈正相关关系⑧。曹炳汝（2019）全面测度了长江经济带2007～2016年物流行业增长效率，并运用面板Tobit模型，实证分析了影响物流业效率增长的因素。结果表明：在上游地区，影响物流效率增长的因素主要为产业集聚、经济密度和交通密度；中游地区的市场一体化指数、经济密度、政府干预、产业集聚、交通密度和对外开放是影响物流效率增长的重要因素；而对于下游地区，市场一体化指数、政府干预、经济密度和交通密度与物流效率增长关系密切⑨。

1.2.3　国内外关于丝绸之路经济带物流业效率的相关文献综述

李忠民、夏德水、姚宇（2014）认为，近十几年来丝绸之路经济带国内段物

---

① 蒲国利，苏秦，张艳. 我国物流业发展现状及政策比较研究 [J]. 华东经济管理，2011 (10)：25－29.

② 王之泰. 流通成本及物流成本问题探讨 [J]. 中国流通经济，2013 (5)：12－15.

③ 范志国，杜萍. 企业物流成本控制模式研究 [J]. 价值工程，2014，23：31－33.

④ 范月娇. 国家级流通节点城市物流产业效率的时空变化及影响因素 [J]. 中国流通经济，2015 (11)：1－8.

⑤ 陈杰. 辽宁省物流业效率变化及其影响因素的实证研究 [D]. 沈阳：沈阳理工大学，2016.

⑥ 曹兵斌. 基于低碳发展的区域生态物流绩效评价及其影响因素分析 [D]. 南昌：江西财经大学，2017.

⑦ 董春凤，华连连，刘俊华，等. 内蒙古区域物流效率及影响因素研究 [J]. 内蒙古工业大学学报：自然科学版，2017 (36)：311.

⑧ 杨星，刘阳. 区域物流效率评价及其影响因素实证研究：基于福建省9城市面板数据 [J]. 常州大学学报 (社会科学版)，2017 (4).

⑨ 曹炳汝，邓莉娟. 长江经济带物流业效率增长影响因素 [J]. 经济地理，2019 (7).

流交通基础设施的效率是下降的①。高新才（2014）认为丝绸之路经济带要大力
发展通道经济②。袁丹和雷宏振（2015）认为物流业全要素生产率也是下降的③。
聂正彦和李帅（2015）认为丝绸之路经济带物流业的发展可以深化区域合作、促
进经济增长④。王琴梅和张玉（2017）对丝绸之路经济带"核心区"物流业效率
进行了评价并进行了分省区、分国别的比较⑤。王琴梅和李娟（2019）分析了产
业结构优化对丝绸之路经济带"核心区"物流业效率的影响⑥。王琴梅和王珍妮
（2019）分析了物流业集聚对丝绸之路经济带"核心区"物流业效率的影响⑦。
王琴梅和罗瑞（2020）分析了信息技术对丝绸之路经济带"核心区"物流业效
率的影响⑧。

1.2.4　本书研究问题的提出

由上可见，国内外在物流业效率研究上有不少成果，且从微观层面（某个企
业或者物流过程的某一环节）逐渐转移到了宏观层面（区域或国家），但也存在
不足：（1）国内对物流业效率的研究还处在初期阶段，大部分研究没有清楚地
界定物流、物流业及其范围，所以在研究时都是基于自己给定的评价指标，物流
业效率的评价指标体系不完善。（2）缺乏对丝绸之路经济带物流业效率水平进
行跨国性区域的评价及其主要影响因素的全面理论分析和实证检验。

基于此，本项目成果把丝绸之路经济带"核心区"物流业效率的评价及其
影响因素的探寻作为自己的研究任务，其边际贡献在于：（1）在清晰界定核心
概念的基础上，运用相关经济学原理全面深入地剖析各主要因素影响"核心区"
物流业效率的机理。（2）在揭示"核心区"物流总投入、总产出构成的基础上，
遵循相关原则构建物流业效率的评价指标体系。（3）选择先进的方法、获取尽
可能全面的数据对"核心区"物流业效率的现状作出评价和比较。（4）通过实

① 李忠民，夏德水，姚宇. 我国新丝绸之路经济带交通基础设施效率分析：基于 DEA 模型的
Malmqusit 指数方法 [J]. 求索，2014（2）.
② 高新才. 丝绸之路经济带与通道经济发展 [J]. 中国流通经济，2014（4）.
③ 袁丹，雷宏振. 丝绸之路经济带物流业效率及其影响因素 [J]. 中国流通经济，2015（2）.
④ 聂正彦，李帅. 共建"丝绸之路经济带"背景下物流业对我国西北地区经济增长的影响分析
[J]. 西安财经学院学报（社会科学版），2015（12）.
⑤ 王琴梅，张玉. 丝绸之路经济带"核心区"物流业效率整体评价及分省区、分国别比较 [J]. 陕
西师范大学学报（哲社版），2017（9）.
⑥ 王琴梅，李娟. 产业结构演进对丝绸之路经济带"核心区"物流业效率的影响研究 [J]. 陕西师
范大学学报（哲社版），2019（5）.
⑦ 王琴梅，王珍妮. 丝绸之路经济带"核心区"物流业集聚水平对物流业效率的影响 [J]. 改革与
战略，2019（1）.
⑧ 王琴梅，罗瑞. 信息技术对物流业效率的影响研究：以丝绸之路经济带"核心区为例" [J]. 宝
鸡文理学院学报（社会科学版），2020（2）.

证分析"核心区"物流业效率与各主要影响因素的相关性大小及其各省区间、各国间的差异，为制定提升效率的政策提供依据。（5）为"核心区"物流业高质量发展提供建议，推进丝绸之路经济带的良好发展和区域经济协调可持续发展，促进我国与中亚国家的分工协作和利益分享。

1.3 研究对象和研究目标

1.3.1 研究对象

本书把研究对象聚焦在丝绸之路经济带"核心区"（中国段的西北五省区和中亚五国）21世纪以来物流业效率的现状评价及其影响因素的找寻上，以便为提升效率寻找依据。这既是由该经济带建设起步阶段的必要性所决定的，也是由实际调研条件和数据的可得性所决定的。

1.3.2 研究目标

本书以分析并给出促进丝绸之路经济带"核心区"物流业效率的政策建议为主要研究目标，具体研究目标如下：（1）明确物流业效率的概念和丝绸之路经济带"核心区"物流业效率的主要影响因素。（2）对"核心区"整体及其中的中国西北五省区、中亚五国2004年以来的物流业效率进行实证评价和比较。（3）实证分析"核心区"物流业效率与各个影响因素之间的相关性大小并分析其原因。（4）提出"核心区"内的中国西北五省区、中亚五国进一步提升物流业效率的政策建议，以及各省区、各国相互间物流业合作协调的政策建议。

1.4 核心概念界定

研究问题的展开是以核心概念的界定为前提的，故而本章首先遵循"最新、最权威、最准确"的原则对物流、物流业、物流业效率、丝绸之路经济带"核心区"的概念进行界定。这对后面的理论机理分析和实证分析中选取准确的效率评价指标、建立合理的评价指标体系是非常重要的。

1.4.1 物流、物流业、物流业效率及大小衡量

1. 物流

第一，物流的定义。什么是物流？不同的国家对于物流的定义是不同的。下面列举一些较具权威性的解释：

"Physical Distribution （PD）" 一词最早出现于美国，中文称为物流，基本含义是指实物的分配或者货物的配送。1915 年，该词被阿奇·肖（Arch W. Shaw）在《市场流通中的若干问题》一书中认为，"物流是与创造需求不同的一个问题"，"物资经过时间或空间的转移会产生附加价值"[1]。该认识符合人们的经济直觉。1935 年，美国销售协会给出的定义为，"物流是包含于销售之中的物质资料和服务，从生产地点到消费地点流动过程中所包含的种种经济活动"[2]。该定义界定了物流的范畴。1985 年，美国物流管理协会（Council of Logistics Management，CLM）将物流重新定义为，"物流是以满足顾客需要为目的，对货物、服务及相关信息从起源地到消费地的有效率、有效益的流动和储存进行计划、执行和控制的过程"[3]，并将物流一词从 Physical Distribution 改为 Logistics。该定义更细致地刻画了物流的性质。日本工业标准将物流定义为：物流是将实物从供应者物理性移动到用户这一过程的活动，一般包括输送、保管、装卸以及与其有关的情报等各种活动[4]。联合国物流委员会的定义是：物流是为了满足消费者需要而进行的从起点到终点的原材料、中间过程库存、最终产品和相关信息有效流动和存储计划、实现和控制管理的过程[5]。

物流概念于 20 世纪 80 年代末至 90 年代初传入中国，经历了传统物流和现代物流两个阶段。传统物流是指产品出厂后的包括运输、储存、搬运、分拣、包装、加工等多个环节在内的活动[6]。现代物流是相对于传统物流而言的，它是在传统物流的基础上，引入现代信息技术，整合运输、包装、装卸、搬运、发货、仓储、流通加工、配送、回收加工及物流信息处理等各种功能而形成的综合性物流活动模式，从而使物流速度加快，准确率提高，库存减少，成本降低，以此延伸和放大传统物流的功能[7]。中国于 2001 年 8 月 1 日发布的《中华人民共和国国家标准物流术语》（GB/T 18354—2001）中对物流进行了这样的定义：在物品从供应地向接受地的实体流动过程中，根据实际需要，将运输、储存、装卸、搬运、包装、流通加工、配送、信息处理等基本功能有机结合起来实现用户要求的过程[8]。2006 年，中国修订的《物流术语》国家标准将"物流"的专业术语更新为："物品的实体流动过程。包括对运输、储存、装卸、搬运、包装、流通加

① Shaw A W. Some Problems in Market Distribution ［J］. *Quarterly Journal of Economics*，1915（4）：4.
② 刘鹏飞，谢如鹤. 略论物流与经济的关系 ［J］. 商场现代化，2005（4）：85 – 86.
③ 滕绍光. 中国物流业现代化建设策略研究 ［D］. 南京：河海大学，2006.
④ 胡燕灵. 电子商务物流管理 ［M］. 北京：清华大学出版社，2009：2.
⑤ 齐二石，刘亮. 物流与供应链管理 ［M］. 北京：电子工业出版社，2007.
⑥ 百度百科. ［EB/OL］. http：//baike. baidu. com/view/1490545. htm.
⑦ 刘治学. 现代物流手册 ［M］. 北京：中国物资出版社，2001：37 – 38.
⑧ 冯耕中. 现代物流与供应链管理 ［M］. 西安：西安交通大学出版社，2003：19.

工、配送、信息处理等基本功能的实施和管理。"① 该定义重视了物品流动所涉及的广泛的因素，本课题成果就采用这个界定。

第二，物流活动的构成要素。基于对物流的定义，物流活动主要包括以下几个要素：①运输。运输是物流的基本要素，指借助一定的设备或工具，来完成物品在不同地区内的转移。在这个过程中，运输创造了商品的空间价值②和时间价值，是物流过程中最主要的增值活动③。②储存。储存是物流过程中的一个中心环节，具体来说是在保证物品的品质和数量的前提下，依据一定的管理规则，在一定期间内把物品存放在一定场所的活动④。在物品未被消费者最终消费之前，都会经历一个储存的过程，尤其是引入计算机技术之后，这个过程需要的时间就会变短，以实现快速流通。③包装。包装是保证整个物流过程得以顺利完成的重要环节之一。它是指在物流过程中保护产品、方便储运、促进销售，按一定技术方法采用容器、材料及辅助物等将物品包封并予以适当的装封标志的工作总称⑤。④装卸搬运。它是指在物流过程中随着物品运输和保管而产生的活动。装卸搬运活动是物流各个环节连接成一体的接口，是运输、储存、包装等物流作业得以顺利实现的根本保证，而且也是缩短物流移动时间、节约流通费用的关键，所以装卸搬运质量的好坏，对物流效率的提高是非常重要的。⑤流通加工。它可以看作是流通过程中的生产活动，也可以看作是生产过程中的流通活动。尤其是在以客户需求为目的的现代物流中，通过流通加工能够保证质量和更好地为客户服务，同时更加方便运输和保管。⑥物流信息。物流信息是物流各项活动的形式、内容、过程及变化的反应。由于现代物流业的运作已经是电脑化、网络化，因此对物流活动各个环节的信息进行实时采集、分析和传递，建立一个标准的物流信息平台，会极大地提高物流效率。⑦配送。配送作为物流活动的最后一个环节，也是非常重要的。它并不是简单地将物品送至收货人，而是根据不同客户的需求进行备货和配货，并按时送达指定地点的物流活动。建立配送中心、改善配送方式，将会有助于整个物流系统的完善，并在降低物流成本的同时提高服务质量，有利于物流资源的合理配置。

---

① 全国物流标准化技术委员会，全国物流标准化技术委员会. 国家标准《物流术语》（GB/T 18354 – 2006）［EB/OL］. 中华人民共和国交通运输部网，2015 – 08 – 14. http：//www. mot. gov. cn/zhuantizhuanlan/gonglujiaotong/shoufeigongluzmk/zhengcefagui/201508/t20150814_1863913. html.

② 空间价值也就是一种"场所效应"，这种场所效应是指：同一种物由于空间场所不同，其使用价值的实现程度也不同，其效益亦不同，由于改变场所而更好地发挥物的使用价值，最大限度地提高了投入产出比。

③ 卢国志，董兴林，杨磊. 新编电子商务与物流［M］. 北京：北京大学出版社，2005：34.

④ 宋华. 现代物流与供应链管理［M］. 北京：经济管理出版社，2000：214.

⑤ 王斌义. 现代物流实务［M］. 北京：对外经济贸易大学出版社，2003：137.

2. 物流业及其划分

什么是物流业？物流业是指从事以上物流活动或各种物流支援活动的产业[①]。对于物流业的范围，不同学者的界定是不同的。有的学者在进行研究时，没有直接界定物流业包含的具体范围，如汪鸣和冯浩（2003）从提供服务的角度、产销企业物流服务外部化而产生的供应链一体化角度看，认为"物流业具有独立产业的特点、是一种复合的产业形态"[②]；海锋等（2005）认为，"物流业是专门从事为市场提供物流服务的经济组织，或者提供物流活动的部门"。物流业有独立性的物流经济组织和非独立性物流服务组织，前者的投入目的是提高物流活动服务市场的能力，而后者的投入目的是支持企业的生产活动，最终增加物流企业的经济效益[③]。张圣忠（2006）认为，"物流业是依托物品的流动过程建立起来的，为流动过程服务的，以整体优化为目的的系统化产业"[④]。高腾（2008）以笼统的物流业作为研究对象，在建立 DEA 模型时，以各省市的整体物流固定资产投资及劳动力作为投入指标，用旅客周转量和货物周转量作为产出指标，来评价中国的物流效率[⑤]。另外一些学者如余泳泽和武鹏（2010）则在文章中清楚地界定了物流业的范围，认为物流业的范围包括货物运输业、仓储业和邮政业三个部门，其中货物运输业包括铁路货运业、公路货运业、管道运输业、水上货运业、航空货运业、其他交通运输及交通运输辅助业[⑥]。董千里（2014）认为，物流业是一种新兴的复合型服务业，它融合了运输、仓储、货代与信息等。新兴的意思是运用了现代管理技术与方法，复合的意思是整合了运输业、仓储业和配送业等[⑦]。

一般来说，物流业是一个跨行业、跨部门的新兴产业，按物流活动的构成要素及物流业的定义，物流业应包括运输业、仓储业、邮政业、包装业、装卸业、流通加工业、物流信息业等。2014 年发布的《物流业发展中长期规划（2014 - 2020）》中对物流业做出了如下定义："物流业是融合运输、仓储、货代、信息等产业的复合型服务业，是支撑国民经济发展的基础性、战略性产业。"[⑧] 该定义为物流业增加了战略性的性质。从该定义中可以看出，物流业是一个包含范围广泛的综合性产业。本书基于此对物流业的概念进行界定：①这个定义中的运输

[①] 夏春玉. 现代物流管理 [M]. 北京：首都经济贸易大学出版社，2004：152 - 153.

[②] 汪鸣，冯浩. 当前我国现代物流发展中的若干认识问题 [J]. 中国物流与采购，2003（1）：20 - 26.

[③] 海峰，张丽立，孙淑生. 我国现代物流产业政策体系研究 [J]. 武汉大学学报：哲学社会科学版，2005，58（5）：639 - 644.

[④] 张圣忠. 物流产业组织理论研究 [D]. 西安：长安大学，2006.

[⑤] 高腾. 基于 DEA 的中国地区物流效率研究 [J]. 中国市场，2008，（6）：74 - 76.

[⑥] 余泳泽，武鹏. 我国物流产业效率及其影响因素的实证研究 [J]. 产业经济研究，2010（1）：65 - 71.

[⑦] 董千里. 高级物流学：第三版 [M]. 北京：人民交通出版社，2014.

[⑧] 中华人民共和国中央人民政府网站. http://www.gov.cn.

主要指货物运输业，应该包括铁路运输业、公路运输业、管道运输业、水上运输业、航空货运输业、其他交通运输及辅助业。考虑到本课题的研究对象即丝绸之路经济带"核心区"的实际情况和数据的可获得性，本书实证研究中的货物运输业主要包括铁路运输业和公路运输业。②这个定义中的仓储是指利用仓库、货场或者其他场所代客储放、保管货物的业务活动。本书就在这个意义上使用仓储的概念。③这个定义中的货代，是货物运输代理的简称，指受货物收货人或发货人等委托人的委托，以委托人或自己的名义，在不直接提供货物运输服务的情况下，为委托人办理货物运输相关业务手续的业务活动。鉴于中国货代业相关的数据未进行单独统计，难以获取，且部分货代业就包含在邮政业中，所以本书不单独考虑货代业。④本书中的信息业，是指物流信息业，根据大物流理论，信息是一种物质，其流动也同一般物质流动一样，有着运输、储存、装卸搬运、流通加工等环节，例如信息的传递、存储、搜索、筛选等，信息的流动其实就是一种物流。本书用信息传输、计算机服务和软件业来代表信息业。⑤本书将邮政业也纳入物流业的范围内。因为根据《国民经济行业分类》（GB/T 4754—2011），邮政业指的是以传递信函为主的通信事业，具体包括邮政基本服务和快递服务，也是现代物流业的重要组成部分。⑥由于装卸与流通加工活动同运输或仓储活动具有高度相关性，也是运输或仓储活动的附属活动，因此，在各国的物流业分类中，并没有独立的装卸产业和流通加工业。此外，在各国的物流产业分类中也没有独立的包装业，而是将其归为工业，即包装工业。因此，本书不将包装业纳入物流业的范围内。

综上，在现实的产业分类中以及统计年鉴中，物流业基本包括运输业、仓储业和邮政业。另外，在中国的各年实际统计中，交通运输业、仓储业和邮政业对物流业增加值总量的贡献达到了85%以上①。基于此，本书的物流业范围基本就包括交通运输业、仓储业和邮政业。

3. 物流业效率

什么是物流业效率？对于物流业效率，现在国内外对其并没有给出专门的定义。目前物流业效率的定义基本上是从效率的定义衍生出来的。从一般概念来讲，在《辞海》中，效率是指"消耗的劳动量与所获得的劳动成果的比率，或者是一种机械（原动机或工作机等）在工作时的输出能量与输入能量之间的比值"②。而从经济活动来看，西方最具权威的《新帕尔格雷夫经济学大辞典》认为，"效率就是指资源配置效率，而资源配置效率是指在资源和技术条件限制下

---

① 根据2003~2010年的数据计算，全国交通运输业、仓储业和邮政业增加值占物流业增加值的85%以上。

② 夏征农. 辞海 ［M］. 上海：上海辞书出版社，1999.

尽可能满足人类需要的运行状况，即使其有效的投入能获得最大的产出"①。首先将效率引入经济学研究中的是意大利经济学家帕累托（Vilfredo Pareto）。帕累托（1848）认为，"如果对于某种既定的资源配置状态，任意改变都不可能使至少有一个人的状况变好而又不使任何人的状况变坏，那么这种资源配置状态为帕累托最优状态"②，而帕累托最优状态即帕累托效率，这也是经济学中普遍认同的效率概念。随后美国诺贝尔经济学奖第一人萨缪尔森在《经济学》中指出，"效率即经济在不减少一种物品生产的情况下，就不增加另一种物品的生产，它的运行便是有效率的，有效率的经济位于其生产可能性边界上"③。巴蒂斯和科埃利（Battese G. and Coelli T.，1988）将效率定义为，在相同的投入条件下，实际产出与完全有效产出的比值④。国内经济学家樊刚在《公有制宏观经济理论大纲》中将经济效率定义为，"经济效率是指社会利用现有资源进行生产所提供的用来满足人们的需要，即资源得到了最充分的利用"⑤。在经济效率理论中，当对投入与产出或成本与收益之间的对比关系进行研究时就会用到经济效率的概念⑥。可见，效率主要考察投入与产出之间的关系。而物流业效率考察的是物流业总投入与物流业总产出之间的关系。

对于物流业效率的计量，国际通用的指标是：物流成本/国内生产总值，即物流成本占国内生产总值的比例，但这个指标仅用来衡量物流业发展相对发达的地区和国家，对于本书的研究对象——中亚五国和中国西北五省区这类物流业尚不发达的国家和地区，物流成本占国内生产总值的比重较小，因此这个指标也就失效了。根据上述关于效率的最基本含义是指反映投入与产出之间的比例关系，物流业效率考察的就是物流业总投入与物流业总产出之间的比例关系，我们可以用公式 $E = Y/X$ 表示物流业效率（其中：E 代表物流业效率；Y 代表物流业总产出；X 代表物流业总投入）⑦，即可以用物流业产出和物流业投入的比值来衡量物流业效率。

1.4.2　丝绸之路经济带及"核心区"的界定

2013 年 9 月，习近平主席在哈萨克斯坦纳扎尔巴耶夫大学演讲时首次提出

①　约翰·伊特维尔. 新帕尔格雷夫经济学大辞典：第二版 [M]. 北京：经济科学出版社，1992.

②　高鸿业. 西方经济学 [M]. 北京：中国人民大学出版社，2004：329 – 330.

③　萨缪尔森. 经济学 [M]. 北京：中国发展出版社，1992.

④　Battese G，Coelli T. Prediction of Firm. Level Technical Efficiencies with a Generalized Frontier Production Function and Panel Data [J]. *Journal of Econometrics*，1988，38（3）：387 – 399.

⑤　樊刚等. 公有制宏观经济理论人纲 [M]. 上海：上海人民出版社，1995.

⑥　梅林海. 资源与环境经济学的理论与实践 [M]. 广州：暨南大学出版社，2016：79 – 80.

⑦　王琴梅，谭翠娥. 对西安市物流效率及影响因素的实证研究：基于 DEA 模型和 Tobit 回归模型的分析 [J]. 软科学，2013（5）.

要共同建设丝绸之路经济带。采用创新的合作模式，致力于紧密联系欧亚各国经济、深入相互合作、造福沿线各国人民。当年 11 月，中共十八届三中全会通过《中共中央关于全面深化改革若干重大问题的决定》，明确推进"一带一路"建设，形成全方位开放新局面。由此，丝绸之路经济带建设在内政外交中均确立为中国新时代构建全面对外开放新格局、提高对外开放水平的重大举措。

2014 年 7 月，中共中央政治局常委、国务院副总理张高丽主持召开西北五省区政府官员座谈会并表示，西北五省区是建设丝绸之路经济带的重要依托。陕西提出建设丝绸之路经济带"新起点"概念，甘肃则提出建设丝绸之路经济带"黄金段"，宁夏、青海提出建设丝绸之路经济带"战略支点"，而新疆则是要建设丝绸之路经济带国内段的"核心区"。可见，中国西北五省区对于各自在丝绸之路经济带中的定位逐渐明确。而中亚五国（哈萨克斯坦、吉尔吉斯斯坦、乌兹别克斯坦、土库曼斯坦以及塔吉克斯坦）是处于"决定世界未来秩序的心脏地带"①。因此本书将丝绸之路经济带"核心区"界定为包括中国西北五省区，即陕西、甘肃、青海、宁夏、新疆和中亚五国即哈萨克斯坦（KAZ）、吉尔吉斯斯坦（KGZ）、塔吉克斯坦（TJK）、土库曼斯坦（TKM）、乌兹别克斯坦（UZB）在内的空间范围。这样界定和划分，既符合历史，也符合现实需要。而从概念上讲，丝绸之路经济带"核心区"是一种空间范围，是在整个丝绸之路经济带上发挥承东启西、连接南北作用的中心区域②。也就是说，丝绸之路经济带"核心区"是一种空间范围的概念，它侧重区域在地理位置上的特殊性，代表了处在经济带地理核心位置的区域，本书中有时也简称"核心区"。

1.5 研究思路和研究方法

1.5.1 研究思路

本书广泛吸收和运用已有理论和研究成果，沿着"前端思考—奠定理论基础—效率现状评价—与影响因素的相关性分析—输出决策"的思路展开研究。研究的基本思路如图 1 - 1 所示：

---

① 英国地理学家、地缘政治家哈．麦金德在《历史的地理枢纽》中对中亚的定义。
② 王琴梅，张玉．丝绸之路经济带"核心区"物流业效率整体评价及分省区、分国别比较［J］．陕西师范大学学报（哲学社会科学版），2017，46（5）：5－15．

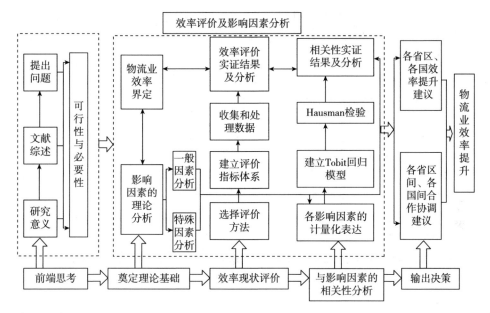

图 1 - 1 研究的基本思路

1.5.2 研究方法

本书坚持一切从实际出发、实事求是、理论联系实际的历史唯物主义和辩证唯物主义的方法论，坚持定性与定量相结合、理论与实证相结合的研究方法。更具体的研究方法如下：

（1）理论研究中，充分运用马克思《资本论》的流通费用理论、再生产理论和分工理论等以及现代经济学的一系列经典原理，从理论逻辑上推导演绎影响物流业效率的主要因素各自影响物流业效率的路径和机理。

（2）实证研究中，对物流业效率的评价方法：本书通过对作业基础成本法、指标数法、层次分析法、数据包络分析法和随机前沿法等方法的优劣比较，选取DEA 模型（数据包络分析法）及其扩展模型来对经济带"核心区"整体及各省区、各国 2004 年以来的物流业总体效率、纯技术效率和规模效率进行实证评价和比较。

（3）实证研究中，对影响物流业效率各个主要因素，包括物流业聚集水平、产业结构演进、金融发展、经济发展水平、物流专业人才、物流资源利用率、信息技术等一般性因素和市场化程度、对外开放程度、运输差异等特殊因素，分别用行业集中度、三产比重、金融深化指标和金融资产规模及金融配置效率、地区GDP 总量、人力资本存量、主成分分析法、互联网普及率和移动电话使用率及固定电话使用率和市场化指数、外贸依存度和外资依存度、货物周转量等来衡量和计算。

（4）实证研究中，对物流业效率与各个影响因素相关性大小的回归方法：本书利用 Tobit 回归模型及其扩展模型和 Hausman 检验等，对物流业效率与各个影响因素之间的相关性大小进行实证分析。

1.6　研究内容和框架结构

1.6.1　研究内容

本书由导论、总论、分论和全文总结四部分构成，形成"总—分—总"的写作大框架。

1. 导论部分

导论部分即第 1 章。主要包括研究背景和意义、文献综述与本书研究问题的提出、研究对象和研究目标、核心概念界定、研究思路和研究方法、研究内容和框架结构、创新之处等几方面的内容。

2. 总论部分

总论部分由第 2 章和第 3 章构成：

第 2 章是各主要因素影响物流业效率的理论分析，重点是运用相关经典原理分析各主要因素影响物流业效率的理论机理。具体包括物流业集聚水平影响物流业效率的理论分析、市场化影响物流业效率的理论分析、产业结构演进影响物流业效率的理论分析、金融发展影响物流业效率的理论分析、经济发展水平影响物流业效率的理论分析、物流专业人才影响物流业效率的理论分析、物流资源利用率影响物流业效率的理论分析、对外开放程度影响物流业效率的理论分析、信息技术影响物流业效率的理论分析、运输差异影响物流业效率的理论分析。

第 3 章是丝绸之路经济带"核心区"物流业效率现状评价及比较。首先，针对物流投入和产出的构成，按照一定原则，建立物流业效率评价指标体系；获取和整理可靠数据，运用选定的 DEA 方法从总体效率、纯技术效率和规模效率三方面整体和分国别、分省区评价物流业效率，并分析比较评价结果。其次，对影响"核心区"物流业效率的主要因素分别进行计量，并对"核心区"物流业效率与影响因素相关性大小进行回归分析。最后，针对回归检验结果及分析，运用相关基本原理，从各个省区、各个国家提升和各省区、各国之间的相互合作协调两大方面提出改进与提升的政策建议。

本书前三章已经基本构建起了一个完整的分析研究框架。其中第 1 章文献述评后界定核心概念、第 2 章从学理上深入分析各主要因素的影响机理、第 3 章在实证分析的基础上提出针对性的对策建议。

3. 分论部分

分论部分是在导论和总论已经基本进行了完整的理论分析和实证分析后的进一步实证分析，可以说是对第 3 章实证分析的进一步展开和具体化，其必要性就在于第 3 章主要是对该"核心区"物流业效率的评价和比较，对各影响因素的实证分析限于篇幅还比较简略，需要进一步展开。分论部分由第 4 章至第 13 章共 10 章构成，分别对影响"核心区"物流业效率的 10 个主要因素影响物流业效率的具体情况进行深入的实证分析，所得结论与总论部分基本一致（略有不同也是因为各子课题采取了略有不同的模型、指标体系和时间样本所致）。具体如下：

第 4 章是物流业集聚影响"核心区"物流业效率的实证分析。在梳理了国内外研究现状和界定集聚、物流业集聚、物流业集聚水平等概念的基础上，首先，对丝绸之路经济带"核心区" 2007～2016 年物流业整体发展水平较低、内部发展差距大的状况进行了描述，重点对该"核心区"的物流业效率状况运用超效率非径向数据包络分析方法（Super SBM DEA）分别进行了测算和比较；其次，对该"核心区"的物流业集聚水平状况运用区位基尼系数和区位熵指数进行了测算，并利用 Tobit 模型以及 2007～2016 年"核心区"的相关数据将物流业集聚水平对物流业效率的影响程度进行了回归分析和比较；最后，根据实证所得结果及分析，针对性地提出了促进该"核心区"物流业集聚发展以提升物流业效率的对策建议。

第 5 章是市场化影响"核心区"物流业效率的实证分析。在综述国内外研究现状和界定市场、市场化等概念的基础上，首先，从公路、铁路、航空、从业人员等方面，对丝绸之路经济带"核心区" 2003～2015 年物流业整体发展状况进行描述；其次，对该"核心区"的物流业效率状况运用数据包络分析方法（DEA）进行评价和比较；再次，以所得各地区的物流业综合技术效率、纯技术效率、规模效率的结果作为模型中的被解释变量，选取市场化指数作为关键解释变量，信息化水平、区位优势、开放程度、经济发展水平、城镇化水平、产业结构等 6 个控制变量，进行 Tobit 回归；最后，根据实证所得结果及分析，针对性地提出了促进该"核心区"市场化进程以提升物流业效率的对策建议。

第 6 章是产业结构演进影响"核心区"物流业效率的实证分析。在综述前人研究成果和界定产业结果演进内涵的基础上，首先从横向和纵向两个维度，分别采用泰尔指数和摩尔指数对丝绸之路经济带"核心区"的产业结构演进进行测评；其次，构建物流业效率评价指标体系，采用 Super - DEA 模型对"核心区"物流业效率进行评价；再次，采用动态面板 Tobit 模型实证分析产业结构演进影响物流业效率的情况；最后，提出丝绸之路经济带"核心区"应做到"六化"，以促进物流业效率的提升。

第 7 章是金融发展影响"核心区"物流业效率的实证分析。在梳理了国内外研究现状和界定金融发展等核心概念的基础上，首先，根据丝绸之路经济带"核心区"内的中国西北五省区和中亚五国的数据样本，统计描述了"核心区"金融发展现状和物流业发展现状；其次，利用数据包络分析法（DEA）对"核心区"2006～2017 年间的物流业纯技术效率、规模效率及综合效率进行了评价，并将中国西北五省区与中亚五国的这三种效率进行了比较；再次，利用 Tobit 模型及 2006～2017 年"核心区"的相关数据将金融发展对物流业综合效率、纯技术效率和规模效率的影响程度进行了回归分析；最后，根据实证结论并运用前述理论机理的相关理论，从"核心区"整体、中国西北五省区和中亚五国三个层次，针对性地提出了促进金融发展以提升物流业效率的对策建议。

第 8 章是经济发展影响"核心区"物流业效率的实证分析。在梳理了国内外研究现状和界定经济发展水平等核心概念的基础上，首先，采用 DEA 模型对中国西北五省区和中亚五国的物流业效率进行分析，分析该"核心区"2003～2017 年共 15 年的物流业综合效率及全要素生产率；其次，对经济发展水平（用地区人均 GDP 来衡量）影响该"核心区"物流业效率的状况进行 Tobit 回归，并进行中国西北五省区与中亚五国的比较；最后，根据实证分析结果，提出相应的对策建议。

第 9 章是物流专业人才影响"核心区"物流业效率的实证分析。在综述国内外研究现状和界定物流专业人才等概念的基础上，首先，根据丝绸之路经济带"核心区"内中国西北五省区和中亚五国 2006～2016 年物流业投入产出的数据，利用数据包络分析法（DEA），测度"核心区"整体以及分省区、分国别的物流业综合效率、全要素生产率及其分解效率；其次，采用教育法，分别测度了"核心区"10 个空间区域的初等、中等和高等三种人力资本水平的物流专业人才的人力资本存量；再次，利用 Tobit 模型以及 2006～2016 年"核心区"的相关数据将物流专业人才对物流业效率的影响程度进行了回归分析和比较；最后，根据实证结果及分析，提出了通过提高物流专业人才的人力资本水平进而提升物流业效率的对策建议。

第 10 章是物流资源利用率影响"核心区"物流业效率的实证分析。在综述国内外研究现状和界定物流资源利用率等概念的基础上，首先，运用三阶段 DEA 模型对该"核心区"2006～2016 年的物流业效率进行了评价和比较分析；其次，对该"核心区"的物流资源利用率从铁路资源利用率方面提取测算并对分区域进行了比较分析；再次，运用 Tobit 模型实证研究了物流资源利用率对物流业效率的影响，并分区域测算和比较了物流资源利用率对物流业综合效率、纯技术效率和规模效率的影响；最后，根据分析结果提出了针对性的建议和意见。

第11章是对外开放程度影响"核心区"物流业效率的实证分析。在综述国内外研究现状和界定对外开放程度概念的基础上，首先，依据2008～2015年的相关数据，运用DEA模型测算丝绸之路经济带"核心区"的物流业效率并比较中国西北五省区与中亚五国的差异；其次，选取外贸依存度和外资依存度两个指标，采用熵权法测算出该"核心区"各国、各省区的对外开放程度指数并比较中亚五国与中国西北五省区的差异；再次，建立Tobit模型对以上两方面进行回归实证分析并比较分析中国西北五省区与和中亚五国的差异；最后，提出该"核心区"注重提高技术溢出吸收能力，以增大对外开放程度对物流业效率的正向溢出效果的建议。

第12章是信息技术影响"核心区"物流业效率的实证分析。在综述国内外研究现状和界定信息、信息技术等核心概念的基础上，首先，以该"核心区"10个子区域2006～2017年的数据为研究样本，描述物流业投入和产出发展现状，并运用超效率SBM模型测度物流业效率并进行中外比较；其次，通过互联网覆盖率、移动电话使用率和固定电话使用率来描述目前"核心区"信息技术发展现状，并用主成分分析法测度和比较"核心区"的信息技术发展水平；再次，用面板固定效应模型实证分析该"核心区"信息技术对物流业效率的影响并进行中外比较；最后，基于以上研究结论，提出提升"核心区"物流业效率的对策建议。

第13章是运输差异影响"核心区"物流业效率的实证分析。在梳理了国内外研究现状和界定对运输差异等核心概念的基础上，首先，对丝绸之路经济带"核心区"内的中国西北五省区和中亚五国2006～2019年的物流业效率进行测算和比较；其次，选取丝绸之路经济带"核心区"的中国西北五省区和中亚五国2006～2019年的各种不同的运输方式完成货物周转量等的数据，分别对公路、铁路、航空、管道等对物流业效率的影响进行Tobit回归分析；最后，针对实证研究结论及分析提出相应的对策建议。

4. 全书总结及政策建议部分

总结部分即第14章。主要包括对全书研究结论的进一步总结和归纳，最主要的政策建议及进一步研究展望。

1.6.2 框架结构

本书总体框架具体如图1-2所示：

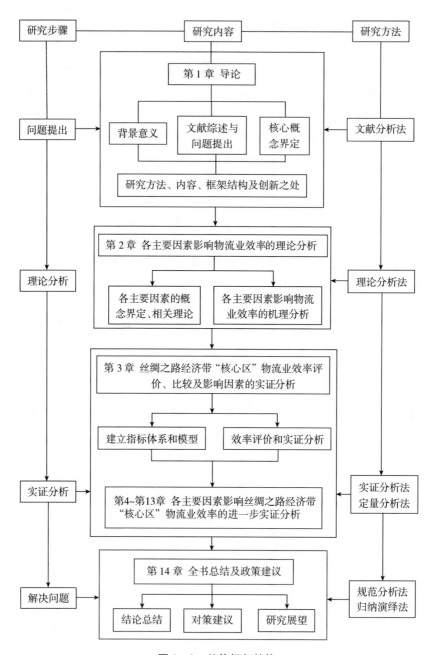

图1-2 总体框架结构

1.7　创新之处

1.7.1　研究视角的特色和创新

自中共十八届三中全会明确提出"推进丝绸之路经济带建设"以来，关于经济带建设的研究已成为学术界的热点，但从宏观角度和定性角度研究较多，从某个行业做实证研究的较少。本书从经济带建设的长远需要和目前的可行性出发，从建设丝绸之路经济带陆上国际商贸物流大通道的需要出发，同时考虑物流业被喻为现代经济发展的"加速器"，将经济带"核心区"物流业效率及其影响因素作为研究主题，抓住了经济带建设的重中之重，在研究视角上具有独特性和新意。

1.7.2　学术思想、学术观点方面的特色和创新

（1）本书在吸收前人对物流业效率一般影响因素认识的基础上，还针对丝绸之路经济带"核心区"的特点考虑了市场化程度、对外开放程度、运输差异等丝绸之路经济带"核心区"这个经济体制转型区域和深处亚欧大陆内地区域的特殊影响因素，使得本书的影响因素考虑更全面，并在第 2 章专门对 10 个主要影响因素如何影响物流业效率的理论机理进行了深入分析，这在以前的成果中也是很少见的，是有特色和新意的。

（2）认为丝绸之路经济带"核心区"物流业要以提高效率为发展的重点，应坚决防止各地都借"一带一路"建设之机滥建所谓的"物流园区"、大搞房地产和外延扩张的圈地运动。本书把物流业聚集水平作为一个主要影响因素，期待通过更好发挥物流中心和枢纽的作用从而提高效率。本书第 3~4 章的实证结果也证明，物流业集聚水平对物流业效率有显著的正向影响，但中国西北五省区的物流业集聚水平比中亚五国还低，这是值得引起注意的。

1.7.3　研究方法方面的特色和创新

在研究方法上，本书没有采取总论和分论"一刀切"、都采用一种方法和模型的简单划一方式，而是允许各个子课题可以采取略有不同的模型、指标体系和时间样本，也就是采用多条路线进行研究，以便研究结论能够互相印证和相互对照，从而保证所得结论的客观正确性。

第2章 各主要因素影响物流业效率的理论分析

影响丝绸之路经济带"核心区"物流业效率的因素很多，既有一般因素，又有特殊因素。参考各种文献，尤其是根据丝绸之路经济带"核心区"物流业发展的实际，我们发现物流业集聚水平、市场化程度、产业结构演进、金融发展水平、经济发展水平、物流专业人才、物流资源利用率、对外开放程度、信息技术、运输差异等因素是影响该"核心区"物流业效率的重要因素。因此，本章我们首先分别对这些因素影响物流业效率的机理进行深入剖析，以便为后面的实证分析奠定理论基础。

2.1 物流业集聚影响物流业效率的理论分析

由于在第1章已经对物流、物流业、物流业效率等概念进行了界定，因此，本节将在清晰界定物流业集聚水平概念的基础上，运用相关原理对物流业集聚水平影响物流业效率的理论机理进行深入分析。

2.1.1 物流业集聚及水平的概念界定

物流业是一种产业。产业集聚由于关联较多学科，目前缺乏统一范式。产业集聚（industrial agglomeration）、产业集群（industrial cluster）、产业综合体（industrial complex）等都是相同的表述。前人对产业集聚的研究也各有侧重，有马歇尔新古典经济学视角下的产业区位论、韦伯工业区位论、熊彼特（Joseph Schumpeter）创新产业集聚论、克鲁格曼（Paul R. Krugman）的新经济地理理论和波特（Michael E. Porter）的新竞争优势论等。

产业集聚的概念没有统一。学术界定义中，有偏重地理特性的，如波特从价值链角度出发，将集聚定义为在特定领域内相互联系，并在地理位置上集中的公司以及机构集合"[1]；斯旺（Trevor Swan）等提出产业集聚是相同产业的较多企

---

① Michael E. Porter. 国家竞争优势 [M]. 北京：华夏出版社，2002：2.

业位于相同的区位①。也有偏重产业特性的，如埃里克·罗森菲尔德（Eric Rosenfeld）指出，集聚是相同以及相关企业组织松散的空间集聚，会产生协同效应，企业会根据他们的相互影响依赖做出'自我选择'进入集聚，从而增加经济相关活动以及提升商业交易水平②。王缉慈（2001）提出，集聚是企业组织的在空间上的集聚现象，不仅有地区历史基础，又常受当地企业竞争以及合作关系影响的集合③。

基于以上分析，本书将以波特对产业集聚的定义为准。同时也将产业集聚水平界定为：在某一特定领域内、处于同一地理位置上的公司和机构的相互联系深度及集中程度。物流业集聚水平就是处于同一地理位置上的属于物流业的公司和机构相互联系的深度及集中程度。

2.1.2　物流业集聚影响物流业效率的机理分析

物流业效率的提升，一方面意味着在产出不变的情况下，降低物流业投入成本；另一方面意味着在投入成本既定的情况下，增加物流业产出。只要物流业集聚水平有利于降低物流业成本或增加物流业产出，就能促进物流业效率的提升。

1. 基于外部经济理论的分析

外部经济理论最早由马歇尔和庇古（Alfred Marshall and Arthur Cecil Pigou）创立。基本思想包括：第一，外部经济的概念。马歇尔在 1890 年的《经济学原理》中指出："外部经济是因货物生产规模扩大而发生的经济中，有赖于这工业的一般发达的经济"。他认为，外部经济可通过很多性质相似的企业集中在特定地区而产生。庇古则从私人收益及成本与社会收益及成本不一致的角度展开了对外部性的研究。他认为，外部经济是指当私人的边际成本大于私人的边际收益，社会的边际成本小于社会的边际收益时存在的正外部性。第二，产业集聚的外部经济表现。马歇尔在分析产业集聚的外部经济表现时指出，企业在空间上的集聚有利于生产要素包括原材料、劳动力、基础设施及专业化资源等的集聚。在集聚过程中，基础设施的共用在降低成本方面显得尤为重要。保罗·克鲁格曼（Paul R. Krugman，1991）在对新贸易行为进行分析时，发现产业集聚的外部性会以劳动力市场的专业化表现出来，并最终引发规模经济分工④。伯杰等（Berger A. N. et al.，1995）则发现产业集聚所形成的社会关系网有利于企业，尤其是小

---

①　严燕. 东部地区制造业产业集聚及与经济增长关系研究 [D]. 合肥：合肥工业大学，2013.

②　Rosenfeld S A. Bringing Business Clusters into the Mainstream of Economic Development, [J]. *European Planning Studies*，1997，5（1）：3 – 23.

③　王缉慈，童昕. 简论我国地方企业集群的研究意义 [J]. 经济地理，2001，21（5）：550 – 553.

④　邹伟. 产业集聚的文献综述 [J]. 现代物业（中旬刊），2007，6（3）：153 – 156.

企业进行融资①。第三,产业集聚外部性的不同类型。根据集聚的行业是否同质,将由集聚产生的外部性分为局域化和城市化效应,前者是指同行业的企业集聚所引起的外部性,后者是指不同行业的企业集聚所引起的外部性。局域化外部性的研究以马歇尔为代表,城市化效应的研究则以简·雅各布斯(Jacobs, Jane)为代表。同行业局域化效应的存在对小企业有着重要影响,大型企业则可以将其转化为内部规模经济。城市化效应则影响着区域总体经济环境,如劳动力整体素质、市场规模、文化软环境等,但效应的实现却受集聚区产业组织结构影响。一方面,小企业极度渴望这种效应,另一方面,大型企业却不遗余力地希望将其内部化②。由于本章研究的是物流产业的集聚,故只着重考虑物流业集聚带来的局域化效应。

根据上述外部经济理论,物流业集聚水平对物流业效率将产生以下影响:第一,物流业集聚能为企业带来原材料、专业化资源与专业化劳动力的集聚,从而能降低企业对生产要素的搜寻、购买成本,进而促进物流业效率的提升。第二,物流业集聚区内基础设施的共享,有利于降低整个产业的生产成本,提升物流业效率。第三,物流业集聚形成的社会关系网络可降低企业的融资成本,提升物流企业的运营效率。

基于以上分析,本章提出假设:物流业集聚水平提高会通过外部经济效应的中介作用来提升物流业效率。

2. 基于交易费用理论的分析

交易费用理论最早由新制度经济学的代表人物科斯(Ronald H. Coase, 1937)在《企业的性质》一文中提出。交易费用理论是一种将交易作为基础因素,分析经济相关组织比较制度的理论③。制度经济学家康芒斯(Commons J. R.)首次将"交易"引入经济学范畴,随后有古诺(Antoine Augustin Cournot)、马克思等对交易中存在的费用也展开了研究,虽未有人正式提出"交易费用"的概念,但相关研究已较为深入。1937 年,科斯指出使用价格机制是有代价的,需要支付一定的成本,从而进一步将"交易费用"的思想具体化。阿罗(Kenneth J. Arrow)在 1969 年正式提出"交易费用"的概念,而后有威廉姆森(Olive Williams)、诺斯(Douglass C. North)、张五常、韦伯斯特(C. Webster)等对交易费用的决定因素、特征表现、存在条件以及对企业和国家经济绩效的影响等方面展开了深入论述,从而把制度分析划入了主流经济学的研究框架。交易费用理论的基本思想是:第一,交易费用的概念。科斯指出,在契约的签订和执

---

① Berger A N, Udell G F. Relationship Lending and Lines of Credit in Small Firm Finance [J]. *Journal of Business*, 1995, 68 (3): 351 – 381.

② 邹伟. 产业集聚的文献综述 [J]. 现代物业 (中旬刊), 2007, 6 (3): 153 – 156.

③ 王洪涛. 威廉姆森交易费用理论述评 [J]. 经济经纬, 2004 (4): 11 – 14.

行中，额外的支付是不可避免的，但"交易费用"这一名词是阿罗随后提出的，并将其定义为"市场机制的运行费用"①。第二，交易费用的组成。科斯认为，交易费用由谈判，拟定、实施和监督契约条例等费用构成②。威廉姆森认为，交易费用是在草拟合同、谈判合同、确保合同实施以及修改合同、退出合同的过程中产生，主要包括不适应成本、讨价还价成本、建立及运营成本和保证成本组成③。张五常则认为，交易费用包括识别、考核与测度费用，以及讨价还价与使用仲裁机构的费用④。第三，交易费用的致因。威廉姆森认为有限理性是交易费用产生的重要条件，人们不能完全掌握现在及未来的信息，故合同总是变化的⑤。诺斯认为，客体的多维性使得主体要全面了解其性质需耗费一定的成本，加之信息不对称以及机会主义动机等因素造成了交易费用⑥。第四，交易费用与产业集聚。该学派也利用交易费用理论来分析产业集聚。多个企业通过集聚形成一个新组织来管理资源，从而节约了市场运行成本。科斯（1991）提出，把要素所有者组成一个单位进行市场交换（产业集聚），减少了市场交易者的数量从而降低了信息不对称程度，节省了交易费用⑦。威廉姆森（1980）提出，环境的不确定性、小数目条件以及机会主义是影响交易费用的因素⑧。产业集聚可降低环境的不确定性，变化小数目条件，阻碍机会主义产生，从而节省交易费用。

根据上述交易费用理论，物流业集聚水平对物流业效率将产生以下影响：第一，物流业集聚可通过降低环境的不确定性、变化小数目条件、阻碍机会主义产生三方面来节省交易费用，降低物流成本，促进物流业效率的提升。第二，物流业集聚可通过促进信息在企业间的传播，改善信息不对称、不充分现象，提高企业的"有限理性"，降低企业对客体的"识别成本"，促进物流业效率的提升。第三，物流业集聚可促使企业间的共同管理组织形成，从而减少各中小企业间频繁签订、更新合同等契约的次数，降低交易费用，进而促进物流业效率的提升。

基于以上分析，本章提出假设：物流业集聚水平提高会通过交易费用降低效应的中介作用来提升物流业效率。

3. 基于内生增长模型的分析

内生增长模型是20世纪80年代由罗默（Paul M. Romer）、卢卡斯（Robert E. Lucas，Jr）等经济学家在对新古典增长理论重新思考的基础上提出的，是新

---

①② 沈满洪，张兵兵. 交易费用理论综述 [J]. 浙江大学学报（人文社会科学版），2013，43（2）.

③ Williamson O E. *The Economic Institutions of Capitalism* [M]. New York：The free Press. 1985：20.

④ 张五常. 交易费用的范式 [J]. 社会科学战线，1999（1）：1 – 9.

⑤ O. E. 威廉姆森，胡庄君. 什么是交易费用经济学 [J]. 经济社会体制比较，1987（6）：49 – 56.

⑥ 汤喆. 交易费用理论综述 [D]. 长春：吉林大学，2006.

⑦ 罗纳德·H. 科斯. 企业、市场与法律 [M]. 北京：华夏出版社，2013：28 – 42.

⑧ Williams H and A G Wilson. Some Comments on the Theoretical and Analytical Structure of Urban and Regional Models [J]. *Sistemi Urbani*，1980：203 – 242.

增长理论的重要组成部分。基本思想是：第一，罗默内生增长模型。内生增长模型可分为完全竞争和不完全竞争模型。前者是在完全竞争假定下发展出的内生技术变化均衡模型，后者是在前者基础上，考虑到知识技术复制成本极低的现实情况，而引入不完全竞争市场组织的模型。罗默的内生增长模型中不但引入了传统生产要素劳动与资本，还引入了技术水平以及人力资本[①]。他强调创新、技术以及人力资本的培育和使用对长期经济增长的促进作用。内生增长模型将知识等内生技术变化因素引入经济增长模型，突破了古典经济学资本收益递减的局限，使得资本收益率可以不变或者递增，对部分发达国家经济稳定增长的事实做出了一定解释。第二，卢卡斯人力资本模型。卢卡斯将阿罗与宇泽的模型相结合，并将人力资本与技术发展融合，形成了人力资本模型，主要研究其积累及溢出。他认为，在教育过程中的知识积累和在引进技术、边干边学中的技能积累都可以作用于人力资本的提升[②]。第三，罗默知识溢出模型。罗默（1986）提出知识溢出模型，即知识具有溢出效应的特点，使得任何厂商所生产出来的知识都有利于全社会生产率的提高[③]。在知识溢出模型中，空间距离、市场结构、接受能力以及社会网络是影响知识溢出的主要因素。第四，新增长理论的内涵。不同于以往经济增长理论，新增长理论将经济增长的全部原因内生化。它讨论了经济长期增长的可能前景，着重强调经济的增长不是靠外部而是靠内部力量推动的，并对知识溢出、人力资本、边干边学以及开放经济等问题进行了深入研究[④]。谭崇台等（2001）指出，"技术不再是外生、无法控制的东西，它是人类出于自利而进行投资的产物。"[⑤]这对于发展中国家的长期经济追赶提供了重要的理论基础。

根据上述内生增长模型，物流业集聚水平对物流业效率将产生以下影响：第一，物流业集聚可通过促进物流企业间的竞争交流而形成竞争性的市场结构，从而有利于知识溢出的发生，进一步降低企业的研发投入成本，促进物流业效率的提升。第二，物流业集聚可促进企业间人才的相互学习借鉴。同产业内的集聚企业间并无太大的知识性门槛，知识易于接受学习，能有效地提升企业人力资本水平，促进物流业效率的提升。第三，物流业集聚可缩短企业间的空间距离，促进企业间知识溢出的发生，降低物流成本，促进物流业效率的提升。第四，物流业集聚还能在集聚企业间形成的稳定社会网络，也有利于知识相互溢出，从而提升物流业效率水平。

---

① 张建华. 罗默的内生增长论及其意义 [J]. 华中科技大学学报（社会科学版），2000，14（2）：73 – 76.

② 赵达薇，李非非. 罗默、卢卡斯人力资本理论对经济增长作用的理论分析 [J]. 管理现代化，2008（1）：49 – 50.

③ Romer P M. Increasing Returns and Long – Run Growth [J]. *Journal of Political Economy*，1986，94（5）：1002 – 1037.

④⑤ 谭崇台等. 发展经济学 [M]. 太原：山西经济出版社，2001.

基于以上分析，本章提出假设：物流业集聚水平提高会通过知识溢出效应的中介作用来提升物流业效率。

4. 基于劳动分工理论的分析

劳动分工理论是亚当·斯密（Adam Smith）在经济学的奠基著作《国富论》（1776）中首先提出的，他首次揭示了分工协作对提高劳动生产率的巨大作用[①]。后来马克思在《资本论》中发展了劳动分工理论，杨格（Allyn Abbott Young）、杨小凯、贝克尔（Garys Becker）等也进行了相关研究。劳动分工理论的基本思想是：第一，劳动分工形成的原因。斯密认为，社会分工是由人性中互通有无、相互交易的没有功利色彩的倾向发展而形成的，并将分工分为企业内分工、企业间分工以及社会分工；马克思则认为，分工是以物质劳动和精神劳动相互分离为前提的[②]。杨格对产业间分工的递增收益机制进行了分析，他指出，劳动分工是累积性的，并以累积的方式自我繁殖[③]。第二，劳动分工的具体影响。斯密认为，分工可以通过提高劳动力熟练程度、节约劳动转化时间以及促进新技术、新机器的产生而作用于劳动生产率[④]。但长时间从事简单重复操作，会消磨人的智力，故应对工人进行适时的专业培训。马克思进一步指出，分工在促进劳动生产率提升的同时，会造成个别劳动与社会劳动的矛盾，并且这种矛盾会伴随分工的发展而发展。相比古典经济学家注重分工的"质和使用价值"，注重"产品和生产者因为分工而得到改善"，工场手工业分工只注重"量和交换价值"，将分工视为加速资本积累的手段[⑤]。故它会将人限制在一定的活动范围内并成为一种异己、对立的力量。杨小凯则认为，分工能使个人和组织相互依存度提高、促使经济组织结构转变等[⑥]。他也利用分工和专业化理论对产业集聚过程作了阐述，认为产业空间集聚能实现企业规模报酬递增[⑦]。

根据上述劳动分工理论，物流业集聚水平对物流业效率将产生以下影响：第一，物流业集聚能缩短物流企业间的地理距离，为互通有无、相互交易的倾向提供了实现环境，进而能促进企业间分工加深，提高劳动力熟练程度，促进生产力水平的提升，提高物流产出，推动物流业效率发展。第二，物流业集聚可通过作用于企业分工而增强集聚企业间的依存度，将不同企业整合为利益共同体，减少企业间恶性竞争的发生，从而提升物流业效率水平。

---

① 亚当·斯密. 国富论 ［M］. 上海：上海三联书店，2009：3－14.

② 丁忠锋，张正萍. 亚当·斯密与卡尔·马克思：劳动分工学说之比较 ［J］. 浙江社会科学，2016（5）：146－152.

③ 谭崇台等. 发展经济学 ［M］. 太原：山西经济出版社，2001.

④ 苗长青. 分工理论综述 ［J］. 全国流通经济，2008（1）：121－122.

⑤ 马克思. 资本论（第1卷）［M］. 北京：人民出版社，1975.

⑥ 苗长青. 分工理论综述 ［J］. 全国流通经济，2008（1）：121－122.

⑦ 杨小凯. 经济学原理 ［M］. 北京：中国社会科学出版社，1998：47，130.

基于以上分析，本章提出假设：物流业集聚水平提高会通过分工细化效应的中介作用来提升物流业效率。

5. 基于竞争优势理论的分析

美国哈佛大学经济学教授迈克尔·波特在《国家竞争优势》（1990年）一书中提出了竞争优势理论，构建了钻石模型，试图去解释不同国家在经济发展中会出现不同的竞争优势产业的现象。基本思想是：第一，竞争优势形成的原因。波特认为传统贸易理论中的生产率水平、要素禀赋、规模优势以及技术差距等因素均不能很好地解释一国企业的竞争力。他指出，竞争优势不是靠天然获得，区域或企业的竞争优势，主要来自高级要素的培养、产业链（产业扎堆）的发展、企业战略、激烈的国内竞争等。他认为竞争优势理论是由一系列相互影响、强化的因素构成的有机整体，各影响因素间具有较强的关联性[1]。第二，竞争优势理论的内涵。竞争优势是指企业或产业能保持其在领域内部的竞争力的能力，波特强调了国家在其中的推力作用。他认为企业运营效率及产业竞争能力受所处地段的影响很大，因而产业集聚就是竞争优势的现实表现，针对这点政府应采用适应的产业集聚政策推动相关产业集聚的发展[2]。第三，钻石模型。为分析国家或企业在国际市场上取得的竞争优势，波特于1990年提出了"钻石模型"，模型由四个决定因素和两个辅助因素组成，并得出产业链、企业间激烈竞争以政府会对竞争优势产生一定影响的结论，从而形成了国家竞争优势理论。波特（Porter）从国家竞争力的角度研究产业集聚现象，并用钻石模型对产业集聚进行了分析。他认为，产业竞争优势的大小主要受生产要素、需求状况、相关与支持产业、企业策略与同业竞争四方面影响[3]。

根据上述竞争优势理论，物流业集聚水平对物流业效率将产生以下影响：第一，物流业集聚能通过促进集聚区企业间的技术交流以提升企业的创新能力，促进高级要素的培养，提升企业竞争力，促进物流业效率的提升。第二，物流业集聚能促进物流企业间的竞争。处于集聚区内的企业，不仅要应对内部的企业分割市场，还要面对新企业的不断加入，更需通过不断的产品改良、工艺创新以保证自身的市场份额。这样使企业在不断竞争中培养长期的竞争优势，从而促进物流业效率的发展。第三，物流业集聚的外在表现形式即企业扎堆，可促进物流产业链的发展，提升相关企业的竞争力，促进物流业效率的提升。第四，物流业集聚区的生产要素条件较好，有固定的市场，产业链较长，同类企业数量多，能为产业竞争优势的加强创造了良好条件，从而提升物流业竞争优势，促进物流业效率水平提升。

基于以上分析，本章提出假设：物流业集聚水平提高会通过竞争优势效应的

---

① 张金昌. 波特的国家竞争优势理论剖析 [J]. 中国工业经济，2001（9）：53–58.

② 胡列曲. 波特的竞争优势理论述评 [J]. 经济问题探索，2004（12）：21–23.

③ Michael E. Porter. 国家竞争优势 [M]. 北京：华夏出版社，2002：2.

中介作用来提升物流业效率。

6. 基于新经济地理学知识溢出理论的分析

1980 年以来，以克鲁格曼（Paul R. Krugman）、阿瑟（AFthul W. B.）等经济学家为代表的新经济地理学逐渐形成，该学派在市场不完全竞争的假设下，从理论及实证两方面入手研究了经济的空间问题。研究内容主要包括经济活动的集聚和地区增长集聚的推动力分析。该学派以收益递增为假设，认为规模经济和交通运营成本是区域集聚形成的主要原因。学派也探讨了知识溢出效应对产业集聚的影响，其知识溢出理论的基本思想是：第一，知识溢出的内涵。克鲁格曼认为，企业组织的建立会为其他企业带来收益或降低其成本，而这种溢出可分为物理外溢和智力外溢。知识溢出则是智力外溢的重要体现。知识溢出的发生是由于知识本身存在非竞争性以及不完全排他性所造成的。克里希斯（Criliches Z.，1991）认为，知识溢出是相关企业在各自研究中相互受益的过程[①]。杰夫·亚当（Jaffe Adam，1996）将知识溢出定义为：模仿者通过信息交换得到创新者的知识，但对创新者的直接支付为零或者小于知识价值的情况[②]。第二，知识溢出的影响因素。对于知识溢出的影响因素，学者主要在网络、地理以及创新三大方面进行了分析。其中，网络影响因素中有技术重合度、关系网嵌入性，地理影响因素中有人才流动、商品流动、产业集聚，创新影响因素中有交互性知识探索、外部资源等[③]。第三，知识溢出与产业集聚。克鲁格曼（1991）指出，知识溢出与产业集聚间不是单向的关系，是互为因果、互相强化的双向关系。经济活动的集中能作用于知识溢出的产生，而知识溢出的产生又能反作用于经济活动的集聚。费尔德曼（Feldman M. P.，1996）认为，知识溢出的存在是产业集聚能影响创新的主要因素[④]。在产业集聚区内，企业间信息流动较充分，员工间交流沟通也较便捷。无论是工作时的知识研讨，还是休息时的茶后闲谈，都利于创新知识的产生。陆铭（2016）在《大国大城》中也指出，很多企业都在大城市扎堆，尤其偏好集聚在城市中心，以提高交流沟通的便利程度。并且，运用信息技术带来的"线上交流"会产生更多"线下交流"需要[⑤]。面对面交流所引发的思想碰撞有助于创新知识的产生，正如很多改变世界的经典创意都是在咖啡桌前出现的。

根据上述知识溢出理论，物流业集聚水平对物流业效率将产生以下影响：第一，物流业集聚能缩短企业间距离，促进人才、商品的流动，从而促进交互性知识探索的发生，并进一步提高知识溢出水平，激发创新知识的产生，提高物流企

①　Griliches Z . The Search for R&D Spillovers [J]. *Nber Chapters*，1991，94（94）：29 – 47.

②　蔡杰，龙志和. 知识溢出研究的比较分析 [J]. 科技进步与对策，2007，24（9）：91 – 93.

③　肖仁桥，宋莹，丁娟. 知识溢出研究述评 [J]. 长春大学学报，2017，27（9）：1 – 7.

④　G. L. 克拉克，M. P. 费尔德曼，M. S. 格特勒，主编. 牛津经济地理学手册 [M]. 北京：商务印书馆，2005.

⑤　陆铭. 大国大城：当代中国的统一、发展与平衡 [M]. 上海：人民出版社，2016：156 – 157.

业的创新能力和生产率，促进物流业效率的提升。第二，物流业集聚在促进知识溢出的同时，由于集聚区企业生产率的提高，会吸引更多外围企业的加入，形成更高水平的物流集聚，进而推动物流企业的进一步发展，提高物流产出，在更高水平上促进物流业效率的提升。

基于以上分析，本章提出假设：物流业集聚水平的提高会通过知识溢出效应的中介作用来提升物流业效率。

7. 机理总结

以上论述的物流业集聚水平影响物流业效率的机理，可以概括总结为图 2 − 1：

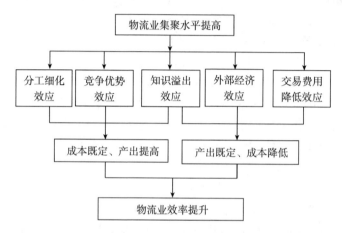

图 2 − 1　物流业集聚水平的提高影响物流业效率提升机理

图 2 − 1 说明：第一，在物流成本既定的情况下，物流业集聚水平的提高可通过加深分工细化、提升竞争优势、激发技术创新三方面以促进物流产出的提高，从而提升物流业效率水平。第二，在物流产出既定的情况下，物流业集聚水平的提高可通过降低研发成本、产生外部经济、降低交易成本三方面以促进物流成本的降低，从而提升物流业效率水平。

基于以上分析，本章提出的关键假设为：物流业集聚水平的提高可通过成本既定、产出提高或产出既定、成本降低两方面作用来促进物流业效率的提升。

2.2　市场化影响物流业效率的理论分析

2.2.1　市场、市场化的概念界定

1. 市场

市场是什么？从狭义上来讲，市场被看作是人类互动的统一载体，人们进行

交易活动的场所，如股票市场、劳动力市场等。但是，学者们显然认为这种狭义的概念没有将市场的丰富内涵表现出来。姜霖（1999）认为，市场并不单纯只是资源配置方式的一种，它本身包含了丰富的内容，是一种新的生产方式、生活方式、社会经济、政治与文化体制，同时在市场建设中要重点考虑建构与之相匹配的非正式约束①。《新帕尔格雷夫经济学大辞典》当中在讲到市场的概念时，就指出，"市场是组织化的交易，市场本身既不是一个自然设施，也不是一个无所不包的载体，它其实是一种社会制度，这种社会制度受一系列规则支配，而这些规则又限制并促使一些行为合法化，进一步说，市场还跟其他社会制度交织在一起。"②由此可见，广义上来讲，市场的概念更加复杂，它是交易行为的总称，是交换关系的总和，能够发生所有产权转移和交换关系都可以成为市场，有参与市场活动的主体、客体以及相应的交易活动等基本要素。

2. 市场化

一般来说，市场化是同计划化相对应的一个范畴，是指通过市场机制调节经济、引导经济发展的行为。从狭义上说，市场化的内容包括两个方面：一是指运用市场机制来调节劳动产品的生产与交换活动，把劳动产品拿到市场上交易；二是指运用市场机制来调节生产要素的流动，合理配置社会资源。市场化有时还指经济发展的一种趋势，即人们的一切经济活动都以市场为导向，运用市场准则来衡量人们的行为。因此，以市场为导向的一切经济活动都是市场化行为。

从中国学术界的研究来看，姜霖（1999）结合中国实践从制度层面进行了市场化研究，发现市场化是结合社会意识形态、传统社会结构、政治力量对比等社会因素的强制性制度创新过程③。张曙光和赵农（2000）说明了新古典经济学整个经济框架中并没有给出市场化的相关定义，只是将市场化简单地等同于市场经济过程中发挥市场机制配置资源的手段。同时，指出了目前对市场化进行定义会忽视的两方面问题：一是市场化本身包含诸多变化，尤其是在制度和政策上；二是为了方便对市场化的测度和计量，将指标过于量化，忽略了其中的联系。市场化本身就是一个演变过程，其实质就是经济自由化④。赵彦云和李静萍（2000）的定义是从经济的调控手段出发，认为市场化就是经济制度由政府管制向市场经济转变的过程。同时说明了政府的过度干预，甚至取代市场和企业的作用，会影响市场功能的发挥，造成资源配置效率下降，价格机制、供求机制不能正常发挥

---

①　姜霖. 论中国市场化进程中的社会因素［J］. 东岳论丛, 1999（6）: 50 – 52.

②　史蒂文・N. 杜尔劳夫，劳伦斯・E. 布卢姆. 新帕尔格雷夫经济学大辞典（第二版）［M］. 北京: 经济科学出版社, 2016: 292.

③　姜霖. 论中国市场化进程中的社会因素［J］. 东岳论丛, 1999（6）: 50 – 52.

④　张曙光，赵农. 市场化及其测度：兼评《中国经济体制市场化进程研究》［J］. 经济研究, 2000（10）: 73 – 77.

作用等问题，这时，就迫切需要实现市场化①。陈宗胜（2001）在文章中对市场、市场经济以及市场机制进行了详细解读，认为市场化就是一个各种制度从无到有，市场体制从产生、发展到最终成熟的过程。同时，提出在选取测度市场化的指标时，应该考虑两个层次的内容：一是市场机制的建立与完善程度，二是市场机制在资源配置中发挥作用的范围与程度。市场化本身就是一个过程，具有基本的特征②。卢现祥（2001）认为，目前市场化进行测度的文章，并没有搞清中国的市场化进展与西方国家不同。市场化并不是简单的量化，更重要的是"质"（即制度创新）的研究③。樊纲和王小鲁（2003）对市场化的定义是从经济体制的变化角度来阐述的，指的就是涵盖了从计划向市场经济转变的所有参与主体发生变化的整个过程④。杨晓猛（2006）从转型经济学的角度出发，认为经济市场化不仅是指经济自由化，还包括了经济的现代化⑤。周弘（2008）认为，市场化表现在经济调节方式的改变，同时在市场调节逐渐成为基础的过程中，社会的各项经济范畴随之变化的过程。其本质是将计划调节方式转变为市场调节⑥。孙晓华和李明珊（2014）从资源配置和价格形成角度对市场化进行阐述，认为市场化就是强调市场起决定性作用，并且进行制度变革来激发经济主体的活力和创造力的过程⑦。

综合以上学者们对于市场化的阐述，可以发现学术界一般有两种解释：一种从资源配置角度强调市场的作用；另一种适用于转型经济体，强调资源配置方式的转变。前者是发展意义上的市场化，强调在经济发展过程中，市场起着越来越重要的作用；后者才是经济转型或转轨的国家或地区市场化的概念。基于中国西北五省区和中亚五国都处于从计划经济向市场经济转型的历史过程中，第二种理解更加适应本书研究的需要和实际，所以本书的市场化概念，就是指资源配置和经济运行的调节方式从计划转为市场的整个过程。

2.2.2　相关基础理论

1. 市场有效理论

经济学界对于市场以及市场规律的研究不断深入。早在 17 世纪末，英国的

---

① 赵彦云，李静萍．中国市场化水平测度、分析与预测［J］．中国人民大学学报，2000（4）：32－37.
② 陈宗胜，周云波．加速市场化进程　推进经济体制转型［J］．天津社会科学，2001（3）：55－58.
③ 卢现祥．论我国市场化的"质"：我国市场化进程的制度经济学思考［J］．财贸经济，2001（10）：26－30.
④ 樊纲，王小鲁，张立文，朱恒鹏．中国各地区市场化相对进程报告［J］．经济研究，2003（3）：9－18，89.
⑤ 杨晓猛．转型国家市场化进程测度的地区差异分析：基于产业结构调整指标的设计与评价［J］．世界经济研究，2006（1）：72－78.
⑥ 周弘．关中经济区市场化进程水平的实证研究［D］．西安：陕西师范大学，2008.
⑦ 孙晓华，李明珊．我国市场化进程的地区差异：2001～2011年［J］．改革，2014（6）：59－66.

洛克（John Locke，1689）、诺思（Dudley North，1691）等人陆续提出了经济自由的思想。实际上，对资本主义市场经济自行调节机制的认识，使人们更加清楚地看到，在资本主义时代，竞争才是资本发展的正常的或最有利的条件，只有保证在某种意义的自由竞争，资本才能充分发展自身，才能不断在最有利的条件下，获取最大利润，从而快速积累起来。紧随其后的经济学家亚当·斯密（Adam Smith，1776）在继承前人研究成果的基础上，以经济人假设为前提，论述了经济自由主义的理论和政策。19 世纪后期的新古典经济学总结和发展了斯密经济自由主义的概念，以完全竞争市场为基础，提出合理配置资源、提高资源配置效率的相关理论，再次论证了市场的有效性。20 世纪著名的经济学家米塞斯（Ludwig Heinrich Edler von Mises，1922）、哈耶克（Friedrich August von Hayek，1944）等人更是把市场有效性提高到前所未有的程度。概括来说，市场有效理论的核心问题是强调市场机制在稀缺资源配置中的有效作用。在完全竞争或垄断竞争市场结构条件下，市场之所以能够利用市场机制对资源进行有效配置，是因为市场机制能够发挥出以下功能：第一，市场机制具有自动灵敏的价格变动机制，能够准确反映各种产品的供求状况并通过供求机制调节资源实现合理配置；第二，市场机制具有经济主体追求自身利益最大化的强烈的动力激励机制，必然充满活力；第三，市场机制具有激发经济当事人之间进行自由竞争的竞争机制，压力变动力，优胜劣汰，必然具有效率；第四，市场机制鼓励企业创新和企业家精神，具有高效配置和利用资源、不断改善生产和生活方式的强大能力。

2. 市场失灵理论

新古典经济学家们对自由市场的描绘，使得各国政府对市场机制的完美产生了一种盲目的迷信，但是，现实打破了这种迷信。在 1929 年美国爆发严重经济危机后，胡佛政府依旧采取自由放任的经济政策，一味依靠市场来调节经济，使得美国的经济状况进一步恶化。这时一些经济学家才开始认识到，所谓万能的市场是不存在的。尤其是完全竞争市场成立的众多假设过于苛刻，在现实生活中并不能同时满足，所以完全竞争市场是难以存在的。因此，市场并不能解决现实经济中出现的各种问题。市场本身存在一定的局限性。经济发展中一些不可避免的问题的出现，如外部性、垄断以及信息不对称等，都导致市场并不能正常地发挥作用，资源难以或者很难进行合理配置，这就是市场失灵。正是在这种情况下，经济学家们想到了借助另一种手段即"政府干预"来弥补或纠正市场失灵。凯恩斯（John Maynard Keynes，1936）认为，经济危机和失业的出现是由于有效需求不足，而市场不能有效地解决这一问题，因此，必须引入政府来对宏观经济进行干预和调控，用这只"看得见的手"去辅助市场机制那只"看不见的手"。20 世纪的经济学家霍布森（John Hobson，1909）、霍布豪斯（Leonard Hobhouse，1911）等，均强调了政府干预的重要性。概括来说，由于非完全竞争、信息不对称、外部性以及垄断等问题的存在，导致市场在配置资源中出现"失灵"的状况。如果市场失灵没有得到节制，可能会造成：第一，市场配置资源的效率低下甚至无效；第二，恶性通货膨胀；第三，失业率上升；第四，生产过剩；等等。

3. 政府有效理论

在经济发展的过程中，选择自由放任还是选择政府调控，一直都是经济学界最具争议的话题。斯密（Adam Smith，1776）、萨伊（Say Jean Baptiste，1803）等人虽然强调经济自由，但是也并未否定政府的作用，明确地给定了政府的职能范围，指出政府在规范内的行为是有效的，超过其范围的行为对经济是有害的。19 世纪的经济学家李斯特（Friedrich List，1841）、施穆勒（Gustav von Schmoller，1874）等，认为私人经济和市场经济中存在缺陷，存在私人利益不同于国家利益等问题，主张政府借助强有力的权力对经济进行广泛干预。凯恩斯主义的主张被许多国家用于实践中，真正地将国家干预推向了顶峰。凯恩斯的理论强调了，在自由放任的条件下，有效需求往往不足，不能达到充分就业的状态，政府能够使用财政政策和货币政策，用以刺激有效需求[①]。之后的经济学家如汉森（Alvin Hansen，1949）等，都为凯恩斯理论的政策化做出了突出贡献。早期的发展经济学家罗森斯坦·罗丹（Paul Rosenstein Rodan，1943）通过对发展中国家经济问题的研究，主张政府出面解决经济发展问题。中国著名经济学家林毅夫的新结构经济学也主张把有为政府与有效市场结合起来。概括来说，政府有效论的核心就是政府如何修正市场失灵问题。政府的有效性体现在：第一，提供公共产品，如修建水利设施、提供国防安全等；第二，减少负外部性的影响，如减少污染，保护环境；第三，管制和消除垄断；第四，采用相机抉择熨平经济周期；第五，利用再分配制度保证社会公平等。

4. 政府失灵理论

当市场在某些方面"失灵"时，政府可以对其进行纠正和弥补。但实际上，政府也可能面临失灵的状况。保罗·萨缪尔森（Paul A. Samuelson，1948）将政府失灵的原因总结为三方面：政府缺乏代表性、官员行为的必然性和在政治决策上的眼光短浅[②]。詹姆斯·布坎南（James McGill Buchanan Jr，1986）认为，"政府的缺陷至少和市场一样严重"，政府官员们也会寻求自身利益最大化，所以，他们并不总是代表公众利益[③]。中国经济学家陈秀山（1998）对于造成政府失灵的原因，从政府行为目标偏差、机构效率低下、信息不完全、政策局限性等方面进行了详细的说明[④]。概括来说，由于公共决策的缺陷、寻租行为的存在以及政府缺乏有效的监督和约束等问题，会导致政府行为的"失灵"，主要表现在：第

---

① 胡家勇：政府干预理论研究［M］. 大连：东北财经出版社，1996.

② 保罗·萨缪尔逊. 经济学：第 12 版［M］. 北京：中国发展出版社，1992：182－1186.

③ 布坎南. 自由、市场和国家［M］. 北京：北京经济学院出版社，1988：28.

④ 陈秀山. 政府失灵及其矫正［J］. 经济学家，1998：54－60.

一，政府机构运转的效率低下甚至无效；第二，决策无效；第三，对经济干预结果无效。那么，如果政府表现失灵时，该由谁来解决问题？

2.2.3　市场化影响物流业效率的机理分析

市场化就是逐渐引进和利用市场机制的过程，必然发挥市场机制调节资源配置、激励经济当事人追求自身利益最大化的动力、鼓励竞争和优胜劣汰的功能。具体到物流业发展上，市场化影响物流业效率的机理主要表现在以下几方面：

1. 市场化将通过调整市场与政府关系而影响物流业效率

第一，市场与政府关系。亚当·斯密在 1776 年的《国富论》中，提出"看不见的手"，强调了完全自由的市场经济运行规则。阿尔弗雷德·马歇尔（Alfred Marshall）1890 年的《经济学原理》更是把市场机制的调节作用描述为万能的。各国在发展中纷纷将自由市场运用到本国经济发展中，但是，以英国为首的国家，在发展过程中出现了萧条，甚至严重失业等一系列社会问题。随后，1936 年约翰·梅纳德·凯恩斯（John Maynard Keynes）的《通论》的出版，系统批判了新古典经济学派自由放任的思想，提出了政府干预经济的重要性。罗斯福新政与凯恩斯的这一主张不谋而合，采用国家干预帮助美国摆脱经济危机。政府与市场的关系也成为经济学各学派讨论的焦点问题。

第二，物流业效率提升中市场与政府所起的作用。市场通过竞争机制、价格机制和供求机制来影响产品的生产和流通，而政府则是利用强有力的干预方式进行资源的调配，两者各有发挥作用的余地，其中市场发挥资源配置的决定性作用。但是，基于转型经济体的发展来看，从计划经济到市场经济的转型中，政府凭借其强有力的行为会对经济进行干预和调控。但一般而言，政府的这些管理活动往往对资源配置效率产生一定的负面作用。市场化程度的提高意味市场在资源配置中的作用愈加明显，政府的干预范围和力度在逐渐减小，有利于社会资源向物流业的转移，从而促进物流业产出和物流业效率的提升。这时，政府的主要作用是调整市场力不能及的部分，如建设物流业基础设施、建立法律法规、规范物流市场的运行等。

具体到转型经济体的物流业发展来说，按照杨守德和赵德海（2015）[①]，朱长明（2016）[②] 对物流业阶段的划分，在物流业市场形成阶段，市场作用小，需要政府这只强有力的手参与，国有资本参与物流行业的发展，满足人们日常的物流需求，这个阶段政府干预对物流业市场的发展起到了重要作用；在市场扩张阶

---

① 杨守德，赵德海. 农村商贸流通业市场化发展阶段研究 [J]. 技术经济与管理研究，2015，No. 23110：109 – 113.

② 朱长明. 我国农村流通业市场化发展的阶段判定及提升路径 [J]. 商业经济研究，2016（8）：163 – 164.

段，市场配置资源的能力凸显，大量的私有资本进入市场，民营物流企业大量涌现；在后市场化阶段，物流业中的完整市场体系和规范市场经济制度已经建立，市场机制和政府作用已经深谙其职责范围，两者之间界限明显，各司其职，政府不会越界过度干预经济、影响市场作用的发挥。可见，政府与市场在不同发展阶段都有不同的职能，只有各司其职、相互补充，才能更好地提升物流业效率。

2. 市场化将通过推动要素市场和产品市场发展而影响物流业效率

第一，市场化与产品市场和要素市场发展的关系。市场具备调节供求关系的作用，即：当供不应求时，市场可以抬高商品价格来使商品的供求总量趋于平衡；当供过于求时，市场可以通过降低价格，达到供需平衡。因此，随着市场化进程的不断推进，市场化程度不断提高，市场能够帮助要素和产品解决供求失衡的问题的功能也就越强大。一个有效的市场应当是统一、开放的市场。市场化进程的不断推进推动了要素市场和产品市场的发展。

第二，要素市场发展对物流业效率提升的重要性。要素市场为经济发展提供了各种必需的生产要素，促进了劳动力、资金、技术等各种要素资源的自由流动，允许任何一种要素可以自由地从一个行业转移到另一个行业，从一个企业转移到另一个企业，从一个地区转移到另一个地区，从而优化了要素资源的配置，提高了经济的效率。市场化的推进意味着要素市场的发展日益健康和完善。市场化程度的高低会直接影响到要素市场的发育状况，当市场化程度较低时，要素资源难以自由流动，要素在行业内转换困难，难以保证物流业发展所需的要素，最终会对物流业效率产生不利影响；相反，当市场化程度越高时，要素市场发育越成熟，逐渐减少流动壁垒，要素开始自由流动，优秀的人才、充足的资金和先进的技术等能够进入物流业，这就为物流业效率提升提供了条件和保障。

第三，产品市场与物流业效率提升的关系。产品市场是沟通生产者和最终消费者的桥梁。产品市场越发达，生产者和消费者之间的沟通越便利、越高效，进而带动物流业也越高效；反之则相反。市场化的推进，首先表现为产品市场越来越完善、越来越发达。市场中的产品从少到多，从单一到多样化。而产品从产地到消费者手中，中间离不开物流，从而倒逼产品的跨区域、跨国界的运输和流通要更加普遍、物流要更加迅速高效。尤其是随着信息更替速度的不断加快，产品更新周期的缩短，产品市场的发展对物流业效率提出了更高的要求。可见，市场化进程中产品市场的日益发展完善倒逼着结构合理、高效迅速的物流体系作为支撑。所以，产品市场的发展和活跃能够促进物流业效率的提升。

3. 市场化将通过活跃民营经济发展而影响物流业效率

第一，市场化发展对非公有制经济发展的影响。在一个有效的市场中，存在着大量的买者和卖者，它们之间能够自由、充分地竞争，这是效率提升的保证。市场化水平的提升意味着，市场竞争更加趋于自由化，个别买者或卖者逐渐丧失了垄断力量，任何一个都不能通过控制价格而盈利，只能靠技术创新赢得更多消费者。市场化程度的提升意味着市场主体的活力被激发，市场的壁垒和门槛逐渐降低，越来越多的民营经济参与进来，同时原有的国有企业也会改革创新、不断适应市场竞争，各类企业的存续和发展都取决于其在竞争中赢得需求者的实力和能力，必然是高效率的。

第二，民营经济发展对物流业效率提升的影响。物流业作为蓬勃兴起的第三产业，通过市场化将有大量资源涌入物流行业，促进了物流业的竞争，有利于促使物流业市场的发展，提高物流业的效率。同时，市场能够对企业的结构进行调整和优化，资源趋利避害的特质会在市场竞争中变得淋漓尽致，资源会自发地从效率低的企业中流出，自觉地流向那些效率高的企业，从而使得效率高的企业会不断发展壮大；而那些效率低的企业由于资源不断流出，难以正常开展生产，最终将不得不面临破产倒闭或者被效率更高的企业兼并的结局，从而促使企业效率提高，最终促进整个行业效率的提升。在转型经济体中，民用经济的发展，意味着在市场中国有经济比重的下降和民营经济所占比重的上升，这就有利于降低国有企业的垄断力量，推动企业的创新发展，有利于要素资源和产品的自由流动，从而提高效率。民营经济在物流行业中的活跃，对传统的物流企业产生了冲击，对传统物流企业的发展提出了新要求，传统物流企业为求生存，定会不断改革创新。民营经济的发展加快了传统物流企业的转型，促使传统物流企业效率提升；民营经济企业之间又相互竞争，提高了物流企业自身的效率，最终带动整个物流行业效率的提升。

4. 机理总结

根据以上机理分析，可以概括归纳出影响机理如图 2－2 所示：

为了更好地理解图 2－2 表达的机理，可以对其作了以下说明：

市场化进程不断推进的过程，可以根据其发展的特点，大体分为市场形成、市场扩大和后市场化三个阶段。每个阶段都伴随着政府作用、要素市场和产品市场以及民营经济发展的不同状况。

第一，在市场形成阶段，由于市场发展不足，政府为了保障人们的日常需要会建立一些国有物流企业。这时，政府对物流资源进行调度，物流业发展以政府干预为主。这时，物流业发展相配套的产品市场和要素市场正在逐渐形成，但尚未成熟。与此同时，也有少量民营企业逐渐进入物流行业，但实力较弱，提供的产品、服务等并不能完全满足人们的物流需求，此时物流业的发展以满足人们的需求为主，技术的应用尚显不足，规模尚未形成，所以相对于其他阶段，物流业效率较低。

第二，在市场扩大阶段，市场调节作用加强，民营企业家们发现物流行业有利可图，纷纷涌入，市场中的企业数量激增。为保证物流企业正常发展，其相应的要素市场和产品市场快速发展起来，为了能够占领市场，各企业之间竞争激烈，并且多以价格竞争为主。在这个过程中，可能会出现破坏市场秩序的问题，

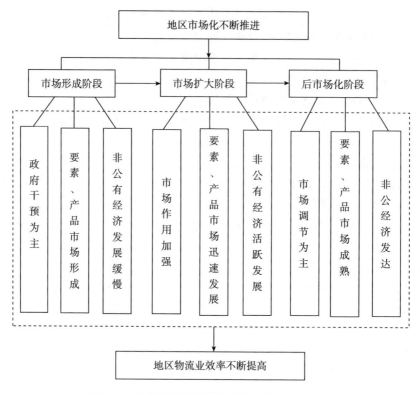

图 2 - 2 市场化进程影响物流业效率的理论机理

需要政府进行规范和管理。在这个发展阶段中，从物流行业整体来看，尚未进入有效状态。

第三，在后市场化阶段 ["后市场化"虽然目前并没有统一的概念，但是杨雪冬（2008）① 以及陈醒和刘玉（2014）②等人对这一发展阶段进行了解读]，由于经过了前面两个阶段的市场化发展，基本建成了完善的市场体系和市经济制度，并且政府与市场的作用日益清晰③。要素市场和产品市场发展成熟。物流业中的民营经济发展活跃，积极创新。经过之前阶段的发展，这时的物流业效率已经达到有效状态或者与有效状态差距很小。

总体上来说，市场化进程随着以上三个阶段逐渐深化，地区物流业效率也随之提升。

① 杨雪冬. 后市场化改革与公共管理创新：过去十多年来中国的经验 [J]. 管理世界，2008（12）：51 - 63.

② 陈醒，刘玉. 把握好后市场化时期的盈利空间 [J]. 国际融资，2014（1）：40 - 41.

③ 陈宗胜，陈胜. 中国农业市场化进程测度 [J]. 经济学家，1999（3）：110 - 118.

2.3　产业结构演进影响物流业效率的理论分析

2.3.1　产业结构演进的概念界定

产业结构指一个国家或地区全部经济资源在各产业中的配置结构和比例关系。产业结构不是一成不变的，其演进可以从两个维度进行考察：一个是横向演进，即产业结构的合理化；另一个是纵向演进，即产业结构的高级化。多数学者认为，产业结构合理化指产业间协调和关联程度提升的动态过程，本书主要从产业结构偏离均衡状态的程度对产业结构合理化水平进行分析。产业结构高级化是指产业结构由低水平向高水平提升的过程，它包含：第一，由第一产业占比较大向第二产业或第三产业占比较大转变；第二，由劳动密集型产业、资本密集型产业向技术和知识密集型产业转变；第三，由低附加值产业向高附加值产业的转变等，本书主要从三大产业占比的角度来对丝绸之路经济带"核心区"的产业结构高级化水平进行分析。

2.3.2　产业结构演进影响物流业效率的机理分析

将产业结构演进分成横向维度的产业结构合理化和纵向维度的产业结构高级化，产业结构的合理化和高级化都能够提升物流业效率。机理如下：

1. 产业结构合理化能够促进物流业效率的提升

第一，产业结构合理化能够通过关联效应促进物流业效率的提升。产业结构合理化能够通过产业关联效应促进物流业效率的提升。在社会化大生产条件下，产业间有着千丝万缕的联系，一个产业的变动不仅会通过"前向关联"和"后向关联"引起其上游产业和下游产业的变动，还会通过"旁侧关联"引起周围产业的变动，也能通过乘数效应，进一步带动其他产业的变动。作为国民经济的复合性、基础性和先导性产业，物流业包含了运输业、仓储业、装卸业、包装业、配送业、物流信息业等产业，产业结构合理化能够通过产业关联效应，如通过产业的前向关联效应、后向关联效应、旁侧关联效应及乘数效应，促进物流业供给和需求的增加，提升物流业产出水平，促进物流业效率的提升。

产业结构合理化能够通过区域关联效应促进物流业效率的提升。开放经济条件下，区域间的互动联系增加。一是产业结构合理化能够通过区域关联效应，促进要素在不同区域间的合理流动，如促进物流要素（物流资本、物流人才、物流技术等）在不同区域间的合理流动，促进物流资源的优化配置，进而提升物流业效率；二是产业结构合理化能够通过区域关联效应，促进商品贸易的发展，进而促进作为商品供给和需求桥梁的物流业的发展，带动物流业相关贸易的达成，带动物流业效率的提升。

第二，产业结构合理化能够通过结构效应促进物流业效率的提升。在一定资源和技术条件下，产业结构合理化能够通过结构效应，提升经济效率，促进物流业效率的提升。一是三大产业内部结构的合理化，能够带动三大产业与物流业的联动发展。农业内部结构协调和优化，能够提升农业效率，催生农产品物流、乡村物流需求的产生和发展，农产品对运输时间和储存方式的要求，正是物流业效率提升的动力；工业内部结构协调和优化，能够提升生产效率，物流业作为"第三利润源泉"和"生产性服务业"，工业效率的提升要求物流业成本的降低，催生原材料物流和产品物流的产生和发展；物流业结构的协调和优化，可以直接促进物流业效率的提升；除物流业外其他服务业结构的协调和优化，可以催生服务业物流的产生和发展，降低物流成本，提升物流业效率。二是三大产业间的结构合理化，能够促进整体国民经济效率的提升，促进国民经济发展，为物流业效率的提升提供良好的经济环境（如图2-3所示）。

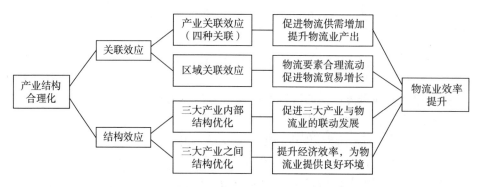

图2-3　产业结构合理化对物流业效率的促进作用

2. 产业结构高级化能够促进物流业效率的提升

第一，产业结构的高级化能够通过升级效应提升物流业效率。一是产业结构高级化通过升级效应，促进第一产业、第二产业和第三产业在国民经济中所占比重的顺次提高，会带动工业物流需求和服务业物流需求的提升，促进物流业的发展，通过规模经济效应，降低物流业成本，提高物流业的产出，进而提升物流业效率。二是产业结构的高级化能通过升级效应，促进劳动密集型产业、资本密集型产业、技术和知识密集型产业的顺次转变，能够通过技术和知识的溢出效应，提升物流技术和物流人才对物流业发展的贡献，提升物流业的产出水平，促进物流业发展的速度变革、质量变革和效率变革，提升物流业效率。三是产业结构的高级化能通过升级效应，促进低附加值产业向高附加值产业的转变，提升人民日益增长的消费需求，物流业作为连接生产和消费的桥梁，人们消费需求的增长，会对物流业运转效率有更高的要求，这正是物流业效率提升的动力。

第二，产业结构的高级化能通过创新效应提升物流业效率。因为产业结构的高级化能促进科技创新、制度创新、产品创新、市场创新和服务创新，促进物流技术、物流制度、物流产品、物流市场和物流服务的发展和变革，促进物流业创新驱动效应的产生，带动物流业效率的提升（如图 2 - 4 所示）。

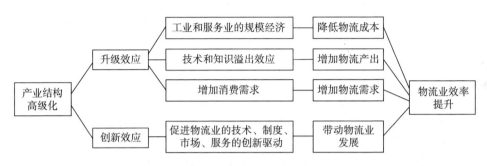

图 2 - 4　产业结构高级化对物流业效率的促进作用

2.4　金融发展影响物流业效率的理论分析

本节首先界定金融发展概念，然后运用相关经典原理深入阐述金融发展对物流业效率的影响机理。

2.4.1　金融发展的内涵界定

本书在借鉴各方意见的基础上，结合丝绸之路经济带"核心区"的经济社会实际，将金融发展的内涵界定为一国或一地区金融规模的扩大、金融结构的优化以及金融效率的提高等三个方面。

2.4.2　金融发展相关理论

1. 金融结构论

学术界公认的对金融发展理论比较系统的研究开始于戈德史密斯（Goldsmith）在 1969 年出版的《金融结构与发展》（*Financial Structure and Development*）一书，该书系统地阐述了一国金融结构与经济发展的关系，被誉为现代金融发展理论的奠基之作。戈德史密斯提出的金融结构理论主要包括以下三方面的内容：第一，金融发展的内涵及金融结构指标体系。戈德史密斯认为所谓一国或地区的金融发展就是指其金融结构的演变，而金融结构是指金融工具与金融机构的性质、形式及相对规模。戈德史密斯提出用金融相关比率来衡量一国或地区的金融结构，而金融结构化程度是金融机构与非金融机构各自发行的金融工具的价值之比。第二，金融结构的层次及演进问题。戈德史密斯发现世界上各个国家和地区的金融发展水平并不相同，横向地看有三个水平层次：低等层次、中等层次和高等层次的金融结构。而纵向地看，世界上各个国家的金融发展水平都是由低到高演进，但在演进速度上差异较大。第三，发展中国家的经济金融问题。戈德史密斯通过细致分析发展中国家与发达国家的金融发展水平的差异，发现一国的金融发展水平对其经济增长有显著影响，要推动一国的经济增长，就要优先发展金融[①]。

概括来说，戈德史密斯的主要贡献有以下四点：第一，独特的研究方法。戈德史密斯在他的研究中，采取了数量分析和比较分析相结合、国际横向比较与历史纵向比较相结合的方法。金融结构理论是运用比较分析方法研究金融发展问题的最初尝试，是比较经济学在金融领域的具体运用。采用比较金融分析方法是戈德史密斯的重要贡献。第二，创造性地提出了衡量一国金融结构与金融发展水平的指标体系。其中金融相关比率的重要性不言而喻，时至今日，仍为许多研究者所采用。第三，论证了金融结构与经济增长的关系。发达的金融结构对经济增长与经济发展具有积极的促进作用。注重金融工具供给和强调金融机制的正常运行是金融结构理论的核心，也是金融自我发展及促进经济增长的关键所在，这一观点被后来的金融发展理论所继承。第四，揭示了金融结构变动的基本趋势，且基本符合金融发展和变化的实际。

2. 金融深化论

金融深化论又称金融抑制论，是由经济学家麦金农（McKinnon，1973）和肖（Shaw，1974）以发展中国家为对象，在深入研究了货币金融发展与经济增长之间的关系问题后在其论著《经济发展中的货币与资本》(*Money and Captial in Economic Development*) 及《经济发展中的金融深化》(*Financial Deepening in Economic Development*) 中提出的。因此，"金融抑制"和"金融深化"这两大理论通常也被合并称为麦金农 – 肖（McKinnon – Shaw）理论。该理论模型试图回答的核心问题是：货币金融发展与经济增长之间的关系到底如何？麦金农和肖分别深入研究了这个问题，在各自的著作中提出了金融抑制和金融深化的理论，构成了切合发展中国家经济发展特点的理论。概括地说，该理论的基本内容是：第一，金融抑制是指发展中国家的政府普遍对其金融市场和金融活动进行过度干预（也即抑制），从而限制了其金融体系的自然发展过程，使得其金融体系发展滞后，这种局面进一步又阻碍了其经济发展。他们的研究显示，发展中国家基本上

---

① GoldSmith R W. *Financial Structure and Development* [M]. NewHaven：Yale University Press，1969.

都存在着严重的金融抑制现象,经济金融体系大体上都处于割裂状态①。第二,发展中国家的金融抑制一般表现在以下三点:一是利率管制,就是国家限制利率。大多数发展中国家采取了限定存贷利率上限的政策,这导致金融资产的价格出现扭曲,不能真实准确地反映出资本的供需,与经济发展脱节。为了应对通货膨胀,发展中国家通常都降低储蓄率,降低民众的储蓄意愿,而低利率又导致投资扩大,使得资金严重匮乏,导致金融体系陷入严重资金短缺困境。二是信贷分配,产生资源配置低效。大多数发展中国家控制了金融资源的配置,使得贷款更多地流向了国有企业或特殊的民营企业,金融资本基本上被他们占有,从而导致金融体系资本配置的效率低下,没有产生应有的作用和效率。三是外汇控制。大多数发展中国家对外汇市场进行严格的监管,控制汇率水平、限制资本流动,这使得汇率的信号失真,不能准确反映市场供求的变化②。

麦金农和肖通过研究认为市场机制可以自动平衡经济关系,建议发展中国家和地区应该放松管制、实施金融自由化的政策。

3. 金融功能论

到了 20 世纪 90 年代,虽然人们已经认同金融发展可以促进经济增长,但是在金融发展水平相近的国家之间经济发展水平仍然存在着差异,上述金融自由化理论无法给出合理的解释。在实践中,南美国家的金融自由化实施并没有取得成功。可见,经济发展还有赖于很多其他因素,例如文化等。这也促使人们转换角度研究金融。因此,金融功能论应运而生。

默顿(Merton,1995)在分析上述难题的基础上提出了金融功能理论,其代表作是《金融创新和金融机构的管理与监管》(*Financial Innovation and the Management and Regulation of Financial Institutions*)。默顿强调了金融体系通常具有的三大核心功能:清算和支付、集聚和分配资源、分散风险。金融体系提供多种商品、服务和资产的清算和结算工具,工具在功能上具有替代性;金融体系是集聚资源和进行有效配置资源的系统;在配置资源中,金融体系又是管理和配置风险的核心。概括来说,金融功能论的基本思想是:第一,应该从金融功能的角度分析金融发展对经济增长的作用。金融市场和金融中介通过自身提供的多种功能促进经济增长,金融功能通过影响资本积累的速度和效率促进经济增长,金融功能也能激发技术创新促进经济增长。第二,一国或一地区的金融体系的形式并不重要,金融功能比金融机构更稳定更重要。金融机构只是金融体系的外表,而金融功能是金融体系的本质。第三,基于金融功能论,判定金融体系效率的标准应该

---

①　Mckinnon, R I. *Money and Capital in Economic Development* [M]. Washington, D. C. : Brookings Institution Press, 1973.

②　ArchLachman D , Shaw E S . Financial Deepening in Economic Development [J]. *The Economic Journal*, 1974, 84 (333): 227.

是金融功能的充分发挥，也就是多样的金融工具和手段，充分汲取社会资源并高效配置，提高资本的利用率，优化风险承担，促进经济增长①。

莱文（Levine，1997）详细总结了金融的功能：第一，交换、隔离、分散或汇集风险；第二，配置资源；第三，监督管理者和改进公司治理；第四，加强储蓄流动性；第五，促进产品和服务交换。莱文认为金融发展内生于经济发展的过程当中，它们通过金融功能相互"联结"：信息成本和交易成本等市场促使了金融市场和中介的产生和发展，金融市场和中介通过提供各种功能，又促进经济增长，而经济增长又对金融产生新的需求，又促进了金融发展②。

2.4.3 金融发展促进物流业效率的机理分析

这里我们从金融发展能够扩大物流业资金支持、优化物流业资金配置、强化物流业风险管理、促进物流业技术创新等几方面分析金融发展对物流业效率的影响机理。

1. 金融发展扩大物流业资金支持

任何产业的发展都离不开投入，投入的重要依托就是资金。物流业在发展壮大的过程中更是需要大量的资金投入，比如物流基础设施的建设。很多物流企业在业务稳定的情况下，想再多购车辆发展自己的车队，但因资金不足而无法进行。金融机构是专门提供资金支持的。因此，快速发展的物流业迫切需要金融机构大量的资金支持。金融业金融资产规模的扩大就可以解决物流业发展过程中的资金问题，从而推动物流业的发展，进而提高物流业效率。

物流业属于第三产业，融资需求更加多样化。物流业的发展和效率的提升更需要多样化全面的金融服务支持。一国或一地区的金融发展通常体现在金融规模方面，金融发展水平的提高就表现为金融规模的扩大。金融规模的扩大决定了物流企业融资渠道的多样性及可以获得的资金数量的多少。银行等金融中介机构通过吸收储蓄为物流企业提供贷款，证券市场则是通过发行股票和债券来为上市物流企业融资。银行等金融中介机构存贷款规模越大，证券市场吸引的资金总量越多，物流企业所获得的金融资源就会越多。物流业是一个资本密集型的行业，基础设施的建设更是需要大量的资金，仅靠物流企业本身的资金积累根本不够，必须转向外部借助金融机构的大量资金支持。在物流业的发展过程中，产业资本（包括货币资本和实物资本）的积累具有奠基性的作用。货币资本积累的速度和规模必然会影响到实物资本积累的速度和规模，从而决定了产业资本的形成。而

---

① Merton R C. Financial Innovation and the Management and Regulation of Financial Institutions [J]. *Social Science Electronic Publishing*, 1995, 19（3 - 4）：461 - 481.

② Levine R. Financial Development and Economic Growth: Views and Agenda [J]. *Journal of Economic Literature*, Vol. 35, No. 2.（Jun, 1997），pp. 688 - 726.

高效的金融体系可以促进物流产业资本的快速形成。金融机构的根本功能就是通过吸收社会闲散资金形成储蓄，然后将储蓄资金转化为物流产业的贷款，进而形成产业扩张所需要的设备、机器以及设施等实物资本，体现出对物流产业发展的金融支持。因此，金融系统体现出资本中介的作用，通过吸收存款、动员储蓄的功能对物流产业的发展提供资金支持。金融发展水平越高，使得金融资产规模越大，将扩大对物流业的资金支持，资金支持将使物流业发展速度升级加快，物流业效率将随着提高。

2. 金融发展优化物流业资金配置

金融部门是社会资金配置的核心。一方面，资金配置机制反映的是金融部门对金融资源在各个产业之间的有效配置，有效的资金配置进而促进产业结构优化升级。金融结构的差异会直接决定产业资源配置的效率，从而影响物流产业的发展及物流业的效率。金融发展的另一个方面是更加合理地配置金融资源，合理配置的金融资源能够推动物流业的发展，提升物流业的效率。

在金融市场中，物流企业取得资金主要有以银行为主导的间接融资和以证券市场为主导的直接融资两种方法。银行信贷通常是物流企业资金来源的主要渠道，而银行信贷却对物流企业的盈利能力和信誉水平要求较高。资本市场是物流企业资金的直接来源，通常能够为大型物流企业提供融资便利，有时也可为中小型物流企业解决融资困境。但是金融机构的本性是逐利的，这就要求将资金投资到那些具有较高收益的产业中。金融市场也是对企业进行审核，选择那些具有优势的、发展潜力较大的产业。但是在现实中，资源错配的情景屡见不鲜。这使得金融资源在产业之间的配置就不会均等、合理，那些看似收益高的主导产业和发展潜力巨大的产业就会获得大量的资金支持，而那些看似发展潜力较低、经济效益较差的产业就会因为投资短缺从而或者退出市场或者转型发展。尤其大多数物流企业为中小型，规模小、收益低，面临融资困难的问题，为了解决这一问题，则需要金融机构将金融资源在各产业之间有效配置，保障物流企业的资金需求，促进物流业的发展。

要达到金融资源的优化配置，金融机构就应更好地对资本市场和信贷市场的资金进行引导，使其流向物流业等新兴产业，因此，在物流业发展的过程中，金融结构的优化是非常重要的一部分，有效引导资金在产业间的合理配置，才能促进物流业的发展。

因此，金融发展水平越高，金融结构更加优化，使得多样化的金融工具、高效的金融机构以及健全的金融市场引导金融资源更加合理配置。这样就能够既为大型物流企业提供融资便利，也能为中小型物流企业解决融资困境，整体上推动物流业的发展，提高物流业效率。

3. 金融发展强化物流业风险管理

当前各国的产业结构都处于深度调整中。一国或地区物流产业在发展的同时，也带来了各种各样的投资风险。现代物流供应链因素越来越多，风险管理要求也相应提高。金融发展将通过强化物流业风险管理保证物流企业的抗风险能力。

金融发展可以通过为物流企业提供更为系统、全面的金融工具帮助企业分散投资风险。世界经济发展仍然很不平衡。相对于发达国家，发展中国家的经济制度建设和市场经济环境比较落后、发展缓慢，资本市场还不够发达，对投资者的保护机制不健全。发达国家的金融体系一般都强调资本市场的主导作用，资本市场能够不断提供新的金融工具，开辟新的融资方式，开创新型清算手段等。这就使得在发达国家物流企业的投资风险不断降低。

因此，金融发展水平越高，金融体系就会越完善，就越能够为不同规模的物流企业提供具有不同融资成本和流动性的多种金融工具及其组合选择。选择集的扩大使物流企业能够理性面对预期的投资风险，保障投资绩效的提升，推动了物流业的发展，进而提高了物流业效率。

4. 金融发展促进物流业技术创新

技术创新不仅是一国或者地区实现经济增长的关键因素，还是企业保持核心竞争力的重要保证。物流成本高一直是横亘在企业增加盈利面前难以逾越的障碍，近年来，为了降低物流成本，中国陆续出台了一系列围绕物流业发展和道路基础设施建设的规划。随着各项政策逐步落地实施，物流成本已经显著降低。而金融发展通过促进物流业技术创新降低了物流成本，推动了物流业的发展，提高了物流效率，具体地说：第一，金融业务的创新。金融业务在存款、贷款、结算等方面的创新，使得物流企业在同一个账户下可以灵活地调度资金，资金使用效率得到提高，运用更加便利，这种创新推动了物流业朝着个性化、多样化、综合化的方向发展，进而提高了物流效率。第二，新型金融工具的不断创新。创新型的金融工具极大地推动了物流业的现代化进程。金融机构运用大数据、区块链等新技术，不断创新各种工具与结算方式，使信息沟通更加便利，业务周转更加顺畅。这些都为物流企业之间物品流通减少了中间环节，降低了物流成本，从而提高了物流效率。第三，金融发展促使物流企业由内到外的管理模式的创新。内部创新包含物流企业强化内部核算，优化内控，提高资金使用效率，加快物流运转速度，减少存货占款，提高物流效率；外部创新包含对物流活动的规划、组织、协调、控制，使得物流各个环节联系顺畅，为客户创造更多的服务附加值。新型的管理模式为物流业的发展创造更加良好的成长环境，提供更加新型的服务技术，开拓更加多样化的服务渠道，物流业选择资金的空间就会更加广阔。

因此，金融发展水平越高，金融业务、金融工具等越来越多样和新型，有力地降低了物流业的经营成本，顺畅地推动了物流业的发展，提高了物流业的效率。

5. 金融发展影响物流业效率的机理总结

上述金融发展影响物流业效率的机理，概括总结如图2-5所示：

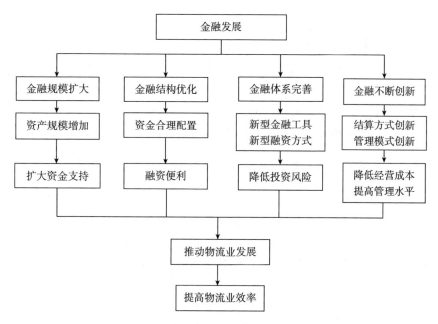

图 2 - 5　金融发展影响物流业效率机理

图 2 - 5 表明，金融发展是一个动态过程，可以表现在金融规模扩大、金融结构优化、金融体系完善和金融不断创新四个方面，而这四个方面各自的演化，都将导致物流业效率的提高。第一，就金融规模扩大看，金融规模扩大表现为金融资产规模增加，从而扩大对物流业的资金支持，进而推动物流业的发展，提升物流业效率。第二，就金融结构优化看，金融结构的优化促使高效的金融机构、多样化的金融工具以及健全的金融市场将引导资金更加合理配置，进而能够为大型物流企业提供融资便利，最终推动物流业的发展，提升物流业效率。第三，就金融体系完善看，金融体系越完善，所提供的新型金融工具、开辟的新型融资方式就越多，这将使物流企业理性面对投资风险的预期，降低投资风险，推动物流业的发展，进而提高物流业效率。第四，就金融不断创新看，金融的不断创新促使物流业在结算方式上的创新及管理模式上的创新，这将降低物流业的经营成本，推动物流业的发展，提高物流业的效率。

2.5　经济发展影响物流业效率的理论分析

本节首先明确界定相关核心概念，然后重点从理论上分析经济发展水平影响物流业效率的机理，以便下面进一步的实证研究。

2.5.1 经济发展的界定

经济发展与经济增长既有联系又有区别。经济增长是指社会财富总量的增加，一般用实际的国民生产总值或国内生产总值的增长率来表示。经济发展的概念，不仅包括经济增长，而且还包括国民的生活质量，以及整个社会各个不同方面的总体进步。总之，经济发展是反映一个经济社会总体发展水平的综合性概念①。

2.5.2 经济发展水平影响物流业效率的机理分析

物流业的发展与一个国家或者地区的经济发展情况密切相关。当国家或地区的经济发展有了很大进步的时候，物流业也会随之较快发展。因为现代物流业被誉为"第三利润源"，作为一个必须保持发展活力的产业，物流业可以吸引大量资本投资，同时政府在为促进当地经济发展时颁布的政策也必然能够推动物流业的发展。本章中用地区 GDP 总量表示经济发展水平。

一般来说，经济发展是在经济增长的基础上，经济质量的提升和经济结构的优化，甚至整个经济社会的全面进步。

1. 经济发展水平将影响物流业需求进而影响物流业效率

物流需求是社会经济活动所派生的一种次生需求。随着经济的发展，不仅是居民的日常生活，企业之间因为产品的相互需求而对物流业的需求加大，这就导致物流业必须加快自己的发展以满足经济发展的需要。经济发展水平影响物流需求主要有以下几个方面：（1）经济发展本身会直接产生物流需求；（2）经济发展导致的消费水平和消费理念的变化也将影响物流需求；（3）经济发展导致的市场环境变化将影响物流需求，包括国际上的企业之间的贸易方式的转变，产品经营理念的变化以及电子商务的崛起导致的经营方式的转变。

中国制造产业和商品通过行业的快速发展，产生了很大的物流需求。而在很多行业中，企业对物流服务的需求已经远远不至于传统的仓储和运输服务，这样对物流企业的要求也会越来越多样化。中国物流市场已经有了很大的发展，但相较于物流发达国家来说依旧有很大不足。我们在看好中国物流前景的同时，不能苛求使物流产业一夜间就达到发达国家的水平，那是不现实的。

2. 经济发展水平将影响物流业基础设施建设进而影响物流业效率

物流基础设施是指在物流供应链的整体服务功能上和某些环节中，满足物流组织和管理需要的、具有综合或单一功能的场所或组织的统称。主要包括公路、铁路、港口、机场、物流转运中心以及网络通信基础、物流信息共享平台等。随

---

① 马克思主义理论研究和建设过程重点教材《西方经济学》编写组. 西方经济学：第二版（下册）[M]. 北京：高等教育出版社/人民出版社，2019：251.

着经济发展水平的不断提高，相应地各个地方企业为了提高本地货物转运速度以及与外部地区的贸易往来，提高物流现代化程度，克服当前经济发展水平下的物流瓶颈，扩大物流范围和辐射能力，都会加大投资力度，建设现代交通基础设施，建设货物配送中心以及物流园区的网络系统。同时在经济发展良好的情况下，国家和各级政府会实行调控的手段，在物流基础设施建设上对资金地来源和投资的方向进行指导，进一步提高物流效率，降低物流成本，改善物流条件，保证物流质量。

3. 经济发展水平将影响物流业技术水平进而影响物流业效率

在当今社会经济发展中，物流技术成为发展物流业不可或缺的内容。对物流业企业而言，技术的更新换代既是一个机遇，也是一个挑战。随着经济的发展和技术的进步，新兴技术尤其是信息技术、数字技术、智能技术等已经逐渐深入物流业领域，推动物流业的发展，如机器人与自动化的引进。在快速的技术进步和更高的承受能力的推动下，机器人解决方案正加入物流劳动大军，为零缺陷流程和提高生产力贡献力量。机器人将在供应链中发挥协同作用，协助工作人员进行仓储、运输，甚至"最后一千米"的派送活动。智能机器人会自动感应，协助工人完成分拣、包装等任务，这些都是物流领域的重要应用，而且科技在物流领域的大量运用必定会减少人工成本，缩减费用，使得物流更加快速、准确、灵活，效率大大提升。

信息技术是现代化企业立足的支撑，没有信息技术，现代企业无法进一步发展，而物流业作为极其依靠信息的传递实现高效率的产业会遭到重大打击。现代化物流企业以信息技术为核心，从信息处理、运输、配送、装卸搬运、仓储、库存控制、包装等各个方面大力发展。在一定的经济水平的推动下，信息技术会进一步对物流企业进行整合和优化，从而达到控制成本、提高物流效率的目的。

4. 经济发展水平将影响物流业人员素质进而影响物流业效率

物流业的发展和效率的提高，归根结底还得依靠人本身的素质的高低。舒尔茨提出了著名观点：在影响经济发展诸因素中，人的因素是最关键的，经济发展主要取决于人的质量的提高，而不是自然资源的丰瘠或资本的多寡。舒尔茨把人力资本看作是以劳动者的质量，或其拥有的技术、知识、经验、工作能力所表现出来的资本。这种人力资本作为生产要素，可以产生"知识效应"和"非知识效应"，直接或间接地促进产出的增加，产生递增收益，消除资本和劳动的边际收益递减的影响，以保证长期的经济增长[①]。根据舒尔茨的人力资本理论，不同人力资本水平的物流专业人才作为生产要素都具有生产效应。而人力资本的积累、物流从业人员素质的提高，都要依赖经济发展水平的提高。因为随着经济发展水平的提高，教育投资的增加和教育的普及，物流与供应链专业的增设培养出了大量的

---

① 王琴梅，庞海月. 专业人才对物流业效率的影响研究：以丝绸之路经济带"核心区"为例 [J]. 宝鸡文理学院学报（社会科学版），2018（6）：48－12.

物流专业人才，满足了物流业发展对人才的需求，从而提高物流业效率。

5. 经济发展水平将影响区域产业结构进而影响物流业效率

产业结构的调整与经济的发展息息相关。国内外学者对两者的关系进行了大量研究。英国经济学家配第和克拉克通过研究发现，随着经济的发展，人均收入的提高，劳动力将会从第一产业逐步向第二以及第三产业转移。这个理论说明，随着经济发展水平的提高，区域产业结构会随着劳动力转移以第三产业为主，而物流业作为第三产业的一部分，在产业结构调整的过程中会得到大量的资源进一步得到发展。库兹涅茨将数学方法运用于史料分析中，考察了一定经济水平下的产业结构与劳动力的分布后，发现在经济增长中，产业结构会由第一产业为主逐渐转向第二产业，进一步证明了配第—克拉克定理。由此可知，随着经济的增长，区域产业结构会发生变化，从第一产业到第二产业再到第三产业实现过渡，而物流业处于第三产业必将会得到大量投资以及人力资本以促进物流业的进一步发展，从而降低物流业费用，使物流业效率提高。

6. 机理总结

以上机理分析，可概括总结如图 2-6 所示：

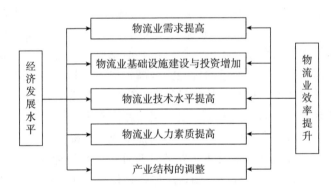

图 2-6　经济发展水平影响物流业效率的机理

2.6　物流专业人才影响物流业效率的理论分析

在本节中，首先界定物流专业人才等核心概念，然后运用相关经典理论分析物流专业人才影响物流业效率的理论机理。

2.6.1　物流专业人才及其种类

1. 物流专业人才

什么是人才？《国家中长期人才发展规划纲要（2010－2020）》中指出，"人才是具有一定专业知识和专门技能、进行创造性劳动并做出贡献的人，是人力资源中能力素质较高的劳动者，是经济社会发展的第一要素"[1]。王通讯（2001）在《人才通论》中指出，"人才是指在某一行业领域内通过自身的创造性劳动从而对社会和人类发展做出贡献的人"[2]。因此，物流专业人才就是物流行业中具有专业知识技能的专门人才，是专业化人力资本的载体。

2. 物流专业人才的分类

本报告根据人力资本存量水平将物流专业人才分为初等人力资本水平的物流专业人才、中等人力资本水平的物流专业人才、高等人力资本水平的物流专业人才三种，并分别探讨这三种人力资本水平的物流专业人才对物流业效率的影响程度。

2.6.2　物流专业人才影响物流业效率的机理分析

1. 基于舒尔茨人力资本理论的分析

舒尔茨在《改造传统农业》（1960）一书中创立了人力资本理论，基本内容是：第一，人力资本是以劳动者的质量或其拥有的技术、知识、经验、工作能力所表现出来的资本，不同于一般的人力资源概念。人力资本与物质资本一样能够带来经济的增长，但是不同于物质资本的是，人力资本随着时间会逐步积累，存量会不断增加，并且人力资本可以通过知识技能的形式传递下去。物质资本会发生折旧需要在一定时期内更换，而人力资本则不会产生这种折旧。第二，人力资本作为生产要素可以产生"知识效应"和"非知识效应"来直接或间接地促进产出的增加，可以产生递增的收益，消除资本和劳动的边际收益递减的影响以保证长期的经济增长[3]。人力资本的知识效应是指人力资本水平提高能够带来技术的革命，从而促进物质资本投入的边际产出。同时工人人力资本水平提升后，将会选择更高工资的职业，因此会提高生产力水平和社会总体人力资本水平。人力资本的非知识效应主要是指人力资本水平提升所带来的外部效应。人力资本投资增加会形成专业化知识，从而带动其他生产要素边际收益递增，进而使整个社会实现规模经济递增。另一方面，人力资本水平提升能够加快知识技术的传播，促进人力资本市场的运作效率，提高社会的生产率水平，有利于社会的和谐与发展。

根据舒尔茨的人力资本理论，不同人力资本水平的物流专业人才作为生产要素都具有生产效应。第一，初等人力资本水平的物流专业人才主要从事货物装卸、仓库管理以及货物运输等领域的工作，在这个过程中，初等人力资本水平的物流专业人才形成了熟练的技术和丰富的经验，依靠这些实践中的技术与经验能够加快货物周转速度。第二，中等人力资本水平的物流专业人才具有一定的管理

---

[1]　中共中央、国务院. 国家长期人才发展规划纲要（2010-2020 年）[N]. 人民日报，2010-06-06 (1).

[2]　王通讯. 王通讯人才论集 [M]. 北京：中国社会科学出版社，2001：4-6.

[3]　西奥多·W. 舒尔茨. 论人力资本投资 [M] 吴珠华，译. 北京：北京经济学院出版社，1990：2-8.

能力，能够对物流各环节的工作进行科学的规划安排，协调物流人员与资源，保证运输的质量和效率。第三，高等人力资本水平的物流专业人才可以发挥其自身的创新能力，将最先进的信息技术和知识运用到物流业中，发展电子商务物流模式从而降低运输过程中的费用。

根据舒尔茨的人力资本理论的以上分析，本章提出的第一个假设为：人力资本的生产效应能够促进物流业效率的提升。

2. 基于罗默知识积累与人力资本理论的分析

保罗·罗默 1986 年发表在《政治经济学》期刊上的论文《收益递增与长期增长》和 1990 年发表的《内生技术进步》，奠定了他的人力资本理论，基本内容是：第一，知识积累是现代经济增长的源泉。他把知识这个影响产出的新要素纳入增长模式，将知识分为一般的知识和专业化知识。一般的知识因为其较容易习得，所以具有外部性，通过广泛的传播有利于社会形成规模经济；专业化知识仅为少数个人或集体拥有，其易带来技术的变革，因此可以为个别厂商带来垄断利润，这些垄断利润又形成个别厂商开发新产品的资金来源①。因此在人口增长率为零时，经济也能保持增长。第二，罗默将产出分为两个部门，消费品生产部门和研究与开发部门，即知识积累部门②。并且将投入要素分为四种，分别是物质资本、非技术劳动力、人力资本、技术水平。物质资本、非技术劳动力、人力资本是影响知识积累的最主要因素③。一个国家在研究与开发部门投入的多少影响创新的产生，决定了经济增长率，因此要提高经济增长率就要加大对研究与开发部门的投入，尤其是加大对其中人力资本的投入与培养。

根据上述罗默的人力资本理论，物流专业人才对物流业效率产生以下影响：第一，初等、中等人力资本水平的物流专业人才产生规模经济效应。初等、中等人力资本水平的物流专业人才掌握的知识主要是一般的知识，根据罗默的思想，这种一般化的知识的外溢能够促进整体获得规模经济，有利于物流行业成本的降低；当增加初等、中等人力资本水平的物流专业人才的人力资本投资时，如进行技术培训，有利于新技术的向下扩散成为一般化的知识，从而提高整体的物流水平和技术。第二，不同人力资本水平的物流专业人才具有创新效应。研发部门的高等人力资本水平的物流专业人才众多，高等人力资本水平的物流专业人才掌握着最顶端的物流技术知识，当增加对研发部门的投资时，能够激发其自主创新意识，促进新技术、新思想的产生，有利于一个地区的物流业形成优势行业，保持地区的先进性。当增加对初等、中等人力资本水平的物流专业人才的投资时，会产生模仿创新效应，有利于先进技术的扩散。

---

① 薛进军."新增长理论"述评 [J]. 经济研究, 1993 (2)：73 - 80.
② 谢海军. 辽宁省农村经济的空间分布及增长因素研究 [D]. 沈阳：沈阳农业大学, 2008：17.
③ 胡晓绵. 教育、健康与我国经济增长研究 [D]. 武汉：华中科技大学, 2011：28.

根据罗默的人力资本理论的以上分析，本章提出的第二个假设是：人力资本的规模经济和创新效应能够带来技术和知识的扩散，整体物流业技术水平上升，从而促进物流业效率的提升。

3. 基于卢卡斯人力资本理论的分析

卢卡斯主要在《论经济增长机制》（1988）一书中论述了自己的人力资本理论，其基本内容是：第一，在其内生增长理论中继承了阿罗（Arrow）的"干中学"理论。卢卡斯认为生产过程中的经验积累能够带来人力资本的增加，劳动者可以通过"干中学"提高人力资本积累率进而推动经济增长。同时，将人力资本作为独立的因子纳入经济增长模型中，将舒尔茨的人力资本理论与索洛的技术进步概念结合起来，归结为"专业化人力资本"，认为专业化人力资本是促进经济增长的主要原因。第二，认为人力资本有内部效应和外部效应之分[①]。内部效应指的是舒尔茨（1960）人力资本理论中提到的劳动力自身的生产、学习、创新效应等，外部效应是指知识溢出效应，通过知识溢出、技术溢出等提高其他要素投入的效率。同时，外部效应使得人们在人力资本初始存量较高的区域集聚，而人才的区域集聚能够使一个地区的技术水平持续保持在高水平，劳动力的交易成本会下降，从而促进生产力的增长，由此产生的增长正是区域或城市经济增长的驱动力[②]。

根据卢卡斯的以上人力资本理论，物流专业人才对物流业发展及其效率的提高将产生以下作用：第一，不同人力资本水平的物流专业人才具有学习效应。初等人力资本水平的物流专业人才的受教育程度相对较低，其"干中学"的经验主要来自实际工作，通过实践过程来进行人力资本的积累，在这个过程中会根据实际进行操作技术的改进。中等人力资本水平的物流专业人才具有高于初等人力资本水平物流人才的知识水平，其通过"干中学"将所学知识与实践结合，进行技术模仿和简单的技术创新，这样可以降低研发的成本，促进技术的扩散，中等人力资本水平的物流专业人才是物流人才体系的中坚力量。高等人力资本水平的物流专业人才受教育程度高，知识结构完善，有完整的思维体系，善于学习和反思，"干中学"的能力较强，有利于进行技术创新。第二，不同人力资本水平的物流人才具有知识溢出效应和集聚效应。每种人力资本水平都具有外部效应，这种外部效应会使得物流技术、知识、经验由一个人扩散到另一个人，由旧产品和服务传递到新产品和服务，对物流业所有生产要素的生产率有促进作用。当不同人力资本水平的物流专业人才在一个地区集聚时，能够加速这种外部效应的扩散，促进技术、知识、经验的传播，进而提升地区整体的人力资本存量，当地区人

---

① 赵达薇，李非非. 罗默、卢卡斯人力资本理论对经济增长作用的理论分析 [J]. 管理现代化，2008（1）：49－50.

② Jr R E L. On the Mechanics of Economic Development [J]. *Journal of Monetary Economics*，1988，22（1）：3－42.

力资本存量较高时还会吸引其他地区的物流专业人才，从而降低人才交易的成本。

根据卢卡斯的人力资本理论的以上分析，本章提出的第三个假设是：人力资本的学习效应、知识溢出效应和集聚效应能够降低物流业的交易成本，促进物流业效率的提升。

4. 机理总结

根据上述理论分析，再结合物流业的行业特点，我们可以将物流专业人才促进物流业效率的机理总结概况如图 2 - 7 所示：

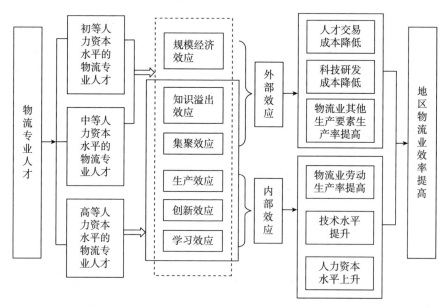

图 2 - 7　物流专业人才影响物流业效率的机理分析

（注：┌┄┄┐内为初等、中等人力资本水平物流专业人才产生的效应；┌─┐内为高等人力资本水平物流专业人才产生的效应）

我们对图 2 - 7 表示的机理进一步说明如下：

第一，本章按照受教育程度，将物流专业人才划分为三类，分别是：初等人力资本水平物流专业人才、中等人力资本水平物流专业人才、高等人力资本水平物流专业人才。

第二，初等、中等、高等人力资本水平的物流专业人才都具有集聚效应、知识溢出效应、学习效应、生产效应、创新效应；初等、中等人力资本水平的物流专业人才还具有规模经济效应。

第三，生产效应、学习效应、创新效应为人力资本的内部效应，具有提高人力资本水平、促进新技术吸收、提高劳动生产率的作用；规模经济效应、集聚效应、知识溢出效应为人力资本的外部效应，具有提高物流业其他要素生产率、降低人才交易成本和科研成本的作用。

针对上述理论分析，本章提出的假设为：人力资本通过内部效应与外部效应共同促进物流业效率提升。

2.7 物流资源利用率影响物流业效率的理论分析

本节首先界定相关核心概念，接着对物流"黑大陆"学说、物流冰山学说和物流成本削减的乘数理论等相关基础理论进行回顾，最后运用这些相关理论对物流资源利用率影响物流业效率的机理进行分析。

2.7.1 物流资源、物流资源利用率的概念界定

物流资源从存在形态角度可分为有形物流资源及无形物流资源。有形物流资源主要分为财务资源、人力资源、信息系统资源、仓储设施、运输资源、物流网络运作资源、装卸搬运及其流通加工的设备设施、客户资源等；无形物流资源包括企业文化资源、管理资源、品牌资源、组织资源、技术资源等[1]。物流资源从研究主体范围角度还可分为内部资源和外部资源。其中物流企业内部资源包括物流企业自身的财力和物力资源、人力资源、信息资源、技术资源、客户资源、管理资源等[2]。物流企业外部资源包括企业外部环境资源、市场资源、行业资源及可利用的其他企业资源等各种资源[3]。物流资源还可以分为硬件物流资源和软件物流资源。硬件物流资源主要包括物流基础设施和物流装备；软件物流资源主要指信息资源、企业资源和制度资源。本章主要研究物流硬件资源，所以在界定物流资源时参考上述姜大力等（2003）的研究，把物流资源界定为对物流业发展起基础支撑作用的物流基础设施，包括公路、铁路、航空、管道、物流仓储中心等交通运输基础设施。

物流资源利用率即物流资源的利用效率，结合对物流资源的定义，本章将物流资源利用率界定为道路、仓储等物流基础设施的使用效率。

2.7.2 物流经典理论介绍

1. "黑大陆"学说

由于物流成本在财务会计核算过程中被分别计入生产成本、销售费用、管理

---

① 张江滨. 浅析基于核心竞争力的物流企业资源整合 [J]. 物流科技，2008（1）：9－12.

② 兰炜. 物流资源浪费问题的研究与对策 [J]. 生产力研究，2013（3）：140－141.

③ 夏伟怀. 铁路物流资源整合优化理论与应用研究 [D]. 长沙：中南大学，2010.

费用和营业外支出等科目，导致在损益表中无法反映物流成本在总成本以及销售额中所占的比重，因此物流成本的重要性往往被忽略，这就是物流成本被称为"黑大陆"的一个原因①。美国著名的管理学权威专家彼得·德鲁克于 1962 年在《财富》杂志发表的题为《经济的黑色大陆》一文中提出，"流通是经济领域里的黑暗大陆"，其泛指的是流通，但是，由于流通领域中物流活动的模糊性尤为突出，是流通领域中人们更认识不清的领域，所以目前的"黑大陆学说"主要是针对物流而言②。"黑大陆"学说是对 20 世纪经济学界存在的愚昧认识的一种批判和反驳，此学说表明了在市场经济发达和繁荣的情况下，科学技术和经济发展都没有止境。同时，"黑大陆"学说也是对物流本身的正确评价，指出了物流这个领域未知的东西还很多，理论与实践都不够成熟。王之泰（2008）在《德鲁克与"黑大陆"》一文中提到，美国曾为了认识这块"黑大陆"调查得出：以商品流通价格为基数计，社会流通费用占 59%，而其中大部分是物流费用③。物流"黑大陆"学说认为物流具有极大的发掘潜力，实际上直到现在中国学者对物流这块"黑大陆"也没有形成清楚明晰的认识，只是过渡到了"灰大陆"④ 时期，也就是认识模糊不清的时期。

2. 物流成本冰山学说

日本早稻田大学教授、权威的物流成本研究学者西泽修先生（1970）在研究物流成本时发现，现行的财务会计制度和会计核算方法都不能掌握物流费用的实际情况，企业在计算盈亏时，销售费用和管理费用项目所列的"运输费用"和"保管费用"的金额一般只包括企业支付给其他企业的运输费用和仓储保管费，而这些外付费用只不过是企业整个物流成本的冰山一角，因而人们对物流费用的了解是一片空白，甚至有很大的虚假性，他把这种情况比作"物流冰山"⑤。事实上，在企业的财务会计中，向企业外部支付的物流成本为显性成本，而企业内消耗的一般不体现出来的是隐性成本，比如物流基础设施的折旧费、装卸搬运以及物流有关的利息支出等。日本、美国等国家的实践证明，企业实际物流成本支出往往要超过企业对外支付物流成本额的 5 倍以上。物流成本冰山学说之所以成立，原因主要是三个：首先是物流活动范围太大，物流成本的计算始终贯穿于企业的经营活动始终；另外，物流运作的环节太多，包括仓储、运输、搬运装卸、物流信息等；最后是物流成本支付形态太杂，几乎涵盖了会计核算中的所有支付形态。因此，我们掌握的物流成本确实犹如冰山一角。

---

① 冯耕中，李雪燕等. 物流成本管理［M］. 北京：中国人民大学出版社，北京：2010.
② 傅莉萍，罗春华. 物流成本管理［M］. 北京：北京大学出版社，2009.
③ 王之泰. 德鲁克与"黑大陆"［J］. 中国储运，2016（8）：41.
④ 王之泰，从"黑大陆"到"灰大陆"：我看中国物流 30 年［J］. 中国流通经济，2008（11）：11 – 13.
⑤ 王之泰. 漫谈物流"第三利润源"［J］. 中国储运，2018（6）：35.

3. 物流成本削减的乘数理论

乘数效应是一种宏观经济效应，意思是经济总体对经济系统中某一变量的增减变化的反应程度。物流成本削减的乘数理论主要内容是：物流成本成为企业销售成本的重要组成部分，物流成本的高低与企业的效益呈现乘数效应，即通过降低物流成本可显著提升物流业的效率。这个原理类似于物理学中的杠杆原理，物流成本的下降通过一定的支点可以使销售额成倍地增长。一位物流学者专门算了一笔账：当一个企业的销售额是 1000 万元时，物流成本约占销售额的 10%，即 100 万元。这意味着，只要降低 10% 的物流成本，就可以增加 100 万元的利润。如果该企业的销售利润率为 2%，则创造 10 万元的利润需要增加 500 万元的销售额。也就是说，降低 10% 的物流成本所起的作用，相当于增加 50% 的销售额[①]。可见，物流成本的下降就像力学中的一个支点，可以使销售额获得成倍的增长。物流成本是以物流活动的整体为对象的，是唯一基础性的、可以共同使用的基本数据。因此，它是进行物流管理、使物流合理化的基础。

2.7.3　物流资源利用率影响物流业效率的机理分析

上述物流经典理论，对我们分析降低物流业成本、提高物流资源利用率进而提高物流业效率具有重要指导意义。我们知道，物流业效率的提升主要是通过两个途径：一是在投入（成本）既定的条件下尽可能增加产出（收益），二是在产出（收益）既定的条件下尽可能减少投入（成本）。不管是哪种途径，物流资源利用率的提高都可以大有作为。下面，我们按本书划定的物流业范围，对物流资源利用率影响物流业效率的机理按交通运输业、仓储业和邮政业的顺序，分行业一一进行分析。

1. 交通运输业资源利用率提高的效率提升作用

交通运输业提高资源利用率的途径主要是优化运输系统、提升装载效率、合理选择运输手段和运输方式等，而这些途径均能提升物流业效率。

第一，通过运输系统优化提高其运输效率。运输系统优化主要包括以下内容：（1）货运线路优化。对企业来说改变交通线路是不太可能的，但是可以对现有的运输线路进行优化，找出最优的运输线路，减少重复运输、空载运输等不合理运输，缩短运输时间和运输距离，降低成本从而增加产出提高货运效率。（2）减少中转环节，采用直达运输或直拨运输。每次中转环节都会有相应的费用支出，因此在规划货物运输时，要尽量减少中转环节采用直达或直拨的运输方式降低成本提高运输效率。

第二，通过提升装载效率提高运输效率。提高装载效率是运输业优化运输、

---

① 王之泰. 漫谈物流"第三利润源"[J]. 中国储运，2018（6）：35.

降低成本和提高效率的重要途径。提升装载效率的主要方式包括：（1）轻重配装。一方面可以充分使用车载容积提高运输工具的使用效率，另一方面能较好地达到运输重量，较低成本。（2）解体运输和高效堆码。对于一些体积较大的货物可以拆卸装车，分别打包既缩小占用空间又便于搬运装卸，以此提高装卸效率从而提升运输效率。

第三，通过合理选择运输手段和运输方式提高运输效率。运输手段的选择主要有三种：拼装整车运输、托盘化运输和集装箱运输。铁路货运中零担和整车货运方式差价较大，拼装运输的方式能降低一部分运输费用。托盘运输可以使企业交易单位标准化，减少装卸场地，缩短运输时间，从而提升运输效率。而集装箱运输安全、便捷、低价是其主要优点。在运输方式上，选择合适的运输工具、多式联合运输和参加共同运输都可以节省运输时间和成本，提高物流的运输效率。

2. 仓储业资源利用率提高的效率提升作用

仓储业提高资源利用率的途径主要是通过"先进先出"减少仓储保管风险、提高仓容利用率、储存定位等，而这些途径均能提升物流业效率。

第一，通过"先进先出"减少仓储保管风险提升物流仓储效率。采用"先进先出"的方式可以最大限度地减小货物的存储期，避免造成库存积压，降低仓储的保管风险。其方法主要包括重力式货架系统、"双仓法"储存和计算机存取系统三种方式。重力式货架系统可以利用货架每层形成贯通通道，一端存物一端取物，货物在通道中自行按先后顺序排队，避免越位现象出现。"双仓法"储存指给每种货物准备两个仓位轮换存取，并配以货物出清后才可补充的规定保证"先进先出"。计算机存储系统则可以实现智能管理，加快周转，降低消耗。

第二，通过提高仓容利用率提升物流仓储效率。提高仓容利用率可以降低储存设施的投资，降低单位存储面积的利用率，从而减少成本、土地等的占用。通常采用的方法分别有采用货物高垛增加储存高度、缩小库内通道宽度增加存储有效面积和减少库内通道数量增加有效储存面积。

第三，通过储存定位提高物流仓储效率。储存定位的含义是确定被存储物的位置。有效的储存定位系统可以减少寻找、存放、取出的时间，节约劳动量，同时可以防止差错，便于清点与订货。目前中国储存定位的方法主要有两种，分别是"四号定位"方式和"电子计算机定位系统"。"四号定位"是指用库号、架号、层号和位号来确定存储位置的固定货位的方法。这种定位方式能对仓储货区预先规划，有利于快速存取货物。电子计算机定位系统利用电子计算机储存容量大、检索快速的优点，入库时将货位数存入计算机，当需要出库时向计算机发出出库指令，并按计算机的指示人工或自动寻址，这种方法可充分利用每一个货位，提高仓库的储存效率。

3. 邮政业资源利用率提高的效率提升作用

邮政业提高资源利用率的途径主要是推行综合专业化配送和加工配送、推行共同配送和送取结合、推行准时配送系统和即时配送等，而这些途径均能提升物流业效率。

第一，通过推行综合专业化配送和加工配送提高邮政业效率。专业的设备、设施以及操作程序能够降低配送过分综合化的复杂程度使得配送更加合理化。同时，通过加工配送的结合，充分利用本来应有的中转次数，在不增加新的中转的情况下达到配送的合理化。

第二，通过推行共同配送和送取结合提高邮政业效率。共同配送是指在核心企业的统一安排下各配送企业分工协作，共同对某一地区或某些客户进行配送，从而以最近的路程和最低的配送成本完成配送，达到配送的合理化。送取结合是指配送企业通过与客户建立密切的合作关系，给客户扮演供应代理人和储存据点的双重角色，在配送时顺便将客户生产的商品运回，而运回的商品也就成为配送公司要配送的商品之一。送取结合，使得运力能充分利用，从而提升邮政业的效率。

第三，通过推行准时配送系统和即时配送提高邮政业效率。准时配送是配送合理化的重要内容，配送准时才能使用户有资源把握实行低库存或零库存，从而追求高效率的工作。同时，即时配送是解决用户企业担心断供之忧、大幅度提高供应保证能力的重要手段。准时配送和即时配送都是通过提高自身仓储的周转力度从而提升邮政业的效率水平。

以上机理分析，我们可以概括为如图2-8所示：

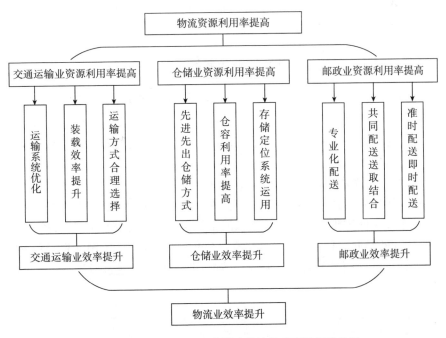

图2-8　物流资源利用率影响物流业效率的机理分析

2.8 对外开放程度影响物流业效率的理论分析

本节首先界定对外开放程度的相关概念，接着对国际贸易、国际投资技术溢出理论进行了详细介绍，最后通过机理图及相关说明分析对外开放程度影响物流业效率的理论机理。

2.8.1 对外开放程度的概念界定

对外开放程度是一个国家或地区的国际开放程度，反映一个国家或地区融入全球经济的程度或对全球经济的依存状况。有学者将对外开放程度与贸易开放度相提并论，也有学者提出，对外开放程度不是只包括贸易开放度，还应当包括投资开放度[①]。本书接受这种观点，认为对外开放程度包括贸易开放度和投资开放度。

在贸易开放度方面，外贸依存度和进、出口额一直是用来衡量一个国家对外开放程度的主要指标，外贸依存度一般用进出口总额与 GDP 的比重来表示，反映一个国家或地区参与国际贸易或参与国际分工的程度。本书将外贸依存度作为国际贸易方面的核心指标。在投资开放度方面，外商直接投资（FDI）的规模可以体现出一个国家或地区吸引外资的能力，FDI 规模越大，该国家或地区的对外开放程度越高。因此，本报告选取外资依存度（FDI 占 GDP 的比重）作为国际投资方面反映对外开放程度的重要指标。

2.8.2 对外开放程度影响物流业效率的机理分析

一个国家或地区的对外开放程度的提高，通常体现在国际贸易额的增加和外商直接投资额的增加，即融入世界经济的程度。下面，我们将根据国际贸易和 FDI 的技术溢出理论，深入分析国际贸易和 FDI 两个方面的技术溢出效应对物流业效率产生影响的机理。

1. 基于国际贸易和 FDI 的技术溢出理论的分析

第一，国际贸易技术溢出理论。根据内生经济增长理论，经济在长期的增长仅源于技术的进步，而贸易的技术溢出效应是国际贸易影响经济增长的关键（Grossman and Helpman，1991）[②]。凯勒（Keller，2004）认为国际贸易的技术溢出效应是指以有形商品的贸易为媒介，强调进口国厂商通过对进口产品的研究

---

① 周茂荣，张子杰. 对外开放度测度研究述评［J］. 国际贸易问题，2009（8）：121 – 128.

② Grossman，Helpman. *Innovation and Growth in the GlobeEconomy*［M］. Cambridge：the MIT Press，1991a.

（即逆向工程）和模仿获取生产该产品的技术①。具体地说，国际贸易技术溢出效应主要表现在以下几方面：（1）一个国家或地区通过参与国际贸易，有机会选择更多种类的资本设备和中间产品，且这些投入品可以相互补充，提高自有资源的生产力。（2）国际间交流的渠道可以通过国际贸易产生，各国和地区之间相互的交流推动了对生产、管理方法等方面的国际学习，使各国和地区的资源得到更高效的利用。（3）国际贸易提供了一个国家或地区复制国外的技术为本国所用的机会。国际贸易影响东道国技术进步的溢出效应分为四类：示范效应、竞争效应、规模效应和人员培训效应。

第二，FDI 技术溢出理论。FDI 技术溢出效应是指 FDI 对一国的技术进步所带来的直接或间接的影响。卡夫（Caves，1974）② 依据 FDI 技术溢出对东道国企业的不同影响，将 FDI 技术溢出分为三类：（1）外资企业进入会遏制拥有强大行业壁垒的垄断企业，以提高资源配置效率；（2）由于外资企业相比东道国企业存在技术和管理上的优势，故其进入会给本土企业带来一定的竞争压力，从而可以促进本土企业的技术进步和管理改革；（3）东道国企业会通过学习外资企业的新技术，加快技术的扩散和转移。库科（Kokko，1992）③ 将 FDI 影响东道国技术进步的溢出效应分为四类：示范效应、竞争效应、人员培训效应以及关联效应。

2. 对外开放程度影响物流业效率的机理图及说明

根据上述国际贸易和 FDI 的技术溢出理论，对外开放程度可以通过示范效应、竞争效应、规模效应、联系效应和人员培训效应等五个路径对物流业产生技术溢出效应，当东道国吸收了技术溢出之后，会影响效率改进指数和技术进步指数，进而对物流业效率产生影响。对外开放程度影响物流业效率的机理如图 2 - 9 所示。

对机理图 2 - 9 的进一步说明：

第一，技术溢出的渠道就是五个效应。一个国家或地区的对外开放程度提高，会促进更多的国际贸易活动以及引进更多的 FDI，表现为跨国公司在该国或地区的技术溢出增加。技术溢出系统由技术供方、技术受方和技术溢出渠道三部分构成。跨国公司有先进的技术和管理能力，是物流业技术溢出系统中的技术供方。东道国物流企业整体技术水平较低，是物流业技术溢出系统的技术受方。技术溢出渠道是跨国公司通过国际贸易和 FDI 向东道国物流企业进行技术溢出的方式。国际贸易技术溢出渠道和 FDI 技术溢出渠道都包括示范效应、竞争效应和人员培训效应，规模效应、联系效应分别是国际贸易、FDI 特有的技术溢出渠道。

---

① Keller, Wolfgang. International Technology Diffusion [J]. *Journal of Economic Literature*, 2004, 42 (3): 752 – 782.

② Caves, E. Multinational Firms, Competition and Productivity in Host – country Markets [J]. *Economica*, 1974 (41): 176 – 219.

③ Kokko. Foreign Direct Investment, Host Country Characteristics, and Spillovers [R]. The Economic Research Institute, Stoeltholm, 1992.

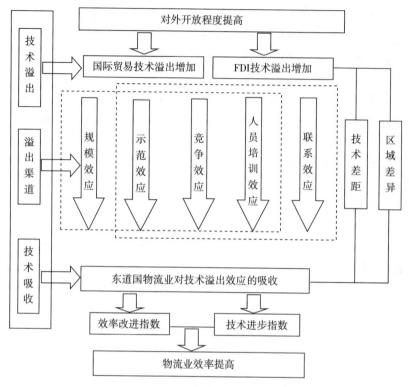

图 2 - 9 对外开放程度影响物流业效率的机理

（注：┌┄┐内为国际贸易技术溢出的四个渠道；□内为 FDI 技术溢出的四个渠道；左侧方框内为技术溢出过程。）

第二，跨国公司向东道国物流业进行技术溢出的前提条件是技术存在适度差距。双方的技术差距过小时，东道国物流业虽然可以比较容易地吸收物流跨国公司的相关技术，但是跨国公司较低的技术水平对东道国企业的技术提升并没有很大的帮助；当双方的技术差距过大时，物流跨国公司虽然有较高的技术溢出供应，但是东道国物流企业的技术水平因不能达到吸收的门槛而无法真正消化溢出的技术，从而难以实现技术溢出过程。因此，只有适当的技术差距，才能真正实现技术溢出。

第三，技术溢出还会由于区域差异产生不同的结果。如何兴强等（2014）认为，外贸依存度对技术溢出存在一定的门槛效应，对外贸易的适度开放对技术溢出有利，技术溢出在对外贸易开放程度过高或过低时均不显著①。国内有学者发现，FDI 技术溢出在经济发展水平、外贸依存度、人力资本水平等因素不同的国

---

① 何兴强，欧燕，史卫，刘阳. FDI 技术溢出与中国吸收能力门槛研究 [J]. 世界经济，2014（10）：52 - 76.

家或地区不同，存在明显的门槛现象。何洁（2000）认为只有地区经济发展到一定的水平以后，外商直接投资的溢出效应才会发生显著的跳跃，进入一个更高的层次①。

第四，技术溢出的过程包括技术溢出和技术吸收两个过程。这两个过程之间是相对独立的，其中跨国公司是技术溢出的主体，东道国物流企业是技术吸收的主体。技术溢出效果与东道国企业的吸收能力有很大关系，当东道国企业对技术溢出的吸收能力不强时，国际贸易和 FDI 技术溢出提升技术水平的效果不明显；反之亦然。

2.9 信息技术影响物流业效率的理论分析

本节首先界定信息技术等核心概念，然后运用经典理论分析信息技术影响物流业效率的作用机理。

2.9.1 信息技术的概念界定

什么是信息技术？对于信息技术的概念目前还没有一个确定的说法。ISO（国际标准化组织）和 IEC（国际电工委员会）对信息技术的定义描述为：针对信息的采集、描述、处理、保护、传输、交流、表示、管理、组织、储存和补救而采用的系统和工具的规范、设计及其开发②。2004 年出版的《信息技术词典》将信息技术界定为：利用计算机、网络和现代通信手段获取、传递、存储、处理、显示和分配信息的相关技术③。本书对于信息技术的概念就采用这个《信息技术词典》中的界定。

2.9.2 信息技术影响物流业效率的机理分析

1. 信息技术通过分工效应影响物流业效率

所谓分工效应，是指劳动者由于生产分工和专业协作所带来的整体生产能力的提高。经济学的这一基本原理告诉我们，分工可以提高效率。最早对于分工理论的研究可以追溯到古希腊时期，著名的哲学家柏拉图、亚里士多德和色诺芬都有研究，到 17 世纪的威廉·配第也有相关经典论述。亚当·斯密（1776）是将前人的理论进行综述的基础上提出分工的重要性。在《国富论》中亚当·斯密

---

① 何洁. 外国直接投资对中国工业部门外溢效应的进一步精确量化 ［J］. 世界经济，2000（12）：29－36.

② 靖继鹏. 应用信息经济学 ［M］. 北京：科学出版社，2002：132.

③ 郭建波，郭建中. 信息技术词典 ［M］. 北京：化学工业出版社，2004.

指出，"有了分工，相同数量的劳动者就能完成比过去多得多的工作量，其最重要的原因是许多简化劳动和缩短劳动的机械发明，使一个人能够做许多人的工作"[1]。斯密指出，分工可以提高熟练程度，可以提高技术，并能发明创造，这都极大地提高了劳动生产率。根据斯密的论述，分工能提高生产率这一结论，主要得益于三方面：第一，提高劳动熟练程度。劳动分工使得每一位劳动者都专注于具体工作的某一个点或者某一方面，这种长时间的专注与重复劳作能够使每一位劳动者在具体的工作中熟练程度不断增加，进而提高工作速度以节约工作时间，劳动者在具体生产过程中减少的时间成本投入也就是生产成本的降低。第二，减少工作转换时间。劳动分工具体表现在使劳动者专注于生产的具体环节或内容，不存在更换工作环境和工作内容等所需要的时间，这种节约时间成本的分工生产不仅能够减少生产投入，还能够增加生产产出。第三，促进技能技术创新。通过劳动分工带来的劳动者工作熟练程度提升，"熟能生巧"将有利于劳动者在自己的工作岗位上想要通过巧劲来完成工作，所谓的"巧"也就是生产工序的优化和生产技术的创新，这将带来具体工作内容的简化，这种各生产环节的连接将有利于整体生产效率的提升。从一般意义上来讲，分工是增加国民财富的发动机，这是斯密在《国富论》中的伟大贡献。

根据劳动分工提高劳动生产率这一理论，信息技术对国民经济的基础性、先导性和支柱型产业——物流业的影响具体表现在：第一，专用于物流业的信息技术中的物流条码技术和物流射频技术就是用于采集物流信息的技术，其中物流条码技术专门是对物流中的货物进行识别和描述，物流射频技术专门是通过射频信号自动识别目标对象来获取相关数据。第二，专用于物流业的信息技术中的物流电子数据交换技术是一种专用于信息交换的技术，是利用计算机网络进行物流数据的传输和交换，可以减少重复劳动，提高劳动效率。第三，专用于物流业的信息技术中的物流定位系统是对物流过程中的动态跟踪技术，是对物流活动各个环节进行细节管控。这些信息技术应用于物流业能够加速物流作业中的不同环节，从而在总体上通过信息技术来提高物流供应链活动的速度和精准度，进而提高物流业效率。因此，本节提出信息技术可以通过分工效应来提升物流业效率。

2. 信息技术通过工作效应影响物流业效率

所谓工作效应，是指接受过高等教育的劳动者配合高水平的生产技术所带来的生产效率大幅提升。美国经济学家西奥多·W. 舒尔茨是构建人力资本理论最重要的代表人物，他被喻为"人力资本理论之父"。舒尔茨现代人力资本理论的贡献主要包括三个方面：第一，他明确了人力资本投资的内容与途径；第二，他提出了人力资本具有"质"和"量"两个维度；第三，他确定了教育对于经济

---

[1]　亚当·斯密. 国民财富的性质和原因研究（上卷）[M]. 郭大力，王亚南，译. 北京：商务印书馆，1972：8.

增长和个人收入分配中的作用①。同时舒尔茨基于前人的研究定量分析了教育投资的收益率和教育对经济增长的贡献，他认为教育是通过其所表现出来的配置效应和工作效应这两个角度对经济增长实现促进作用，进而教育所带来的人力资本水平的提升直接推动经济增长。这里所提到的教育所带来的工作效应指接受较高水平教育的人也能带来较高的工作效率，进而在提升生产效率的同时促进了经济的增长。同时，教育所带来的配置效应使得资源的配置能力更强，将会对资源实现充分利用更有利，这将带来长处增加的同时实现经济增长②。

信息技术的产生和在物流产业的推广应用不仅使得物流业在技术方面有所突破，同时也促进了物流行业人力资本质量的提升。因为信息技术在物流业的推广应用和物流企业信息化水平的提升，将带来物流活动信息量与计算分析能力指数级增长的需求，这将会对物流业人力资本水平提出更高的要求，促使物流行业雇用具有更高人力资本水平的新员工，并对已有从业人员加强培训和鼓励他们干中学，从而提高全行业人力资本水平。舒尔茨教育的工作效应理论中提出的高技能劳动者配合现代化信息技术的应用，不仅能够提升物流业效率，同时将逐步实现信息技术与低技能劳动投入。具体来说，第一，应用于物流业的作业信息处理系统主要包括自动订货、销售时点信息和智能运输等，这不仅需要熟练操作，同时也需要对物流活动数据收集和计量分析等，这就促进了物流业持续的效率提升。第二，应用于物流业的控制信息处理系统主要包括库存和配送等，这需要对物流活动数据进行分析并做出科学计划，防止出错或走弯路，从而节约成本、提高效率。第三，应用于物流业的决策支持系统主要包括联机分析处理和数据挖掘等，这需要收集相关物流活动实时信息和可供选择的决策方案，从而节约决策时间和成本，并提高运行效率。可见，高水平人力资本的要求不仅提高了信息技术的使用率，同时高水平的劳动者在工作过程中具有更高的劳动生产率。这种劳动生产率的提高将会直接产生正向作用以提升物流业效率。

3. 信息技术通过生产效应影响物流业效率

所谓生产效应，是指增加生产要素数量并结合生产技术进步所带来的生产规模扩大和生产能力的提升。再生产理论中，马克思按照规模将再生产分为简单再生产和扩大再生产，其中扩大再生产又可以分为内涵扩大再生产和外延扩大再生产。所谓外延扩大再生产，是指单纯依靠增加生产要素的数量，即依靠增人、增资、增设备、增投料，扩大生产场所来扩大生产规模；所谓内涵扩大再生产，是指生产规模的扩大是依靠生产技术的进步，生产要素质量的改善，提高活劳动和生产资料的效率取得的③。通俗来讲，外延和内涵两种扩大再生产的区别在于"这个扩大的生产积累是用于单纯地增加生产条件的数量，还是用于提高生产条

---

① ②　黄金辉. 人力资本促进经济增长的机理分析：国外研究述评 [J]. 学习与探索, 2007 (5)：119 - 124.
③　学习马克思关于再生产的理论 [M]. 北京：人民出版社、中国社会科学出版社, 1980：285 - 286.

件的素质和效率"①，其中前者是外延的扩大再生产，后者是内涵的扩大再生产。

信息技术发展对物流业效率的作用，在外延的扩大再生产和内涵的扩大再生产两方面都有所表现。从外延的扩大再生产来看：一方面，物流服务范围和数量不断增加时，可以通过增加信息技术的运作负荷来提升物流业效率；另一方面，在物流活动链条不断延伸的过程中，通过信息技术扩大服务覆盖的范围，使得物流业产出大于投入，以提升物流业效率。从内涵的扩大再生产来看：一方面，更高水平的信息技术在物流业的具体应用，能够增加物流作业的精准度，以提升物流业效率；另一方面，不断创新的信息技术，在物流活动各方面的应用，能够提升作业速度以直接提升物流业效率。概括来讲，信息技术应用于物流业，通过扩大再生产方式带来的生产效应，可以归纳为以下几点：第一，物流网络技术可以消除地理障碍来传输物流数据和信息，这使单位时间传输和处理的信息量非常大，同时提高了物流作业效率。第二，物流数据库技术通过对存储的大量库存数据、物质在途数据和物流设备数据等进行统计分析、共享等方式来实现对物流资源的充分利用，从而提高了物流作业效率。第三，物联网技术可以实现物流活动智能化识别、定位、跟踪、监控和管理，同时也可以实现物流信息共享，使得物流活动在规模扩大时，依然可以有序运营，这直接提升了物流作业效率。综上可见，物流业务量增加时通过增加机械设备的有效使用率使得单位时间能够有更多的产出，同时增加信息技术在物流活动中的应用时投入并没有增加。这样在信息技术的支撑下，可以根据货物数量合理安排运输设备和运输线路等，在不增加物流投入的情况下，通过增加物流活动的整体运作负荷扩大了物流业服务范围和服务种类等，从而实现了物流业效率的提高。

4. 信息技术通过学习效应影响物流业效率

所谓学习效应，是指人们在生产活动中，通过大量重复操作带来工作经验积累、成本降低和产出增加的一种经济现象。20世纪中后期，美国学者阿罗（Kenneth J Arrow，1962）提出了"干中学"模型。在该模型中，阿罗将传统的知识外生过程演化为内生过程，阿罗认为人们可以通过不断总结实践经验获得新的知识，并用于指导未来的实践活动②。保罗·罗默（Paul Romer）在20世纪80年代中期提出，信息技术产业的发展中，信息技术、信息获取等方面投入的持续增加，获得收入的增长是不断扩大的，信息技术产业的这种经济规律称为信息技术产业边际收益递增原理③。信息技术产业边际收益递增规律主要由学习效应在信息技术产业的应用来决定。学习在信息技术产业中起着非常重要的作用，因为

---

① 卫兴华. 澄清对马克思再生产理论的认识误区［M］. 北京：中国社会科学出版社. 2016：11.

② Kenneth J Arrow. The Economic Implications of Learning by Doing［J］. *Review of Economic Studies*，1962（29）.

③ 靖继鹏，张向先. 信息经济学（第二版）［M］. 北京：科学出版社，2007（9）：41–45.

信息技术产业的学习效应不会消耗大量的物质资源，就降低了信息的交易成本、消除了学习的障碍。在信息技术产业中，信息技术的边际成本随着工作经验的积累而不断下降，这种增加的产量会使得员工参与"干中学"，进而带来更大的学习效应。

根据以上原理，应用于物流业的信息技术起初引入使用时，不仅花费了大量的成本，同时员工的操作尚不熟练。通过培训、学习和不断地重复操作之后，会使得员工的工作产出不断提高，学习效应不断显现。这种专用于物流业的信息技术是将信息技术运用于物流运作的各个环节，其中物流的自动化从产生到使用再到充分利用，就体现了信息技术的学习效应。具体来讲：第一，应用于物流业的机械自动化，需要机械和人配合着将技术设备灵活应用，同时需要通过学习来提高自动化水平，进而提升物流活动效率。第二，应用于物流业的信息自动化是利用信息技术快速、及时和准确地处理信息，通过反复学习来提高物流作业的效率水平。第三，应用于物流业的知识自动化是根据作业内容，通过不断学习让计算机和网络技术完成人的知识型工作，以发挥更高的作业效率。总之，这种学习效应直接产生劳动生产率的提高，进而提升物流业效率。

5. 信息技术影响物流业效率的机理总结

根据以上论述，我们把信息技术影响物流业效率的机理总结如图 2 - 10 所示：

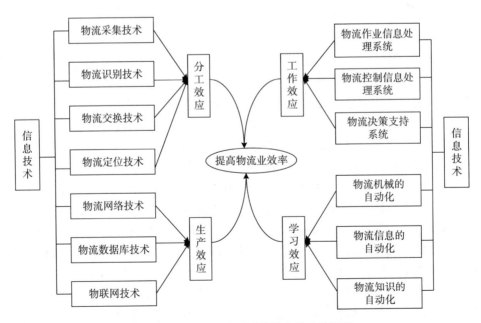

图 2 - 10　信息技术影响物流业效率的机理

基于上述对信息技术影响物流业效率的理论机理分析，这里我们提出本书的一个研究假说，即信息技术能够提升物流业效率。

2.10　运输差异影响物流业效率的理论分析

本节首先界定运输、运输差异等核心概念，重点从物流成本和物流产出两方面对运输差异影响物流业效率的机理进行分析。

2.10.1　运输及其差异的概念

对于物流业，运输是其中一个重要的环节和基础要素，物流业中的运输即是物的运载和运送，指的是物体空间上的移动。针对不同的物品和地域条件的限制，运输有多种不同的方式，本书研究丝绸之路经济带"核心区"的公路运输、铁路运输、航空运输以及管道运输等运输方式。利用运输，实现区域内以及区域间大规模的物品运输以及小批量的配送。运输方式的选择对提高物流业效率有着重要的作用，如果可以合理地利用物品的运输方式以及运货量，再借助地区内部和区域间的运输差异，优势互补，可以加快物流的速度，提高物流业效率。

所谓运输差异，是指不同地区运输组织结构不同，以及同种运输在线路构建、设施建设以及用途等方面的差异性。由于各个地区所借助的运输工具、运输线路、运输货物以及该地区的运输设施、技术设备、地域特点和天气等的不同，导致对运输的选择有所不同，这就造成了一定的运输差异。

现代的运输方式主要有公路、铁路、航空、管道和水上运输等。本报告是基于丝绸之路经济带"核心区"即中国西北五省区和中亚五国进行研究，由于中国西北五省区和中亚地区的地域特点，水上运输方式并不突出，所以本报告主要研究公路、铁路、航空和管道四种运输方式及其在各省区间存在的差异性。

相对于铁路和管道运输这两种专用的基础运输设施，公路运输是一种公用性质的运输基础设施，但各地区之间依旧存在着差异。丝绸之路经济带"核心区"内10个子区域的城市发展趋势存在一定的不同，所以公路性能等也存在不同，由此产生了各省区、各国之间公路等级数量以及分布有所差异。正是由于公路的功能和流量存在差异，可以将公路划分为高速公路和一到四级公路五个等级。

对于铁路运输而言，由于受自然条件影响较小以及运载能力较强等原因，在物流中有着重要的优势地位。根据不同的需求，可以建造不同的铁路类型，现有的铁路类型主要有轻铁、重铁和高速铁路等，然后根据不同的铁路类型来谨慎选择所要使用的轨距，依据交通流量选择路轨的使用数量。所以，丝绸之路经济带"核心区"内各省区、各国的运输需求有一定的差异，就会导致铁路方面有一定的运输差异。

　　航空运输有其快速和灵活的特点，因此是地区间贸易中时效性强的商品、精密仪器以及贵重物品主要选择的运输方式。但由于需要开拓航线、修建机场以及耗费大量燃料等原因，航空运输需要比其他运输方式更高的投资成本。基于地域空间的大小以及本地区货运种类、数量的需求和供给数目，就会导致丝绸之路经济带"核心区"内各省区、各国的航运机的种类以及数目有所差异。

　　相对于前三种运输方式而言，管道运输可谓是运输网中较为特殊的组成部分，液体和气体状态的货物是管道运输的主要货物，而且这些货物基本是来自本地区的自产产品，因此，由于丝绸之路经济带"核心区"内各省区、各国的石油、天然气资源拥有的种类和数量的不同，就会导致各省区间管道运输的差异。

2.10.2　运输差异影响物流业效率的机理分析

　　1. 运输差异通过影响运输成本而影响物流业效率

　　如前所述，物流业效率指的是物流业投入和物流业产出的比例关系，因此，物流业效率与物流业投入息息相关，而运输成本就是物流业成本即物流业投入的主要组成部分，降低运输成本就能提高物流业效率。一般来说，各地区的运输条件不同，运输成本就不同。德国经济学家阿尔弗雷德·韦伯（1909）在其工业区位理论中指出，运输费用即运输成本是影响企业区位选择的重要因素；埃德加·M. 胡佛（1931）在研究企业布局及企业发展中也提到，线路运营费用以及站场费用构成的运输成本，是影响企业布局和发展的重要方面。因此，对于物流企业而言，运输成本影响着物流企业的发展，即影响着物流业效率，而运输差异会通过影响运输成本进而影响物流业效率。总的运输成本具体指的是在一定的时间完成一定的货运量所要支出的费用的总和。对于公路的货运成本，不仅与每辆汽车的成本有关系，不同的线路及不同的区域也会造成不同的运输成本差异。对于铁路货运，由于所承载货物的种类不同，对于整车还是零担的选择不同等都会造成一定的运输成本差异。由于管道运输的油气种类以及货运长短等，会造成管道运输成本的差异。对于成本相对较高的航空运输，其运输差异不仅存在于不同运载机的成本，还要包括专业飞行的成本等。

　　具体的运输成本可以分为固定运输成本、变动运输成本还有联合运输成本。

　　第一，固定运输成本差异与物流业效率。这一部分成本主要是由不受货运量和线路等影响的费用组成，主要包括运输基础设施建设、运输工具以及运输信息系统等的建设成本费用。对于不同的地区，运输基础设施的种类和数目等的不同，就会导致其在固定运输成本上存在差异，进而影响区域间物流业效率的差异。

　　第二，变动运输成本差异与物流业效率。运输的变动成本主要是指随着货运量和货物种类的不同而随之变化的这一部分成本。各地需要承载的货运量的不同、运载货物的承运人的薪酬结算不同以及运输工具燃料费等的不同，都会导致运输成本的不同，进而影响物流业效率。

第三，联合运输成本差异与物流业效率。联合运输成本主要指在某些运输过程中所产生的隐藏的成本。比如说公路运输，货车送供给地到需求地的运输过程，也暗含着货车到达需求地后卸下货物（可能是空车）返回出发地的成本。由于每次货运过程都有着不同的要求，所以导致运输车成本有一定的差异，由此产生物流业效率的差异。

2. 运输差异通过影响物流产出而影响物流业效率

上文中提到，物流业效率不仅与物流业投入有关系，也与物流业产出有关系。除了影响物流业投入的运输成本，运输中对物流业产出产生影响的要素主要有：物流产业增加值、货运量、货物周转量①。不同地区，不同的货运要求，不同的货运方式，必然会导致不同的货运量和货物周转量，而这两因素对物流业产出有着影响作用，所以就会造成物流业产出呈现差异性。同时交通运输业物流增加值是物流产业增加值的重要组成部分，各省区、各国运输的差异性会导致交通运输业物流增加值有所不同，从而影响物流产业增加值，进而影响物流业产出，导致物流业产出的差异性。

第一，物流产业增加值与物流业效率。物流产业增加值是衡量物流业效率的重要指标，主要包括：交通运输业和批发物流业的增加值、配送加工包装的物流业增加值、仓储物流业增加值和邮政业物流增加值。其中，交通运输业的增加值在其中占据了很大的比例。因此，运输差异导致交通运输业的增加值的差异，交通运输业增加值的差异造成了物流产业增加值的差异，最终影响了物流业效率。

第二，货运量与物流业效率。货运量衡量的是一定的时间段内运送的货物的数量。不同地区货运的种类和数目的不同，以及对运输方式的选择的不同，都会导致货运量的差异，而货运量的差异也就是物流产出的差异，最终影响物流业效率。

第三，货物周转量与物流业效率。货物周转量是指运输的货物数量同运输的总距离的乘积，包含了运输货物的数量以及货物运输的距离。与货运量不同的是，货物周转量衡量的指标中多了运输距离，它的数值是运输货物的数目与运输距离的乘积。由于货物运输的距离的不同，加之影响货运量的一些要素的存在，使货物周转量会产生一定的差异，导致物流的产出有一定的不同，进而影响物流业效率。

3. 运输差异影响物流业效率的机理总结

根据上文两方面的分析，这里将运输差异影响物流业效率的机理总结如图 2 – 11 所示：

---

① 匡旭娟. 青藏铁路运输成本对物流交易效率的影响分析［J］. 物流技术，2008（5）：20 – 22.

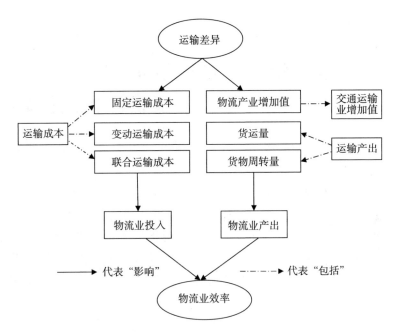

图 2 – 11　运输差异影响物流业效率的机理

　　总之，规模经济原理和距离经济原理，是运输中两个重要的基本原理，严格遵守这两个原理对物流业效率的提高有着显著的效果。运输规模经济意味着逐渐增加规模而单位重量运输成本逐渐递减的现象，运输距离经济存在随着距离的不断增加而单位距离的运输成本不断递减的现象。通过对运输经济和规模经济的综合分析，可以有效提高物流业的运输数量和距离最大化①。

---

　　①　梁红艳，王健. 中国物流业发展对工业效率的影响及其渠道研究［J］. 科研管理，2013（12）：120 – 126.

第3章 丝绸之路经济带"核心区"物流业效率现状评价及比较

本章主要是对丝绸之路经济带"核心区"的物流业效率现状进行总体评价。首先，对"核心区"内中国西北五省区和中亚五国的物流业发展状况进行描述；其次，针对研究对象选取评价方法，建立评价指标体系，搜集相关数据，在对"核心区"整体的物流业效率进行评价及分析以后，又分省区、分国别进行比较；最后，对影响"核心区"物流业效率的主要因素进行回归分析，并提出相应的对策建议。

3.1 "核心区"物流业发展状况

3.1.1 中国西北五省区物流业发展状况及比较

西北五省区是指中国的陕西、甘肃、青海、宁夏、新疆，这些省区经济相对落后，物流基础不够牢固，物流业规模较小且物流业整体水平偏低。随着国家西部大开发进程加快和丝绸之路经济带建设的推进，中国西北五省区面临着加大物流业基础设施投资，扩大物流业规模，提升物流业水平，缩小地区间物流业发展差距的历史性机遇。

1. 陕西省物流业发展状况

随着电商物流的飞速发展，陕西省更便捷、高效的物流形式应运而生，促进了物流业的基础设施不断完善，保障了社会生产和人民生活的基本需要，催生了多种多样的物流业相关产业，带动了经济的发展。但是陕西省物流业发展中仍存在一些不足，物流企业信息化程度偏低、物流企业"小、散、弱"，存在物流业整体规模较小、物流行业服务标准化规范仍然欠缺、运营成本居高不下等一系列问题。如2017年，陕西省物流业货运量和货运周转量的同比增长速度均较缓慢，社会物流总供给相对上年略微增加，并且物流总额的增速一直呈现低迷①。具体来看：

---

① 陕西省统计局，http：//tjj. shaanxi. gov. cn.

第一，2004～2017 年陕西省物流业产值不断增大，但增速逐渐放缓。我们通过查阅陕西省历年的统计年鉴，概括整理出 2004～2017 年陕西省物流业产值的变动情况（如图 3－1 所示）。

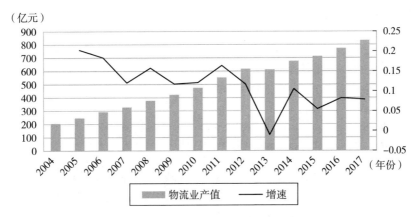

图 3－1　陕西省物流业产值发展状况

图 3－1 显示：2004～2017 年陕西省物流业产值大致呈现逐步上升趋势，从 2004 年的 240.88 亿元增加到了 2017 年的 832.62 亿元，增长了 3.06 倍。但是陕西省物流业产值的增长速度呈现出波动状态且逐步放缓。

第二，2004～2017 年陕西省物流业固定资产投资总额逐步增加，增速一直不稳定。我们通过查阅陕西省历年的统计年鉴，概括整理出 2004～2017 年陕西省物流相关行业固定资产投资总额的变动情况（如图 3－2 所示）。

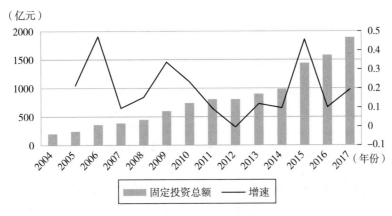

图 3－2　陕西省物流业固定资产投资总额发展状况

图 3－2 显示：2004～2017 年陕西省物流业固定资产投资总额逐步上升，从

2004 年的 198.71 亿元增加到了 2017 年的 1891.61 亿元，增长了 8.5 倍。但是陕西省物流业固定资产投资总额的增长速度大体呈现出"W"形的波动状态。

第三，2004～2017 年陕西省货运量和货物周转量不断增加，增速较低。我们通过查阅陕西省历年的统计年鉴，概括整理出 2004～2017 年陕西省货运量与货运周转量的变动情况（如图 3-3 和图 3-4 所示）。

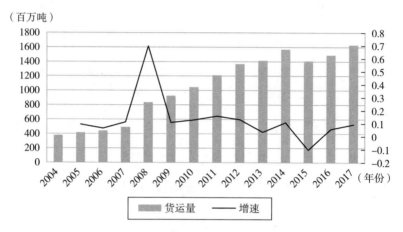

图 3-3　陕西省货运量发展状况

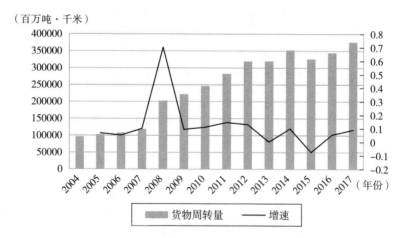

图 3-4　陕西省货运周转量发展状况

图 3-3 和图 3-4 显示：2004～2017 年陕西省货运量和货运周转量除了在 2015 年略有下降外，总体上均呈现逐步上升趋势，货运量从 2004 年的 379.61 百万吨增加到了 2017 年的 1630.79 百万吨，增长了近 3.3 倍；货运周转量从 2004 年的 96350 百万吨·千米增加到了 2017 年的 376064 百万吨·千米，增长了近 3

倍。但是全省货运量和货运周转量增速并不高且呈现出波动状态。

2. 甘肃省物流业发展状况

21 世纪以来，甘肃省的物流业有了长足发展，但物流企业的总体特点可以概括为规模小、数量少、分布散、实力弱，缺少发达的物流服务网络对物流资源进行有效整合，物流业效率低下。由于物流业发展的滞后，很大程度上也制约了甘肃省整体经济的发展进程①。具体来看：

第一，2004～2017 年甘肃省物流业产值缓慢上升，增速逐步回落。我们通过查阅甘肃省历年的统计年鉴，概括整理出 2004～2017 年甘肃省物流业产值的变动情况（如图 3 – 5 所示）。

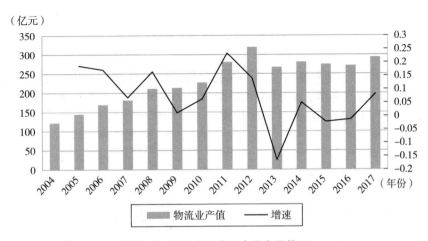

（亿元）

图 3 – 5 甘肃省物流业产值发展状况

图 3 – 5 显示：2004～2017 年甘肃省物流业产值除了 2013 年有明显的一次下降外，其他年份均缓慢上升，从 2004 年的 121.91 亿元增加到了 2017 年的 293.5 亿元，增加了近 1.5 倍。但是 2004～2017 年甘肃省物流业产值增长速度呈现出在波动中逐年下降的趋势。

第二，2004～2017 年甘肃省物流相关行业固定资产投资增长迅速。我们通过查阅甘肃省历年的统计年鉴，概括整理出 2004～2017 年甘肃省物流相关行业固定资产投资的变动情况（如图 3 – 6 所示）。

图 3 – 6 显示：2004～2017 年甘肃省物流业固定资产投资总额逐步上升，由 2004 年的 116.73 亿元增长至 2017 年的 956.64 亿元，增长了近 7.2 倍。甘肃省物流业固定资产投资总额的增长速度总体呈现出波动的趋势。总体来看，甘肃省越来越重视物流业基础设施的建设。

---

① 王建林. 甘肃省物流发展现状研究 [J]. 兰州交通大学学报，2011，30（5）：89 – 94.

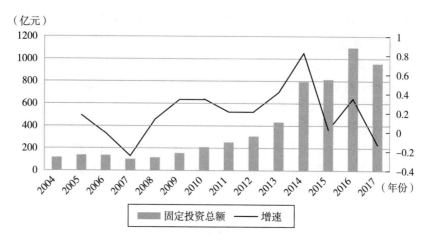

图 3 - 6　甘肃省物流业固定资产投资总额发展状况

第三，2004～2017 年甘肃省货运量与货运周转量逐渐上升。我们通过查阅甘肃省历年的统计年鉴，概括整理出 2004～2017 年甘肃省货运量与货运周转量的变动情况（如图 3 - 7 和图 3 - 8 所示）。

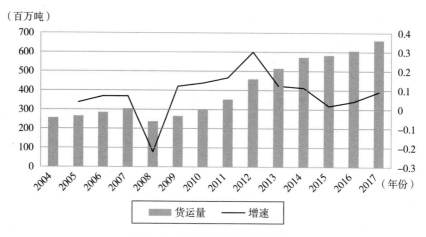

图 3 - 7　甘肃省货运量发展状况

图 3 - 7 和图 3 - 8 显示：2004～2017 年甘肃省物流业货运量除了 2008 年明显下滑外、总体呈逐年上升趋势，由 2004 年的 256.86 百万吨增加至 2017 年的 662.04 百万吨，增长了 2.58 倍；货运周转量在 2004～2014 年大致呈逐年上升趋势，2015 年和 2016 年略有下降，但总体是上升的态势，由 2004 年的 87830 百万吨·千米增加至 2017 年的 243966 百万吨·千米，增长了 2.78 倍。

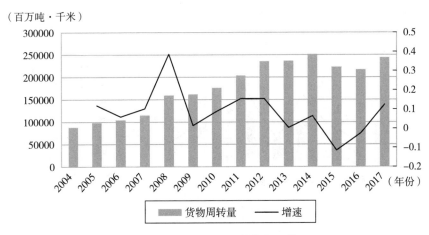

图 3-8　甘肃省货运周转量发展状况

3. 青海省物流业发展状况

2000 年以来，青海省物流业不断发展，但截至 2016 年，青海省物流业发展很不均衡，主要体现在两个方面：收入结构方面，传统运输业务占物流总收入的 63%，而流通加工、货运代理等第三方物流业务占比 37%，收入来源主要是传统物流业，第三方物流业发展滞缓；企业类型方面，运输型企业占物流企业总数的 76.5%，仓储型企业和装卸搬运、运输代理等企业占物流企业总数的 23.5%，可以看出，青海物流业仍比较落后，现代化的综合性物流业还很欠缺①。具体来看：

第一，2004~2017 年青海省物流业产值总体上呈现稳步增长。我们通过查阅青海省历年的统计年鉴，概括整理出 2004~2017 年青海省物流业产值的变动情况（如图 3-9 所示）。

图 3-9 显示：2004~2017 年青海省物流业产值逐步上升，由 2004 年的 30 亿元增长至 2017 年的 103.69 亿元，增长了近 2.5 倍。青海省物流业产值的增长速度呈现出"W"形的波动状态，近几年增长缓慢。

第二，2004~2017 年青海省物流相关行业固定资产投资总额增长迅速。我们通过查阅青海省历年的统计年鉴，概括整理出 2004~2017 年青海物流相关行业固定资产投资的变动情况（如图 3-10 所示）。

① 2016 年青海省现代物流业发展情况，http：//www. qhwcjt. com/News/View. asp？id = 14401. html.

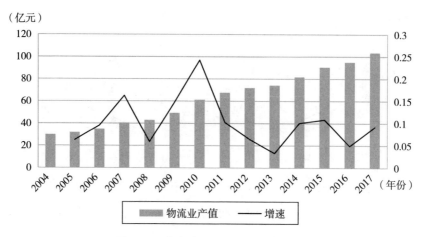

图 3 - 9   青海省物流业产值发展状况

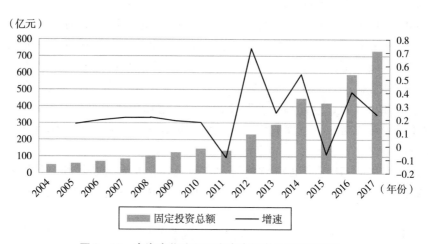

图 3 - 10   青海省物流业固定资产投资总额发展状况

图 3 - 10 显示：2004～2017 年青海省物流业固定资产投资总额由 2004 年的 50.31 亿元增长至 2017 年的 730.46 亿元，增长了近 13.5 倍，增长势头迅猛。青海省物流业固定资产投资总额的增速则呈现出近似于 "W" 形的波动状态，其中 2005～2010 年增速稳定，但在 2011 年增速急跌至 -8.5%，即出现了负增长；之后的 2012 年增速升至最高 74%，2013 年增速趋缓为 26%，到 2017 年物流业固定资产投资总额增长速度一直在 25% 上下波动。总体来看，青海省近年来越来越重视对物流业固定资产的投资。

第三，2004～2017 年青海省货运量与货运周转量增长明显。我们通过查阅青海省历年的统计年鉴，概括整理出 2004～2017 年青海省货运量与货运周转量的变动情况（如图 3 - 11 和图 3 - 12 所示）。

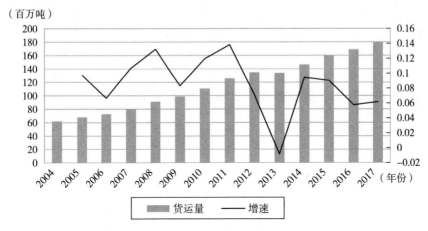

图 3 - 11　青海省货运量发展状况

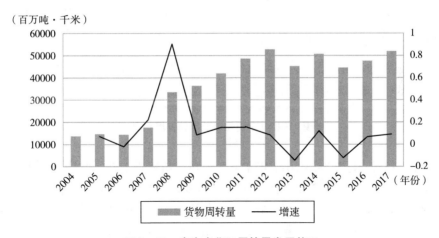

图 3 - 12　青海省货运周转量发展状况

图 3 - 11 和图 3 - 12 显示：2004 ~ 2017 年青海省货运量逐年缓慢增长，而货运周转量是在波动中增长。就货运量看，2004 ~ 2009 年数额较小，均不足 1 亿吨，但 2009 年后增长明显，由 2009 年的 98.74 百万吨增长至 2017 年的 179.23 百万吨。就货运周转量看，2004 ~ 2007 年均较低，年均货运周转量仅为 14500 百万吨·千米；2007 ~ 2012 年稳步上升，由 2007 年的 17630 百万吨·千米增加至 2012 年的 52762 百万吨·千米；2013 年和 2015 年货运周转量都出现不同程度的下降，2016 ~ 2017 年连续上升，到 2017 年货运周转量达到 51946 百万吨·千米。

4. 宁夏物流业发展状况

宁夏近年来重视物流业发展,加大了对物流业的扶持力度,物流业逐渐走向正规,规模不断壮大,物流业环境不断优化,物流企业竞争力持续增强,物流业信息化水平迅速提升。宁夏物流业借助"互联网+"的高科技之力,向着更高效、更高层次的方向发展,对经济和社会发展的贡献力越发明显[①]。

第一,2004~2017 年宁夏物流业产值逐年增长,增速趋缓。我们通过查阅宁夏历年的统计年鉴,概括整理出 2004~2017 年宁夏物流业产值的变动情况(如图 3-13 所示)。

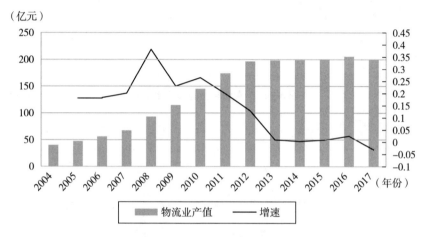

图 3-13　宁夏物流业产值发展状况

图 3-13 显示:2004~2017 年宁夏物流业产值逐步上升,但是增长速度在波动中呈现出逐年放缓的趋势。就物流业产值看,2004~2008 年普遍较低,年均仅为 60 亿元,2008~2013 年宁夏物流业产值逐年增长,由 2008 年的 93.29 亿元增长至 2013 年的 198.39 亿元,增长了近 1.2 倍,此后的 2014~2017 年无明显变化。

第二,2004~2017 年宁夏物流相关行业固定资产投资渐进式增长。我们通过查阅宁夏历年的统计年鉴,概括整理出 2004~2017 年宁夏物流相关行业固定资产投资的变动情况(如图 3-14 所示)。

图 3-14 显示:就宁夏物流业固定资产投资总额看,2004~2007 年普遍较低,年均仅为 46 亿元左右;2008~2010 年逐年上升,由 2008 年的 69.06 亿元增长至 2010 年的 120.9 亿元,增长了近一倍;2011 年和 2017 年分别出现明显下降,但 2012~2016 年间大幅度提升。就宁夏物流业固定资产投资总额增长速度看,2004~2017 年间呈现出"M"形的波动状态,其中的 2008~2010 年、

---

① 吴桂明,李红伟. 宁夏现代物流业发展现状及对策建议 [J]. 现代经济信息,2012 (20):228.

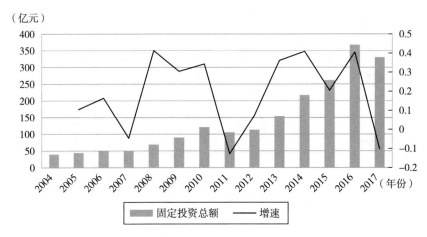

（亿元）

图 3 – 14　宁夏物流业固定资产投资总额发展状况

2012～2016年增速较快，显示宁夏越来越重视对物流业基础设施的投资与建设。

第三，2004～2017 年宁夏货运量逐年上升，货运周转量呈现倒 U 形变化状态。我们通过查阅宁夏历年的统计年鉴，概括整理出 2004～2017 年宁夏货运量与货运周转量的变动情况（如图 3 – 15 和图 3 – 16 所示）。

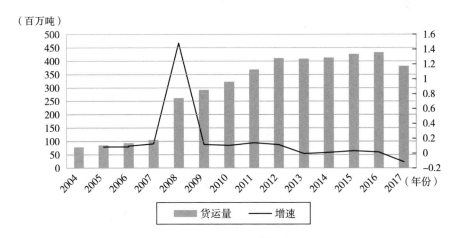

（百万吨）

图 3 – 15　宁夏货运量发展状况

图 3 – 15 和图 3 – 16 显示：宁夏货运量大致呈现逐年上升，其中 2008 年增长最明显、增速达到峰值，之后保持在一个较低的增长速度上。宁夏货运周转量在 2004～2012 年间逐年上升（其中 2008 年急速拉升、达到峰值），在 2013～2017 年间逐年下降，保持在较低的增速上，2013 年的增速甚至低于 0。

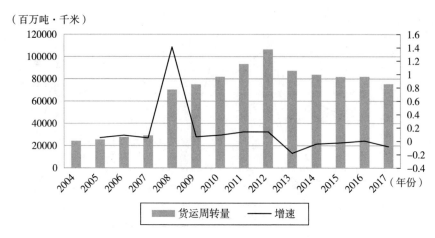

（百万吨·千米）

图 3 - 16　宁夏货运周转量发展状况

5. 新疆物流业发展状况

近年来，新疆物流业的投入和产出相对稳定，这有利于新疆物流业的稳定增长。但是，新疆在个别年份存在投入冗余和产出不足的情况，说明新疆的物流资源未能实现充分的利用。因此，新疆的物流业要想获得更高水平的发展，需要重视对物流资源的合理配置，提高物流业效率，争取在既定资源投入下实现最大的产出①。

第一，2004～2017 年新疆物流业产值稳步上升。我们通过查阅新疆历年的统计年鉴，概括整理出 2004～2017 年新疆物流业产值的变动情况（如图 3 - 17 所示）。

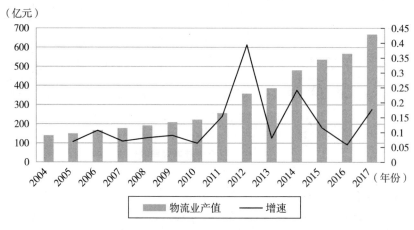

（亿元）

图 3 - 17　新疆物流业产值发展状况

---

①　王琴梅，景英. 丝绸之路经济带"核心区"新疆物流业效率评价 [J]. 甘肃理论学刊，2017（6）：104 - 109.

图 3 – 17 显示：2004～2017 年间新疆物流业产值逐年稳步上升，但是增速呈现出波动状态，其中 2005～2011 年增速较低较稳，2012 年增速急剧拉升至近 40%，达到峰值，此后的 2013～2017 年增长速度回落，并保持在一个较低波动的状态。

第二，2004～2017 年新疆物流相关行业固定资产投资增速呈现"W"形。我们通过查阅新疆历年的统计年鉴，概括整理出 2004～2017 年新疆物流相关行业固定资产投资的变动情况（如图 3 – 18 所示）。

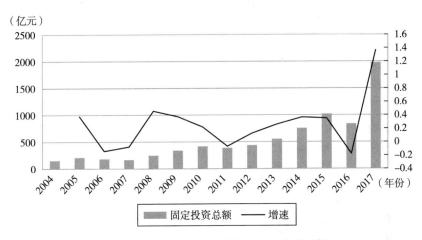

图 3 – 18 新疆物流业固定资产投资总额发展状况

图 3 – 18 显示：2004～2017 年新疆物流业固定资产投资总额总体呈现上升趋势，但是增速呈现出"W"形波动状态，其中 2005～2006 年增速下降，而 2006～2008 年增速逐渐上升，2008～2011 年增速逐渐下降，2011 年之后增速迅猛，尤其是在 2017 年出现了一次大幅度增长、增速达到近 137%。

第三，2004～2017 年新疆货运量与货运周转量持续增长。我们通过查阅新疆历年的统计年鉴，概括整理出 2004～2017 年新疆货运量与货运周转量的变动情况（如图 3 – 19 和图 3 – 20 所示）。

图 3 – 19 和图 3 – 20 显示：2004～2017 年新疆货运量和货运周转量的发展趋势近似，整体走向是上升的，但是增速呈现出波动状态，其中 2008 年增速急剧上升，而 2009 年增速急剧下降，其他年份新疆货运量和货运周转量的增速均在波动中保持较低态势。

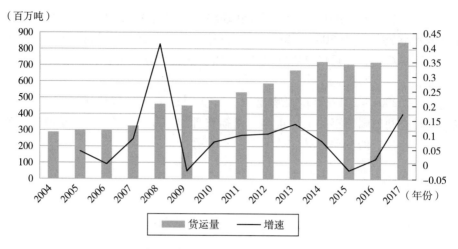

图 3 - 19　新疆货运量发展状况

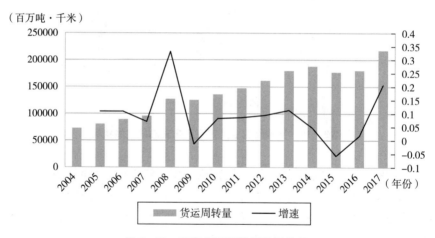

图 3 - 20　新疆货运周转量发展状况

6. 中国西北五省区物流业发展状况的比较

第一, 物流业增加值。物流业增加值是衡量物流业发展的核心指标。物流业增加值反映了在一定时期内物流活动创造的价值, 其高低水平可以直接反映物流业的发达程度。我们通过查看万德数据库、国家统计局网站得到 2006 ~ 2017 年间中国西北五省区物流业增加值, 具体如表 3 - 1 所示:

表 3 - 1　　　　　　　　**2006 ~ 2017 年中国西北五省区物流业增加值**　　　　　　单位: 10 亿元

年份	陕西	甘肃	青海	宁夏	新疆
2006	29. 18	16. 96	3. 49	5. 62	16. 56
2007	32. 70	18. 12	4. 06	6. 75	17. 73

续表

年份	陕西	甘肃	青海	宁夏	新疆
2008	37.86	21.11	4.30	9.33	19.18
2009	42.32	21.36	4.93	11.48	20.91
2010	47.46	22.72	6.13	14.52	22.25
2011	55.25	28.03	6.75	17.41	25.67
2012	61.74	31.97	7.19	19.65	35.79
2013	61.11	26.72	7.42	19.84	38.70
2014	67.57	28.07	8.17	19.89	48.04
2015	71.30	27.47	9.06	20.07	53.61
2016	77.18	27.13	9.50	20.58	56.75
2017	83.26	29.35	10.37	19.93	66.82
均值	55.58	24.92	6.78	15.42	35.17
排名	1	3	5	4	2

由表 3 - 1 可以得到图 3 - 21:

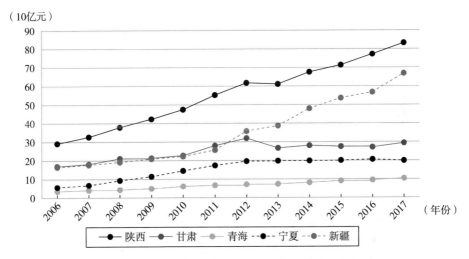

（10亿元）

图 3 - 21 2006～2017 年中国西北五省区物流业增加值

表 3 - 1 和图 3 - 21 显示: 在中国西北五省区中, 在 2006～2017 年间, 陕西省的物流业增加值均值达到了 555.8 亿元, 明显高于其他四个地区, 且呈上升发展的趋势; 在 2006～2011 年间, 新疆的物流业增加值与甘肃非常接近, 但在 2011年以后, 新疆的物流业增加值远高于甘肃, 呈加速上升的趋势, 均值达到 351.7 亿元, 排名第二, 甘肃排第三; 青海的物流业增加值在中国西北五省区中最低, 均值仅为 67.8 亿元, 虽然在 2006～2017 年间呈上升趋势, 但上升幅度很小。

第二, 物流业固定资产投资额。物流业固定资产投资额是指物流企业用于基础建设、日常维护以及扩大生产的投资额。我们通过查看万德数据库、国家统计局网站得到 2006 ~ 2017 年间中国西北五省区物流业固定资产投资额，具体如表 3 - 2 所示：

表 3 - 2　　　　　2006 ~ 2017 年中国西北五省区物流业固定资产投资额　　单位：10 亿元

年份	陕西	甘肃	青海	宁夏	新疆
2006	40.38	15.55	7.47	5.73	22.21
2007	45.82	12.02	8.88	5.47	21.11
2008	49.21	13.07	10.72	7.69	30.02
2009	65.83	17.46	12.72	10.31	38.59
2010	81.90	23.17	14.89	13.64	45.76
2011	87.17	28.50	13.46	12.18	43.54
2012	89.17	33.88	23.40	12.48	48.11
2013	98.64	48.39	29.40	16.66	60.25
2014	115.19	84.91	46.18	24.80	85.41
2015	162.84	88.74	50.01	31.31	114.30
2016	181.01	120.54	66.59	43.42	97.24
2017	186.94	95.66	73.05	31.77	197.85
均值	100.34	48.49	29.73	17.96	67.03
排名	1	3	4	5	2

由表 3 - 2 可以得到图 3 - 22：

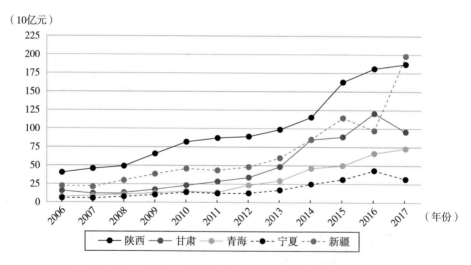

图 3 - 22　2006 ~ 2017 年中国西北五省区物流业固定资产投资额

表 3 - 2 和图 3 - 22 显示：在中国西北五省区中，陕西省的平均物流业固定资产投资额最大，达到 1003.4 亿元，排名第一，且在 2006 ~ 2017 年呈现出逐年快速上升的趋势；新疆的物流业固定资产投资额基本也呈现出上升的趋势，且在 2017 年增幅最大，达到 670.3 亿元，均值仅次于陕西，排名第二；甘肃的物流业固定资产投资均值排名第三，且在 2006 ~ 2013 年呈持续上升趋势，但 2017 年出

现了明显下滑；青海的物流业固定资产投资在 2006～2017 年间呈持续上升趋势，但上升幅度较小，均值为 297.3 亿元，排名第四；宁夏的物流业固定资产投资最低，均值仅为 179.6 亿元。

第三，物流业从业人员情况。人力是生产要素投入的重要部分，可以选取交通运输、仓储和邮政服务业从业人数来代表。我们通过 Wind 数据库、国家统计局等数据库得到了中国西北五省区 2006～2017 年的物流业从业人员数，具体如表 3-3 所示：

表 3-3　　　　　　　2006～2017 年中国西北五省区物流业从业人员情况　　　　　　单位：万人

年份	陕西	甘肃	青海	宁夏	新疆
2006	23.56	11.74	3.90	2.88	12.62
2007	23.41	11.83	4.06	3.10	12.68
2008	23.27	11.77	4.04	3.46	12.73
2009	25.40	12.55	4.10	3.72	12.87
2010	26.20	11.90	4.10	3.50	12.90
2011	27.39	12.20	4.31	3.76	14.80
2012	26.15	12.40	4.33	4.20	15.24
2013	34.51	15.72	5.76	4.87	20.37
2014	39.10	15.20	5.02	4.78	20.15
2015	38.22	15.30	5.09	4.58	19.58
2016	39.46	15.55	5.17	4.45	19.51
2017	39.46	15.55	5.17	4.45	19.51
均值	30.51	13.48	4.59	3.98	16.08
排名	1	3	4	5	2

由表 3-3 可以得到图 3-23：

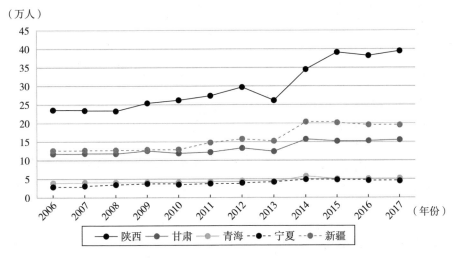

图 3-23　2006～2017 年中国西北五省区物流业从业人员数

表 3 - 3 和图 3 - 23 显示：在中国西北五省区中，陕西省的物流业从业人员数在 2006～2017 年间远高于其他四个地区，均值达到了 30.51 万人，排名第一，且呈明显上升趋势；新疆和甘肃的物流业从业人员数也基本呈上升趋势，物流业从业人员均值分别为 16.08 万人和 13.48 万人，分别排名第二和第三，且在 2006～2010 年，甘肃的物流业从业人员数与新疆差距不明显，但在 2011 年后，新疆的物流业从业人员数增速明显快于甘肃；青海和宁夏的物流业从业人员数十分接近，排名分别为第四和第五，且发展都很缓慢，在 2006～2017 年间没有明显变化。

第四，交通运输基础设施发展状况。物流系统中，运输是最重要的基础条件，物流活动中物资转移环节的完成必须依赖运输工具和设施。中国西部大开发战略实施以来，中国西北五省区的运输网络日益完善，基本上形成了由公路、铁路、水路、航空、管道所构成的综合立体交通运输网络，实现对内外相互连通，为物流业的发展打下了比较坚实的物质基础。这里我们从铁路运输长度、铁路货运周转量、铁路货运量三个方面来对中国西北五省区的交通运输基础设施情况进行分析。

（1）铁路运输长度。铁路具备运输能力强、成本低、速度快的特点，目前仍是最常用的一种交通运输方式，铁路运输的长度会直接影响到它的运输范围和运输能力。我们通过 Wind 数据库、国家统计局等数据库得到了中国西北五省区 2006～2017 年的铁路运输长度，具体如表 3 - 4 所示：

表 3 - 4　　　　　中国西北五省区 2006～2017 年铁路运输长度　　　　单位：万千米

年份	陕西	甘肃	青海	宁夏	新疆
2006	0.32	0.24	0.17	0.08	0.28
2007	0.32	0.24	0.17	0.08	0.28
2008	0.32	0.24	0.17	0.08	0.28
2009	0.33	0.24	0.17	0.09	0.37
2010	0.41	0.24	0.19	0.12	0.42
2011	0.41	0.24	0.19	0.13	0.43
2012	0.41	0.25	0.19	0.13	0.47
2013	0.44	0.26	0.19	0.13	0.47
2014	0.45	0.34	0.21	0.13	0.55
2015	0.45	0.38	0.23	0.13	0.59
2016	0.46	0.41	0.23	0.13	0.59
2017	0.50	0.47	0.23	0.14	0.59
均值	0.40	0.30	0.20	0.11	0.44
排名	2	3	4	5	1

由表 3 - 4 可以得到图 3 - 24：

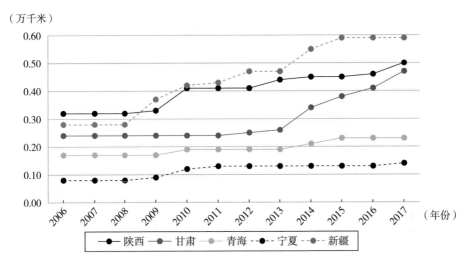

图 3 - 24　2006 ～ 2017 年中国西北五省区铁路运输长度

表 3 - 4 和图 3 - 24 显示：在中国西北五省区中，新疆的铁路运输长度均值高于其他四个地区，均值达到 0.44 万千米，且呈逐年上升的趋势，波动幅度也较大，在中国西北五省区中排名第一；陕西省的铁路运输长度在 2006 ～ 2008 年大于新疆，但在 2009 年之后一直低于新疆，但总体也呈上升发展的趋势，均值达到 0.40 万千米，在中国西北五省区中排名第二；甘肃的铁路运输长度在 2006 ～ 2017 年间呈上升趋势，尤其在 2013 年以后上升幅度较大，均值达到 0.30 万千米，在西北五省区中排名第三；青海的铁路运输长度呈稳定发展的趋势，均值达到 0.20 万千米，在西北五省区中排名第四；宁夏的铁路运输长度在中国西北五省区中最低，均值仅为 0.11 万千米，且增长幅度较小。

（2）铁路货运周转量。铁路货运周转量是按实际货物运送的吨数乘其起运和卸货地点间里程计算。我们通过 Wind 数据库、国家统计局等数据库得到了中国西北五省区 2006 ～ 2017 年的铁路货运周转量，具体如表 3 - 5 所示：

表 3 - 5　　　　　　中国西北五省区 2006 ～ 2017 年铁路货运周转量　　单位：亿吨·千米

年份	陕西	甘肃	青海	宁夏	新疆
2006	852.8	896.2	92.8	205.7	561.3
2007	935.7	993.4	120.7	213.4	589.8
2008	1121.7	1120.1	149.1	225.7	661.1
2009	1185.4	1129.8	165.5	253.4	655.0
2010	1267.9	1239.8	192.2	280.4	705.9
2011	1354.3	1389.8	228.3	324.9	742.4
2012	1446.8	1457.1	246.6	365.6	790.7
2013	1514.7	1550.8	249.2	363.6	868.2
2014	1603.4	1522.9	272.6	306.4	843.6

续表

年份	陕西	甘肃	青海	宁夏	新疆
2015	1435.9	1313.6	223.5	245.1	712.5
2016	1518.3	1220.4	239.8	242.4	701.7
2017	1641.8	1390.7	266.0	253.6	869.7
均值	1323.2	1268.7	203.8	273.4	725.1
排名	1	2	5	4	3

由表 3 - 5 可以得到图 3 - 25：

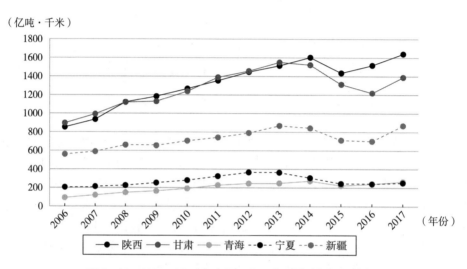

（亿吨·千米）

图 3 - 25　2006 ~ 2017 年中国西北五省区铁路货运周转量

表 3 - 5 和图 3 - 25 显示：在中国西北五省区中，陕西省和甘肃省的铁路货运周转量明显高于其他三个地区，且呈先上升后下降再上升的发展趋势，陕西省和甘肃省在 2006 ~ 2017 年间铁路货运周转量均值分别达到 1323.2 亿吨·千米和 1268.7 亿吨·千米，排名第一和第二；新疆的铁路货运周转量基本呈上升发展趋势，波动幅度较小，均值为 725.1 亿吨·千米，排名第三；宁夏的铁路货运周转量呈先上升后下降的趋势，均值为 273.4 亿吨·千米，排名第四；青海的铁路货运周转量最低，均值仅有 203.8 亿吨·千米。

（3）铁路货运量。铁路货运量指铁路在运输货物中完成或需要完成运输的货物数量。我们通过查找国家统计局网站、Wind 数据库等，得到了 2006 ~ 2017 年中国西北五省区铁路货运量的数据，具体如表 3 - 6 所示：

表 3 - 6 　　　　　中国西北五省区 2006～2017 年铁路货运量 　　　单位：百万吨

年份	陕西	甘肃	青海	宁夏	新疆
2006	82.9	46.2	14.1	33.3	59.5
2007	93.2	51.5	17.2	39.6	58.3
2008	226.2	55.1	23.1	44.0	60.5
2009	244.2	57.6	27.0	59.8	63.9
2010	271.2	61.9	31.0	68.7	67.8
2011	303.0	64.5	36.3	78.5	68.0
2012	319.4	62.9	37.8	84.7	68.4
2013	357.7	63.8	37.8	84.1	72.9
2014	374.8	64.5	36.1	69.9	74.1
2015	329.5	59.4	27.3	56.3	61.7
2016	354.6	58.7	28.3	58.4	68.2
2017	391.6	60.5	30.5	65.3	96.4
均值	279.0	58.9	28.9	61.9	68.3
排名	1	4	5	3	2

由表 3 - 6 可以得到图 3 - 26：

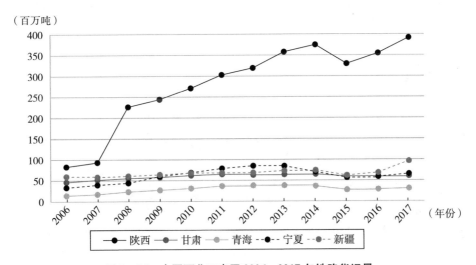

图 3 - 26　中国西北五省区 2006～2017 年铁路货运量

表 3 - 6 和图 3 - 26 显示：在中国西北五省区中，陕西省的铁路货运量明显远高于其他四个省区，2006～2017 年铁路货运量均值达到 279.0 百万吨，且呈加速上升趋势，波动幅度也较大；新疆、宁夏和甘肃的铁路货运量均值相差不大，排名分别为第二、第三和第四，且波动幅度较小；青海的铁路货运量最低，均值仅有 28.9 百万吨，呈现出先上升后下降的趋势。

3.1.2 中亚五国物流业发展概况

中亚地区的人口 2017 年约为 7014 万人，多数国家较贫穷，经济相对落后。其中塔吉克斯坦、吉尔吉斯斯坦甚至位于欧亚大陆上人均收入最低的国家之列[①]。受经济制约，中亚国家境内的道路基础设施比较落后，大部分的公路都是苏联时期修建的，年代久远，损坏严重。在物流业管理体制不够健全、国家资金不足的条件下，中亚五国的物流业存在着基础设施建设与养护资金不足，道路普遍失修、失养等一系列问题，物流业发展相当滞缓[②]。

1. 哈萨克斯坦物流业发展状况

近年来，哈萨克斯坦的物流业缓慢发展，总体来看取得了不少成绩。一是物流行业规模在不断扩大；二是物流业水平得到了提升；三是交通运输规模的扩大以及物流基础设施等不断完善为物流企业发展提供了良好的硬件条件；四是经济环境的改善以及相关产业之间逐渐综合协调为物流业发展创造了条件。[③]

第一，2004~2017 年哈萨克斯坦物流业产值增长不稳定。我们通过查阅哈萨克斯坦历年的统计年鉴，概括整理出了 2004~2017 年哈萨克斯坦物流业产值的变动情况（如图 3-27 所示）。

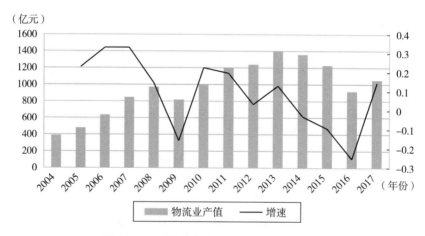

图 3-27　哈萨克斯坦物流业产值发展状况

图 3-27 显示：哈萨克斯坦物流业产值在 2004~2008 年逐年增长，由 2004 年的 389.58 亿元增长至 2008 年的 847.63 亿元；但 2009 年出现下滑，减少至

① 孙壮志. 当前中亚地区安全形势分析［J］. 俄罗斯中亚东欧研究，2003（6）：64-69，98.
② 邓小兵，高美真. 中国与中亚国家道路交通合作前景分析［J］. 综合运输，2006（Z1）：29-32.
③ 娜塔莉亚. 哈萨克斯坦物流配送业现状及改进［D］. 北京：北京交通大学，2017.

818.8 亿元；2010～2013 年物流业产值稳步增长，但 2014～2016 年又出现下滑，直到 2017 年才企稳回升。哈萨克斯坦物流业产值的增长速度呈现出"W"形的波动状态，增长极不稳定。

第二，2004～2017 年哈萨克斯坦物流相关行业固定资产投资波动较大，总体呈上涨趋势。我们通过查阅哈萨克斯坦历年的统计年鉴，概括整理出了 2004～2017 年哈萨克斯坦物流相关行业固定资产投资的变动情况（如图 3-28 所示）。

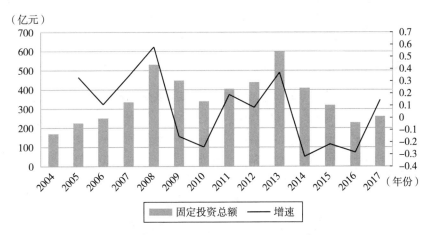

图 3-28　哈萨克斯坦物流业固定资产投资总额发展状况

图 3-28 显示：2004～2017 年哈萨克斯坦物流固定资产投资总额波动较大，呈现出"W"形的变动趋势，其中的 2004～2006 年处在一个较低的水平，年均固定资产投资总额仅为 215.4 亿元；2006～2008 年增长较快，从 2006 年的 250.44 亿元增长到了 2008 年的 530.38 亿元，增长了一倍多；2008～2010 年呈下降趋势，2010～2013 年又逐渐上升，但 2014 年以后又持续下降，2017 年物流业固定资产投资总额仅为 261.56 亿元，比最高达到 601 亿元的 2013 年下降了 340 多亿元。

第三，2004～2017 年哈萨克斯坦货运量与货运周转量稳步增长。我们通过查阅哈萨克斯坦历年的统计年鉴，概括整理出了 2004～2017 年哈萨克斯坦货运量与货运周转量的变动情况（如图 3-29 和图 3-30 所示）。

图 3-29 和图 3-30 显示：2004～2017 年哈萨克斯坦货运量和货运周转量缓慢上升，但是增速呈现出较大的波动状态。就货运量和货运周转量看，2004～2008 年两者稳定上升，但在 2009 年两者出现下滑，而在 2010～2014 年两者保持上升趋势，2015～2016 年又略微下滑，到 2017 年又有所回升了。就货运量和货运周转量的增速来看，2009 年均急速下降、呈现负增长；2010 年又急速拉升，2011 年增速最高，分别达到 22% 和 16%，其他年份在略微波动中保持低速增长。

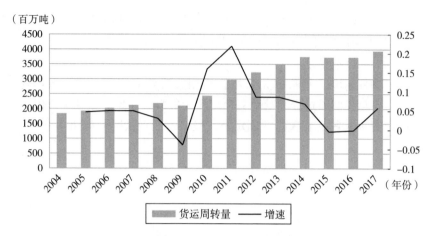

图 3 – 29　哈萨克斯坦货运量发展状况

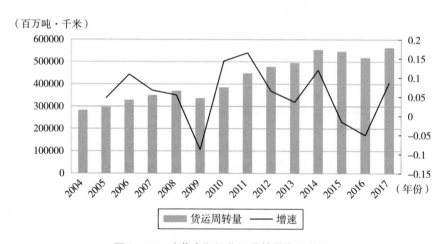

图 3 – 30　哈萨克斯坦货运周转量发展状况

2. 吉尔吉斯斯坦物流业发展状况

吉尔吉斯斯坦的国土面积只有 19.99 万平方千米，截至 2017 年总人口仅 610 万人，且居民贫困化现象比较普遍，生活在贫困线以下的人口已占总人口的 25.5%，经济基础薄弱，铁路和公路设施覆盖率低且质量较差，互联网普及速度虽然逐年递增，但增速较慢，反映到电子商务环节则是推广普及速度较为受限[①]。这些不利因素都严重制约了吉尔吉斯斯坦物流业的发展。

第一，2004 ~ 2017 年吉尔吉斯斯坦物流业产值经历先增长后下降又增长的

---

① 袁凯彬. 中国与中亚国家贸易便利化水平测算及推进研究 ［D］. 石河子：石河子大学，2016.

变化。我们通过查阅吉尔吉斯斯坦历年的统计年鉴，概括整理出 2004～2017 年吉尔吉斯斯坦物流业产值的变动情况（如图 3 - 31 所示）。

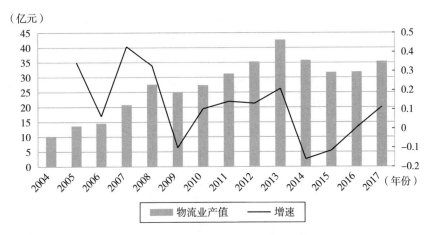

图 3 - 31　吉尔吉斯斯坦物流业产值发展状况

图 3 - 31 显示：2004～2017 年吉尔吉斯斯坦物流业产值总体呈现出先增长后下降又增长的变化趋势，其中 2004～2013 年除了 2009 年下降外一直逐年增长，由 2004 年的 10.19 亿元增长至 2013 年的 42.65 亿元，增长了三倍多；2014～2015 年出现下滑，但 2016～2017 年又有所回升。2004～2017 年物流业产值的增长速度呈现波动中有所下降的趋势，其中 2007 年增速高达 43%，2014 年低至 - 16%。

第二，2004～2017 年吉尔吉斯斯坦物流相关行业固定资产投资发展迟缓。我们通过查阅吉尔吉斯斯坦历年的统计年鉴，概括整理出了 2004～2017 年吉尔吉斯斯坦物流相关行业固定资产投资的变动情况（如图 3 - 32 所示）。

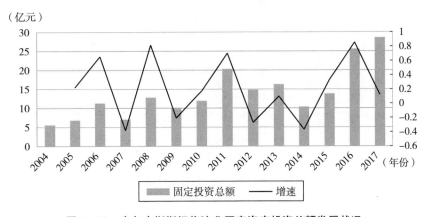

图 3 - 32　吉尔吉斯斯坦物流业固定资产投资总额发展状况

图 3 - 32 显示：2004 ~ 2015 年吉尔吉斯斯坦物流业固定资产投资总额处于一个较低的水平且很不稳定，年均物流业固定资产投资总额不足 12 亿元，2016 年以后大幅提升，到 2017 年达到了 28.58 亿元，是 2004 ~ 2015 年均值的两倍半。2004 ~ 2017 年物流业固定资产投资总额的增长速度较低且持续大幅波动，2007 年为负增长 - 37.88%，2016 年达正增长 85.55%。

第三，2004 ~ 2017 年吉尔吉斯斯坦货运量与货运周转量总体上保持稳定。我们通过查阅吉尔吉斯斯坦历年的统计年鉴，概括整理出了 2004 ~ 2017 年吉尔吉斯斯坦货运量与货运周转量的变动情况（如图 3 - 33 和图 3 - 34 所示）。

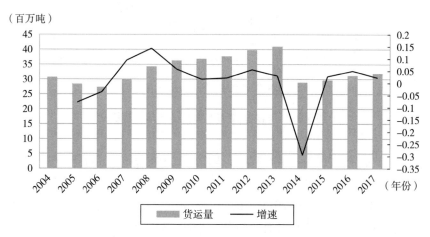

图 3 - 33 吉尔吉斯斯坦货运量发展状况

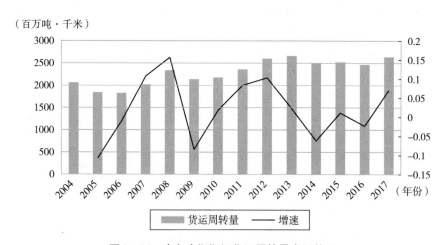

图 3 - 34 吉尔吉斯斯坦货运周转量发展状况

图 3 - 33 和图 3 - 34 显示：吉尔吉斯斯坦货运量在 2004 ~ 2013 年发展较平

稳，2014～2016 年略有降低，2017 年又回复到 2013 年的水平，2004～2017 年均货运量为 33.16 百万吨。而货运周转量在 2004～2017 年间一直保持稳定，年均货运周转量为 2298.1 百万吨·千米。就货运量和货运周转量的增速来看，均呈现出低速且波动的状态。总体来看，最近几年吉尔吉斯斯坦的物流业发展规模并不乐观。

3. 塔吉克斯坦物流业发展状况

塔吉克斯坦地处山区，境内山地和高原占 90%，其中约一半在海拔 3000 米以上，有"高山国"之称，交通方式是公路和铁路，以铁路为主。境内山路崎岖，路况较差，这大大增加了公路物流成本[1]。铁轨的维护保养很差、需要进行大量投资维修升级，火车机车非常陈旧、无法支持更快的速度或是运力，发生在铁路运输途中的偷窃也让原本想使用铁路运输的承运商望而却步[2]。

第一，2004～2017 年塔吉克斯坦物流产值增长缓慢。我们通过查阅塔吉克斯坦历年的统计年鉴，概括整理出了 2004～2017 年塔吉克斯坦物流业产值的变动情况（如图 3-35 所示）。

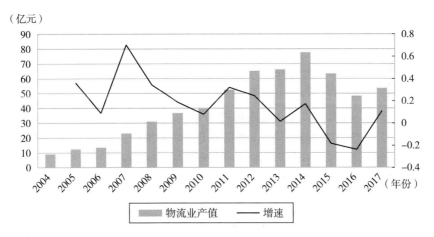

图 3-35　塔吉克斯坦物流业产值发展状况

图 3-35 显示：2004～2017 年塔吉克斯坦物流业产值经历了一个倒 U 型的变动过程，增长速度也呈现出递减的趋势。就物流业产值看，2004～2014 年逐年上升，但 2015～2016 年连续下降，2017 年也只是略有回升。就增速看，2004～2017 年呈现出一个波动中持续下降的态势。

第二，2004～2017 年塔吉克斯坦物流相关行业固定资产投资波动较大，总

①　苏刚，葛炬. 中国新疆对塔吉克斯坦物流走廊绩效研究［J］. 物流技术，2015，34（15）：51-53，96.
②　2007 年塔吉克斯坦：贸易便利化和物流发展战略报告.

体有所增加。我们通过查阅塔吉克斯坦历年的统计年鉴，概括整理出了2004～2017年塔吉克斯坦物流相关行业固定资产投资的变动情况（如图3－36所示）。

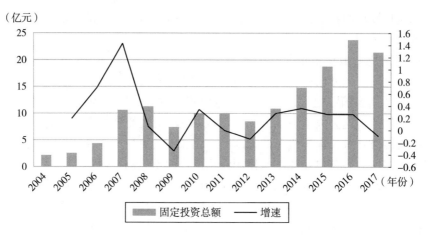

图3－36　塔吉克斯坦物流业固定资产投资总额发展状况

图3－36显示：2004～2017年塔吉克斯坦物流业固定资产投资总额在波动中有所增大，其中2004～2008年、2010年、2013～2016年是增加的，但2009年、2011～2012年、2017年是减少的。增长速度在2004～2017年的前期波动较大，后期较为平缓，但也一直维持在低速增长中。

第三，2004～2017年塔吉克斯坦货运量与货运周转量逐年增长。我们通过查阅塔吉克斯坦历年的统计年鉴，概括整理出了2004～2017年塔吉克斯坦货运量与货运周转量的变动情况（如图3－37和图3－38所示）。

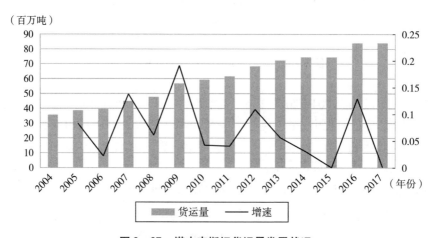

图3－37　塔吉克斯坦货运量发展状况

（百万吨·千米）

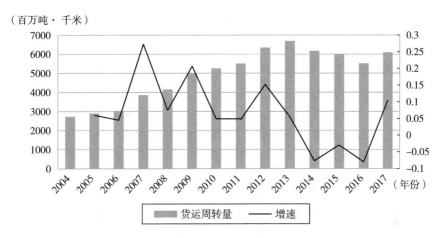

图 3-38　塔吉克斯坦货运周转量发展状况

图 3-37 和图 3-38 显示：塔吉克斯坦的货运量在 2014~2017 年基本逐年上升；货运周转量在 2004~2013 年间呈现不同程度的增长，但在 2014~2016 年持续下降，2017 年又有上升。从增长速度看，2004~2017 年塔吉克斯坦货运量和货运周转量的增长速度均呈现出在波动中下降的趋势。

4. 土库曼斯坦物流业发展状况

土库曼斯坦近年来很重视本国的物流业发展，并试图以此促进本国经济又好又快的增长。2015 年土库曼斯坦铁路货运量超过 2200 万吨，其中 67% 为过境运输，与以往相比有大幅提高。为加快发展铁路建设，土库曼斯坦积极进行国内现有铁路升级改造，加快建设土库曼斯坦—阿富汗—塔吉克斯坦国际铁路土境内段部分。新建成的"南北"铁路哈萨克斯坦—土库曼斯坦—伊朗走廊开辟了欧洲国家和波斯湾之间的运输线路，同时修建了相应的基础设施和物流中心，创造了数千个新的就业岗位。目前，土库曼斯坦铁路线全长 3900 千米，同比增长 8%[1]。

第一，2004~2017 年土库曼斯坦物流业产值总体发展情况。我们通过查阅土库曼斯坦历年的统计年鉴，概括整理出了 2004~2017 年土库曼斯坦物流业产值的变动情况（如图 3-39 所示）。

图 3-39 显示：2004~2017 年土库曼斯坦物流业产值在波动中有所上升，同时增速也呈现出较大的波动状态、呈现出反复波动的"W"形，最高的 2005 年达到 30.4%，最低的 2016 年是 -20.42%。

第二，2004~2017 年土库曼斯坦物流相关行业固定资产投资额基本呈逐年增加趋势，但增速在波动中逐渐回落。我们通过查阅土库曼斯坦历年的统计年

---

[1]　中华人民共和国商务部网站，http：//www.mofcom.gov.cn/.

鉴，概括整理出 2004～2017 年土库曼斯坦物流相关行业固定资产投资的变动情况，如图 3 - 40 所示。

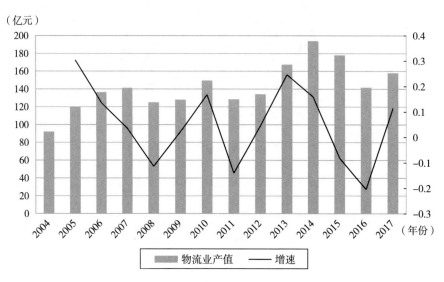

图 3 - 39　土库曼斯坦物流业产值发展状况

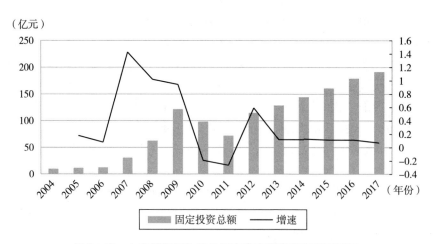

图 3 - 40　土库曼斯坦物流业固定资产投资总额发展状况

图 3 - 40 显示：2004～2017 年土库曼斯坦物流业固定资产投资总额总体来看增加明显，由 2004 年的 10. 04 亿元增长至 2017 年的 191. 71 亿元，增长了近 18 倍。增速呈波动中逐渐回落的状态，最高的 2007 年增速达到 143%，最低的 2011 年为 - 26. 56%，2013 年以后呈低速稳定增长。

第三，2004～2017 年土库曼斯坦货运量与货运周转量发展状况。我们通过查阅土库曼斯坦历年的统计年鉴，概括整理出了 2004～2017 年土库曼斯坦货运量与货运周转量的变动情况（如图 3-41 和图 3-42 所示）。

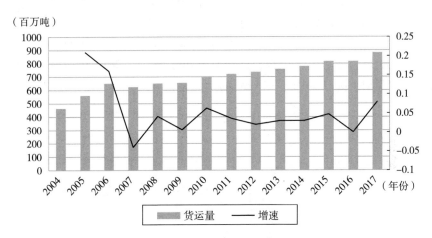

图 3-41　土库曼斯坦货运量发展状况

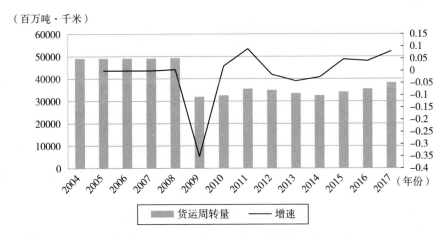

图 3-42　土库曼斯坦货运周转量发展状况

图 3-41 和图 3-42 显示：土库曼斯坦的货运量在 2004～2006 年增加比较明显，2007 年出现下降，此后的 2008～2017 年稳定低速增长，在 2004～2017 年，年均货运量已经超过 700 百万吨。土库曼斯坦的货运周转量在 2004～2008 年稳定低速增长，但 2009 年出现了 -35.18% 的断崖式下滑，此后一直到 2017 年都是超低的增速，基本在原地踏步。

5. 乌兹别克斯坦物流业发展状况

乌兹别克斯坦是世界上仅有的两个双重内陆国之一，没有直接出海的通道，也是中亚人口最多的国家，其人口 2015 年占中亚总人口的 45%。由于基础设施不足，人口虽然有 3200 多万人，但还没有形成庞大的消费市场和现代化、信息化的物流系统。乌兹别克斯坦曾是亚欧商路上的重要区域商业中心之一，历时数百年，但乌兹别克斯坦的物流业目前还处于落后状态①。

第一，2004~2017 年乌兹别克斯坦物流业产值总体是增长的。我们通过查阅乌兹别克斯坦历年的统计年鉴，概括整理出了 2004~2017 年乌兹别克斯坦物流业产值的变动情况（如图 3-43 所示）。

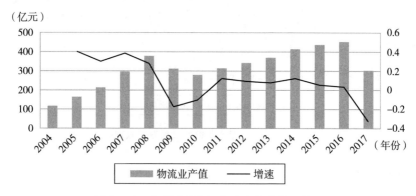

图 3-43　乌兹别克斯坦物流业产值发展状况

图 3-43 显示：乌兹别克斯坦的物流业产值在 2004~2008 年稳步快速增长，但 2009~2010 年出现了连续两年下滑，2011~2016 年重新稳步低速上升，但 2017 年又出现了快速下滑。2004~2017 年，物流业产值的增速呈现出波动中趋于下降的态势，其中 2005~2008 年的年均增速基本在 35% 左右，但 2009 年增速大幅下滑至 -17.5%，此后的 2010~2016 年基本实现了正的低速增长，但 2019 年又跌至 -32.93%。

第二，2004~2017 年乌兹别克斯坦物流相关行业固定资产投资额总体有所增加，但增速逐步回落。我们通过查阅乌兹别克斯坦历年的统计年鉴，概括整理出了 2004~2017 年乌兹别克斯坦物流相关行业固定资产投资的变动情况（如图 3-44 所示）。

图 3-44 显示：乌兹别克斯坦的固定资产投资总额在 2004~2010 年逐步上升，但 2011~2015 年逐年下降，2016 年略有回升，但 2017 年又下降。增速在 2004~2017 年呈现出波动状态，其中 2005~2008 年增速逐渐上升，2008 年曾达到了 234.49% 的增速；但 2009~2015 年增速逐渐下降，2015 年的增速为 -29.36%，虽

① 罗家祥（Saliev Jasur）. 乌兹别克斯坦参与"一带一路"国际物流系统发展研究 [D]. 西安：长安大学，2017.

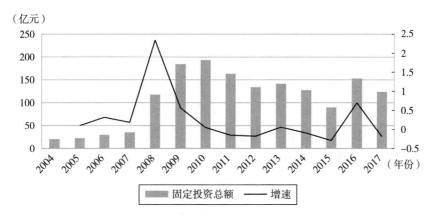

图 3 - 44　乌兹别克斯坦物流业固定资产投资总额发展状况

然 2016 年的增速转正了，但 2017 年又是负增长。

第三，2004～2017 年乌兹别克斯坦货运量总体逐年增加，但货运周转量总体变化不大。我们通过查阅乌兹别克斯坦历年的统计年鉴，概括整理出了 2004～2017 年乌兹别克斯坦货运量与货运周转量的变动情况（如图 3 - 45 和图 3 - 46 所示）。

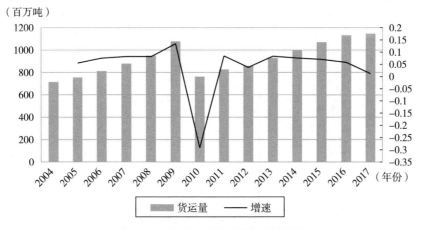

图 3 - 45　乌兹别克斯坦货运量发展状况

图 3 - 45 和图 3 - 46 显示：2004～2017 年乌兹别克斯坦的货运量除了 2010 年下降以外，其他年份均逐步增加；货运周转量在 2004～2008 年稳定增加，但 2009～2010 连续两年下降，此后的 2011～2017 年没有明显变化，基本为原地踏步。货运量增速除了在 2010 年急速下降、2011 年又急速回升外，其他年份保持了低速稳定的态势；货运周转量增速除了 2009～2010 年急速下降、2011 年又急

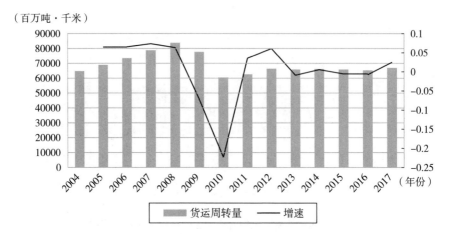

图 3 - 46　乌兹别克斯坦货运周转量发展状况

速回升外，其他年份大体保持低速稳定状态。

6. 中亚五国物流业发展状况的比较

第一，物流业增加值。我们通过查看万德数据库、国家统计局网站得到了 2006～2017 年间中亚五国物流业增加值，具体如表 3 - 7 所示：

表 3 - 7　　　　　　　　2006～2017 年中亚五国物流业增加值　　　　单位：十亿元

年份	哈萨克斯坦	吉尔吉斯斯坦	塔吉克斯坦	土库曼斯坦	乌兹别克斯坦
2006	50.20	1.44	1.34	10.58	9.85
2007	63.61	2.03	2.25	10.66	8.98
2008	71.70	2.63	6.36	9.07	25.73
2009	61.84	2.48	7.17	8.34	26.80
2010	70.18	2.71	6.18	9.82	30.81
2011	81.10	1.62	7.02	11.65	34.92
2012	88.48	1.90	8.11	13.79	38.67
2013	100.66	1.99	8.85	15.22	42.06
2014	100.61	1.66	10.07	16.60	45.46
2015	93.39	1.45	10.06	14.49	50.42
2016	132.40	1.61	5.41	21.28	54.83
2017	150.08	1.63	10.33	23.02	56.97
均值	88.69	1.93	6.93	13.71	35.46
排名	1	5	4	3	2

由表 3 - 7 可以得到图 3 - 47：

由表 3 - 7 和图 3 - 47 我们可以看出：在中亚五国中，2006～2017 年哈萨克斯坦的物流业增加值明显高于其他四个国家，均值达到 886.9 亿元，且呈大幅上升趋势；乌兹别克斯坦的均值为 354.6 亿元，排名第二，且上升趋势明显；土库曼斯坦和塔吉克斯坦的均值较小，分别为 137.1 亿元和 69.3 亿元，排名第三和

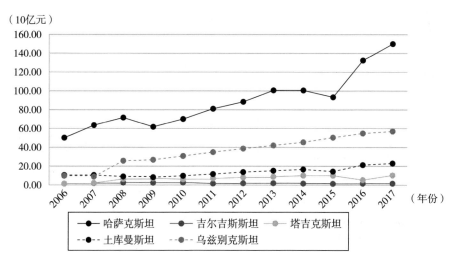

图 3 – 47　中亚五国 2006 ~ 2017 年物流业增加值

第四，增幅较低；吉尔吉斯斯坦的均值仅为 19.3 亿元，几乎无明显增长。

第二，物流业固定资产投资额。我们通过查看万德数据库、国家统计局网站得到了 2006 ~ 2017 年中亚五国物流业固定资产投资额，具体如表 3 – 8 所示：

表 3 – 8　　　　　　　　**2006 ~ 2017 年中亚五国物流业固定资产投资额**　　　　单位：10 亿元

年份	哈萨克斯坦	吉尔吉斯斯坦	塔吉克斯坦	土库曼斯坦	乌兹别克斯坦
2006	16. 08	1. 13	0. 44	1. 28	2. 97
2007	19. 00	0. 70	1. 06	3. 10	3. 52
2008	38. 65	1. 28	1. 13	6. 26	11. 78
2009	48. 63	1. 01	0. 74	12. 17	18. 43
2010	36. 44	1. 19	1. 00	9. 82	19. 31
2011	45. 01	2. 03	1. 00	7. 21	16. 34
2012	49. 40	1. 48	0. 85	11. 49	13. 40
2013	63. 70	1. 63	1. 09	12. 84	14. 15
2014	44. 93	1. 03	1. 48	14. 47	12. 76
2015	35. 70	1. 38	1. 88	16. 10	9. 01
2016	34. 33	2. 55	2. 37	17. 92	15. 31
2017	39. 18	1. 49	2. 49	18. 71	4. 38
均值	39. 25	1. 41	1. 29	10. 95	11. 78
排名	1	4	5	3	2

由表 3 – 8 可以得到图 3 – 48：

表 3 – 8 和图 3 – 48 显示：在中亚五国中，2006 ~ 2017 年哈萨克斯坦的物流业固定资产投资额均值为 392.5 亿元，明显高于其他四个国家，且增幅较大，波动幅度也大；乌兹别克斯坦和土库曼斯坦的均值分别为 117.8 亿元和 109.5 亿元，排名第二和第三，且增幅明显但波动较大；吉尔吉斯斯坦和塔吉克斯坦的均

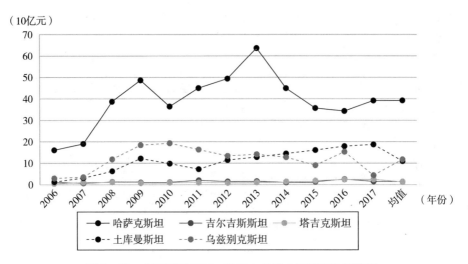

（10亿元）

图3－48　中亚五国2006～2017年物流业固定资产投资额

值仅为14.1亿元和12.9亿元，排第四和第五，且增幅很小，波动幅度也小。

第三，物流业从业人员情况。我们通过 Wind 数据库、国家统计局等数据库得到了中亚五国2006～2017年的物流业从业人员数，具体如表3－9所示：

表3－9　　　　　　　2006～2017年中亚五国物流业从业人员情况　　　　　单位：万人

年份	哈萨克斯坦	吉尔吉斯斯坦	塔吉克斯坦	土库曼斯坦	乌兹别克斯坦
2006	54.15	12.02	6.60	26.33	43.47
2007	55.72	13.33	6.20	28.54	45.35
2008	59.41	13.20	6.10	30.76	47.23
2009	59.10	14.50	5.80	31.98	49.11
2010	62.11	14.75	5.72	32.49	50.99
2011	67.20	14.71	4.30	35.34	52.87
2012	66.18	14.97	5.69	35.51	54.37
2013	70.51	13.76	5.36	38.19	54.91
2014	70.20	14.22	5.50	41.04	57.02
2015	74.50	14.58	5.50	41.10	59.21
2016	77.12	16.22	5.68	41.00	67.70
2017	77.96	23.33	5.85	43.81	70.20
均值	66.18	14.97	5.69	35.51	54.37

由表3－9可以得到图3－49：

表3－9和图3－49显示：在中亚五国中，在2006～2017年哈萨克斯坦的物流业从业人员数均值为66.18万人，明显高于其他四个国家，且呈现持续稳定上升趋势；乌兹别克斯坦和土库曼斯坦的人员数呈现出上升趋势，均值分别为54.37万人和35.51万人，排名第二和第三；吉尔吉斯斯坦和塔吉克斯坦的人员数较少且增速很低，人数均值仅为14.97万人和5.69万人，排名第四和第五。

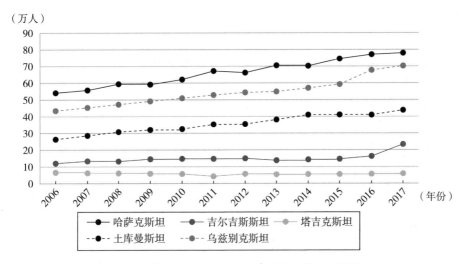

图 3 - 49 中亚五国 2006 ~ 2017 年物流业从业人员情况

第四, 交通运输基础设施发展状况。我们从铁路运输长度、铁路货运周转量、铁路货运量等三个方面来对中亚五国的基础设施情况进行分析。

(1) 铁路运输长度。我们通过 Wind 数据库、国家统计局等数据库得到了中亚五国 2006 ~ 2017 年的铁路运输长度, 具体如表 3 - 10 所示:

表 3 - 10 　　　　　　　　 **中亚五国 2006 ~ 2017 年铁路运输长度** 　　　　　　单位: 万千米

年份	哈萨克斯坦	吉尔吉斯斯坦	塔吉克斯坦	土库曼斯坦	乌兹别克斯坦
2006	1.42	0.04	0.06	0.31	0.40
2007	1.42	0.04	0.06	0.32	0.42
2008	1.42	0.04	0.06	0.31	0.42
2009	1.42	0.04	0.06	0.31	0.42
2010	1.42	0.04	0.06	0.31	0.42
2011	1.43	0.04	0.06	0.31	0.43
2012	1.48	0.04	0.06	0.31	0.42
2013	1.48	0.04	0.06	0.31	0.42
2014	1.48	0.04	0.06	0.31	0.42
2015	1.48	0.04	0.06	0.31	0.42
2016	1.55	0.04	0.06	0.31	0.43
2017	1.60	0.04	0.06	0.38	0.46
均值	1.47	0.04	0.06	0.32	0.42
排名	1	5	4	3	2

由表 3 - 10 可以得到图 3 - 50:

表 3 - 10 和图 3 - 50 显示: 在中亚五国中, 2006 ~ 2017 年哈萨克斯坦的铁路运输长度均值达到 1.47 万千米, 远高于其他四个国家, 且呈现平稳增长态势; 乌兹别克斯坦和土库曼斯坦的均值分别达到 0.42 万千米和 0.32 万千米, 排名第

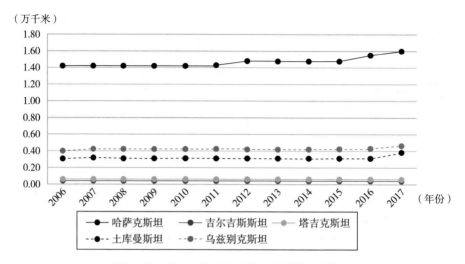

（万千米）

图 3 - 50　2006～2017 年中亚五国铁路运输长度

二和第三，且基本呈缓慢上升趋势；塔吉克斯坦和吉尔吉斯斯坦的均值仅为 0.06 万千米和 0.04 万千米，分别排第四和第五，且几乎保持不变。

（2）铁路货运周转量。我们通过 Wind 数据库、国家统计局等数据库得到了中亚五国 2006～2017 年的铁路货运周转量，具体如表 3 - 11 所示：

表 3 - 11　　　　　中亚五国 2006～2017 年铁路货运周转量　　　　单位：亿吨·千米

年份	哈萨克斯坦	吉尔吉斯斯坦	塔吉克斯坦	土库曼斯坦	乌兹别克斯坦
2006	1911.9	7.6	12.2	104.4	192.8
2007	1911.9	8.5	12.7	109.7	215.9
2008	2149.1	9.5	12.7	115.5	234.3
2009	1973.0	7.4	12.8	117.7	222.3
2010	2131.7	7.4	8.1	117.7	222.8
2011	2235.8	8.0	7.0	119.9	224.8
2012	2358.5	9.2	5.5	119.9	226.9
2013	2312.5	10.0	5.6	119.9	224.8
2014	2165.2	10.1	3.9	119.9	229.3
2015	1897.6	9.2	3.2	133.3	229.4
2016	1881.6	8.1	2.3	133.3	229.4
2017	2062.6	9.4	1.7	133.3	229.4
均值	2082.6	8.7	7.3	120.4	223.5
排名	1	4	5	3	2

由表 3 - 11 可以得到图 3 - 51：

表 3 - 11 和图 3 - 51 显示：在中亚五国中，2006～2017 年哈萨克斯坦的铁路货运周转量均值达到 2082.6 亿吨·千米，远远高于其他三个国家；乌兹别克斯坦和土库曼斯坦的均值分别为 223.5 亿吨·千米和 120.4 亿吨·千米，排名第二

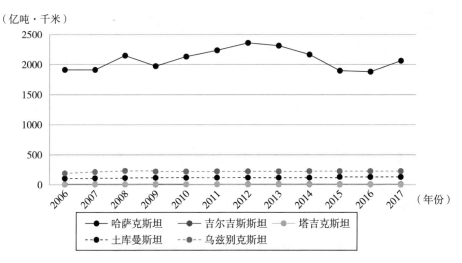

（亿吨·千米）

图 3-51　中亚五国 2006~2017 年铁路货运周转量

和第三，呈稳定发展的趋势；吉尔吉斯斯坦和塔吉克斯坦的均值分别仅为 8.7 亿吨·千米和 7.3 亿吨·千米，远低于其他国家，且几乎无增长。

（3）铁路货运量。我们通过查找中亚国家统计局网站、万德数据库等，得到了 2006~2017 年中亚五国铁路货运量的数据，具体如表 3-12 所示：

表 3-12　　　　　　　　中亚五国 2006~2017 年铁路货运量　　　　　　单位：百万吨

年份	哈萨克斯坦	吉尔吉斯斯坦	塔吉克斯坦	土库曼斯坦	乌兹别克斯坦
2006	246.9	1.9	13.9	22.5	50.0
2007	260.6	2.3	14.5	23.6	58.0
2008	269.0	1.8	14.5	25.4	62.9
2009	248.4	1.0	14.5	19.9	65.7
2010	267.9	1.0	10.4	18.5	56.9
2011	279.7	1.0	9.3	16.3	59.6
2012	294.8	1.1	8.4	16.4	62.0
2013	293.7	1.4	6.7	19.7	63.7
2014	390.7	1.5	6.8	20.7	66.0
2015	341.4	1.3	6.1	22.0	67.2
2016	338.9	1.7	5.5	22.7	68.0
2017	331.9	1.4	6.7	20.3	65.4
均值	297.0	1.4	9.8	20.7	62.1
排名	1	5	4	3	2

由表 3-12 可以得到图 3-52：

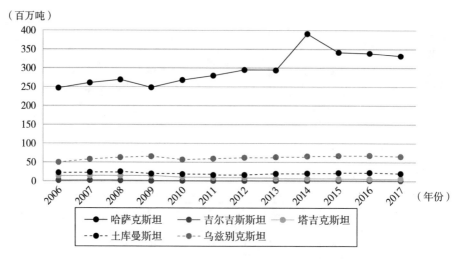

图 3 – 52　中亚五国 2006～2017 年铁路货运量

表 3 – 12 和图 3 – 52 显示：在中亚五国中，在 2006～2017 年哈萨克斯坦的铁路货运量均值达到 297.0 百万吨，远高于其他四个国家，且基本呈稳定上升趋势；乌兹别克斯坦的均值达到 62.1 百万吨，排名第二，且保持基本稳定；土库曼斯坦、塔吉克斯坦和吉尔吉斯斯坦的均值分别仅为 20.7 百万吨、9.8 百万吨和1.4 百万吨，且基本保持不变。

3.1.3　中国西北五省区与中亚五国物流业发展状况比较分析

1. 物流业增加值比较

我们通过整理上述描述，将 2006～2017 年中国西北五省区和中亚五国的物流业增加值均值状况进行了比较，具体如表 3 – 13 所示：

表 3 – 13　　2006～2017 年中国西北五省区和中亚五国的物流业增加值状况

年份	西北五省区		中亚五国	
	物流业增加值（10 亿元/省均）	增幅（%）	物流业增加值（10 亿元/国均）	增幅（%）
2006	14.36	—	14.68	—
2007	15.87	10.52	17.50	19.22
2008	18.36	15.65	23.10	31.96
2009	20.20	10.05	21.32	– 7.68
2010	22.61	11.94	23.94	12.27
2011	26.62	17.74	27.26	13.88
2012	31.27	17.43	30.19	10.74
2013	30.76	– 1.63	33.76	11.81
2014	34.35	11.68	34.88	3.33

年份	西北五省区		中亚五国	
	物流业增加值 （10 亿元/省均）	增幅（%）	物流业增加值 （10 亿元/国均）	增幅（%）
2015	36.30	5.68	33.96	-2.63
2016	38.23	5.31	43.11	26.92
2017	41.95	9.73	48.41	12.30

表 3-13 显示：在 2006~2017 年，中国西北五省区在 2012 年和 2015 年的物流业增加值高于中亚五国，其余年份均低于中亚五国；从增幅来看，中国西北五省区在 2013 年出现负增长，其余年份为正增长，中亚五国在 2009 年和 2015 年出现负增长，其余年份为正增长，中亚五国物流业增加值的增幅在 2008 年和 2016 年明显高于中国西北五省。

2. 物流业固定资产投资比较

我们通过整理前述数据，将 2006~2017 年中国西北五省区和中亚五国的物流业固定资产投资额均值状况进行了比较，具体如表 3-14 所示：

表 3-14　2006~2017 年中国西北五省区和中亚五国的物流业固定资产投资状况

年份	西北五省区		中亚五国	
	物流业固定资产投资额 （10 亿元/省均）	增幅（%）	物流业固定资产投资额 （10 亿元/国均）	增幅（%）
2006	18.27	—	4.38	—
2007	18.66	2.13	5.48	25.12
2008	22.14	18.66	11.82	115.80
2009	28.98	30.90	16.20	37.05
2010	35.87	23.77	13.55	-16.32
2011	36.97	3.06	14.32	5.65
2012	41.41	12.00	15.32	7.01
2013	50.67	22.36	18.68	21.93
2014	71.30	40.72	14.94	-20.06
2015	89.44	25.44	12.81	-14.21
2016	101.76	13.78	14.50	13.14
2017	117.05	15.03	13.25	-8.60

由表 3-14 我们可以看出：在 2006~2017 年，中国西北五省区的固定资产投资额呈逐年上升发展的趋势，且明显高于中亚五国；从增幅来看，中国西北五省区每年都为正向增长，中亚五国在 2010 年、2014 年、2015 年和 2017 年呈现出负增长，在 2008 年增长幅度最高，达到 115.80%。

3. 物流业从业人员比较

我们通过整理前述数据，将 2006~2017 年中国西北五省区和中亚五国的物流从业人员均值状况进行了比较，具体如表 3-15 所示：

表3-15 2006~2017年中国西北五省区和中亚五国的物流业从业人员状况物流业从业人数

年份	西北五省区		中亚五国	
	物流业从业人员数（万人/省均）	增幅（%）	物流业从业人员数（万人/国均）	增幅（%）
2006	10.94	—	29.17	—
2007	11.02	0.69	30.58	4.84
2008	11.05	0.34	31.72	3.71
2009	11.73	6.10	32.66	2.96
2010	11.72	-0.07	34.05	4.26
2011	12.49	6.59	35.11	3.13
2012	13.45	7.64	35.94	2.37
2013	12.46	-7.30	37.07	3.13
2014	16.25	30.34	38.29	3.28
2015	16.85	3.72	40.26	5.16
2016	16.55	-1.76	42.89	6.52
2017	16.83	1.66	44.23	3.13

由表3-15我们可以看出：在2006~2017年，中亚五国的物流业从业人员数明显高于中国西北五省区，中亚五国的物流业从业人员数在2017年达到最多，均值达到44.23万人，而中国西北五省区的物流业从业人员数在2015年最多，为16.85万人；从增幅来看，中亚五国每年都呈正增长，中国西北五省区在2010年、2013年和2016年出现了负增长，中亚五国的增幅明显高于中国西北五省区。

3.2 "核心区"物流业效率实证评价方法、指标体系与数据获取

3.2.1 评价方法的比较和选择

1. 评价方法的比较

评价物流业效率的方法很多，主要有两类：一类是只考虑单因素投入的物流业效率评价法，如作业基础成本法，它是用成本、质量、时间和柔性等因素来衡量物流业效率的投入、产出；另一类是综合考虑多因素投入的物流业效率评价法，如指标树法、层次分析法和前沿效率分析方法[1]。由于本课题的研究对象是丝绸之路经济带"核心区"的物流业效率，即物流业总投入与总产出的比值，而物流业总投入和总产出并不是由单一指标衡量的，所以要从多因素投入法中选择。下面我们对多因素投入法的各种方法进一步进行比较：

第一，指标树法。指标树法是指通过设计一系列指标构成的指标体系来全面反映物流业效率。在评价物流业效率时，需要建立一个全面的评价指标体系，其

---

① 马占新，马生昀，包斯琴高娃. 数据包络分析及其应用案例 [M]. 北京：科学出版社，2002.

中每个指标下又可以单独建立一个包含子指标的体系，以此类推，子指标也可以包含下一阶子指标。假设每个子指标可以用 E_i 表示，而每个子指标所占总指标的权重用 λ_i 表示，则总效率 $E = \sum \lambda_i E_i$，其中 $\sum \lambda_i = 1$。巴洛和科耶尔（Ballow and Coyel）等都曾列出了仓储、运输、库存和顾客服务方面的效率衡量指标，福塞特等（Fawcett et al.）也设置了衡量配送效率的指标，由于他们的工作主要集中在物流过程的某个领域，这些指标更适于战术性运作，而不能运用到战略层面上。

第二，层次分析法。这是由美国运筹学家沙旦（T. L. Saayt）于 20 世纪 70 年代创立的一种定性与定量相结合的多目标评价决策方法。用层次分析法进行物流效率分析的过程如下：物流效率问题→建立低阶层次模型→构造判断矩阵→层效单排序→层次总排序→计算综合指标→进行物流效率分析[1]。它本质上是一种决策思维方法，通过把复杂的问题分解为各组成因素，并对它们按某种相互联系的规则和相互作用的方式进行分组，形成有序的阶梯层次结构。这样就可以把一个复杂、笼统的事物或一项含混不清的目标，逐步梳理成若干项比较简单、具体的事项或内涵清晰的判断准则的逐级支配关系。然后通过各层次上的两两比较，判断方式确定每一层次中因素的相对重要性，最后在递阶层次结构内进行合成，以得到决策因素相对于总目标重要性的次序[2]。层次分析法解决问题的步骤为：分解、判断、综合，所以相对于前两种方法来说能够定量、系统、清晰地评价效率。

第三，前沿效率分析法。该方法的前提条件是已经知道物流效率投入、产出各指标的准确数据，在此基础上，可以构造一条向右上方凸出的生产可能性曲线，使得所有的产出值都能包含在曲线上或者曲线内，其中曲线内（上）的任意一点到该曲线的距离便是该点的效率值。因此，可以看出，前沿效率评价的不是绝对效率而是相对效率。在构造生产函数时，根据不同的需要（如是否需要构造具体的函数形式或者是否需要估计函数中的未知参数），前沿效率分析法派生出两种不同的方法。一种方法是参数法（Parametric），顾名思义，参数法是需要构造函数并估计其参数。而参数法最常用的是随机前沿分析法（SFA），它是在构造投入产出函数的基础上，运用一些计量经济学的方法来确定生产前沿的具体形式，并通过分析估算出函数中的未知参数，考察了随机扰动因素对生产产出的影响。另一种方法是非参数法，可以不用构造相关函数，其代表是数据包络分析法（DEA），这个方法的优点是：只需要知道投入和产出的数据，不需要建立相关的生产函数[3]。

---

①　田宇. 物流效率评价方法研究 ［J］. 物流科技, 2000（2）：15 - 19.
②　左元斌. 现代物流企业绩效评价的方法研究 ［J］. 管理纵横, 2003（14）：46 - 48.
③　田宇. 物流效率评价方法研究 ［J］. 物流科技, 2000（2）：15 - 19.

上述几种方法每种都有自己的优缺点。概况来看，对于指标树法，其局限性在于将物流系统这样一个有机整体分解后用加权求和的方法进行综合过于简单化，不能从整体上得出物流效率变动等结果。层次分析法评价物流效率的实质，是把层次分析法作为全面评价物流效率的综合手段，以弥补指标树法的不足，但是在构造判断矩阵时缺乏客观性，影响了评价结果的真实性。而前沿效率分析法中的参数方法（常用 SFA）的缺点是，参数方法通常用回归技术来估计生产函数的参数，这是一种对全部样本数据进行平均化的结果，得到的是一个穿过所有样本观测点"中心"的平均生产函数，估计出来的结果其实并不符合生产函数最优性的定义，因此不是严格意义上的生产前沿。换句话说，就是因为 SFA 法是需要通过构造具体函数来确定相关的生产可能性前沿边界，所以这也导致了它的最大缺点在于只适用于多投入、单产出的效率评价。而 DEA 方法相比其他方法的优点在于：不需要事先确定具体的投入产出函数形式，因此可以评价多个投入、多个产出的决策单元，且在评价过程中不会受到主观因素的影响，具有客观性。因此，我们最终选择了数据包络分析方法（DEA）作为本课题中丝绸之路经济带"核心区"物流业效率的评价方法。

2. DEA 方法的选择

DEA（数据包络分析法）是一种对多个投入和产出指标的相对有效性进行评价的方法，它综合了线性规划、多目标规划、具有锥结构的广义最优化等模型的特点，涉及数学、运筹学、数理经济学以及管理科学等多个学科领域。该方法是1978 年由美国著名运筹学家查恩斯（A. Charnes）和库伯（W. W. Cooper）在相对效率评价的基础上创建的一种新的评价效率的方法。传统的 DEA 模型包括 CCR 模型和 BCC 模型。CCR 模型的前提假设是规模报酬不变，计算出评价对象的总体效率，而 BCC 模型的前提假设是规模报酬可变，计算出评价对象的纯技术效率。故本课题综合运用以上两种 DEA 模型对丝绸之路经济带"核心区"物流业的总体效率、纯技术效率以及规模效率进行了评价。

第一，CCR 模型。假设有 n 个部门或单位（称为决策单元，decision making units），这 n 个决策单元都是具有可比性的。每个决策单元都有 m 种类型的输入（表示该决策单元对"资源"的耗费，类似于微观经济学中的生产要素）和 s 种类型的"输出"（它们是决策单元在消耗了"资源"之后，表明"成效"的一些指标，例如经济效益指标及产品质量的指标）。对于输入和输出的理解是：输入越小越好，而输出越大越好。通过数据来表示输入和输出如表 3 – 16 和表 3 – 17 所示：

表 3 – 16 决策单元输入

决策单元		1	2	…	j	…	n	权重
投入项目	1	X_{11}	X_{12}	…	X_{1j}	…	X_{1n}	v_1
	2	X_{21}	X_{22}	…	X_{2j}	…	X_{2n}	v_2
	…	…	…	…	…	…	…	…
	m	X_{m1}	X_{m2}	…	X_{mj}	…	X_{mn}	v_m

表 3 – 17 决策单元输出

决策单元		1	2	…	j	…	n	权重
产出项目	1	Y_{11}	Y_{12}	…	Y_{1j}	…	Y_{1n}	u_1
	2	Y_{21}	Y_{22}	…	Y_{2j}	…	Y_{2n}	u_2
	…	…	…	…	…	…	…	…
	s	Y_{m1}	Y_{m2}	…	Y_{mj}	…	Y_{mn}	u_s

表 3 – 16 和表 3 – 17 中 (决策单元 j 记为 DMU_j，$1 \leqslant j \leqslant n$)

$X_{ij} = DMU_j$ 对第 i 种输入的投入量，$X_{ij} > 0$；

$Y_{rj} = DMU_j$ 对第 r 种输入的产出量，$Y_{rj} > 0$；

$V_i =$ 对第 i 种输入的一种度量 (权重)；

$u_r =$ 对第 r 种输入的一种度量 (权重)，i = 1，2，…，m；j = 1，2，…，n；r = 1，2，…，s。

以上公式可以简记为：

$X_j = (X_{1j}，X_{2j}，…，Xm_j)^T$，j = 1，2，…，n；

$Y_j = (Y_{1j}，Y_{2j}，…，Y_{sj})^T$，j = 1，2，…，n；

$v = (v_1，v_2，…，v_m)^T$；

$u = (u_1，u_2，…，u_s)^T$。

其中，X_j 和 Y_j 分别为 DMU_j 的输入向量和输出向量，j = 1，2，…，n，均为已知数据，其可以根据历史资料或统计的数据得到；v 和 u 分别为与 m 种投入和 s 种输出对应的权重向量，是变量。

对于权重系数 $v \in E^m$ 和 $u \in E^s$，决策单元 j (即 DMU_j，$1 \leqslant j \leqslant n$) 的效率评价指数 $h_j = \dfrac{u^T Y_j}{v^T x_j}$，j = 1，2，…，n，通过选取适当权系数 v 和 u，使得 $h_j \leqslant 1$，j = 1，2，…，n。其中效率评价指数 h_j 的含义是：在权系数 v 和 u 之下，投入为 $v^T X_j$，产出为 $u^T Y_j$ 时的产出与投入之比。

当考查 DMU_{j0} 的效率评价问题：以 DMU_{j0} 的效率评价指数 $h_{j0} = \dfrac{u^T Y_{j0}}{v^T x_{j0}}$ 为目标，以所有的决策单元 j = 1，2，…，n 的效率指数 $h_j = \dfrac{u^T Y_j}{v^T x_j}$，j = 1，2，…，n，为约束，就构成了如下分式规划问题 (CCR) 模型：

$$\begin{cases} \max = \dfrac{u^T Y_{j0}}{v^T x_{j0}} \\[3mm] \dfrac{u^T Y_j}{v^T x_j} \leq 1 \qquad j = 1,2,\cdots,n \\[3mm] u \geq 0, v \geq 0 \end{cases}$$

判断 DEA 有效性：若分式规划 $h_{j0} = \dfrac{u^T Y_{j0}}{v^T x_{j0}}$，则称 DMU_{j0} 为弱 DEA 有效；弱

分式规划存在 v > 0，u > 0，且 $h_{j0} = \dfrac{u^T Y_{j0}}{v^T x_{j0}}$，则称 DMU_{j0} 为 DEA 有效。

上述的分式规划是最初始的 DEA 模型，当使用 1962 年由查恩斯和库珀（Charnes and Cooper）给出的 CCR 变换，可将分式规划为一个与其等价的线性规划问题，从而将科学工程效率的定义推广到多输入、多输出的系统的相对效率的概念[1]。

令 $\begin{cases} t = \dfrac{1}{v^T X_{j0}} \\[3mm] \omega = tv \\[2mm] \mu = tu \end{cases}$ 可以将分式规划问题转化为线性规划问题，

$$\begin{cases} \max \mu^T Y_{j0} \\ \omega^T X_j - \mu^T Y_j \geq 0, j = 1,2,\cdots,n \\ \omega^T X_{j0} = 1 \\ \omega \geq 0, \mu \geq 0. \end{cases}$$

判断 DEA 有效性：若线性规划，则称 $\mu^T Y_{j0} = 1$ 为弱 DEA 有效；若线性规划存在 $\omega^0 > 0, \mu^0 > 0$，且 $\mu^T Y_{j0} = 1$，则称 DMU_{j0} 为 DEA 有效。

第二，BCC 模型。在上文中提到的 CCR 模型，我们假设规模报酬是不变的，即只要是按相同比例不断增加或者减少生产投入来改变产出规模，是不会对最终效率值产生任何影响的。但是这与实际情况是相悖的，因为任何企业家都不会使自己的企业规模维持在一个不变的水平。也就是说，规模报酬不变的假设在多数情况下是不切合实际的。另外 CCR 模型评价的是决策单元的总技术效率，而不能体现规模效率是如何引起总效率的进步，并且所有决策单元的规模报酬都是一致的，所以 1984 年班克、查恩斯和库珀（Banker，Charnes and Cooper）提出了 BCC 模型。CCR 模型对应的生产可能集满足平凡性、凸性、锥性、无效性和最小性假设，但在某些情况下，把生产可能集用凸锥来描述可能缺乏准确性。因此，当在 CCR 模型中去掉锥性假设后就得到了另一种重要的 DEA 模型——BCC

---

① 魏权龄. 数据包络分析［M］. 北京：科学出版社，2004：13.

模型，应用该模型就可以评价部门之间的相对技术有效性[①]。

在 BCC 模型中，需要引入非阿基米德无穷小 ε（一般 ε 取值为 10^{-6}），并且假定就可以获得投入导向变动规模报酬 DEA 模型，规模报酬可变的假设使得在计算技术效率时可以去除规模效率的影响，因此计算出来的效率是纯技术效率。

$$\min\left[\theta - \varepsilon(s_1^- + s_2^- + \ldots + s_m^-) + \varepsilon(s_1^+ + s_2^+ + \cdots + s_m^+)\right]$$

$$\text{s. t. } \sum_{j=1}^{n} \lambda_j x_{ij} + s_i^- = \theta x_{ijo}, i = 1, 2, \cdots, m$$

$$\sum_{j=1}^{n} \lambda_j y_{rj} + s_r^+ = \theta y_{rjo}, r = 1, 2, \cdots, p$$

$$\sum_{j=1}^{n} \lambda_j = 1, j = 1, 2, \cdots, n$$

$$\lambda \geqslant 0, s_i^-, s_r^+ \geqslant 0$$

判断 DEA 有效性：当 $\theta^0 = 1$ 并且松弛变量 $s_i^{0-} = 0, s_r^{0+} = 0$ 时，决策单元 DMUj 有效；否则就称决策单元 DMUj 无效。

根据 BCC 模型求得的效率值为纯技术效率，同时还可以得到相应决策单元的规模效率（规模效率 = 总体效率/纯技术效率），从而可以将决策单元 DMUj 的总体效率值进行分解，进而可以分析出总体效率无效的原因。

针对 BCC 和 CCR 模型计算出的结果，当有 2 个或 2 个以上决策单元同时 DEA 有效（即决策单元的效率值同时为 1）时，传统的 DEA 模型失效，鉴于此，安德森（Andersen）和彼得森（Petersen）提出了 Super – DEA 模型，实现了对传统 DEA 模型的改进。规模报酬不变条件下，Super – DEA 模型能够依据决策单元效率值的大小，对所有决策单元进行排序[②]。

假定有 n 个决策单元，X 代表投入，Y 代表产出，则 X_{ij} 为第 j 个决策单元的第 i 种投入，Y_j 为第 j 个决策单元的产出值，s_i – 和 s_r + 分别表示第 i 种投入和第 r 种产出的松弛变量。规模报酬不变条件下，投入角度的 Super – DEA 数学表达式为：

$$\min\left[\rho - \varepsilon\left(\sum_{i=1}^{m} s_i^- + \sum_{r=1}^{s} s_r^+\right)\right]$$

$$\text{s. t. } \sum_{j=1, j\neq 0}^{n} X_{ij}\lambda_j + s_i^- = \rho X_0$$

$$\sum_{j=1, j\neq 0}^{n} Y_j\lambda_j - s_r^+ = Y_0$$

$$\lambda_j \geqslant 0, j = 1, 2, \cdots, n$$

$$s_i^- \geqslant 0, s_r^+ \geqslant 0$$

$$\rho \geqslant 0$$

---

① 马占新，马生昀，包斯琴高娃. 数据包络分析及其应用案例［M］. 北京：科学出版社，2002.

② Andersen P, Petersen N C. A Procedure for Ranking Efficient Units in Data Envelopment Analysis［J］. *Management Science*，1993，39（10）.

其中，ρ 为决策单元的效率值，ρ 的值可以大于 1。

3.2.2 评价指标体系的建立

建立评价指标体系是评价物流业效率工作的第一步，是运用 DEA 方法的关键。不同的指标选择会导致不同的分析结果，在具体分析过程中，即使对于相同的评价目的，不同的分析者由于其所持观点和视角不同，选用的评价指标也不尽相同，而且评价指标个数的多少也会对分析结果产生影响。

1. 评价指标选取的原则

为了更好地进行效率的评价，我们在选取评价指标时，应坚持以下原则：

第一，重要性原则。重要性原则是指将众多投入和产出指标，按照重要性程度从高到低进行排序，从中筛选出几个最重要的指标，剔除掉相对不重要的指标，以便能够使评价指标体系更加准确。

第二，系统性和全面性原则。为了得到准确的评价结果，在选取指标时一定要考虑这个指标相对于其他的指标是否更具有全面性和综合性。评价指标之间应层次清晰，不具备较强的相关性。因此在选取评价指标时，一方面，可以从评价对象出发，系统地考察最能反映评价对象的因素作为指标；另一方面，要做到所选取的指标比较全面，不能漏掉指标。

第三，合理性原则。合理性是指输入指标和输出指标之间不存在相关性。若输入指标之间、输出指标之间和输入输出指标之间存在线性相关关系，则会使每个决策单元的评价结果都为相对有效，这样就失去了评价的意义。因此，虽然在选取指标时要求做到全面性，但也要考虑到所选取指标的合理性。

第四，适用性和可比性原则。研究对象的衡量指标要满足适用性，这是进行实证研究最关键的一步。与此同时，各个指标之间要具有可比性，例如在形式、时间和计量单位等方面做到有所可比。

第五，客观性原则。实证评价的目的就是要获取评价结果，然后根据评价结果提出相应对策和建议，因此，评价结果必须真实、客观。这就要求我们在选取评价指标时，必须客观对待，不能随意删减、添加、更改数据。

第六，可取性原则。选取那些可以根据一些统计资料直接获得或者间接计算获得的输入指标和输出指标。对于那些不容易获取资料的指标，要选取其他相近、相符的指标来替换。

2. 相关文献中选择的评价指标体系

我们总结了近十几年来有关物流业效率评价的文献中所选取的指标，并整理如表 3 - 18 所示。

表 3 – 18　　　　　　相关文献中选择的物流业效率评价指标体系

时间	作者	文献	输入指标	输出指标
2006 年	帅斌 杜文	物流业结构的 DEA/PCA 评价	固定资产总额 流动资产总额 劳动力投入额	物流业利润额 物流业增加值 物流业收入
2007 年	郭晓平 张岐山	基于改进 DEA 方法的物流产业竞争力分析	物流业固定资产投资 物流业从业人员人数	物流生产总值 物流从业人员的工资总额
2008 年	高腾	基于 DEA 的中国地区物流效率研究	物流业固定资产投资 物流业从业人员	货运周转量 旅客周转量
2010 年	刘卫	基于 DEA 的中国地区物流效率研究	交通运输、仓储和邮政业的职工人数 交通运输、仓储和邮政业固定资产投资	货运周转量 旅客周转量
2012 年	王菲	基于改进型 DEA 的中国区域物流有效性研究	物流业固定资产投资 物流业基础设施	物流业增加值 社会物流总额
2013 年	王琴梅 谭翠娥	对西安市物流效率及其影响因素的实证分析	交通运输、仓储和邮政业从业人员 交通运输、仓储和邮政业投资总额 线路运输长度	西安市物流产业 GDP 西安市货运量 西安市货运周转量
2014 年	李忠民 夏德水	我国丝绸之路经济带物流设施效率分析——基于 DEA 模型的 Malmqusit 指数方法	公路里程数 高速公路里程数 民航运输路线长度	交通运输、仓储和邮政业增加值 货运周转量
2015 年	袁丹 雷宏振	丝绸之路经济带物流业效率及其影响因素	交通运输、仓储和邮政业的职工人数 交通运输、仓储和邮政业资本投入 运输线路长度	交通运输、仓储和邮政业的生产产值 货运周转量
2015 年	张立国 李东 龚爱清	中国物流业全要素能源效率动态变动及区域差异分析	物流业固定资产投资 物流从业人员数 物流业能源投入量	物流行业产值
2019 年	王琴梅 李娟	产业结构演进对丝绸之路经济带"核心区"物流业效率的影响研究	物流业从业人员 物流业固定资产投资额 公路线路长度	物流业产值

由表 3 – 18 可见，国内现今在物流业效率问题的研究上已经取得了一定的进展，并且对物流业效率的研究从微观层面（某个企业或者物流过程的某一环节）也转移到了宏观层面（区域或者具体的地区）。但现有研究还存在很多不足：由于大部分研究没有清楚地界定物流、物流业及其范围，这样导致在选择投入产出指标时都是基于自己给定的评价指标，没有很强的说服力。因此，我们将会依据

选取指标的相关原则，并针对丝绸之路经济带"核心区"的实际情况，选取合理的投入、产出指标，建立全面的指标体系，对丝绸之路经济带"核心区"的物流业效率做出客观的评价。

3. 本章建立的物流业效率评价指标体系

在明确界定了物流、物流业、物流业效率以及丝绸之路经济带"核心区"等相关概念并确定了采用 DEA 评价方法后，再综合考虑评价指标的可靠性和数据的可得性等多方面因素，我们最后选择的物流业产出和投入的指标体系如表 3–19 所示：

表 3–19　　　　　　　　　　物流业产出与投入指标

指标类型	指标内容
产出指标	物流业产值（亿元）
	货运量（百万吨）
	货运周转量（百万吨·千米）
投入指标	物流业从业人员（千人）
	运输里程（千米）
	物流业固定资产投资总额（亿元）

注：在表 3–19 中，货运量、货运周转量和运输里程这三个指标的统计口径均为公路与铁路之和。受土库曼斯坦国家统计年鉴数据限制，仅有货运量和货运周转量数据，同时结合该国国情分析，总货运量在一定程度上就代表公路和铁路货运量。

表 3–19 说明，我们建立的物流业效率评价体系中，产出指标分别为：物流业产值、货运量和货运周转量；投入指标分别为：物流业从业人员、运输里程和物流业固定资产投资额。

3.2.3　数据的获取与处理

在使用数据包络分析（DEA）进行效率评价时，既可以将地区作为决策单元，对不同地区在同一时间点上的物流业效率进行评价；也可以将时间作为决策单元，对同一地区在不同时间段上的物流业效率进行评价。本章综合运用这两种物流业效率评价的方法，首先在本部分将丝绸之路经济带"核心区"作为一个整体，将 2004～2017 年的每一年作为一个决策单元，纵向评价丝绸之路经济带"核心区"的物流业效率；然后在下一部分将丝绸之路经济带"核心区"内的每一个省区或国家分别作为独立的研究对象，将 2004～2017 年的每一年作为一个决策单元，评价每一个省区或国家的物流业效率，并求出各个省区或国家 2004～2017 年的平均物流业效率，并将丝绸之路经济带"核心区"内中国西北五省区和中亚五国的平均物流业效率按大小进行排列，横向比较 2004～2017 年中国西北五省区和中亚五国的物流业效率水平。

本章建立的物流业效率评价体系中，产出指标分别为物流业产值、货运量和货运周转量；投入指标分别为物流业从业人员、运输里程和物流业固定资产投资额。所需数据来源于 2005～2018 年《中国统计年鉴》、中国西北五省区统计年鉴、中亚五国统计年鉴、世界银行公开数据库、亚洲开发银行统计数据库、EPS 世界经济发展数据库以及世界劳工组织统计数据库。鉴于中国西北五省区和中亚五国物流业投入与产出的原始数据量庞大，在此不便详细列示，仅在表 3 - 20 和表 3 - 21 中对丝绸之路经济带"核心区"2004～2017 年物流业投入与产出数据的特征进行概括性描述。

表 3 - 20　　　　　　　2004～2017 年"核心区"物流业投入数据特征描述

	最大值			平均值			最小值			标准差		
	X_1	X_2	X_3	X_1	X_2	X_3	X_1	X_2	X_3	X_1	X_2	X_3
陕西	1891.6	179.4	435.6	813.6	141.5	287.4	198.8	55.9	184.4	516.4	40.9	105.4
甘肃	1100.0	147.1	128.8	402.1	114.9	110.5	102.0	43.1	97.5	355.6	34.3	11.1
青海	730.5	83.2	46.4	248.8	62.2	37.4	50.3	29.2	31.8	217.1	16.8	5.0
宁夏	367.7	36.0	39.8	143.8	25.7	33.8	39.9	13.3	29.2	108.8	7.4	3.4
新疆	1978.5	191.2	171.9	548.7	156.2	130.2	153.6	89.6	102.7	490.4	31.5	29.3
哈萨克斯坦	601.0	112.2	779.6	648.6	109.6	354.6	99.8	105.7	169.6	14.8	2.5	124.3
吉尔吉斯斯坦	28.6	35.1	217.5	154.9	34.9	13.9	55.6	34.5	5.6	9.4	0.2	6.8
塔吉克斯坦	23.7	14.8	66.0	56.6	14.4	11.2	44.8	14.3	2.1	14.2	0.1	6.6
土库曼斯坦	191.7	21.4	213.0	165.4	17.5	95.7	29.7	16.3	10.0	5.8	1.6	63.3
乌兹别克斯坦	193.1	46.6	637.4	521.3	46.0	109.8	35.6	45.6	20.4	4.9	0.3	60.4

注：表 3 - 6 中 X_1 表示物流业固定资产投资总额（亿元），X_2 表示运输里程（千公里），X_3 表示物流从业人数（千人）。

表 3 - 20 显示：（1）在 2004～2017 年间，在中国西北五省区范围内，从物流业从业人员数、物流业固定资产投资总额和运输里程这三项指标来看，陕西省的物流从业人员最大值、平均值、最小值和标准差均为最大，物流业固定资产投资额的平均值、最小值和标准差也最大，运输里程的标准差也最大；新疆的运输里程最大值、平均值、最小值都最大，物流业固定资产投资额的最大值也最大；宁夏在三项投入指标的最大值、平均值、最小值和标准差方面，都是最小的；青海在三项投入指标的最大值、平均值、最小值和标准差方面，都是倒数第二；甘肃在三项投入指标的最大值、平均值、最小值和标准差方面，基本都是第三位。（2）在中亚五国范围内，哈萨克斯坦在物流业投入的这三项指标中，无论从最大值、平均值、最小值还是标准差看，都是最高的；乌兹别克斯坦的这三项投入

指标的最大值、平均值、最小值和标准差基本排在第二位，且其标准差也较高，说明波动幅度也较强；吉尔吉斯斯坦、塔吉克斯坦和土库曼斯坦这三项投入指标的最大值、平均值、最小值基本都是比较低的，同时其标准差也相对较小。

表3-21   2004~2017年"核心区"物流业产出数据特征描述

	最大值			平均值			最小值			标准差		
	Y_1	Y_2	Y_3	Y_1	Y_2	Y_3	Y_1	Y_2	Y_3	Y_1	Y_2	Y_3
陕西	832.6	1628.8	375998.0	508.6	1043.0	244103.1	204.9	378.5	96330.0	202.8	462.5	102601.6
甘肃	319.7	661.7	251546.0	232.6	404.6	171085.4	121.9	237.1	87830.0	60.6	153.8	60661.1
青海	103.7	179.2	52762.0	62.5	116.6	36700.2	30.0	62.1	13720.0	24.7	38.9	15166.8
宁夏	205.8	432.6	106574.0	138.5	291.6	67421.2	40.3	78.5	24250.0	65.8	141.1	28109.6
新疆	668.2	844.0	217635.0	322.1	528.1	141371.9	140.0	287.6	72780.0	177.3	184.8	45056.7
哈萨克斯坦	1400.2	3520.6	376548.0	966.9	2600.1	309183.6	389.6	1629.0	224898.0	311.7	770.6	58068.0
吉尔吉斯斯坦	42.6	40.8	2323.7	27.4	30.2	1969.3	10.2	20.2	1334.0	9.5	5.9	352.7
塔吉克斯坦	77.7	93.6	6838.8	42.3	60.3	4727.7	9.1	30.1	2014.6	22.2	19.0	1555.5
土库曼斯坦	194.0	778.0	36882.1	142.5	638.8	24414.0	92.1	492.1	14634.4	25.8	90.0	7047.8
乌兹别克斯坦	452.8	1603.7	61081.1	314.0	1130.4	46714.3	117.2	617.2	31648.5	98.3	340.1	9736.7

注：Y_1 表示物流业产值（亿元）；Y_2 表示货运量（百万吨）；Y_3 表示货运周转量（百万吨·公里）。

表3-21显示：（1）在2004~2017年间，在中国西北五省区范围内，从物流业的三项产出指标看，陕西省无论从最大值、平均值、最小值和标准差都是最高的；青海这物流业的这三项产出指标的最大值、平均值、最小值以及标准差都是最低的，说明青海的这三项产出指标较低且波动性较弱。（2）在中亚五国范围内，物流业产出的这三项指标，无论从最大值、平均值、最小值还是标准差来看，哈萨克斯坦都是远高于其他国家，说明哈萨克斯坦物流业产出水平和波动情况均非常强；乌兹别克斯坦的产出指标值大体上来看排第二位，而吉尔吉斯斯坦基本上这三项产出指标都是最低的。

3.3 "核心区"整体的物流业效率评价及结果分析

3.3.1 评价过程

这里我们采用 DEA - SOLVER_Pro5 软件对中国西北五省区和中亚五国的物流业投入与产出数据进行处理，即进行物流业效率的实证分析。实证结果包括纯技术效率、规模效率和总体效率。纯技术效率表示的是在一定投入水平下所能达到的最大产出能力；规模效率表示的是物流业的发展规模；而总体效率等于纯技术效率和规效率的乘积，表示的是物流业总体的效率水平。若总体效率的值小于1，说明该研究对象 DEA 无效；若总体效率的值等于大于 1，说明该研究对象 DEA 有效。下面我们首先对丝绸之路经济带"核心区"的物流业效率做整体评价。具体评价结果如表 3 - 22 所示：

表 3 - 22　　2004～2017 年丝绸之路经济带"核心区"整体物流业效率评价结果

年份	总体效率（crste）	纯技术效率（vrste）	规模效率（scale）
2004	0.601	0.832	0.722
2005	0.596	0.787	0.758
2006	0.577	0.778	0.742
2007	0.626	0.825	0.758
2008	0.737	0.882	0.835
2009	0.635	0.769	0.826
2010	0.634	0.762	0.832
2011	0.697	0.819	0.851
2012	0.761	0.888	0.858
2013	0.745	0.807	0.923
2014	0.760	0.874	0.870
2015	0.658	0.745	0.882
2016	0.631	0.758	0.833
2017	0.643	0.768	0.838
总体均值	0.664	0.807	0.824

根据表 3 - 22 可以得出图 3 - 53：

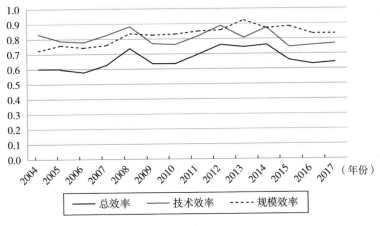

图 3 - 53　丝绸之路经济带"核心区"物流业效率走势

3.3.2 结果分析

将表 3 - 22 和图 3 - 53 结合起来观察，我们发现"核心区"整体的物流业效率状况有以下特征：（1）2004 ~ 2017 年丝绸之路经济带"核心区"物流业的总体效率、纯技术效率和规模效率值均小于 1，DEA 无效，总体效率和规模效率呈现出波动中略有上升、纯技术效率呈现出波动中略有下降的变化趋势。（2）2004 ~ 2017 年的 14 年间，丝绸之路经济带"核心区"物流业的总体效率均值为 0.664，纯技术效率均值为 0.807，平均规模效率均值为 0.824，说明该"核心区"物流业的总体效率较低的原因主要是纯技术效率降低造成的，但是规模效率也有上升空间，也说明目前丝绸之路经济带"核心区"物流业还处在发展时期，技术水平相对较低，发展规模较小，这也从一个侧面反映了该"核心区"今后注重物流业技术进步、追求高质量发展过程中扩大物流业的发展规模将有助于总体效率的提升。

3.4 "核心区"物流业效率的分省区、分国别比较

本节主要是对丝绸之路经济带"核心区"中国西北五省区和中亚五国的物流业效率分别进行评价及结果分析，然后对中国西北五省区和中亚五国的物流业效率进行比较及大小排名，最后将排名结果与世界物流绩效指数 LPI 再次进行对比分析。

3.4.1 中国西北五省区物流业效率及比较

1. 陕西省物流业效率评价及分析

采用 DEA - SOLVER_ Pro5 软件对陕西省 2004 ~ 2017 年的物流业投入与产出的数据进行处理，即进行物流业效率的实证分析。实证结果包括纯技术效率、规模效率和总体效率。具体评价结果如表 3 - 23 所示：

表 3 - 23　　　　　　　　陕西省 2004 ~ 2017 年物流业效率评价结果

年份	总体效率（crste）	纯技术效率（vrste）	规模效率（scale）
2004	0.728	0.759	0.959
2005	0.714	0.745	0.957
2006	0.603	0.638	0.945
2007	0.629	0.660	0.952
2008	0.972	0.975	0.997
2009	0.868	0.876	0.990
2010	0.826	0.837	0.986
2011	0.903	0.909	0.993

年份	总体效率（crste）	纯技术效率（vrste）	规模效率（scale）
2012	1.055	1.057	0.998
2013	0.963	0.964	1.000
2014	1.101	1.630	0.676
2015	0.898	0.904	0.993
2016	0.933	0.937	0.996
2017	1.039	1.000	1.039
总体均值	0.874	0.921	0.963

表 3 - 23 显示：第一，2004～2017 年陕西省物流业总体效率不断上升且其中的 2012 年、2014 年和 2017 年为 DEA 有效，其余均为 DEA 无效，总体呈现出在波动中上升的变化趋势，近年来在 1 上下徘徊，说明这 14 年里陕西省的物流投入逐步得到了合理利用并且实现的产出不断增大。第二，陕西省物流业的纯技术效率在 2004～2017 年总体呈现出波动中上升的趋势，由 2004 年的 0.759 上升到 2017 年的 1.000，且其中的 2012 年、2014 年和 2017 年为 DEA 有效，近年来在 1 上下徘徊。第三，陕西省物流业规模效率在 2004～2017 年大致呈现出稳定上升的势头，其中 2013 年和 2017 年为 DEA 有效，近年来在 1 上下徘徊。第四，陕西省在 2004～2017 年物流业总体效率均值为 0.874，纯技术效率均值为 0.921，规模效率均值为 0.963，这三个效率均值都小于 1，为 DEA 无效水平，物流业总体效率较低的原因是纯技术效率值较低造成的。说明陕西省今后进一步提升物流业总体效率的关键在于提升物流业的纯技术效率。

2. 甘肃省物流业效率评价及分析

采用 DEA - SOLVER_Pro5 软件对甘肃省 2004～2017 年的物流业投入与产出的数据进行处理，即进行物流业效率的实证分析。实证结果包括纯技术效率、规模效率和总体效率。具体评价结果如表 3 - 24 所示：

表 3 - 24　　　　甘肃省 2004～2017 年物流业效率评价结果

年份	总体效率（crste）	纯技术效率（vrste）	规模效率（scale）
2004	0.738	0.773	0.954
2005	0.725	0.737	0.983
2006	0.771	0.779	0.990
2007	1.010	1.026	0.985
2008	1.236	1.316	0.940
2009	0.909	0.939	0.968
2010	0.839	0.896	0.936
2011	0.857	0.939	0.913
2012	0.992	1.315	0.754
2013	0.899	0.915	0.982
2014	0.724	0.796	0.910
2015	0.460	0.467	0.986

年份	总体效率（crste）	纯技术效率（vrste）	规模效率（scale）
2016	0.635	0.640	0.993
2017	0.713	0.732	0.974
总体均值	0.822	0.876	0.938

表 3 - 24 显示：第一，甘肃省在 2004～2017 年物流业的总体效率值仅有 2007 年和 2008 年大于 1（为 DEA 有效），其余年份均小于 1（为 DEA 无效），而且从这 14 年的变化趋势看，是在波动中略有下降。第二，甘肃省在 2004～2017 年物流业的纯技术效率的波动大致为倒"U"形变化，其中 2007 年、2008 年和 2012 年的纯技术效率值大于 1（为 DEA 有效），其余年份均小于 1（为 DEA 无效），且总体上略有下降。第三，甘肃省在 2004～2017 年物流业的规模效率在波动中基本变化不大，由 2004 年的 0.954 上升到 2017 年的 0.974。第四，甘肃省在 2004～2017 年物流业的总体效率均值为 0.822；纯技术效率均值为 0.876；规模效率均值为 0.938，均表现为 DEA 无效，且物流业总体效率值主要是由技术效率值拉低的。因此，今后甘肃省还需要在不断发展物流业规模的同时，着重提升物流业技术效率。

3. 青海省物流业效率评价及分析

采用 DEA - SOLVER_ Pro5 软件对青海省 2004～2017 年的物流业投入与产出的数据进行处理，即进行物流业效率的实证分析。实证结果包括纯技术效率、规模效率和总体效率。具体评价结果如表 3 - 25 所示：

表 3 - 25 　　　　　青海省 2004～2017 年物流业效率评价结果

年份	总体效率（crste）	纯技术效率（vrste）	规模效率（scale）
2004	0.326	0.817	0.399
2005	0.308	0.729	0.422
2006	0.281	0.633	0.444
2007	0.257	0.546	0.471
2008	0.294	0.502	0.585
2009	0.285	0.445	0.642
2010	0.292	0.411	0.711
2011	0.357	0.468	0.763
2012	0.293	0.338	0.865
2013	0.245	0.306	0.802
2014	0.242	0.314	0.771
2015	0.224	0.309	0.723
2016	0.230	0.313	0.735
2017	0.243	0.322	0.754
总体均值	0.277	0.461	0.649

表 3 - 25 显示：第一，青海省在 2004～2017 年物流业总体效率值均远远小

于 1，均值只有 0.277，为 DEA 无效，且从这 14 年间物流业总体效率值的变化趋势来看，大体呈现出在波动中略有下降。第二，青海省在 2004～2017 年物流业的纯技术效率值均远远小于 1，均值只有 0.461，且在波动中有所下降，由 2004 年的 0.817 下降到 2017 年的 0.322，说明青海省在这 14 年间物流业的技术水平是倒退的。第三，青海省在 2004～2017 年物流业规模效率大致上是在波动中上升，由 2004 年的 0.399 上升到 2017 年的 0.754，均值为 0.649，说明这 14 年间青海省的物流业规模在不断扩大中。第四，青海省在 2004～2017 年物流业的总体效率均值为 0.277，为 DEA 无效；物流业的纯技术效率均值为 0.461，为 DEA 无效；物流业的规模效率均值为 0.649，也为 DEA 无效；三个效率均值中物流业总体效率均值最小，主要原因是在物流业发展规模不足的同时，物流业纯技术效率还不断走下坡路导致的。青海省今后的努力方向是在不断提升物流业技术效率的同时，还应该进一步扩大物流业规模、提高规模效率。

4. 宁夏物流业效率评价及分析

采用 DEA - SOLVER_Pro5 软件对宁夏 2004～2017 年的物流业投入与产出的数据进行处理，即进行物流业效率的实证分析。实证结果包括纯技术效率、规模效率和总体效率。具体评价结果如表 3 - 26 所示：

表 3 - 26　　　　　　　　　宁夏 2004～2017 年物流业效率评价结果

年份	总体效率（crste）	纯技术效率（vrste）	规模效率（scale）
2004	0.591	1.103	0.536
2005	0.569	0.988	0.576
2006	0.511	0.873	0.585
2007	0.579	0.933	0.621
2008	1.062	1.167	0.911
2009	0.891	0.997	0.893
2010	0.922	1.007	0.916
2011	0.966	1.006	0.960
2012	1.095	1.239	0.884
2013	1.013	1.024	0.989
2014	0.972	0.977	0.995
2015	0.981	0.989	0.992
2016	0.986	0.994	0.992
2017	0.849	0.860	0.986
总体均值	0.856	1.011	0.845

表 3 - 26 显示：第一，宁夏在 2004～2017 年物流业总体效率值在波动中不断提高，从 2004 年的 0.591 上升到 2017 年的 0.849，呈现出 "M" 形的变化趋势，均值为 0.856。第二，宁夏在 2004～2017 年物流业的纯技术效率均值达到 1.011，且有 6 年是大于 1 的，为 DEA 有效，变动趋势呈现出在波动中略有下降，由 2004 年的 1.103 到 2017 年的 0.860。第三，宁夏在 2004～2017 年物流业

规模效率则在波动中表现出较为稳定的上升势头，由 2004 年的 0.536 上升到 2017 年的 0.986，均值为 0.845。第四，宁夏在 2004~2017 年物流业总体效率均值为 0.856，为 DEA 无效；物流业纯技术效率均值为 1.011，为 DEA 有效；物流业规模效率均值为 0.845，为 DEA 无效。这说明宁夏今后主要的努力方向是进一步扩大物流业发展规模或合理化物流业规模，进一步提高物流业规模效率是重点，同时也要防止物流业纯技术效率下滑的倾向、进一步提升技术效率。

5. 新疆物流业效率评价及分析

采用 DEA - SOLVER_ Pro5 软件对新疆 2004~2017 年物流业投入与产出的数据进行处理，即进行物流业效率的实证分析。实证结果包括纯技术效率、规模效率和总体效率。具体评价结果如表 3-27 所示：

表 3-27　　　　　　　　新疆 2004~2017 年物流业效率评价结果

年份	总体效率（crste）	纯技术效率（vrste）	规模效率（scale）
2004	0.623	0.668	0.932
2005	0.575	0.617	0.931
2006	0.643	0.671	0.959
2007	0.716	0.737	0.972
2008	0.828	0.838	0.988
2009	0.683	0.704	0.971
2010	0.653	0.673	0.970
2011	0.743	0.757	0.982
2012	0.756	0.768	0.985
2013	0.724	0.737	0.982
2014	0.607	0.624	0.973
2015	0.475	0.501	0.950
2016	0.541	0.561	0.965
2017	0.540	0.565	0.957
总体均值	0.651	0.673	0.967

表 3-27 显示：第一，新疆在 2004~2017 年物流业总体效率值均小于 1，均值为 0.651，为 DEA 无效，且大致呈现出倒"U"形变化趋势。第二，新疆在 2004~2017 年物流业的纯技术效率值均小于 1，均值为 0.673，为 DEA 无效，且大致呈现出倒"U"形的变化趋势。第三，新疆在 2004~2017 年物流业规模效率值均小于 1 但基本保持在波动中上升的变化趋势，由 2004 年的 0.932 上升到 2017 年的 0.957，均值为 0.967，为 DEA 无效。第四，新疆在 2004~2017 年物流业总体效率均值是 0.651，为 DEA 无效；物流业纯技术效率均值为 0.673，为 DEA 无效；物流业规模效率均值为 0.967，为 DEA 无效。这说明今后新疆在优化物流资源配置并进一步扩大物流业发展规模的同时，更要进一步注重物流业技术水平的改进，以带动物流业技术效率提升，这样才能全方位提升物流业效率。

6. 中国西北五省区物流业效率的比较

第一，中国西北五省区物流业效率的相互比较。基于上述对中国西北五省区 2004～2017 年间物流业效率的评价结果，我们将各省区物流业的总体效率、纯技术效率和规模效率的平均值进行对比，对比结果如图 3－54 所示：

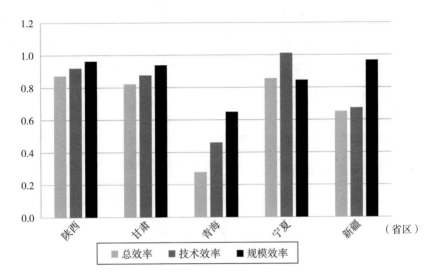

图 3－54　中国西北五省区物流业效率的比较

图 3－54 显示：（1）中国西北五省区物流业总体效率由高至低依次为陕西、宁夏、甘肃、新疆和青海。（2）中国西北五省区物流业纯技术效率由高至低依次为宁夏、陕西、甘肃、新疆和青海。（3）中国西北五省区物流业规模效率由高至低依次为新疆、陕西、甘肃、宁夏和青海。

第二，中国西北五省区整体三种物流业效率的比较。根据上述中国西北五省区 2004～2017 年物流业效率的评价结果，我们将中国西北五省区每一年整体的物流业总体效率、纯技术效率和规模效率的平均值进行分析，具体结果如表 3－28 所示：

表 3－28　　中国西北五省区整体 2004～2017 年三种物流业效率评价结果

年份	总体效率（crste）	纯技术效率（vrste）	规模效率（scale）
2004	0.601	0.824	0.729
2005	0.578	0.763	0.757
2006	0.562	0.719	0.782
2007	0.638	0.780	0.818
2008	0.878	0.960	0.915
2009	0.727	0.792	0.918
2010	0.706	0.765	0.924

续表

年份	总体效率（crste）	纯技术效率（vrste）	规模效率（scale）
2011	0.765	0.816	0.938
2012	0.838	0.943	0.888
2013	0.769	0.789	0.974
2014	0.729	0.868	0.840
2015	0.608	0.634	0.959
2016	0.665	0.689	0.965
2017	0.677	0.696	0.973
总体均值	0.696	0.788	0.883

根据表 3 - 28 可以得出图 3 - 55：

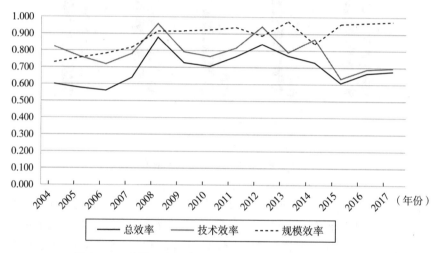

图 3 - 55　中国西北五省区 2004 ~ 2017 年物流业效率走势

表 3 - 28 和图 3 - 55 显示：（1）在 2004 ~ 2017 年，中国西北五省区物流业的总体效率均小于 1，均值为 0.696，为 DEA 无效，且物流业总体效率呈现出波动中略有上升的变动趋势，由 2004 年的 0.601 上升到 2017 年的 0.677。（2）在 2004 ~ 2017 年，中国西北五省区物流业的纯技术效率均小于 1，均值为 0.788，为 DEA 无效，且物流业纯技术效率呈现出波动中下降的变动趋势，由 2004 年的 0.824 下降到 2017 年的 0.696。这说明在 2004 ~ 2017 年间中国西北五省区在物流业方面的投入尚未实现有效的产出，还需要继续改进。（3）在 2004 ~ 2017 年，中国西北五省区物流业规模效率值均小于 1，均值为 0.883，为 DEA 无效，但 14 年间大致呈现出波动中上升的变化趋势。综上可见，今后中国西北五省区物流业的发展方向，应该是注重发展物流业技术、鼓励物流业创新，扭转物流业技术效率下滑趋势，同时，进一步优化物流业规模、提升物流业规模效率也不容忽视。

3.4.2 中亚五国物流业效率及比较

1. 哈萨克斯坦物流业效率评价及分析

采用 DEA – SOLVER_ Pro5 软件对哈萨克斯坦 2004～2017 年的物流业投入与产出的数据进行处理，即进行物流业效率的实证分析。实证结果包括纯技术效率、规模效率和总体效率。具体评价结果如表 3 – 29 所示：

表 3 – 29　　　　哈萨克斯坦 2004～2017 年物流业效率评价结果

年份	总体效率（crste）	纯技术效率（vrste）	规模效率（scale）
2004	0.717	0.740	0.970
2005	0.721	0.751	0.960
2006	0.787	0.813	0.968
2007	0.825	0.839	0.983
2008	0.853	0.854	0.999
2009	0.762	0.785	0.971
2010	0.881	0.884	0.997
2011	0.948	0.951	0.997
2012	0.928	0.934	0.994
2013	1.005	1.000	1.005
2014	1.064	1.000	1.064
2015	1.029	1.073	0.959
2016	0.967	1.058	0.914
2017	1.063	1.396	0.762
总体均值	0.897	0.935	0.960

表 3 – 29 显示：第一，哈萨克斯坦物流业的总体效率值在 2004～2012 年和 2016 年小于 1，为 DEA 无效，其余 4 年大于 1，为 DEA 有效，且 2004～2017 年呈现出在波动中上升的变化趋势，由 2004 年的 0.717 上升到 2017 年的 1.063。第二，哈萨克斯坦物流业的纯技术效率在 2004～2012 年间小于 1，为 DEA 无效；此后的 5 年大于等于 1，为 DEA 有效，且 2004～2017 年呈现出持续上升的变化趋势，由 2004 年的 0.740 上升到 2017 年的 1.396。第三，哈萨克斯坦物流业的规模效率在 2013 年和 2014 年为 DEA 有效，其余年份均为 DEA 无效，在 2004～2017 年间大致呈现波动变化，均值为 0.960。第四，在 2004～2017 年间，哈萨克斯坦物流业总体效率均值是 0.897，为 DEA 无效；物流业纯技术效率均值是 0.935，为 DEA 无效；物流业规模效率均值是 0.960，为 DEA 无效。从三个效率值来看，物流业总体效率最低，主要是纯技术效率值较低导致的，说明今后哈萨克斯坦还需要着重提高物流业技术水平、合理配置物流资源，进一步提高纯技术效率并继续提升规模效率。

2. 吉尔吉斯斯坦物流业效率评价及分析

采用 DEA – SOLVER_ Pro5 软件对吉尔吉斯斯坦 2004～2017 年的物流业投入

与产出的数据进行处理，即进行物流业效率的实证分析。实证结果包括纯技术效率、规模效率和总体效率。具体评价结果如表 3 - 30 所示：

表 3 - 30　　　　吉尔吉斯斯坦 2004 ~ 2017 年物流业效率评价结果

年份	总体效率（crste）	纯技术效率（vrste）	规模效率（scale）
2004	0.171	0.539	0.317
2005	0.188	0.515	0.366
2006	0.128	0.459	0.279
2007	0.278	0.482	0.576
2008	0.217	0.413	0.525
2009	0.229	0.415	0.551
2010	0.215	0.416	0.517
2011	0.183	0.413	0.444
2012	0.231	0.412	0.562
2013	0.264	0.415	0.637
2014	0.325	0.443	0.732
2015	0.215	0.409	0.527
2016	0.144	0.410	0.351
2017	0.145	0.409	0.354
总体均值	0.210	0.439	0.481

表 3 - 30 显示：第一，吉尔吉斯斯坦在 2004 ~ 2017 年，物流业总体效率值均小于 1 且非常低，均值只有 0.210，为 DEA 无效，且从 2004 ~ 2017 年大致呈现出倒"U"形变化趋势。第二，吉尔吉斯斯坦在 2004 ~ 2017 年，物流业的纯技术效率值均小于 1，均值只有 0.439，为 DEA 无效，且呈现下降的趋势。第三，吉尔吉斯斯坦在 2004 ~ 2017 年，物流业规模效率值均小于 1，均值只有 0.481，为 DEA 无效，且呈现"M"形波动态势，由 2004 年的 0.317 略微上升到 2017 年的 0.354。第四，吉尔吉斯斯坦在 2004 ~ 2017 年，物流业总体效率均值是 0.210，为 DEA 无效；物流业纯技术效率均值是 0.439，为 DEA 无效；物流业规模效率均值是 0.481，为 DEA 无效。也就是说，吉尔吉斯斯坦物流业总体效率均值无效的原因是由于物流业规模效率和物流业纯技术效率均太低所致。因此，今后吉尔吉斯斯坦应该在努力扩大物流业发展规模的同时，还要注重技术进步。

3. 塔吉克斯坦物流业效率评价及分析

采用 DEA - SOLVER_ Pro5 软件对塔吉克斯坦 2004 ~ 2017 年的物流业投入与产出的数据进行处理，即进行物流业效率的实证分析。实证结果包括纯技术效率、规模效率和总体效率。具体评价结果如表 3 - 31 所示：

表 3 - 31　　　　塔吉克斯坦 2004 ~ 2017 年物流业效率评价结果

年份	总体效率（crste）	纯技术效率（vrste）	规模效率（scale）
2004	0.398	1.193	0.333

续表

年份	总体效率（crste）	纯技术效率（vrste）	规模效率（scale）
2005	0.454	1.016	0.447
2006	0.290	0.999	0.290
2007	0.299	0.998	0.299
2008	0.387	0.998	0.388
2009	0.571	0.999	0.572
2010	0.538	0.998	0.539
2011	0.839	1.194	0.703
2012	0.967	1.180	0.820
2013	0.872	1.002	0.870
2014	0.889	1.045	0.850
2015	0.665	0.997	0.667
2016	0.484	0.995	0.487
2017	0.666	1.001	0.665
总体均值	0.594	1.044	0.569

表 3 - 31 显示：第一，塔吉克斯坦在 2004～2017 年，物流业总体效率值均小于 1，均值仅为 0.584，为 DEA 无效，且大体呈倒"U"形变化趋势。第二，塔吉克斯坦在 2004～2017 年，物流业的纯技术效率均值为 1.044，且有 7 年大于 1，为 DEA 有效，但呈现出在波动中略有下降的变化趋势，由 2004 年的 1.193 下降到 2017 年的 1.001。第三，塔吉克斯坦的物流业规模效率在 2004～2017 年间均小于 1，为 DEA 无效，且大体呈现出先上升后略有下降的变化趋势。第四，2004～2017 年，塔吉克斯坦物流业总体效率均值是 0.594，为 DEA 无效；物流业纯技术效率均值是 1.044，为 DEA 有效；物流业规模效率均值是 0.569，为 DEA 无效。可见，塔吉克斯坦物流业总体效率均值无效，主要是由于物流业规模效率太低、物流业规模太小或者规模结构不合理所致。因此，今后塔吉克斯坦的重点努力方向应该是扩大物流业发展规模并优化物流业资源配置。

4. 土库曼斯坦物流业效率评价及分析

采用 DEA - SOLVER_ Pro5 软件对土库曼斯坦 2004～2017 年的物流业投入与产出的数据进行处理，即进行物流业效率的实证分析。实证结果包括纯技术效率、规模效率和总体效率。具体评价结果如表 3 - 32 所示：

表 3 - 32　　　　　土库曼斯坦 2004～2017 年物流业效率评价结果

年份	总体效率（crste）	纯技术效率（vrste）	规模效率（scale）
2004	1.178	1.178	1.000
2005	1.028	1.030	0.998
2006	1.085	1.117	0.971
2007	0.869	1.004	0.866
2008	0.751	0.982	0.764
2009	0.598	0.930	0.643

续表

年份	总体效率（crste）	纯技术效率（vrste）	规模效率（scale）
2010	0.686	0.965	0.710
2011	0.611	0.944	0.647
2012	0.631	0.942	0.670
2013	0.760	0.975	0.780
2014	0.865	1.083	0.798
2015	0.679	0.846	0.803
2016	0.559	0.803	0.696
2017	0.579	0.769	0.753
总体均值	0.777	0.969	0.802

表 3 - 32 显示：第一，土库曼斯坦在 2004 ~ 2017 年，物流业总体效率值仅有 2004 ~ 2006 年大于 1、为 DEA 有效，其余年份均小于 1、为 DEA 无效，且大致呈现出逐年下降的变化趋势。第二，土库曼斯坦在 2004 ~ 2017 年，物流业的纯技术效率在 2004 ~ 2007 年和 2014 年的 5 年里大于 1、为 DEA 有效，其余年份均小于 1，为 DEA 无效，且大致呈倒"U"形变化趋势。第三，土库曼斯坦物流业的规模效率在 2004 年大于 1，为 DEA 有效，在 2005 ~ 2017 年间均小于 1，为 DEA 无效，且大致呈倒"U"形变化趋势。第四，在 2004 ~ 2017 年间，土库曼斯坦物流业总体效率均值是 0.777，为 DEA 无效，物流业纯技术效率均值是 0.969，为 DEA 无效，物流业规模效率均值是 0.802，为 DEA 无效。可见，土库曼斯坦物流业总体效率均值无效，主要是由于物流业规模效率较低、物流业规模较小或者规模结构不合理所致。因此，今后土库曼斯坦的重点努力方向应该是扩大物流业发展规模并且进一步优化物流业资源配置。

5. 乌兹别克斯坦物流业效率评价及分析

采用 DEA - SOLVER_ Pro5 软件对乌兹别克斯坦 2004 ~ 2017 年的物流业投入与产出的数据进行处理，即进行物流业效率的实证分析。实证结果包括纯技术效率、规模效率和总体效率。具体评价结果如表 3 - 33 所示：

表 3 - 33　　　　乌兹别克斯坦 2004 ~ 2017 年物流业效率评价结果

年份	总体效率（crste）	纯技术效率（vrste）	规模效率（scale）
2004	0.538	0.548	0.982
2005	0.683	0.742	0.921
2006	0.674	0.797	0.846
2007	0.794	1.025	0.775
2008	0.767	0.775	0.989
2009	0.551	0.600	0.919
2010	0.487	0.535	0.909
2011	0.565	0.614	0.920
2012	0.663	0.690	0.961
2013	0.701	0.731	0.959

续表

年份	总体效率（crste）	纯技术效率（vrste）	规模效率（scale）
2014	0.815	0.827	0.986
2015	0.949	0.958	0.991
2016	0.834	0.865	0.964
2017	0.598	0.622	0.961
总体均值	0.687	0.738	0.931

表 3 - 33 显示：第一，乌兹别克斯坦在 2004～2017 年，物流业总体效率值均小于 1，为 DEA 有效，且大致呈在波动中略有上升的"M"形变化趋势。第二，乌兹别克斯坦在 2004～2017 年，物流业的纯技术效率除了在 2007 年大于 1，为 DEA 有效外，其余年份均小于 1，为 DEA 无效，且大致呈在波动中略有上升的变化趋势。第三，乌兹别克斯坦在 2004～2017 年，物流业的规模效率均小于 1，为 DEA 无效，且大致呈在波动中略有下降的变化趋势。第四，乌兹别克斯坦在 2004～2017 年间，物流业总体效率均值是 0.687，为 DEA 无效，物流业纯技术效率均值是 0.738，为 DEA 无效，物流业规模效率均值是 0.931，为 DEA 无效。可见，乌兹别克斯坦物流业总体效率均值无效，主要是由于物流业纯技术效率值低，今后努力的方向应该是加强物流业技术创新，通过技术推动物流业效率值提升。

6. 中亚五国物流业效率的比较

第一，中亚五国物流业效率的相互比较。基于上述我们对中亚五国 2004～2017 年物流业效率的评价结果，下面可以将各国物流业总体效率、纯技术效率和规模效率的平均值进行对比，对比结果如图 3 - 56 所示：

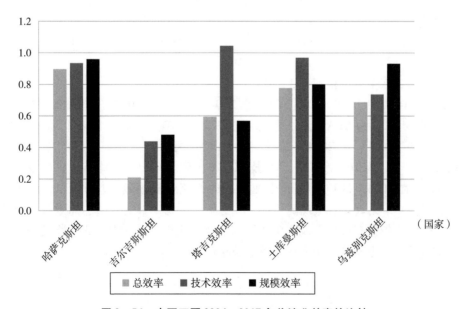

图 3 - 56　中亚五国 2004～2017 年物流业效率的比较

图 3 - 56 显示：（1）中亚五国物流业总体效率由高至低依次为哈萨克斯坦、土库曼斯坦、乌兹别克斯坦、塔吉克斯坦和吉尔吉斯斯坦。（2）中亚五国物流业纯技术效率由高至低依次为塔吉克斯坦、土库曼斯坦、哈萨克斯坦、乌兹别克斯坦和吉尔吉斯斯坦。（3）中亚五国物流业规模效率由高至低依次为哈萨克斯坦、乌兹别克斯坦、土库曼斯坦、塔吉克斯坦和吉尔吉斯斯坦。

第二，中亚五国整体三种物流业效率的比较。根据上述我们对中亚五国2004～2017年物流业效率的评价结果，可以将中亚五国整体每一年物流业的总体效率、纯技术效率和规模效率的平均值进行分析，具体结果如表3 - 34所示：

表 3 - 34   中亚五国整体 2004～2017 年物流业效率评价结果

年份	总体效率（crste）	纯技术效率（vrste）	规模效率（scale）
2004	0.600	0.840	0.715
2005	0.615	0.811	0.758
2006	0.593	0.837	0.708
2007	0.613	0.870	0.705
2008	0.595	0.804	0.740
2009	0.542	0.746	0.727
2010	0.561	0.760	0.739
2011	0.629	0.823	0.764
2012	0.684	0.832	0.823
2013	0.721	0.825	0.874
2014	0.791	0.879	0.900
2015	0.708	0.857	0.826
2016	0.598	0.826	0.723
2017	0.610	0.839	0.727
总体均值	0.633	0.825	0.767

根据表3 - 34可以得到图3 - 57：

表3 - 34和图3 - 57显示：（1）在2004～2017年，中亚五国的物流业总体效率值均小于1，为DEA无效，且总体效率大致呈现出波动中略有下降的"W"形变动趋势。（2）在2004～2017年，中亚五国的物流业纯技术效率均值为0.825，小于1，为DEA无效，且纯技术效率大致呈现出波动略有下降的变动趋势。（3）在2004～2017年间，中亚五国的物流业规模效率均小于1，均值为0.767，为DEA无效，且呈现倒"U"形变化。可见，中亚五国总体效率较低主要是规模效率较低造成的，说明中亚五国的物流业规模还是太小或者物流业规模结构不合理，这也是今后中亚国家重点改进的方向。

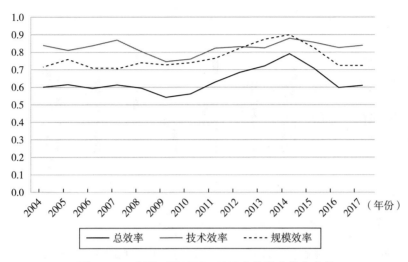

图 3 – 57　中亚五国 2004 ~ 2017 年物流业效率走势

3.4.3　"核心区"内 10 个子区域物流业效率的比较

通过前面的评价分析，可以看出丝绸之路经济带"核心区"物流业效率偏低且呈现出下降的趋势，考虑到"核心区"内各省区和各个国家的具体情况有所不同，为了更好地改善丝绸之路经济带"核心区"的物流业效率情况，有必要对"核心区"内 10 个子区域的物流业效率进行进一步的比较与分析，其结果如表 3 – 35 所示。

表 3 – 35　　"核心区" 2004 ~ 2017 年物流业效率分省区、分国别评价结果

省区或国别	总体效率（crste）	纯技术效率（vrste）	规模效率（scale）	总体效率排名
陕西	0.874	0.921	0.963	2
甘肃	0.822	0.876	0.938	4
青海	0.277	0.461	0.649	9
宁夏	0.856	1.011	0.845	3
新疆	0.651	0.673	0.967	7
哈萨克斯坦	0.897	0.934	0.960	1
吉尔吉斯斯坦	0.210	0.439	0.481	10
塔吉克斯坦	0.594	1.044	0.569	8
土库曼斯坦	0.777	0.969	0.802	5
乌兹别克斯坦	0.687	0.738	0.931	6

根据表 3 – 35 可以得出图 3 – 58：

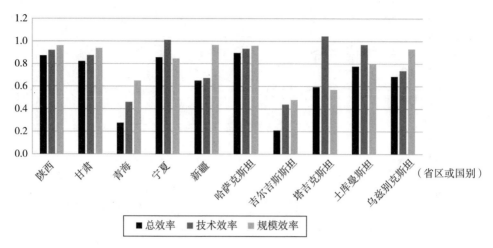

图3-58 "核心区"2004～2017年分省区、分国别物流业效率评价结果

表3-35和图3-58显示：（1）在2004～2017年，中国西北五省区和中亚五国共10个子区域中，物流业总体效率值均小于1，为DEA无效，这意味着"核心区"物流业的总体效率还是偏低。（2）"核心区"内物流业总体效率排名第一位和第二位的分别是哈萨克斯坦和陕西，这两个子区域的物流业总体效率依次为0.897和0.874，均为DEA无效，其中哈萨克斯坦和陕西的纯技术效率均略小于规模效率，因此，二者要想进一步提升物流业总体效率，重点应该是加强物流业技术进步，提升物流业技术效率以带动总体效率。（3）"核心区"内物流业总体效率排名第三位、第五位和第八位的分别是宁夏、土库曼斯坦和塔吉克斯坦，其总体效率值依次为0.856、0.777和0.594，均表现为DEA无效，这三个子区域的共同点是物流业纯技术效率较高而物流业规模效率值均小于1（其中宁夏和塔吉克斯坦物流业纯技术效率值均大于1，为DEA有效），即物流业发展中存在的主要问题是物流业规模效率相对低于纯技术效率，因此今后的重点努力方向应该是扩大物流业发展规模或者合理化物流业规模结构。（4）"核心区"内物流业总体效率排名第四位、第六位和第七位的分别是甘肃、乌兹别克斯坦和新疆，这三个子区域的总体效率值分别为0.822、0.687和0.651，均为DEA无效，其相似之处是物流业规模效率略大于纯技术效率，可见三者物流业总体效率值主要是受物流业纯技术效率较低制约，使其在既定投入下的物流业资源未能获得最大的物流业产出，今后不仅需要注重物流业发展规模扩大，更重要的是重视物流业技术水平提升。（5）"核心区"内物流业总体效率排名第九位和第十位的分别是青海和吉尔吉斯斯坦，这两个子区域的物流业纯技术效率和规模效率均偏低，其中总体效率分别为0.277和0.210，均表现为DEA无效，但是物流业规模效率略大于纯技术效率，说明今后它们努力的方向除了着力提升物流业发展规模之

外，物流业发展的当务之急、重中之重是要下大力气提高物流业技术水平，在新技术的引领下扩大生产规模，进而实现物流业效率跃升。

3.4.4　评价结果与物流绩效指数对比验证

物流绩效指数（LPI）是一种由世界银行每两年发布一次的衡量一个国家物流供应链绩效的基准测试工具，通过向全球范围内的货运代理公司和快运公司发放调查问卷，对问卷结果进行数据分析，得出各个国家物流业发展水平。2016年更新发布的《联结与竞争：全球经济中的贸易物流》报告，选取六大国际物流指标——海关绩效、基础设施水平、国际交通运输便捷程度、物流权限、货物追踪和按时交付和三大国内物流指标——物流服务收费水平、核心物流流程效率、重大延误来源，进行分析比较，得出物流绩效指数排名，从而有利于这些国家发现物流业中的挑战和机遇，改善物流绩效[1][2]。2012 年、2014 年、2016 年和2018 年有关丝绸之路经济带"核心区"国家的 LPI 排名如表 3 - 36 所示：

表 3 - 36　　　　　丝绸之路经济带"核心区"国家 LPI 排名

国别	2012 年 LPI 排名	2014 年 LPI 排名	2016 年 LPI 排名	2018 年 LPI 排名	物流业总效率评价排名
中国	26	28	27	26	—
哈萨克斯坦	86	88	77	71	1
吉尔吉斯斯坦	130	149	146	108	5
塔吉克斯坦	136	114	153	134	4
土库曼斯坦	—	140	140	126	2
乌兹别克斯坦	117	129	118	99	3

注：2012 年的 LPI 是 155 个国家中的排名，土库曼斯坦未在研究范围内，所以没有排名；物流业总体效率评价排名是本书根据中亚五国的物流业总体效率评价结果做出的排名。

表 3 - 36 显示：（1）2014 年中国与中亚五国的 LPI 排名与 2012 年相比有如下变化：中国和哈萨克斯坦的排名分别后退了两位；塔吉克斯坦排名前进了 22位，进步较快；吉尔吉斯斯坦后退了 19 位，乌兹别克斯坦后退了 8 位。（2）2016年中国与中亚五国的 LPI 排名与 2014 年相比有如下变化：这几个国家大部分的排名都有所进步，中国、哈萨克斯坦、吉尔吉斯斯坦和乌兹别克斯坦的排名分别提前了 1 位、11 位、3 位和 11 位，土库曼斯坦的排名保持不变，塔吉克斯坦的排名后退了 39 位。（3）2018 年中国和中亚五国的 LPI 排名与 2016 年相比有如下变化：包括中国在内的六个国家的排名均有进步，中国、哈萨克斯坦、吉尔吉斯斯坦、塔吉克斯坦、土库曼斯坦和乌兹别克斯坦的排名依次上升了 1

---

① 2016 世界银行发布的《联结以竞争：全球经济中的贸易物流》报告。
② 2018 世界银行发布的《联结与竞争：全球经济中的贸易物流》报告。

位、6 位、38 位、19 位、14 位和 19 位。（4）丝绸之路经济带"核心区"LPI 从 2012～2018 年间大致呈现动态变化中排名上升的趋势，因此，本书对中亚五国的物流业效率排名结果与 LPI 指数排名基本一致。

3.5 "核心区"物流业效率的影响因素分析

本节通过建立回归模型，研究丝绸之路经济带"核心区"物流业效率受哪些因素影响，以及各自的影响程度多大，以便为后面提出提升丝绸之路经济带"核心区"物流业效率的政策建议提供理论依据。

3.5.1 Tobit 模型的构建和数据来源

这里我们将丝绸之路经济带"核心区"内各国和各地区的物流业总体效率作为因变量 Y，进一步分析 2004～2017 年丝绸之路经济带"核心区"物流业效率的影响因素。结合之前的理论分析，选取物流业集聚水平、经济发展水平、城镇化水平、信息化水平、人口密度、对外贸易水平、产业结构、物流资源利用率、市场化水平和人力资本水平等 10 个影响物流业效率的因素作为自变量进行相关性分析。因为用 DEA 模型计算出来的效率值是离散的，所以选择 Tobit 模型。Tobit 模型又称受限因变量模型，是一种测量多个变量之间相关性的回归模型，当因变量的数值是切割或片段的情况时，该模型就成为估计回归系数的一个较好选择。建立的 Tobit 回归模型如下：

$$\begin{cases} y_{it}^* = \beta_0 + \beta_1 x_{it} + \varepsilon_{it} \\ y_{it} = \max(0, y_{it}^*) \end{cases}$$
$$i = 1, \cdots, N; t = 1, \cdots, T$$

上式中，y_{it}^* 是潜在因变量，潜变量大于 0 时被观察到，取值为 y_{it}，小于等于 0 时在 0 处截尾，x_{it} 是自变量向量（其中包括物流业集聚水平、经济发展水平、城镇化水平、信息化水平、人口密度、对外贸易水平、地区产业结构、物流资源利用率、市场化水平和人力资本水平等 10 个影响物流业效率的因素），β 是系数向量，误差项 ε_{it} 独立且服从正态分布。

以上数据来源于 2005～2018 年《中国统计年鉴》、中亚五国统计年鉴、世界银行公开数据库、亚洲开发银行统计数据库和万得数据库等。

3.5.2 影响因素介绍

（1）物流业集聚水平。当一个地区产业集聚时，会产生规模效应，进而有助于降低成本。就物流产业集聚看，它不仅能促进人才和物流资源的流动，同时也有助于提高合理配置水平。因此，当一个地区的物流产业集聚水平较高时，也会促进物流业效率的提升。这里用区位商来衡量物流业集聚水平。

$$区位熵 = \frac{地区物流业产值 / 地区生产总值}{各地区物流业产值之和 / 各地区生产总值之和}$$

（2）经济发展水平。当经济发展水平较高时，国内外贸易量将会增加，同时贸易离不开物流，当贸易量增加带来物流业的需求增加时，相应地，物流业各方面的建设投资也将会增加，进而促进物流业发展。这里用人均 GDP 表示一个地区的经济发展水平。

（3）城镇化水平。城镇化水平的提高意味着大量人口在城市聚集，使得城市居民对日常的衣、食、住、行等方面提出了更高要求，物流业在这其中起到了关键性的连接和协调作用。所以我们这里选用城镇人口数量占总人口数量的比重来表示"核心区"的城镇化发展水平。

（4）信息化水平。互联网和移动通信设备在物流活动各环节的应用，以及正在普及的物联网、人工智能和 5G 技术，这些都加快了物流信息传递的速度，辅助提升了物流活动传递的精准度，因此，信息化水平对物流业发展的作用不容忽视。这里我们用每百人移动电话使用率来表示信息化水平。

（5）人口密度。人口在空间上的集聚带动了其生产和生活所需各种资料在空间上的流动，物流业作为支撑居民及其生产生活所需资料流动的基础，会随着人口密度的提升对物流业效率提出更高的要求。这里用常住人口占区域面积的比例来表示人口密度。

（6）对外贸易水平。它反映了一个国家或地区与其他国家或地区之间经济活动往来的密切程度。通过对外贸易可以促进彼此之间的联系，对物流业的发展和物流业效率的提升也会产生影响。这里用进出口总额来表示对外贸易水平。

（7）地区产业结构。随着国民经济发展，分工细化和更多的生产部门被分化出来，在每个经济发展阶段，组成国民经济的产业部门是不尽相同的，因此，把包括产业的构成和各产业之间的相互关系在内的结构特征概括为产业结构。物流业作为各产业及其之间活动的基础，物流业效率的提升与产业结构息息相关。这里选取第三产业增加值占 GDP 的比例作为地区产业结构的衡量指标。

（8）金融发展水平。任何产业发展都离不开投入，而资金投入是要素投入的重要前提。金融发展水平提升能够扩大物流业资金支持、优化物流业资金配置、强化物流业风险管理、促进物流业技术创新等手段促进物流业发展，进而提高物流业效率。

（9）物流资源利用率。物流资源利用率也就是物流资源的使用程度，当其利用率较低时，说明存在无效投入，意味着物流资源的浪费。当其利用率较高时，说明这个投入是有效的。物流资源利用率高才能保证产出与投入的均衡，也就意味着物流业效率的提高。这里用单位铁路运营里程上的铁路货物周转量来衡量物流资源利用率。

（10）市场化水平。市场化进程随着政府作用、要素市场和产品市场以及民营经济发展逐渐深化，带动地区物流业效率也随之提升。对于市场化水平的衡量，这里我们针对中国西北五省区的数据取自樊纲团队发布的市场化指数，残缺数据用插值法补齐；中亚五国数据取自美国传统基金会网站公布的经济自由度，作者为了保持在分析过程同一变量的量纲一致，中亚五国的经济自由度相对于原始值缩小了 10 倍。

（11）人力资本水平。人力资本水平高的地区，从事物流业活动的劳动力能力水平较高，因此其产出效率和"干中学"精神的发挥程度会更高，进而对物流业效率具有正向促进作用。这里我们用高等教育在校学生数占总人口的比重来衡量该区域的人力资本水平。

3.5.3 实证结果及分析

这里用 Statal5 分别对丝绸之路经济带"核心区"整体、中国西北五省区和中亚五国这三个样本进行 Tobit 模型回归，具体结果如表 3 – 37 所示：

表 3 – 37　丝绸之路经济带"核心区"物流业效率影响因素的 Tobit 回归结果

	模型 1	模型 2	模型 3
物流业集聚水平	0. 404 ***	0. 138 ***	0. 266 ***
	(11. 75)	(3. 50)	(9. 14)
经济发展水平	0. 329 ***	0. 240 ***	0. 089 **
	(5. 34)	(3. 84)	(2. 25)
城镇化水平	− 0. 012 **	− 0. 018 ***	0. 006 **
	(− 2. 89)	(− 4. 49)	(2. 27)
信息化水平	− 0. 166 ***	− 0. 141 ***	− 0. 025
	(− 9. 19)	(− 6. 03)	(− 1. 22)
人口密度	0. 090 ***	0. 132 ***	− 0. 041 ***
	(4. 35)	(6. 73)	(− 3. 72)
对外贸易水平	0. 075 ***	0. 024 **	0. 051 ***
	(7. 34)	(2. 50)	(8. 68)
地区产业结构	− 0. 002	− 0. 001	− 0. 001
	(− 0. 63)	(− 0. 20)	(− 0. 43)
金融发展水平	− 0. 043 *	0. 279 ***	− 0. 322 ***
	(− 1. 79)	(14. 53)	(− 11. 60)
物流资源利用率	0. 005 **	0. 001	0. 004 **
	(2. 56)	(0. 84)	(2. 73)
市场化水平	− 0. 006	0. 052 ***	− 0. 058 ***
	(− 0. 52)	(3. 61)	(− 4. 06)
人力资本水平	0. 01	− 0. 028	0. 038 *
	(0. 56)	(− 1. 19)	(2. 03)
常数项	− 2. 567 ***	− 2. 812 ***	0. 246
	(− 4. 98)	(− 5. 16)	(0. 64)

	模型 1	模型 2	模型 3
N	140	140	140
R^2	0.88	0.93	0.93

注：*，** 和 *** 分别表示 10%，5% 和 1% 的显著性水平；括号内为 T 值；模型 1 为以"核心区"整体为样本回归的结果；模型 2 为以中国西北五省为样本回归的结果；模型 3 为以中亚五国为样本回归的结果。

表 3 - 37 显示的回归结果表明：

（1）无论是从"核心区"整体范围来看，还是从子区域的中国西北五省区范围和中亚五国范围分别来看，物流业集聚水平对物流业效率的影响均是在 1% 的水平上正向显著；从影响程度来看，物流业集聚水平每提升一个单位，带来物流业效率在"核心区"整体、中国西北五省区和中亚五国范围内分别提升 0.404 个、0.138 个和 0.266 个单位，显然，影响程度在"核心区"整体最强，然后依次是中亚五国和中国西北五省区。

（2）经济发展水平对物流业效率的影响作用，无论是从"核心区"整体范围内，还是从其子区域的中国西北五省区和中亚五国范围分别来看，其作用效果均为正向影响；从作用强度来看，"核心区"整体范围和中国西北五省区范围内，作用效果均为 1% 水平上的正向显著影响，经济发展水平每提升一个单位，带来物流业效率在"核心区"整体和中国西北五省区范围内分别提升 0.329 个、0.240 个单位；经济发展水平对中亚五国物流业效率的作用效果均为 5% 水平上的正向显著影响。

（3）城镇化水平对物流业效率的影响从中亚五国范围看，其作用效果为正向影响；但从"核心区"整体和中国西北五省区的范围看，其作用影响均是显著为负；原因可能是中国西北五省区的城镇化发展水平还比较低，制约了物流业效率的提升，或者是目前的城镇化水平不能满足物流业效率提升的需要。

（4）从信息化水平对物流业效率的影响效果来看，无论从"核心区"整体范围看，还是从子区域的中国西北五省区范围和中亚五国范围分别来看，信息化水平对物流业效率的作用效果均为负向影响，这可能是因为在整个"核心区"范围内信息化发展水平还不足，也影响了整个"核心区"范围的物流业发展。

（5）人口密度对物流业效率的影响效果从"核心区"整体范围和中国西北五省区范围来看，为 1% 水平上的正向显著影响，在中国西北五省区的正向显著性最强。但从子区域中亚五国范围来看，人口密度对物流业效率的影响不显著，可能是因为该区域人口密度太低，制约着物流需求，同时也制约着物流业效率的提升。

（6）对外贸易水平对物流业效率的影响，从"核心区"整体范围、中亚五国和中国西北五省范围来看，都是正向显著作用；其中中国西北五省区对外贸易水平对物流业效率的作用效果为 5% 水平上正向显著影响,中亚五国区域的作用为 1% 水平上正向显著应。因此,相对于中亚五国而言,中国西北五省区的对外贸易水平还需要进一步提升。

(7) 无论从"核心区"整体范围看,还是从中国西北五省区和中亚五国范围分别来看,地区产业结构对物流业效率的影响均不显著。说明在整个"核心区"内,还需要进一步优化产业结构,加速发展加工制造业和第三产业,为物流业效率提升提供支撑。

(8) 金融发展水平对物流业效率的影响,无论是从"核心区"整体范围,还是中国西北五省区和中亚五国范围,均为显著影响;但是仅有中国西北五省区为正向影响,整个"核心区"和中亚五国均为负向影响,主要是中亚五国金融体系不完善、金融服务效率较低等制约着中亚五国和整个"核心区"物流业效率的提升。

(9) 物流资源利用率对物流业效率的影响,无论是在从"核心区"整体范围,还是在子区域的中国西北五省区和中亚五国范围内,其作用效果均为正向影响,其中"核心区"整体和中亚五国范围内,物流资源利用率对物流业效率的影响为正向显著影响,中国西北五省区域影响不显著,可能是由于中国西北五省区范围内还要进一步充分利用物流业基础设施和设备。

(10) 市场化水平对物流业效率的影响,在中国西北五省区域范围内为 1% 水平上显著为正,而"核心区"整体和中亚五国范围内的作用均不显著,主要原因可能是中亚五国市场化程度不足,制约着该区域甚至整个"核心区"范围物流业效率的提升。

(11) 在"核心区"整体范围内和中亚五国区域,人力资本水平对物流业效率的影响为正向作用,其中中亚五国范围内为正向显著影响,但是"核心区"整体范围和中国西北五省区人力资本水平对物流业效率的作用效果不显著,可能是因为人力资源的结构性缺失限制着物流业效率的提升。

3.6 研究结论及相应的对策建议

本节主要在总结研究结论的基础上,提出针对性的对策建议。

3.6.1 研究结论总结

本章主要通过建立 DEA 模型对 2004～2017 年丝绸之路经济带"核心区"(包括中国西北五省区和中亚五国)的物流业效率进行了实证评价和对评价结果进行了分省区、分国别的比较分析,并进一步对影响"核心区"物流业效率的主要因素进行了实证分析,得出的结论是:

（1）从丝绸之路经济带"核心区"整体来看：第一，2004～2017 年丝绸之路经济带"核心区"物流业的总体效率、纯技术效率和规模效率值均小于 1，DEA 无效，总体效率和规模效率呈现出波动中略有上升、纯技术效率呈现出波动中略有下降的变化趋势。第二，2004～2017 年丝绸之路经济带"核心区"物流业的总体效率均值为 0.664，纯技术效率均值为 0.807，规模效率均值为 0.824，说明该"核心区"物流业的总体效率较低的原因主要是纯技术效率降低造成的（如在哈萨克斯坦、乌兹别克斯坦、陕西、甘肃、青海、新疆等子区域），但是规模效率也有进一步上升空间（如在宁夏、青海、塔吉克斯塔、吉尔吉斯斯坦和土库曼斯坦等子区域），也说明目前丝绸之路经济带"核心区"物流业还处在发展时期，技术水平相对较低，发展规模较小，这也从一个侧面反映了该"核心区"今后在注重物流业技术进步、追求高质量发展的过程中，扩大物流业的发展规模将有助于总体效率的提升。

（2）从"核心区"内的中国西北五省来看：第一，2004～2017 年物流业的总体效率均小于 1，均值为 0.696，为 DEA 无效，但物流业总体效率呈现出波动中略有上升的变动趋势，由 2004 年的 0.601 上升到 2017 年的 0.677；物流业总体效率均值由高到低依次为陕西、宁夏、甘肃、新疆和青海。第二，2004～2017 年物流业的纯技术效率均小于 1，均值为 0.788，为 DEA 无效，且物流业纯技术效率呈现出波动中下降的变动趋势，由 2004 年的 0.824 下降到 2017 年的 0.696；物流业纯技术效率均值由高至低依次为宁夏、陕西、甘肃、新疆和青海。第三，2004～2017 年物流业的规模效率值均小于 1，均值为 0.883，为 DEA 无效，但 14 年间大致呈现出波动中上升的变化趋势，由 2004 年的 0.729 上升到 2017 年的 0.973；物流业规模效率均值由高至低依次为新疆、陕西、甘肃、宁夏和青海。综上可见，今后中国西北五省区物流业的发展方向，应该是注重发展物流业技术、鼓励物流业创新和高质量发展，扭转物流业技术效率下滑趋势，同时，进一步优化物流业规模、提升物流业规模效率也不容忽视。

（3）从"核心区"内的中亚五国来看：第一，2004～2017 年物流业总体效率值均小于 1，均值为 0.633、DEA 无效，且总体效率大致呈现出波动中略有下降的"W"形变动趋势；物流业总体效率从高到低依次为哈萨克斯坦、土库曼斯坦、乌兹别克斯坦、塔吉克斯坦和吉尔吉斯斯坦，这与世界银行国际物流绩效指数 2012 年、2014 年、2016 年、2018 年的排名基本一致。第二，2004～2017 年物流业纯技术效率均值为 0.825，小于 1，为 DEA 无效，且纯技术效率大致呈现出波动略有下降的变动趋势；物流业纯技术效率由高至低依次为塔吉克斯坦、土库曼斯坦、哈萨克斯坦、乌兹别克斯坦和吉尔吉斯斯坦。第三，2004～2017 年物流业规模效率均小于 1，均值为 0.767，为 DEA 无效，且呈现倒"U"形变化；物流业规模效率由高至低依次为哈萨克斯坦、乌兹别克斯坦、土库曼斯坦、塔吉克斯坦和吉尔吉斯斯坦。可见，中亚五国总体效率较低主要是因为规模效率较低造成的，说明中亚五国的物流业规模还是太小或者物流业规模结构不合理，这也是今后应该重点改进的方向，当然技术效率也有待进一步提高。

（4）从"核心区"内中国西北五省区和中亚五国的比较来看：第一，2004～2017年物流业总体效率均值，"核心区"整体为0.664，中国西北五省区为0.696（高于"核心区"整体），中亚五国为0.633（低于"核心区"整体），即中国西北五省区高于中亚五国；2004～2017年物流业纯技术效率均值，"核心区"整体为0.807，中国西北五省区为0.788（低于"核心区"整体），中亚五国为0.825（高于"核心区"整体），即中国西北五省区低于中亚五国；2004～2017年物流业规模效率均值，"核心区"整体为0.824，中国西北五省区为0.883（高于"核心区"整体），中亚五国为0.767（低于"核心区"整体），即中国西北五省区高于中亚五国。第二，"核心区"的10个子区域中，物流业总体效率排名第一位和第二位的分别为哈萨克斯坦和陕西，这两个子区域的物流业总体效率依次为0.897和0.874，均为DEA无效，且二者物流业的纯技术效率均略小于规模效率，因此，二者今后的努力重点是加强物流业技术进步，提升物流业技术效率以带动总体效率。第三，"核心区"内物流业总体效率排名第三位、第五位和第八位的分别是宁夏、土库曼斯坦和塔吉克斯坦，三者总体效率值依次为0.856、0.777和0.594，均表现为DEA无效，这三个子区域的共同点是物流业纯技术效率较高而物流业规模效率值均小于1（其中宁夏和塔吉克斯坦物流业纯技术效率值均大于1，为DEA有效），即三者物流业发展中存在的主要问题是物流业规模效率相对低于纯技术效率，因此今后的重点努力方向应该是扩大物流业发展规模或者合理化物流业规模结构。第四，"核心区"内物流业总体效率排名第四位、第六位和第七位的分别是甘肃、乌兹别克斯坦和新疆，这三个子区域的总体效率值分别为0.822、0.687和0.651，均为DEA无效，其相似之处是物流业规模效率略大于纯技术效率，可见三者的物流业总体效率值主要是受制于物流业纯技术效率较低，因此今后不仅需要适度扩大物流业发展规模，更重要的是重视物流业技术水平提升和高质量发展。第五，"核心区"内物流业总体效率排名第九位和第十位的分别是青海和吉尔吉斯斯坦，总体效率分别为0.277和0.210，均为DEA无效，这两个子区域物流业的纯技术效率和规模效率均偏低，说明今后努力的方向除了着力提升物流业发展规模之外，物流业发展的当务之急、重中之重是要下大力气提高物流业技术水平，在新技术的引领下扩大生产规模，进而实现物流业效率跃升。

（5）影响丝绸之路经济带"核心区"物流业效率的主要因素的回归结果如下：第一，对"核心区"整体物流业效率有显著正向影响的因素是物流业集聚水平、经济发展水平、人口密度、对外贸易水平和物流资源利用率，有显著负向影响的因素是信息化水平、城镇化水平和金融发展水平，影响不显著的因素是地区产业结构、市场化水平和人力资本水平。第二，对中国西北五省区物流业效率有显著正向影响的因素是物流业集聚水平、经济发展水平、人口密度、金融发展水平、对外贸易水平和市场化水平，有显著负向影响的因素是城镇化水平和信息化水平，影响不显著的因素是地区产业结构、物流资源利用率和人力资本水平。第三，对中亚五国物流业效率有显著正向影响的因素是物流业集聚水平、对外贸易水平、经济发展水平、城镇化水平、物流资源利用率和人力资本水平，有显著负向影响的因素是人口密度、金融发展水平和市场化水平，影响不显著的因素是信息化水平和地区产业结构。

3.6.2　进一步提升丝绸之路经济带 "核心区" 物流业效率的对策建议

1. 针对中国西北五省区的对策建议

第一，针对上述对中国西北五省区物流业效率有显著正向影响的因素是物流业集聚水平、经济发展水平、人口密度、金融发展水平、对外贸易水平和市场化水平的实证结论，中国西北五省区应该进一步促进物流业集聚水平和经济发展水平，进一步促进人口的集聚和集中，进一步提高金融发展水平、对外贸易水平和市场化水平。

第二，针对上述对中国西北五省区物流业效率有显著负向影响的因素是城镇化水平和信息化水平的实证结论，考虑到主要原因可能是中国西北五省区的城镇化水平和信息化水平还比较低导致的，因此，中国西北五省区今后应该借助国家 "一带一路" 建设和乡村振兴战略的历史性机遇，着力推进新型城镇化进程，努力提升农民工的市民化和城镇发展质量；同时，借助国家新基建建设机遇，着力推进本地区的信息化、数字化和智能化进程，进一步提高互联网普及率和移动电话普及率，尤其是要让家电下乡，让边缘地区的农民也能享受到互联网和信息化对生产和生活的便利和福利，与城市居民一同走进信息时代。

第三，针对上述对中国西北五省区物流业效率影响不显著的因素是地区产业结构、物流资源利用率和人力资本水平的实证结论，原因可能是中国西北地区的产业结构还不够合理、物流资源利用率还不充分、人力资本水平还不高导致的，因此，中国西北五省区今后应该进一步调整产业结构，促进产业结构的合理化水平和高级化程度；进一步改进技术、加强管理，优化现有的物流资源配置，争取在既定投入下，获取最优的物流业产出；要进一步加大各级各类教育投入，不断提高人力资本水平，通过人口质量的提升弥补人口红利渐渐消失、人口数量递减的不利局面。

第四，增加对中国西北地区物流业的基础设施投资，促进中国西北五省区的物流业发展。国家需要高度重视对西北地区物流业的固定资产投资，完善物流业基础设施网络，促进物流业发展。只有在西北地区建成了发达的物流通道，才能更好地推进 "一带一路" 倡议的实施，有利于强化丝绸之路经济带的互联互通，有利于中国与沿线国家和地区的交流与合作，有利于中国经济的稳定增长，助力伟大"中国梦"的实现。

第五，采取有力措施推进中国西北五省区的新型工业化、信息化、城镇化和农业现代化进程，为物流业的集聚发展提供条件。中国西北五省区经济相对落后，新型工业化、信息化、城镇化和农业现代化的程度都不高，因此，中国西北五省区要采取有效举措进一步强化新型工业化、信息化、城镇化和农业现代化的进程，才能提升经济发展水平，为物流业的集聚发展创造条件。实现物流业的集聚发展是提升物流业效率的一条捷径，"努力实现'四化'同步，是中国经济今后一定时期内健康运行发展的总思路"，同样是促进中国西北五省区物流业集聚发展、提升效率的必备前提。

第六，充分利用陕西自贸区的政策优势，带动中国西北五省区物流业的蓬勃发展。2017年陕西获批设立自贸区，这是中国推进"一带一路"建设的重要举措，陕西作为中国西北五省区的核心省份，是带领中国西北五省区发展的领头羊，自贸区的设立能够吸纳越来越多的高新企业落户西北地区，也能够引进更多的先进技术和高层次人才，这样不仅有利于中国西北五省区的经济提升，还有利于加强西北地区与"一带一路"沿线国家之间的经济交流与合作，更有利于中国西北五省区的物流业实现进一步的蓬勃发展。

第七，根据中国西北五省区具体实际，决定到底采取以提高物流业纯技术效率为主还是以提高规模效率为主的策略，全面提升物流业的总体效率。根据前面的实证结论，陕西、新疆、甘肃和青海应该采取以提高物流业纯技术效率为主、以提高规模效率为辅的策略，宁夏应该采取以提高物流业规模效率为主、以提高纯技术效率为辅的策略。

2. 针对中亚五国的对策建议

第一，针对上述对中亚五国物流业效率有显著正向影响的因素是物流业集聚水平、对外贸易水平、经济发展水平、城镇化水平、物流资源利用率和人力资本水平的实证结论，中亚五国今后应该大力发展物流产业园区，促进物流业集聚，形成物流产业集群，发挥集聚效应；要进一步通过推进工业化和城镇化进程，通过实施教育兴国战略、提升高等人口占比，促进经济发展水平不断提高；要进一步扩大开放和发展对外贸易、提升对外贸易水平、努力实现国内国外两种资源和两种市场的充分利用和共享；进一步改进物流产业技术水平，提高物流资源的利用率和产出水平。

第二，针对上述对中亚五国物流业效率有显著负向影响的因素是人口密度、金融发展水平和市场化水平的实证结论，考虑到可能的原因是中亚五国人口密度太低、金融发展不足和市场化进展缓慢的事实，中亚五国今后应该进一步提高人口生育率和医疗水平，降低人口死亡率；要大力发展银行和非银行金融机构，建立和完善股票市场和债券市场，不断提高间接和直接融资渠道，丰富和优化金融工具并加强金融监管，降低金融风险；要进一步开放各类市场、发挥市场机制的资源配置基础作用，同时进一步健全和完善政府的宏观调控职能和水平，及时纠正和弥补市场的缺陷和不足，防止市场失灵，在利用市场机制促进效率提升功能的同时，减少市场带来的负面作用。

第三，针对上述对中亚五国物流业效率影响不显著的因素是信息化水平和地区产业结构的实证结论，考虑到可能的原因是中亚五国信息化水平太低和产业结构低端化的现实，中亚五国今后努力的方向应该是：在加快工业化、城镇化和农业现代化的同时，加快信息化进程，要引进更加先进的物流信息管理系统，打造高科技物流业交易平台，从而克服物流交换中由于物流信息时滞、不对称、分散性造成的物流运距过长、物流过程重复、物流成本过高等一系列问题，有效降低物流企业之间的交易成本，提高物流业的效率。要努力促进工业化与信息化相互带动的新型工业化新局面，城镇化与信息化兼容并举的新格局，农业现代化与信息化同步发展的新路径，促进中亚五国产业结构演进和合理化、高级化，让中亚五国也搭上信息化的高速列车。

第四，构建更加完善的物流业基础设施体系，使物流要素实现更加有效的衔接。有了完善的物流业基础设施，就有了物流业发展的基础。中亚五国由于经济相对落后，物流业基础设施相对于其他国家存在较大的差距，尤其是吉尔吉斯斯坦和塔吉克斯坦，对物流业固定资产的投资不够重视，这严重阻碍物流业的进步与发展。因此，中亚五国必须重视对物流业基础设施的建设，使物流要素之间的流动更加高效，衔接更加紧密，从而提高物流业发展的水平。

第五，根据中亚各国具体实际，决定到底采取以提高物流业纯技术效率为主还是以提高规模效率为主的策略，全面提升物流业的总体效率。根据前面的实证结论，哈萨克斯坦和乌兹别克斯坦应该采取以提高物流业纯技术效率为主、以提高规模效率为辅的策略，塔吉克斯塔和土库曼斯坦应该采取以提高物流业规模效率为主、以提高纯技术效率为辅的策略，吉尔吉斯斯坦应该采取物流业规模效率和纯技术效率并重的策略。

3. 中国与中亚五国的协调措施建议

第一，创新中国与中亚五国物流业交流与合作的方式，共享物流业资源，降低物流业成本。中国的西北五省区和中亚五国均地处于内陆，主要的交通运输方式就是铁路和公路，货物运输方式较为单一。考虑到中亚五国与中国西北部接壤，可以进一步增加国际铁路的建设，方便中亚五国与中国之间的物流运输。同时，可以进一步拓展国际航线，让中亚五国与中国的物流交流方式多元化，有利于中国与中亚五国物流业的共同发展。

第二，依靠"互联网＋"的平台，发展"互联网＋物流"，打造富有高科技含量的信息化物流业。目前中国与中亚五国之间的国际贸易方式还比较落后，买卖双方仅仅依靠传统的方式获取交易信息，信息不对称会增加交易成本，不利于国际贸易的开展。而建设物流信息化平台，有利于买卖双方快速地获取交易信息，可以改善中国与中亚五国之间国际贸易发展现状，进而扩大物流业规模，最终促进丝绸之经济带"核心区"的物流业发展。

第三，通过提升中国与中亚五国的第三产业水平来扩大物流业规模，进而推动中国与中亚五国物流业的协调发展。随着"一带一路"建设进程的推进，中国与"丝绸之路"沿线国家的政治、经济、文化、生态的交流越来越频繁和深入，这些交流与合作可以在第一二三产业广泛进行，而相互进出口的增加会增加物流业的需求，使得中国与中亚五国交易更加广泛，因此会使得中亚五国与中国的物流业联系越来越紧密。

第4章 物流业集聚影响"核心区"物流业效率的实证分析

丝绸之路经济带被认为是全球最长、最具发展潜力的经济走廊，大力发展通道经济是其必然选择。该经济带"政策沟通、道路联通、贸易畅通、货币流通、民心相通"五大目标的落实程度，都可以通过"物流畅通"以及高效完善的物流体系表现出来。物流业效率水平是衡量区域物流发展质量的重要指标，而物流业集聚能通过加快分工深化、减少交易成本、共享资源和促进知识技术溢出等功能来影响物流业效率的变化。因此，本章专门研究丝绸之路经济带"核心区"（以地处丝绸之路经济带地理核心段的中国西北五省区和中亚五国为空间范围）的物流业集聚水平对物流业效率的影响。这种研究必将促进丝绸之路经济带这条跨越65个国家的经济带建设进程，具有重要意义。

4.1 文献综述与问题的提出

本节主要对国内外相关研究综述进行综述，在此基础上提出本章研究的问题。

4.1.1 关于物流业集聚的研究

学者们关于物流业集聚的研究方向主要在物流业集聚内涵、物流业集聚水平影响因素以及物流业集聚水平评价方法三个方面。

1. 关于物流业集聚内涵的研究

国外针对集聚内涵的研究，源自由阿尔弗雷德·马歇尔（Alfred Marshall，1920）初次提出的产业空间集聚的三方面原因[①]。之后，马克斯·韦伯（Max Weber，1909）着重分析了产业集聚的过程：企业首先自身扩大从而产生集聚优势；然后依靠大企业以完善的组织方式集中于一区域并引发同类企业的出现[②]。佩鲁（Francois Perroux，1955）认为，区域的推动产业会引发相关产业集聚的发

---

① 马歇尔. 经济学原理 [M]. 北京：华夏出版社，2013：249–268.
② 乔富华. 国内外产业集聚研究综述 [J]. 财经理论研究，2010 (6)：96–99.

生，并通过乘数及关联效应作用于区域经济的增长①。熊彼特（Joseph Alois Schumpeter，1934）在研究经济周期时分析了创新集群的定义②。迈克尔·波特（Michael E. Porter）则从竞争力的视角对集聚展开研究③。在物流业集聚内涵方面，国外研究相对较少，其中包括英国的 Trends Business 和帕瓦公司（2002）在对英国中东部地区产业集聚现状进行分析后，界定了物流产业集聚的范畴④。道格（Doug L.，2004）认为，物流集聚是基础设施、物流功能的横向集聚以及工业链纵向集聚投资等若干类型投资间的协调⑤。洪（Hong J.，2007）认为，区域运输服务的质量是决定物流业是否会形成聚集状态的重要因素⑥。里维拉等（Rivera L. et al.，2014）认为，物流业集聚是物流相关服务企业在空间上的集中⑦。

国内针对集聚内涵的研究中，仇保兴（1998）从产业结构调整的角度入手研究，提出当企业及市场的交易费用较高时，小企业群落和其他中间组织就出现了⑧。王缉慈等（2001）概括了产业集群和新产业区理论，并从区域经济的角度对产业集群进行了定义⑨。于树江、李艳双（2004）在分析集群区位选择机制的基础上，将集群划定为依靠当地企业家精神建立形成的特色产业集群、依靠外资配套发展出产业集聚等五种类型⑩。唐茂华等（2007）通过构建微观模型发现自然或人为造成的空间收益会影响企业对于区位的抉择，从而出现空间范围上的集聚⑪。在物流业集聚内涵研究方面，国内学者主要从地区经济发展、物流资源整合和专业或特色物流等方面进行了研究⑫。区域经济发展方面，寻立祥（2007）物流业集聚定义为在物流产业的引领下，其他相关产业在某空间内的聚集⑬。章建新（2007）⑭、李斌等（2012）⑮ 在此方面也做了相关研究。社会物流资源整合

① 曹剑飞. 产业集群的区域经济效应分析 [J]. 发展研究，2009（7）：9 – 12.

② 向世聪. 产业集聚理论研究综述 [J]. 湖南社会科学，2006，13（1）：97 – 103.

③ 迈克尔·波特. 国家竞争优势 [M]. 北京：华夏出版社，2002：2.

④ 牛召，胡期. 物流产业空间集聚综述 [J]. 合作经济与科技，2016（20）：77 – 79.

⑤ 刘培刚. 物流产业集群空间模式研究 [D]. 西安：长安大学，2012.

⑥ 付江月，陈刚. 物流产业集聚与扩散演化机制研究 [J]. 物流技术，2015，34（2）：38 – 44.

⑦ Rivera L，Sheffi Y，Welsch R. Logistics agglomeration in the US [J]. *Transportation Research Part A*，2014，59（11）：222 – 238.

⑧ 仇保兴. 入园企业的非集群化：科技园区发展的障碍 [J]. 浙江经济，1998（12）：44 – 46.

⑨ 王缉慈，童昕. 简论我国地方企业集群的研究意义 [J]. 经济地理，2001，21（5）：550 – 553.

⑩ 于树江，李艳双. 产业集群区位选择形成机制分析 [J]. 中国软科学，2004（4）：120 – 122.

⑪ 唐茂华，陈柳钦. 从区位选择到空间集聚的逻辑演绎：探索集聚经济的微观机理 [J]. 财经科学，2007（3）：75 – 80.

⑫ 黄由衡. 物流产业集群基本内涵综述与辨析 [J]. 商业经济研究，2013（22）：46 – 47.

⑬ 寻立祥. 长株潭物流产业集群与区域经济发展研究 [J]. 中国流通经济，2007，21（10）：15 – 18.

⑭ 章建新. 析区域经济发展中的物流产业集群功能 [J]. 经济问题，2007（1）：119 – 121.

⑮ 李斌，等. 成渝经济区协调发展战略思考 [J]. 宏观经济管理，2012（7）：54 – 55.

方面，康彦（2012）将物流业集聚定义为物流整体产业链上的大量企业等集聚在一起的有机体①。李佩等（2007）②、杨春河（2009）③ 等也做了相关研究。特色物流突出方面，学者如周昌林（2006）④、王磊（2009）⑤ 等，从不同专业视角上描述了物流业集聚的内涵。

2. 关于物流业集聚水平影响因素的研究

马歇尔（1920）提出，运费降低、雇佣费降低以及因为溢出效应而导致的知识研发费用降低是促进产业集聚的三大动力⑥。马克斯·韦伯（1909）认为，企业规模经济及企业间分工、基础设施共同利用影响企业在空间的共同集中⑦。简·雅各布斯（Jane Jacobs，1969）从城市增长的角度出发，认为技术外部性是影响产业集聚的主要动力⑧。与马歇尔不同，雅各布斯的外部性指技术在一区域各行业间的多元化传播，马歇尔则认为知识技术溢出难以跨行业，只可在行业内形成专业化趋势（Catherine Beaudry et al.，2008）⑨。胡佛（Edgar Malone Hoover，1975）在对运输成本的划分基础上，提出终点以及转运点的区位论，认为内在规模报酬、本地以及都市化经济是影响产业集聚形成的因素⑩。迈克尔·波特（1985）则提出产业的地理集中是竞争所致，集聚动力是集群"钻石"四大元素间相互关联的函数⑪。在物流业集聚水平影响因素研究方面，帕斯莫尔（Pasrlmore）提出，物流的扩散及回流效应促进了产业集聚的整合⑫。范登赫维尔等（Van den Heuvel et al.，2014）认为，相比其他产业，物流业集聚会在信息收集处理、运输及仓储设施共用方面会更加收益⑬。

在国内，熊军（2001）认为获得新的互补技术、分散风险、加速学习进程以及克服市场进入壁垒等九方面是促成企业集聚的动机⑭。金煜等（2006）认为，

① 康彦. 基于区位熵的上海市物流产业集群分析 [J]. 对外经贸，2012（4）：77 - 78.

② 李佩，王广永. 上海物流产业集群的实证研究 [J]. 物流科技，2007，30（12）：72 - 73.

③ 杨春河. 现代物流产业集群形成和演进模式研究 [D]. 北京：中国铁道出版社，2008.

④ 周昌林. 基于港口的物流产业集群形成机理与政府作用研究 [J]. 商业经济与管理，2006（11）：11 - 14.

⑤ 王磊. 物流中心搬运系统可靠性分析与评价 [D]. 成都：西南交通大学，2009.

⑥ 马歇尔. 经济学原理 [M]. 北京：华夏出版社，2013：249 - 268.

⑦ 乔富华. 国内外产业集聚研究综述 [J]. 财经理论研究，2010（6）：96 - 99.

⑧ 简·雅各布斯. 城市经济 [M]. 北京：中信出版社，2007：37 - 64.

⑨ Catherine Beaudry, Andrea Schiffauerova, 2009. Who's right? Marshall or Jacobs? The localization versus urbanization debate [J]. Research Policy, 38（2008）：318 - 337.

⑩ 向世聪. 产业集聚理论研究综述 [J]. 湖南社会科学，2006，13（1）：97 - 103.

⑪ 迈克尔·波特. 国家竞争优势 [M]. 北京：华夏出版社，2002：2.

⑫ Pasrlmore T, Gibson H. Modelling Systems of Innovation：Ⅱ. A Framework for Industrial Cluster an Alysis in Regions [J]. Research Policy, 1998, 26（6）：625 - 641.

⑬ Van den Heuvel F P, de Langen P W, van Donselaar K H, Fransoo J C. Proximity Matters：Synergies Through Co - location of Logistics Establishments [J]. International Journal of Logistics Research and Applications, 2014b.

⑭ 熊军. 群的概念、假设、理论及其启示 [J]. 外国经济与管理，2001，23（4）：2 - 7.

对外开放政策、市场的规模以及交易成本的节约能促进集聚①。傅淞（2007）提出了自然地理条件、物流人才以及区域产业环境等因素会影响集聚程度②。在物流业集聚水平影响因素研究方面，钟祖昌（2011）对各省份的面板数据进行了空间计量分析，发现政府的干预在初期对集聚有负面影响，但影响程度会逐渐减弱③。李立（2016）认为产业、交通、劳动力成本、政府等是物流业集聚过程中的关键因素④。赵粲等（2017）研究了2014年31个省份的物流业空间集聚状态，发现城市化、区域经济发展对集聚有重要影响⑤。钟昌宝等（2017）通过对长江经济带物流业集聚时空演变特征进行揭示后发现，人力资本、社会资本对物流业集聚水平有显著的正向影响⑥。

3. 关于物流业集聚水平评价方法的研究

关于产业及物流产业集聚水平的评价方法，大致分为传统统计方法、空间计量分析法以及地理信息分析法三种。传统统计方法包括对区域产业区位熵测度（石福刚，2012）⑦、改良区位熵测度（王利等，2015⑧；莫婷，2016⑨）、空间基尼系数测度（He C et al，2007⑩；刘佳等，2009⑪；钟昌宝等，2017⑫）、产业集中度（罗勇等，2005⑬；王子龙等，2006⑭）。赫芬达尔指数（唐根年等，2009⑮；

① 金煜，陈钊，陆铭. 中国的地区工业集聚：经济地理、新经济地理与经济政策 [J]. 经济研究，2006（4）：79 – 89.

② 傅淞. 我国物流产业集群形成机理研究 [J]. 中国集体经济月刊，2007（2）：73 – 74.

③ 钟祖昌. 空间经济学视角下的物流业集聚及影响因素：中国31个省市的经验证据 [J]. 山西财经大学学报，2011（11）：55 – 62.

④ 李立. 我国物流产业集聚的影响因素及发展对策研究 [J]. 改革与战略，2016（8）：97 – 100.

⑤ 赵粲，王点. 物流业集聚影响因素的空间计量分析 [J]. 重庆科技学院学报（社会科学版），2017（3）：36 – 38.

⑥ 钟昌宝，钱康. 长江经济带物流产业集聚及其影响因素研究：基于空间杜宾模型的实证分析 [J]. 华东经济管理，2017，31（5）：78 – 86.

⑦ 石福刚. 基于区位熵理论的西北五省物流产业发展状况研究 [J]. 中国物流与采购，2012（9）：70 – 71.

⑧ 王利，莫婷. 基于改良区位熵的镇江物流业集聚度测算 [J]. 江苏科技大学学报（社会科学版），2015，15（4）：87 – 91.

⑨ 莫婷. 镇江物流产业集聚发展策略研究 [D]. 镇江：江苏科技大学，2016.

⑩ He C, Wei Y H D, Pan F. Geographical Concentration of Manufacturing Industries in China：The Importance of Spatial and Industrial Scales [J]. Eurasian Geography and Economics，2007，48（5）：603 – 625.

⑪ 刘佳，陈瑛. 生产性服务业空间集聚特征研究：以西安市为例 [J]. 贵州师范大学学报（自然科学版），2009，27（4）：113 – 118.

⑫ 钟昌宝，钱康. 长江经济带物流产业集聚及影响因素研究：基于空间杜宾模型的实证分析 [J]. 华东经济管理，2017，31（5）：78 – 86.

⑬ 罗勇，曹丽莉. 中国制造业集聚程度变动趋势实证研究 [J]. 经济研究，2005（8）.

⑭ 王子龙，谭清美，许箫迪. 产业集聚水平测度的实证研究 [J]. 中国软科学，2006（3）：109 – 116.

⑮ 唐根年，管志伟，秦辉. 过度集聚、效率损失与生产要素合理配置研究 [J]. 经济学家，2009（11）：52 – 59.

李伟娜等，2010[①]）以及 EG 系数（邓宗兵等，2014[②]；雷海等，2017[③]）。计量分析法主要采用莫然指数和莫然散点图、空间自相关系数等方式，一方面可用来分析物流业集聚的空间格局（葛莹等，2005[④]；封磊等，2008[⑤]；赵粲等，2017[⑥]）；另一方面也可结合传统统计方法，对存在空间依赖等情况下的区域集聚影响因素进行分析（钟祖昌，2011[⑦]）。地理信息分析法是利用 ArcGIS 等地理分析软件，将更深层次的空间分布特征以可视化的结果展现（赵群毅，2007[⑧]；薛东前等，2011[⑨]；黄娟，2018[⑩]）。

4.1.2　关于物流业集聚对物流业效率影响的研究

马克思在《资本论》第二卷中提出了物流业集聚对物流业效率的两方面影响：一是交通工具的不断发展，运输积聚即规模进而扩大，使得商品运输所耗费用随之降低；二是簿记相关花费也会由于生产方面的积聚而随之降低，这种费用也就越少[⑪]。佩卡里宁（Pekkarinen A，2005）通过对俄罗斯西伯利亚地区进行考察，得出了物流业集聚有利于提升竞争力从而提高物流业效率的结论[⑫]。赫维尔等（Van den Heuvel et al.，2014）等基于对荷兰企业进行的实地研究，发现空间集聚通过共用基础设施及共同开拓市场两方面作用于物流业效率的提升[⑬]。

---

①　李伟娜，杨永福，王珍珍．制造业集聚、大气污染与节能减排 [J]．经济管理，2010（9）：36 – 44.

②　邓宗兵，吴朝影，封永刚，等．中国农产品加工业的地理集聚分析 [J]．农业技术经济，2014（5）：89 – 98.

③　雷海，王皓，朱明侠．产业集聚、能源消耗与环境污染 [J]．工业技术经济，2017，36（9）：58 – 64.

④　葛莹，姚士谋，蒲英霞，等．运用空间自相关分析集聚经济类型的地理格局 [J]．人文地理，2005，20（3）：21 – 25.

⑤　封磊，洪伟，吴承祯，等．福州市人口分布的空间自相关分析 [J]．江西农业大学学报，2008，30（3）：569 – 574.

⑥　赵粲，王点．物流业集聚影响因素的空间计量分析 [J]．重庆科技学院学报（社会科学版），2017（3）：36 – 38.

⑦　钟祖昌．空间经济学视角下的物流业集聚及影响因素：中国31个省市的经验证据 [J]．山西财经大学学报，2011（11）：55 – 62.

⑧　赵群毅．北京生产者服务业空间变动的特征与模式：基于单位普查数据的分析 [J]．城市发展研究，2007，14（4）：70 – 77.

⑨　薛东前，黄晶，马蓓蓓，等．西安市文化娱乐业的空间格局及热点区模式研究 [J]．地理学报，2014，69（4）：541 – 552.

⑩　黄娟．基于点轴理论的北部湾经济区 GIS 产业集聚评价研究 [J]．科技经济导刊，2018（10）.

⑪　马克思．资本论：第二卷 [M]．北京：人民出版社，1975：170、169、152.

⑫　Tuominen S, Pekkarinen A. Performance of different spectral and textural aerial photograph features in multi – source forest inventory [J]. *Remote Sensing of Environment*, 2005, 94（2）：256 – 268.

⑬　Van den Heuvel F P, de Langen P W, van Donselaar K H, Fransoo J C. Proximity Matters：Synergies Through Co – location of Logistics Establishments [J]. *International Journal of Logistics Research and Applications*, 2014b.

梁红艳（2015）研究发现，物流集聚可从技术路径方面对全要素生产率产生正向外溢效应[1]。尹国君等（2016）发现，中国现阶段物流业发展存在物流运输速度慢、质量低、耗损大等问题，为提高物流业效率，降低物流成本必须大力推动物流业集聚的发展[2]。陶婷婷（2017）发现，多样方面的集聚对物流业效率影响效果是先降低后升高的趋势，专业化集聚则在短期内会对物流业效率产生显著正向影响，但长期来看，物流业效率的提高仍来自技术进步及创新[3]。刘承良等（2017）在运用 SBMUndesirable 模型对中国 30 个省份的物流业效率进行测度的基础上，发现物流业集聚水平可显著地提升物流业效率[4]。

4.1.3 本章研究的切入点

综上所述，国内外学者在物流业集聚、物流业集聚影响物流业效率等方面进行了大量研究，但现有研究也存在不足：（1）研究对象的局限性。一方面是多以发达区域，如中国东部地区、东南亚地区为对象进行物流业相关研究，对于有发展潜力但还未形成实力的区域研究较少；另一方面是针对跨国区域的研究较少，多是局限于一国之内的物流业研究。（2）研究内容的局限性。关于物流业集聚、物流业效率的研究成果数量相当可观。但在物流业集聚影响物流业效率的机理方面的研究数量较少，且很少有分别从物流综合效率、纯技术效率以及规模效率三方面来考量其不同影响程度的细分研究。（3）研究视角的局限性。前人研究多局限于一国或一城的发展视角，故研究特例性较强，缺少对跨国性的更大范围区域的物流业发展进行提升的研究范式。

基于此，本书将从以下几方面推进研究：第一，在第 2 章明确界定了物流业效率的概念和深入分析了物流业集聚对物流业效率的影响机理的基础上，着重对丝绸之路经济带"核心区"这个跨国性的不发达区域作为研究对象，可补充在物流业研究中缺少对欠发达区域及跨国区域进行研究的局限。第二，以物流业集聚对物流业效率的影响作为研究内容并分别从三种物流业效率角度对其影响程度进行考察，并从丝绸之路经济带"核心区"整体及各国、各省区的物流业集聚水平、物流业效率以及前者对后者的影响进行实证分析和比较，进而提出更有指向性的对策建议，这会是很有意义的研究。

---

① 梁红艳. 物流业集聚、空间外溢效应与工业生产率提升 [J]. 中国流通经济, 2015 (1)：32 – 42.

② 尹国君, 王耀中, 彭建辉. 我国现代物流业集聚发展对策研究 [J]. 经济纵横, 2016 (11)：54 – 57.

③ 陶婷婷. 产业集聚能促进物流效率提升吗：来自中国省域面板数据的实证分析 [J]. 商业研究, 2017, 59 (1)：75 – 83.

④ 刘承良, 管明明. 低碳约束下中国物流业效率的空间演化及影响因素 [J]. 地理科学, 2017, 37 (12)：1805 – 1814.

4.2 物流业集聚影响物流业效率的理论模型设定

正如本书在第 1 章和第 2 章指出的，物流业集聚水平就是处于同一地理位置上的，在交通运输业、仓储业、信息业和邮政业范围内的公司和机构的相互联系深度及集中程度。物流业效率就是物流业总投入与物流业总产出之间的比例关系。物流业集聚水平影响物流业效率的机理是：在物流成本既定的情况下，物流业集聚水平的提高可通过加深分工细化、提升竞争优势、激发技术创新三方面以促进物流产出的提高，从而提升物流业效率水平；在物流产出既定的情况下，物流业集聚水平的提高可通过降低研发成本、产生外部经济、降低交易成本三方面以促进物流成本的降低，从而提升物流业效率水平。本节在此基础上，我们建立的物流业集聚水平影响物流业效率的理论模型如下：

运用柯布—道格拉斯生产函数形式表示物流业生产函数：$Y = AK^{\alpha}L^{\beta}$

其中，A 为技术系数，K 为资本的投入，L 为劳动的投入，α，β 依次为资本及劳动对生产的影响参数。当 $\alpha + \beta < 1$ 时，生产函数为规模报酬递减；当 $\alpha + \beta = 1$ 时，为规模报酬不变；当 $\alpha + \beta > 1$ 时，生产为规模报酬递增，以便区分不同区域不同时段的生产发展状况。在此基础上，借鉴前人的理论模型形式，建立物流业效率影响因素关系的理论模型。具体形式见式（4-1）：

$$E = AI^{\alpha}R_{1,2,\cdots,n}^{\lambda_{1,2,\cdots,n}} \tag{4-1}$$

式（4-1）中，E 表示物流业效率，I 表示物流业投入要素（具体用物流人力资本表示），R 则表示其他影响物流业的因素，α，λ 分别表示物流业投入要素及其他因素对物流业效率的影响弹性。

考虑到知识溢出存在的情况下，借鉴凯尼尔斯（Caniels M. C.）的蜂巢模型。

假设有两区域 i 和 j。i 为技术水平发达区域，j 为技术水平欠发达区域，区域间知识的溢出主要由知识差距 G_{ij} 造成。故区域 i 受到 j 区域的知识溢出影响的表示为式（4-2）：

$$S_{ij} = \frac{\delta_i e^{-(1/\delta_i \times G_{ij} - \mu_{ij})^2}}{\gamma_{ij}} \tag{4-2}$$

式（4-2）中，δ_i 表示 i 区域的学习能力，γ_{ij} 表示区域 i 与区域 j 的地理距离，μ_i 表示区域间技术追赶在实现的情况下，知识存量间的差距。

令 $A_s = \delta_i e^{-(1/\delta_i \times G_{ij} - \mu_{ij})^2}$，则 $S_{ij} = A_s/r_{ij}$，则知识溢出存在情况下，物流业效率的影响因素理论模型可表达为式（4-3）：

$$E = A_i A_s I^{\alpha} R_{1,2,\cdots,n}^{\lambda_{1,2,\cdots,n}}/r_{ij} \tag{4-3}$$

由于 $1/r_{ij}$ 可用物流集聚水平（Q）来表示，则式（4-3）可进一步转化成：

$$E = A_i A_s I^{\alpha} Q^{\beta} R_{1,2,\cdots,n}^{\lambda_{1,2,\cdots,n}} \tag{4-4}$$

对式（4-4）两边取对数，得到式（4-5）如下：

$$LnE = LnA_t + \alpha LnI + \beta LnQ + \lambda_1 LnR_1 + \cdots + \lambda_n LnR_n \qquad (4-5)$$

式（4-5）中，$LnA_t = LnA_i + LnA_s$，取值为常数，在式（4-5）基础上进一步得出物流业三种不同效率的影响因素理论模型，具体见式（4-6）~式（4-8）：

$$LnE_c = LnA_{tc} + \alpha_c LnI_c + \beta_c LnQ_c + \lambda_{1c} LnR_{1c} + \cdots + \lambda_{nc} LnR_{nc} \qquad (4-6)$$

$$LnE_v = LnA_{tv} + \alpha_v LnI_v + \beta_v LnQ_v + \lambda_{1v} LnR_{1v} + \cdots + \lambda_{nv} LnR_{nv} \qquad (4-7)$$

$$LnE_s = LnA_{ts} + \alpha_s LnI_s + \beta_s LnQ_s + \lambda_{1s} LnR_{1s} + \cdots + \lambda_{ns} LnR_{ns} \qquad (4-8)$$

式（4-6）~式（4-8）中，E_c、E_v 及 E_s 分别代表物流综合效率、物流纯技术效率及物流规模效率。下文将在式（4-6）~式（4-8）的基础上建立 Tobit 模型，并对"核心区"物流业集聚水平影响物流业效率的程度进行实证分析。

4.3 "核心区"物流业效率的评价

本章研究的丝绸之路经济带"核心区"包括中国西北五省区和中亚五国都在内的区域空间范围，本章研究的物流业包括货物运输业、仓储业、信息业和邮政业。在上述概念界定、影响机理分析和模型设定的基础上，本节运用 Super SBM DEA 模型对"核心区"整体及各子区域 2007~2016 年的物流业三种效率进行评价。

4.3.1 模型选取及理由

第一，超效率 SBM 模型。数据包络分析法（Data Envelopment Analysis）是用于研究多投入及产出的若干决策单元相对有效性的模型。1978 年，查恩斯、库珀和罗兹（A. Charnes，W. W. Cooper and E. Rhodes）提出一种用于前沿面估算的非参数估计方法（即 CCR 模型）。固定规模报酬是 CCR 模型的假定，由于现实生活中，决策单元可能出现规模报酬变动的情况，故班克（Banker）、查恩斯等（Charnes et al.，1984）又提出了可变规模收益下的数据包络分析技术（即 BCC 模型），从而构成 DEA 方法中的两大经典模型。

由于传统 DEA 模型无法区分有效决策单元差异性，1993 年安德森和彼得森（Andersen P. and Petersen N. C.）改进出扩展的超效率 DEA 模型（Super efficiency – DEA），它能区分各个有效决策单元并进行比较。对一决策单元进行测度，用其他单元的投入产出组合代替该单元的投入产出组合，将其排除在外。其原理如图 4-1 所示。

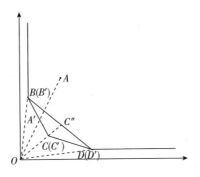

图 4 - 1　超效率 DEA 原理示意

若有四个决策单元，A、B、C、D，其中 B、C 和 D 形成了生产前沿面，A'、B'、C' 和 D' 分别为 OA、OB、OC 与 OD 在前沿面上的交点。传统 CCR 模型中，A 的效率值为 $OA/OA' < 1$，C 的效率值为 $OC/OC' = 1$。以此类推，B 和 D 的效率值均是 1，故而无法区分 B、C 和 D 点的效率值。在超效率 DEA 模型中，对有效决策单元的效率测定会将其自身排除在外。以 C 为例，其效率应为 OC 与 B、D 形成前沿面的交点 C'' 与 OC 的比值，即 $OC''/OC > 1$。同理，B 和 D 也会得到相应的超效率值。对于决策单元 A，超效率模型则采取和 CCR 模型同样的处理方法。

由于传统 DEA 模型多为径向、角度模型。径向意味着投入或产出必须按同样的比例减小或扩张从而达到有效水平，受客观条件或决策者偏好约束，投入/产出往往不能满足径向逼近生产前沿面的要求，故模型不能完全考虑投入以及产出的松弛问题，导致效率测度不准确。角度意味着模型只能从投入或产出某一固定方面出发测度 DMU 效率，故无法全面考量决策单元投入产出两方面的效率。在此背景下，佟考鲁（Tone Kaoru，2001）提出了非径向非角度的 SBM 模型随后，2002 年其进一步提出了超效率 DEA 的 SBM，即 Super SBM 模型。他首先会用 SBM 模型对决策单元进行评价，对于有效的决策单元，则进一步使用 Super SBM 模型进行评价。

对（x_0, y_0）定义一个排除有限生产的可能集，具体见式（4 - 9）：

$$P(x_0, y_0) = \left\{ (\bar{x}, \bar{y}) \mid \bar{x} \geqslant \sum_{j=1, \neq 0}^{n} \lambda_j x_j, \bar{y} \leqslant \sum_{j=1, \neq 0}^{n} \lambda_j y_j, \bar{y} \geqslant 0, \lambda \geqslant 0 \right\}$$

$$(4 - 9)$$

同时定义子集合，具体见式（4 - 10）：

$$\bar{P}(x_0, y_0) = P/(x_0, y_0) \cap \{ \bar{x} \geqslant x_0, \bar{y} \leqslant y_0 \} \qquad (4 - 10)$$

则 $P(x_0, y_0)$ 为 (x_0, y_0) 到 $(\bar{x}, \bar{y}) \in \bar{P}/(x_0, y_0)$ 的平均距离。故 Super SBM 模型可定义为式（4 - 11），其中，δ 为决策单元的效率值。

$$\begin{cases} \delta^* = \min\delta = (\dfrac{1}{m}\sum_{i=1}^{m} & \begin{matrix} x_i/x_{i0})/(\dfrac{1}{s}\sum_{r=1}^{s} y_r/y_{r0}) \\ \text{s. t.} \begin{cases} \bar{x} \geqslant \sum_{j=1,\neq 0}^{n}\lambda_j x_j \\ \bar{y} \leqslant \sum_{j=1,\neq 0}^{n}\lambda_j y_j \\ \bar{x} \geqslant x_0, \bar{y} \leqslant y_0, y \geqslant 0, \lambda \geqslant 0 \end{cases} \end{matrix} \end{cases} \tag{4-11}$$

第二，模型选取理由。（1）不同于 DEA 模型，Super SBM 模型对于有效的决策单元也能进行等级评价，从而反映出各有效单元不同程度的效率水平，结果较为精准。（2）不同于径向 DEA 模型，Super SBM 模型不要求投入产出等比例的扩张或缩减而达到有效，它能使效率值根据投入产出不同的松弛变化而变化，从而对决策单元的效率值较精准的测度。（3）不同于投入/产出角度 DEA 模型，Super SBM 能从投入和产出两个角度同时对决策单元的有效性进行考量，弥补了单方面从投入或产出角度模型的偏向性，从而对决策单元的效率值进行综合评价。

4.3.2　指标选取及数据来源

在指标选取方面，参考唐鑫等（2015）、王琴梅等（2017）选取的物流业效率评价指标，结合数据可得性，选取投入指标三个：物流从业人员、物流固定资产投资额以及区域铁路里程；产出指标三个：铁路货运周转量、航空货运周转量和公路货运量[①]。

所用数据来自 2008 ~ 2017 年的《中国统计年鉴》、中国西北五省区及中亚五国统计年鉴、统计局网站、联合国经济社会理事会网站、亚洲开发银行数据库、世界银行网站、独立国家联合体执行委员会网站以及中国驻土库曼斯坦经济商务参赞处网站。

4.3.3　计算结果及分析比较

运用 DEA – Solver LV 软件对数据进行运算，得到"核心区"2007 ~ 2016 年间整体及十个子区域的物流综合效率值、物流纯技术效率值、物流规模效率值以及规模报酬状态，对结果进行分类整理，得到表 4 – 1 ~ 表 4 – 3。

为什么超效率 DEA 模型分析先用投入和产出的六个指标，后用三种效率指标呢？区域间效率的比较应该是相对的，为何得出的结果是绝对的？一是因为投入产出指标是进行超效率 DEA 测度的数据，而效率值指标则为数据运算出的结果，两者是一致的。二是 DEA 模型的机理便是在组间的相互比较中计算出效率

---

① 由于 2012 年土库曼斯坦的公路货运量缺失，故取值为相邻两年平均数。

值，故得出的效率值也是相对值。

第一，综合效率及子区域比较。表4-1是根据 DEA-Solver LV 运行结果整理出的"核心区"整体及各子区域的物流业综合效率值情况。

表4-1 2007~2016年"核心区"整体及各子区域物流业综合效率

年份	陕西	甘肃	青海	宁夏	新疆	KAZ	KGZ	TJK	TKM	UZB	整体
2007	1.075	1.199	0.351	0.680	1.216	1.248	0.155	0.208	1.010	1.539	0.868
2008	1.111	1.241	0.383	1.239	1.117	1.096	0.135	0.307	1.078	1.336	0.904
2009	1.151	1.249	0.412	1.258	1.225	1.086	0.218	1.204	0.352	1.362	0.952
2010	1.182	1.239	0.349	1.272	1.123	1.286	0.140	0.166	1.052	1.542	0.935
2011	1.149	1.219	0.352	1.275	1.149	1.249	0.105	0.172	1.083	1.600	0.935
2012	1.104	1.189	0.307	1.221	1.260	1.213	0.117	0.215	0.091	1.712	0.843
2013	1.144	1.186	0.336	1.220	1.144	1.240	0.100	0.112	0.082	1.836	0.840
2014	1.123	1.168	0.364	1.209	1.245	1.560	0.049	0.162	0.122	1.680	0.868
2015	1.158	1.172	0.376	1.235	1.211	1.619	0.012	0.138	0.130	1.798	0.885
2016	1.167	1.147	0.382	1.248	1.268	1.712	0.014	0.058	0.170	1.687	0.885
均值	1.136	1.201	0.361	1.186	1.196	1.331	0.105	0.274	0.517	1.609	0.892
排名	6	3	8	5	4	2	10	9	7	1	-

表4-1显示：2007~2016年，"核心区"整体物流业综合效率维持在0.892水平上下，为 DEA 无效，总体呈先上升再下降后小幅回升趋势。其中，中国西北五省区的综合效率水平（均值为1.016）高于中亚五国的综合效率水平（均值为0.767）且发展态势较稳定。

比较10个子区域得分情况，将其归为 DEA 有效组及 DEA 无效组。其中，综合效率 DEA 有效组包括：乌兹别克斯坦的综合效率水平居"核心区"首位（均值为1.609），效率值总体呈上升趋势，但近年来有所下滑。哈萨克斯坦的综合效率水平居"核心区"第二位（均值为1.331），效率值在2007~2013年发展较稳定，2014年后出现上升趋势。甘肃的综合效率水平居"核心区"第三位（均值为1.201），效率值总体呈先上升后下降趋势。新疆的综合效率水平居"核心区"第四位（均值为1.196），效率值总体发展态势稳定。宁夏的综合效率水平居"核心区"第五位（均值为1.186），除2007年，其余年份效率值均大于1且2015年后出现回升态势。陕西的综合效率水平居"核心区"第六位（均值为1.136），2007~2014年间效率值呈上下波动态势，2015年后开始回升。

综合效率 DEA 无效组包括：土库曼斯坦的综合效率水平居"核心区"第七位（均值为0.517），其效率值发展波动较大，2007~2011年间基本为 DEA 有效，2012年后效率值便停滞在较低水平。可能受航空货运的影响较大，2017~2011年土国航空货运周转量维持在8.02（million ton-km）的水平上，2012年下滑至2.78（million ton-km），后基本维持在年均4.00（million ton-km）的较低水平。青海的综合效率水平居"核心区"第八位（均值为0.361），效率值总体发展稳定且近年来出现上升趋势。塔吉克斯坦的综合效率水平居"核心区"第九位（均值为0.274），效率值基本停留在DEA无效水平且2014年后开始回落。吉尔吉斯斯坦的综合效率水平居"核心区"末位（均值为0.105），2012年后效率值呈现下降态势且与其他区域存在较大差距。

运用表4-1数据，绘制出2007~2016年中国西北五省区、中亚五国与"核心区"整体的物流业综合效率变化折线图，具体见图4-2。

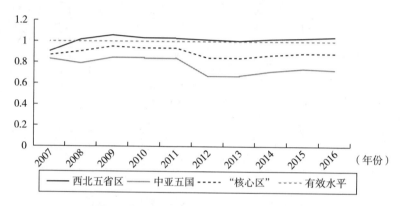

图4-2 分区域物流业综合效率变化趋势

图4-2显示：2007~2016年，中国西北五省区的物流业综合效率基本处于DEA有效状态；中亚五国以及"核心区"整体的物流业综合效率水平基本处于DEA无效状态且变化趋势相近，这说明中亚五国的物流业综合效率是影响"核心区"综合效率发展的主要因素。其中，中国西北五省区的综合效率除2009年出现最高点，其余年份发展态势平稳，2014年后出现小幅上升趋势；中亚五国的综合效率变化幅度较大，总体呈先下降后上升趋势，这可能是由于中亚五国受地缘等外部因素影响较多，从而加大了物流业发展中的不稳定性。

第二，纯技术效率及子区域比较。表4-2是根据DEA-Solver LV运行结果整理出的"核心区"整体及各子区域的物流业纯技术效率值情况。

表4-2 2007~2016年"核心区"整体及各子区域物流业纯技术效率

年份	陕西	甘肃	青海	宁夏	新疆	KAZ	KGZ	TJK	TKM	UZB	整体
2007	1.262	1.213	0.446	1.534	1.223	1.782	1.330	1.405	1.039	1.587	1.282
2008	1.405	1.253	0.383	1.870	1.126	1.665	1.159	1.628	1.094	1.453	1.303
2009	1.395	1.249	0.412	1.743	1.227	1.584	1.159	2.067	0.359	1.533	1.273
2010	1.439	1.240	0.376	1.681	1.134	1.697	1.169	1.762	1.053	1.603	1.316
2011	1.394	1.230	0.360	1.529	1.151	1.667	1.166	2.298	1.091	1.637	1.352
2012	1.264	1.203	0.343	1.499	1.265	1.652	1.167	1.903	0.095	1.712	1.210
2013	1.355	1.197	0.340	1.470	1.156	1.597	1.168	1.819	0.086	1.838	1.202
2014	1.277	1.220	0.364	1.509	1.284	1.750	0.999	1.624	0.128	1.703	1.186

年份	陕西	甘肃	青海	宁夏	新疆	KAZ	KGZ	TJK	TKM	UZB	整体
2015	1.295	1.212	0.376	1.605	1.265	1.808	0.999	1.676	0.140	1.852	1.223
2016	1.293	1.186	0.382	1.676	1.281	1.816	0.999	0.999	0.182	1.711	1.153
均值	1.338	1.220	0.378	1.612	1.211	1.702	1.132	1.718	0.527	1.663	1.250
排名	5	6	10	4	7	2	8	1	9	3	–

表 4-2 显示：2007~2016 年，"核心区"整体物流业纯技术效率维持在 1.250 水平上下，为 DEA 有效且总体发展水平高于综合效率，效率值总体呈先升高后回落态势。其中，中亚五国的纯技术效率水平（均值为 1.348）高于我国西北五省区的纯技术效率水平（均值为 1.152），但发展波动较大。

比较 10 个子区域得分情况，将其归为 DEA 有效组及 DEA 无效组。其中，纯技术效率 DEA 有效组包括：塔吉克斯坦的纯技术效率水平居"核心区"首位（均值为 1.718），2011 年后效率值开始不断下滑，至 2016 年已跌落至 DEA 无效水平。哈萨克斯坦的纯技术效率水平居"核心区"第二位（均值为 1.702），效率值总体呈先下降后上升态势。乌兹别克斯坦的纯技术效率水平居"核心区"第三位（均值为 1.663），效率值总体呈上升态势。宁夏的纯技术效率水平居"核心区"第四位（均值为 1.612），2007~2013 年间效率值总体呈下降态势，近年来出现回升趋势。陕西的纯技术效率水平居"核心区"第五位（均值为 1.338），效率值总体呈先升高后回落态势。甘肃的纯技术效率水平居"核心区"第六位（均值为 1.220），效率值总体发展稳定，并未出现较大波动。新疆的纯技术效率水平居"核心区"第七位（均值为 1.211），效率值总体呈上升态势。吉尔吉斯斯坦的纯技术效率水平居"核心区"第八位（均值为 1.132），效率值总体呈先升高后下降态势，2014 年后已滑落至 DEA 无效。

纯技术效率 DEA 无效组包括：土库曼斯坦的纯技术效率水平居"核心区"第九位（均值为 0.527），效率值变化趋势与综合效率发展状态基本吻合。青海的纯技术效率水平居"核心区"末位（均值为 0.378），其效率值发展较稳定，2013 年后出现回升态势。

运用表 4-2 数据，绘制出 2007~2016 年中国西北五省区、中亚五国与"核心区"整体的物流业纯技术效率变化折线图（具体见图 4-3）。

图 4-3 显示，2007~2016 年，中国西北五省区、中亚五国以及"核心区"整体的物流业纯技术效率均为 DEA 有效，总体水平高于综合效率，中亚五国的纯技术效率水平最高，其次是"核心区"整体，最后为中国西北五省区。其中，2007~2012 年间，中亚五国的纯技术效率水平呈上下波动态势，之后逐渐保持平稳；中国西北五省区的纯技术效率整体呈先下降后升高态势；"核心区"整体纯技术效率水平波动与中亚五国相近，近年来趋于平稳。

第三，规模效率及子区域比较。表 4-3 是根据 DEA-Solver LV 运行结果整

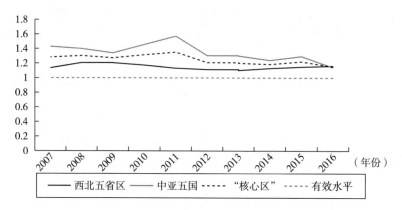

图 4 - 3　分区域物流业纯技术效率变化

理出的"核心区"整体及各子区域的物流业规模效率值情况。

表 4 - 3　　　　2007～2016 年"核心区"整体及各子区域物流业规模效率

年份	陕西	甘肃	青海	宁夏	新疆	KAZ	KGZ	TJK	TKM	UZB	整体
2007	0.852	0.988	0.787	0.443	0.995	0.700	0.116	0.148	0.972	0.969	0.697
2008	0.791	0.991	0.999	0.662	0.992	0.659	0.116	0.188	0.985	0.920	0.730
2009	0.825	0.999	0.999	0.722	0.998	0.686	0.188	0.582	0.982	0.889	0.787
2010	0.822	0.999	0.929	0.757	0.991	0.758	0.120	0.094	0.999	0.962	0.743
2011	0.825	0.991	0.977	0.834	0.999	0.749	0.090	0.075	0.993	0.978	0.751
2012	0.874	0.989	0.894	0.815	0.996	0.734	0.100	0.113	0.957	0.999	0.747
2013	0.844	0.991	0.989	0.830	0.989	0.776	0.086	0.061	0.957	0.998	0.752
2014	0.880	0.958	0.999	0.801	0.969	0.892	0.049	0.100	0.956	0.987	0.759
2015	0.894	0.967	1.000	0.769	0.957	0.896	0.012	0.083	0.925	0.971	0.747
2016	0.903	0.968	1.000	0.744	0.990	0.943	0.014	0.058	0.932	0.986	0.754
均值	0.851	0.984	0.957	0.738	0.988	0.779	0.089	0.150	0.966	0.966	0.747
排名	6	2	5	8	1	7	10	9	4	3	–

注：土库曼斯坦和乌兹别克斯坦的规模效率分别为 0.9658 和 0.9660。

表 4 - 3 显示：2007～2016 年，"核心区"整体物流业规模效率维持在 0.747 水平上下，为 DEA 无效且总体发展水平低于综合效率，效率值一直处于小幅变动状态。其中，中国西北五省区的规模效率水平（均值为 0.904）高于中亚五国（均值为 0.590）。

比较 10 个子区域得分情况，发现所有区域均为 DEA 无效。其中，新疆的规模效率水平居"核心区"首位（均值为 0.988），效率值总体呈先上升后下降态势且 2016 年有所回升。甘肃的规模效率水平居"核心区"第二位（均值为 0.984），效率值总体发展较稳定。乌兹别克斯坦的规模效率水平居"核心区"第三位（均值为 0.9660），效率值自 2007～2009 年持续下降后一直保持小幅波动状态。土库曼斯坦的规模效率水平居"核心区"第四位（均值为0.9658），2007～2011年间效率值基本处于上升态势，2012年后开始出现下滑趋势。青海的规模效率水平居"核心区"第五位（均值为0.957），效率值总体呈上升态势且2015年后开始保持DEA有效状态。陕西的规模效率水平居"核心区"第六位（均值为0.851），效率值总体呈上升态势。哈萨克斯坦的规模效率水平居"核心区"第七位（均值为0.779），2012年后效率值呈持续上升趋势。宁夏的规模效率水平居"核心区"第八位（均值为0.738），2013年后效率值开始不断下滑。塔吉克斯坦的规模效率水平居"核心区"第九位（均值为0.150），效率值自2010年后一直持续在较低水平，未有突破。吉尔吉斯斯坦的规模效率水平居"核心区"末位（均值为0.089），效率值基本处于下降态势。

运用表4－3数据，绘制出2007～2016年中国西北五省区、中亚五国与"核心区"整体的物流业规模效率变化折线图（具体见图4－4）。

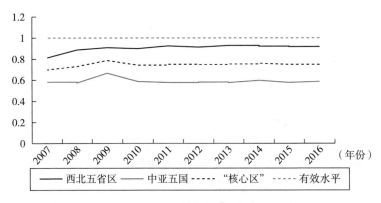

图4－4 分区域物流业规模效率变化

由图4－4可知，2007～2016年间中国西北五省区、中亚五国以及"核心区"整体物流业规模效率值均为DEA无效且低于综合效率水平，这说明物流规模效率是影响"核心区"综合效率发展的主要因素。其中，中国西北五省区的规模效率水平较高且发展态势稳定，十年间未出现较大波动；中亚五国的规模效率水平较低且在2006～2011年上下波动较明显，后逐渐趋于稳定。

第四，子区域类型划分。综合比较表4－1～表4－3，可将"核心区"10个子区域分为纯技术效率偏低、规模效率偏低以及两种效率均低三种类型，具体情况见图4－5。总体来看，"核心区"的纯技术效率水平高于规模效率水平。其中，纯技术效率偏低的区域包括青海以及土库曼斯坦。这类区域出现了规模效率水平较高但纯技术效率水平低，从而拉低了综合效率水平的情况。规模效率偏低的区域包括陕西、宁夏、吉尔吉斯斯坦、乌兹别克斯坦、哈萨克斯坦以及塔吉克斯坦。这类区域出现了纯技术效率水平较高但规模效率水平低，从而拉低了综合效率水平的情况。甘肃、新疆的纯技术效率水平和规模效率水平发展较均衡，未出现较大差异。

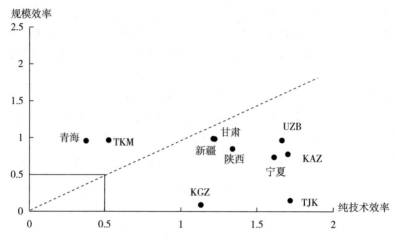

图 4 - 5　10 个子区域纯技术及规模效率值分布

注：由于新疆与甘肃得分相近，导致数据点有所重叠。

为什么上文在规模效率分析中指出，陕西的规模效率值近年来呈上升趋势，而在这里又指出陕西的规模效率偏低呢？这是因为之前分析的规模效率呈上升趋势，是陕西规模效率的绝对值呈上升趋势，而这里分析的陕西规模效率值偏低，是指相对于陕西的纯技术效率发展水平，其规模效率仍有待提升。其余区域如哈萨克斯坦等，对于两部分得出的结论也并不矛盾。

第五，"核心区"子区域物流业规模收益状况。下面，我们根据 DEA - Solver LV 运行结果整理出"核心区"子区域物流业规模报酬状况，如表 4 - 4 所示。

表 4 - 4　　　　　　　　**2007 ~ 2016 年"核心区"子区域物流规模收益状况**

年份	陕西	甘肃	青海	宁夏	新疆	KAZ	KGZ	TJK	TKM	UZB
2007	drs	drs	irs	irs	irs	drs	irs	irs	irs	drs
2008	drs	irs	drs	irs	irs	drs	irs	irs	irs	drs
2009	drs	drs	drs	irs	irs	drs	irs	irs	irs	drs
2010	drs	drs	irs	irs	irs	drs	irs	irs	irs	drs
2011	drs	drs	irs	irs	irs	drs	irs	irs	irs	drs
2012	drs	drs	irs	irs	irs	drs	irs	irs	irs	drs
2013	drs	drs	irs	irs	irs	drs	irs	irs	irs	drs
2014	drs	drs	irs	irs	drs	drs	irs	irs	irs	irs
2015	drs	drs	－	irs	drs	drs	irs	irs	irs	irs
2016	drs	drs	－	irs	drs	drs	irs	irs	irs	irs

注：－为规模报酬不变，irs 为规模报酬递增，drs 为规模报酬递减。

表4-4显示:(1)陕西、甘肃、哈萨克斯坦以及乌兹别克斯坦基本处于物流业规模报酬递减阶段,新疆在2014年后也开始步入规模保持递减阶段。这类区域的物流业规模或已超过最佳水平从而拉低了运营效率,日后在发展中可适当精简低效部门,不追求物流业规模的盲目扩大。(2)宁夏、吉尔吉斯斯坦、塔吉克斯坦以及土库曼斯坦基本处于规模报酬递增阶段。这类区域的物流业规模可能仍然偏小,规模效益无法充分发挥,故其规模需继续扩充。(3)青海的物流规模报酬在经历了2010~2014年的持续递增后,2015年已达到规模报酬不变状态,今后物流业规模扩大要谨慎。

第六,"核心区"物流业效率发展趋势。为进一步反映"核心区"物流业三种效率随时间变化的发展趋势,下面将各年份作为决策单元,比较不同年份间"核心区"的效率值差异,具体结果见表4-5。

表4-5　　　　2007~2016年"核心区"整体三种物流业效率发展情况

年份	综合效率	排位	纯技术效率	排位	规模效率	排位
2007	1.0949	1	1.1517	1	0.9507	9
2008	1.0122	6	1.0219	5	0.9905	6
2009	0.8565	9	0.8772	10	0.9764	8
2010	1.0281	3	1.0329	3	0.9954	3
2011	1.0125	5	1.0134	6	0.9991	2
2012	1.0254	4	1.0262	4	0.9993	1
2013	1.0469	2	1.0659	2	0.9822	7
2014	1.0033	7	1.0114	7	0.9919	5
2015	0.7920	10	1.0006	9	0.7915	10
2016	1.0006	8	1.0083	8	0.9923	4

表4-5显示:以年作为DMU的效率运算结果中,"核心区"物流纯技术效率水平最高,其次为综合效率,最后为规模效率。综合效率方面,2007~2016年最高效率值出现在2007年,最低值出现在2015年;纯技术效率方面,最高效率值在2006年,最低值则出现在2009年;规模效率方面,最高效率值出现在2012年,最低值则在2015年。

根据表4-5数据绘制折线图,得到2007~2016年"核心区"整体的物流业效率变化趋势图,如图4-6所示。为清晰地反映各效率值变化状况,将纵坐标最低点调整至0.6,刻度单位精确至0.05。

图4-6显示:2007~2016年,"核心区"物流业三种效率均呈现上下波动状态,2007~2014年,综合效率变化趋势与纯技术效率相近,2014年后,纯技术效率水平趋于平稳,物流综合效率开始随规模效率的变化趋势发展。与其余年份相比,2007年、2010年以及2013年"核心区"物流业效率水平较高;2009年与2015年的效率水平较为低落。总体而言"核心区"各年份物流业效率水平差距较小,这说明其物流业效率水平总体处于较稳定状态,发展态势平稳。

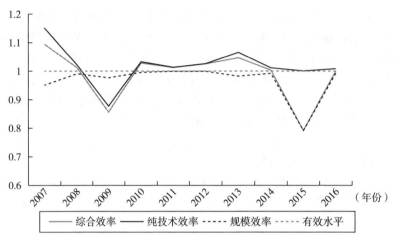

图 4 − 6   "核心区"整体三种物流业效率变化趋势

4.4 "核心区"物流业集聚水平影响物流业效率的实证分析

本节首先运用区位基尼系数及区位熵测度了"核心区"整体及各子区域的物流业集聚程度;然后运用 Tobit 回归模型对"核心区"、中国西北五省区以及中亚五国的物流业集聚水平对物流业三种效率的影响程度分别进行了实证回归,并针对回归结果进行了解释分析。

4.4.1 "核心区"物流业集聚水平测度

1. 方法选取及理由

第一,区位基尼系数。区位基尼系数是由克鲁格曼在 1991 年提出的,它是在基尼系数的基础上发展而来,用于宏观上测度产业分布集中度的指标。

若有 N 个地域,n_1 区 a 产业的规模为 $x_{n_1}^a$,则它在总地域 a 产业规模的占比为 $S_{n_1}^a = x_{n_1}^a / x^a$,以此类推分别算出其他区域的规模占比($S_{n_2}^a, S_{n_3}^a, \cdots, S_{n_n}^a$)并将其由高到低进行排列并画出累加曲线,曲线与 45° 线之间区域的面积即为区位基尼系数,具体形式见式(4 − 12):

$$G_i = \frac{1}{2n^2\mu} \sum_{k=1}^{n} \sum_{j=1}^{n} |S_{ij} - S_{ik}| (j, k = 1, 2, \cdots, n) \qquad (4-12)$$

式(4 − 12)中,G_i 表示 i 产业的区位基尼系数,S_{ij}、S_{ik} 为 j 地区和 k 地区 i 产业占总产业的份额,n 为地区数目,μ 为各地区在 i 产业中占的份额平均值。G_i 越大,说明 i 产业在区域间分别越不均衡,即产业集中水平较高。一般来讲,当区位基尼系数小于 0.2 时,反映出 i 产业在地域间分布极为分散;系数处于 0.2 ~ 0.3

范围内时，i 产业在地域分布高度分散；系数处于 0.3～0.4 范围内时，i 产业在地域间分布较分散；系数处于 0.4～0.5 范围内时，i 产业在地域间分布则较为集中；系数若处于 0.5 以上时，表示 i 产业在地域间分布高度集中。

第二，区位熵。区位熵指数是由哈盖特（P. Haggett）于 1977 年提出的，旨在衡量产业集聚水平，反映的是产业在区域内比较优势的指数。它的计算公式是某一产业占所在区域中的份额比上这一产业占整个经济中的份额。具体形式见式（4-13）：

$$L_{ij} = (q_{ij}/q_j)/(q_i/q_c) \qquad (4-13)$$

式（4-13）中，q_{ij} 表示 j 区域内 i 产业的产量或从业人员数量，q_j 表示 j 区域的总产量或总从业人员数量，q_i 表示更高级别区域 i 产业的产量或从业人员数量，q_c 表示更高级别区域的总产量或从业人员数量。

当 q_{ij} 等于 1 时，就意味着这个产业在 j 区域内的专业化程度达到了高级别域的均值水平，如果 q_{ij} 大于 1，则意味着这个产业在 j 区域内形成集聚，其产业规模要优于高级别区域的均值水平。当 q_{ij} 小于 1 时，意味着这个产业在 j 区域的规模要低于高级别区域的均值水平。

第三，模型选取理由。（1）区位基尼系数能较好地测度出高层次区域内某一产业在其子区域间的分布离散程度，适用于测算整体的物流产业分布状态，即"核心区"整体物流集聚水平。（2）区位熵方法的数据易得，能很好地测算出某一地区某相关产业的集聚水平，前人研究中使用较为广泛且适用于测算子区域层面上的产业集聚水平，即"核心区"各区域的物流业集聚水平。

物流业集聚水平反映的是物流企业间的联系深度和集中度，应该是相对指标，为什么要测度出绝对值？区位熵是相对性指标，是一产业在次级区域的发展程度与其在高级区域发展程度比较的相对值，也是在企业层面的数据限制的情况下能衡量产业集聚程度的常用指标。

2. 指标选取及数据来源

参考前人研究，选取物流业增加值作为区位基尼系数及区位熵的运算指标。国内数据来自 2008～2017 年的中国国家统计局网站及历年统计年鉴。国际数据来自中亚五国统计局网站、中亚五国统计年鉴、亚洲开发银行以及中国驻土库曼斯坦经济商务参赞处网站。

3. 计算结果及分析比较

第一，"核心区"物流业区位基尼系数。表 4-6 是根据区位基尼系数定义公式运算出的 2007～2016 年"核心区"整体、中国西北五省区以及中亚五国的物流业区位基尼系数值。

表 4 - 6   2007～2016 年各个层次区域物流业区位基尼系数

年份	"核心区"	排位	中国西北五省区	排位	中亚五国	排位
2007	0.5227	1	0.3460	3	0.6013	1
2008	0.4999	2	0.3439	4	0.5743	3
2009	0.4715	6	0.3353	6	0.5501	7
2010	0.4692	7	0.3215	9	0.5510	6
2011	0.4726	5	0.3234	8	0.5617	4
2012	0.4584	10	0.3205	10	0.5497	8
2013	0.4749	4	0.3283	7	0.5596	5
2014	0.4663	8	0.3422	5	0.5476	10
2015	0.4661	9	0.3483	2	0.5490	9
2016	0.4978	3	0.3590	1	0.5772	2
均值	0.4799	–	0.3368	–	0.5622	–

表 4 - 6 显示：2007～2016 年，"核心区"物流业区位基尼系数维持在 0.4799 水平上下，介于 0.4～0.5，这说明物流业在"核心区"整体内分布比较集中；中国西北五省区物流业区位基尼系数维持在 0.3368 水平上下，介于 0.3～0.4，这说明物流业在中国西北五省区内分布比较分散；中亚五国物流业区位基尼系数维持在 0.5622 水平上下，在 0.5 高标准线之上，这说明物流业在中亚五国内分布较高集中。

根据表 4 - 6 数据绘制了 2007～2016 年各高层次地区物流业区位基尼系数发展趋势图。为清晰地反映区位基尼系数变化状况，将纵坐标最低点调整至 0.30，刻度单位精确至 0.01，具体见图 4 - 7。

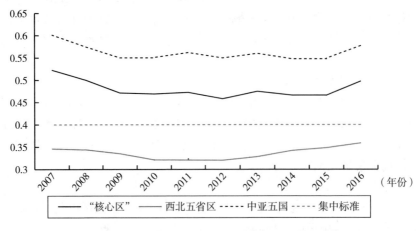

图 4 - 7   "核心区"物流业区位基尼系数发展趋势

图 4 - 7 显示：2007～2016 年，中亚五国内部物流业集中程度最高，"核心区"内部物流业集中程度次高，中国西北五省区内部物流业分布仍较分散。其

中，中亚五国的区位基尼系数总体呈先下降后上升态势，波动幅度相对较大；"核心区"的区位基尼系数发展趋势与中亚五国相近，2015年后也开始回升；中国西北五省区的区位基尼系数发展相对平稳，系数值在经历了2007~2012年的不断下滑之后，2013年后开始持续上升。

　　第二，"核心区"物流业区位熵。表4-7是根据区位熵定义公式运算出的2007~2016年"核心区"各子区域的物流区位熵值。

表4-7　　　　　　　　2007~2016年"核心区"各子区域物流区位熵值

年份	陕西	甘肃	青海	宁夏	新疆	KAZ	KGZ	TJK	TKM	UZB
2007	0.980	1.157	0.879	1.268	0.869	0.979	0.861	0.975	0.931	1.388
2008	0.952	1.227	0.776	1.426	0.844	0.935	0.890	0.995	0.729	1.510
2009	0.937	1.141	0.825	1.534	0.884	0.931	0.918	1.282	0.716	1.374
2010	0.942	1.108	0.912	1.727	0.822	0.890	1.063	1.310	0.817	1.464
2011	0.926	1.171	0.848	1.737	0.814	0.879	0.547	1.639	0.832	1.580
2012	0.870	1.152	0.773	1.709	0.971	0.880	0.596	1.772	0.811	1.550
2013	0.875	0.979	0.812	1.786	1.063	0.872	0.567	1.605	0.813	1.552
2014	0.864	0.929	0.802	1.635	1.172	0.908	0.443	1.681	0.763	1.455
2015	0.860	0.880	0.815	1.499	1.250	0.933	0.402	1.466	0.705	1.345
2016	0.874	0.828	0.811	1.427	1.292	1.058	0.456	0.926	0.799	1.008
均值	0.908	1.057	0.825	1.575	0.998	0.928	0.674	1.365	0.792	1.423
排名	7	4	8	1	5	6	10	3	9	2

　　表4-7显示：比较各子区域得分情况，将其分为形成集聚组及未形成集聚组。其中，形成集聚组包括：宁夏的物流业集聚水平居"核心区"首位（均值为1.575），区位熵值在2007~2013年基本呈上升态势，近年来出现下滑。乌兹别克斯坦的物流业集聚水平居"核心区"第二位（均值为1.423），区位熵值总体呈先上升后下降态势。塔吉克斯坦的物流业集聚水平居"核心区"第三位（均值为1.365），区位熵值总体呈上升态势，2015年后开始下滑。甘肃的物流业集聚水平居"核心区"第四位（均值为1.057），十年间区位熵值发展较平稳，未出现剧烈波动。

　　未形成集聚组包括：新疆的物流业集聚水平居"核心区"第五位（均值为0.998），2011年后区位熵值开始持续上升，至2013年已超过"核心区"平均水平，达到集聚状态。哈萨克斯坦的物流业集聚水平居"核心区"第六位（均值为0.928），其区位熵于2011年后也呈不断上升态势，至2016年已初步形成集聚。陕西的物流业集聚水平居"核心区"第七位（均值为0.908），区位熵值总体呈下降趋势，近年来有所回升。青海的物流业集聚水平居"核心区"第八位（均值为0.825），区位熵值总体呈先下降后上升态势。土库曼斯坦的物流业集聚水平居"核心区"第九位（均值为0.792），区位熵值总体呈下滑趋势，2016年有所回升。吉尔吉斯斯坦的物流业集聚水平居"核心区"末位（均值为0.674），区位熵值总体呈下降态势。

4.4.2 "核心区"物流业集聚水平影响物流业效率的回归分析

1. 模型选取

Tobit 模型最初是由詹姆斯·托比特（James Tobit）在 1958 年研究因变量限制问题时得出的，是适用于因变量需在约束中取值的状况的计量学模型。当因变量数值存在切割（处于某一范围内）或截断的状况下，普通最小二乘不能适用于回归，最大似然法基础上的 Tobit 模型则可使用。因变量 Y_i 与自变量 X_i 则有线性回归模型见式（4-14）：

$$Y_i = \beta_0 + \beta^T X_i + \mu_i \qquad (4-14)$$

式（4-14）中，β^T 为回归参数向量，Y_i 在本书中为物流业效率值，X_i 为物流业集聚水平，$\mu_i \sim N(0, \sigma^2)$。

2. 指标选取及数据来源

第一，被解释变量及数据来源。被解释变量方面，分别选取物流业综合效率、纯技术效率以及规模效率进行模型回归，以实现从三种效率角度来研究"核心区"物流集聚水平对物流效率不同层次的影响程度。数据来自上文计算结果。

第二，关键解释变量及数据来源。关键解释变量方面，选取各子区域的区位熵值进行回归，数据来自上文计算结果。

第三，控制变量及数据来源。（1）地区产业结构。由于一二三产业对物流业的发展有不同程度的影响作用，因而其占比结构的改变也会对物流业的发展产生不同作用，故选取地区产业结构为控制变量。地区产业结构指标用第三产业占比来表示，数据来自国家统计局网站、ESCAP 网站以及中亚五国统计年鉴。（2）经济发展水平。经济发展水平能反映区域经济发展的整体状况和实力，不同发展水平下的经济体，其国民需求、企业发展环境等都会存在较大差异，因而对物流业也存在不同影响作用，故选取经济发展水平作为控制变量。经济发展水平指标用国内生产总值来表示，数据来自国家统计局网站以及世界银行数据库网站。（3）网络普及程度。一方面，随着区域间经贸交流的加深，对物流信息的捕捉掌控、跨区域物流环节的实时沟通等都需线上平台的支持；另一方面，随着互联网用户的增多，网购等电子商务的兴起也为物流业发展创造了更多需求，故选取网络普及程度作为控制变量。网络普及程度指标用互联网用户占比来表示，数据来自中国西北五省区统计年鉴以及 ESCAP 网站。（4）出口依存度。出口依存度较高的区域，一方面国外市场提供的需求动力能推进本区域的经济发展，从而影响物流业发展；另一方面，依存程度较高本身就意味着与国外经贸往来的加深，这则会影响跨区域的物流业发展，故选取出口依存度作为控制变量。出口依存度指标用出口贸易额占 GDP 比重来表示，数据来自中国西北五省区统计年鉴以及联合国亚洲及太平洋经济社会委员会网站。（5）进口依存度。一方面，进口依存度较高也意味着对外经贸往来的加深，从而影响物流业的发展；另一方面，进口依存度的提高也能从挤占区域内部市场和引进外来高端技术两种不同途径来作用于区域物流业的发展，故选取进口依存度作为控制变量。进口依存度指标用进口贸易额占 GDP 比重来表示，数据来自中国西北五省区统计年鉴以及联合国亚洲及太平洋经济社会委员会网站。（6）高等人力资本水平。一方面，优秀的物流专业人才可以提升各种生产要素的整合方式从而提高物流企业利润；另一方面，周围的人也会受到专业人才不同程度的知识溢出从而促进人们整体素质的提升，进一步影响物流业发展。高等人力资本指标用大专及以上学历人群占总人群的比重衡量，具体采用教育存量法计算，数据来自《中国劳动统计年鉴》、世界银行、Wind 数据库及亚洲开发银行数据库。

3. 回归模型设定

在式（4－6）、式（4－7）和式（4－8）的基础上建立 Tobit 模型如下：

$$\text{Ln}E_c = c_1 + \alpha_1\text{Ln}lq + \lambda_1^c\text{Ln}stru + \lambda_2^c\text{Ln}gdp + \lambda_3^c\text{Ln}net + \lambda_4^c\text{Ln}export + \lambda_5^c\text{Ln}import + \lambda_6^c\text{Ln}hr + \mu_1 \qquad (4-15)$$

$$\text{Ln}E_v = c_2 + \alpha_2\text{Ln}lq + \lambda_1^v\text{Ln}stru + \lambda_2^v\text{Ln}gdp + \lambda_3^v\text{Ln}net + \lambda_4^v\text{Ln}export + \lambda_5^v\text{Ln}import + \lambda_6^v\text{Ln}hr + \mu_2 \qquad (4-16)$$

$$\text{Ln}E_s = c_3 + \alpha_3\text{Ln}lq + \lambda_1^s\text{Ln}stru + \lambda_2^s\text{Ln}gdp + \lambda_3^s\text{Ln}net + \lambda_4^s\text{Ln}export + \lambda_5^s\text{Ln}import + \lambda_6^s\text{Ln}hr + \mu_3 \qquad (4-17)$$

其中，c_1、c_2、c_3 为常数项，E_c、E_v、E_s 分别代表物流综合效率、物流纯技术效率以及物流规模效率，lq 代表物流集聚水平，$stru$ 代表地区产业结构，gdp 代表国内生产总值，net 代表网络普及程度，hr 代表高等人力资本发展水平，$export$ 和 $import$ 分别代表进出口依存度，μ_1、μ_2、μ_3 则代表随机误差项。

4. 计算结果及分析

第一，物流业集聚水平对综合效率的影响。运用软件 Stata12 运行上述 Tobit 模型（4－9），具体结果见表4－8。

表 4－8　　　　　　"核心区"综合效率的 Tobit 回归结果

区域	解释变量	系数	标准差	Z 统计量	显著水平
"核心区"整体	常数（c）	－3.7194	0.9063	－4.100	0.000
	lq	1.4150	0.2250	6.290	0.000
	stru	1.1617	0.7242	1.600	0.109
	gdp	0.6540	0.0720	9.090	0.000
	net	－0.3834	0.1424	－2.690	0.007
	export	0.1266	0.1161	1.090	0.275
	import	－0.1732	0.0890	－1.950	0.052
	hr	0.3670	0.1656	2.220	0.027

续表

区域	解释变量	系数	标准差	Z统计量	显著水平
中国西北五省区	常数（c）	-0.1642	0.5439	-0.300	0.763
	lq	0.9964	0.0996	10.000	0.000
	stru	0.8340	0.2382	3.500	0.000
	gdp	0.3354	0.0384	8.730	0.000
	net	0.9905	0.1006	0.980	0.325
	export	0.1567	0.0300	5.220	0.000
	import	0.1845	0.0492	3.750	0.000
	hr	0.2878	0.0973	2.960	0.003
中亚五国	常数（c）	-2.4093	1.2840	-1.880	0.061
	lq	1.6436	0.3369	4.880	0.000
	stru	2.8598	0.9562	2.990	0.003
	gdp	0.7047	0.2441	2.890	0.004
	net	-0.4951	0.1900	-2.610	0.009
	export	0.2748	0.3492	0.790	0.431
	import	-0.1079	0.6208	-0.170	0.862
	hr	0.6534	0.3173	2.060	0.039

表4-8显示：（1）关键解释变量物流集聚水平对"核心区"整体物流综合效率的影响弹性系数为1.4150，通过1%显著性水平检验。这说明"核心区"物流业集聚水平每提高1%，物流业综合效率便会提升1.4150%，即"核心区"物流集聚水平的提高有利于综合效率提升。（2）关键解释变量物流集聚水平对中国西北五省区物流综合效率的影响弹性系数为0.9964，通过1%显著性水平检验。这说明中国西北五省区物流业集聚水平每提高1%，物流业综合效率便会提升0.9964%，即中国西北五省区物流集聚水平的提高有利于综合效率的提升。（3）关键解释变量物流集聚水平对中亚五国的物流综合效率的影响弹性系数为1.6436，通过1%显著性水平检验。这说明中亚五国物流业集聚水平每提高1%，物流业综合效率便会提升1.6436%，即中亚五国物流业集聚水平的提高有利于综合效率的提升。

控制变量中，国内生产总值、高等人力资本水平对"核心区"物流综合效率有显著的正向影响，网络普及程度以及进口依存度对"核心区"物流业综合效率有显著的负向影响，地区产业结构以及出口依存度的影响不显著；地区产业结构、国内生产总值、进出口依存度以及高等人力资本水平对中国西北五省区物流业综合效率均有显著的正向影响，网络普及程度对中国西北五省区物流业综合效率的影响不显著；地区产业结构、国内生产总值以及高等人力资本水平对中亚五国物流业综合效率有显著的正向影响，网络普及程度对中亚五国物流业综合效率有显著的负向影响，进出口依存度对中亚五国物流业综合效率影响不显著。

第二，物流业集聚水平对纯技术效率的影响。运用软件Stata12运行上述Tobit模型（4-10），具体结果见表4-9：

表4-9 "核心区"纯技术效率 Tobit 回归结果

区域	解释变量	系数	标准差	Z统计量	显著水平
"核心区"整体	常数（c）	-1.4397	0.9039	-1.590	0.111
	lq	0.2406	0.2029	1.190	0.236
	stru	0.4938	0.4546	1.090	0.277
	gdp	0.1344	0.1329	1.010	0.312
	net	-0.4123	0.0918	-4.490	0.000
	export	-0.2191	0.1185	-1.850	0.065
	import	-0.0221	0.1057	-0.210	0.834
	hr	0.3485	0.1188	2.930	0.003
中国西北五省区	常数（c）	0.5937	0.7168	0.830	0.408
	lq	0.0495	0.0791	0.630	0.531
	stru	0.3551	0.1255	2.830	0.005
	gdp	-0.0621	0.0860	-0.720	0.470
	net	-0.0507	0.0590	-0.860	0.390
	export	-0.0595	0.0314	-1.890	0.059
	import	0.0227	0.0241	0.940	0.347
	hr	0.1769	0.0528	3.350	0.001
中亚五国	常数（c）	-2.0280	1.8874	-1.070	0.282
	lq	0.1279	0.3006	0.430	0.670
	stru	0.2146	0.9118	0.240	0.814
	gdp	-0.1404	0.2589	-0.540	0.588
	net	-0.5773	0.1483	-3.890	0.000
	export	-0.4086	0.2669	-1.530	0.037
	import	-1.3264	0.6364	-0.208	0.126
	hr	0.7641	0.2054	3.720	0.000

表4-9显示：（1）关键解释变量物流集聚水平对"核心区"整体物流业纯技术效率的影响弹性系数为0.2406，但未通过显著性水平检验。"核心区"物流业集聚水平的提高未能显著地促进纯技术效率的提升，这可能是因为"核心区"物流业的集聚仍停留在空间集中层面，物流企业间更深层次的交流融合状态还未全面形成，故而影响了知识技术的相互溢出及提升。（2）关键解释变量物流集聚水平对中国西北五省区物流业纯技术效率的影响弹性系数为0.0495，但未通过显著性水平检验。这说明中国西北五省区物流业集聚水平的提高未能显著地促进纯技术效率的提升，这与"核心区"的结果是一致的。（3）关键解释变量物流集聚水平对中亚五国物流业纯技术效率的影响弹性系数为0.1279，也未通过显著性水平检验。

控制变量中，高等人力资本水平对"核心区"物流业纯技术效率有显著的正向影响，网络普及程度、出口依存度对"核心区"纯技术效率有显著的负向影响，地区产业结构、国内生产总值以及进口依存度的影响不显著；地区产业结构和高等人力资本水平对中国西北五省区纯技术效率有显著的正向影响，出口依存度对其有显著的负向影响，国内生产总值、网络普及程度以及进口依存度的影响不显著；高等人力资本水平对中亚五国物流业纯技术效率有显著的正向影响，网络普及程度以及出口依存度对中亚五国物流业纯技术效率有显著的负向影响，国内生产总值、地区产业结构以及进口依存度的影响不显著。

第三，物流业集聚水平对规模效率的影响。运用软件 Stata12 运行上述 Tobit 模型（4-11），具体结果见表 4-10。

表 4-10   "核心区"规模效率 Tobit 回归结果

区域	解释变量	系数	标准差	Z统计量	显著水平
"核心区"整体	常数（c）	-3.3501	0.7835	-4.28	0.000
	lq	0.8073	0.2065	3.91	0.000
	stru	-0.5193	0.4462	-1.16	0.245
	gdp	0.4393	0.1063	4.13	0.000
	net	-0.9979	0.0971	-1.03	0.304
	export	0.3084	0.1169	2.64	0.008
	import	-0.2280	0.1188	-2.45	0.014
	hr	0.1558	0.1192	1.31	0.191
中国西北五省区	常数（c）	-0.0879	0.6055	-0.15	0.884
	lq	0.1538	0.1020	1.51	0.032
	stru	-0.0820	0.1645	-0.50	0.618
	gdp	0.0373	0.0677	0.55	0.581
	net	0.2565	0.0628	4.08	0.000
	export	0.0248	0.0386	0.64	0.521
	import	-0.0022	0.0316	-0.07	0.945
	hr	0.0338	0.0453	0.75	0.454
中亚五国	常数（c）	-2.6187	0.8311	-3.15	0.002
	lq	1.0125	0.2181	4.64	0.000
	stru	-0.1731	0.6189	-0.28	0.780
	gdp	0.4963	0.1580	3.14	0.002
	net	-0.0915	0.1230	-0.74	0.457
	export	0.7857	0.2261	3.48	0.001
	import	-0.4239	0.4018	-1.05	0.292
	hr	-0.0100	0.8307	-0.01	0.990

表 4-10 显示：（1）关键解释变量物流集聚水平对"核心区"整体物流业规模效率影响弹性系数为 0.8073，通过 1% 显著性水平检验。这说明"核心区"物流集聚程度每提升 1%，规模效率便提升 0.8073%，即"核心区"物流业集聚水平的提高有利于规模效率的提升。（2）关键解释变量物流集聚水平对中国西北五省区物流业规模效率的影响弹性系数为 0.1538，通过 5% 显著性水平检验。这说明中国西北五省区物流业集聚水平每提高 1%，规模效率便会提升 0.1538%，即中国西北五省区物流集聚程度的提高有利于规模效率提升。（3）关键解释变量物流集聚水平对中亚五国规模效率的影响弹性系数为 1.1025，通过了 1% 显著性水平检验。这说明中亚五国物流业集聚水平每提高 1%，规模效率便

会提升 1. 1025％，即中亚五国物流业集聚水平的提高有利于规模效率的提升。

控制变量中，国内生产总值以及出口依存度对"核心区"物流业规模效率有显著的正向影响，进口依存度对"核心区"物流业规模效率有显著的负向影响，地区产业结构、网络普及程度以及高等人力资本水平的影响不显著；网络普及程度对中国西北五省区物流业规模效率有显著的正向影响，地区产业结构、国内生产总值、出口依存度、进口依存度以及高等人力资本水平的影响不显著；出口依存度、国内生产总值对中亚五国物流业规模效率有显著的正向影响，地区产业结构、进口依存度、网络普及程度以及高等人力资本水平的影响不显著。

综合实证结果可知，"核心区"整体内，物流业集聚水平的提高对物流业综合效率、物流业规模效率有显著的提升作用；中国西北五省区内，物流业集聚水平的提高对物流业综合效率、物流业规模效率有显著的提升作用；中亚五国内，物流业集聚水平的提高则对物流业综合效率以及物流业规模效率均有显著的提升作用。

4.5　研究结论及相应的对策建议

4.5.1　研究结论总结

本章首先对丝绸之路经济带"核心区"2007～2016 年的物流业效率状况运用超效率非径向数据包络分析方法（Super SBM DEA），选取物流从业人员、物流固定资产投资额以及区域铁路里程三个投入指标和铁路货运周转量、航空货运周转量以及公路货运量三个产出指标分别进行了测算；然后对该"核心区"的物流业集聚水平状况运用区位基尼系数和区位熵指数进行了测算；最后以所得各地区的物流业综合效率、纯技术效率、规模效率的结果作为模型中的被解释变量，将物流业集聚水平作为关键解释变量，地区产业结构、经济发展水平、网络普及程度、进口依存度、出口依存度、高等人力资本水平等作为控制变量进行 Tobit 回归。得出的结论是：

1. "核心区"三种物流业效率值评价情况

第一，从综合效率来看，区域排名从高到低依次是乌兹别克斯坦（1. 609）、哈萨克斯坦（1. 331）、甘肃（1. 201）、新疆（1. 196）、宁夏（1. 186）、陕西（1. 136）、土库曼斯坦（0. 517）、青海（0. 361）、塔吉克斯坦（0. 274）、吉尔吉斯斯坦（0. 105）。第二，从纯技术效率来看，区域排名从高到低依次是塔吉克斯坦（1. 718）、哈萨克斯坦（1. 702）、乌兹别克斯坦（1. 663）、宁夏（1. 612）、陕西（1. 338）、甘肃（1. 220）、新疆（1. 211）、吉尔吉斯斯坦（1. 132）、土库曼斯坦（0. 527）、青海（0. 378）。第三，从规模效率来看，区域排名从高到低依次是新疆（0. 988）、甘肃（0. 984）、乌兹别克斯坦（0. 9660）、土库曼斯坦

（0.9658）、青海（0.957）、陕西（0.851）、哈萨克斯坦（0.779）、宁夏（0.738）、塔吉克斯坦（0.150）、吉尔吉斯斯坦（0.089）。第四，从"核心区"整体、中国西北五省区和中亚五国三个层次归纳物流业综合效率、纯技术效率和规模效率的均值，发现：综合效率方面，中国西北五省区为有效状态，"核心区"整体和中亚五国为无效状态；纯技术效率方面，"核心区"整体、中国西北五省区和中亚五国均为有效状态；规模效率方面，"核心区"整体、中国西北五省区和中亚五国均为无效状态。

2. "核心区"物流业集聚水平测算情况

（1）从区位基尼系数来看，从高到低依次是中亚五国（0.562）、"核心区"整体（0.480）、中国西北五省区（0.337），即中亚五国和"核心区"整体物流业集聚水平较高，中国西北五省区物流业集聚水平亟待提高。（2）从区位熵值来看，从高到低依次是宁夏（1.575）、乌兹别克斯坦（1.423）、塔吉克斯坦（1.365）、甘肃（1.057）、新疆（0.998）、哈萨克斯坦（0.928）、陕西（0.908）、青海（0.825）、土库曼斯坦（0.792）、吉尔吉斯斯坦（0.674）。

3. "核心区"物流业集聚水平影响物流业效率的实证结果

物流业集聚水平对丝绸之路经济带"核心区"的物流业效率提升存在正向影响，物流业集聚水平的提高通过影响"核心区"物流业的发展规模，进而提升物流业综合效率。

总体看，在物流业效率方面，"核心区"物流业纯技术效率发展水平最高，其次为综合效率水平，最后为规模效率水平；在物流业集聚水平方面，"核心区"整体物流业分布比较集中，但地区间集聚水平差距较明显；在物流业集聚水平影响物流业效率方面，发现"核心区"物流业集聚水平的提高对物流业综合效率及规模效率的提升有显著的影响作用。下面我们将在进一步详细分析"核心区"整体、中国西北五省区和中亚五国实证结果的基础上，更具针对性地提出对策建议。

4.5.2 促进"核心区"整体物流业集聚以提升物流业效率的建议

在测度了"核心区"整体物流业三种效率、物流业集聚水平以及对"核心区"物流业集聚水平影响物流业三种效率分别进行回归后，总结出"核心区"物流业现阶段发展的内部情况和外力作用，具体见表4-11。

表4-11　　　　　2007~2016年"核心区"物流业现状总结

	优势	劣势
内部发展情况	1. 物流业纯技术效率发展较好 2. 物流业集聚水平发展较好且近年来出现上升态势	1. 物流业规模效率偏低，拉低了综合效率水平 2. 地区间物流业效率发展差距较大

续表

	推力	压力
外力作用影响	1. 物流业集聚水平的提高能通过促进规模效率的发展而作用于综合效率 2. 国内生产总值提高能通过促进规模效率的发展而作用于综合效率 3. 出口依存度的加深能促进规模效率的提升 4. 高等人力资本水平提升能通过促进纯技术效率的提升作用于综合效率	1. 网络普及程度的加深未能提升纯技术效率水平 2. 进口依存度加深未能提升物流业综合效率及纯技术效率水平 3. 物流业集聚水平的提高未能显著地提升纯技术效率水平

根据表 4 - 11 总结的 2007 ~ 2016 年"核心区"整体物流业发展情况，提出促进"核心区"整体物流业集聚水平发展的针对建议如下：

1. 在保证物流产业集聚质量的前提下适度发展物流规模

在物流业效率测度部分，发现规模效率偏低是拉低"核心区"物流业综合效率的主要因素，产业规模水平与实际需要不匹配已成为"核心区"物流业集聚的发展瓶颈。一部分子区域存在物流业规模偏小问题（如宁夏、吉尔吉斯斯坦、塔吉克斯坦以及土库曼斯坦），另一部分子区域又存在物流业规模偏大问题（如陕西、甘肃、哈萨克斯坦以及乌兹别克斯坦）。针对这种情况，一方面，应在物流业规模偏小的地区继续加大资金、人力等资源的投入，物流业规模偏大的地区应精简发展，完善管理体系，抑制冗余情况发生；另一方面，应促进"核心区"各区域间的物流发展项目合作，加强政策协调和发展战略的对接，减缓区域各自为营、市场分割的状况，促进物流业资源的有效整合从而使产业规模达到合理水平。

2. 加强集聚企业联系深度以深化产业集聚层次

Tobit 回归结果显示，"核心区"物流集聚水平的提高并未促进纯技术效率的提高，这可能是因为企业的集聚多停留在地理空间层面，而更深层的沟通连接还未形成，从而无法实现较高水平的知识溢出、人才技术交流等。故在未来发展中，不能一味机械、盲目地引进物流企业以扩大空间规模，在提高企业集中程度的同时，更应重视发展集聚企业间的联系深度。针对这种情况，可通过构建集聚区信息共享平台、加强企业间的相互合作，以及建立集聚区亚文化等方式来加深企业间的沟通联系，深化物流集聚的层次。

3. 加强对外贸易发展以拓宽产业集聚市场

Tobit 回归结果显示，"核心区"经济发展水平和出口依存度的提升均能显著提高物流业规模效率。经济发展水平和出口依存度的提升能通过促进物流需求增长而带动物流业的发展。针对这种情况，可通过加强对外贸易的发展来促进"核心区"经济发展水平和出口依存度的提升，如促进"核心区"区域经贸往来、加强出口信贷发展、完善对外贸易信息服务系统等。同时，还应注重对出口的质的追求，加强产品的国际竞争力和影响力，把低端产品输出逐渐转为高端产品输出，从而为物流集聚水平的发展提供更大、更稳定的国际市场。

4. 促进网络技术发展以提升产业集聚水平

Tobit 回归结果显示，"核心区"网络普及程度的加深并未促进物流业纯技术效率水平的提升，这可能是由于互联网用户的不断增加带动了网购等电商运营水平的提升，但也同时要求物流企业拥有与之匹配的技术水平以实现与用户的信息对接，否则信息不对称性的增加只会使企业处于被动地位。并且，若物流企业线上运作无法与实体运作相匹配，则会造成运营混乱，物流的时效性及准确性等都会受到影响。针对这种情况，可通过引进互联网专业人才、提升网络技术水平、调整"线上"与"线下"运作关系等方式，充分挖掘网络时代发展红利以进一步提升区域物流集聚水平。

5. 培养高等人力资本以提升产业集聚质量

Tobit 回归结果显示，"核心区"高等人力资本水平的提升能促进物流业纯技术效率的提升从而作用于物流业综合效率。针对这种情况，"核心区"物流业的发展应重视优秀人才引进，区域间可建立面向技术人员、管理人员等的网络信息平台，促进人才交流，重视培养技术、管理、语言等多种类型人才以提升"核心区"高等人力资本发展水平，从而促进物流业人才集聚质量的提高。

4.5.3 促进中国西北五省区物流业集聚以提升物流业效率的建议

在测度了中国西北五省区物流业三种效率、物流业集聚水平以及对中国西北五省区物流业集聚水平影响物流业三种效率分别进行回归后，总结出中国西北五省区现阶段物流业发展的内部情况和外力作用，具体见表 4 - 12。

表 4 - 12　　　　2007 ~ 2016 年中国西北五省区物流业现状总结

	优势	劣势
内部发展情况	1. 物流业规模效率水平相对中亚优势 2. 物流业集聚水平近年来出现升高态势	1. 物流业相关企业分布不够集中，集聚业水平发展相对中亚劣势 2. 物流业纯技术效率发展相对中亚劣势
	推力	压力
外力作用影响	1. 物流业集聚水平的提高能通过促进规模效率的提高而作用于综合效率 2. 网络普及程度的加深能提升规模效率水平 3. 地区产业结构优化能显著地促进综合效率的提升 4. 国内生产总值、高等人力资本水平以及进口、出口依存度的提升均能促进综合效率水平提升	1. 出口依存度的加深以及网络普及程度的提高未能有效提升纯技术效率水平 2. 物流业集聚水平提高未能显著地提升物流业纯技术效率水平

根据表 4 - 12 总结的 2007 ~ 2016 年中国西北五省区物流业发展情况，提出促进中国西北五省区物流业集聚水平发展的针对建议如下：

1. 优化地区产业结构以提供集聚动力

在物流业效率测度部分，发现中国西北五省区的纯技术效率发展水平偏低，青海尤为典型。Tobit 回归结果显示，中国西北五省区地区产业结构优化能通过促进纯技术效率的提升而推动综合效率的发展。第三产业占比的提升所带来的产业结构优化，不仅可以加快区域城市化进程，还能改变人们的消费生活方式，加快服务业的发展等，这些都物流业的发展有着密切关联。针对这种情况，可通过促进新业态发展、提升产业技术水平、推进乡村振兴战略等方式来优化地区产业结构，为物流业集聚提供发展动力。

2. 发展"互联网 + 物流"模式以提升产业集聚层次

Tobit 回归结果显示，中国西北五省区网络普及程度的加深虽能显著促进物流规模效率的提升，但受纯技术效率影响，使之未能对综合效率产生同样的促进作用。近几年来，中国电子商务发展迅速，王金霞（2014）指出，从生活用品到大宗生产资料的网上交易，都需依靠信息技术以及网络的支撑而发展，故而物流业也不例外①。针对这种情况，需重视"互联网 + 物流"模式的发展，可通过物流要素数字化管理、网络技术水平提升、促进物流人才与互联网人才的整合、完善物流信息平台等途径来实现物流信息的网络集聚。

3. 完善人才保障机制以提升产业集聚质量

中国西北五省区中的陕西、甘肃等地区均存在长期的人才流失状况。区域内虽高等教育资源丰富，培养出的大量专业人才仍偏好向东中部发展，致使其在高等人力资本方面投入与产出比例不对等，阻碍了人力资本水平的提升。针对这种情况，中国西北五省区应继续重视建立诸如发展机会、住房保障、子女教育等一系列的激励保障机制以减缓人才的流失程度，从而提升产业集聚人才的质量。

4.5.4 促进中亚五国物流业集聚以提升物流业效率的建议

在测度了中亚五国物流业三种效率、物流业集聚水平以及对中亚五国物流业集聚水平影响物流业三种效率分别进行回归后，总结出中亚五国现阶段物流业发展的内部情况和外力作用，具体见表 4 - 13。

表 4 - 13　　　　　　　　2007 ~ 2016 年中亚五国物流业现状总结

	优势	劣势
内部发展情况	1. 物流业集聚水平较高且近年来出现升高态势 2. 物流业纯技术效率发展水平相对较好	1. 基础设施较为老旧，制造标准未能与国际水平接轨 2. 物流发展较不平稳，各年之间波动幅度较大 3. 物流业规模效率发展水平整体偏低

---

① 王金霞. 移动互联网背景下的物流新业态 [J]. 中国物流与采购, 2014 (14)：106 - 107.

	推力	压力
外力作用影响	1. 物流业集聚水平的提高能促进综合效率的提升 2. 国内生产总值、地区产业结构、高等人力资本水平的提升能显著地促进综合效率的提升 3. 出口依存度的加深能促进物流业规模效率的提升	1. 网络普及程度的加深未能促进物流业综合效率提升 2. 出口依存度的加深未能促进物流业纯技术效率的提升

根据表 4 - 13 总结的 2007～2016 年中亚五国物流业发展情况，提出促进中亚五国物流业集聚水平发展的针对建议如下：

1. 加强基础设施建设以保障产业集聚发展

在物流业发展现状部分显示，中亚五国部分国家的物流基础设施发展存在比较老旧，修缮不周以及制造标准仍停留在苏联时期等问题。张培刚曾指出，地区交通运输以及通信设施等方面的发展对其市场经济有着重要的影响。针对这种情况，可通过引入外商投资、加强"核心区"区域间基础设施建设项目的合作等方面来加强其基础设施建设，此外还可通过规划完善运输路网，加强不同运输方式的链接配合等保证基础设施的运营效率，从而保障物流业集聚的发展。

2. 提升综合国力以稳定产业集聚发展环境

在物流业效率测度部分，我们发现相比中国西北五省区，中亚五国的物流业效率发展较不稳定，其中土库曼斯坦、塔吉克斯坦的发展波动较大。土库曼斯坦主要受纯技术效率波动的影响，塔吉克斯坦则受规模效率波动影响较大。由于地理位置特殊，中亚五国周边接壤国家较多，其自身也是连接欧亚大陆的要冲，区域发展受多种因素影响较大，故而可能波及会到物流业的发展。针对这种情况，可通过加强本国经济文化实力、促进"核心区"区域间多层次合作等方式来提升综合国力，从而为集聚水平的发展创造相对稳定的环境。

3. 提升企业竞争力以扩大产业集聚市场

中亚五国出口依存度的加深能显著提升规模效率，但对纯技术效率的发展则存在一定负面影响，且进口依存度的加深未能促进规模效率的提升。中亚五国的物流业发展在进口的过程中受到国外产品抢占本国市场的压力，这说明其产品竞争力较小且在对外贸易过程中忽视了高端技术的引进发展。针对这种情况，在出口方面可参照上文"核心区"的具体建议；在进口方面，则要加强对国外产品及服务中的高端技术、运营模式等的引进、模仿和学习，以提升本国企业的国际竞争力，从而扩大产业集聚的国际市场。

第5章　市场化影响"核心区"物流业效率的实证分析

"丝绸之路经济带"建设倡议为中国西北五省区和中亚五国的经济快速发展和相互贸易带来了新的机遇，迫切要求提高物流业效率。"丝绸之路经济带"是在经济新形势下，发扬古丝绸之路经贸往来传统的一条十分重要的商品流通通道。中国西北五省区和中亚五国就处于这条流通通道的黄金段和核心区上，利用这个通道大力发展商贸物流，能够扩大中国西北地区的对外开放和改革的动力，最终缩小与东中部地区经济发展的差距。可以说，利用丝绸之路经济带建设的机遇，大力发展物流产业，进一步提高物流业效率是中国西北五省区发展的必然选择，同时也是促进中国同中亚国家的分工协作和利益共享的极好机遇，是中亚五国面临的历史性发展机遇。目前，中亚五国经济水平较低，且相互之间发展不平衡，它们也急需依靠丝绸之路经济带开展区域之间的经济合作，摆脱当前的发展困境，解决其长期经济增长动力不足的问题。

市场化改革的不断推进成为中国西北五省区和中亚各国发展经济的必然选择，也是促进物流业效率不断提升的必然选择。改革开放以来，中国的市场化进程在不断推进，市场化改革有序推进。根据樊纲等学者的研究发现，各地区的市场化程度在不断提高，同时发现东中西部地区的市场化程度之间存在明显差异，西部的市场化程度低于东、中部地区。因此，不断推进市场化进程，就成为包括西北地区在内的中国西部地区的必然选择。从"核心区"的国际区域来看，美国传统基金会发布的历年各个国家、地区《经济自由度指数》报告中显示，如中国香港特区、美国等发达经济体的市场化水平显著高于中亚五国。所以，继续推进市场化发展进程，也是中亚五国未来加快经济发展的必然选择。那么，中国西北五省区和中亚五国市场化程度低是否影响了其物流业效率提升呢？影响的程度到底如何？这正是本章将要解决的问题。

5.1　文献综述与问题的提出

5.1.1　文献综述

我们通过查阅知网、百度学术等，发现国内外学者从不同角度对物流业效率的有关问题进行了不同层次的研究，成果主要有以下几方面：

1. 关于市场化进程的研究

目前已有的对市场化的研究，一部分从宏观角度出发，通过建立指标体系来测度目前国家或地区的市场化水平。樊纲、王小鲁等（2003）以理论分析为基础，选择详细的指标测度了中国各地区的市场化程度，并对比了东中西部的市场化水平①。张宗益、康继军等（2006）借鉴美国传统基金会和樊纲等人的有关市场化指标的测度方法，从四个方面建立测算中国市场化进程的指标体系，并经过分析后认为中国市场化进程不均衡，在发展不同阶段具有不稳定性和波动性的特点②。鄢杰（2007）运用三分法，并基于两个假定前提，对中国整体以及中国不同区域的市场化进程进行了测度③。曾学文、施发启等（2010）以中国市场经济发展系列报告为基础，计算了自改革开放以来 31 年间国内的市场化指数，并指出了中国市场化阶段存在的问题④。董晓宇、郝灵艳（2010）使用三级层次指标构建了中国市场化进程测度指标体系，认为中国正在逐步迈进成熟的市场化国家⑤。另一部分是从微观角度出发，研究具体要素、行业等的市场化水平，如金融市场化、利率市场化、农村市场化、土地市场化等内容。朱长明（2016）以市场发育程度、资源配置能力和外部运营环境等综合分析为基础，判定了中国农村流通业市场的发展程度⑥。

2. 关于市场化与物流业效率关系的研究

通过对文献检索后发现，目前存在将市场化程度作为影响物流业效率的因素之一进行研究的文章。刘秉镰、余泳泽（2010）运用省际面板数据进行研究后，结果表明，市场化是影响区域物流业效率的重要因素之一⑦。王琴梅、谭翠娥（2013）以西安市为研究对象，运用 DEA 方法分析其物流业的相关数据后发现，相比于其他影响因素，市场化程度对物流业效率影响程度更深⑧。谭翠娥

① 樊纲，王小鲁，张立文，朱恒鹏. 中国各地区市场化相对进程报告［J］. 经济研究，2003（3）：9 – 18 + 89.

② 张宗益，康继军，罗本德. 中国经济体制市场化进程测度研究［J］. 经济体制改革，2006（3）：24 – 27.

③ 鄢杰. 我国市场化进程测度指标体系构建［J］. 统计与决策，2007，23：69 – 71.

④ 曾学文，施发启，赵少钦，董晓宇. 中国市场化指数的测度与评价：1978 – 2008［J］. 中国延安干部学院学报，2010（4）：47 – 60.

⑤ 董晓宇，郝灵艳. 中国市场化进程的定量研究：改革开放 30 年市场化指数的测度［J］. 当代经济管理，2010（6）：8 – 13.

⑥ 朱长明. 我国农村流通业市场发展的阶段判定及提升路径［J］. 商业经济研究，2016（8）：163 – 164.

⑦ 刘秉镰，余泳泽. 我国物流业地区间效率差异及其影响因素实证研究：基于数据包络分析模型及托宾模型的分析［J］. 中国流通经济，2010（9）：18 – 21.

⑧ 王琴梅，谭翠娥. 对西安市物流效率及其影响因素的实证研究：基于 DEA 模型和 Tobit 回归模型的分析［J］. 软科学，2013（5）：70 – 74.

（2013）在对 2000～2011 年西安市的物流效率及其影响因素研究后，发现物流业效率与市场化进程之间有正相关关系，市场化对物流业效率的提升存在巨大潜力[1]。李振林（2017）利用 1997～2009 年中国 30 个省份的数据，从全国和分区域的角度，实证分析后发现市场化水平显著促进流通业发展[2]。

5.1.2 文献评述

通过对国内外相关文献的综述后，我们能够看出，理论界对物流业效率、市场化都有了不少的研究成果，这为本章的研究打下了坚实的基础，但我们也可以发现，现有研究成果中关于市场化对物流业效率的影响方面研究非常缺乏，但作为转型经济体，市场化确实严重影响着中国西北五省区和中亚国家的物流业效率以及经济发展的各个方面。因此，本章将从自身的研究视角出发，在对市场化等核心概念进行界定的基础上，在第 2 章运用相关原理从理论上阐明市场化对物流业效率的影响机理的前提下，首先对丝绸之路经济带"核心区" 2003～2015 年物流业发展状况进行统计描述，重点对该"核心区"的物流业效率状况运用数据包络分析方法（DEA）分别进行测算和比较；然后以所得各地区的物流业综合技术效率、纯技术效率、规模效率的结果作为模型中的被解释变量，选取市场化指数（衡量市场化进展程度的指标）作为关键解释变量，实证研究丝绸之路经济带"核心区"（本课题组把范围划定为中国西北五省区和中亚五国）市场化对物流业效率的具体影响程度；最后本章将会按照实证所得结果，提出与之对应的政策建议。这种研究必然具有新意。

5.2 市场化进展程度的衡量

市场化是一个转变的过程，是资源配置和经济运行的调节方式从计划转为市场的发生转变的整个过程。那么，这个转变过程进展到了什么程度，即作为反映市场化进程的衡量指标，市场化程度怎么样衡量和测度呢？

西方国家由于长期实行市场经济，因此研究市场化进程的指标主要集中在经济自由度问题上。所以，在国外研究文献中，"经济自由度"大体上可以表示一国的市场化进展程度和水平[3]。20 世纪 80 年代末以来，美国、加拿大等地区的一些机构，开始了对经济自由度的研究和测量，这些研究机构均从政府在私营经

① 谭翠娥. 对西安市物流效率及其影响因素的实证研究［D］. 西安：陕西师范大学，2013.

② 李振林. 市场化进程对流通业发展的影响及其区域差异：基于 1997－2009 年省际面板数据的实证研究［J］. 商业经济研究，2017（11）：18－20.

③ 杨素青. 市场化转型中的中国经济［M］. 北京：中国时代经济出版社，2010.

济发展、工资、价格管制等以及市场发挥作用等方面对经济自由度进行评价①。其中，最有影响并且经常用于学者们研究的就是美国传统基金会与《华尔街日报》联合发布的经济自由度指数。该指数每年都会从营商、贸易、财政、政府、货币等十项因素对全球 179 个经济体的经济自由度进行测度②。自 2007 年起，该指标采用百分制的评分方法，摒弃了过去评分与评价反向变化的方法，改为评分和评价同向变化。该指标的观点是，经济自由度越高的国家或地区，未来的长期经济增长率会越高③。加拿大公共政策智库菲沙研究所（Fraser Institute）选取共计 24 项指标对世界各国的经济自由度进行测评。其结果说明，分值越高，代表该国家或地区的经济自由度水平越高④。该研究所认为，法律结构和产权保护指标评分越低的国家，能够取得并持续高增长率的可能性非常低⑤。

中国学者对市场化进程的研究，与国外研究时间大致相当。早在 1993 年卢中原和胡鞍钢（1993）⑥就进行了市场化进程测算，随后又有顾海兵（1997）⑦、陈宗胜等（1999）⑧出版相应的市场化研究报告，再后来还有郝娟（2006）⑨、孙晓华和李明珊（2014）⑩ 等的研究。可以说，中国学者对市场化进展程度进行定量研究的文章层出不穷。目前，国内具有代表性的研究主要是以下两个：

一个是北京师范大学经济与资源管理所从政府行为、经济主体、生产要素、贸易环境和金融参数等方面出发，构建了市场化的测度体系。研究报告中给出了市场经济的临界水平值为 60%，并且认为，中国已经是市场经济国家⑪。

另外一个是中国改革基金会国民经济研究所从 2002 年起开始公布市场化指数的研究报告，该指数受到了学界的广泛应用。报告通过建立一套理论框架来确定测度市场化的指标体系，以相对指数定量测度各地区在朝着市场化发展进程中的差距，有助于有关部门根据指数的变化情况做出客观分析，并采取适当的措施和政策调整，进而推动各地区市场化进程。他们建立的指标体系细致刻画了市场化进程中政府与市场关系、非国有经济发展、产品要素市场等方面的内容⑫。

---

① 卢现祥. 论我国市场化的"质"：我国市场化进程的制度经济学思考［J］. 财贸经济，2001（10）：26 – 30.

② 美国传统基金会［EB/OL］：https：//www. heritage. org/index/about.

③ 加拿大公共政策智库菲沙研究所［EB/OL］：https：//www. fraserinstitute. org/.

④⑤ 百度文库：https：//wenku. baidu. com/view/.

⑥ 卢中原，胡鞍钢. 市场化改革对我国经济运行的影响［J］. 经济研究，1993（12）：49 – 55.

⑦ 顾海兵. 中国经济市场化程度的最新估计与预测［J］. 管理世界，1997（2）：53 – 56.

⑧ 陈宗胜，陈胜. 中国农业市场化进程测度［J］. 经济学家，1999（3）：110 – 118.

⑨ 郝娟. 数据透视：中国区域市场化进程比较［J］. 统计与决策，2006（8）：85 – 87.

⑩ 孙晓华，李明珊. 我国市场化进程的地区差异：2001 – 2011 年［J］. 改革，2014（6）：59 – 66.

⑪ 中国网：http：//www. china. com. cn/.

⑫ 樊纲，王小鲁，张立文. 中国各地区市场化进程相对指数 2000 年报告［R］. 北京：中国经济改革研究基金会国民经济研究所，2002.

综上，我们可以把国内外衡量市场化进程的代表性指标体系概括为表 5 - 1 所示：

表 5 - 1　　　　　　　市场化进展程度的代表性测度指标体系

研究者	一级指标	二级指标
美国传统基金会与《华尔街日报》	商业自由度	新成立一家企业的手续数目、时间、费用、最低资金等
	贸易自由度	贸易加权的平均关税率和非关税壁垒数量
	财政自由度	个人所得税的最高税率、企业所得税的最高税率和税收收入占 GDP 的百分比
	政府对经济的干预程度	政府支出占 GDP 的百分比、国有企业的收入和财产占政府总收入的百分比
	货币自由度	近三年的加权平均通货膨胀率和价格调控
	投资自由度	是否有外国投资，政府是否鼓励外国企业公平的参与投资，是否对外汇进行管制等
	金融自由度	政府对银行服务和其他金融服务的管制程度、金融服务公司开业和运营的难易程度、政府对信贷资金分配影响的大小
	劳工自由度	最低工资、工作时数限制的严格程度以及解雇冗员的成本
加拿大公共政策智库菲沙研究所	政府规模	政府支出、转移支付和补贴、国有企业和投资、最高边际税率
	法律体系和产权制度	司法独立、产权保护、法律体系的完整性、犯罪的商业成本等
	货币政策	货币增长、通货膨胀的标准偏误、最近一年的通货膨胀、拥有外汇账户的自由度
	国际贸易自由度	关税、贸易壁垒、黑市汇率、对资本和人员流动的控制
	规制	信用市场制度、劳动市场制度、商业制度
中国改革基金会国民经济研究所（樊纲、王小鲁）	政府与市场关系	市场分配资源的比重
		减轻农村居民的税费负担
		减少政府对企业的干预
		减轻企业的税外负担
		减少政府规模
	非国有经济的发展	非国有经济在工业总值中的比重
		非国有经济在全社会固定资产总投资中所占比重
		非国有经济就业人数占城镇总就业人数的比重
	产品市场的发育程度	价格由市场决定的程度
		减少商品市场上的地区贸易壁垒
	要素市场的发育程度	金融业的市场化
		引进外资的程度
		劳动力流动性
		技术成果市场化
	市场中介组织发育和法律制度环境	市场中介组织的发育
		对生产者合法权益的保护
		知识产权保护
		消费者权益保护

研究者	一级指标	二级指标
北京师范大学经济与资源管理所	政府行为规范化	政府的财政负担、政府对经济的干预
	经济主题自由化	非国有经济的贡献、企业运营
	生产要素市场化	劳动与工资、资本与土地
	贸易环境公平化	贸易产品定价自由度、对外贸易自由度、法律对公平贸易的保护
	金融参数合理化	银行与货币、利率与汇率
	产品市场公平化	社会消费品、农副产品、生产资料定价市场化
	市场制度完善化	市场中介规模、知识产权保护

我们通过对上述各种已有的市场化进程衡量指标体系进行研究发现，虽然各指标体系所采用的测度市场化的指标略有不同，但是，它们都强调了政府的作用、要素市场和产品市场的发展、非公有制经济的发展等方面的内容。因此，本章的市场化进展程度或市场化程度的衡量将参考樊纲等的市场化程度并结合美国传统基金协会的经济自由度来测度和衡量，即中国西北五省区的市场化进程的衡量将采用樊纲团队的市场化指数指标，中亚五国的市场化进程的衡量将采用美国传统基金协会的经济自由度指标。

5.3 "核心区"物流业效率的实证评价

在这一节中，比较并选择具体的效率评价方法并建立效率评价体系，采用DEA方法计算得出2003~2015年丝绸之路经济带"核心区"物流业效率的具体情况。

5.3.1 评价方法的选择

本章仍然选择数据包络分析法（DEA）对"核心区"的物流业效率进行评价分析。并且用其中的BCC-DEA模型计算综合技术效率、纯技术效率和规模效率。

5.3.2 评价指标体系的建立

遵循构建评价指标体系的系统性、重要性、合理性、可比性和可得性原则，参考学术界选用DEA方法评价物流业效率的相关指标体系，更重要的是从丝绸之路经济带"核心区"物流业发展的实际出发，尤其是第1章对物流业效率的内涵界定，本章构建了自己的物流业效率评价指标体系，如表5-2所示。

表5-2　　　　　丝绸之路经济带"核心区"物流业效率评价指标体系表

	指标内容	指标表示
投入指标	物流业从业人员	X1
	线路长度	X2
	固定资产投资额	X3
产出指标	物流业产值	Y1
	铁路货物周转量	Y2
	航空货物周转量	Y3

表5-2显示，本章选取的投入指标有：（1）物流业从业人员数。选择中国西北五省区和中亚五国的交通运输、仓储、邮政业从业人数来代表，用X1表示。（2）线路长度。考虑到数据的可得性以及区域之间的可比性，最终选择中国西北五省区和中亚五国的铁路长度代替线路长度，用X2表示。（3）固定资产投资额。选择中国西北五省区、中亚五国交通运输和信息业固定资产投资代替，用X3表示。

表5-2显示，本章选取的产出指标有：（1）物流业产值。此处用中国西北五省区和中亚五国的交通运输、仓储、邮政业的产值代替，用Y1来表示。（2）铁路货物周转量。对应投入的X2是铁路长度，这里用中亚五国和中国西北五省区的铁路货物周转量来代替，用Y2来表示。（3）航空货物周转量。选择中国西北五省区和中亚五国的航空货物周转量，用Y3来表示。

5.3.3　数据的选择与处理

本章选取了2003~2015年丝绸之路经济带"核心区"13年的数据，使用DEA方法研究中亚五国和中国西北五省区的物流业效率情况。其中，中国西北五省区的数据来源于统计局网站、万得数据库、各省区统计年鉴等；中亚五国的数据主要从各国统计委员会网站、亚洲开发银行数据库、联合国亚太经济社会委员会、世界银行数据库等取得。这里采用DEAP2.1软件，测算丝绸之路经济带"核心区"物流业效率值。

5.3.4　实证结果及分析

第一，纯技术效率。纯技术效率的值可能会等于1或者小于1，当它等于1时，则说明该地区的物流技术效率达到了有效状态，当纯技术效率结果小于1时，则说明在不考虑生产规模的条件下，物流业技术处于无效的状态，使得物流业最终的产出受到了影响。这里利用DEAP2.1求得丝绸之路经济带"核心区"各国、各省区的2003~2015年的纯技术效率，具体情况如表5-3所示。

表 5 - 3　　　　2003 ~ 2015 年丝绸之路经济带"核心区"各国家、各省区纯技术效率

年份	陕西	甘肃	青海	宁夏	新疆	哈萨克斯坦	吉尔吉斯斯坦	塔吉克斯坦	土库曼斯坦	乌兹别克斯坦
2003	1.000	1.000	1.000	1.000	1.000	1.000	1.000	1.000	0.396	1.000
2004	1.000	1.000	0.602	1.000	1.000	1.000	1.000	1.000	0.563	0.592
2005	1.000	1.000	0.905	1.000	1.000	1.000	1.000	1.000	0.680	0.479
2006	1.000	1.000	0.514	1.000	1.000	1.000	1.000	1.000	0.771	0.592
2007	1.000	1.000	0.530	1.000	1.000	1.000	1.000	1.000	0.405	0.659
2008	1.000	1.000	0.854	1.000	1.000	1.000	1.000	1.000	0.241	0.627
2009	1.000	1.000	0.924	1.000	1.000	1.000	1.000	1.000	0.210	0.807
2010	1.000	1.000	0.555	1.000	1.000	1.000	1.000	1.000	0.271	1.000
2011	1.000	1.000	0.579	1.000	1.000	1.000	1.000	1.000	0.278	1.000
2012	1.000	1.000	0.648	1.000	1.000	1.000	1.000	1.000	0.294	0.932
2013	1.000	1.000	0.586	1.000	1.000	1.000	1.000	1.000	0.346	0.721
2014	1.000	1.000	0.815	1.000	1.000	1.000	1.000	1.000	0.354	0.953
2015	1.000	1.000	0.755	1.000	1.000	1.000	1.000	1.000	0.295	1.000
均值	1.000	1.000	0.713	1.000	1.000	1.000	1.000	1.000	0.393	0.797
排名	1	1	3	1	1	1	1	1	4	2

表 5 - 3 显示：在 2003 ~ 2015 年的 13 年间，丝绸之路经济带"核心区"的纯技术效率取均值后的排序结果为：陕西、甘肃、宁夏、新疆、哈萨克斯坦、吉尔吉斯斯坦、塔吉克斯坦均达到纯技术效率有效状态，排名并列第一。其余的国家、地区均为纯技术效率无效，其中乌兹别克斯坦的纯技术效率为 0.797，排名第二位；青海省的纯技术效率为 0.713，排名第三位；土库曼斯坦的纯技术效率最低，仅为 0.393。

第二，规模效率。规模效率所得结果反映了一个地区实际的规模状态，它是由于物流业规模因素影响的生产效率。规模效率分为等于 1 和小于 1 的情况，当规模效率等于 1 时，表明实际规模就是最优生产规模，达到了规模有效状态；当规模效率小于 1 时，则反映了该地区的规模效率仍为无效状态。这里使用 DEAP2.1 求得丝绸之路经济带"核心区"各国、各省区的 2003 ~ 2015 年规模效率和规模效益情况，具体如表 5 - 4 所示。

表 5 - 4　　2003 ~ 2015 年丝绸之路经济带"核心区"各国家、各省区物流业规模效率

年份	陕西	甘肃	青海	宁夏	新疆	哈萨克斯坦	吉尔吉斯斯坦	塔吉克斯坦	土库曼斯坦	乌兹别克斯坦
2003	1.000	1.000	0.573	1.000	1.000	0.633	0.509	0.270	0.979	0.885
2004	1.000	1.000	0.975	1.000	1.000	0.654	0.382	0.255	0.994	0.776
2005	1.000	1.000	0.794	1.000	1.000	0.629	0.426	0.357	0.999	0.772
2006	1.000	1.000	0.990	1.000	1.000	0.499	0.379	0.307	0.991	0.958
2007	1.000	1.000	0.981	1.000	1.000	0.529	0.476	0.357	0.930	0.769
2008	1.000	1.000	0.655	1.000	1.000	0.493	0.533	0.405	1.000	0.820

续表

年份	陕西	甘肃	青海	宁夏	新疆	哈萨克斯坦	吉尔吉斯斯坦	塔吉克斯坦	土库曼斯坦	乌兹别克斯坦
2009	1.000	1.000	0.651	1.000	1.000	0.427	0.464	0.574	1.000	0.798
2010	1.000	1.000	0.961	1.000	1.000	0.443	0.538	0.524	0.963	1.000
2011	1.000	1.000	0.915	1.000	1.000	0.440	0.289	0.613	0.999	1.000
2012	1.000	1.000	0.874	1.000	1.000	0.426	0.302	0.697	0.997	0.994
2013	1.000	1.000	0.952	1.000	1.000	0.472	0.312	0.688	0.926	0.984
2014	1.000	1.000	0.842	1.000	1.000	0.486	0.260	0.817	0.985	0.985
2015	1.000	1.000	0.872	1.000	1.000	0.511	0.222	0.653	0.995	1.000
均值	1.000	1.000	0.849	1.000	1.000	0.511	0.392	0.501	0.981	0.903
排名	1	1	4	1	1	5	7	6	2	3

　　表 5 - 4 显示：在 2003 ~ 2015 年的 13 年间，丝绸之路经济带"核心区"的规模效率取均值后的排序结果为：陕西、甘肃、宁夏、新疆规模效率均为 1.000，规模效率达到有效，排名并列第一。其余六个区域规模效率无效，其中：土库曼斯坦的规模效率为 0.981，排名第二位；乌兹别克斯坦的规模效率为 0.903，排名第三位；中国青海省的规模效率为 0.849，排名第四位；哈萨克斯坦的规模效率为 0.511，排名第五位；塔吉克斯坦的规模效率为 0.501，排名第六位；吉尔吉斯斯坦的规模效率最低，为 0.392，排名第七位。可见，中亚五国的物流业规模效率均未达到有效状态，说明其物流业发展规模还不足，但差距也正是潜力所在。

　　本部分还可以使用 DEAP2.1 求得丝绸之路经济带"核心区"各国、各省区 2003 ~ 2015 年间的规模效益情况，具体见表 5 - 5。

表 5 - 5　2003 ~ 2015 年丝绸之路经济带"核心区"各国家、各省区物流业规模效益情况

年份	陕西	甘肃	青海	宁夏	新疆	哈萨克斯坦	吉尔吉斯斯坦	塔吉克斯坦	土库曼斯坦	乌兹别克斯坦
2003	–	–	irs	–	–	drs	irs	irs	drs	drs
2004	–	–	irs	–	–	drs	irs	irs	drs	drs
2005	–	–	irs	–	–	drs	irs	irs	irs	drs
2006	–	–	drs	–	–	drs	irs	irs	irs	drs
2007	–	–	irs	–	–	drs	irs	irs	irs	drs
2008	–	–	irs	–	–	drs	irs	irs	–	drs
2009	–	–	irs	–	–	drs	irs	irs	–	drs
2010	–	–	irs	–	–	drs	irs	irs	drs	drs
2011	–	–	irs	–	–	drs	irs	irs	–	drs
2012	–	–	irs	–	–	drs	irs	irs	drs	irs
2013	–	–	irs	–	–	drs	irs	irs	drs	irs
2014	–	–	irs	–	–	drs	irs	irs	drs	irs
2015	–	–	irs	–	–	drs	irs	irs	irs	irs

注：irs，–，drs 分别表示规模报酬递增、规模报酬不变和规模报酬递减状态。

在经济学中，规模报酬指的就是由于企业生产规模发生变化后所引起的产出变动之间的关系，当产量的变化与要素投入的变化同步时，即两者的比例为1时，称为规模报酬不变；当两者的比例小于1时，即为规模报酬递减状态；当大于1时，就是规模报酬递增状态。

表5-5显示：在2003~2015年13年间，中国的陕西、甘肃、宁夏和新疆一直处于规模报酬不变的状态，结合它们在技术效率、综合技术效率的具体情况来看，可能是其物流业的规模达到了与当地实际相符合的状态。中国青海省和中亚的吉尔吉斯斯坦和塔吉克斯坦一直处于规模报酬递增的状态，可能原因是它们本身的物流业基础薄弱，发展较慢，在物流业技术、规模层面上仍然有很大的提升空间。哈萨克斯坦的物流业一直处于规模报酬递减的状态，结合表5-4考虑断定，它并不是从规模报酬递增状态进入规模报酬不变状态、再发展为规模报酬递减状态，而很可能是它今年来物流业建设持续减少，其物流业发展规模停滞不前，与技术发展状况不匹配所致。土库曼斯坦基本仍处于规模报酬递增状态，乌兹别克斯坦基本已达到规模报酬不变，说明其物流业发展规模已经与实际发展状况相匹配。

第三，综合技术效率。当综合效率小于1，说明其综合技术效率还未达到当前技术水平下的最大产出，有进一步提升空间。当综合效率等于1，表示其综合技术效率有效，已达到当前的最优状态。这里求得丝绸之路经济带"核心区"各国、各省区的2003~2015年间的综合技术效率情况，具体如表5-6所示。

表5-6　2003~2015年丝绸之路经济带"核心区"各国家、各省区物流业综合技术效率

年份	陕西	甘肃	青海	宁夏	新疆	哈萨克斯坦	吉尔吉斯斯坦	塔吉克斯坦	土库曼斯坦	乌兹别克斯坦
2003	1.000	1.000	0.573	1.000	1.000	0.633	0.509	0.270	0.388	0.885
2004	1.000	1.000	0.645	1.000	1.000	0.654	0.382	0.255	0.560	0.459
2005	1.000	1.000	0.718	1.000	1.000	0.629	0.426	0.357	0.679	0.370
2006	1.000	1.000	0.509	1.000	1.000	0.499	0.379	0.307	0.764	0.567
2007	1.000	1.000	0.520	1.000	1.000	0.529	0.476	0.357	0.377	0.506
2008	1.000	1.000	0.559	1.000	1.000	0.493	0.533	0.405	0.241	0.514
2009	1.000	1.000	0.601	1.000	1.000	0.427	0.464	0.574	0.210	0.644
2010	1.000	1.000	0.534	1.000	1.000	0.443	0.538	0.524	0.261	1.000
2011	1.000	1.000	0.530	1.000	1.000	0.440	0.289	0.613	0.277	1.000
2012	1.000	1.000	0.567	1.000	1.000	0.426	0.302	0.697	0.293	0.926
2013	1.000	1.000	0.558	1.000	1.000	0.472	0.312	0.688	0.320	0.709
2014	1.000	1.000	0.687	1.000	1.000	0.486	0.260	0.817	0.348	0.939
2015	1.000	1.000	0.658	1.000	1.000	0.511	0.222	0.653	0.294	1.000
均值	1.000	1.000	0.589	1.000	1.000	0.511	0.392	0.501	0.386	0.732
排名	1	1	3	1	1	4	6	5	7	2

表5-6显示：在2003~2015年的13年间，丝绸之路经济带"核心区"的

综合技术效率取均值后的排序结果为：陕西、甘肃、宁夏、新疆并列第一，均达到了综合技术效率有效状态。其余六个地区均为无效状态，其中乌兹别克斯坦的综合技术效率为 0.732，排名第二位；青海的综合技术效率为 0.589，排名第三位；哈萨克斯坦的综合技术效率为 0.511，排名第四位；塔吉克斯坦的综合技术效率为 0.501，排名第五位；排名第六位的是吉尔吉斯斯塔，综合技术效率为 0.392；最低的为土库曼斯坦，仅为 0.386。可见，该"核心区"内部各地区之间差距显著。

第四，"核心区"三种效率值的进一步归纳。我们这里进一步分别从"核心区"整体、中国西北五省区和中亚五国三个层次归纳物流业效率的实证情况，可以得到表 5 - 7 如下：

表 5 - 7 2003 ~ 2015 年丝绸之路经济带"核心区"各国家、各省区物流业效率总体情况

年份	综合技术效率			纯技术效率			规模效率		
	核心区整体	西北五省区	中亚五国	核心区整体	西北五省区	中亚五国	核心区整体	西北五省区	中亚五国
2003	0.726	0.915	0.537	0.940	1.000	0.879	0.822	0.915	0.661
2004	0.696	0.929	0.462	0.876	0.920	0.831	0.797	0.995	0.602
2005	0.718	0.944	0.492	0.906	0.981	0.832	0.783	0.959	0.639
2006	0.703	0.902	0.503	0.888	0.903	0.873	0.822	0.998	0.659
2007	0.677	0.904	0.449	0.859	0.906	0.813	0.817	0.996	0.633
2008	0.675	0.912	0.437	0.872	0.971	0.774	0.804	0.931	0.690
2009	0.692	0.920	0.464	0.894	0.985	0.803	0.829	0.930	0.709
2010	0.730	0.907	0.553	0.883	0.911	0.854	0.899	0.992	0.756
2011	0.715	0.906	0.524	0.886	0.916	0.856	0.882	0.983	0.725
2012	0.721	0.913	0.529	0.887	0.930	0.845	0.880	0.975	0.748
2013	0.706	0.912	0.500	0.865	0.917	0.813	0.858	0.990	0.728
2014	0.754	0.937	0.570	0.912	0.963	0.861	0.884	0.968	0.762
2015	0.734	0.932	0.536	0.905	0.951	0.859	0.874	0.974	0.718
均值	0.711	0.918	0.504	0.890	0.943	0.838	0.842	0.970	0.695

注：表 5 - 7 中的数据来源于表 5 - 3、表 5 - 4、表 5 - 6，其中"核心区"整体的综合技术效率为当年所有地区的综合技术效率的算数平均，纯技术效率为当年所有地区纯技术效率的算数平均，规模效率为当年所有地区的规模效率的算数平均；中国西北五省区、中亚五国的各类效率值计算依此类推。

表 5 - 7 显示：（1）从综合技术效率来看，"核心区"整体、中国西北五省区和中亚五国均为无效状态，但中国西北五省区的均值（0.918）明显高于中亚五国（0.504）。（2）从纯技术效率来看，"核心区"整体、中国西北五省区和中亚五国均也未达到有效状态，但中国西北五省区的均值（0.943）高于中亚五国（0.838）。（3）从规模效率来看，"核心区"整体、中国西北五省区和中亚五国均为无效状态，但中国西北五省区的均值（0.970）显著高于中亚五国（0.695）。（4）相比较来看，中国西北五省区的物流业效率总体要高于"核心

区"整体和中亚五国；同时，"核心区"整体和中国西北五省区的纯技术效率与规模效率之间的差距较小，但中亚五国的纯技术效率与规模效率之间差距较大，其综合技术效率主要受制于规模效率。综上可知，"核心区"目前物流业发展既不充分、也不均衡，需要进一步优化，提高物流业效率。

5.4 "核心区"市场化影响物流业效率的实证分析

在前面的理论分析部分，我们得出了市场化进程能够促进物流业效率的提高。这里，我们将建立 Tobit 回归模型，实证检验市场化程度影响丝绸之路经济带"核心区"物流业效率的大小情况。

5.4.1 研究方法

由于本章的被解释变量选择的是中国西北五省区和中亚五国的物流业效率，所得结果的数值分布在 0 ~ 1 之间，并不能选择传统的最小二乘估计进行回归分析，所以，本节采用 Tobit 模型来分析市场化对丝绸之路经济带"核心区"物流业效率影响程度的大小。

5.4.2 指标选取和数据来源

1. 被解释变量

被解释变量：物流业效率。为了更加清楚地表示市场化这一关键解释变量对物流业效率的影响，我们将在这一部分以第三节测度所得的综合技术效率、纯技术效率和规模效率作为模型的被解释变量，分别建立相应的模型进行分析。

2. 关键解释变量

市场化进展程度。其中，中国西北五省区的市场化进展程度选择樊纲团队的市场化指数代表，中亚五国的市场化进展程度选择美国传统基金会公布的各国经济自由度数值（如表 5 - 8 所示）。

表 5 - 8   2003 ~ 2015 年丝绸之路经济带"核心区"各国家、各省区市场化进展程度

年份	陕西	甘肃	青海	宁夏	新疆	哈萨克斯坦	吉尔吉斯斯坦	塔吉克斯坦	土库曼斯坦	乌兹别克斯坦
2003	4.11	3.32	2.60	4.24	4.26	5.23	5.68	4.65	5.13	3.83
2004	4.46	3.95	3.10	4.56	4.76	4.97	5.80	4.87	5.07	3.91
2005	4.81	4.62	3.86	5.01	5.23	5.39	5.66	5.04	4.76	4.58
2006	5.11	4.95	4.24	5.24	5.19	6.02	6.10	5.26	4.38	4.87
2007	5.36	5.31	4.64	5.85	5.36	5.96	6.02	5.36	4.30	5.15
2008	4.36	3.86	2.94	4.26	3.59	6.11	6.11	5.44	4.34	5.19

续表

年份	陕西	甘肃	青海	宁夏	新疆	哈萨克斯坦	吉尔吉斯斯坦	塔吉克斯坦	土库曼斯坦	乌兹别克斯坦
2009	4.28	3.81	2.79	4.36	3.55	6.54	6.18	5.46	4.42	5.05
2010	3.95	3.43	2.53	3.92	2.87	6.10	6.13	5.83	4.25	4.75
2011	4.37	3.48	2.54	3.99	2.95	6.21	6.11	5.35	4.36	4.58
2012	5.18	3.38	2.64	4.37	2.94	6.36	6.02	5.34	4.38	4.58
2013	5.71	3.63	2.84	4.50	2.98	6.30	5.96	5.34	4.26	4.60
2014	6.36	4.04	2.53	5.26	3.49	6.37	6.11	5.20	4.22	4.65
2015	6.93	4.52	2.39	5.84	3.88	6.33	6.13	5.27	4.14	4.70

说明：中国西北五省区市场化指数的数据来源于万得数据库，其中缺少2011年、2013年、2015年的数据，对于残缺数据采用插值法进行补足。中亚五国的经济自由度数值来源于美国传统基金会网站。为了保持在分析过程同一变量保持同一数量级，中亚五国的经济自由度相对于原始值缩小了10倍。我们在分析了两者的指标构成、计算方法以及结果误差等发现，满足本课题的研究目的。

3. 控制变量

第一，区位条件。我们选用区位商对丝绸之路经济带"核心区"内各地区的区位条件进行度量。利用各地区物流业产值在其总产值中所占的比重与丝绸之路经济带"核心区"物流业产值在总产值中所占的比重来表示（见表5-9）。计算公式如下：

$$区位商 = \frac{地区物流业产值 / 地区生产总值}{各地区物流业产值之和 / 各地区生产总值之和}$$

表5-9 2003～2015年丝绸之路经济带"核心区"各国家、各省区的区位条件

年份	陕西	甘肃	青海	宁夏	新疆	哈萨克斯坦	吉尔吉斯斯坦	塔吉克斯坦	土库曼斯坦	乌兹别克斯坦
2003	1.18	1.28	0.99	1.61	1.25	1.15	0.60	0.63	0.750	0.95
2004	1.09	0.78	0.77	1.17	0.66	1.02	1.10	1.45	0.920	0.80
2005	1.07	0.73	0.79	1.25	0.67	1.08	1.12	1.52	0.950	0.84
2006	1.04	1.13	0.72	1.35	0.82	1.09	0.93	1.49	0.790	0.78
2007	1.02	1.32	0.63	1.46	1.02	1.06	0.94	1.43	0.840	0.78
2008	0.99	1.58	0.63	1.62	0.99	1.05	0.95	1.33	0.940	0.79
2009	0.97	1.42	0.72	1.58	0.98	1.12	1.01	1.26	1.000	0.80
2010	0.92	1.51	1.26	1.36	0.53	1.15	0.98	1.25	0.943	0.81
2011	0.98	2.15	0.71	1.69	0.67	1.15	1.00	1.17	1.020	0.87
2012	0.99	1.84	0.71	1.68	0.65	1.09	1.00	1.20	1.070	0.90
2013	1.00	1.81	0.69	1.66	0.47	1.05	0.95	1.38	1.040	1.02
2014	1.00	1.64	0.74	1.56	0.46	1.16	0.88	1.21	1.000	0.97
2015	1.12	0.88	1.22	0.94	0.93	1.02	0.76	1.00	0.580	1.10

第二，经济发展水平。这里选择从规模和质量上表现经济发展的指标，所以，我们选用人均 GDP 作为经济发展水平的测量指标。数据来源：万得数据库、国家统计局网站。

第三，对外开放程度。通过对外开放可以吸引外商投资本地区的物流业，同时，能够促进彼此之间的贸易往来，对物流业的发展产生影响。这里采用外商直接投资额这一数据来反映丝绸之路经济带"核心区"的对外开放程度。数据来源：万得数据库。

第四，信息化水平。这里采用每百人中的互联网用户人数这一数据表示丝绸之路经济带"核心区"信息化水平。数据来源：万得数据库。

第五，产业结构。这里采用第三产业生产总值占地区生产总值的比例来表示"核心区"的产业结构情况。数据来源：万得数据库。

第六，城镇化水平。城镇化水平的提高意味着大量人口在城市聚集，使得城市居民对日常的衣、食、住、行等方面提出了更高要求，物流业在其中起到了关键性作用。这里采用城镇人口数量占总人口数量的比重来表示"核心区"的城镇化发展水平。数据来源：万得数据库、国家统计局网站。

5.4.3 建立 Tobit 模型

根据上文对物流效率的影响因素分析，建立回归模型，实证分析关键解释变量是如何影响物流效率的。这里建立的回归模型如下：

$$TE = c + \beta_1 lnmarket + \beta_2 lnlocation + \beta_3 lninfor + \beta_4 lnAgdp + \beta_5 lnopen + \beta_6 lnstru + \beta_7 lntown + \varepsilon$$

其中，TE 为被解释变量，代表物流业的综合技术效率、纯技术效率、规模效率，c 为模型的常数项，$market$ 代表市场化程度，$location$ 代表区位商，$infor$ 指的是每百人中互联网用户数，$Agdp$ 指的是人均 GDP，$open$ 为外商直接投资额，其中对 $market$、$infor$、$location$、$Agdp$、$open$、$stru$、$town$ 项分别取对数，ε 为残差项。

5.4.4 实证结果及分析

这里根据上文所得的各项数据，分别以"核心区"、中亚五国和中国西北五省中各地区物流业的综合技术效率、纯技术效率和规模效率为被解释变量，使用 Tobit 模型后，得到的实证结果如表 5 – 10、表 5 – 11、表 5 – 12 所示。

1. 综合技术效率的回归结果及分析

表 5 – 10　　　　　　　综合技术效率 Tobit 模型结果

解释变量	系数			标准误差			Z 值			P 值		
	核心区	西北五省区	中亚五国	核心区	西北五省区	中亚五国	核心区	西北五省区	中亚五国	核心区	西北五省区	中亚五国
c	3.21	2.03	-0.67	1.13	5.02	0.69	2.85	0.41	-0.98	0.01	0.69	0.33
市场化	0.36	1.13	-1.10	0.20	0.35	0.22	1.82	3.27	-5.05	0.07	0.00	0.00
区位条件	0.37	0.59	-0.02	0.14	0.29	0.13	2.63	1.99	-0.18	0.01	0.05	0.86
信息化水平	0.09	0.10	0.04	0.04	0.36	0.02	2.67	0.28	1.79	0.01	0.78	0.08
经济发展水平	0.17	0.98	0.00	0.10	0.76	0.06	1.74	1.29	0.03	0.09	0.20	0.98
对外开放程度	-0.14	0.06	-0.02	0.03	0.09	0.03	-4.12	0.70	-0.54	0.00	0.49	0.59
产业结构	-0.88	1.27	0.83	0.26	0.90	0.19	-3.38	1.40	4.34	0.00	0.17	0.00
城镇化水平	0.00	-4.65	-0.02	0.32	2.01	0.21	0.01	-2.32	-0.10	1.00	0.02	0.92

表 5 – 10 显示：（1）以丝绸之路经济带"核心区"为整体，关键解释变量市场化程度的系数为 0.36，为正值，并且在 10% 的显著性水平下通过了检验。表明丝绸之路经济带"核心区"整体的市场化程度与"核心区"物流业综合技术效率之间存在正向相关关系，市场化程度每提高 1%，物流业综合技术效率就增加个 0.36 单位。（2）以西北五省区为整体，关键解释变量市场化程度的系数为 1.13，并且在 1% 的显著性水平下通过了检验，说明市场化程度每提高 1%，中国西北五省区的物流业综合技术效率就增加 1.13 个单位。（3）以中亚五国为整体，关键解释变量市场化程度的系数为 -1.10，为负值，并且在通过了 1% 的显著性检验，说明对中亚五国来说，市场化程度对其物流业综合效率存在负向作用，原因可能是物流业综合技术效率的提升要与其实际的发展阶段相匹配，其物流业发展尚未成熟。

在控制变量中，区位条件、信息化水平、经济发展水平对丝绸之路经济带"核心区"整体物流业综合技术效率的提升具有正向影响，而对外开放程度和产业结构都与丝绸之路经济带"核心区"整体物流业综合技术效率之间负相关；中国西北五省区物流业综合效率的提升受到区位优势和城镇化水平的影响；对中亚五国来说，信息化水平和产业结构与综合技术效率之间存在正向相关关系。

2. 纯技术效率的回归结果及分析

表 5 - 11　　　　　　　　　　　纯技术效率 Tobit 模型结果

解释变量	系数			标准误差			Z 值			P 值		
	核心区	西北五省区	中亚五国	核心区	西北五省区	中亚五国	核心区	西北五省区	中亚五国	核心区	西北五省区	中亚五国
c	0.02	3.55	-2.32	1.81	5.23	1.47	0.01	0.68	-1.58	0.99	0.50	0.12
市场化	1.05	0.92	1.34	0.32	0.37	0.40	3.30	2.51	3.33	0.00	0.02	0.00
区位条件	0.49	0.50	0.48	0.21	0.31	0.27	2.29	1.62	1.77	0.02	0.11	0.08
信息化水平	0.09	0.32	-0.05	0.05	0.38	0.05	1.74	0.85	-1.08	0.09	0.40	0.28
经济发展水平	0.37	0.48	0.01	0.19	0.78	0.16	1.91	0.62	0.09	0.06	0.54	0.93
对外开放程度	-0.16	0.05	0.05	0.06	0.08	0.07	-2.85	0.60	0.65	0.01	0.55	0.52
产业结构	0.89	1.78	1.20	0.80	0.98	0.30	2.32	1.82	3.94	0.02	0.07	0.00
城镇化水平	-1.52	-4.29	-1.07	0.70	2.13	0.57	-2.17	-2.01	-1.88	0.03	0.05	0.07

表 5 - 11 显示：（1）以丝绸之路经济带"核心区"为整体，关键解释变量市场化程度的系数为 1.05，在 1% 的显著性水平下通过了检验。说明了市场化程度的提升会对"核心区"物流业的纯技术效率产生正向影响。市场化程度每提高 1%，物流业的纯技术效率就会增加 1.05 个单位。（2）以中国西北五省区为整体，关键解释变量市场化程度的系数为 0.92，通过了 5% 水平下的显著性检验，表明中国西北五省区的市场化程度每提高 1%，纯技术效率就会提高 0.92 个单位。（3）以中亚五国为整体，关键解释变量市场化程度的系数为 1.34，并且在 5% 的水平下通过检验，说明市场化程度每提高 1%，纯技术效率就会提高 1.34 个单位。

在控制变量中，区位条件、信息化水平以及经济发展水平对"核心区"整体的纯技术效率提升具有正向影响；产业结构对中国西北五省区提高纯技术效率水平具有正向影响；区位条件和产业结构是提高中亚五国纯技术效率的重要因素。

3. 规模效率的回归结果及分析

表 5 – 12　　　　　　　　　　　规模效率 Tobit 模型结果

解释变量	系数			标准误差			Z 值			P 值		
	核心区	西北五省区	中亚五国	核心区	西北五省区	中亚五国	核心区	西北五省区	中亚五国	核心区	西北五省区	中亚五国
c	4.84	0.72	2.83	0.88	2.54	0.59	5.47	0.28	4.83	0.00	0.78	0.00
市场化	0.21	0.61	– 1.44	0.15	0.15	0.18	1.39	3.93	– 7.97	0.17	0.00	0.00
区位条件	0.22	0.44	– 0.08	0.10	0.15	0.11	2.13	3.01	– 0.72	0.04	0.00	0.47
信息化水平	0.03	– 0.32	0.05	0.03	0.18	0.02	1.08	– 1.78	2.96	0.28	0.08	0.00
经济发展水平	0.15	1.14	0.08	0.07	0.42	0.05	2.12	2.75	1.66	0.04	0.01	0.10
对外开放程度	– 0.07	0.05	– 0.05	0.03	0.05	0.02	– 2.85	0.86	– 1.92	0.01	0.40	0.06
产业结构	– 1.43	– 0.28	– 0.25	0.22	0.41	0.17	– 6.47	– 0.69	– 1.51	0.00	0.50	0.14
城镇化水平	0.09	– 2.70	0.22	0.23	1.05	0.17	0.39	– 2.57	1.31	0.69	0.01	0.20

表 5 – 12 显示：（1）以丝绸之路经济带"核心区"为整体，关键解释变量市场化进程的系数为 0.21，在 10% 显著性水平下未通过检验。（2）以中国西北五省区为整体，关键解释变量市场化进程的系数为 0.61，在 1% 的显著性水平下通过了检验，表明市场化程度每提高 1%，中国西北五省区的规模效率就增加 0.61 个单位。（3）以中亚五国为整体，关键解释变量的系数为 – 1.44，在 1% 的显著性水平下通过检验，表明市场化进程与中亚五国的规模效率之间存在负向相关关系，这可能是中亚五国的市场化水平与物流业规模效率的不匹配，只会对发展产生负向作用，市场化进程过快或者过慢，都会对物流业规模效率产生反向影响。

在控制变量中，经济发展水平和区位发展水平对"核心区"整体的规模效率具有正向影响；区位条件与中国西北五省区的规模效率之间正向相关；信息化水平和经济发展水平与中亚五国的规模效率存在正向影响。

综合以上的实证结果，可以得出市场化程度对"核心区"的综合技术效率和纯技术效率的提升具有正向影响，市场化程度的提高会促进核心区综合技术和纯技术效率的提升。市场化程度每增加一个百分点，物流业综合技术效率就增加 0.36 个单位，物流业的纯技术效率就会增加 1.05 个单位。市场化通过影响"核心区"物流业技术状况，提升物流业综合技术效率。

5.5 研究结论及相应的对策建议

5.5.1 研究结论总结

本章首先并从公路、铁路、航空、从业人员等方面，对丝绸之路经济带"核心区"2003～2015年物流业整体发展水平低不充分、内部发展不均衡的状况进行了描述，重点对该"核心区"的物流业效率状况运用数据包络分析方法（DEA）分别进行了测算；然后以所得各地区的物流业综合技术效率、纯技术效率、规模效率的结果作为模型中的被解释变量，选取市场化指数（衡量市场化进展程度的指标，其中中国西北五省区的市场化进展程度选择樊纲团队的市场化指数代表，缺少2011年、2013年、2015年的数据，对于残缺数据采用插值法进行补足；中亚五国的市场化进展程度选择美国传统基金会公布的各国经济自由度数值；为了保持在分析过程同一变量保持同一数量级，中亚五国的经济自由度相对于原始值缩小了10倍。我们在分析了两者的指标构成、计算方法以及结果误差等发现，满足本章的研究目的。）作为关键解释变量，信息化水平、区位优势、开放程度、经济发展水平、城镇化水平、产业结构等6个控制变量，进行Tobit回归。得出的结论是：

（1）从"核心区"10个子区域来看，纯技术效率从高到低依次是陕西（1.000）、甘肃（1.000）、宁夏（1.000）、新疆（1.000）、哈萨克斯坦（1.000）、吉尔吉斯斯坦（1.000）、塔吉克斯坦（1.000）、乌兹别克斯坦（0.797）、青海（0.713）、土库曼斯坦（0.393）；规模效率从高到低依次是陕西（1.000）、甘肃（1.000）、宁夏（1.000）、新疆（1.000）、土库曼斯坦（0.981）、乌兹别克斯坦（0.903）、青海（0.849）、哈萨克斯坦（0.511）、塔吉克斯坦（0.501）、吉尔吉斯斯坦（0.392）；综合技术效率从高到低依次是陕西（1.000）、甘肃（1.000）、宁夏（1.000）、新疆（1.000）、乌兹别克斯坦（0.732）、青海（0.589）、哈萨克斯坦（0.511）、塔吉克斯坦（0.501）、吉尔吉斯斯坦（0.392）、土库曼斯坦（0.386）。

（2）从"核心区"整体、中国西北五省区和中亚五国三个层次归纳物流业综合技术效率、纯技术效率和规模效率的均值，发现均处于无效状态，但中国西北五省区的物流业综合技术效率均值（0.918）明显高于中亚五国（0.504），中国西北五省区物流业纯技术效率均值（0.943）也高于中亚五国（0.838），中国西北五省区的物流业规模效率均值（0.970）显著高于中亚五国（0.695）。相比较来看，中国西北五省区的物流业效率情况要高于"核心区"整体和中亚五国；同时，"核心区"整体和中国西北五省区的纯技术效率与规模效率之间的差距较小，但中亚五国的纯技术效率与规模效率之间差距较大，其综合技术效率主要受制于规模效率。综上可知，"核心区"目前物流业发展不充分、不均衡，需要进一步优化，提高物流业效率。

（3）Tobit 回归结果显示：①以丝绸之路经济带"核心区"为整体，关键解释变量市场化程度的系数为 0.36，为正值，并且在 10% 的显著性水平下通过了检验。表明丝绸之路经济带"核心区"整体的市场化程度与"核心区"物流业综合技术效率之间存在正向相关关系，市场化程度每提高 1%，物流业综合技术效率就增加个 0.36 单位。②以中国西北五省区为整体，关键解释变量市场化程度的系数为 1.13，并且在 1% 的显著性水平下通过了检验，说明市场化程度每提高一个百分点，中国西北五省区的物流业综合技术效率就增加 1.13 个单位。③以中亚五国为整体，关键解释变量市场化程度的系数为 −1.10，为负值，并且在通过了 1% 的显著性检验，说明了对中亚五国来说，市场化程度对其物流业综合效率存在负向作用，原因可能是物流业综合技术效率的提升要与其实际的经济发展阶段和市场化发展程度相匹配，其经济发展水平还不高。

（4）在控制变量中，区位优势、信息化水平、经济发展水平对丝绸之路经济带"核心区"物流业综合技术效率的提升具有正向影响，而对外开放程度和产业结构都与丝绸之路经济带"核心区"物流业综合技术效率之间负相关；中国西北五省区物流业综合效率的提升受到区位优势和城镇化水平的影响；对中亚五国来说，信息化水平和产业结构与综合技术效率之间存在正向相关关系。

5.5.2　相应的对策建议

1. 对推进"核心区"整体市场化进程以提高物流业效率的建议

第一，通过消除地区壁垒共建区域大市场。丝绸之路经济带"核心区"涉及中国西北五省区和中亚五国的范围。为了发展本地区物流业，各地区在发展过程中难免会设置一些壁垒，阻碍其他区域企业的冲击，以保护本地区物流企业的发展。但为提高"核心区"整体的物流业效率，应该注重消除地区壁垒，建立"核心区"资源自由流通的市场环境，进一步推进各地区市场化进程，提高物流业效率建设良好的环境。通过政府之间的相互沟通，建立"核心区"物流行业标准，推进区域内物流畅通。同时，注重解决区域发展中的不平衡问题，建立区域物流业行业协会，共享优秀企业发展经验，帮助发展缓慢的企业摆脱危机。

第二，通过加强区域合作促进区域协调发展。丝绸之路经济带"核心区"的发展会惠及中国、中亚五国以及周边的其他地区。在丝绸之路经济带建设过程中，需要中国和中亚五国的积极参与和密切合作。由于"核心区"内部发展不平衡，各地区物流业发展差异大，因此需要"核心区"内的国家和地区之间优势互补、取长补短，减少目前分块管理、区域分割、物流标准不一的状况，从整个区域发展的全局出发，建立畅通的物流沟通渠道，并且建立统一的运输标准，加强国内外运输方式的衔接，从而减少"核心区"内部物流的时间、成本费用，提高物流业效率，保证"核心区"物流业的协调发展。

2. 对推进中国西北五省区市场化进程以提高物流业效率的建议

前面的实证结论证明，中国西北五省区物流业的综合技术效率、纯技术效率和规模效率都与市场化程度显著正相关。因此，为了进一步提高中国西北五省区的物流业效率，必须进一步推进其市场化进程。

第一，进一步理顺政府与市场的关系。在中国社会主义市场经济发展中，政府和市场发挥着不同的作用。政府的主要职责是提供公共产品、维护市场秩序等，所以，政府应该建立完善的法律法规，对违反市场秩序的行为进行有效制裁，规范参与者的行为，保护参与者的利益，维护市场的正常秩序，保证市场有序运行；同时，政府需要加大物流基础设施建设，为物流业技术创新和规模发展提供基础，不断改善物流业发展的营商环境。对于市场能够解决的，政府应放手让市场自行解决，避免政府的过度干预，影响市场能力的发挥。市场应充分发挥价格机制、供求机制、竞争机制、利益导向等机制的作用，优化资源配置，提高配置效率，激发市场发展活力。

第二，促进物流产业中要素市场和产品市场健康发展。实证结论显示，中国西北五省区物流业的规模效率比中亚五国要高一些，但总体上看，中国西北五省区物流业综合效率主要还是受制于规模效率。因此，进一步扩张中国西北五省区物流业的发展规模将更能提高物流业的综合效率。而物流业规模的发展离不开要素市场和产品市场的支持。要素市场的健康发展将为物流业发展提供必需的土地、技术、专业人才等，产品市场的健康发展将为物流业的发展提供源源不断的货源和服务需求，这两方面都将会对物流业的纯技术效率以及规模效率的提升产生影响，从而对物流业综合技术效率产生正向作用。为此，在促进物流要素市场发展上，要健全法律法规、培育专业人才，促进各项要素的充分流动。在促进物流产品市场发展上，要改善运输环境、建立行业规范，为各种产品的流通提供高效便捷的服务。

第三，鼓励物流产业中民营经济的发展。中国西北五省区物流业规模要扩展、技术水平要进一步提高，就必须鼓励物流产业中民营经济的发展。民营经济作为社会主义市场经济发展中的重要市场主体，产权清晰，权责明确，民营经济的发展聚集，将会对物流业的规模效率产生影响；同时，民营企业不断进行革新，改善已有的技术并投入使用，同样会对物流业效率产生影响，能够有效提升物流业的效率。为了物流业中民营经济的健康发展，必须不断改善物流业的营商环境，吸引资本合理进入物流业、降低企业进入物流行业的门槛、支持企业技术创新等。

3. 对推进中亚五国市场化进程以提高物流业效率的建议

实证结论证明，虽然中亚五国的物流业综合技术效率和规模效率都与市场化程度之间存在负向相关关系（这很可能与物流业规模很不足有关），但纯技术效率与市场化程度之间存在正相关关系。因此，为了快速提高中亚五国的物流业效率，必须平稳推进其市场化进程、加快物流业规模扩展。

第一，规范政府与市场的关系。中亚五国要提高物流业效率，就需要注意物流行业的规模建设。为此，必须充分发挥市场导向的作用，在全国范围内支持一批建设规模大，发展快的物流企业，同时鼓励中小企业的参与，将物流企业的建设发展与市场化发展状态相匹配，提高中亚五国的物流业效率。同时，必须积极发挥政府作用。政府应积极引导，鼓励企业发展，为物流企业发展提供优惠措施，减免企业建立的费用，降低税率等，为企业发展创设公平、公正的发展环境。

第二，促进物流产业中要素市场和产品市场健康发展。由于中亚五国整体的物流业规模效率比中国西北五省区要低很多，物流业综合技术效率的无效状态主要还是受制于规模效率的无效，因此，大力扩张中亚五国物流业的发展规模将是提高其物流业综合技术效率的主要方面。为此，必须大力推进要素市场和产品市场的健康发展，为物流业发展提供强大的要素投入支持和扩大运输等物流业服务需求的驱动力。中亚五国要加大物流基础设施建设，加强物流人才培养，为物流业要素市场和产品服务市场的发展奠定基础。

第三，鼓励物流产业中民营经济的发展。中亚五国物流业规模要大力扩展、技术水平要进一步提高，就必须鼓励物流产业中民营经济的发展。为此，必须创设宽松的市场环境，打破国有物流企业的垄断地位，鼓励中小企业参与到物流行业中；必须为民营企业发展提供金融支持，减少经营费用和税率等，减轻物流企业的经营负担，同时鼓励国外资本和国内民间资本的加入；必须加强物流企业集聚，充分利用地区优势，建立物流产业园区，完善园区基础设施建设，促进费用共担，资源共享，降低物流业费用。

第6章 产业结构演进影响"核心区"物流业效率的实证分析

物流业属于第三产业中的生产性服务业，也是战略性、基础性和先导性产业。产业结构演进必然会导致第三产业的发展变化，自然也会对第三产业中的物流业的发展变化产生影响。也就是说，产业结构演进作为经济发展的必然过程，一定会对丝绸之路经济带"核心区"物流业效率的提升产生重要影响。那么，这种影响的机理是什么，到底会产生多大的影响？这正是本章试图回答的主要问题，即本章首先对产业结构演进影响物流业效率的机理进行剖析，并对物流业效率的影响因素进行分析。其次，从横向和纵向两个维度，分别采用泰尔指数和摩尔指数对丝绸之路经济带"核心区"的产业结构演进进行测评。再次，构建物流业效率评价指标体系，采用 Super – DEA 模型对"核心区"物流业效率进行评价。又次，采用动态面板 Tobit 模型实证分析产业结构演进影响物流业效率的情况。最后，针对实证结果及分析提出丝绸之路经济带"核心区"应做到"六化"，以促进物流业效率的提升。

6.1 文献综述与问题的提出

6.1.1 文献综述

就学术界的研究动态来看，学者们的相关研究成果可大致分为以下几个方面：

1. 对产业结构演进的研究

学者们对产业结构演进的研究成果较为丰硕，如马克思的"两大部类"理论、威廉·配第和科林·克拉克的"配第·克拉克定理"、刘易斯的"二元结构理论"、霍夫曼的"霍夫曼定理"、库兹涅茨的倒"U"型理论、赤松要的"雁型产业发展形态"理论、罗斯托的"主导产业理论"、赫希曼的不平衡增长理论等。之后，众多学者对这些理论进行了继承和发扬。第一，对我国产业结构的演进特征进行分析。如樊茂清和黄薇（2014）的研究发现，中国的知识密集型产业贸易发展迅速，这一点不仅体现在制造业也体现在服务业领域①。石敏俊等（2017）基于地级行政单元数据分析了2001~2008年中国制造业产业空间分布演进趋势②。种国双等（2020）基于产业结构升级的视角，分5个特征阶段对中国1949~2018年间国内生产总值、三大产业增加值及占比等数据进行了分析，发现中华人民共和国成立以来中国产业结构在一系列政策措施的指引下不断优化升级，逐步向产业结构合理发展方向靠拢③。第二，对中国不同区域的产业结构演进特征及影响因素进行分析。如刘杰（2012）依据产业结构的演进规律及其与经济增长关系的基本理论和利用偏离—份额分析法（Shift – Share Method，SSM）对山东省菏泽市进行实证分析，揭示菏泽市产业结构演进的机理，提出今后菏泽产业结构演进的态势④。余道先和王强（2012）利用20个国家1970~2010年的数据，构建了一组面板数据计量模型，实证检验了高等教育、城市化率、FDI净流入、国民储蓄率以及贸易开放度等因素对服务业发展的影响，并通过引入贸易和储蓄二项式，测度了发达国家和不发达国家的国民储蓄率和贸易开放度对产业结构演进的影响力临界值的差异。⑤ 杨家伟和乔家君（2013）采用产业经济学和地理学的相关指标和方法，分析河南省1986~2011年的产业结构特征⑥。李在军等（2013）以江苏省1995年、2000年、2005年及2010年各县、市产业结构系数为研究指标，运用空间自相关、空间变异函数、克里格空间插值等方法，对江苏省县、市的产业空间结构进行研究⑦。焦新颖等（2016）采用改进的偏离份额分析方法，辨识北京都市区各区县2004~2008年、2008~2012年产业结构演变方向；总结北京都市区各地域单元产业结构演进空间分异的规律及特征，并进一步探讨其形成机制⑧。胡伟等（2018）运用地理信息系统的空间分析和空间计量方法，以省级面板数据为基础，分析1996~2015年中国产业结构变迁的区域发展特征及其在地理空间范围内的格局演变、省际区域层面的产业结构迁移趋势，揭示了

---

① 樊茂清，黄薇. 基于全球价值链分解的中国贸易产业结构演进研究［J］. 世界经济，2014，37（2）：50 – 70.

② 石敏俊等. 中国制造业产业结构演进的区域分异与环境效应［J］. 经济地理，2017，37（10）：108 – 115.

③ 种国双，段珺，高振，李宇航. 中国三大产业演进规律与发展趋势研究［J］. 科学管理研究，2020（2）：84 – 90.

④ 刘杰. 沿海欠发达地区产业结构演进和经济增长关系实证：以山东省菏泽市为例［J］. 经济地理，2012，32（6）：103 – 109.

⑤ 余道先，王强. 世界产业结构演进影响因素的南北差异及其对中国服务业发展的启示：基于20个国家1970~2010年面板数据的实证分析［J］. 世界经济研究，2012（10）：3 – 9 + 87.

⑥ 杨家伟，乔家君. 河南省产业结构演进与机理探究［J］. 经济地理，2013，33（9）：93 – 100.

⑦ 李在军，管卫华，臧磊，吕旭江. 江苏省产业结构的空间格局演变及其动力机制分析［J］. 经济地理，2013，33（8）：79 – 85.

⑧ 焦新颖，喻忠磊，高啸峰，张宁. 基于空间分异视角的大都市区产业结构演进：以北京为例［J］. 经济地理，2016，36（8）：55 – 63.

中国三次产业在省际水平上的分布现状与发展态势[①]。赵璐（2021）基于城市层面三次产业的产值数据，应用空间统计标准差椭圆方法全面分析了 2003～2016 年中国产业空间格局演化特征与转型发展态势[②]。

2. 产业结构演进对物流业发展影响的研究

学者们对产业结构演进对物流业发展的影响的文献相对较少，代表性的成果有：王岳平（2004）对产业结构对交通运输业发展的作用进行了定量分析，认为交通运输业的发展与经济发展阶段显著相关，原材料重工业和服务业的发展能够有效增加物流需求[③]。刘浩（2012）分析了成都市产业结构调整对物流需求的影响，认为产业结构升级能够有效增加物流需求[④]。邹筱等（2017）对湖南省产业结构优化与物流业发展之间的协调互动关系进行了实证分析[⑤]。柳键和涂建（2017）分析了我国产业结构演进对低碳物流效率的影响，认为第三产业发展能够有效促进低碳物流效率的提升[⑥]。李胜胜（2018）分析了产业结构优化对现代物流业发展的影响，得到产业结构优化能够显著促进物流业发展的结论[⑦]。王传雷等（2021）基于 2001～2017 年省级面板数据构建 PVAR 模型以研究中国商贸物流产业集聚、效率、结构与经济增长之间的动态关联机制[⑧]。

6.1.2 问题的提出

众多学者对产业结构演进、物流业效率、产业结构演进对物流业发展的影响进行了分析，但对产业结构对物流业效率影响的文献较为缺乏，对丝绸之路经济带"核心区"产业结构演进对物流业效率影响的研究较为缺乏。那么，丝绸之路经济带"核心区"的产业结构演进的特征和趋势如何？物流业效率如何？产业结构演进对物流业效率的影响机理是怎样的？产业结构合理化和高级化对物流业效率的影响程度又如何？这些问题都需要深思。鉴于此，本章将在以下方面进行扩展：（1）研究内容上，将丝绸之路经济带"核心区"的产业结构演进分成横向维度的产业结构合理化、纵向维度的产业结构高级化进行研究，并将二者纳

① 胡伟，陈晓东，刘壮. 中国产业结构变迁的区域特征与空间格局演变［J］. 南京社会科学，2018（8）：35－46.

② 赵璐. 中国产业空间格局演化与空间转型发展态势［J］. 地理科学，2021（3）：387－396.

③ 王岳平. 产业结构对交通运输业发展影响的定量分析［J］. 管理世界，2004（6）：65－72.

④ 刘浩. 产业结构调整对区域物流需求的影响研究［D］. 成都：西南交通大学，2012.

⑤ 邹筱，李玉琴，阳大发. 湖南省产业结构优化与区域物流能力互动综合评价［J］. 数学的实践与认识，2017，47（22）：291－299.

⑥ 柳键，涂建. 中国产业结构调整对低碳物流效率的影响研究：基于超效率 DEA 低碳物流效率评价模型的实证分析［J］. 价格理论与实践，2017（12）：130－133.

⑦ 李胜胜. 产业结构优化对现代物流业发展水平影响的实证研究［D］. 南昌：江西财经大学，2018.

⑧ 王传雷，章瑜，曹美德. 商贸物流产业集聚、效率、结构与经济增长：基于省级面板数据的 PVAR 模型分析［J］. 长春理工大学学报（社会科学版），2021（2）：111－119.

入物流业效率影响因素模型；第 2 章中对产业结构影响物流业效率的机理进行深入分析。（2）研究方法上，构建物流业效率评价指标体系，采用 Super – DEA 模型对丝绸之路经济带"核心区"的物流业效率进行测评。（3）研究对象上，对跨国区域的丝绸之路经济带"核心区"这一特定区域进行研究。

6.2　产业结构演进和其他影响物流业效率的因素分析

6.2.1　产业结构演进

产业结构指一个国家或者地区全部经济资源在各产业中的配置结构和比例关系。产业结构不是一成不变的，其演进可以从两个维度进行考察，一个是横向演进，即产业结构的合理化；另一个是纵向演进，即产业结构的高级化。多数学者认为，产业结构合理化指产业间协调和关联程度提升的动态过程，本章主要从产业结构偏离均衡状态的程度对产业结构合理化水平进行分析。产业结构高级化是指产业结构由低水平向高水平提升的过程，它包含：第一，由第一产业占比较大向第二产业或第三产业占比较大转变；第二，由劳动密集型产业、资本密集型产业向技术和知识密集型产业转变；第三，由低附加值产业向高附加值产业的转变等，本章主要从三大产业占比的角度来对丝绸之路经济带"核心区"的产业结构高级化水平进行分析。

6.2.2　物流业效率的其他影响因素分析

物流业效率是对物流业投入—产出水平的一种衡量，其计算公式为：物流业效率＝物流业总产出/物流业总投入，它体现着物流业的发展水平和综合竞争力，衡量着物流业的发展水平。在 DEA 模型中，将广义的物流业效率分成物流业综合技术效率、物流业规模效率和物流业纯技术效率三类。狭义的物流业效率指物流业综合技术效率，物流业综合技术效率也被称为物流业总体效率，它衡量着物流业的总体发展水平和综合竞争力。因此，本章只对狭义的物流业效率—物流业综合技术效率进行分析。

物流业效率受到多种因素的影响，除产业结构外，还会受到如经济发展水平、科技创新水平、物流专业化程度、对外开放程度和前期物流业效率的影响。

1. 经济发展水平

经济发展水平越高的国家和地区，越能为物流业效率提升提供良好的经济支持，如提升物流业基础设施建设水平、促进物流业人力资本的提高、促进物流技术的研发应用、扩大物流市场、通过规模效应降低物流成本，提升物流业效率；经济发展水平越高的国家和地区，其工业化、城镇化程度通常越高，物流市场和物流需求往往越大，物流业基础设施越健全，物流业发展体系越完成，物流业效率也倾向于越高；经济发展水平越高的国家和地区更有能力满足人们日益增长的物流需求，提供与经济社会需求相匹配的物流供给，进而促进物流业的发展和物流业效率的提升。一般地，经济发展水平越高的国家和地区，其物流业效率也越高。

2. 科技创新水平

科技是第一生产力、创新是引领发展的第一动力，科技创新是提高生产力、提升区域发展能力和竞争力的战略支撑。科技创新能够有效驱动产业发展，每一次物流业科技创新成果的应用，都会带来物流业的速度变革、效率变革和质量变革。因此，科技创新水平对物流业效率具有十分重要的影响。

3. 物流专业化程度

亚当·斯密、杨小凯等众多学者都认为，分工带来的专业化能够促进经济增长。物流专业化带来的物流业劳动生产率的提升、物流成本的节约、物流管理水平的提升、物流服务的完善，因此，物流专业化程度能够提升物流业效率。

4. 对外开放程度

西方经济学认为，对外开放有利于国家或地区经济增长，对外开放程度是对国家或地区与其他经济体联系紧密程度的一种衡量。对外开放程度的提升可以扩大物流市场，促进物流要素的优化和集中，促进物流资本、物流人才、物流技术、物流管理和物流服务的国际合作和竞争，带动物流业的合理化和高级化，进而促进物流业效率的提升。

5. 前期物流业效率

前期物流业效率会对当期物流业效率产生一定的影响，即物流业发展存在一定程度的"路径依赖"效应，一般地，前期物流业效率越高，当期的物流业效率也倾向于越高。

6.3 "核心区"产业结构演进测评

借鉴干春晖等（2011）的观点①，将产业结构演进分成产业结构合理化和高级化两个维度进行测评。

6.3.1 产业结构合理化测评

1. 评价方法：泰尔指数

泰尔指数（Theil Index，简称 TL），又称泰尔熵标准，最早由泰尔在 1976 年

---

① 干春晖，郑若谷，余典范. 中国产业结构变迁对经济增长和波动的影响 [J]. 经济研究，2011，46（5）：4 – 16 + 31.

提出，用于衡量区域收入差距，也是测度产业结构合理化的理想指标，借鉴上述干春晖等（2011）的观点，将泰尔指数公式设定为：

$$TL = \sum_{i=1}^{3}\left(\frac{Y_i}{Y}\right)\ln\left(\frac{Y_i}{L_i}\Big/\frac{Y}{L}\right) \tag{6-1}$$

式（6-1）中，TL 代表泰尔指数，Y 代表三大产业总产值，Y_i 代表第 i 产业产值，$i=1$，2，3，L 代表三大产业的从业人数之和，L_i 代表第 i 产业的从业人数，$\frac{Y_i}{Y}$ 代表产业结构，$\frac{Y}{L}$ 代表生产效率。泰尔指数等于零的时候，产业结构处于均衡状态，这时的产业结构最为合理。泰尔指数的数值越大，表明产业结构偏离均衡状态越多，产业结构越不合理。

2. 数据来源

中国西北五省区数据来自 2006～2016 年《中国统计年鉴》，中亚五国的数据来自世界银行数据库和中亚五国 2006～2016 年的统计年鉴。

3. 测评结果分析

基于 2005～2015 年丝绸之路经济带"核心区"数据，采用式（6-1）对"核心区"产业结构的泰尔指数进行测算，并求出中亚五国、中国西北五省区和"核心区"整体泰尔指数的均值，其演进特征如图 6-1 所示。

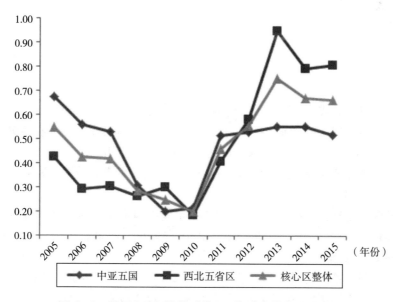

图 6-1　丝绸之路经济带"核心区"泰尔指数演进特征

由图 6-1 可以看出：

第一，中亚五国、中国西北五省区和"核心区"整体的泰尔指数大致呈

"V"形演进,"V"形底部最接近均衡状态,产业结构相对合理。

第二,2012~2015年,中亚五国、中国西北五省区和"核心区"整体的泰尔指数均远大于零,表明这三个区域的产业结构不合理,且按照不合理程度可排序为:中国西北五省区—"核心区"整体—中亚五国。

第三,2010年以前,中亚五国、中国西北五省区和"核心区"整体的泰尔指数持续下降,表明产业结构的合理化水平持续改善,且中国西北五省区最低、"核心区"整体次之、中亚五国最高;但2010年以后,中亚五国、中国西北五省区和"核心区"整体的泰尔指数持续上升,表明产业结构的合理化水平持续恶化,尤其是2012年以后,中国西北五省区的泰尔指猛然拉高,即高于"核心区"整体水平,中亚五国反而变为最低。

6.3.2 产业结构高级化测评

1. 评价方法:摩尔指数

摩尔指数(Moore Index),又称Moore指数,它采用空间向量测定法,将第一、第二和第三产业作为一组三维空间向量,每一个产业的变动都会引起它与其他产业夹角的变动,将所有的夹角加总起来就能得到整个产业结构的变动状况。借鉴王梅林和邓玲(2015)的研究成果[①],将摩尔指数公式设定为:

$$M_t = \frac{\sum_{i=1}^{3} W_{it} \times W_{it-1}}{\sqrt{\sum_{i=1}^{3} W^2_{it}} \times \sqrt{\sum_{i=1}^{3} W^2_{it-1}}} \qquad (6-2)$$

$$\theta = \arccos M_t \qquad (6-3)$$

式(6-2)和式(6-3)中,M_t代表摩尔指数,i代表第i产业,$i=1$,2,3。W_{it}代表t期第i产业在GDP中所占比重,W_{it-1}代表$t-1$期第i产业在GDP中所占比重,θ为t期和$t-1$期产业向量之间的总夹角,取值范围为$[0\ \pi]$,它代表着产业结构变动的情况,θ越大,产业结构的变动幅度越大,产业结构越为优化。

2. 数据来源

中国西北五省区数据来自2005~2016年《中国统计年鉴》,中亚五国的数据来自世界银行数据库和中亚五国2005~2016年的统计年鉴。

3. 测评结果分析

基于丝绸之路经济带"核心区"2004~2015年的相关数据,依据式(6-2)和式(6-3),对2005~2015年的丝绸之路经济带"核心区"摩尔指数进行测算,并求出中亚五国、中国西北五省区和"核心区"整体的均值,如图6-2所示。

---

① 王林梅,邓玲. 我国产业结构优化升级的实证研究:以长江经济带为例[J]. 经济问题,2015(5):39-43.

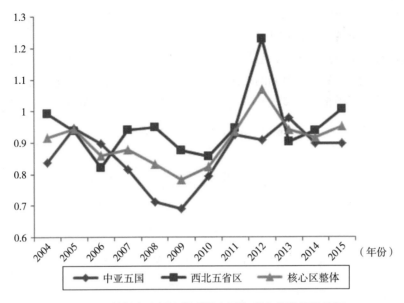

图 6 - 2 丝绸之路经济带"核心区"摩尔指数演进特征

由图 6 - 2 可知:

第一,研究时段内,中亚五国的摩尔指数一直处于上升趋势,说明产业结构存在高级化现象,但摩尔指数值远小于 π,表明高级化程度不足,且总体水平比中国西北五省区和整个"核心区"都低。

第二,中国西北五省区的摩尔指数大致呈上升的"M"形演变,摩尔指数值远小于 π,表明中国西北五省区产业结构高级化程度不足,但总体水平要比中亚五国略高一点。

第三,丝绸之路经济带"核心区"整体的摩尔指数呈上升的"M"形演变,摩尔指数值远小于 π,表明"核心区"整体产业结构高级化程度不足,总体水平处于中国西北五省区与中亚五国之间。

6.4 "核心区"物流业效率测评

6.4.1 评价方法:Super – DEA 模型

Super – DEA 模型,又称为超效率 DEA 模型,是 DEA 模型的一种类型。当 2 个或 2 个以上决策单元同时 DEA 有效(即决策单元的效率值同时为 1)时,传统的 DEA 模型失效,即无法排出谁更有效的次序。鉴于此,安德森和彼得森(Andersen and Petersen,1993)提出了 Super – DEA 模型,实现了对传统 DEA 模型的改进。规模报酬不变条件下，Super – DEA 模型能够依据决策单元效率值的大小，对所有决策单元进行排序①。

假定有 n 个决策单元，X 代表投入，Y 代表产出，则 X_{ij} 为第 j 个决策单元的第 i 种投入，Y_j 为第 j 个决策单元的产出值，s_i^- 和 s_r^+ 分别表示第 i 种投入和第 r 种产出的松弛变量。规模报酬不变条件下，投入角度的 Super – DEA 数学表达式为：

$$\min\left[\rho - \varepsilon\left(\sum_{i=1}^{m} s_i^- + \sum_{r=1}^{s} s_r^+\right)\right] \tag{6-4}$$

$$\text{Subject to}\begin{cases} \sum_{j=1,\neq j_0}^{n} X_{ij}\,\lambda_j + s_i^- = \rho\,X_0 \\ \sum_{j=1,\neq j_0}^{n} Y_j\,\lambda_j - s_r^+ = Y_0 \\ \lambda_j \geqslant 0 \\ j = 1,2,\cdots,n \\ s_i^- \geqslant 0 \\ s_r^+ \geqslant 0 \\ \rho \geqslant 0 \end{cases}$$

其中，ρ 为决策单元的效率值，ρ 的值可以大于 1。

6.4.2 指标选取及数据的描述性统计

1. 指标选取

学术界并未对物流业作专门的产业划分，而是将交通运输业、仓储业和邮政业作为物流业的核心，借鉴张竟轶和张竟成（2016）的研究成果②，采用交通运输业、仓储业和邮电业数据来替代物流业的相关数据。指标选取上，从"人、财、物"角度，将物流业从业人员、物流业固定资产投资和公路线路长度作为投入指标纳入物流业效率评价指标体系。物流业产值衡量着物流业的综合产出水平，将物流业产值作为产出指标纳入物流业效率评价体系，具体如表 6 – 1 所示。

① Andersen P, Petersen N C. A procedure for ranking efficient units in data envelopment analysis [J]. *Management Science*, 1993, 39（10）: 1261 – 1264.

② 张竟轶，张竟成. 基于三阶段 DEA 模型的我国物流效率综合研究 [J]. 管理世界, 2016（8）: 178 – 179.

表6-1　　　丝绸之路经济带"核心区"物流业效率评价指标体系

一级指标	二级指标
投入指标	物流业从业人员（万人，I_1）
	物流业固定资产投资额（亿元，I_2）
	公路线路长度（万千米，I_3）
产出指标	物流业产值（亿元，O）

注：括号内表示指标的单位和代码，其中 I 代表投入指标，O 代表产出指标。

2. 数据的描述性统计

中国西北五省区的数据来自2005～2016年《中国统计年鉴》，中亚五国的数据来自世界银行数据库、亚洲开发银行数据库和中亚五国2005～2016年的统计年鉴。对样本数据进行描述性统计，如表6-2所示。

表6-2　　丝绸之路经济带"核心区"2004～2015年物流业数据的描述性统计

区域	最大值				最小值				均值				标准差			
	I_1	I_2	I_3	O	I_1	I_2	I_3	O	I_1	I_2	I_3	O	I_1	I_2	I_3	O
哈	77.12	544.21	9.74	1499.52	52.50	118.17	9.00	420.66	63.00	388.30	9.47	1002.91	8.63	155.63	0.27	371.03
吉	19.32	20.65	3.50	32.61	11.29	3.67	3.40	11.75	14.60	11.83	3.41	21.24	2.48	4.94	0.03	6.73
塔	6.60	16.88	3.12	80.31	4.30	3.81	1.36	11.40	5.78	9.40	2.64	46.08	0.61	4.06	0.77	26.44
土	16.20	145.39	7.12	166.79	10.61	12.77	1.36	68.20	13.16	80.08	4.32	117.00	1.81	52.19	1.87	35.02
乌	16.20	145.45	6.79	167.83	10.61	12.77	1.36	68.20	13.16	80.08	4.29	117.09	1.81	52.19	1.82	35.15
陕	27.86	1427.65	17.01	713.02	17.47	182.26	5.27	204.88	22.63	634.12	13.17	459.69	3.05	361.33	4.07	173.61
甘	13.19	814.89	14.01	319.66	9.99	88.35	4.08	121.91	11.74	291.01	10.70	224.33	0.85	258.97	3.40	61.61
青	4.64	446.77	7.56	90.55	3.29	47.17	2.81	30.00	3.93	172.70	5.71	56.40	0.33	140.48	1.54	20.78
宁	3.98	258.95	3.32	200.66	3.22	35.82	1.25	40.25	3.54	95.29	2.30	127.78	0.24	71.67	0.64	65.18
新	17.49	1017.36	17.83	536.06	8.59	153.45	8.68	149.61	11.39	405.61	14.67	276.72	3.64	261.84	2.98	131.12

注：哈、吉、塔、土、乌分别代表哈萨克斯坦、吉尔吉斯斯坦、塔吉克斯坦、土库曼斯坦和乌兹别克斯坦；陕、甘、青、宁和新分别代表陕西省、甘肃省、青海省、宁夏回族自治区和新疆维吾尔自治区。下同。

由表6-2可以看出：

第一，从物流业从业人员 I_1 来看，哈萨克斯坦的最大值、最小值、均值和标准差是"核心区"十个小区域中最大的，这表明在"核心区"内，哈萨克斯坦的物流业从业人员投入量最大，波动性也最强；宁夏回族自治区的最大值、最小值、均值和标准差是十个小区域中最小的，表明在"核心区"内，宁夏的物流业从业人员投入量较小，也较为稳定。其他八个小区域居于中间，且由大到小依次是陕西、吉尔吉斯斯坦、新疆、土库曼斯坦、乌兹别克斯坦、甘肃、塔吉克斯坦、青海。

第二，从物流业固定资产投资额 I_2 来看，陕西省的最大值、最小值、均值和标准差是"核心区"十个小区域中最大的，这表明在"核心区"内，陕西省的物流业固定资产投资额最大，波动性也最强；塔吉克斯坦的最大值、均值和标准差是"核心区"十个小区域中最小的，表明塔吉克斯坦的物流业固定资产投资较少。其他八个小区域居于中间，且由大到小依次是新疆、甘肃、哈萨克斯坦、青海、宁夏、乌兹别克斯坦、土库曼斯坦、吉尔吉斯斯坦。

第三，从公路线路长度 I_3 来看，新疆维吾尔自治区的最大值和均值是"核心区"十个小区域中最大的，表明在"核心区"内部，新疆的公路线路长度数值较大；宁夏回族自治区的均值和最小值最小，表明宁夏的公路线路长度数值较小。其他八个小区域居于中间，且由大到小依次是陕西、甘肃、哈萨克斯坦、青海、土库曼斯坦、乌兹别克斯坦、吉尔吉斯斯坦、塔吉克斯坦。

第四，从物流业产值 O 来看，哈萨克斯坦的最大值、最小值、均值和标准差是"核心区"十个小区域中最大的，这表明在"核心区"内，哈萨克斯坦的物流业产值最大，波动性也最强；吉尔吉斯斯坦最大值、均值和标准差是"核心区"十个小区域中最小的，表明吉尔吉斯斯坦的物流业产值相对最小。其他八个小区域居于中间，且由大到小依次是陕西、新疆、甘肃、青海、宁夏、乌兹别克斯坦、土库曼斯坦、塔吉克斯坦。

6.4.3 实证分析

基于 2004～2015 年丝绸之路经济带"核心区"的数据，利用"核心区"物流业效率评价指标体系，采用 Super – DEA 模型，运用 DEA Solver Pro 5.0 软件，对"核心区"区的物流业效率进行测算，结果如表 6 – 3 所示。

表 6 – 3　　　　丝绸之路经济带"核心区"物流业效率值

DMU	哈	吉	塔	土	乌	陕西	甘肃	青海	宁夏	新疆	"核心区"
2004 年	0.7761	0.7952	0.3388	1.1364	1.1364	1.0252	0.9444	1.0932	0.5662	1.3409	0.9153
2005 年	1.2900	1.1734	0.4269	0.9194	0.9194	1.1503	1.1869	1.0027	0.6224	0.7348	0.9426
2006 年	0.8669	0.5382	0.4753	1.3024	1.3024	0.9165	0.7970	0.8889	0.6754	0.8306	0.8594
2007 年	0.8883	1.0307	0.3755	0.8943	0.8943	0.9447	1.0283	0.9300	0.8732	0.9271	0.8786
2008 年	0.6295	1.0422	0.4494	0.7206	0.7206	0.9894	1.0897	0.9063	0.9078	0.8534	0.8309
2009 年	0.5279	1.1011	0.5808	0.6234	0.6235	0.8668	0.8894	0.8842	0.9668	0.7723	0.7836
2010 年	1.0737	0.9623	0.5479	0.6917	0.6917	0.8118	0.8606	0.9534	0.8719	0.7788	0.8244
2011 年	0.8500	1.1591	0.9721	0.8207	0.8207	0.9089	0.9551	1.0737	0.9584	0.8411	0.9360
2012 年	0.9127	0.6531	1.1729	0.9020	0.9020	1.3659	1.3412	1.1345	1.1659	1.1402	1.0690
2013 年	1.1355	0.5790	1.0765	1.0500	1.0500	0.9350	0.7977	0.9306	0.9355	0.9120	0.9402
2014 年	0.9771	0.6311	0.9473	0.9634	0.9634	0.9986	0.8180	0.9430	0.9178	1.0140	0.9174
2015 年	0.9992	0.6970	0.9532	0.9158	0.9218	1.0441	0.7897	1.0730	0.9722	1.1490	0.9515
均值	0.9106	0.8635	0.6930	0.9117	0.9122	0.9964	0.9582	0.9845	0.8695	0.9412	0.9041

中亚五国均值0.8582　　中国西北五省区均值0.9499　　"核心区"均值0.9041

由表 6 – 3 可以看出：

第一，2004～2015年，丝绸之路经济带"核心区"物流业效率的有效比率为（有效年份占所有年份的比率）为28.33%，这表明"核心区"整体物流业效率值不高，"核心区"物流业发展不充分。

第二，"核心区"整体物流业效率均值为0.9041，为DEA无效，表明"核心区"整体物流业效率偏低，物流业发展不充分。

第三，按照物流业效率由高到低的顺序，"核心区"十个小区域可排序为：陕西—青海—甘肃—新疆—乌兹别克斯坦—土库曼斯坦—哈萨克斯坦—宁夏—吉尔吉斯斯坦—塔吉克斯坦，排名首位的陕西和排名末位的塔吉克斯坦，物流业效率值差距为0.3034，表明"核心区"物流业发展不平衡。

第四，中亚五国物流业效率均值为0.8582，中国西北五省区均值为0.9499，表明中亚五国和中国西北五省区物流业效率偏低，均为DEA无效，物流业发展不充分；且二者差距为0.0917，中国西北五省区高于中亚五国，说明"核心区"内物流业发展不平衡。

基于表6-3数据，采用算术平均法，分别计算出中亚五国、中国西北五省区和丝绸之路经济带"核心区"整体的物流业效率均值，如图6-3所示。

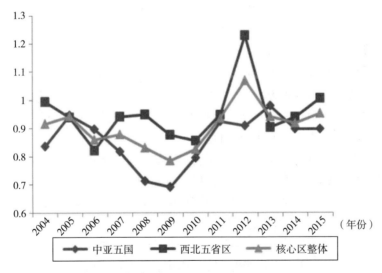

图6-3 丝绸之路经济带"核心区"物流业效率演进特征

由图6-3可知：

第一，2004～2015年，中亚五国物流业效率值大致呈"V"形演进，即在2009年以前中亚五国的物流业效率持续下降，但2009年以后持续上升。

第二，2004～2015年，中国西北五省区物流业效率值大致呈波浪形演进，具体看：2004～2006年下降，2008～2009年上升，2009～2010年又下降，2011～2012

年急速上升，2013 年又急速下降，2014～2015 年平稳上升。

第三，2004～2015 年，丝绸之路经济带"核心区"整体的物流业效率大致呈"V"形演进，即在 2009 年以前基本是下降态势，2009 年以后基本是上升态势。

6.5 "核心区"产业结构演进影响物流业效率的实证分析

依据产业结构演进对物流业效率影响的机理分析，产业结构演进有利于物流业效率的提升。依据上述物流业效率测评结果，丝绸之路经济带"核心区"物流业效率值在 2004～2015 年间依然偏低。为了促进"核心区"物流业效率的提升，本节采用动态面板 Tobit 回归模型，从产业结构的合理化和高级化两个维度来分析产业结构演进对物流业效率的影响。

6.5.1 研究方法：动态面板 Tobit 模型

一般情况下，在进行系数回归分析时，经常用到的方法是普通最小二乘估计。但是，这个方法对因变量的数值具有离散性的参数进行估计时，则会出现参数估计有偏且不一致的情况。针对模型中出现离散性因变量，并消除参数的有偏不一致的情况，托宾选择用统计中的另外一种估计方法——最大似然估计来代替经常用于回归的普通最小二乘法，简称 Tobit 模型。该模型属于一种因变量受限的经济计量模型。其主要表现为：（1）因变量是非连续的，并且数值不是随机数；（2）最大似然估计方法作为一种回归方法，不论是从理论还是从时间出发，都是能够替代普通最小二乘估计法的。

我们这里将丝绸之路经济带"核心区"物流业效率作为因变量，分析产业结构演进对物流业效率的影响，因采用 Super – DEA 模型测算出来的物流业效率为大于 0 的离散变量，因此，需要选用 Tobit 模型，用极大似然法（ML）对参数进行估计。基于 2004～2015 年"核心区"十个小区域的面板数据，借鉴李娟和王琴梅（2018）的研究成果[①]，构建动态面板 Tobit 模型为：

$$Y_{it} = \beta_0 + \beta_1 TL_{it} + \beta_2 M_{it} + \varphi D_{it} + \mu_{it} \qquad (6-5)$$

式（6-5）中，Y 代表物流业效率，it 代表"核心区"的 i 区域 t 期，β_0 为常数项，β_1、β_2 为回归系数，TL 为泰尔指数，衡量着产业结构的合理化水平，M 为摩尔指数，衡量着产业结构的高级化水平，D_{it} 为控制变量，φ 为控制变量系数，μ_{it} 为随机干扰项。

---

① 李娟，王琴梅. 丝绸之路经济带核心区物流业规模效率分析 [J]. 西安财经学院学报，2018（5）：73 – 77.

依据前述物流业效率影响因素的理论分析，将控制变量设定为：经济发展水平（GDP）、科技创新水平（Tech）、物流专业化程度（Spec）、对外开放程度（Open）、前期物流业效率（Y_{it-1}），分别用 GDP、专利申请受理量、物流业产值在 GDP 所占比重、进出口总额和滞后期物流业效率来衡量。

为克服自变量向量之间量纲和单位不同所导致的偏差，采用极值法对自变量进行归一化处理，泰尔指数越大，产业结构偏离均衡状态越远，因此，采用负向极值法对其进行数据处理，公式为：$X_{it}' = [\max(X_{it}) - X_{it}]/[\max(X_{it}) - \min(X_{it})]$；其余指标为正向指标，采用正向极值法进行数据处理，公式为：$X_{it}' = [X_{it} - \min(X_{it})]/[\max(X_{it}) - \min(X_{it})]$

其中，X_{it}' 为数据处理后的值，it 代表"核心区"的 i 区域 t 期，$\max(X_{it})$ 表示极大值，$\min(X_{it})$ 表示极小值。

6.5.2　数据来源

中国西北五省区的数据来自 2005～2016 年《中国统计年鉴》，中亚五国的数据来自世界银行数据库、亚洲开发银行数据库和中亚五国 2005～2016 年的统计年鉴。

6.5.3　结果及分析

基于丝绸之路经济带"核心区"2004～2015 年的面板数据，采用动态面板 Tobit 模型，运用 Stata14.0 软件分析产业结构演进对物流业效率的影响。操作结果显示，模型通过了 1% 显著性水平的检验，具体结果如表 6-4 所示。

表 6-4　　　　丝绸之路经济带"核心区"动态面板 Tobit 模型回归结果

Variables	Coef.	Std. Err.	t	P >	t		[95% Conf. Interval]	
TL	0.1200	0.0388	3.09	0.002 ***	0.0440	0.1961
M	0.0261	0.0564	0.46	0.644 ***	- 0.0844	0.1365
GDP	0.4821	0.0771	6.26	0.000 ***	0.3311	0.6331
Tech	- 0.0604	0.0463	- 1.30	0.192	- 0.1512	0.0304
Spec	0.3864	0.45	8.59	0.000 ***	0.2982	0.4745
Open	0.2279	0.0652	3.50	0.000 ***	0.1002	0.3556
Y_{it-1}	- 0.0918	0.0681	- 1.35	0.178	- 0.2252	0.0417
_cons	0.6100	0.0729	8.36	0.000 ***	0.4671	0.7530

注：* 、** 和 *** 分别代表在 10% 、5% 和 1% 的水平下显著。

由表 6-4 可以看出：

（1）泰尔指数通过了 1% 显著性水平的检验，系数为正值，表明丝绸之路经济带"核心区"产业结构合理化水平对物流业效率具有显著性正向影响，产业结构的合理化能够显著促进物流业效率的提升。

（2）摩尔指数未通过显著性水平的检验，表明在研究时段内，产业结构的高级化并未带来物流业效率的提升，这或许是因为"核心区"产业结构的高度化水平不足、还未能发挥出促进物流业效率提升的作用。

（3）经济发展水平、物流专业化程度和对外开放程度均通过了1%显著性水平的检验，且系数分别为0.4821、0.3864和0.2279，表明"核心区"的经济发展水平、物流专业化程度和对外开放程度的提升均能显著促进物流业效率的提升。

（4）科技创新能力没有通过显著性水平的检验，表明研究时段内，科技创新能力对"核心区"物流业效率没有显著影响，这或许与科技创新能力不足，及产业结构高度化不足有关。

（5）前期物流业效率没有通过显著性水平的检验，表明研究时段内"核心区"物流业效率不存在显著的"路径依赖"效应。

6.6　研究结论及相应的政策建议

6.6.1　研究结论总结

基于产业结构演进和物流业效率的概念界定，本章首先分别采用泰尔指数和摩尔指数对产业结构的合理化和高级化水平进行测评；然后构建物流业效率评价指标体系，基于2004～2015年丝绸之路经济带"核心区"的相关数据，采用Super-DEA模型对"核心区"的物流业效率进行测评；最后采用动态面板Tobit模型对产业结构演进对物流业效率的影响进行实证分析。得到的主要结论有：

1. 产业结构合理化的测评结果

（1）中亚五国、中国西北五省区和"核心区"整体的泰尔指数大致呈"V"形演进，"V"形底部在2010年附近，最接近均衡状态，产业结构相对合理。（2）2012～2015年，中亚五国、中国西北五省区和"核心区"整体的泰尔指数均远大于零，表明这三个区域的产业结构不合理，且按照不合理程度可排序为：中国西北五省区—"核心区"整体—中亚五国。（3）2010年以前，中亚五国、中国西北五省区和"核心区"整体的泰尔指数持续下降，表明产业结构的合理化水平持续改善，且中国西北五省区最低、"核心区"整体次之、中亚五国最高；但2010年以后，中亚五国、中国西北五省区和"核心区"整体的泰尔指数持续上升，表明产业结构的合理化水平持续恶化，尤其是2012年以后，西北五省区的泰尔指猛然拉高，即高于"核心区"整体水平，中亚五国反而变为最低。

2. 产业结构高级化的测评结果

在 2004~2015 年，中亚五国的摩尔指数大致呈"V"形演进，2009 年前后在"V"形底部，2009 年后持续上升，说明中亚五国的产业结构存在高级化现象，但摩尔指数值远小于 π，表明高级化程度不足；中国西北五省区和丝绸之路经济带"核心区"整体的摩尔指数均呈"M"形演进，但摩尔指数值均远小于 π，表明西北五省区和"核心区"整体的产业结构高级化程度不足，但总体水平要比中亚五国高，即按产业结构高级化程度由高到低的排序是：中国西北五省区—"核心区"整体—中亚五国。

3. 物流业效率的评价结果

（1）在 2004~2015 年，丝绸之路经济带"核心区"物流业效率的有效比率为（有效年份占所有年份的比率）为 28.33%；物流业效率的均值中亚五国为 0.8582，"核心区"整体为 0.9041，中国西北五省区为 0.9499，均为 DEA 无效。以上表明"核心区"整体的物流业效率值不高，"核心区"物流业发展不充分。（2）在 2004~2015 年，"核心区"10 个子区域物流业效率由高到低可排序为：陕西—青海—甘肃—新疆—乌兹别克斯坦—土库曼斯坦—哈萨克斯坦—宁夏—吉尔吉斯斯坦—塔吉克斯坦，排名首位的陕西和排名末位的塔吉克斯坦，物流业效率值差距为 0.3034；同时，中亚五国物流业效率均值为 0.8582，中国西北五省区均值为 0.9499，二者差距为 0.0917，中国西北五省区高于中亚五国，说明"核心区"内物流业发展不平衡。（3）在 2004~2015 年，中亚五国、中国西北五省区和丝绸之路经济带"核心区"物流业效率分别呈"V"形、波浪形和"V"形演进，表现出不稳定。

4. 产业结构演进影响物流业效率的回归结果

（1）泰尔指数通过了 1% 显著性水平的检验，系数为正值，表明丝绸之路经济带"核心区"产业结构合理化水平对物流业效率具有显著性正向影响，产业结构的合理化能够显著促进物流业效率的提升。（2）摩尔指数未通过显著性水平的检验，表明在研究时段内，产业结构的高级化并未带来物流业效率的提升，这或许是因为"核心区"产业结构的高度化水平不足、还未能发挥出促进物流业效率提升的作用。

5. 其他解释变量的影响情况

（1）经济发展水平、物流专业化程度和对外开放程度均通过了 1% 显著性水平的检验，且系数分别为 0.4821、0.3864 和 0.2279，表明"核心区"的经济发展水平、物流专业化程度和对外开放程度的提升均能显著促进物流业效率的提升。（2）科技创新能力没有通过显著性水平的检验，表明研究时段内，科技创新能力对"核心区"物流业效率没有显著影响，这或许与科技创新能力不足，及产业结构高度化不足有关。（3）前期物流业效率没有通过显著性水平的检验，表明研究时段内"核心区"物流业效率不存在显著的"路径依赖"效应。

6.6.2 相应的政策建议

为促进丝绸之路经济带"核心区"物流业效率的提升,"核心区"需要做到"六化"即产业结构演进的合理化和高级化、经济发展的现代化和技术化、物流业发展的专业化和国际化。具体应做到:

1. 促进产业结构演进的合理化和高级化

促进产业结构关联效应和结构效应的发挥,提升产业结构的合理化水平。促进产业结构升级效应和创新效应的发挥,提升产业结构的高级化水平。为此,我们必须着重健全两方面的机制:

第一,不断完善产业结构演进中的市场机制。市场机制是产业结构演进的主要机制。在完善的市场机制条件下,价格机制趋于合理,各种资源在产业间不断流动,导致符合社会需要和有发展潜力的产业迅速发展、不符合社会需要和没有发展潜力的产业发展迟缓甚至衰退,从而导致产业结构的合理化;在完善的市场机制条件下,竞争比较充分和公平,这就会促使各个产业的技术进步和管理创新,从而实现稀缺资源的高效使用和优化配置,促进产业结构的不断升级;在完善的市场机制条件下,地区封锁、条块分割被打破,全国统一大市场的建立使得生产要素能够实现跨地区的自由流动,这样就可以促进各地区发挥特色资源禀赋的优势,实现特色产业的专业化生产和集聚性优势,形成一批资源效益好的部门和企业,形成特色产业集群及其竞争力。

第二,不断完善产业结构演进中的政府干预机制。由于市场机制调整产业结构演进需要完全市场竞争、完全信息、完全理性等条件,但这些又是不可能的。因此,产业结构演进中的政府干预机制就十分必要。产业结构演进中的政府干预机制,是指中央政府从整个国民经济发展目标出发,为从总体上及时有效地协调产业结构合理化和高级化所运用的一切宏观经济杠杆、产业政策的综合[①]。产业结构演进中的政府干预主要是通过产业政策实现的,体现在:一是政府根据经济发展的实际状况确定各产业发展的方向、重点、规模和速度,为产业结构的演进指明方向;二是政府运用财政、税收、信贷、价格等经济杠杆,甚至采取经济立法措施,保护和支持技术先进性、绿色环保性、战略性新兴产业的发展,限制和延缓产能过剩、污染严重、技术落后等产业的发展,从而引导产业结构向合理化、高级化的目标调整;三是为市场机制发挥调节产业结构演进作用创造良好的宏观环境,促使市场机制与政府诱导结合起来,形成"有效市场与有为政府"的合力,引导产业结构合理化和高级化。

---

① 杨建文等. 产业经济学 [M]. 上海:学林出版社,2004:136.

2. 促进经济发展的现代化和技术化

第一，构建现代化的经济体系，提升经济发展的质量和水平，为物流业发展提供雄厚的经济支持和良好的经济环境。中国经济已由高速度增长阶段转向高质量发展阶段，我们必须立足新发展阶段，贯彻新发展理念，构建新发展格局，努力转变发展方式，优化经济结构，转换增长动力，把推进供给侧结构性改革作为经济工作的主线，把扩大内需作为经济发展的战略基点，努力构建现代化经济体系，实现高质量发展，为物流业效率持续提升奠定坚实的基础。

第二，促进经济发展的技术驱动，发挥科技创新对经济发展的引领作用。中国经济发展的动能已经开始从要素驱动向创新驱动转换，因此，必须强化国家战略科技力量，健全社会主义市场经济条件下的新型举国体制，强化企业创新主体地位，促进各类创新要素向企业集聚，加强共性技术平台建设，健全以创新能力、质量、实效、贡献为导向的科技人才评价体系，完善科研人员职务发明成果权益分享机制，改进科技项目组织管理方式，完善金融支持创新体系，促进新技术产业化规模化应用等，创造高质量发展新动能。

3. 促进物流业发展的专业化和国际化

第一，促进物流基础设施建设、物流服务的专业化，提升物流业效率。从物流基础设施看，物流基础设施既包括交通、仓储等传统的物流基础设施，也包括以5G、物联网、大数据中心等为代表的新型基础设施。因此，今后要从两方面发力：一方面，"核心区"各省区、各国要加强传统物流基础设施，补齐目前存在的突出短板；另一方面，要积极推进新型物流基础设施建设，为数字物流的发展提供有力支撑。从物流服务的专业化看，基于中国物流体系的专业化程度还不高，物流运输体系一体化的水平也不高，物流网络分布不均衡，全国各种运输方式协同融合不够，运输组织化程度不高，公路、铁路、航空、水运多式联运、转运脱节，使得物流体系"成本高、效率低"的矛盾突出，成为国民经济中的一个瘀点和堵点。因此，必须下大力气进一步改革物流管理体制，促进物流运输体系一体化，均衡物流网络分布，协同融合全国各种运输方式，提高运输组织化程度，大力发展公路、铁路、航空、水运多式联运、转运能力，提高物流服务的专业化水平。

第二，进一步扩大对外开放，促进物流业的国际化。扩大开放为中国西北各省区、中亚各国物流业的发展提供了国内国外两种资源、两个市场；丝绸之路经济带建设为中国西北五省区和中亚五国发展经贸关系和物流业合作搭建了重要平台，因此，我们必须大力促进丝绸之路经济带"核心区"的"五通"，在"核心区"内部，加强竞争合作和共建共享，发展"核心区"大物流；同时，要发展与"核心区"外部国家和地区的交流，发展"一带一路"大物流，共享"一带一路"物流发展成果。

第7章　金融发展影响"核心区"
物流业效率的实证分析

现代经济越来越金融化，要促进丝绸之路经济带"核心区"物流业的高效率发展，需要完善物流基础设施建设、推动物流技术创新、改进物流管理模式等，这无疑需要大量的资金投入。因此，"丝绸之路经济带"物流业的高效率高质量发展离不开金融业的支持。基于此，本章在深入研究金融发展对物流业效率的影响机理的基础上，重点实证研究金融发展对丝绸之路经济带"核心区"物流业效率的影响，并针对研究结论提出政策建议，最终促进"丝绸之路经济带"建设。因此，研究必然具有重要的意义。

7.1　文献综述与问题的提出

7.1.1　关于金融发展的研究综述

金融发展是经济发展的重要组成部分。发展意味着向前向好的变化。从 20 世纪 60 年代开始，国内外学者对金融发展内涵的认识在不断进展，积淀了丰硕的研究成果。

1. 国外学者的研究

金融学家戈德史密斯（Goldsmith）在 1969 年的《金融结构与金融发展》中首次提出金融发展这一概念，认为金融发展的实质是金融结构的变化，而金融结构是由各种金融工具的种类、存量和金融机构的形式、规模共同决定的。金融发展的这种定义是对经济现象的直观表述，并且很容易被人们所理解。金融学家麦金农和肖（McKinnon and Shaw）在 1973 年另辟蹊径，从制度层面上把金融发展定义为金融深化的过程。鉴于历史环境，他们认为金融发展具有四个方面的特征：储蓄是金融发展的起点，国内储蓄是金融资本的主要来源；随着发展，金融资产种类逐渐增多，总量逐渐增加；发展带来金融体系规模的扩大（包括机构的逐渐细分和专业性的增强）；发展使得利率和汇率能够真实准确反映投资机会[1]。

---

① Mckinnon, R I. *Money and Capital in Economic Development* [M]. Washington, D. C. : Brookings Institution Press, 1973.

1995 年，金融学家默顿等（Merton et al.）在前人提出"金融结构论"之后又提出"金融功能论"，认为不应该只注重金融结构这一个方面，应该从金融功能角度来定义和研究金融发展；认为金融发展不能只看其形式，更应该看重其功能。功能视角在后来的研究中影响非常深远①。莱文（Levine，2000）的研究主要侧重于金融发展对经济发展的影响，认为金融发展是指一个国家或地区整个金融体系的完善和金融行业的进步，应该是一个全局性的概念②。

2. 国内学者的研究

在国内，白钦先（2005）是对金融发展这一问题研究的理论集大成者，他也认为金融发展是一国或一地区金融体系的功能不断发展和完善、金融效率不断提升的过程，从而促进其经济发展水平的不断提高③。陈尊厚（2008）对金融发展的内涵做了归总，认为金融发展包括金融总量、金融机构、金融效率以及调控水平等全方面的发展④。在应用层面，邓淇中（2012）从金融规模、金融结构、金融效率视角出发，实证了中国金融发展对经济增长的影响，发现金融规模在中西部影响为正、在东部影响为负，金融机构和效率在东部影响为正⑤。熊兴（2017）研究了金融开放和金融发展的相互作用以及与产业结构优化之间的关系。他认为金融发展包含了金融规模、金融结构、金融效率等方面⑥。

7.1.2　关于金融发展对物流业效率影响的研究综述

1. 国外学者的研究

在物流业与金融业协同发展的研究上，国外学者主要是从金融支持产业发展的作用来加以研究。拉古拉姆·拉詹和路易吉·津加莱斯（Raghuram G. Rajan and Luigi Zingales，2001）通过研究金融业的发展对产业发展的影响程度，认为金融业的发展对企业规模和产业结构具有重要影响，不同产业的发展和融合有助于世界经济的增长⑦。米勒和琼斯（Miller, C. and Jones L.，2010）提出了农业价值链的运作模式，即通过对生产者、消费者、物流等的合理管理，认为产业价

---

①　Merton R C. *Future Possibilities in Finance Theory and Finance Practice* [M]. Mathemtical Finance - Bachelier Congress 2000. Sprringer Berlin Heidelberg, 2002：47 -73.

②　Levine R，Loayz N，Beck T. Financial Intermediation and Growth：Causes and Causality [J]. *Journal of Monetary Econmics*，2000，46（2）：21 -38.

③　白钦先. 金融结构、金融功能演进与金融发展理论的研究历程 [J]. 经济评论，2005（3）：39 -45.

④　陈尊厚. 中国金融发展对经济增长影响的统计研究 [D]. 天津：天津财经大学，2008.

⑤　邓淇中，张晟嘉. 区域金融发展规模、结构、效率与经济增长关系的动态分析 [J]. 统计与信息论坛，2012（1）：44 -49.

⑥　熊兴，孙九伦，崔学海. 金融发展与产业结构优化互动关系研究：基于 PVAR 模型的实证分析 [J]. 金融理论与实践，2017（11）.

⑦　Raghuram G. Rajan and Luigi Zingales. Financial System，Industrial Structure，and Growth [J]. *Oxford Review of Economic Policy*，2011（17）：467 -482.

值链的有效运行也离不开金融支持，引进相关的供应链金融产品可以促进产业链的高效运行。他们研究了非营利性组织、政府部门和非政府部门的协调对价值链模式的推动作用，认为这些协调性组织向地方性的小企业和农户提供支持，促进地方经济的发展，能够让它们有效地融入商业价值链中①。

2. 国内学者的研究

国内学者在金融对物流业发展中的作用研究还不多见，现有研究大部分也是从定性角度研究微观层面的企业物流金融。宰予东（2004）认为，金融改革和创新对物流企业发展具有着非常重要的作用，中国物流企业如果想要扩大规模和达到世界一流水平，就要和金融业建立良好的合作关系，从金融改革与创新、发展现代物流、外贸金融租赁、融资渠道这几个方面促进物流与金融的协调发展②。唐斯斯等（2006）认为，中国物流业存在着资金瓶颈问题，这是金融业发展的新的机遇，并提出了相应的对策③。在宜昌市打算建设物流中心的背景下，万敏（2008）从金融视角分析了在建设中可能遇到的问题，提出了建设区域物流中心的金融支持对策④。刘晧天、彭志忠（2009）研究了物流业和金融业的协同作用，认为协同可以优化信贷结构、降低服务成本、提高物流能力、提升服务质量和效率，解决中小企业融资难等问题⑤。彭白颖（2011）从金融机构风险控制、物流企业利润获取和供应链资金需求三个方面分析了物流企业与物流融资协同发展的必要性⑥。徐文哲、何笑伟（2012）评估了物流金融协同运营的风险，认为在制度层面上必须建立完善的协同运营的风控机制⑦。蒋志刚（2014）研究了金融业的发展对"一带一路"构想的作用，认为"一带一路"实施的关键点是基础设施的完善，金融支持可以解决其中所需要的资金缺口问题。他还认为，目前"一带一路"沿线国家的金融业发展起步较晚，金融合作方面缺乏经验，风控水平较低，因此，金融合作的发展将经历一个长期艰难的过程⑧。

在定量研究金融业和物流业发展关系的问题中，傅永华、王学锋（2012）在建立 Logistic 模型的基础下，分析了物流业与金融业互动发展模式，得出的结论为：比起委托监管模式，统一授信模式可获得更高的经济效益⑨。李新光、

---

① Miller, C and Jones L. Agricultural Value Chain Finance: Tools and Lessons [J]. *The Food and Agriculture Organization of the United Nations and Practical Action Publishing*, 2010.

② 宰予东. 现代金融与物流业的协同发展 [J]. 金融理论与实践, 2004 (6): 9–11.

③ 唐斯斯, 李翀. 现代物流与金融: 在合作中共同发展 [J]. 中国物流与采购, 2006 (2): 50–51.

④ 万敏. 区域物流中心发展的金融支持研究: 以宜昌市为例 [J]. 产业与科技论坛, 2008 (10): 93–95.

⑤ 刘晧天, 彭志忠. 物流业与金融业协同发展机制构建研究 [J]. 东岳论丛, 2009 (6): 38–41.

⑥ 彭白颖. 基于供应链优化的物流金融与物流业协同发展 [J]. 合作经济与科技, 2011 (2): 50–51.

⑦ 徐文哲、何笑伟. 物流金融协同运营的风险保障与控制机制研究 [J]. 山东社会科学, 2012 (12).

⑧ 蒋志刚. "一带一路"建设中的金融支持主导作用 [J]. 国际经济合作, 2014 (9): 59–62.

⑨ 傅永华、王学锋. 基于 Logistic 模型的物流业与金融业互动发展研究 [J]. 中国商贸, 2012 (6).

张永起（2013）在研究福建省物流业、金融发展规模与保险业发展之间的内在机制时，运用了结构向量自回归模型和脉冲响应分析方法[①]。湛玲（2014）在分析河南省物流发展与金融发展的内生协同机制时，运用了 SVAR 模型，结果显示：区域金融发展广度对物流的发展具有长期显著的正向影响，而金融发展深度对物流业发展的影响并不显著[②]。潘经富、何春强、李敏（2014）首先分析了金融支持物流业发展的现状和所面临的一些问题，在灰色理论模型的基础上进行实证研究，结果得出金融支持对物流业发展具有显著的促进作用，并提出了完善金融服务、实现金融与物流业共同发展的对策建议[③]。尤利平（2014）以河南为研究对象，在灰色关联度理论的基础下，实证分析了区域物流业与金融发展的相关性，结论表明了金融发展对物流发展的具有较强的相关性[④]。陈倩、汪传旭（2015）将广西作为研究对象，选取了直接消耗系数和中间投入率两个指标，定量分析了金融业与物流业发展的相互支持度。认为金融业对物流业的支持度在不断增加[⑤]。胡锦娟（2015）选取反映 1984～2013 年广东省代表现代物流业和金融业的指标数据，运用协整理论和格兰杰因果检验，对广东省现代物流与金融关系进行了实证分析。结果表明：两者之间存在着长期稳定的关系，进一步的分析发现，现代物流业发展与金融规模之间存在单向因果关系，与金融效率之间不存在显著的因果关系，并在此基础上对广东省发展现代物流业和金融业提出了相关建议[⑥]。夏云鹏、余依桐和吕乐（2018）基于 "海上丝绸之路核心区" 福建省1997～2016 年的相关数据，确定了物流业与金融业发展水平的指标，并借助VAR 模型分析了物流业与金融业发展的内在联系[⑦]。李琳（2018）以 1997～2016年中国 31 个省份为研究对象，实证分析了金融发展和金融聚集对物流业发展的影响，通过异质性分析识别了金融支持对物流业发展影响的差异。认为金融集聚和金融发展都对物流业发展具有显著的促进作用，但是相比于金融聚集，金融发

---

①　李新光，张永起. 基于 SVAR 模型的金融支持对物流业发展的互动关联性研究：以福建省为例 [J]. 山东理工大学学报，2013（4）.

②　湛玲. 区域金融与物流协同发展机制研究：基于 SVAR 模型的全视角分析 [J]. 经济问题. 2014（1）：49－52，57.

③　潘经富，何春强，李敏. 基于灰色理论模型的金融支持与物流业发展研究 [J]. 区域金融研究，2014（7）：58－64.

④　尤利平. 区域物流业与金融发展的灰色关联度分析：以河南为例 [J]. 经济视野，2014（15）：305－306.

⑤　陈倩，汪传旭. 基于产业关联模型的物流与金融协同发展实证分析 [J]. 商业经济研究，2015（24）：43－45.

⑥　胡锦娟. 现代物流与金融关系的实证研究：基于广东省 1984－2013 年的数据 [J]. 物流技术，2015（9）：186－189.

⑦　夏云鹏，余依桐，吕乐. 物流与金融协同发展关系的应用研究：以一带一路海上丝绸之路核心区福建省为例的实证分析 [J]. 物流工程与管理，2018（8）：69－76.

展对物流业发展的影响作用更大①。

7.1.3 文献评述及本文研究的切入点

综上可知，国内外学者已经在金融与物流的内在关系方面做了相关研究，这都为本章的研究打下坚实的基础，但现有研究也存在以下不足：（1）对于金融发展与物流业内在关系的研究还不多，而且大多都是定性的阐释，缺乏运用计量经济学的理论与方法，对金融发展对物流业效率的影响进行实证研究；（2）研究丝绸之路经济带"核心区"的物流业发展过程中的金融支持问题较少，尤其是研究金融发展对丝绸之路经济带"核心区"物流业效率的影响的文章很鲜见。

基于此，本章在借鉴相关研究成果的基础上，以丝绸之路经济带"核心区"为研究对象，在第 1 ~ 2 章界定相关核心概念和运用相关经典原理深入分析金融发展对物流业效率的内生影响机理的前提下，首先统计描述"核心区"金融发展现状和物流业发展现状、利用数据包络分析法（DEA）对"核心区"2006 ~ 2017 年间物流业纯技术效率、规模效率及综合效率进行评价，并将中国西北五省区与中亚五国的这三种效率进行比较；然后测算"核心区"金融发展水平并利用 Tobit 模型及 2006 ~ 2017 年"核心区"的相关数据将金融发展对物流业综合效率、纯技术效率和规模效率的影响程度进行回归实证分析；最后针对实证分析结果提出相应的对策建议，以达到促进丝绸之路经济带建设的目的。

7.2 "核心区"金融发展状况分析

在第 1 ~ 2 章，我们已经把丝绸之路经济带"核心区"划定为包括中国西北五省区和中亚五国在内的空间范围，把金融发展界定为一国或一地区金融规模的扩大、金融结构的优化以及金融效率的提高。本节我们对"核心区"内的中国西北五省区和中亚五国 2006 ~ 2017 年金融发展状况进行介绍和比较分析。

7.2.1 中国西北五省区金融发展状况及分析

我们从金融机构数、金融机构从业人员数、金融机构人民币存款余额和贷款余额以及金融存贷比率五个方面分析了 2006 ~ 2017 年中国西北五省区的金融发展状况。

1. 金融机构数
我们通过查找 Wind 数据库得到 2006 ~ 2017 年中国西北五省区的金融机构数，

---

① 李琳. 金融集聚和金融发展对物流业发展的影响分析 [J]. 商业经济研究，2018，762（23）：161 – 163.

如表 7-1 所示。

表 7-1		2006～2017 年中国西北五省区金融机构数		单位：个	
年份	陕西	甘肃	青海	宁夏	新疆
2006	6416	4528	984	1089	3578
2007	6313	4482	976	1076	3493
2008	6303	4183	959	1071	3376
2009	6242	4350	927	1080	3136
2010	6375	4244	963	1095	3282
2011	6446	4488	1012	1136	3381
2012	6511	4436	1030	1170	3521
2013	6630	4552	1063	1201	3567
2014	6749	4670	1111	1233	3663
2015	7097	4812	1096	1463	3785
2016	7034	5810	1215	1333	3851
2017	7227	5224	1118	1353	3848
均值	6612	4648	1038	1192	3540
排名	1	2	5	4	3

表 7-1 显示：中国西北五省区中，在 2006～2017 年陕西省的金融机构数明显多于其他四个地区，且波动幅度较小；甘肃的金融机构数仅次于陕西，在中国西北五省区中排名第二，新疆第三；宁夏和青海的金融机构数最少，在中国西北五省区中分别排名第四和第五，说明宁夏和青海的金融机构数最少，金融规模还较小。

2. 金融机构从业人员数

我们通过查找 Wind 数据库得到 2006～2017 年中国西北五省区的金融机构从业人员数，如表 7-2 所示。

表 7-2		2006～2017 年中国西北五省区金融机构从业人员数		单位：人	
年份	陕西	甘肃	青海	宁夏	新疆
2006	73441	41518	12241	16195	46594
2007	73774	41877	12665	16901	46266
2008	75058	45785	12918	17856	42310
2009	77026	47483	12910	18235	45232
2010	78958	53137	13066	18690	48353
2011	85630	54394	14040	20001	51605
2012	87677	57484	15985	20908	56880
2013	94595	60247	16749	21579	55557
2014	96798	61423	17230	22103	58567
2015	99005	64136	18009	24825	59669
2016	101724	64118	19345	23466	60630
2017	103447	68981	18658	23217	63937
均值	87261	55049	15318	20331	52967
排名	1	2	5	4	3

表7-2显示：中国西北五省区中，在2006～2017年陕西省的金融机构从业人员数明显高于其他四个地区，且呈逐年上升趋势，增长幅度也较大；2006～2007年新疆的金融机构从业人员数高于甘肃，但从2008年开始，甘肃的金融机构从业人员数超过了新疆，总体上甘肃排第二，新疆排第三；宁夏和青海的金融机构从业人员数最少，分别排第四和第五。

3. 金融机构人民币存款余额

我们通过查找Wind数据库得到2006～2017年中国西北五省区的金融机构人民币存款余额，如表7-3所示。

表7-3　　　2006～2017年中国西北五省区金融机构人民币存款余额　　　单位：亿元

年份	陕西	甘肃	青海	宁夏	新疆
2006	7452.5	3317.0	896.8	1131.2	4040.8
2007	8501.4	3747.1	1092.7	1278.5	4614.6
2008	10829.0	4728.8	1383.7	1590.6	5399.3
2009	13924.8	5881.8	1785.8	2058.5	6850.1
2010	16456.1	7115.4	2319.6	2573.6	8870.0
2011	19227.1	8394.0	2825.8	2966.9	10387.0
2012	22657.7	10033.4	3528.4	3495.4	12330.9
2013	25577.2	12029.7	4102.5	3868.5	14088.8
2014	28111.3	13921.4	4529.9	4209.1	15055.4
2015	32415.2	16141.2	5212.8	4805.2	17124.0
2016	35255.5	17411.7	5570.2	5441.5	18747.6
2017	37784.0	17660.8	5826.6	5848.5	21257.4
均值	21516.0	10031.9	3256.2	3272.3	11563.8
排名	1	3	5	4	2

表7-3显示：中国西北五省区中，在2006～2017年陕西省的金融机构人民币存款余额明显高于其他四个地区，且呈上升发展的趋势，增长幅度也非常大；新疆和甘肃的金融机构人民币存款余额也呈现上升趋势，但增长幅度低于陕西，分别排第二和第三；宁夏和青海的金融机构人民币存款余额非常接近，呈上升趋势，但上升幅度非常小，分别排第四和第五。

4. 金融机构人民币贷款余额

我们通过查找Wind数据库得到2006～2017年中国西北五省区的金融机构人民币贷款余额，如表7-4所示。

表7-4　　　2006～2017年中国西北五省区金融机构人民币贷款余额　　　单位：亿元

年份	陕西	甘肃	青海	宁夏	新疆
2006	4463.20	2112.08	723.18	983.37	2412.70
2007	5121.20	2403.60	873.15	1184.60	2685.00
2008	6096.10	2731.90	1025.63	1402.60	2826.53

续表

年份	陕西	甘肃	青海	宁夏	新疆
2009	8322.80	3649.60	1399.00	1917.40	3787.59
2010	10033.10	4433.10	1702.20	2398.70	4973.20
2011	11865.30	5468.80	2231.50	2860.60	6270.20
2012	13865.60	6829.40	2791.70	3339.60	7914.00
2013	16219.80	8430.10	3398.17	3910.15	9840.46
2014	18837.20	10681.60	4171.70	4578.49	11671.39
2015	21760.61	13292.20	4988.00	5117.82	13041.00
2016	23921.75	15650.50	5579.76	5667.89	14552.71
2017	26679.06	17404.56	6222.50	6332.61	16871.00
均值	13932.14	7757.29	2925.54	3307.82	8070.48
排名	1	3	5	4	2

表7-4显示：中国西北五省区中，在2006~2017年陕西省的金融机构人民币贷款余额明显高于其他四个地区，且呈上升发展的趋势，增长幅度也非常大；新疆和甘肃的金融机构人民币贷款余额差距不明显，也都呈上升趋势，分别排第二和第三；宁夏和青海的金融机构人民币贷款余额比较接近，呈现逐年上升趋势，但上升幅度较小，分别排第四和第五。

5. 金融存贷比率状况

金融机构是将闲散的社会资金转化为企业所需的贷款，这种转换能力体现了金融机构为实体经济提供金融服务的效率。金融机构吸收的储蓄越多，将储蓄转化为贷款的能力越强，高效的金融机构能够更多地将储蓄转化为企业所需资金，则表明金融系统的资金利用效率越高。我们计算了2006~2017年中国西北五省区的金融存贷比率，具体如表7-5所示。

表7-5　　　　　　2006~2017年中国西北五省区金融存贷比率　　　　　单位:%

年份	陕西	甘肃	青海	宁夏	新疆
2006	0.599	0.637	0.806	0.869	0.597
2007	0.602	0.641	0.799	0.927	0.582
2008	0.563	0.578	0.741	0.882	0.523
2009	0.598	0.620	0.783	0.931	0.553
2010	0.610	0.623	0.734	0.932	0.561
2011	0.617	0.652	0.790	0.964	0.604
2012	0.612	0.681	0.791	0.955	0.642
2013	0.634	0.701	0.828	1.011	0.698
2014	0.670	0.767	0.921	1.088	0.775
2015	0.671	0.823	0.957	1.065	0.762
2016	0.679	0.899	1.002	1.042	0.776
2017	0.706	0.985	1.068	1.083	0.794

表7-5显示：中国西北五省区中，2006~2017年宁夏和青海的金融存贷比率要高于其他四个地区，分别排名第一和第二；甘肃的金融存贷比在2012年之

后呈现上升趋势,且上升幅度较高,排名第三;新疆的金融存贷比在 2008~2013 年呈上升趋势,增幅较为明显,排名第四;陕西省的金融存贷比普遍较低,在 2012~2017 年基本呈上升趋势,但幅度很小,排名第五。

7.2.2 中亚五国金融发展状况及分析

根据数据的可得性,我们从广义货币与 GDP 比重(麦氏指标)、银行部门提供的国内信用占 GDP 比重和国内储蓄总额占 GDP 比重三个方面来分析 2006~2017 年中亚五国金融发展状况。

1. 广义货币占 GDP 的比重

麦氏指标即广义货币与 GDP 比重,它反映了一国金融规模的发展情况。我们通过亚洲开发银行数据库,找到了 2006~2017 年中亚五国广义货币占 GDP 的比重,具体如表 7-6 所示:

表 7-6　　　　　　2006~2017 年中亚五国广义货币与 GDP 的比重情况　　　单位:%

年份	哈萨克斯坦	吉尔吉斯斯坦	塔吉克斯坦	土库曼斯坦	乌兹别克斯坦
2006	36.01	28.16	16.21	9.37	14.90
2007	36.03	30.58	21.30	15.16	16.31
2008	39.04	24.87	15.09	7.65	16.71
2009	44.02	28.40	18.22	11.07	18.57
2010	38.88	31.41	18.04	17.26	22.40
2011	34.53	27.81	19.73	32.29	23.49
2012	33.93	31.73	19.61	36.88	24.40
2013	32.22	34.03	21.10	41.69	24.32
2014	32.27	31.09	20.21	41.35	23.16
2015	41.89	33.25	22.29	48.20	24.61
2016	42.15	34.43	27.14	40.08	26.11
2017	36.64	36.63	29.44	41.64	28.82
均值	37.30	31.03	20.70	26.09	21.98

表 7-6 显示:中亚五国中,哈萨克斯坦的广义货币占 GDP 比重整体高于其他四个国家,排名第一,说明哈萨克斯坦的货币总量较高,金融资产规模较大;吉尔吉斯斯坦的广义货币占 GDP 比重均值达到 31.03%,在中亚五国中排名第二;土库曼斯坦和吉尔吉斯斯坦的广义货币占 GDP 比重分别排第三和第四;塔吉克斯坦的广义货币占 GDP 比重最低,排名第五,说明这个国家的货币规模比较小,金融市场还不是很发达。

2. 银行部门提供的国内信用占 GDP 比重

银行部门提供的国内信用占 GDP 比重这一指标反映了银行部门通过缓解其他部门的信用约束来达到促进经济发展的功能作用。我们通过查找 Wind 数据库,找到了 2006~2017 年中亚五国银行部门提供的国内信用占 GDP 的比重,具体如

表 7 - 7 所示。

表 7 - 7　　2006～2017 年中亚五国银行部门提供的国内信用与 GDP 的比重情况　　单位:%

年份	哈萨克斯坦	吉尔吉斯斯坦	塔吉克斯坦	土库曼斯坦	乌兹别克斯坦
2006	49.96	11.60	13.77	19.50	29.61
2007	60.53	5.55	16.96	18.60	28.21
2008	54.16	13.81	19.88	31.70	32.04
2009	54.59	11.23	14.98	46.60	29.95
2010	45.41	12.48	6.50	51.88	20.18
2011	39.34	11.17	12.68	51.93	26.65
2012	40.24	12.77	13.13	47.20	31.08
2013	38.29	14.23	19.05	50.34	30.30
2014	36.06	15.89	19.21	49.82	26.47
2015	43.05	19.34	20.22	61.91	26.06
2016	39.10	18.74	24.74	66.13	26.37
2017	34.28	20.09	15.29	54.56	27.82
均值	44.58	13.91	16.37	45.85	27.90

表 7 - 7 显示:中亚五国中,2006～2017 年土库曼斯坦和哈萨克斯坦的银行部门提供的国内信用占 GDP 比重明显高于其他三个国家,分别排名第一和第二,说明这两个国家的银行部门对其他部门的资金支持力度较大;乌兹别克斯坦的银行部门提供的国内信用占 GDP 比重在 2006～2017 年波动比较稳定,在中亚五国中排名第三;塔吉克斯坦和吉尔吉斯斯坦的银行部门提供的国内信用占 GDP 比重很小,在中亚五国中排名第四和第五,说明这两个国家的银行部门对其他部门的资金支持力度较小。

3. 国内储蓄总额占 GDP 比重

我们通过查找亚洲开发银行网站,找到了 2006～2017 年中亚五国国内储蓄总额占 GDP 的比重,具体如表 7 - 8 所示。

表 7 - 8　　　　2006～2017 年中亚五国国内储蓄总额占 GDP 比重情况　　单位:%

年份	哈萨克斯坦	吉尔吉斯斯坦	塔吉克斯坦	土库曼斯坦	乌兹别克斯坦
2006	44.1	-13.1	6.0	57.7	36.5
2007	43.8	-4.6	6.9	54.9	36.5
2008	45.4	-10.1	3.1	55.4	36.7
2009	40.8	3.3	1.2	76.0	35.8
2010	43.8	-2.7	4.0	85.6	35.2
2011	47.3	-1.6	-10.8	83.1	34.3
2012	43.5	-15.9	-13.5	76.1	32.6
2013	44.1	-15.6	-13.0	81.6	31.0
2014	40.8	-13.5	-12.7	76.3	29.5
2015	34.6	-8.3	2.5	79.8	27.1
2016	33.8	-0.2	7.1	80.4	25.3
2017	37.3	0.8	7.8	79.5	30.1

表7-8显示：中亚五国中，2006～2017年土库曼斯坦的国内储蓄总额占GDP比重达到整体明显大于其他四个国家，排名第一，说明土库曼斯坦的国内储蓄总额规模较大；哈萨克斯坦和乌兹别克斯坦的国内储蓄总额占GDP比重也较大，呈现先上升后下降的趋势，在中亚五国中分别排名第二和第三；塔吉克斯坦和吉尔吉斯斯坦的国内储蓄总额占GDP比重最低，甚至在2006～2017年经常出现负值，分别排第四和第五，说明这两个国家的金融系统的储蓄为负值，整个金融系统出现严重的资金缺乏。

7.2.3 中国西北五省区与中亚五国金融发展状况比较分析

这里我们将从广义货币占GDP比重对比中国西北五省区和中亚五国在2006～2017年金融发展情况，如表7-9所示：

表7-9　　2006～2017年中国西北五省区和中亚五国广义货币占GDP比重　　单位:%

年份	西北五省区	中亚五国
2006	16.51	0.21
2007	15.63	0.24
2008	15.15	0.21
2009	18.07	0.24
2010	18.20	0.26
2011	17.77	0.28
2012	18.64	0.29
2013	19.81	0.31
2014	20.43	0.30
2015	22.51	0.34
2016	23.96	0.34
2017	24.01	0.35

由表7-9我们可以看出：在2006～2017年，中国西北五省区的广义货币与GDP的比重都远远大于1，且远高于中亚五国，且基本呈现出不断上升发展的趋势，这就说明中国西北五省区的货币扩张速度与GDP增长速度同步变化，经济货币化程度越来越高；中亚五国的广义货币占GDP的比重虽然也逐年增加，但还远远小于1，增加的幅度远低于中国西北五省区，说明中亚五国的金融发展还很滞后，存在着金融对经济发展的抑制。

7.3 "核心区"物流业效率评价及分析

本节首先构建物流业效率评价指标体系，然后用DEA方法对"核心区"2006～2017年物流业纯技术效率、规模效率、综合效率进行评价，最后比较中国西北五省区与中亚五国的物流业效率。

7.3.1　物流业效率评价指标体系的构建

物流业效率评价指标的选取应该从投入指标和产出指标两个角度出发。

1. 投入指标的选取

投入要素包括生产过程中的人、财、物三方面。第一，人，即劳动力投入。考虑到数据的可获得性，这里使用"核心区"各国和各地区当年的物流业从业人员数替代。第二，财，即资金投入。这里用"核心区"各国和各地区当年的物流业固定资产投资额替代。第三，物，即物质投入。这是指在物流产业发展中投入建设的基础设施，这里用"核心区"各国和各地区当年的铁路运输长度替代。因此，这里选取的三个投入指标为：物流业从业人数（X1）、物流业固定资产投资额（X2）和铁路运输长度（X3）。

2. 产出指标的选取

从表现形式看，产出指标既有价值形态，也有物质形态，都属于投入要素参与生产后得到的财富。在物流业中，价值形态产出是用货币衡量的经济产出，物质形态产出包括货运量、货物周转量、客运量和旅客周转量等，它们可以通过物流业增加值来反映。考虑到数据的可获得性，这里选取的三个产出指标为：物流业增加值（Y1）、铁路货运周转量（Y2）和铁路货运量（Y3）。

因此，本节建立了物流业效率评价指标体系，具体如表 7 – 10 所示：

表 7 – 10　　　　　　　　　物流业投入产出指标

一级指标	二级指标	三级指标	单位
投入指标	劳动力投入	物流业从业人数（X1）	万人
	资金投入	物流业固定资产投资额（X2）	10 亿元
	物质投入	铁路运输长度（X3）	万千米
产出指标	价值产出	物流业增加值（Y1）	10 亿元
	物质产出	铁路货运周转量（Y2）	亿吨·千米
		铁路货运量（Y3）	亿吨

7.3.2　物流业效率评价方法的选择

通常评价物流效率有层次分析法、指标树法、作业基础成本法，以及数据包络分析（DEA）等方法。因为 DEA 可用于多投入多产出的效率评估，并且不受投入产出量纲的影响，也不受主观因素影响，无需事先赋予权重值。因此，本节选取 DEA 方法来计算"核心区"的物流效率。

DEA 是由 CCR 模型和 BCC 模型相结合，运用 CCR 模型可以计算出物流业的综合效率值，运用 BCC 模型将综合效率值分解为纯技术效率和规模效率，综合效率值等于纯技术效率值乘以规模效率值。本节用 CCR 模型与 BCC 模型相结合对丝绸之路经济带"核心区"物流效率进行计算分析。

7.3.3 数据的收集与整理描述

1. 数据来源

本节所需数据来源于 2006~2017 年《中国统计年鉴》和西北五省统计年鉴、中亚五国统计年鉴、世界银行公开数据库、亚洲开发银行数据库以及 Wind 资讯等。

2. "核心区"投入指标与产出指标数据特征描述

基于本节建立的"核心区"物流业投入与产出指标,这里对这些指标对应的原始数据进行描述性统计。

第一,"核心区"物流业投入指标特征描述。在本节建立的物流业效率评价体系中,投入指标为物流业从业人数(X1)、物流业固定资产投资额(X2)和铁路运输长度(X3)。因此,这里对"核心区"2006~2017 年的这三个投入指标数据的特征进行大致描述,如表 7-11 所示:

表 7-11   "核心区"2006~2017 年物流业投入指标特征描述

区域		最大值			最小值			平均值			标准差		
		X1	X2	X3	X1	X2	X3	X1	X2	X3	X1	X2	X3
西北五省区	陕西	39.46	186.94	0.50	23.27	40.38	0.32	29.70	100.34	0.40	6.37	51.48	0.06
	甘肃	15.72	120.54	0.47	11.74	12.02	0.24	13.29	48.49	0.30	1.65	38.44	0.08
	青海	5.76	73.05	0.23	3.90	7.47	0.17	4.53	29.73	0.20	0.59	23.40	0.02
	宁夏	4.87	43.42	0.14	2.88	5.47	0.08	3.94	17.96	0.11	0.65	12.13	0.02
	新疆	20.37	197.85	0.59	12.62	21.11	0.28	15.77	67.03	0.44	3.24	50.72	0.12
中亚五国	哈萨克斯坦	77.96	63.70	1.60	54.15	16.08	1.42	66.18	39.25	1.47	8.15	12.96	0.06
	吉尔吉斯斯坦	23.33	2.55	0.04	12.02	0.70	0.04	14.97	1.41	0.04	2.84	0.50	0.00
	塔吉克斯坦	6.60	2.49	0.06	4.30	0.44	0.06	5.69	1.29	0.06	0.56	0.64	0.00
	土库曼斯坦	43.81	18.71	0.38	26.33	1.28	0.31	35.51	10.95	0.32	5.60	5.60	0.02
	乌兹别克斯坦	70.20	19.31	0.46	43.47	2.97	0.40	54.37	11.78	0.42	8.27	5.65	0.01

表 7-11 显示:(1)在中国西北五省区中,从物流业从业人员数和物流业固定资产投资额这两项指标来看,陕西省无论从最大值、最小值、平均值看,都是

最高的，这说明陕西省在人力、财力方面投入很多，但这两项指标的标准差也是最大的，说明这两项指标数据的波动性也很大；宁夏的物流业从业人员数和物流业固定资产投资额无论从最大值、最小值、平均值来看，都是最低的，标准差也较低，说明这两项指标的波动性较弱；在铁路运输长度方面，新疆从最大值和平均值来看，都是最高的，而宁夏的是最低。（2）在中亚五国中，在这三项指标中，无论从最大值、最小值、平均值和标准差来看，哈萨克斯坦都是最高的，说明哈萨克斯坦的物流业从业人员数、物流业固定资产投资额和铁路运输长度都很高，波动性也强；而塔吉克斯坦的这三项投入指标基本都是最低的，标准差也最低；乌兹别克斯坦的这三项投入指标值仅低于哈萨克斯坦，但高于其他三个国家，位于第二名。

第二，"核心区"物流业产出指标特征描述。在本节建立的物流业效率评价体系中，产出指标为物流业增加值（Y1）、铁路货运周转量（Y2）和铁路货运量（Y3）。因此，这里对"核心区" 2006～2017 年的这三个产出指标数据的特征进行大致描述，如表 7 – 12 所示：

表 7 – 12　　　　　　"核心区" 2006～2016 年物流业产出指标特征描述

区域		标准差			最大值			最小值			平均值		
		Y1	Y2	Y3	Y1	Y2	Y3	Y1	Y2	Y3	Y1	Y2	Y3
西北五省区	陕西	83.26	1641.8	391.6	29.18	852.8	82.9	55.58	1323.2	279.0	17.76	255.44	102.50
	甘肃	31.97	1550.8	64.5	16.96	896.2	46.2	24.92	1268.7	58.9	4.72	206.77	5.61
	青海	10.37	272.6	37.8	3.49	92.8	14.1	6.78	203.8	28.9	2.26	59.24	7.79
	宁夏	20.58	365.6	84.7	5.62	205.7	33.3	15.42	273.4	61.9	5.68	55.14	16.77
	新疆	66.82	869.7	96.4	16.56	561.3	58.3	35.17	725.1	68.3	17.46	102.36	10.21
中亚五国	哈萨克斯坦	150.08	2358.5	390.7	50.20	1881.6	246.9	88.69	2082.6	297.0	29.40	168.26	44.59
	吉尔吉斯斯坦	2.71	10.1	2.3	1.44	7.4	1.0	1.93	8.7	1.4	0.45	1.00	0.41
	塔吉克斯坦	10.33	12.8	14.5	1.34	1.7	5.5	6.93	7.3	9.8	2.90	4.31	3.66
	土库曼斯坦	23.02	133.3	25.4	8.34	104.4	16.3	13.71	120.4	20.7	4.71	9.08	2.76
	乌兹别克斯坦	56.97	234.3	68.0	8.98	192.8	50.0	35.46	223.5	62.1	15.85	10.75	5.23

表 7 – 12 显示：（1）在中国西北五省区中，陕西省的物流业增加值、铁路货运周转量、铁路货运量这三项指标，无论从最大值、最小值，还是平均值、标准差来看，基本都是最高的，说明陕西省的这三个指标数据值比其他四个省区都

高，但波动性也很强；而青海省的这三个指标在最大值、最小值、平均值、标准差方面都是最低的，说明青海省的物流业产出较低，且波动性较弱；新疆的这三项产出指标值仅低于陕西省，但高于其他三个地区，位于第二名；甘肃和宁夏分别排第三和第四名。（2）在中亚五国中，哈萨克斯坦的物流业增加值、铁路货运周转量和铁路货运量这三个产出指标无论从最大值、最小值、平均值还是从标准差来看，都是最高的，说明哈萨克斯坦的物流业产出比其他四个国家都高，且波动性强；而吉尔吉斯斯坦的这三项产出指标基本都是最低的，且波动性最弱；乌兹别克斯坦的这三项产出指标值仅低于哈萨克斯坦，但高于其他三个国家，位于第二位；土库曼斯坦和塔吉克斯坦分别排第三和第四名。

7.3.4 "核心区"物流业效率评价结果及比较

我们在这里采用 DEAP2.1 软件对 2006～2017 年丝绸之路经济带"核心区"物流业纯技术效率、规模效率和综合效率进行计算。

1. "核心区"物流业纯技术效率评价结果

纯技术效率是在不考虑规模因素变动情况下，反映了行业的管理水平、技术能力和控制能力。由 BCC 模型计算的纯技术效率值会等于或小于 1，若纯技术效率为 1，说明该地区的物流技术效率达到了有效状态；若纯技术效率小于 1，则说物流业技术效率处于无效状态。我们计算出的"核心区"物流业纯技术效率值的具体结果如表 7－13 所示：

表 7－13 2006～2017 年中国西北五省区和中亚五国物流业纯技术效率评价结果

年份	陕西	甘肃	青海	宁夏	新疆	哈萨克斯坦	吉尔吉斯斯坦	塔吉克斯坦	土库曼斯坦	乌兹别克斯坦
2006	0.658	0.813	0.749	1.000	0.519	1.000	1.000	1.000	1.000	0.967
2007	0.728	0.965	0.709	1.000	0.548	1.000	1.000	0.988	0.553	0.966
2008	1.000	1.000	0.713	1.000	0.537	0.991	1.000	0.990	0.377	0.570
2009	0.994	0.958	0.702	1.000	0.480	0.836	1.000	1.000	0.262	0.469
2010	0.872	0.971	0.711	1.000	0.506	0.979	1.000	0.969	0.300	0.543
2011	0.945	1.000	0.703	1.000	0.533	0.977	1.000	1.000	0.364	0.614
2012	1.000	1.000	0.696	1.000	0.793	1.000	1.000	0.997	0.321	0.707
2013	1.000	1.000	0.732	1.000	0.880	1.000	1.000	1.000	0.340	0.773
2014	1.000	0.802	0.577	0.984	0.840	1.000	1.000	0.970	0.361	0.843
2015	0.959	0.743	0.621	0.986	0.883	0.988	1.000	0.976	0.314	0.954
2016	1.000	0.698	0.620	1.000	1.000	1.000	1.000	0.974	0.477	1.000
2017	1.000	0.786	0.634	0.929	1.000	1.000	1.000	1.000	0.430	1.000
均值	0.930	0.895	0.681	0.992	0.710	0.981	1.000	0.989	0.425	0.784

表 7－13 显示：第一，在 2006～2017 年，中国西北五省区中，宁夏的物流业纯技术效率值有 9 年达到 1 且均值达到 0.992，高于其他四个省区，说明宁夏

基本达到物流业技术有效状态，在中国西北五省区中排名第一；陕西省的物流业纯技术效率有 6 年达到 1 且均值达到 0.930，仅次于宁夏，排名第二；甘肃、新疆和青海的物流业纯技术效率值在 2006 ~ 2017 年基本小于 1，均值分别为 0.895、0.710 和 0.681，分别排第三、第四和第五名，物流业技术无效。第二，在中亚五国中，吉尔吉斯斯坦在 2006 ~ 2017 年这 12 年中物流业纯技术效率值均为 1，物流业技术有效，高于其他四个国家，排名第一；哈萨克斯坦和塔吉克斯坦的物流业纯技术效率均值分别为 0.981 和 0.989，十分接近于 1；乌兹别克斯坦在 2016 年和 2017 年的物流业纯技术效率为 1，物流业技术有效，但均值只有 0.784，在中亚五国中排名第四；而土库曼斯坦的物流业纯技术效率均值极低，只达到 0.425。

2. "核心区"物流业规模效率评价结果

规模效率是用来评价在当前技术和生产力不变的情况下，物流业是否达到最优的运营规模状态。规模效率的值有等于 1 和小于 1 两种情况，若规模效率等于 1，表明实际规模就是最优生产规模，达到了规模有效状态；若规模效率小于 1，则反映了该地区的规模效率处于无效状态。我们这里计算出的"核心区"物流业规模效率值的具体结果如表 7 - 14 所示：

表 7 - 14　2006 ~ 2017 年中国西北五省区和中亚五国物流业规模效率评价结果

年份	陕西	甘肃	青海	宁夏	新疆	哈萨克斯坦	吉尔吉斯斯坦	塔吉克斯坦	土库曼斯坦	乌兹别克斯坦
2006	0.978	0.961	0.385	0.875	0.974	1.000	0.259	1.000	1.000	0.824
2007	0.979	0.992	0.445	1.000	0.984	1.000	0.385	0.889	0.860	0.782
2008	1.000	1.000	0.529	0.907	0.977	0.804	0.439	0.853	0.956	0.980
2009	0.996	0.999	0.570	0.985	0.990	0.770	0.430	0.990	0.834	0.998
2010	0.998	0.999	0.643	0.913	0.984	0.832	0.452	0.708	0.865	0.913
2011	0.999	1.000	0.743	0.971	0.898	0.791	0.247	0.675	0.862	0.924
2012	1.000	1.000	0.754	1.000	0.652	0.768	0.313	0.653	0.988	0.935
2013	1.000	1.000	0.756	1.000	0.652	0.677	0.321	0.585	0.993	0.908
2014	1.000	0.977	0.765	0.999	0.674	0.940	0.305	0.576	0.973	0.913
2015	1.000	0.963	0.700	0.999	0.665	0.948	0.251	0.604	0.988	0.942
2016	1.000	0.957	0.738	1.000	0.626	1.000	0.242	0.589	0.877	0.854
2017	1.000	0.944	0.783	1.000	0.730	1.000	0.273	1.000	0.880	1.000
均值	0.996	0.983	0.651	0.971	0.817	0.878	0.326	0.760	0.923	0.914

表 7 - 14 显示：第一，在 2006 ~ 2017 年，中国西北五省区的物流业规模效率均值均低于 1，规模效率无效，说明中国西北五省区的物流业还未达到规模经济；其中，陕西的物流业规模效率值有 7 年为 1，规模效率有效，规模效率均值达到 0.996，十分接近于 1，在西北五省区中排名第一；甘肃省的物流业规模效率值有 4 年达到了 1 且均值达到 0.983，仅次于陕西省，在西北五省区中排名第

二;而青海和新疆的物流业规模效率在 2006～2017 年均小于 1 且均值仅为 0.651,规模效率无效,排名第五;宁夏、新疆分别排第三和第四名。第二,在 2006～2017 年,中亚五国中的物流业规模效率均值都低于 1,规模效率无效,说明中亚五国的物流业没有达到规模经济;其中,土库曼斯坦和在乌兹别克斯坦的物流业规模效率均值有 1 年达到了 1 且均值分别达到 0.923 和 0.914,规模无效,在中亚五国中排名第一和第二;哈萨克斯坦、塔吉克斯坦和吉尔吉斯斯坦的物流业规模效率均值分别为 0.878、0.760 和 0.326,规模无效,排名分别为第三、第四和第五。

3. "核心区"物流业综合效率评价结果

综合效率或综合技术效率值有小于 1 和等于 1 两种情况。若综合技术效率值小于 1,说明其综合技术效率还未达到当前技术水平下的最大产出,有进一步的提升空间;当综合技术效率值等于 1,说明其综合技术效率有效,已达到当前的最优状态。我们这里计算出的"核心区"物流业综合效率值的具体结果如表 7－15 所示:

表 7－15 2006～2017 年中国西北五省区和中亚五国物流业综合效率评价结果

年份	陕西	甘肃	青海	宁夏	新疆	哈萨克斯坦	吉尔吉斯斯坦	塔吉克斯坦	土库曼斯坦	乌兹别克斯坦
2006	0.643	0.781	0.289	0.875	0.506	1.000	0.259	1.000	1.000	0.798
2007	0.713	0.957	0.316	1.000	0.540	1.000	0.385	0.878	0.476	0.755
2008	1.000	1.000	0.377	0.907	0.524	0.797	0.439	0.845	0.360	0.559
2009	0.990	0.957	0.401	0.985	0.475	0.644	0.430	0.990	0.219	0.468
2010	0.870	0.970	0.457	0.913	0.497	0.814	0.452	0.686	0.259	0.496
2011	0.945	1.000	0.522	0.971	0.479	0.772	0.247	0.675	0.314	0.567
2012	1.000	1.000	0.524	1.000	0.517	0.768	0.313	0.651	0.317	0.661
2013	1.000	1.000	0.553	1.000	0.574	0.677	0.321	0.585	0.337	0.701
2014	1.000	0.783	0.441	0.983	0.566	0.940	0.305	0.559	0.351	0.770
2015	0.959	0.715	0.435	0.985	0.587	0.936	0.251	0.589	0.310	0.898
2016	1.000	0.668	0.457	1.000	0.626	1.000	0.242	0.574	0.418	0.853
2017	1.000	0.741	0.497	0.929	0.730	1.000	0.273	1.000	0.379	1.000
均值	0.927	0.881	0.439	0.962	0.552	0.862	0.326	0.753	0.395	0.711

表 7－15 显示:第一,在 2006～2017 年,中国西北五省区的物流业综合效率均值均低于 1,DEA 无效;其中,宁夏的物流业综合效率值有 4 年达到 1 且均值达到 0.962,接近于 1,在中国西北五省中排名第一;陕西的物流业综合效率值有 6 年达到 1 且均值为 0.927,仅次于宁夏,在西北五省中位居第二;甘肃的物流业综合效率值有 4 年达到 1 且均值为 0.881,在西北五省中位居第三;青海和新疆在 2006～2017 年的物流业综合效率值均小于 1 且均值分别仅为 0.552 和 0.439,DEA 无效,排名第四和第五。第二,在 2006～2017 年,中亚五国的物流

业综合效率均值都低于 1，DEA 无效；其中，哈萨克斯坦的物流业综合效率值有 4 年达到 1 且均值为 0.862，高于其他四个国家，排名第一；塔吉克斯坦的物流业综合效率值有 2 年达到 1 且均值为 0.753，排名第二；乌兹别克斯坦和土库曼斯坦的物流业综合效率值都有 1 年达到 1 且均值分别为 0.711 和 0.395，排名第三和第四；吉尔吉斯斯坦的综合效率值均低于 1 且均值仅为 0.326，在中亚五国中排名第五。

4. "核心区"三种物流业效率评价结果的比较

这里我们以"核心区"整体、中国西北五省区和中亚五国为不同单元，分别比较分析各自的纯技术效率、规模效率和综合效率。

第一，"核心区"整体三种物流业效率评价结果的比较。这里的"核心区"整体，指的是包括中国西北五省区和中亚五国在内的总体区域。根据上述对三种物流业效率的测算结果，我们整理总结出"核心区"整体的三种物流业效率评价结果及比较情况，如表 7 - 16 所示：

表 7 - 16　　2006 ~ 2017 年"核心区"整体三种物流业效率评价结果的比较

年份	纯技术效率	规模效率	综合效率
2006	0.8706	0.8256	0.7151
2007	0.8457	0.8316	0.7020
2008	0.8178	0.8445	0.6808
2009	0.7701	0.8562	0.6559
2010	0.7851	0.8307	0.6414
2011	0.8136	0.8110	0.6492
2012	0.8514	0.8063	0.6751
2013	0.8725	0.7892	0.6748
2014	0.8377	0.8122	0.6698
2015	0.8424	0.8060	0.6665
2016	0.8769	0.7883	0.6838
2017	0.8779	0.8610	0.7549
均值	0.8385	0.8219	0.6808

根据表 7 - 16 我们可以得到图 7 - 1 如下：

表 7 - 16 和图 7 - 1 显示：（1）2006 ~ 2017 年丝绸之路经济带"核心区"整体的三种物流业效率值都小于 1，DEA 无效，表示这 12 年物流资源没有合理利用，产出没有达到最优。这可能是因为目前丝绸之路经济带"核心区"物流业还处在发展时期，缺乏先进的物流设备和专业人才，导致在物流运作中资源浪费等。（2）从整体来看，"核心区"的平均纯技术效率值为 0.8385，平均规模效率值为 0.8219，平均综合效率值为 0.6808。可见，"核心区"的纯技术效率值普遍高于规模效率值，说明"核心区"整体综合效率值偏低主要是因为规模效率较低造成的。因此，今后丝绸之路经济带"核心区"进一步扩大物流业规模和提

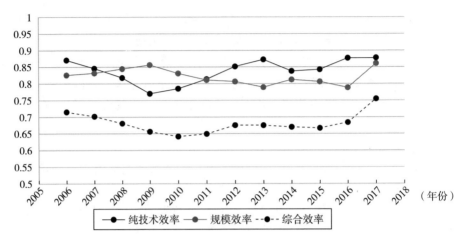

图7-1　2006～2017年"核心区"物流效率整体评价结果

高物流资源利用率，都是必要的。

第二，中国西北五省区三种物流业效率评价结果的比较。同样，我们根据上述对三种物流业效率的测算结果，这里整理总结出"核心区"内中国西北五省区的三种物流业效率评价结果及比较情况，如表7-17所示：

表7-17　　　　　　2006～2017年中国西北五省区物流效率整体评价结果

年份	纯技术效率	规模效率	综合效率
2006	0.7478	0.8346	0.6188
2007	0.7900	0.8800	0.7052
2008	0.8500	0.8826	0.7616
2009	0.8268	0.9080	0.7616
2010	0.8120	0.9074	0.7414
2011	0.8362	0.9222	0.7834
2012	0.8978	0.8812	0.8082
2013	0.9224	0.8816	0.8254
2014	0.8406	0.8830	0.7546
2015	0.8384	0.8654	0.7362
2016	0.8636	0.8642	0.7502
2017	0.8698	0.8914	0.7794
均值	0.8413	0.8835	0.7522

根据表7-17我们可以得到图7-2如下：

表7-17和图7-2显示：（1）2006～2017年中国西北五省的三种物流业效率值都小于1，DEA无效，说明还未达到当前技术水平下的最大产出，有进一步的提升空间；（2）中国西北五省区的平均纯技术效率值为0.8413，平均规模效率值为0.8835，平均综合效率值为0.7522，纯技术效率值基本低于规模效率值，

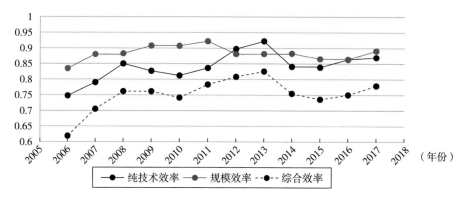

图 7 - 2 2006 ~ 2017 年中国西北五省区物流效率整体评价结果

说明中国西北五省区物流业效率总体无效，除了规模效率还有待提升外，主要还是因为纯技术效率较低造成的。

第三，中亚五国三种物流业效率评价结果的比较。我们也同样可以根据上述对三种物流业效率的测算结果，这里整理总结出"核心区"内中亚五国的三种物流业效率评价结果及比较情况，如表 7 - 18 所示：

表 7 - 18　　　　　　　　2006 ~ 2017 年中亚五国物流效率整体评价结果

年份	纯技术效率	规模效率	综合效率
2006	0.9934	0.8166	0.8114
2007	0.9014	0.7832	0.6988
2008	0.7856	0.8064	0.6000
2009	0.7134	0.8044	0.5502
2010	0.7582	0.7540	0.5414
2011	0.7910	0.6998	0.5150
2012	0.8050	0.7314	0.5420
2013	0.8226	0.6968	0.5242
2014	0.8348	0.7414	0.5850
2015	0.8464	0.7466	0.5968
2016	0.8902	0.7124	0.6174
2017	0.8860	0.8306	0.7304
均值	0.8357	0.7603	0.6094

根据表 7 - 18 我们可以得到图 7 - 3 如下：

表 7 - 18 和图 7 - 3 显示：（1）2006 ~ 2017 年中亚五国的三种物流业效率均小于 1，DEA 无效，说明还未达到当前技术水平下的最大产出，有进一步的提升空间。（2）中亚五国物流业的纯技术效率平均值为 0.8357，规模效率平均值为 0.7603，综合效率平均值为 0.6094，纯技术效率基本高于规模效率，说明中亚五国的综合效率无效主要是因为规模效率较低造成的。因此，中亚五国今后应该进

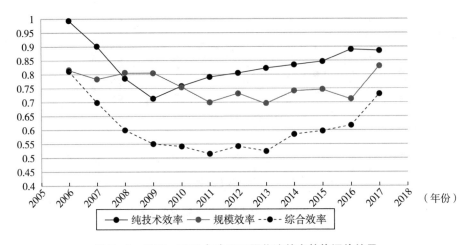

图 7-3　2006~2017 年中亚五国物流效率整体评价结果

一步扩大物流业规模。

5. 中国西北五省区与中亚五国的物流业效率比较

这里我们进一步对丝绸之路经济带"核心区"内的中国西北五省区与中亚五国 2006~2017 年的物流业纯技术效率均值、规模效率均值、综合效率均值进行比较。

第一，物流业纯技术效率均值比较。我们可以由表 7-13 得出中国西北五省区和中亚五国 2006~2017 年各年的物流业纯技术效率均值的走势图，如图 7-4 所示：

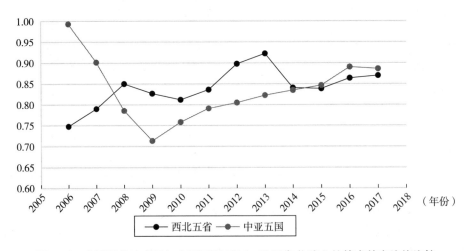

图 7-4　中国西北五省区与中亚五国 2006~2017 年物流业纯技术效率均值比较

图 7-4 显示：（1）中国西北五省区的物流业纯技术效率均值在 2006~2017 年间总体呈上升趋势且波动幅度较小。（2）中亚五国的物流业纯技术效率均值

在 2006～2017 年间波动幅度较大，具体在 2006～2009 年呈下降趋势，在 2009～2017 年呈上升趋势。（3）中国西北五省区的物流业纯技术效率值在 2006～2007 年低于中亚五国，但在 2008～2014 年间高于中亚五国，在 2015～2017 年间又低于中亚五国，但总体上是中国西北五省区高于中亚五国。

第二，物流业规模效率均值比较。我们可以由表 7-14 得出中国西北五省区和中亚五国 2006～2017 年各年的物流业规模效率均值的走势图，如图 7-5 所示：

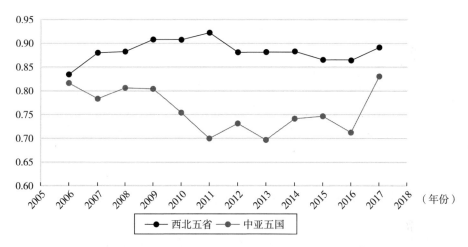

图 7-5　中国西北五省区与中亚五国 2006～2017 年物流业规模效率均值比较

图 7-5 显示：（1）中国西北五省区在 2006～2017 年的物流业规模效率均值明显高于中亚五国，且波动幅度较小，在 2011 年中国西北五省的规模效率均值达到最大。（2）中亚五国的物流业规模效率均值在 2006～2017 年明显低于中国西北五省区，且波动幅度明显大于中国西北五省区，呈下降后上升的趋势，在 2017 年达到最大。

第三，物流业综合效率均值比较。我们可以由表 7-15 得出中国西北五省区和中亚五国 2006～2017 年各年的物流业综合效率均值的走势图，如图 7-6 所示：

图 7-6 显示：（1）中国西北五省区的物流业综合效率均值在 2006 年低于中亚五国，但在 2007～2017 年间明显高于中亚五国，且综合效率均值的波动幅度比中亚五国小。（2）中亚五国的物流业综合效率均值明显低于中国西北五省区，且呈先下降后上升的趋势，波动幅度较大，基本为"U"形。

通过以上对 2006～2017 年中国西北五省区和中亚五国三种物流业效率均值方面的比较，可以看出，中国西北五省区和中亚五国在纯技术效率均值方面的差距不是很大，但在规模效率均值方面中国西北五省区普遍高于中亚五国，使得中

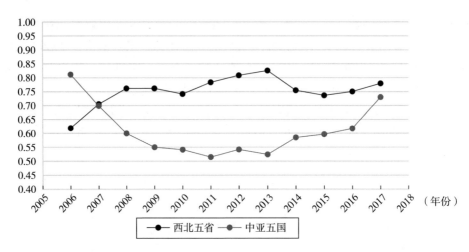

图 7 - 6　中国西北五省区与中亚五国 2006 ~ 2017 年物流业综合效率均值比较

国西北五省区的综合效率均值也基本高于中亚五国，"核心区"物流业效率的低下主要是由于物流业没有达到规模经济引起的。

7.4　"核心区"金融发展影响物流业效率的实证分析

本节将选择 Tobit 模型、选择被解释变量、核心解释变量及其他解释变量，对金融发展影响丝绸之路经济带"核心区"物流业效率的情况进行实证分析。

7.4.1　研究方法

由于前文用 DEA 方法来评价"核心区"物流业效率，估计出来的效率值介于 0 和 1 之间，取值受到限制。而 Tobit 回归模型属于因变量受到限制的一种模型，最早由托宾提出。因此，这里采用 Tobit 模型来实证分析金融发展对物流业效率的影响。其表达式为：

$$Y = \begin{cases} 0 & Y^* \leqslant 0 \\ Y^* = \beta X + \mu & Y^* > 0 \end{cases}$$

其中，μ 是随机扰动项，β 是回归参数向量，X 是自变量向量，Y^* 是潜变量向量，Y 是效率值向量。

7.4.2　指标选取及数据来源

1. 被解释变量

这里研究的是金融发展对丝绸之路经济带"核心区"物流业效率的影响，

因此，我们将物流业综合效率作为被解释变量，它的值来自表7 – 15测算的"核心区"2006～2017年各年的效率值。

2. 核心解释变量

本章前面曾将金融发展的内涵界定为金融规模的扩大、金融结构的优化以及金融效率的提高。但鉴于中亚五国数据的可获得性，这里我们将从金融规模、金融效率两个维度来衡量金融发展水平，并用金融深化指标和金融资产规模来反映金融规模发展水平，用金融配置效率来反映金融效率水平。因此，这里建立的金融发展水平测度指标体系如表7 – 19所示：

表7 – 19　　　　　　　　金融发展水平评价指标体系

一级指标	二级指标	计算方法
金融规模	金融深化指标	M_2/GDP
	金融资产规模	金融机构贷款余额/GDP
金融效率	金融配置效率	金融机构贷款余额/金融机构存款余额

我们对表7 – 19的指标做以下说明：

第一，金融规模。金融发展水平首先体现在金融规模的变化，金融规模的扩大为物流企业发展带来了雄厚的资金及服务支持。我们在参考已有文献后，决定用金融深化指标和金融资产规模来反映金融规模发展水平。

（1）金融深化指标（Financial Deepening Rate，FDR）。麦金农提出了金融深化指标，用来衡量一国的金融发展深度以及金融体系金融资金配置的能力，计算公式为：

$$FDR = \frac{M_2}{GDP}$$

其中，广义货币M_2是金融资产总值的重要组成部分。广义货币 = 流通货币总量 + 活期存款 + 定期存款 + 储蓄存款

我们通过广义货币的计算公式计算出2006～2017年中国西北五省区的广义货币值，并计算出各地区广义货币与地区GDP比值得到中国西北五省区的金融深化指标；再通过Wind数据库、亚洲开发银行数据库找到2006～2017年中亚五国广义货币与GDP比值，结果如表7 – 20所示：

表7 – 20　　　　　　　"核心区"2006～2017年金融深化指标

年份	陕西	甘肃	青海	宁夏	新疆	哈萨克斯坦	吉尔吉斯斯坦	塔吉克斯坦	土库曼斯坦	乌兹别克斯坦
2006	18.08	16.68	15.10	18.09	14.61	0.36	0.28	0.11	0.20	0.15
2007	16.97	16.02	15.10	15.72	14.35	0.36	0.31	0.11	0.19	0.16
2008	16.34	16.14	14.58	14.42	14.27	0.39	0.25	0.11	0.32	0.17

年份	陕西	甘肃	青海	宁夏	新疆	哈萨克斯坦	吉尔吉斯斯坦	塔吉克斯坦	土库曼斯坦	乌兹别克斯坦
2009	18.85	19.33	17.99	16.62	17.54	0.44	0.28	0.12	0.47	0.19
2010	18.74	19.52	18.50	16.77	17.48	0.39	0.31	0.12	0.52	0.22
2011	17.36	18.74	18.95	16.03	17.75	0.35	0.28	0.13	0.52	0.23
2012	17.63	19.95	20.35	16.96	18.31	0.34	0.32	0.13	0.47	0.24
2013	18.54	21.52	21.88	17.68	19.44	0.32	0.34	0.14	0.50	0.24
2014	18.70	23.37	22.80	18.17	19.12	0.32	0.31	0.13	0.50	0.23
2015	20.49	27.44	23.99	18.85	21.76	0.42	0.33	0.14	0.62	0.25
2016	21.46	28.70	26.54	19.79	23.31	0.42	0.34	0.19	0.53	0.26
2017	21.06	29.02	25.32	21.02	24.12	0.37	0.36	0.23	0.42	0.29
均值	18.69	21.37	20.09	17.51	18.51	0.37	0.31	0.14	0.44	0.22

表 7 - 20 显示：在 2006 ~ 2017 年，"核心区" 10 个子区域中，金融深化指标均值由高到低的排名是甘肃、青海、陕西、新疆、宁夏、土库曼斯坦、哈萨克斯坦、吉尔吉斯斯坦、乌兹别克斯坦和塔吉克斯坦。整体上讲，中国西北五省区的金融深化水平远远高于中亚五国。

（2）金融资产规模（Bank Capital，BC）。我们参考杨友才（2014）的选取方法，金融规模发展水平采用当年金融机构贷款余额占当年名义 GDP 的比重来衡量[1]，计算方式如下所示：

$$BC = \frac{金融机构贷款余额}{GDP}$$

通过 Wind 数据库、亚洲开发银行数据库找到 2006 ~ 2017 年 "核心区" 金融机构贷款余额与 GDP 数值，并计算出 "核心区" 每年金融机构贷款余额与 GDP 的比重，结果如表 7 - 21 所示：

表 7 - 21 　　　　　　　"核心区" 2006 ~ 2017 年金融资产规模

年份	陕西	甘肃	青海	宁夏	新疆	哈萨克斯坦	吉尔吉斯斯坦	塔吉克斯坦	土库曼斯坦	乌兹别克斯坦
2006	0.941	0.927	1.115	1.355	0.792	0.500	0.116	0.138	0.195	0.296
2007	0.890	0.889	1.095	1.289	0.762	0.510	0.056	0.170	0.186	0.282
2008	0.833	0.863	1.007	1.165	0.676	0.520	0.138	0.199	0.317	0.320
2009	1.019	1.077	1.294	1.417	0.886	0.530	0.112	0.150	0.466	0.300
2010	0.991	1.076	1.260	1.420	0.915	0.540	0.125	0.065	0.519	0.202
2011	0.948	1.089	1.336	1.361	0.949	0.550	0.112	0.127	0.519	0.267
2012	0.959	1.209	1.474	1.426	1.054	0.560	0.128	0.131	0.472	0.311
2013	1.001	1.332	1.601	1.517	1.165	0.570	0.142	0.191	0.503	0.303

---

[1]　杨友才. 金融发展与经济增长：基于我国金融发展门槛变量的分析 [J]. 金融研究，No. 404 （2）：63 - 75.

续表

年份	陕西	甘肃	青海	宁夏	新疆	哈萨克斯坦	吉尔吉斯斯坦	塔吉克斯坦	土库曼斯坦	乌兹别克斯坦
2014	1.065	1.562	1.811	1.664	1.259	0.580	0.159	0.192	0.498	0.265
2015	1.207	1.958	2.064	1.758	1.399	0.590	0.193	0.202	0.619	0.261
2016	1.233	2.174	2.169	1.789	1.508	0.600	0.187	0.247	0.661	0.264
2017	1.218	2.333	2.371	1.839	1.550	0.610	0.201	0.153	0.546	0.278
均值	1.025	1.374	1.550	1.500	1.076	0.555	0.139	0.164	0.458	0.279

表 7 - 21 显示：在 2006~2017 年，"核心区" 10 个子区域中，金融资产规模均值由高到低的排名是青海、宁夏、甘肃、新疆、陕西、哈萨克斯坦、土库曼斯坦、乌兹别克斯坦、塔吉克斯坦和吉尔吉斯斯坦。整体上讲，中国西北五省区的金融资产规模远远高于中亚五国。

第二，金融效率。金融发展不仅体现在金融规模在"量"上的扩大，更体现在金融资源配置效率在"质"上的提高。我们参考夏祥谦（2014）的选取方法，采用金融配置效率（Financial Allocation Efficiency，FAE）来衡量金融效率水平[①]，计算公式为：

$$FAE = \frac{金融机构贷款余额}{金融机构存款余额}$$

通过 Wind 数据库、亚洲开发银行数据库找到 2006~2017 年"核心区"金融机构贷款余额与存款余额，并计算出金融机构贷款余额与存款余额比值，结果如表 7 - 22 所示：

表 7 - 22　　　　　　"核心区" 2006~2017 年金融配置效率

年份	陕西	甘肃	青海	宁夏	新疆	哈萨克斯坦	吉尔吉斯斯坦	塔吉克斯坦	土库曼斯坦	乌兹别克斯坦
2006	0.599	0.637	0.806	0.869	0.523	1.133	-0.885	2.289	0.338	0.811
2007	0.602	0.641	0.799	0.927	0.582	1.162	-1.209	2.467	0.339	0.773
2008	0.563	0.578	0.741	0.882	0.523	1.145	-1.373	6.394	0.572	0.874
2009	0.598	0.620	0.783	0.931	0.553	1.298	3.416	12.445	0.614	0.838
2010	0.610	0.623	0.734	0.932	0.561	1.232	-4.584	1.637	0.606	0.574
2011	0.617	0.652	0.790	0.964	0.604	1.161	-6.853	-1.175	0.625	0.776
2012	0.612	0.681	0.791	0.955	0.642	1.285	-0.803	-0.972	0.621	0.952
2013	0.634	0.701	0.828	1.011	0.698	1.291	-0.911	-1.401	0.617	0.977
2014	0.670	0.767	0.921	1.088	0.775	1.420	-1.179	-1.518	0.653	0.896
2015	0.671	0.823	0.957	1.065	0.762	1.702	-2.330	8.088	0.776	0.961
2016	0.679	0.899	1.002	1.042	0.776	1.773	-80.230	3.485	0.822	1.041
2017	0.706	0.985	1.068	1.083	0.794	1.634	25.420	1.960	0.686	0.925
均值	0.630	0.717	0.852	0.979	0.649	1.353	-5.960	2.808	0.606	0.867

---

① 夏祥谦. 各省区市金融发展水平的比较研究［J］. 金融理论与实践，2014（1）：63 - 68.

表7－22显示：在2006～2017年，"核心区"10个子区域中，金融配置效率均值由高到低的排名是塔吉克斯坦、哈萨克斯坦、宁夏、乌兹别克斯坦、青海、甘肃、新疆、陕西、土库曼斯坦和吉尔吉斯斯坦。整体上讲，中国西北五省区相互比较均衡，中亚五国相互差异很大。

3. 其他解释变量

影响物流效率的因素有很多，我们参考已有物流效率影响因素的研究成果，将经济发展水平、对外开放程度、城镇化水平、产业结构、区位条件这五个影响因素作为其他解释变量，如表7－23所示：

表7－23 　　　　　　　　　　　其他解释变量及计算方法

其他解释变量	计算方法
经济发展水平	人均GDP
对外开放程度	外商直接投资额
城镇化水平	城市人口/总人口
产业结构	第三产业生产总值/地区生产总值
区位条件	地区物流业产值/地区生产总值 / 各地区物流业产值之和/各地区生产总值之和

第一，经济发展水平（人均GDP）。一个国家或地区经济的发展水平会影响该区域物流业的发展。我们采用人均GDP来衡量"核心区"经济发展水平，所需数据来源于中国国家统计局网站和Wind资讯等。

第二，对外开放程度（OPEN）。对外开放能够促进一国或地区的经济发展和物流发展。我们这里用外商直接投资额来衡量"核心区"的对外开放程度，所需数据来源于中国国家统计局网站和Wind资讯等。

第三，城镇化水平（TOWN）。城镇化水平的提高意味着人口集中，社会消费量的增加，物流需求也会随之增加。因此，城镇需求的增加带动了物流业的发展。我们用城市人口占总人口的比重来代表"核心区"城镇化水平，所需数据来源于中国国家统计局网站和Wind资讯等。

第四，产业结构（STRU）。产业结构变动会带动物流需求数量的增加和推动物流需求质量的提升。我们用第三产业生产总值占地区生产总值的比例来代表"核心区"产业结构，所需数据来源于中国国家统计局网站和Wind资讯等。

第五，区位条件（LQ）。区位因素对物流业的发展至关重要。我们用区位商来衡量"核心区"的区位条件：

$$区位商 = \frac{地区物流业产值/地区生产总值}{各地区物流业产值之和/各地区生产总值之和}$$

所需数据来源于中国国家统计局网站和Wind资讯等。

7.4.3 建立 Tobit 回归模型

这里我们对表示金融发展水平的三个指标即金融深化指标、金融资产规模、金融配置效率进行主成分分析，结果如表7-24所示：

表7-24　　　　　　　　　核心解释变量主成分分析结果

成分	初始特征值			提取平方和载入		
	合计	方差的%	累积%	合计	方差的%	累积%
1	1.926	64.184	64.184	1.926	64.184	64.184
2	0.992	33.076	97.261			
3	0.082	2.739	100.000			

表7-24显示：第一主成分（记作 FDL）能够提取原始变量64.184%的信息，因此，下面我们用 FDL 代表金融发展水平。

根据以上所选取的被解释变量、核心解释变量和其他解释变量构建如下 Tobit 模型：

$$E_{it} = \beta_0 + \beta_1 FDL_{it} + \beta_2 GDP_{it} + \beta_3 OPEN_{it} + \beta_4 TOWN + \beta_5 STRU_{it} + \beta_6 LQ_{it} + \varepsilon_{it}$$

其中，β_0 表示常数项；β_1，β_2，β_3，β_4，β_5 等表示自变量的回归系数；ε_{it} 表示回归误差项；E_{it} 表示第 t 期的物流业综合效率、纯技术效率和规模效率；FDL_{it} 表示第 t 期的金融发展水平；GDP_{it}、$OPEN_{it}$、$TOWN_{it}$、$STRU_{it}$、LQ_{it} 分别表示第 t 期的经济发展水平、对外开放程度、城镇化水平、产业结构和区位条件。

7.4.4 实证结果及分析

这里我们根据以上所得的各项指标数据，分别以"核心区"整体、中国西北五省区和中亚五国的物流业综合效率、纯技术效率和规模效率为被解释变量，采用 EViews 8.0 对上述所建立的 Tobit 模型进行了回归。

1. 综合效率的回归结果及分析比较

我们对物流业综合效率的回归结果如表7-25所示：

表7-25　　　　　　　　　物流业综合效率 Tobit 模型回归结果

解释变量	"核心区"整体			中国西北五省区			中亚五国		
	系数			标准误差			P 值		
C	0.917	0.305	0.003	0.990	0.467	0.040	2.063	0.932	0.033
FDL	0.014	0.055	0.080	0.131	0.194	0.050	0.417	0.274	0.014
GDP	4.00E-07	3.65E-06	0.913	-2.52E-06	1.74E-05	0.886	-8.90E-05	2.71E-05	0.002
OPEN	1.69E-07	1.09E-07	0.012	6.76E-07	3.03E-07	0.031	1.63E-07	1.83E-07	0.381
TOWN	-0.004	0.005	0.468	-0.005	0.019	0.773	0.010	0.018	0.582
STRU	-0.002	0.003	0.410	-0.004	0.004	0.282	0.020	0.008	0.012
LQ	0.006	0.085	0.094	0.009	0.093	0.093	-0.153	0.312	0.627

表 7-25 显示：第一，以丝绸之路经济带"核心区"为整体，核心解释变量金融发展水平（FDL）的系数为 0.014，且为正值，在 10% 的显著性水平下通过了检验。这表明了"核心区"整体的金融发展水平与物流业综合效率之间存在显著的正向相关关系，金融发展水平每提高 1%，物流业综合效率就增加 0.014 个单位，因此，金融发展水平的提高有利于"核心区"整体物流业综合效率的提升。第二，以中国西北五省区为整体，核心解释变量金融发展水平（FDL）的系数为 0.131，且为正值，在 10% 的显著性水平下通过了检验。金融发展水平每提高 1%，物流业综合效率就增加 0.131 个单位，这说明金融发展水平的提高有利于中国西北五省区物流业综合效率的提升。第三，以中亚五国为整体，核心解释变量金融发展水平（FDL）的系数为 0.417，且为正值，在 5% 的显著性水平下通过了检验。金融发展水平每提高 1%，物流业综合效率就增加 0.417 个单位，这说明金融发展水平的提高有利于中亚五国物流业综合效率的提升。

其他解释变量的影响状况是：第一，从"核心区"整体看，对外开放程度和区位条件的系数都为正，且都在 10% 的显著性水平下通过了检验，说明对外开放程度和区位条件对"核心区"物流业综合效率的提升具有显著的正向影响。经济发展水平的系数虽然为正，但对物流业综合效率影响不显著。城镇化水平和产业结构与"核心区"整体物流业综合效率之间负相关，这可能与"核心区"城镇化水平和产业结构低端有关。第二，从中国西北五省区看，对外开放程度和区位条件的系数都为正，且都在 10% 的显著性水平下通过了检验，但是对外开放程度的系数非常小，说明中国西北五省区对外开放程度低、对物流业综合效率的促进作用不明显。经济发展水平、城镇化水平和产业结构与中国西北五省区的物流业综合效率之间负相关，很可能与中国西北五省区的经济发展水平、城镇化水平和产业结构低端有关。第三，从中亚五国看，产业结构的系数为正，且在 5% 的显著性水平下通过了检验，这说明产业结构可以促进中亚五国物流业综合效率的提升。对外开放程度和城镇化水平的系数虽然为正，但对中亚五国物流业综合效率的促进作用不显著，需要进一步提高中亚五国的对外开放程度和城镇化水平。经济发展水平和区位条件与中亚五国的物流业综合效率之间负相关，很可能与中亚五国经济发展水平低、区位条件差有关。

2. 纯技术效率的回归结果及分析比较

我们对物流业纯技术效率的回归结果如表 7-26 所示：

表 7-26　　　　　　　物流业纯技术效率 Tobit 模型回归结果

解释变量	"核心区"整体			中国西北五省区			中亚五国		
	系数	标准误差	P 值	系数	标准误差	P 值	系数	标准误差	P 值
C	0.553	0.534	0.303	0.542	0.917	0.558	0.436	0.747	0.562
FDL	0.024	0.095	0.080	0.094	0.141	0.051	0.523	0.259	0.049

续表

解释变量	"核心区"整体			中国西北五省区			中亚五国		
	系数	标准误差	P值	系数	标准误差	P值	系数	标准误差	P值
GDP	$-1.24E-06$	$5.70E-06$	0.828	$-8.88E-07$	$8.04E-06$	0.912	$-2.40E-05$	$1.97E-05$	0.229
OPEN	$2.03E-07$	$1.62E-07$	0.213	$-2.49E-07$	$4.74E-07$	0.601	$2.15E-07$	$1.60E-07$	0.186
TOWN	0.012	0.014	0.040	0.019	0.029	0.527	0.010	0.014	0.496
STRU	-0.001	0.003	0.753	-0.005	0.003	0.093	0.009	0.007	0.184
LQ	0.169	0.123	0.017	0.199	0.100	0.053	0.095	0.283	0.074

表7-26显示：第一，从"核心区"整体看，核心解释变量金融发展水平（FDL）的系数为0.024，且为正值，在10%的显著性水平下通过了检验。这表明了"核心区"整体的金融发展水平与物流业纯技术效率之间存在显著的正向相关关系，金融发展水平每提高1%，物流业纯技术效率就增加0.024个单位，因此，金融发展水平的提高有利于"核心区"整体物流业纯技术效率的提升。第二，从中国西北五省区看，核心解释变量金融发展水平（FDL）的系数为0.094，且为正值，在10%的显著性水平下通过了检验。金融发展水平每提高1%，物流业综合效率就增加0.094个单位，这说明金融发展水平的提高有利于中国西北五省区整体物流业纯技术效率的提升。第三，从中亚五国看，核心解释变量金融发展水平（FDL）的系数为0.523，且为正值，在5%的显著性水平下通过了检验。金融发展水平每提高1%，物流业纯技术效率就增加0.523个单位，这说明金融发展水平的提高有利于中亚五国物流业纯技术效率的提升。

其他解释变量的影响是：第一，从"核心区"整体看，城镇化水平和区位条件的系数都为正，且都在5%的显著性水平下通过了检验，说明城镇化水平和区位条件对"核心区"物流业纯技术效率的提升具有显著的正向影响。对外开放程度的系数虽然为正，但对物流业纯技术效率影响不显著。经济发展水平和产业结构与"核心区"物流业纯技术效率之间负相关，可能与"核心区"经济发展水平和产业结构低端有关。第二，从中国西北五省区看，城镇化水平和区位条件的系数都为正，区位条件在10%的显著性水平下通过了检验，但城镇化水平对中国西北五省区物流业纯技术效率的正向影响不显著。经济发展水平、对外开放程度和产业结构与中国西北五省区的物流业纯技术效率之间负相关，很可能与中国西北五省区的经济发展水平、对外开放程度和产业结构低端有关。第三，从中亚五国看，区位条件的系数为正，且在10%的显著性水平下通过了检验，这说明区位条件可以促进中亚五国物流业纯技术效率的提升。对外开放程度、城镇化水平和产业结构的系数虽然为正，但对中亚五国物流业纯技术效率的促进作用不显著。经济发展水平与中亚五国的物流业纯技术效率之间负相关，可能与中亚五国经济发展水平不高有关。

3. 规模效率的回归结果及分析比较

我们对物流业规模效率的回归结果如表7-27所示：

表 7 - 27　　　　　　　　　　物流业规模效率的 **Tobit** 模型回归结果

解释变量	"核心区"整体			中国西北五省区			中亚五国		
	系数	标准误差	P 值	系数	标准误差	P 值	系数	标准误差	P 值
C	0.596	0.115	0.000	0.928	1.104	0.405	1.934	0.647	0.004
FDL	0.018	0.032	0.058	0.230	0.129	0.080	0.221	0.223	0.327
GDP	$-3.84E-06$	$1.65E-06$	0.022	$-2.13E-06$	$1.02E-05$	0.8355	$-2.63E-05$	$1.56E-05$	0.0982
OPEN	$4.54E-08$	$3.56E-08$	0.205	$1.11E-06$	$4.92E-07$	0.0282	$-1.98E-07$	$1.41E-07$	0.1673
TOWN	0.007	0.003	0.020	-0.021	0.034	0.536	0.020	0.013	0.114
STRU	-0.004	0.001	0.000	0.008	0.004	0.021	0.026	0.005	0.000
LQ	0.170	0.036	0.000	0.263	0.125	0.041	-0.345	0.216	0.117

表 7 - 27 显示：第一，从"核心区"整体看，核心解释变量金融发展水平（FDL）的系数为 0.018，且为正值，在 10% 的显著性水平下通过了检验。这表明了"核心区"整体的金融发展水平与物流业规模效率之间存在显著的正向相关关系，金融发展水平每提高 1%，物流业规模效率就增加 0.018 个单位，因此，金融发展水平的提高有利于"核心区"整体物流业规模效率的提升。第二，从中国西北五省区看，核心解释变量金融发展水平（FDL）的系数为 0.230，且为正值，在 10% 的显著性水平下通过了检验。金融发展水平每提高 1%，物流业规模效率就增加 0.230 个单位，这说明金融发展水平的提高有利于中国西北五省区整体物流业规模效率的提升。第三，从中亚五国看，核心解释变量金融发展水平（FDL）的系数为 0.221，且为正值，但对物流业规模效率的正向影响不显著，这可能与中亚五国金融发展较慢有关。

其他解释变量的影响是：第一，从"核心区"整体看，城镇化水平和区位条件的系数都为正，且都在 5% 的显著性水平下通过了检验，说明城镇化水平和区位条件对"核心区"物流业规模效率的提升具有显著的正向影响。对外开放程度的系数虽然为正，但对物流业规模效率影响不显著。经济发展水平和产业结构与"核心区"物流业规模效率之间负相关，可能与"核心区"经济发展水平和产业结构低端有关。第二，从中国西北五省区看，对外开放程度、产业结构和区位条件的系数都为正，且都在 5% 的显著性水平下通过了检验。经济发展水平、城镇化水平与中国西北五省区的物流业规模效率之间负相关，可能与中国西北五省区的经济发展水平和城镇化水平不高有关。第三，从中亚五国看，产业结构的系数为正，且在 5% 的显著性水平下通过了检验，这说明产业结构可以促进中亚五国物流业规模效率的提升。城镇化水平的系数虽然为正，但对中亚五国物流业规模效率的促进作用不明显。经济发展水平、对外开放程度和区位条件与中亚五国的物流业规模效率之间负相关，可能与中亚五国的经济发展水平和对外开放程度较低以及区位条件差有关。

通过以上的回归结果可以看到：金融发展水平对"核心区"物流业综合效率、纯技术效率和规模效率的提升具有显著的正向影响，金融发展水平的提高会提升"核心区"物流业综合效率、纯技术效率和规模效率。金融发展水平增加1%，物流业综合效率会增加0.014个单位，物流业纯技术效率会增加0.024个单位，物流业规模效率会增加0.018个单位。因此，应该不断提高"核心区"的金融发展水平。

4. 中国西北五省区与中亚五国回归结果的比较

第一，物流业综合效率回归结果比较。由表7－25可以看出，以中国西北五省区为整体，核心解释变量金融发展水平（FDL）的系数为0.131，且为正值，在10%的显著性水平下通过了检验，说明其金融发展水平每提高1%，物流业综合效率就增加0.131个单位；以中亚五国为整体，核心解释变量金融发展水平（FDL）的系数为0.417，且为正值，在5%的显著性水平下通过了检验，说明其金融发展水平每提高1%，物流业综合效率就增加0.417个单位。可见，中亚五国的金融发展水平的系数高于中国西北五省区，这可能是因为中亚五国的金融发展处于初期阶段，因此，相比于中国西北五省区，金融发展对物流业综合效率的促进作用正处于边际收益递增阶段。

第二，物流业纯技术效率回归结果比较。由表7－26可以看出，以中国西北五省区为整体，核心解释变量金融发展水平（FDL）的系数为0.094，且为正值，在10%的显著性水平下通过了检验，说明其金融发展水平每提高1%，物流业综合效率就增加0.094个单位；以中亚五国为整体，核心解释变量金融发展水平（FDL）的系数为0.523，且为正值，在5%的显著性水平下通过了检验，说明其金融发展水平每提高1%，物流业纯技术效率就增加0.523个单位。可见，中亚五国的金融发展水平的系数高于中国西北五省区，这说明，中亚五国的金融发展对物流业纯技术效率的促进作用也更为明显。

第三，物流业规模效率回归结果比较。由表7－27可以看出，以中国西北五省区为整体，核心解释变量金融发展水平（FDL）的系数为0.230，且为正值，在10%的显著性水平下通过了检验，说明其金融发展水平每提高1%，物流业规模效率就增加0.230个单位；以中亚五国为整体，核心解释变量金融发展水平（FDL）的系数为0.221，且为正值，但对物流业规模效率的正向影响不显著。可见，中国西北五省区的金融发展对物流业规模效率的影响高于中亚五国，同时也反映了中亚五国的金融发展较慢，对物流业规模效率的促进作用不明显。

7.5　研究结论及相应的对策建议

7.5.1　研究结论总结

本章在统计描述"核心区"金融发展现状和物流业发展现状的基础上，首先利用数据包络分析法（DEA）对"核心区"2006～2017年物流业纯技术效率、规模效率及综合效率进行了评价，并将中国西北五省区与中亚五国的这三种效率进行了比较；然后利用 Tobit 模型及 2006～2017 年"核心区"的相关数据将金融发展对物流业综合效率、纯技术效率和规模效率的影响程度进行了回归分析。得出的结论是：

1. 物流业效率的评价结果

（1）从纯技术效率来看，"核心区"中吉尔吉斯斯坦的效率均值最高，达到 1，DEA 有效；而土库曼斯坦的效率均值最低，仅为 0.425；其他在二者之间，从高到低依次为宁夏、塔吉克斯坦、哈萨克斯坦、陕西、甘肃、乌兹别克斯坦、新疆、青海。（2）从规模效率来看，"核心区"中陕西省的效率均值最高，达到 0.996；而吉尔吉斯斯坦的效率均值最低，仅为 0.326；其他在二者之间，从高到低依次为甘肃、宁夏、土库曼斯坦、乌兹别克斯坦、哈萨克斯坦、新疆、塔吉克斯坦、青海。（3）从综合效率来看，"核心区"中宁夏的效率均值最高，达到 0.962；而吉尔吉斯斯坦的效率均值最低，仅为 0.326；其他在二者之间，从高到低依次为陕西、甘肃、哈萨克斯坦、塔吉克斯坦、乌兹别克斯坦、新疆、青海、土库曼斯坦。（4）中国西北五省区的物流业纯技术效率与中亚五国差距不明显，但中国西北五省区的物流业规模效率和综合效率都明显高于中亚五国，说明中亚五国物流业效率较低主要是由于物流业没有达到规模经济引起的。

2. 金融发展水平的测算结果

（1）从金融深化指标看，在 2006～2017 年，"核心区"10 个子区域中金融深化指标均值由高到低的排名是甘肃、青海、陕西、新疆、宁夏、土库曼斯坦、哈萨克斯坦、吉尔吉斯斯坦、乌兹别克斯坦和塔吉克斯坦。整体上讲，中国西北五省区的金融深化水平远远高于中亚五国。（2）从金融资产规模看，在 2006～2017 年，"核心区"10 个子区域中，金融资产规模均值由高到低的排名依次是青海、宁夏、甘肃、新疆、陕西、哈萨克斯坦、土库曼斯坦、乌兹别克斯坦、塔吉克斯坦和吉尔吉斯斯坦。整体上讲，中国西北五省区的金融资产规模远远高于中亚五国。（3）从金融配置效率看，在 2006～2017 年，"核心区"10 个子区域中，金融配置效率均值由高到低的排名依次是塔吉克斯坦、哈萨克斯坦、宁夏、乌兹别克斯坦、青海、甘肃、新疆、陕西、土库曼斯坦和吉尔吉斯斯坦，整体上讲，中国西北五省区相互比较均衡，中亚五国相互差异很大。

3. 金融发展对物流业效率影响的实证结果

（1）以丝绸之路经济带"核心区"为整体，金融发展水平对"核心区"物流业综合效率、纯技术效率和规模效率都具有显著的正向影响。（2）以中国西北五省区为整体，金融发展水平对中国西北五省区的物流业综合效率、纯技术效率和规模效率都具有显著的正向影响。（3）以中亚五国为整体，金融发展水平对中亚五国物流业综合效率和纯技术效率有显著的正向影响，而对物流业规模效率影响不显著，这很可能与中亚五国金融发展不足有关。

4. 其他控制变量对物流业效率的影响

（1）从"核心区"整体看，对外开放程度和区位条件的系数都为正且影响显著，经济发展水平的影响为正但对物流不太显著，城镇化水平和产业结构的影响为负，这可能与"核心区"城镇化水平和产业结构低端有关。（2）从中国西北五省区看，对外开放程度和区位条件的影响为正且显著，但对外开放程度的系数非常小，说明中国西北五省区对外开放程度低；经济发展水平、城镇化水平和产业结构的影响为负，很可能与中国西北五省区的经济发展水平、城镇化水平和产业结构低端有关。（3）从中亚五国看，产业结构的影响为正且显著，对外开放程度和城镇化水平的影响为正但不显著，经济发展水平和区位条件的影响为负，很可能与中亚五国经济发展水平低、区位条件差有关。

7.5.2 相应的对策建议

1. 针对"核心区"整体的对策建议

第一，建立丝绸之路经济带"核心区"物流专项资金。融资困难是物流企业在发展过程中特别是在跨境运营中常见又难以解决的一个问题。丝绸之路经济带建设倡议的提出，使得物流企业面临更多的跨境业务，这就需要充足的资金来维持运营发展。为此，丝绸之路经济带"核心区"各地区政府应主导设立专门针对"核心区"物流业的专项基金，鼓励金融机构积极参与，将丝路基金进行细分，切实帮助物流企业解决融资困难问题，从而推动物流业的发展，提升物流业效率。

第二，健全丝绸之路经济带"核心区"物流金融体系及信用担保体系。"核心区"各国和各省区应从外部环境上为物流企业构建一个公平友好的融资环境。为此，必须健全"核心区"物流金融体系和信用担保体系，"核心区"各国和各省区的政府部门要积极动员社会储蓄、激活闲散资金，通过建立针对性的中小银行、担保机构和完善企业信用等级体系，加强各地区之间信息沟通与整合，为物流产业快速发展提供坚实的支持。这样物流企业才能拥有一个公正友好的外部融资环境，助于物流业发展。

第三，建立风险预警系统，提高金融服务效率。前面的实证结论说明，"核心区"金融发展对物流业效率有显著的正向影响，能够促进物流业效率的提升，但在这个融资过程中也难免存在许多风险，比如信用类风险、市场系统性风险、操作类风险等。因此识别、量化和处置这些风险的能力水平是金融发展能否起到促进物流发展的关键。因此，"核心区"物流金融企业也要构建自己的风险预警系统和应急系统，在面临风险时，能够及时采取相关措施规避风险、降低风险或转移风险，以便提升金融对物流业的服务效率。

2. 针对中国西北五省区的对策建议

第一，发挥区位互补优势，加强地区经济合作。中国西北五省区经济健康运行及金融发展水平的提高，要求区位互补和地区合作。为此，中国西北各省区政府应积极展开各种合作与磋商，逐步消除地方壁垒，形成西北地区统一的区域市场，发挥区域联盟的作用，通过这样的方式，促进金融资源合理配置，从而更好地推动各省区物流业的发展，提升物流业效率。

第二，物流企业主动积极与金融机构合作。当前，中国西北五省区大多数的物流企业规模较小，还不满足上市要求，银行贷款仍然是其主要的融资来源。因此，中国西北五省区物流企业要努力加强建设，提高信誉质量，主动积极与银行机构交流沟通，使得商行能够准确地把握物流企业的融资需求，及时满足物流企业的资金需求。可见，物流企业加强与银行等金融机构的交流与合作互助，可以争取更多的资金支撑空间。

第三，引进先进管理模式，促进物流企业做大做强。随着物流业的快速发展，中国西北五省区大多数物流企业的管理模式没有及时跟进，已经不能满足、更不能促进物流发展的需求。因此，物流企业要引进先进的企业管理模式，结合企业自身的实际条件，移植适应时代发展要求的运营模式，不断提升企业在市场竞争中的实力，持续做大做强，并寻找机会上市直接融资。

3. 针对中亚五国的对策建议

前面的实证结论说明，中亚五国的金融发展水平对物流业规模效率的促进作用不明显，这可能是因为中亚五国金融发展水平较低，因此，为了推动中亚五国物流业发展，提升物流业效率，必须加快金融发展。

第一，完善资本市场，扩大物流企业融资渠道。中亚五国的资本市场发展还不充分，所以只有先发展资本市场，才能扩大物流企业的融资渠道。发达完善的资本市场体系是经济发展的重要保障，资本市场的先进与完善需要中亚五国政府和相关机构的协作推进。物流企业要同国际接轨，完善现代企业制度建设。中亚五国应尽快建立并不断完善规范有效的债券市场、股票市场等金融市场，搭建金融基础设施，为物流企业创造友好可及的外部融资环境。

第二，建立财政支持体系，扩充物流企业融资方式。物流企业在国民经济体系中具有非常重要地位，中亚五国各国政府必须重视物流企业的成长和发展，着力解决物流企业的资金问题。首先，应在税收政策方面对物流企业进行适当的优惠支持，适当将融资费用列入财务费用，以便降低企业融资成本，减轻企业的债务负担；其次，对于物流企业的财政贷款，依据物流企业目前的实际运营情况，国家财政可以以债转股的形式解决。

第三，提高国际结算服务水平。中亚五国的物流发展必然会涉及跨境运输和国际结算。中亚各国应健全与核心区建设相适应的金融业新体制机制，积极推进资本市场的多边开放，促进国内国际要素有序流动，提升金融市场的国际化水平；国内外金融市场应深度融合，实现金融资源高效配置；同时，中亚五国应充分利用人民币国际化的机遇，优化跨境支付系统、支持跨境货物贸易和服务贸易结算，便捷跨境投融资等。提高国际结算水平能够直接加快物流业跨境运输的效率。

第8章 经济发展影响"核心区"物流业效率的实证分析

物流畅通是丝绸之路经济带建设的重要内涵，也是丝绸之路经济带建设的重要手段。尤其是地处丝绸之路经济带地理空间核心区位的中国西北五省区和中亚五国，承担着该经济带上承东启西、连接南北的作用，高效畅通的物流业对经济带上的各国道路联通、贸易畅通都发挥着关键性的作用。而经济发展水平对物流业效率的提升具有非常重要的影响。因此，本章在第2章影响机理分析的基础上，这里专门实证分析丝绸之路经济带"核心区"的经济发展水平对物流业效率的影响，具有重要意义。

8.1 文献综述与问题的提出

8.1.1 关于经济发展水平影响物流业效率机理的研究

一个国家或地区的经济发展对当地的物流产业的发展起着至关重要的作用。经济规模和产业结构对物流效率的提高具有重要推动作用。经济越发达，物流效率相对来说也就越高（詹荣富等，2018）[①]。持续的投资是物流业发展的基础，所有制结构的变革、发展多种经济成分是提高物流匹配效率的重要条件（欧阳小迅等，2010）[②]。同时，物流业是国民经济的基础性、战略性和先导性产业，它的发展对国民经济各行各业的发展业有很大的促进作用。因此，政府在推动国家和区域经济发展的同时，必将高度重视物流业的发展。政府不仅能够投资物流业基础设施，还可以建立物流信息共享平台，实现信息实时共享，减少交易费用，更多的是优化系统和机制的设计，简化物流程序，引导民间对物流业投资，促使物流业不断进步发展、物流效率不断提高（王琴梅等，2013）[③]。在经济发展过程中，繁荣的商品经济的发生催生了极大的物流业需求。而快递业作为物流产业的一个分支

[①] 詹荣富，黄立军. 粤港澳大湾区各地物流效率现状原因及对策分析 [J]. 物流工程与管理，2018（11）：19 – 22.

[②] 欧阳小迅，黄福华. 中国地区物流匹配效率及其影响因素实证分析 [J]. 财贸研究，2010（6）：23 – 31.

[③] 王琴梅，谭翠娥. 对西安市物流效率及其影响因素的实证研究 [J]. 软科学，2013（5）：70 – 74.

行业，电商的崛起使得快递业发展大增。根据《2018 - 2024 年中国快递行业市场深度调研及未来发展趋势报告》指出，自 2008 年以来，快递业务量从 10 亿件左右增长到 2017 年的 400.56 亿件，快递业务收入从 300 亿元左右增至 4957.1 亿元①。这些数据充分显示了随着经济的发展，商品经济的繁荣极大地促进了物流行业的发展。

8.1.2　关于经济发展水平影响物流业效率实证的研究

从当前我国学者对物流业效率的影响因素的研究方面来看，针对不同的区域研究，在经济发展水平对物流业效率的影响方面有两种相反的观点。

1. 经济发展水平对物流业效率影响轻微

黄洁等（2015）通过对云南省物流效率及其影响因素研究发现，云南省经济发展水平与物流效率呈现正相关，但是相关度比较低，证明有可能是地方过分追求经济发展速度重复建设物流相关的基础设施，导致物流资源的浪费②。李云芳等（2015）通过研究长江经济带区域物流效率发现长江经济带各省（市）经济水平的提高对物流业促进程度不高③。董春凤等人（2017）通过对内蒙古区域物流效率及其影响因素的研究分析得出经济发展水平对物流业效率提升起到一定作用，但是作用不显著④。王琴梅等（2013）通过研究西安市物流业效率及其影响因素发现西安市经济发展水平与物流业效率呈正相关关系，但相关度依然不是很高⑤。

2. 经济发展水平对物流业效率影响显著

倪明等人（2015）通过以江西省为例，研究区域物流效率评价及其影响因素得出江西物流效率与经济发展水平显著相关，从而说明社会经济的快速发展使得政府和企业能投入更多的资金、技术发展物流业，经济发展速度的提高能够带来物流市场需求的不断增大，从而带动物流效率的提升⑥。而詹荣富等（2018）通过对粤港澳大湾区各地物流效率现状原因分析得出经济规模对物流效率的提高具有重要推动作用⑦。经济越发达，物流效率相对来说也就越高。秦雯（2016）在对青海省物流业效率进行研究时发现随着青海省 GDP 的增长，青海省物流业效

---

① 2018—2024 年中国快递行业市场深度调研及未来发展趋势报告［R］. 产业信息网，www. chyxx. com.

② 黄洁，白捷伊，王小腾. 云南省物流效率及其影响因素：基于 DEA 模型和 Tobit 回归模型的实证分析［J］. 经营与管理，2015（11）：107 - 111.

③ 李云芳，刘刚. 长江经济带区域物流效率评价及影响因素的实证研究［J］. 物流工程与管理，2015（3）：41 - 44.

④ 董春凤，华连连，刘俊华，李弘. 内蒙古区域物流效率及其影响因素研究［J］. 内蒙古工业大学学报，2017（4）：305 - 311.

⑤ 王琴梅，谭翠娥. 对西安市物流效率及其影响因素的实证研究［J］. 软科学，2013（5）：70 - 74.

⑥ 倪明，何超，杨善林. 区域物流效率评价及其影响因素实证研究［J］. 华东交通大学学报，2015（4）：65 - 72.

⑦ 詹荣富，黄立军. 粤港澳大湾区各地物流效率现状原因及对策分析［J］. 物流工程与管理，2018（11）：19 - 22.

率也有提高作用。生产总值对青海物流效率的影响显著，但程度有限①。

3. 关于物流业效率实证方法方面的研究

张建钦（2013）应用数据包络分析（DEA），分析了 2010 年中国 14 个省份的物流效率②。项丝雨（2018）运用 DEA 模型对 2011～2016 年省域 18 个省份的物流产业效率进行了整体效率分析、区域性分析和投影分析，并利用 Tobit 回归模型对其影响因素进行了分析③。孟魁（2014）运用三阶段 DEA 方法研究中部地区在能耗和碳排放约束条件下的物流业效率问题④。王蕾等（2014）则是用 DEA 模型中的 C2GS2 模型的投入导向型模型分析了北疆 8 个地区 2006～2012 年的物流效率⑤。

4. 关于物流业效率影响因素的相关研究

赵光辉（2016）从宏观角度列举了物流业的一部分影响因素，如政治风险、技术风险，并未做相关的实证分析⑥。王琴梅等（2013）考察了西安市经济发展水平、市场化程度、区位因素等影响因素对物流业效率的影响，对今后西安物流业的发展方向提出了建议⑦。秦雯（2016）针对青海经济水平、产业结构、城镇化水平等对物流业效率的影响因素进行研究，指出了青海物流业发展中存在的几点问题，为今后的发展提出了几点建议⑧。黄洁等（2015）通过分析云南省物流效率及其影响因素发现，物流资源利用率和区位因素对物流业效率影响程度较大⑨。而陈治国等（2015）过对新疆物流效率及其影响因素的分析发现，外贸水平和物流资源利用率在很大程度上影响着物流效率⑩。倪明等（2015）构建区域物流效率评价指标体系，对 2005～2013 年江西省物流效率进行分析，发现经济发展水平与信息化水平对江西物流效率影响显著⑪。

---

①　秦雯. 青海省物流效率及其影响因素的实证研究 [J]. 青海社会科学，2016（1）：99－104.

②　张建钦. 基于 DEA 的我国各省物流效率评价研究 [J]. 物流技术，2013（5）：361－368.

③　项丝雨. 基于 DEA－Tobit 方法的"一带一路"省域物流产业效率评价 [J]. 韶关学院学报，2018（9）：10－14.

④　孟魁. 基于三阶段 DEA 方法的中部六省物流效率评价 [J]. 决策与参考，2014（2）：57－60.

⑤　王蕾，薛国梁，张红丽. 基于 DEA 分析法的新疆北疆现代物流效率分析 [J]. 资源科学，2014（7）：1425－1433.

⑥　赵光辉. "一带一路"背景下我国交通物流通道布局战略研究 [J]. 当代经济管理，2016（8）：55－64.

⑦　王琴梅，谭翠娥. 对西安市物流效率及其影响因素的实证研究 [J]. 软科学，2013（5）：70－74.

⑧　秦雯. 青海省物流效率及其影响因素的实证研究 [J]. 青海社会科学，2016（1）：99－104.

⑨　黄洁，白捷伊，王小腾. 云南省物流效率及其影响因素——基于 DEA 模型和 Tobit 回归模型的实证分析 [J]. 经营与管理，2015（11）：107－111.

⑩　陈治国，李红. 基于 DEA－Tobit 模型的新疆物流效率及其影响因素研究 [J]. 石家庄经济学院学报，2015（1）：69－74.

⑪　倪明，何超，杨善林. 区域物流效率评价及其影响因素实证研究 [J]. 华东交通大学学报，2015（4）：65－72.

8.1.3 关于丝绸之路经济带经济发展影响物流业效率的研究

袁丹、雷宏振等（2015）以 2004~2012 年中国丝绸之路经济带上西北五省区和西南四省区的数据为基础，通过实证检验各影响因素对物流业效率的影响情况，其中包括经济发展水平等其他影响因素[①]。田宇（2000）讨论了多因素投入下的三种评价方法，具体有物流效率与作业基础成本法、指标树法以及层次分析法[②]。张璇等（2016）以 GDP 为环境变量，利用三阶段 DEA 模型对"一带一路"经济带沿线西部省区和主要国家的物流业效率进行分析[③]。王琴梅、张玉（2017）明确界定了物流业相关概念，并分国别对中国西北五省区和中亚五国的物流业效率从纯技术效率、规模效率以及总体效率做了评价，并结合物流绩效指数（LPI）进行了对比来讨论各国以及地区的物流业效率，并对中国西北五省区物流业今后的发展提出了建议[④]。谭翠娥（2013）对西安市的物流业效率的影响因素进行了实证分析，其将 2000~2011 年的西安市 GDP 与物流量（交通运输、货运量、货物周转量）进行了比较，显示物流业的发展与国民经济的发展有一定的相关度[⑤]。

可见，国内学界对"一带一路"倡议下的物流研究纷繁复杂，形态各异，不同视角下，内容又存在诸多的交叉、重叠。但是，部分文献在经济发展水平对物流业影响方面持完全相反的态度。

8.1.4 文献评述与本文研究的切入点

以上国内外的研究成果为本章的研究奠定了基础，提供了宝贵的借鉴。但现有研究还存在不足，主要是：（1）缺少专门研究经济发展水平对物流业效率影响的成果；（2）对丝绸之路经济带"核心区"（包括中国西北五省区和中亚五国空间范围）这样的跨国性区域，从理论与实证相结合的层次上研究经济发展水平影响物流业效率的成果，更是少之又少。因此，本章将以丝绸之路经济带"核心区"为例，在明确界定核心概念和第 2 章已经从理论上分析了经济发展水平影响物流业效率机理的基础上，首先评价和比较该"核心区"2003~2017 年间的物流业效率状况，然后实证分析该经济带"核心区"经济发展水平影响物流业效

---

① 袁丹，雷宏振. 丝绸之路经济带物流业效率及其影响因素 [J]. 中国流通经济，2015（2）：14-07.

② 田宇. 物流效率评价方法研究 [J]. 物流科技，2000（2）：15-19.

③ 张璇，杨雪荣，王峰. 新丝绸之路经济带物流效率评价——基于三阶段 DEA 实证分析 [J]. 学习与实践，2016（5）：21-32.

④ 王琴梅，张玉. 丝绸之路经济带"核心区"物流业效率整体评价及分省区、分国别比较 [J]. 陕西师范大学学报（哲学社会科学版），2017（5）：5-15.

⑤ 谭翠娥. 对西安市物流效率及其影响因素的实证研究 [D]. 西安：陕西师范大学，2013.

率的程度，最后根据实证结果及分析提出具有针对性的对策建议，研究必然具有重要意义。

8.2　经济发展和其他影响物流业效率的因素分析

8.2.1　经济发展及其水平衡量

一般来说，经济发展是在经济增长的基础上，经济质量的提升和经济结构的优化，甚至整个经济社会的全面进步。经济发展与经济增长既有联系又有区别。经济增长是指社会财富总量的增加，一般用实际的国民生产总值或国内生产总值的增长率来表示。经济发展的概念，不仅包括经济增长，而且还包括国民的生活质量，以及整个社会各个不同方面的总体进步。总之，经济发展是反映一个经济社会总体发展水平的综合性概念。[①]

经济发展水平就是经济发展的高低程度。对经济发展水平的测量，目前主要存在两种方法：一种方法是从经济发展规模方面进行测量，即采用国内生产总值（GDP），这个指标的数据可以从相关《统计年鉴》中获得，它是指一个国家或者地区在一定时期内所生产的产品和劳务价值的市场价值，能够从宏观数据上全面综合并且定量地反映一个国家或者地区的经济发展规模。也可用人均量 GDP 表示。另一种方法则是从经济发展速度来进行测量，其中最常用的指标是 GDP 增长率，这个指标是需要通过计算才能得出，能清晰反映一个国家或地区每一年相对于上一年的经济发展程度。

随着发展观由增长的发展观、结构转变的发展观、反贫困的发展观、可持续的发展观、以人为本的发展观等的不断演进，衡量发展的指标也由单一指标向综合性的指标体系发展。有代表性的综合性指标体系包括联合国社会发展研究所设计的综合指标（包括 16 项）、世界银行设计的世界发展指标体系（包括 7 大类 32 项）、物质生活质量指数（是用人们 1 岁时的预期寿命、婴儿死亡率、识字率三项指标组成的一套简便的综合指数）、世界银行的人类发展指数（HDI，由出生时的预期寿命、社会教育水平、人均收入三项的平均值得到）等。21 世纪以来，中国先后提出了科学发展观和"五大新发展理念"，努力追求高质量发展。因此，中国学者近年来也在不断尝试构建更合理的高质量发展的综合性指标体系。

考虑到丝绸之路经济带"核心区"的实际及数据的可得性等原则，本章仍然采用地区人均国内生产总值（GDP）衡量"核心区"内 10 个子区域的经济发展水平。

---

① 马克思主义理论研究和建设过程重点教材《西方经济学》编写组. 西方经济学：第二版（下册）[M]. 北京：高等教育出版社/人民出版社，2019：251.

8.2.2 影响物流业效率的其他因素

影响物流业效率的因素很多，除了经济发展水平外，还有物流业聚集水平、区位条件、产业结构、金融发展、物流专业人才、物流资源利用率、信息技术、市场化程度、对外开放程度、物流业管理体制等。本章主要介绍以下几个：

1. 物流资源利用率

评价物流效率的高低的关键就是投入产出比是否合理，即在既定的投入条件下，产出是否达到预期，或者达到最大化。物流资源利用率的提高必然影响物流业效率导致物流业效率的提高。而区域物流效率不高的原因部分可以归结于区域物流资源利用率不高。因此，提高物流资源利用率，合理地制订计划，尽量减少浪费，才可以在一定的投入条件下获得最高的产出，即较高的物流业效率。

2. 市场化程度

市场化程度是指市场在资源配置中所起作用的程度。市场化程度越高，意味着市场在资源配置中的影响加大，市场外的因素的干预减低。这有利于市场中物流企业的竞争以及资源在物流企业中的合理配置，从而提高物流业效率。

3. 基础设施建设

物流业的基础设施是物流业进一步发展的前提与保障。物流业基础设施主要包括运输线路、仓储、物流业信息平台等至关重要的设施。这些设施的不断升级与更新也保证了物流业的高速发展。

4. 区位因素

物流业的发展离不开区位条件的影响。区位因素决定了这个地区的物流业发展的前景。如果一个地区区位条件较好的话，就可以以这个地区为中心建立较大的物流园区，从而辐射周边地区，带动区域物流业发展。而一个地区的区位条件良好，从另一方面来说就是拥有良好的交通运输条件。

8.3 "核心区"经济发展现状和物流业效率评价

本节首先对丝绸之路经济带"核心区"的经济发展水平从国民生产总值、产业结构以及人力资本积累三个方面进行分析，然后选取合适的指标与数据，运用 DEA 模型对"核心区"物流业效率进行测度与评价。

8.3.1 "核心区"经济发展水平现状分析

丝绸之路经济带"核心区"的中国西北五省区（陕西、甘肃、青海、宁夏、新疆）和中亚五国（哈萨克斯坦、吉尔吉斯斯坦、乌兹别克斯坦、土库曼斯坦、塔吉克斯坦），有着丰富的煤炭、天然气、石油等自然资源。但经济发展水平仍然处于相对落后状态。随着丝绸之路经济带建设的推进,中国西北五省区与中亚五国迎来了新的发展机遇,也为它们之间互通有无创造了极好的条件。中国西北的许多工业基地和产业与中亚的诸多产业存在互补性,必将为中国西北五省区和中亚五国开展经贸合作、促进区域经济快速发展提供条件。那么,丝绸之路经济带"核心区"10 个经济小区域的经济发展状况如何呢?下面我们利用 2003 ~ 2017 年的数据,分别从国内生产总值、产业结构和人力资本积累三个方面进行考察。

1. 国内生产总值

第一,中国西北五省区 2003 ~ 2017 年国民生产总值变动情况。一个区域的经济发展状况首先可以由地区生产总值(GDP)很好地体现出来。而区域经济的发展与物流业的发展互相影响,经济的发展促进物流业的发展,而物流业的发展又反过来促进经济的增长。而且区域经济的发展必然使得区域经济活力大增,从而更进一步使得物流业发挥它"第三利润源"的作用。我们通过查看中国统计年鉴和西北五省区统计年鉴,整理得出 2003 ~ 2017 年中国西北五省区的 GDP 总量变动情况,如表 8 - 1 所示:

表 8 - 1　　　　　　中国西北五省区 2003 ~ 2017 年实际 GDP 变动情况　　　　单位:亿元

年份	陕西	甘肃	青海	宁夏	新疆
2003	2181	1186	355	350	1707
2004	2619	1416	423	418	1998
2005	3300	1736	488	544	2338
2006	4014	2020	569	631	2702
2007	4786	2366	686	779	3085
2008	6246	2895	877	1001	3832
2009	7495	3108	992	1242	3924
2010	9153	3726	1221	1528	4916
2011	11427	4585	1526	1920	6037
2012	13395	5237	1755	2170	6956
2013	14884	5814	1949	2379	7755
2014	16486	6372	2147	2565	8643
2015	16859	6352	2261	2724	8723
2016	18181	6748	2411	2970	9044
2017	20485	6978	2455	3221	10180

资料来源:根据 2004 ~ 2018 年的《中国统计年鉴》和同期西北五省区的统计年鉴计算得出。

表 8 - 1 显示:中国西北五省区的国内生产总值在 2003 ~ 2017 年一直保持着较高的增速,每年相较于前一年都有较大的增长。虽然进入 2010 年之后增速稍有放缓,但总体的经济状况依旧保持在一个蓬勃发展的态势。

第二,中亚五国 2003 ~ 2017 年国内生产总值变动情况。我们通过查看 2004 ~ 2018 年的世界银行数据库和同期亚洲开发银行数据库及计算,得出中亚五国 2003 ~ 2017 年间的 GDP 总量变动情况，如表 8 - 2 所示：

表 8 - 2　　　　　　中亚五国 2003 ~ 2017 年实际 GDP 变动情况　　　　单位：10 亿美元

年份	哈萨克斯坦	乌兹别克斯坦	吉尔吉斯斯坦	塔吉克斯坦	土库曼斯坦
2003	28.98	9.19	1.86	1.37	5.66
2004	40.37	11.84	2.12	1.96	6.46
2005	53.09	13.45	2.36	2.16	7.32
2006	74.59	15.94	2.68	2.52	9.50
2007	94.63	21.03	3.45	3.11	11.92
2008	114.05	27.56	4.13	4.62	16.83
2009	107.46	31.25	4.39	4.74	18.08
2010	138.23	43.38	4.44	5.14	21.62
2011	177.86	52.67	5.32	5.97	27.77
2012	197.91	59.36	6.43	7.17	33.39
2013	223.66	64.48	6.88	8.15	36.70
2014	207.51	72.05	6.94	8.49	41.06
2015	172.97	77.58	6.27	7.87	33.33
2016	119.79	74.68	6.79	6.59	34.90
2017	155.31	51.95	7.47	7.06	35.10

资料来源：根据 2004 ~ 2018 年的世界银行数据库和同期亚洲开发银行数据库计算得出。

表 8 - 2 显示：中亚五国的国内生产总值 2003 ~ 2017 年一直保持着较高的增速，每年相较于前一年都有较大的增长。虽然进入 2014 年之后，受全球经济复苏步伐减缓、美国量化宽松的政策逐渐退出舞台、国际油价继续下跌以及俄罗斯卢布大幅贬值等多种因素的影响增速减缓，但总体的经济状况依旧保持在一个持续增长和发展的态势。

2. 产业结构变动

第一，中国西北五省区 2003 ~ 2017 年产业结构变动情况。产业结构的变化在当今的经济结构的变动中无疑占据重要地位。配第一克拉克定理表明，随着经济的发展，产业结构会慢慢朝着第三产业为主的方向发生变动。因此，在当今时代，第三产业在整个国民经济活动中所占的比重成为衡量整个社会经济状况的重要指标之一。这里我们仅以中国西北五省区的第三产业增加值占 GDP 的比重来观察西北五省区产业结构的变动状况。我们通过查看 2004 ~ 2018 年的《中国统计年鉴》和同期西北五省区的统计年鉴及计算，得出 2003 ~ 2017 年间中国西北五省区各自第三产业增加值占地区 GDP 的比重情况，如表 8 - 3 所示：

表 8 - 3　　中国西北五省区 2003 ~ 2017 年产业结构变动情况（第三产业占比）　　单元：%

年份	陕西	甘肃	青海	宁夏	新疆
2003	39.4	35.3	41.0	35.8	35.6
2004	37.2	33.3	38.8	33.8	33.9

续表

年份	陕西	甘肃	青海	宁夏	新疆
2005	37.8	40.7	39.3	41.7	35.7
2006	35.3	39.5	37.5	39.6	34.7
2007	34.9	38.4	36.0	38.2	35.4
2008	32.9	39.1	34.0	36.2	33.9
2009	38.5	40.2	36.9	41.7	37.1
2010	36.4	37.3	34.9	41.6	32.5
2011	34.8	39.1	32.3	41.0	34.0
2012	34.7	40.2	33.0	42.0	36.0
2013	34.9	41.0	32.8	42.0	37.4
2014	37.0	44.0	37.0	43.4	40.8
2015	40.7	49.2	41.4	44.5	44.7
2016	42.3	51.4	42.8	45.4	45.1
2017	42.4	54.1	46.6	46.8	45.9

资料来源：根据2004~2018年的《中国统计年鉴》和同期西北五省区的统计年鉴计算得出。

表8-3显示：在2003~2017年这15年间，中国西北五省区的第三产业增加值占GDP的比重均持续上升，但也有差异。其中，甘肃省上升最快，由2003年的35.3%上升到了2017年的54.1%，上升约19个百分点。宁夏、新疆和青海各上升11个百分点、10.3个百分点和5.6个百分点。陕西省上升最慢，由2003年的39.4%上升到2017年的42.4%，只上升了3个百分点。

第二，中亚五国2003~2017年产业结构变动情况。我们通过查看2004~2018年的世界银行数据库和同期亚洲开发银行数据库及计算（土库曼斯坦2016年及2017年数据缺失，用均值替代法代替估计），得出中亚五国2003~2017年各自第三产业占比情况，如表8-4所示：

表8-4　　中亚五国2003~2017年产业结构变动情况（第三产业占比）　　单位:%

年份	哈萨克斯坦	乌兹别克斯坦	吉尔吉斯斯坦	塔吉克斯坦	土库曼斯坦
2003	54.7	43.4	41.2	36.0	38.4
2004	55.7	43.3	43.4	44.0	40.4
2005	54.2	41.4	46.7	45.6	43.6
2006	53.5	42.2	48.4	45.6	46.3
2007	55.6	44.2	51.1	48.3	42.8
2008	53.3	45.9	51.1	49.7	27.6
2009	54.8	45.8	54.1	52.2	27.4
2010	53.4	41.1	53.1	50.3	28.5
2011	53.6	40.1	52.1	47.8	25.2
2012	55.9	40.5	56.7	49.0	24.9
2013	58.2	41.5	55.7	51.0	28.1
2014	59.4	40.3	56.7	47.6	28.6
2015	62.5	39.7	57.1	43.1	33.8
2016	61.3	39.4	56.0	41.2	28.1
2017	60.9	38.1	55.6	42.7	28.1

资料来源：根据2004~2018年的世界银行数据库和同期亚洲开发银行及数据库计算得出，土库曼斯坦2016年及2017年数据缺失，用均值替代法代替估计。

表8-4显示:在2003~2017年这15年间,中亚五国中除土库曼斯坦外,其余国家的第三产业的比重均保持在波动中持续上升。其中,哈萨克斯坦2017年已经达到60.9%,吉尔吉斯斯坦也达到了55.6%。土库曼斯坦呈现波动中总体下降的态势,由2003年的28.4%下降到2017年的28.1%,说明今后具有较大的发展空间。

3. 人力资本积累

第一,中国西北五省区2003~2017年人力资本积累变动情况。舒尔茨的人力资本理论很好地诠释了人力资本的积累对经济发展的影响。正如舒尔茨所说:"个人资本的积累是社会经济增长的源泉。"而在物流产业方面也是如此,物流专业人才的积累对物流产业发展的促进作用显得尤为重要。在本章中,由于物流专业人员的数据难以收集,所以将人力资本的范围扩大到中国西北五省区整体受过专科以上的人数占比。我们通过查找2004~2018年的《中国统计年鉴》和同期西北五省区的统计年鉴及计算,得出西北各省区大专及以上人数的占比,如表8-5所示:

表8-5 中国西北五省区2003~2017年大专及以上学历人数的占比

年份	陕西	甘肃	青海	宁夏	新疆
2003	0.061	0.042	0.046	0.050	0.091
2004	0.069	0.053	0.041	0.065	0.091
2005	5.830	3.968	6.508	6.199	8.013
2006	0.072	0.032	0.056	0.068	0.081
2007	0.075	0.037	0.067	0.069	0.083
2008	0.084	0.043	0.071	0.071	0.090
2009	0.088	0.046	0.083	0.078	0.088
2010	0.106	0.075	0.086	0.092	0.106
2011	0.096	0.083	0.084	0.083	0.130
2012	0.101	0.084	0.089	0.084	0.122
2013	0.112	0.084	0.116	0.104	0.117
2014	0.107	0.099	0.129	0.113	0.142
2015	0.108	0.099	0.125	0.139	0.138
2016	0.116	0.051	0.089	0.142	0.124
2017	0.142	0.129	0.130	0.146	0.162

资料来源:根据2004~2018年的《中国统计年鉴》和同期西北五省区的统计年鉴计算得出。

表8-5显示:中国西北五省区整体的受教育程度在2003~2017年这15年间持续增加,尤其是近几年,大专及以上受教育程度的人数更是大幅度增加,2017年占比由高到低分别是新疆、陕西、宁夏、青海和甘肃,分别是16.2%、14.6%、14.2%、13%和12.9%。这也在很大程度上为中国西北五省区的物流产业注入了新的专业人才,提升了物流产业的专业人才比例,为中国西北五省区物流业的发展奠定了基础。

第二，中亚五国 2003～2017 年人力资本积累变动情况。在本章中，中亚五国人力资本情况，我们以高等院校学生占总人口的比重衡量。我们通过查找 2004～2018 年的世界银行数据库和同期亚洲开发银行数据库及计算（其中哈萨克斯坦及土库曼斯坦缺失数据以均值替代法估计），得出中亚五国高等学校学生人数占总人口的比重，如表 8－6 所示：

表 8－6　　　　中亚五国 2003～2017 年高等学校学生人数占总人口的比重　　　　单位:%

年份	哈萨克斯坦	乌兹别克斯坦	吉尔吉斯斯坦	塔吉克斯坦	土库曼斯坦
2003	49.68	14.01	40.98	18.69	7.97
2004	49.68	14.21	40.78	19.93	7.97
2005	49.68	10.07	42.58	20.52	7.97
2006	58.19	10.28	43.59	21.65	7.97
2007	49.68	10.20	42.94	22.66	7.97
2008	49.68	10.22	46.72	23.1	7.97
2009	49.68	9.99	44.35	22.79	7.97
2010	46.25	9.38	42.16	22.9	7.97
2011	48.70	8.83	41.31	22.24	7.97
2012	51.61	8.04	43.96	22.7	7.97
2013	50.44	8.09	47.48	22.91	7.97
2014	48.80	8.10	45.88	24.71	7.97
2015	46.37	8.22	46.67	26.59	7.97
2016	46.62	8.46	45.11	29.17	7.97
2017	50.15	9.18	42.82	31.26	7.97

资料来源：根据 2004～2018 年的世界银行数据库和同期亚洲开发银行及数据库计算得出，其中哈萨克斯坦及土库曼斯坦缺失数据以均值替代法估计。

表 8－6 显示：中亚五国在 2003～2017 年，高等学校学生人数占总人口的比重虽然有小幅波动，但整体水平相对稳定。由高到低分别是哈萨克斯坦、吉尔吉斯斯坦、塔吉克斯坦、乌兹别克斯坦和土库曼斯坦，2017 年的高等学校学生人数占总人口的比重分别是 50.15%、42.82%、31.26%、9.18% 和 7.97%。后三国受教育程度整体水平较低，人力资本水平具有较大的提升空间。

8.3.2　"核心区"物流业效率现状评价

1. 评价方法的选取

物流业效率的评价方法主要有作业基础成本法、指标树法、层次分析法、数据包络分析法等。在进行了比较的情况下，本章选用数据包络分析方法（DEA）对 2003～2017 年的丝绸之路经济带"核心区"（包括中国西北五省区和中亚五国）的物流业效率进行评价分析。

DEA 方法是用来分析多投入多产出的情形，开始是用线性规划的方法测度技术效率，应用于评价规模报酬不变（CRS）条件下的技术效率，第一种模型称之为 CCR 模型。在 CCR 模型中，我们假设规模报酬是不变的，但是现实生活中这是不可能实现的。因此就提出了 BCC 模型，基于规模报酬可变的情况，使得我们可以算出去除规模效率影响的技术效率，也就是纯技术效率。本章采用 CCR 模型计算得到物流业综合效率。当 DEA = 1 时，DEA 有效；当 DEA < 1 时，DEA 无效。

Malmquist 生产率指数可以用来表示多投入多产出条件下的基于投入的全要素生产率指数（TFP）。全要素生产率可分解为技术进步（TCH）和技术效率（TEC）。技术效率又分为规模技术效率（SEC）和纯技术效率（PEC）。纯技术效率（PEC）衡量的是投入导向下的技术无效率，在多大程度上由纯技术无效率造成；规模技术效率（SEC）衡量的是投入导向下是否处于最优的生产规模。

2. 指标选取与数据来源

经济学经典理论中，生产函数中的基本投入要素包括劳动、资本和其他物质要素，而产出多为经济产出和实物产出。本章建立的衡量物流业效率的物流业投入和产出指标体系如表 8 - 7 所示：

表 8 - 7   "核心区"物流业投入与产出指标体系

指标类型	指标内容
投入指标	物流业从业人员（万人）
	运输长度（千米）
	物流业固定资产投资总额（亿元）
产出指标	物流业产值（亿元）
	货运量（亿吨）
	货运周转量（亿吨·千米）

本章的数据来源为：中国西北五省区的数据来自 2004 ~ 2018 年的《中国统计年鉴》和西北五省区统计年鉴等。中亚五国的数据来自 2004 ~ 2018 年中亚各国的统计年鉴、世界银行数据库、亚洲开发银行数据库等，中亚五国部分缺失数据以均值替代法代替估计。

3. 通过 DEAP 2.1 计算得出"核心区"的物流业综合效率

第一，中国西北五省区物流业综合效率及分省区比较。我们通过 DEAP 2.1 计算得出中国西北五省区分各自 2003 ~ 2017 年的物流业的综合效率，结果如表 8 - 8 所示：

表 8 - 8   2003 ~ 2017 年中国西北五省区物流业综合效率

年份	陕西	甘肃	青海	宁夏	新疆
2003	1.000	1.000	0.826	1.000	1.000
2004	1.000	1.000	0.776	1.000	1.000
2005	1.000	1.000	0.711	1.000	1.000

续表

年份	陕西	甘肃	青海	宁夏	新疆
2006	1.000	1.000	0.753	1.000	1.000
2007	0.963	1.000	0.719	1.000	0.969
2008	0.911	1.000	0.589	1.000	0.866
2009	0.568	1.000	0.455	1.000	0.550
2010	0.513	1.000	0.448	1.000	0.446
2011	0.552	1.000	0.469	1.000	0.467
2012	0.651	0.922	0.497	1.000	0.569
2013	0.645	1.000	0.432	1.000	0.543
2014	0.798	1.000	0.576	1.000	0.675
2015	0.879	0.773	0.468	1.000	0.770
2016	0.836	0.850	0.480	1.000	0.710
2017	1.000	1.000	0.528	1.000	1.000
均值	0.821	0.970	0.582	1.000	0.771

表8-8显示：（1）在2003～2017年这15年中，中国西北五省区中的宁夏的物流业综合效率始终保持在1，即宁夏的物流业综合效率是有效的，即DEA有效，说明在规模报酬不变的情况下，宁夏物流业的投入获得了最大的产出，在中国西北五省区中排名第一。（2）甘肃在这15年间只有3年的物流业综合效率小于1，DEA无效，其余12年是等于1，DEA有效，这就说明甘肃在多数年份的物流业投入都可以获得最大的产出，在中国西北五省区中排名第二，但在部分年份甘肃省投入到物流业的资源未能充分利用。具体走势情况是在2003～2011年的物流业效率一直有效，但从2012年开始到2017年，波动很大，而数据显示，从2012年开始甘肃物流业的投入增幅加大，包括运输路线以及物流业从业人员都有很大的增长，但是甘肃省薄弱的物流产业未能在短期内消化，于是造成物流业效率从2012年开始波动，到2017年又到1，DEA有效。（3）陕西和新疆均在2003～2006年和2017年的5年中是等于1，DEA有效，在中国西北五省区中分别排名第三和第四，但其他10个年份都是小于1，DEA无效，说明陕西和新疆在物流业的投入方面是有冗余而产出不足，造成了资源的很大的浪费。具体走势情况是在2003～2017年这15年间物流业效率基本处于一个变动趋势，在从物流业有效一直降到2010年的谷底，后又慢慢回升，期间物流业效率虽然有下降，但大方向依旧是在不断增长，两省物流业发展良好。（4）青海在全部的15年中都小于1，均值也是五省区中最低的，物流业综合效率最低，排名第五。具体走势情况是在2003～2017年，青海在这15年中的物流业综合效率一直无效，效率值甚至还不断下降，而数据显示青海在运输路线程度以及物流业从业人员方面的投入还要超过宁夏，但产出远远低于宁夏。可见，青海必须对物流业重视起来，通过加大技术投入，改善物流整体人员素质以提高物流资源利用率，提高物流业的产出及效率。

第二，中亚五国物流业综合效率及分国别比较。我们通过DEAP2.1计算得出中亚五国分国别的 2003 ~ 2017 年物流业综合效率，结果如表 8 - 9 所示：

表 8 - 9   2003 ~ 2017 年中亚五国物流业综合效率情况

年份	哈萨克斯坦	吉尔吉斯斯坦	塔吉克斯坦	乌兹别克斯坦	土库曼斯坦
2003	1.000	0.524	1.000	1.000	1.000
2004	1.000	0.525	1.000	1.000	1.000
2005	1.000	0.431	1.000	1.000	1.000
2006	1.000	0.387	1.000	1.000	1.000
2007	1.000	0.469	0.977	1.000	1.000
2008	1.000	0.449	0.857	1.000	1.000
2009	1.000	0.450	0.865	1.000	1.000
2010	1.000	0.379	0.799	1.000	1.000
2011	1.000	0.422	0.934	1.000	1.000
2012	1.000	0.358	0.843	1.000	1.000
2013	1.000	0.353	0.842	1.000	1.000
2014	1.000	0.333	0.803	1.000	1.000
2015	1.000	0.330	0.550	1.000	1.000
2016	1.000	0.376	0.595	1.000	1.000
2017	1.000	0.479	0.676	1.000	1.000
均值	1.000	0.452	0.833	1.000	1.000

表 8 - 9 显示：（1）在 2003 ~ 2017 年这 15 年中，中亚五国中的哈萨克斯坦、乌兹别克斯坦和土库曼斯坦的物流业综合效率始终保持在 1，即 DEA 有效，说明在规模报酬不变的情况下，哈萨克斯坦、乌兹别克斯坦与土库曼斯坦的物流业综合效率是有效的，在物流业的投入获得了最大的产出。（2）塔吉克斯坦在 15 年间有 11 年的物流业综合效率小于 1，说明 DEA 无效，其余 4 年是等于 1，说明 DEA 有效，这就说明塔吉克斯坦在多数年份投入物流业的资源未能充分利用，但在部分年份塔吉克斯坦的物流业投入可以获得最大的产出。具体走势是在 2003 ~ 2006 年的物流业效率一直有效，但从 2007 年开始到 2017 年，波动很大，而数据显示，从 2007 年开始塔吉克斯坦物流业的投入增幅加大，但是塔吉克斯坦薄弱的物流产业未能在短期内消化，于是造成物流业效率从 2007 年开始下降，直到 2015 年又开始上涨。（3）吉尔吉斯斯坦的物流业综合效率在这 15 年间始终小于 1，且均值只有 0.452，DEA 无效，在中亚五国中最靠后，说明吉尔吉斯斯坦在物流业的投入方面有冗余而产出不足，造成了资源的很大的浪费。数据显示，吉尔吉斯斯坦在物流业人数与运输长度两方面明显超过塔吉克斯坦与土库曼斯坦，但产出远远低于塔吉克斯坦与土库曼斯坦。可见，吉尔吉斯斯坦必须对物流业重视起来，通过加大技术投入、改善物流整体人员素质以提高物流资源利用率，提高物流业的产出，提高物流业的效率。

第三，中国西北五省区与中亚五国 2003 ~ 2017 年物流业综合效率均值的比较。我们通过整理对比表 8 - 8 和表 8 - 9 的数据，得到表 8 - 10 如下：

表 8 - 10　　2003～2017 年中国西北五省区与中亚五国物流业综合效率对比

省区	陕西	甘肃	青海	宁夏	新疆
2003～2017 年均值	0.821	0.970	0.582	1.000	0.771
国家	哈萨克斯坦	吉尔吉斯斯坦	塔吉克斯坦	乌兹别克斯坦	土库曼斯坦
2003～2017 年均值	1.000	0.452	0.833	1.000	1.000

注：数据通过整理表 8 - 8 和表 8 - 9 的数据所得。

表 8 - 10 显示：（1）在 2003～2017 年，中国西北五省区中只有宁夏的物流业综合效率均值为 1，即 DEA 有效，其他四个省区的均值都小于 1，即 DEA 无效。（2）在 2003～2017 年，中亚五国中有哈萨克斯坦、乌兹别克斯坦和土库曼斯坦的物流业综合效率均值为 1，即 DEA 有效，只有塔吉克斯坦和吉尔吉斯斯坦的均值小于 1，即 DEA 无效。（3）总体来看，中亚五国的物流业综合效率值高于中国西北五省区。

4. "核心区"物流业 Malmquist 生产率及其分解效率

第一，中国西北五省区的物流业 Malmquist 生产率及其分解效率。我们计算出的中国西北五省区整体的物流业 Malmquist 生产率及其分解效率如表 8 - 11 所示：

表 8 - 11　　2003～2017 年中国西北五省区整体物流业 Malmquist 生产率指数及分解

时间	技术效率（TEC）	技术进步（TCH）	纯技术效率（PEC）	规模效率（SEC）	全要素生产率（TFP）
2003～2004 年	0.987	1.119	1.000	0.987	1.105
2004～2005 年	0.983	0.928	1.000	0.983	0.912
2005～2006 年	1.011	0.916	1.000	1.012	0.927
2006～2007 年	0.977	1.093	1.088	0.989	1.068
2007～2008 年	0.929	1.443	0.996	0.933	1.340
2008～2009 年	0.789	1.287	0.970	0.814	1.016
2009～2010 年	0.937	1.066	0.987	0.968	0.999
2010～2011 年	1.033	0.964	1.091	1.043	1.096
2011～2012 年	1.070	0.977	1.073	0.998	1.046
2012～2013 年	0.977	0.909	0.979	0.998	0.991
2013～2014 年	1.155	1.166	1.031	1.120	1.000
2014～2015 年	0.954	1.259	0.990	0.973	0.819
2015～2016 年	0.998	0.928	0.993	1.005	0.926
2016～2017 年	1.169	0.847	0.985	1.187	0.990
均值	0.994	1.064	1.013	0.997	1.017

表 8 - 11 显示：在 2003～2017 年，中国西北五省区的技术效率（TEC）仅有 5 年时间是增长的，其他年份都是下降的，且平均技术效率（TEC）下降

0.6%；技术进步（TCH）在 15 年间有半数时间是增长的，而且增长幅度对比前一年在 20% 以上，且综合下来，这 15 年间，平均技术进步（TCH）增幅在 6.4%；而平均纯技术效率（PEC）增长 1.3%，规模效率（SEC）降多升少，平均规模效率（SEC）下降 0.3%；平均全要素生产率（TFP）增长 1.7%。由此说明 2003 ~ 2017 年全要素生产率上升的主要原因是技术进步。且在 2007 ~ 2008 年，全要素生产率增幅相比于前一年达到 34%，同期技术效率、纯技术效率以及规模效率都是下降的，只有技术进步涨幅在 44.3%，可以看出中国西北五省区物流业新技术的引进有很大成果，但相对来说中国西北五省区物流业规模化发展还有空间，应该注意进一步扩大物流业发展规模。

下面我们对 2003 ~ 2017 年中国西北五省区的物流业 Malmquist 生产率指数及其分解进行计算，结果如表 8 - 12 所示：

表 8 - 12　　2003 ~ 2017 年中国西北五省区的物流业 Malmquist 生产率指数及其分解

	技术效率 （TEC）	技术进步 （TCH）	纯技术效率 （PEC）	规模效率 （SEC）	全要素生产率 （TFP）
陕西	1.000	1.062	1.000	1.000	1.042
甘肃	1.000	1.034	1.000	1.000	1.004
青海	0.969	1.054	1.065	0.987	1.021
宁夏	1.000	1.089	1.000	1.000	1.006
新疆	1.000	1.084	1.000	1.000	1.012
均值	0.994	1.064	1.013	0.997	1.017

表 8 - 11 显示：（1）中国西北五省区的全要素生产率（TFP）都是大于 1 的，证明它们的物流业的投入产出都是有效的，在固定投入的同时都获得了最大的产出。（2）在中国西北五省区之间，陕西的增长幅度最大，达到了 4.2%；青海和新疆也在 1% ~ 2%。但是甘肃和宁夏的全要素生产率增幅不大，只有 0.4% ~ 0.6%，说明这两省物流业未能达到期待值。（3）从中国西北五省区整体看，技术依然在促进物流业发展方面起了很大的作用，物流业在规模化发展方面仍有很大的提升空间。

第二，中亚五国的物流业 Malmquist 生产率及其分解效率。我们计算出的中亚五国整体的物流业 Malmquist 生产率及其分解效率如表 8 - 13 所示：

表 8 - 13　　2003 ~ 2017 年中亚五国整体的物流业 Malmquist 生产率指数及分解

时间	技术效率 （TEC）	技术进步 （TCH）	纯技术效率 （PEC）	规模效率 （SEC）	全要素生产率 （TFP）
2003 ~ 2004 年	1.000	0.956	1.045	0.957	0.956
2004 ~ 2005 年	0.962	1.033	0.966	0.996	0.993
2005 ~ 2006 年	0.978	0.978	1.028	0.952	0.957

时间	技术效率 （TEC）	技术进步 （TCH）	纯技术效率 （PEC）	规模效率 （SEC）	全要素生产率 （TFP）
2006~2007 年	1.035	0.964	1.097	0.943	0.997
2007~2008 年	0.966	0.999	1.000	0.966	0.965
2008~2009 年	1.002	0.880	1.000	1.002	0.883
2009~2010 年	0.960	1.049	1.000	0.960	1.007
2010~2011 年	1.045	1.078	1.000	1.045	1.126
2011~2012 年	0.948	1.019	1.000	0.948	0.966
2012~2013 年	0.997	1.008	1.000	0.997	1.005
2013~2014 年	0.979	0.964	1.000	0.979	0.944
2014~2015 年	0.925	0.885	1.000	0.925	0.818
2015~2016 年	1.043	0.889	1.000	1.043	0.927
2016~2017 年	1.077	0.900	1.000	1.077	0.969
均值	0.993	0.970	1.009	0.984	0.963

表 8 – 13 显示：在 2003~2017 年，中亚五国的技术效率（TEC）仅有 3 年时间是增长的，其他年份都是下降的，且平均技术效率（TEC）下降 0.7%；技术进步（TCH）在 2003~2011 年间整体趋势是增长的，但 2011~2017 年间呈下降趋势，且综合下来，这 15 年间，平均技术进步（TCH）下降在 3%；而平均纯技术效率（PEC）增长 0.9%，规模效率（SEC）升降起伏不定，但浮动波动较小，15 年间下降 1.6%；平均全要素生产率（TFP）下降 3.7%。可以看到技术效率（TEC）在 2011 年与 2014 年有较大降幅，这两年技术进步（TCH）、纯技术效率（PEC）与全要素生产率（TFP）都有较大降幅，导致平均技术效率（TEC）从平均水平上来看是下降的，但相对来说 2015 年后各项指标均有所上升，技术效率增幅较大，说明今后中亚五国物流业规模化经济发展前景良好。

下面我们对 2003~2017 年间中亚五国分国别的物流业 Malmquist 生产率指数及其分解进行计算，结果如表 8 – 14 所示：

表 8 – 14　2003~2017 年中亚五国分国别的物流业 Malmquist 生产率指数及其分解

	技术效率 （TEC）	技术进步 （TCH）	纯技术效率 （PEC）	规模效率 （SEC）	全要素生产率 （TFP）
哈萨克斯坦	1.000	0.967	1.000	1.000	0.967
吉尔吉斯斯坦	0.994	0.981	1.047	0.949	0.974
塔吉克斯坦	0.972	1.001	1.000	0.972	0.973
乌兹别克斯坦	1.000	0.878	1.000	1.000	0.878
土库曼斯坦	1.000	1.027	1.000	1.000	1.027
均值	0.993	0.970	1.009	0.984	0.963

表 8 – 14 显示：（1）中亚五国的物流业全要素生产率（TFP）只有土库曼斯坦是大于 1 的，证明其物流业的投入产出是有效的，在固定投入的同时获得了最

大的产出。而其他国家全要素生产率（TFP）均小于1，其中乌兹别克斯坦的下降幅度最大，达到了12.2%，其他三个国家下降幅度不大，均保持在2%～3%之间。（2）从中亚五国整体看，技术依然在促进物流业发展方面起了很大的作用，物流业在规模化发展方面仍有很大的提升空间。

第三，中国西北五省区与中亚五国2003～2017年间物流业 Malmquist 生产率指数及其分解均值的比较。我们通过整理对比上述表8－12和表8－14的数据，得到表8－15如下：

表8－15　　2003～2017 年中国西北五省区与中亚五国物流业 Malmquist 生产率
指数及其分解均值对比

	技术效率 （TEC）	技术进步 （TCH）	纯技术效率 （PEC）	规模效率 （SEC）	全要素生产率 （TFP）
中国西北五省区均值	0.994	1.064	1.013	0.997	1.017
中亚五国均值	0.993	0.970	1.009	0.984	0.963

注：数据是通过整理表8－12和表8－14的数据所得。

表8－15显示：（1）在2003～2017年，中国西北五省区的物流业全要素生产率均值（TFP）为1.017，比中亚的0.963要高。（2）在2003～2017年，中国西北五省区的物流业的技术进步（TCH）为1.064，纯技术效率（PEC）为1.013，规模效率（SEC）为0.997，技术效率（TEC）为0.994，分别高于中亚五国的0.970、1.009、0.984和0.993。（3）总体来看，中国西北五省区的物流业 Malmquist 生产率指数及其分解均值都高于中亚五国。

8.4　"核心区"经济发展影响物流业效率的实证分析

本节选取合适的解释变量与控制变量建立 Tobit 模型，对中国西北五省区和中亚五国的物流业综合效率分别进行各影响因素的实证，再对实证结果进行分析。

8.4.1　变量的选取

1. 核心解释变量与被解释变量

这里我们选取前文中计算的物流业综合效率作为被解释变量 Y_j。因为本章研究的主题是经济发展水平对物流业效率的影响，因此确定经济发展水平为核心解释变量，以人均 GDP 来衡量，用 G 来表示。

2. 控制变量

第一，物流产业专业化程度（S）：随着"核心区"物流业总额的扩张，现代物流业的发展速度与专业化程度也不断提高，物流业效率也会有所提高。我们将中国西北五省区物流业专业化程度（S）用本省区的物流业产值与本省区总产值之比来表示。同理，中亚五国物流业专业化程度（S）用本国的物流业产值与本国产值之比来表示。

　　第二，产业结构变化（I）：随着一国或一地区经济的发展，其产业结构也在不断调整变化，从第一产业为主逐渐向第二产业为主、第三产业为主转型升级。中国西北地区的产业转型相对来说进程缓慢，但是近年来随着投资的加大，西北产业结构也在逐渐转型，形成了以第三产业为主导的产业结构。而且传统产业转型所导致的物流业需求的增加也同样刺激了物流业的发展。我们将中国西北五省区产业结构变化（I）用地区第三产业产值与地区国内生产总值之比来表示。同理，中亚五国产业结构变化（I）用本国第三产业产值与本国生产总值之比来表示。

　　第三，物流业集聚度（L）：物流业的集聚是实现物流业降低费用、提高效率的一个很重要的指标。一般的产业集聚是在一定空间范围内，某个产业的企业以及与该产业相关的其他产业的企业高度集聚，彼此之间交易成本大幅度降低，共享基础设施等，节约成本，减少资源的浪费。而物流产业的集聚指运输、仓储、邮政、物流信息产业的集聚，同样达到规模经济和集聚经济，起到提高物流业效率的作用。物流业集聚度我们用物流业区位熵来表示。区位熵的计算公式为：

$$LQ_{ij} = \frac{\dfrac{q_{ij}}{q_j}}{\dfrac{q_i}{q}}$$

　　在这个公式中，LQ_{ij}代表 j 地区的 i 产业在全国的区位熵。在本章中 LQ_{ij} 可表示为中国西北五省区的物流产业在全国的区位熵，q_{ij} 表示中国西北五省区的物流业产值，q_j 表示中国西北五省区的 GDP，q_i 表示全国范围内的物流业产值，q 表示全国范围内的 GDP。LQ_{ij} 值越高，说明物流产业的集聚水平就越高。同理，LQ_{ij} 表示为中亚五国各国的物流产业在经济带"核心区"的区位熵，q_{ij} 表示中亚五国各国的物流业产值，q_j 表示各国的 GDP，q_i 表示经济带"核心区"的物流业产值，q 表示经济带"核心区"的 GDP。

　　第四，区域受教育程度（M）：人力资本的提升以及教育程度的增加对经济的发展以及产业发展的推进具有至关重要的作用。在本章中，由于物流产业人员流动量大，数据获取不便，因此我们采用中国西北五省区区域受大专以上教育的人数与当地居民的比值来衡量区域的受教育程度。中亚五国用高等院校在校学生人数占全国人口的比重表示受教育程度。

8.4.2 模型的构建与实证分析

1. Tobit 模型的构建

在经过前面数据处理与控制变量的选取之后，在设定主要解释变量与控制变量后建立 Tobit 模型如下：

$$Y_{it} = \beta_0 + \beta_1 G_{it} + \beta_2 S_{it} + \beta_3 I_{it} + \beta_4 L_{it} + \beta_5 M_{it} + u_{it}$$

其中，i 表示地区，在中国西北五省区模型中具体表示陕西、甘肃、青海、宁夏、新疆，在中亚五国模型中具体表示哈萨克斯坦、吉尔吉斯斯坦、塔吉克斯坦、乌兹别克斯坦、土库曼斯坦。t 表示年份，在模型之中表示 2003 ~ 2017 年。Y_{it} 为被解释变量，表示 i 地区 t 年的物流业综合效率。β_0 表示常数项，β_1、β_2、β_3、β_4、β_5 是作为模型的核心解释变量与控制变量的系数存在。G_{it} 表示的是 i 地区 t 年的实际 GDP；S_{it} 表示的是 i 地区 t 年的物流产业专业化程度；I_{it} 表示的是 i 地区 t 年的地区产业结构；L_{it} 表示的是 i 地区 t 年的物流产业集聚度；M_{it} 表示的是 i 地区 t 年的人均受教育程度。

2. Hausman 检验

Hausman 检验是由美国经济学教授豪斯曼（Hausman）提出来的，我们在进行多元回归之前，必须得先考虑是选用随机效应模型还是固定效应模型。而 Hausman 检验就是用来检验数据所适用的模型。Hausman 检验的原理是由于我们在实际的研究与模型中未能全面考虑所有的影响变量，就会有变量的遗漏导致结果不符合估计，也就是部分自变量与随机干扰项具有相关性，最终导致估计值的偏离。因此在进行回归之前我们要对模型进行检验，确定变量与干扰项之间的相关性[①]。

第一，本章利用 Stata13.0 对中国西北五省区模型进行 Hausman 随机效应模型检验，结果显示中国西北五省区模型 $P = 0.000 < 0.05$，说明检验结果拒绝原假设的随机效应模型，因此在中国西北五省区模型中做 Tobit 回归使用固定效应模型。

第二，本章利用 Stata13.0 对中亚五国模型进行 Hausman 随机效应模型检验，结果显示中亚五国模型 $P = 0.000 < 0.05$，说明检验结果拒绝原假设的随机效应模型，因此在中亚五国模型中做 Tobit 回归使用固定效应模型。

3. 实证结果及分析

第一，中国西北五省区模型结果及分析。本书利用 Stata13.0 对上述模型进行了固定效应检验后回归，结果如表 8 - 16 所示：

---

① 陈治国，李红. 基于 DEA - Tobit 模型的新疆物流效率及其影响因素研究［J］. 石家庄经济学院学报，2015（1）：69 - 74.

表 8 – 16　　　中国西北五省区经济发展水平对物流业综合效率影响实证结果

变量	系数	标准差	P
G（经济发展水平）	0.18387	0.08882	0.042 **
I（产业结构）	0.20021	0.43366	0.646
S（物流产业专业化程度）	27.96186	7.64612	0.001 ***
L（物流业集聚度）	− 1.15146	0.34788	0.002 ***
M（区域受教育程度）	0.00036	0.00901	0.968
C（常数）	− 0.92186	0.62273	0.144

注：*** 、 ** 、 * 分别表示在 1%、5%、10% 的水平下显著。

　　表 8 - 16 显示：（1）中国西北五省区的经济发展水平（G）在 5% 的显著性水平下通过了显著性检验，系数为 0.18387，对物流业综合效率的影响为正，说明经济发展水平每提升一个单位，相对应的物流业效率会提升 0.18387 个单位。因此，今后中国西北五省区应该进一步提升发展经济水平，促进物流业的发展，使得物流业综合效率得到进一步提升。中国西北五省区现在处于经济转型时期，而且丝绸之路经济带的推动对中国西北五省区来说也是一个重要的机会，借助这个机会，中国西北五省区的经济将会进一步得到发展，从而促进中国西北五省区物流产业的飞速发展，物流业的飞速发展也是一个必然的趋势。（2）在控制变量中，产业结构（I）与区域受教育程度（M）未能通过显著性检验，这可能与产业结构不合理、不高级以及地区教育水平低下有关；物流产业专业化程度（S）也通过了显著性检验，且对物流业综合效率的影响为正，系数为 28，表明一个单位的物流产业专业化程度（S）发生变化将会引起物流业综合效率大约 28 个单位的变化。（3）物流业集聚度（L）也通过了显著性检验，不过系数为负，证明一个单位的 L 的变化将会引起 1.15 个单位物流业综合效率的减少，这可能与中国西北五省区物流业的集聚度不足有关。

　　第二，中亚五国模型结果及分析。本章利用 Stata13.0 对上述模型进行了固定效应检验后回归，结果如表 8 - 17 所示：

表 8 – 17　　　　中亚五国经济发展水平对物流业综合效率影响实证结果

变量	系数	标准差	P
G（经济发展水平）	0.0008	0.00020	0.000 ***
I（产业结构）	− 0.0627	0.01868	0.001 ***
S（物流产业专业化程度）	− 16.5041	4.68240	0.001 ***
L（物流业集聚度）	0.8163	0.17770	0.000 ***
M（区域受教育程度）	0.0316	0.00680	0.000 ***
C（常数）	1.8907	0.63820	0.004 ***

注：*** 、 ** 、 * 分别表示在 1%、5%、10% 的水平下显著。

表 8 - 17 显示：（1）中亚五国的经济发展水平（G）在 1% 的显著性水平下通过了显著性检验，系数为 0.0008，对物流业综合效率的影响为正，说明经济发展水平每提升 1 个单位，相对应的物流业效率会提升 0.0008 个单位。因此，中亚五国今后应该充分利用丝绸之路经济带建设倡议提供的发展机遇，不断提升经济发展水平，促进物流业的发展，使得物流业综合效率也得到进一步提升。（2）产业结构（I）在 1% 的显著性水平下通过了显著性检验，系数为 - 0.0627，对物流业综合效率的影响为负，说明中亚五国的产业结构水平每提升 1 个单位，而相对应的物流业效率会下降 0.0627 个单位。这可能与产业结构与经济发展阶段不相适应有关，因此，中亚各国今后应该不断促进产业结构的合理化和高级化。（3）物流产业专业化程度（S）在 1% 的显著性水平下通过了显著性检验，系数为 - 16.5041，对物流业综合效率的影响为负，说明物流产业专业化程度每提升 1 个单位，相对应的物流业效率会下降 16.5041 个单位，其原因应可能是中亚五国物流专业化程度较低，在发展的初期提升成本较高，成本高于收益，因此导致物流业综合效率的下降。（4）物流业集聚度（L）在 1% 的显著性水平下通过了显著性检验，系数为 0.8163，对物流业综合效率的影响为正，说明物流业集聚度每提升 1 个单位，相对应的物流业综合效率会提升 0.8163 个单位。因此，中亚各国今后应该继续扩大物流业规模，不断促进物流产业集群的形成，发挥物流产业的集聚效应。（5）区域受教育程度（M）在 1% 的显著性水平下通过了显著性检验，系数为 0.0316，对物流业综合效率的影响为正，说明区域受教育程度每提升 1 个单位，相对应的物流业效率会提升 0.0316 个单位。因此，中亚各国应该不断加大教育投资，深入持续地提高国民的受教育程度。

8.5 研究结论及相应的对策建议

8.5.1 研究结论总结

本章首先对"核心区"2003 ~ 2017 年的中国西北五省区和中亚五国的经济发展状况进行介绍，然后运用 DEA 模型对"核心区"的物流业效率进行评价和比较，最后选取合适的指标、建立 Tobit 模型对 2003 ~ 2017 年这 15 年间"核心区"经济发展水平影响物流业效率的情况进行实证分析。得出的主要结论如下：

（1）2003 ~ 2017 年"核心区"的物流业综合效率均值，在中国西北五省区中只有宁夏为 1，即 DEA 有效，其他四个省区的均值都小于 1，即 DEA 无效；而在同期，中亚五国中有哈萨克斯坦、乌兹别克斯坦和土库曼斯坦的物流业综合效率均值为 1，即 DEA 有效，只有塔吉克斯坦和吉尔吉斯斯坦的均值小于 1，即 DEA 无效。可见，总体来看，中亚五国的物流业综合效率值高于中国西北五省区。

（2）在2003~2017年，中国西北五省区的物流业全要素生产率均值（TFP）为1.017，高于中亚的0.963。而且在此期间，中国西北五省区的物流业的技术进步（TCH）为1.064，纯技术效率（PEC）为1.013，规模效率（SEC）为0.997，技术效率（TEC）为0.994，都分别高于中亚五国的0.970、1.009、0.984和0.993。可见，总体来看，中国西北五省区的物流业Malmquist生产率指数及其分解均值都高于中亚五国。

（3）在2003~2017年，中国西北五省区的经济发展水平（G）在5%的显著性水平下通过了显著性检验，系数为0.18387，对物流业综合效率的影响为正，说明经济发展水平每提升1个单位，相对应的物流业效率会提升0.18387个单位；中亚五国的经济发展水平（G）在1%的显著性水平下通过了显著性检验，系数为0.0008，对物流业综合效率的影响为正，说明经济发展水平每提升1个单位，相对应的物流业效率会提升0.0008个单位。可见，中国西北五省区的经济发展水平对物流业综合效率的正向影响程度要大于中亚五国，说明中国西北五省区的经济发展水平已经对物流业的发展产生了明显的互相拉动作用，今后应该进一步促进经济发展，持续释放对物流业发展的带动作用。中亚五国更是要加快经济发展，以便对物流业产生更强的正向带动作用。

（4）几个控制变量也对中国西北五省区和中亚五国的物流业综合效率产生了或大或小、正向或负向的影响，因此可以根据各自原因采取针对性措施。

8.5.2 相应的对策建议

为了进一步提高丝绸之路经济带"核心区"的物流业效率，我们这里提出以下对策建议：

1. 将经济高质量发展作为有效动力，促进物流业的发展

第一，对中国西北五省区的具体建议。实证分析数据显示，中国西北五省区经济发展水平对物流业效率有显著的促进作用，在经济增长的过程中，将一定的经济增长转化为物流业的发展动力将会取得很大的成果。一是伴随经济的发展能够拉动物流业投资的增长。投资对物流业的发展起着重要的作用。良好的经济发展状况必将给外界资金以一定的信心，吸引各界资金注入当地的产业，物流产业在其中也会得到很大的投资，尤其运输、仓储、物流信息等产业在获得大量投资之后必将加速发展，在短时间内形成物流业的规模经济，再促进当地经济发展，形成一个经济发展促进物流业发展，物流业又反过来促进经济发展的良性循环。二是在经济增长和发展时，当地政府收入增加，预算增加，能更好地发挥宏观调控的作用，在物流业薄弱的市区给予财政拨款以及政策上的支持，定向给物流业发展好的地方加大支持力度。可见，高质量地发展地方经济将会有效地转化为物流业发展的动力，从民间投资及政府支持等多方面促进物流业的发展。

第二，对中亚五国的具体建议。实证分析数据显示，中亚五国经济发展水平对物流业效率有促进作用，但作用效果不明显。因此，在上述中国西北五省区建议的基础上，中亚五国还应注意经济发展对促进物流业发展的有效转化，注重物流业发展。

2. 借助"一带一路"建设，推进各地经济发展

第一，对中国西北五省区的具体建议。借助"一带一路"倡议，尤其是丝绸之路经济带建设带来的机遇，中国西北五省区要着力打开与中亚的贸易通道，充分发挥彼此的贸易潜能，借助自身的区位优势，提高市场开放程度。大力发展对外贸易，提高自身的发展水平。同时，在"一带一路"的倡议下，通商口岸的建设将在一定程度上改变西北地区深处内陆的劣势和一直以来自身特色产业难以发挥的产业结构，以便响应国际需求，优化对外经贸方式。中国西北五省区应该充分利用"一带一路"建设这个难得的扩大开放机遇，充分利用国内国外两种资源、两个市场，大力扶持本地特色优势产业及其物流业龙头企业，加速当地经济高质量发展。

第二，对中亚五国的具体建议。在上述中国西北五省区对策建议的基础上，中亚五国还应注意提高本国物流集聚度，以本土物流龙头企业，带动本地物流业发展，促进地方物流产业集聚的形成，降低成本、提高效率以促进整体物流业的发展。

3. 提高物流专业化程度

第一，对中国西北五省区的具体建议。物流业的专业化程度，可以通过建立一定的行业标准规划物流程序。在发展物流产业的时候不应该只关注做大，更应该从精细入手，建立严格的物流产业内部分工，将未能利用到的资源充分利用起来，形成分工专业化、产业专业化，从细微之处改变当前物流产业体量大、效率低的问题。物流的专业化分工离不开物流产业的集聚。如果物流产业遍布各处，不能形成产业集群，将不利于物流业的发展。产业的分散必然导致物流产业内部各行业之间交易成本的增加，造成信息不对称加剧。而且，物流产业的集聚也会形成一个良好的市场氛围，众多物流资源的集合，也会催生出当地物流的领导企业。然后以这些大型企业为标杆，带动当地物流业的发展。

第二，对中亚五国的具体建议。实证分析数据显示，中亚五国的物流业专业化程度与产业结构系数均为负，其原因应是中亚五国物流业产业较为落后，发展缓慢且成效不显著，在发展初期，提高物流业专业化程度与产业结构带来的收益小于成本，所以导致对物流业综合效率有抑制作用。因此，政府应引导优化产业结构，合理、有效地诱导物流业专业化程度提升，改善物流业专业化提升成本过高问题，解决当地物流业效率低、收益小的问题。

4. 加大教育投资，培养物流专业人才

第一，对中国西北五省区的具体建议。高素质的人力资本对产业的发展起着

很重要的作用，地方教育水平的高低直接反映了一个地方经济状况的好坏。因此，地方经济的发展必然会带动教育的发展。加大教育的投资，开设培养物流专业人才的专业，专门培养物流人才，同时加大基础设施的建设，争取自己培养的同时再从外面引进，解决物流人员的就业与生活保障。提升物流企业专业人才的比例，使物流产业高水平、高专业化。实现效率的提高和地区物流产业的发展与进步。

第二，对中亚五国的具体建议。中亚五国在借鉴上述中国西北五省区对策建议的基础上，应该更加注重物流业人才引进，以先进带动落后，提高当地物流业人力资本水平，加快促进物流业的发展。

第9章 物流专业人才影响"核心区"物流业效率的实证分析

物流业被誉为经济增长的"加速器",高效的物流业能够加速社会资源、人才等要素的流动,从而促进地区的经济发展。丝绸之路经济带的建设和繁荣尤其需要高效的物流业作为保障。在影响物流业效率的诸多因素中,物流专业人才逐渐成为物流业发展的核心资源,是提升物流业效率的关键要素。中国的西北五省区和中亚五国位于丝绸之路经济带的核心位置,对丝绸之路经济带的发展起到了承东启西、链接南北的重要作用。因此,以中国西北五省区和中亚五国为丝绸之路经济带的"核心区",研究物流专业人才对物流业效率的影响具有重要意义。

9.1 文献综述与问题的提出

通过整理分析,现将相关文献分为以下两个方面:

9.1.1 关于物流专业人才及其对物流业效率的影响

1. 关于物流专业人才衡量的研究

傅晓霞等(2006)在测度了物流业技术效率的结果后,以平均受教育程度指标表示人力资本水平,从而研究人力资本水平对物流业技术效率的影响[①]。岳书敬等(2006)考虑到了劳动力的质量因素,其中的人力资本指标是劳动力数量与平均教育年限乘积的代表[②]。傅强、靳娜(2009)在其研究中将一个地区6岁以上人口的平均受教育年限作为人力资本水平指标[③]。袁丹、雷宏振(2015)用物流业从业人员数代表物流业人力资本水平[④]。

① 傅晓霞,吴利学. 技术效率、资本深化与地区差异:基于随机前沿模型的中国地区收敛分析 [J]. 经济研究, 2006(10): 52-61.

② 岳书敬,刘朝明. 人力资本与区域全要素生产率分析 [J]. 经济研究, 2006(4): 90-96.

③ 傅强,靳娜. 基于随机前沿生产函数的我国主要省市人力资本与 R&D 投资效率实证检验 [J]. 技术经济, 2009, 28(6): 5-10.

④ 袁丹,雷宏振. 丝绸之路经济带物流业效率及其影响因素 [J]. 中国流通经济, 2015(2): 14-20.

2. 关于物流专业人才影响物流业效率的研究

欧阳小迅、黄福华（2010）的研究表明，物流业人力资本质量及专业化程度会对物流业效率有正向促进作用[①]。田刚、李南（2011）通过随机前沿函数估计得出的结论是，人力资本对物流业效率有正向影响，但是在西部地区这种影响不显著[②]。姚娟、庄玉良（2013）认为物流业人力资本、固定资产投资增加会促进物流业效率水平提高[③]。周贵根等（2008）研究结论为：物流企业员工的素质水平以及物流从业人员的人力成本是造成物流业水平差距的重要因素[④]。李朝敏（2013）认为人力资本对物流业经济有正向促进的影响[⑤]。刘勇（2014）认为人力资本水平对物流业全要素能源效率具有负的影响[⑥]。袁丹、雷宏振（2015）的研究分析得出，人力资本对丝绸之路经济带物流效率尚不存在显著促进作用[⑦]。

9.1.2 对丝绸之路经济带物流业效率的研究

李忠民、夏德水（2014）运用 DEA 模型的 Malmquist 生产率指数分析方法分析了丝绸之路经济带上中国西北五省区以及江苏、山西、河南、安徽共 9 个地区的物流设施效率[⑧]。袁丹、雷宏振运用 Malmquist 指数与 Tobit 模型以丝绸之路经济带沿线九个地区作为研究对象，选取其 2004~2012 年的相关数据进行研究[⑨]。张璇等（2016）的研究对象为中国境内的新丝绸之路经济带上的西部五省区以及重庆、四川、广西、云南和境外的相关国家。选取 2009~2014 年的物流投入与产出数据的数据，对相关的物流业效率指标进行了测度[⑩]。王琴梅、景英（2017）以丝路经济带上的新疆的物流业为研究对象，选取了 2005~2015 年的数

① 欧阳小迅，黄福华. 中国地区物流匹配效率及其影响因素实证分析 [J]. 财贸研究，2010，21（6）：23-31.

② 田刚，李南. 中国物流业技术效率差异及其影响因素研究：基于省级面板数据的实证分析 [J]. 科研管理，2011，32（7）：34-44.

③ 姚娟，庄玉良. 所有权结构、物流环境及我国物流业效率 [J]. 财经问题研究，2013（3）：115-122.

④ Zhou G, Min H, Xu C, et al. Evaluating The Comparative Efficiency of Chinese Third - party Logistics Providers Using Data Envelopment Analysis [J]. *International Journal of Physical Distribution & Logistics Management*, 2008, 38（4）：262-279.

⑤ 李朝敏. 人力资本对中国物流业经济增长影响的实证分析：基于 1978-2009 年的数据 [J]. 物流技术，2013，32（3）：74-77.

⑥ 刘勇. 物流业全要素能源效率评价及其影响因素分析 [J]. 统计与决策，2014（1）：66-68.

⑦ 袁丹，雷宏振. 丝绸之路经济带物流业效率及其影响因素 [J]. 中国流通经济，2015（2）：14-20.

⑧ 李忠民，夏德水，姚宇. 我国新丝绸之路经济带交通基础设施效率分析：基于 DEA 模型的 Malmquist 指数方法 [J]. 求索，2014（2）：97-102.

⑨ 袁丹，雷宏振. 丝绸之路经济带物流业效率及其影响因素 [J]. 中国流通经济，2015（2）：14-20.

⑩ 张璇，杨雪荣，王峰. 新丝绸之路经济带物流效率评价：基于三阶段 DEA 实证分析 [J]. 学习与实践，2016（5）：21-32.

据，运用 DEA 模型对新疆相关的物流业效率指标进行了测度[①]。王琴梅、张玉（2017）对丝绸之路经济带"核心区"的物流业效率进行了分省区、分国别的测度并进行了比较分析[②]。王博等（2019）利用三阶段 DEA 方法测度了"一带一路"沿线区域的物流业效率并进行了比较[③]。

9.1.3　文献评述与本文研究的切入点

综上可见，国内外学者对物流业效率的影响因素（包括物流人力资本）的研究取得了大量的成果。这为本章的进行研究奠定了基础，但我们也发现，目前的研究还存在不足：（1）物流专业人才对物流业的发展是非常重要的，但国内外学者对物流专业人才的研究较少，对物流专业人才的人力资本水平测度指标的选取和计算方法不一致。（2）国内外学者们对物流专业人才影响物流业效率的机理分析以及实证研究都很缺乏。因此，在第 1~2 章明确界定了丝绸之路经济带"核心区"的空间范围、物流业效率的概念以及深入分析了物流专业人才影响物流业效率的理论机理的前提下，本章首先界定物流专业人才及其种类、选取"核心区"2006~2016 年的相关数据，采用 DEA 模型和 Malmquist 生产率指数对"核心区"的物流业综合效率、全要素生产率及其分解效率进行测度；然后采用适当的方法计算"核心区"高、中、低三种物流专业人才的人力资本水平；最后实证分析物流专业人才对物流业效率的影响并提出相应的对策建议。

9.2　物流专业人才影响物流业效率的模型构建

在本节中，首先界定物流专业人才及其种类，在第 2 章运用相关经典理论分析了物流专业人才影响物流业效率的机理的基础上，本节构建物流专业人才影响物流业效率的理论模型并提出本书的假说。

9.2.1　物流专业人才及其种类

第一，物流专业人才。什么是人才？《国家中长期人才发展规划纲要（2010－2020）》中指出，"人才是具有一定专业知识和专门技能、进行创造性劳动并做出贡

---

①　王琴梅，景英. 丝绸之路经济带"核心区"新疆物流业效率评价［J］. 甘肃理论学刊，2017（6）：104－109.

②　王琴梅，张玉. 丝绸之路经济带"核心区"物流效率整体评价及分省区、分国别比较［J］. 陕西师范大学学报：哲学社会科学版，2017（5）：5－15.

③　王博，祝宏辉，刘林. 我国"一带一路"沿线区域物流效率综合评价：基于三阶段 DEA 模型［J/OL］. 华东经济管理：1－7［2019－05－17］，https：//doi. org/10. 19629/j. cnki. 34－1014/f. 180523017.

献的人，是人力资源中能力素质较高的劳动者，是经济社会发展的第一要素"[1]。王通讯（2001）在《人才通论》中指出，"人才是指在某一行业领域内通过自身的创造性劳动从而对社会和人类发展做出贡献的人"[2]。因此，物流专业人才就是物流行业中具有专业知识技能的专门人才，是专业化人力资本的载体 。

第二，物流专业人才分类。本章根据人力资本存量水平将物流专业人才分为初等人力资本水平的物流专业人才、中等人力资本水平的物流专业人才、高等人力资本水平的物流专业人才三种，并分别探讨这三种人力资本水平的物流专业人才对物流业效率的影响程度。

9.2.2　理论模型的构建

本章在卢卡斯内生增长模型的基础上构建理论模型。索洛（Solow）将外生技术进步因素引入科布－道格拉斯生产函数是将劳动力视为同质，卢卡斯认为，经济活动中，促进经济增长的是那些"有效劳动力"，因此其用人力资本代替了从业人员数，得到有效劳动力模型：

$$Y = AK^\alpha H^\beta e^\mu \tag{9-1}$$

现在假设经济活动中具有不同的技术，技术水平可以用 h 表示，每种技术水平都有一定的工人数量，假设工人的时间分为闲暇时间和非闲暇时间。工人的非闲暇时间被分为了两部分，一部分时间 $\mu(h)(\leq 1)$ 投入生产活动中，另一部分时间 $1 - \mu(h)$ 投入到人力资本积累中。现在将有效劳动力模型（9-1）中的人力资本存量按照技术水平不同分解为初等人力资本存量 H_C、中等人力资本存量 H_Z、高等人力资本存量 H_G，则有效劳动模型变为：

$$Y = AK^\alpha H_C^\beta H_Z^\gamma H_G^\varphi e^\varphi \tag{9-2}$$

式（9-2）中，该模型反映了产出与各投入要素的函数关系以及各投入要素之间的互相作用。包括人力资本要素对物质资本和技术进步等的促进作用。

对式（9-2）两边取对数，然后将方程变换为差分方程形式：

$$\frac{\Delta Y_t}{Y_t} = \frac{\Delta A_t}{A_t} + \alpha \frac{\Delta K_t}{K_t} + \beta \frac{\Delta H_{ct}}{H_{ct}} + \gamma \frac{\Delta H_{zt}}{H_{zt}} + \varphi \frac{\Delta H_{Gt}}{H_{Gt}} \tag{9-3}$$

$\Delta Y_t/Y_t$ 为物流业经济增长率，$\Delta H_{Ct}/H_{Ct}$ 为初等人力资本存量增长率，$\Delta H_{Zt}/H_{Zt}$ 为中等人力资本存量增长率，$\Delta H_{Gt}/H_{Gt}$ 为高等人力资本存量增长率。

现在假设人力资本具有积累效应，假设人力资本的增长与个人时间分配和已有的人力资本水平相关。则人力资本的增长可以表示为：

$$\Delta h_t = h_t^\varepsilon G(1 - \mu(t)) \tag{9-4}$$

[1]　中共中央、国务院. 国家长期人才发展规划纲要（2010-2020 年）[N]. 人民日报, 2010-06-06: 01.

[2]　王通讯. 王通讯人才论集 [M]. 北京: 中国社会科学出版社, 2001: 4-6.

参照宇泽（1965）和罗森（1976）的假设和模型，假设 $\varepsilon = 1$，$G(1 - \mu(t))$ 为线性的，则：

$$\Delta h_t = h_t \lambda (1 - \mu(t)) \tag{9-5}$$

由式（9-5）可知，当工人把越多的非闲暇时间用到人力资本积累中时，人力资本积累的速度越快，人力资本积累率 $\Delta h_t / h_t$ 也会随之上升。由此可知，高等人力资本水平的人才受教育程度高，即花费在学业上的时间长，人力资本积累率高于中等人力资本水平的人才和初等人力资本水平的人才，因此对物流业经济增长的贡献率也将高于中等人力资本水平和初等人力资本水平的人才。

综上，可以提出假说：人力资本会促进物流业经济水平的发展，而且人力资本水平越高，对物流业经济增长的贡献率越高。

9.3 "核心区"物流业效率评价

在本节，我们对丝绸之路经济带"核心区"物流业效率运用 DEA 模型和 Malmquist 生产率指数、选取投入产出指标进行测度，并根据结果进行分省区、分国别比较分析。

9.3.1 物流业效率评价方法选择、指标体系建立和数据来源处理

目前物流业效率的评价方法中最常见的是基于随机前沿分析的参数法（SFA）以及基于数据包络的非参数法（DEA）。本章在学习两种方法之后对两种方法进行了比较分析，结果如表 9-1 所示：

表 9-1   SFA 方法与 DEA 方法的比较

测量方法	名称	函数形式	特点
参数法	SFA	确定	适用于多投入单产出情况；误差由技术无效项和随机误差组成
非参数法	DEA	不确定	多投入多产出，凸性前沿

通过表 9-1 可以看出，由于物流行业是复合型行业，投入产出均为多投入多产出，因此本章采用数据包络分析方法即 DEA 方法。

1. DEA 模型选择

数据包络分析法（DEA）是在相对效率概念基础上提出的一种非参数线性统计方法，它运用线性规划模型评价和研究具有多投入多产出的若干决策单元（DMU）的相对有效性[①]。常用的 DEA 模型有以下两种：

---

① 汪旭晖，徐健. 基于超效率 CCR - DEA 模型的我国物流上市公司效率评价 [J]. 财贸研究，2009，20（6）：117 - 124.

第一，CCR – DEA 模型。CCR 模型是 DEA 模型中最基本的模型，CCR 模型的前提假设是规模收益不变，适用于所有厂商都以最优规模生产的情况。

$$\max\eta_{i_0} = \frac{\sum_{r=1}^{d} u_r \, y_{ri_0}}{\sum_{j=1}^{m} v_j \, x_{ji_0}}$$

$$\text{s. t.} \begin{cases} \dfrac{\sum_{r=1}^{d} u_r \, y_{ri}}{\sum_{j=1}^{m} v_j \, x_{ji}} \leqslant 1, \, j = 1, 2, \cdots, n \\ v \geqslant 0 \\ u \geqslant 0 \end{cases} \tag{9-6}$$

式（9 – 6）即为 DEA 模型中 CCR 模型的基本形式。对式（9 – 6）进行对偶变化并引入松弛变量 s^- 和剩余变量 s^+，得到以下模型：

$$\min\phi = V_D$$

$$\text{s. t.} \begin{cases} \sum_{i=1}^{n} \lambda_i \, x_i + s^+ = \phi x_0 \\ \sum_{i=1}^{n} \lambda_i \, y_i - s^- = y_0 \\ \lambda_i \geqslant 0, i = 1, 2, \cdots, n \\ s^+ \geqslant 0, s^- \geqslant 0 \end{cases} \tag{9-7}$$

式（9 – 7）的最优解为 $\lambda^*, s^{+*}, s^{-*}, \phi^*$，那么，当 $\phi^* = 1$，且 $s^{+*} = 0$，$s^{-*} = 0$ 时，决策单元 DMU 为 DEA 有效，否则为 DEA 无效。

第二，BCC – DEA 模型。在实际的生产生活活动中，规模报酬不变的情况是不存在的。因此 CCR – DEA 模型与现实有所差别。因此，为了解决 CCR – DEA 模型与现实不相符的情况，学者们提出了 BCC – DEA 模型。该模型是规模报酬可变的。BCC 模型分析的是决策单元的纯技术效率。

BCC – DEA 模型的基本形式为：

$$\max \left(u^T y_i + u_0 \right)$$

$$\text{s. t.} \begin{cases} w^T x_i - u^T y_i - u_0 \geqslant 0 \\ w^T x_0 = 1, 2, \cdots, n \\ w \geqslant 0, u \geqslant 0, i = 1, 2, \cdots, n \end{cases} \tag{9-8}$$

对式（9 – 8）进行对偶变化，并引入松弛变量 ε, s^+, s^-，得到如下形式：

$$\min\left[\theta - \varepsilon(e^{T}s^{-} + e^{T}s^{+})\right]$$

$$\mathrm{s.\,t.}\begin{cases}\sum\limits_{i=1}^{n}\lambda_{i}x_{i} + s^{-} = \theta x_{0} \\[2mm] \sum\limits_{i=1}^{n}\lambda_{i}y_{i} + s^{+} = y_{0} \\[2mm] \sum\limits_{i=1}^{n}\lambda_{i} = 1 \\[2mm] s^{+} \geqslant 0, s^{-} \geqslant 0\end{cases} \qquad (9-9)$$

设式（9-9）的最优解为 $\lambda^{*}, s^{+*}, s^{-*}, \theta^{*}$。当 $\theta^{*} = 1$，$s^{+*} = 0$，$s^{-*} = 0$，那么此时决策单元 DMU 为 DEA 有效。

第三，Malmquist 生产率指数。Malmquist 生产率指数是由马尔姆奎斯特（Malmquist）在 1953 年提出的。Malmquist 生产率指数可以反映效率的动态变化，不需要价格资料，从而避免价格信息不对称所引起的问题，且可以利用多投入与产出变量。全要素生产率被分解为技术进步（TCH）和技术效率（TEC）。技术进步是指技术进步在 t 到 $t+1$ 期的追赶程度，表示技术进步或创新的程度。当 TCH > 1 时，表示技术有进步，TCH < 1 表示技术差距在扩大。技术效率（TEC）是指物流业效率从 t 期到 $t+1$ 期的追赶程度，当 TEC > 1 时，表示与最优 DMU 的差距缩小，TEC < 1 时，表示与最优 DMU 差距扩大。技术效率又分为规模技术效率（SEC）和纯技术效率（PEC），且技术效率为两者的乘积。纯技术效率（PEC）衡量的是投入导向下的技术无效率在多大程度上由纯技术无效率造成，规模技术效率（SEC）衡量的是投入导向下是否处于最优的生产规模。如果 TFP 指数大于 1，表明综合生产率水平提高；若小于 1，则表明生产率恶化。构成 TFP 指数的某一变化比率大于 1 时，表明其是生产率水平提高的根源；反之，如果构成 TFP 的指数变化比率低于 1，那么就会导致生产率水平降低。

第四，超效率 DEA 模型。传统的 DEA 模型在评价效率时，会出现数个 DMU 处于生产前沿面的情况，这样就无法将这些同时处于生产前沿面的 DMU 按照效率的大小进行排序。为了解决这一问题，安德森（Andersen）建立了投入导向的超效率 DEA 模型，从而使得同时处于生产前沿面的决策单元之间也能进行效率大小的比较，并进行排序。

现在假设有 m 种投入，d 种产出，那么超效率 DEA 模型的线性规划方程为：

$$\min\left[\theta - \varepsilon\left(\sum_{i=1}^{m}s_{i}^{-} + \sum_{r=1}^{d}s_{r}^{+}\right)\right]$$

$$\mathrm{s.\,t.}\begin{cases}\sum\limits_{j=1\ j\neq k}^{n}\lambda_{i}x_{ij} + s_{i}^{-} = x_{ik}\theta \\[2mm] \sum\limits_{j=1\ j\neq k}^{n}\lambda_{j}x_{rj} - s_{r}^{+} = y_{rk} \\[2mm] \lambda_{j} \geqslant 0, s_{r}^{+} \geqslant 0, s_{i}^{-} \geqslant 0\end{cases} \qquad (9-10)$$

式 (9-10) 中，$j = 1, 2, \cdots, n$; $i = 1, 2, \cdots, m$; $r = 1, 2, \cdots, d$

则按照上述方程可以对物流业效率进行定义：

$$\eta_{it} = TEI_{it} / AEI_{it} \qquad\qquad (9-11)$$

式 (9-11) 中，η 为物流业效率，i 为第 i 个决策单元，t 为时间。TEI 表示目标投入，即为实现一定产出所需要的最优的投入；AEI 为决策单元实际的投入量。通过式 (9-11) 可以看出，当两者的比值越大时，说明达到最优产量的实际投入要远小于计划的投入，此时投入较少就可以带来相同产出，效率水平提高。

综合众多学者的研究考虑，本章采用基于 DEA 模型和 Malmquist 生产率指数的效率评价方法。DEA 非参数估计方法不需要设定具体的函数形式以及特定的严格行为假设，有效避免了因为错误的生产函数和非效率项分布形式带来的偏差。采用 Malmquist 生产率指数可以从动态的角度对物流业效率进行测算，能更加全面地对物流业效率进行研究。我们将"核心区"的中国西北五省区和中亚五国作为 10 个决策单元，运用 DEA 中的 CCR 模型对"核心区"2006~2016 年的物流业综合效率进行测度，利用 Malmquist 生产率模型对全要素生产率及其分解效率进行测算。

2. 评价指标体系的建立

第一，投入产出指标选取原则。（1）正向性原则。DEA 模型中的投入与产出指标要是非负的，必须为正，不可以出现投入产出为负或者是零的情况。因此，必须保证投入产出为正。（2）弱线性相关原则。在各投入产出指标的选取上，要尽量避免有较强线性关系的指标，甚至可完全替代或可完全互补的指标，否则会降低模型的准确程度。（3）同向性原则。DEA 模型要求投入产出指标之间为同向性，即不可以出现此消彼长的现象，必须是投入增加产出也随之增加，投入减少产出也随之减少。（4）可得性原则。目前可选取的指标众多，但是因为研究范围的限制，以及数据的可得性使得有些指标无法获得，因此要在考虑指标的可得性基础上选择适合的测度指标，保证结果准确可得。

第二，现有指标体系的评价。我们这里对现有使用 DEA 模型评价物流业效率的文章中所选取的投入产出指标进行了总结，选出了一些较有代表性的文章，如表 9-2 所示：

表 9-2　2010~2015 年间相关文献对物流业效率研究的投入、产出指标

文献	作者	区域	数量/个	投入	产出
基于三阶段 DEA 模型的中国物流产业技术效率研究	钟祖昌（2010）	全国	31	物流业资本、物流业从业人员	物流业增加值

续表

文献	作者	区域	数量/个	投入	产出
卢玲珠. 低碳约束下的物流效率分析——以东部十省市为例	唐建荣等（2013）	东部	10*3	CO_2排放量、物流业城镇单位就业人员、物流业固定资产投资	物流业国内生产总值
中部六省物流产业效率分析及政策建议	张诚等（2013）	中部	6*10	物流业从业人员、物流业固定资产投入、物流业职工工资总额、物流等级公路长度	货物运输周转量、货运量、物流产业生产总值、地区GDP
基于三阶段DEA方法中部六省物流效率评价	孟魁等（2014）	中部	6*7	物流业从业人数、物流业固定资产投资、物流业能耗量、物流业碳排放	物流业GDP
我国物流产业投入产出效率研究	谢菲等（2014）	全国	29*2	物流业能耗、从业人员数、综合运输能力、固定资产、政策因素	货运周转量、邮电业务总量、物流业产值
经济大省物流业效率动态演化及其影响因素	吴旭晓等（2015）	经济大省	5*4*5	物流业年末就业人数、物流业全社会固定资产投资	物流业国内生产总值

由表9-2可以看出，目前的研究中，学者们选取的投入产出指标数量根据评价决策单元的个数不同而有所差距，上述文献中，最多的投入变量有5个，最少的有2个。产出指标中，数量最多的为4个产出，最少的为1个产出。但是，无论投入产出的数量如何，学者们在选取投入产出指标时所遵循的原则是相同的，即经济学的经典理论提出的生产函数中的基本投入要素包括劳动、资本和其他物质要素，而产出多为经济产出和实物产出。

第三，投入产出指标的选取。本章研究丝绸之路经济带"核心区"的物流业效率，"核心区"包括了中亚五国和中国西北五省区10个空间区域，我们参考前人的研究，在数据的可获得性、操作可行性的基础上，选取交通运输业、仓储业、邮政业、信息业代表整个物流产业的状况。选取三投入与三产出指标来计算反映物流业效率的全要素生产率。具体的指标体系如表9-3所示：

表9-3 　　　　　　　　"核心区"物流业投入、产出指标的选取

指标类型	指标内容
投入指标	物流业的固定资产投资额（10亿元）
	从业人员数（万人）
	公路、铁路运输线路里程（万千米）
产出指标	物流业增加值（亿元）
	公路、铁路货物周转量（亿吨·千米）
	公路、铁路货运量（亿吨）

表 9 - 3 即为本章所选取的投入产出指标。选取三投入三产出指标能够比较全面合理地反映物流业效率水平，符合评价指标的选取原则。

3. 数据获得与处理

本章建立三投入与三产出的物流业效率评价体系，投入产出数据来源于2007～2018 年的《中国统计年鉴》和西北五省区统计年鉴、世界银行、亚洲开发银行、Wind 数据库等。

第一，中国西北五省区 2006～2017 年的物流业投入状况。我们通过查看 2007～2018 年的《中国统计年鉴》和西北五省区统计年鉴等并计算，得出中国西北五省区物流业的投入数据如表 9 - 4 所示：

表 9 - 4　　　　　　2006～2017 年中国西北五省区投入数据特征描述

西北五省区	最大值			平均值			最小值			标准差		
	X_1	X_2	X_3	X_1	X_2	X_3	X_1	X_2	X_3	X_1	X_2	X_3
陕西	181.0	39.4	17.5	92.4	29.7	15.1	40.4	23.3	11.7	45.8	6.7	2.04
甘肃	120.5	15.7	14.4	44.2	13.3	12.3	12.0	11.7	9.8	37.2	1.7	1.62
青海	66.6	5.8	7.8	25.8	4.5	6.5	7.5	3.9	4.9	19.9	0.6	0.90
宁夏	43.4	4.9	3.5	16.7	3.9	2.6	5.5	2.9	2.1	11.9	0.7	0.49
新疆	114.3	20.3	18.4	55.1	15.8	16.3	21.1	12.6	14.7	31.0	3.4	1.40

注：X_1 表示物流业固定资产投资额（十亿元），X_2 表示物流业从业人员数（万人），X_3 表示公路、铁路线路里程（万千米）。

通过表 9 - 4 可以看出 2006～2017 年中国西北五省区物流业的投入情况如下：（1）从物流业固定资产投资来看，中国西北五省区中，陕西省的物流业固定资产投资平均值在 10 个地区中最高，宁夏的固定资产投资平均值最低。（2）从物流从业人员的数量来看，2006～2017 年，陕西省的平均值、最大值、最小值三项是最高的，宁夏的平均值、最大值、最小值三项均最低。（3）从公路、铁路线路里程数来看，新疆的平均值、最大值、最小值均最高。

第二，中亚五国 2006～2016 年物流业投入状况。我们通过查看 2007～2017 年的世界银行、亚洲开发银行、Wind 数据库等并计算，得出中亚五国物流业的投入数据如表 9 - 5 所示：

表 9 - 5　　　　　　2006～2016 年中亚五国物流业投入数据特征描述

中亚五国	最大值			平均值			最小值			标准差		
	X_1	X_2	X_3	X_1	X_2	X_3	X_1	X_2	X_3	X_1	X_2	X_3
哈萨克斯坦	63.7	78.0	2.8	39	66.2	2.7	16.1	54.1	2.7	13.6	8.5	0.025
吉尔吉斯斯坦	2.6	23.3	0.2	1.4	15.0	0.2	0.7	12.0	0.2	0.5	3.0	0.004

续表

中亚五国	最大值			平均值			最小值			标准差		
	X_1	X_2	X_3	X_1	X_2	X_3	X_1	X_2	X_3	X_1	X_2	X_3
塔吉克斯坦	2.4	6.6	0.3	1.2	5.7	0.3	0.4	4.3	0.3	0.5	0.6	0.001
土库曼斯坦	17.9	43.8	0.5	10	35.5	0.5	1.3	26.3	0.5	5.3	6.0	0.019
乌兹别克斯坦	19.3	70.2	0.7	13	54.4	0.7	3.0	43.5	0.7	5.4	8.7	0.009

注：X_1 表示物流业固定资产投资（10亿元），X_2 表示物流业从业人员数（万人），X_3 表示公路、铁路线路里程（万千米）。

通过表9-5可以看出2006~2016年中亚五国的物流业的投入情况如下：（1）从物流业固定资产投资来看，在中亚五国中，哈萨克斯坦的固定资产投资平均值最高，塔吉克斯坦的平均值最低。（2）从物流从业人员的数量来看，2006~2016年，哈萨克斯坦的平均值、最大值、最小值三项是最高的。（3）从公路、铁路线路里程来看，吉尔吉斯斯坦的三项指标均最低。

第三，中国西北五省区2006~2017年物流业产出状况。我们通过查看2007~2018年的《中国统计年鉴》和西北五省区统计年鉴等并计算，得出中国西北五省区物流业的产出数据如表9-6所示：

表9-6　　　　　2006~2017年中国西北五省区物流业产出数据统计分析

西北五省区	最大值			平均值			最小值			标准差		
	Y_1	Y_2	Y_3	Y_1	Y_2	Y_3	Y_1	Y_2	Y_3	Y_1	Y_2	Y_3
陕西	58.7	1496	9.2	83.2	3761	15.7	29.2	853	3.8	16.1	248.0	4.2
甘肃	27.3	787	3.5	32.0	2439	5.7	17.0	896	2.4	5.5	224.0	1.1
青海	7.1	223	1.0	10.4	520	1.5	3.5	93	0.6	2.0	60.1	0.3
宁夏	15.1	493	2.6	20.1	754	4.1	5.6	206	0.8	6.2	59.5	1.4
新疆	30.0	869	4.7	66.8	2176	7.2	16.6	561	2.9	13.4	101.0	1.4

注：Y_1 表示物流业增加值（10亿元），Y_2 表示货物的周转量（亿吨·千米），Y_3 表示货运量（亿吨）。

通过表9-6可以看出，2006~2017年，中国西北五省区物流业的产出情况如下：（1）2006~2017年，中国西北五省区中，陕西省三项产出的平均值、最大值、最小值均为中国西北五省区中最高的。（2）2006~2017年，青海的物流业增加值、货物周转量、货运量的平均值最低。

第四，中亚五国2006~2016年物流业产出状况。我们通过查看2007~2017年的世界银行、亚洲开发银行、Wind数据库等并计算，得出中亚五国物流业的产出数据如表9-7所示：

表 9－7　　　　　　　　2006～2016 年中亚五国物流业产出数据统计分析

中亚五国	平均值			最大值			最小值			标准差		
	Y_1	Y_2	Y_3	Y_1	Y_2	Y_3	Y_1	Y_2	Y_3	Y_1	Y_2	Y_3
哈萨克斯坦	78.0	1146	22.60	101.0	2359.0	26.7	50.2	1898.0	18.4	20.3	172.0	2.7
吉尔吉斯斯坦	2.0	13	0.34	2.7	9.2	0.4	1.4	7.2	0.3	0.5	0.9	0.1
塔吉克斯坦	4.6	43	0.60	7.8	12.8	0.7	1.3	5.5	0.4	2.3	3.2	0.1
土库曼斯坦	8.8	141	6.70	14.7	119.9	7.9	3.9	86.7	4.6	3.4	10.9	0.9
乌兹别克斯坦	27.0	270	10.70	43.4	242.4	14.6	7.6	180.0	7.2	13.2	18.2	2.5

注：Y_1 表示物流业增加值（10 亿元），Y_2 表示货物的周转量（亿吨·千米），Y_3 表示货运量（亿吨）。

通过表 9－7 可以看出，2006～2016 年，中亚五国物流业的产出情况如下：（1）在 2006～2016 年，中亚五国中，哈萨克斯坦在物流业增加值、货运周转量、货运量三项指标中，平均值、最大值以及最小值均为最高，标准差也为五国中最大。（2）吉尔吉斯斯坦的三项产出指标的平均值、最大值、最小值均为最低。

9.3.2　"核心区"物流业效率的评价及比较

本节选取了丝绸之路经济带"核心区"中国西北五省区和中亚五国 10 个空间子区域 2006～2016 年共 11 年的数据，运用 DEAP2.1 软件对其物流业综合效率，Malmquist 生产率指数进行了测度。其中投入产出的数据来源于 2007～2017 年中国西北五省区的统计年鉴以及国家统计局、万得数据库、亚洲开发银行、世界银行、联合国亚太经济社会委员会以及相关的文章中取得。

1. 基于 DEA 的物流业效率评价

这里构建了三投入三产出的指标体系，运用 DEA 中的 CCR 模型对"核心区"的物流业效率进行测度并加以分析，具体结果如下：

第一，"核心区"整体物流业综合效率状况。物流业综合效率值在 0～1 之间，当综合效率值等于 1 时，说明该地区物流业效率达到了有效状态，小于 1 时说明无效。运用 DEAP2.1 软件测度的"核心区"整体的物流业效率结果如表 9－8 所示：

表 9－8　　　　　　　　2006～2016 年"核心区"整体物流业综合效率结果

年份	综合效率	纯技术效率	规模效率
2006	1.000	1.000	1.000
2007	0.971	0.995	0.976

年份	综合效率	纯技术效率	规模效率
2008	0.923	0.925	0.998
2009	0.989	1.000	0.989
2010	0.928	0.936	0.991
2011	0.842	0.874	0.964
2012	0.800	0.833	0.960
2013	0.986	1.000	0.986
2014	0.909	0.945	0.962
2015	1.000	1.000	1.000
2016	1.000	1.000	1.000
均值	0.941	0.955	0.984

表9-8显示：（1）在2006~2016年，"核心区"整体的物流业综合效率均值为0.941，略低于1，处于DEA无效状态。纯技术效率的均值为0.955，规模效率的均值为0.984，也都无效，且纯技术效率水平低于规模效率水平，"核心区"物流业综合效率均值无效主要是由纯技术效率无效引起的。（2）在2006年、2015年、2016年物流业综合效率达到了1，DEA有效；纯技术效率在2006年、2009年、2013年、2015年、2016年为1，DEA有效；规模效率在2006年、2015年、2016年为1，说明这三年中物流业实现了规模经济。

第二，中国西北五省区物流业综合效率状况。运用DEAP2.1软件测度的中国西北五省区的物流业效率结果如表9-9所示：

表9-9   2006~2017年中国西北五省区物流业综合效率结果

年份	陕西	甘肃	青海	宁夏	新疆	均值
2006	0.939	0.873	1.000	1.000	0.916	0.946
2007	0.928	1.000	0.947	1.000	1.000	0.975
2008	1.000	1.000	0.899	1.000	1.000	0.980
2009	0.878	0.892	0.83	1.000	0.918	0.904
2010	0.823	0.872	0.942	1.000	0.974	0.922
2011	0.904	0.963	1.000	1.000	0.948	0.963
2012	1.000	1.000	1.000	1.000	1.000	1.000
2013	0.906	0.883	0.782	1.000	0.875	0.889
2014	0.866	0.988	0.925	1.000	0.942	0.944
2015	0.790	0.996	1.000	1.000	0.971	0.951
2016	0.828	1.000	1.000	1.000	1.000	0.967
2017	1.000	1.000	1.000	1.000	1.000	1.000
均值	0.905	0.956	0.944	1.000	0.962	0.953

表9-9显示：（1）在2006~2017年的12年中，中国西北五省区中，宁夏的物流业综合效率始终为1，说明宁夏的物流业综合效率都是有效的，即DEA有效。陕西、甘肃、青海、新疆的物流业综合效率分别有3年、5年、6年和5年

达到了1，DEA 有效，在其他年份物流业综合效率小于1，DEA 非有效。（2）在
2006～2017 年的 12 年中，2017 年中国西北五省区的物流业综合效率均值为
0.953，虽然处于 DEA 无效状态，但十分接近 1。

第三，中亚五国的物流业综合效率状况。运用 DEAP2.1 软件测度中亚五国
的物流业效率结果如表 9－10 所示：

表 9－10　　　　　　　2006～2016 年中亚五国物流业综合效率结果

年份	哈萨克斯坦	吉尔吉斯斯坦	塔吉克斯坦	土库曼斯坦	乌兹别克斯坦	均值
2006	1.000	0.816	1.000	1.000	1.000	0.963
2007	0.945	1.000	0.557	0.969	1.000	0.894
2008	0.736	1.000	0.587	0.942	0.740	0.801
2009	0.705	1.000	0.936	0.952	0.834	0.885
2010	0.774	1.000	0.816	0.994	0.863	0.889
2011	0.872	0.659	1.000	0.928	0.899	0.872
2012	0.908	1.000	1.000	0.879	0.941	0.946
2013	0.999	1.000	1.000	0.924	1.000	0.985
2014	1.000	0.789	1.000	0.957	1.000	0.949
2015	1.000	0.688	1.000	1.000	1.000	0.938
2016	1.000	0.470	1.000	1.000	1.000	0.894
均值	0.904	0.857	0.900	0.959	0.934	0.910

表 9－10 显示：（1）在 2006～2016 年的 11 年中，中亚五国物流业综合效率
均值为 0.910，DEA 无效。但哈萨克斯坦在 2006 年、2014～2016 年物流业综合
效率为 1，DEA 有效；吉尔吉斯斯坦在 2007～2010 年，2012～2013 年物流业综
合效率为 1，DEA 有效；塔吉克斯坦在 2006 年和 2011～2016 年物流业综合效率
为 1，DEA 有效；土库曼斯坦在 2006 年、2015～2016 年 DEA 有效；乌兹别克斯
坦在 2006～2007 年以及 2013～2016 年 DEA 有效。（2）从中亚五国整体的均值
来看，在 2013 年中亚五国的物流业综合效率均值最大，在这一年中，有三个国
家达到了 DEA 有效。在 2008 年，中亚五国的物流业综合效率均值最小，仅为
0.801。（3）从各国的均值来看，由高到低依次是土库曼斯坦、乌兹别克斯坦、
哈萨克斯坦、塔吉克斯坦和吉尔吉斯斯坦。

第四，中国西北五省区与中亚五国纯技术效率状况及比较。物流业纯技术效
率是指在不考虑生产规模的条件下，物流业技术的状态。当物流业纯技术效率等
于 1 时，说明该地区的物流业技术效率达到了有效状态；反之，其值小于 1 时，
则处于物流业技术效率无效状态。运用 DEAP2.1 软件测度的"核心区" 10 个子
区域的物流业纯技术效率，结果如表 9－11 所示：

表 9 – 11   我国西北五省区与中亚五国物流业纯技术效率结果

年份	陕西	甘肃	青海	宁夏	新疆	哈萨克斯坦	吉尔吉斯斯坦	塔吉克斯坦	土库曼斯坦	乌兹别克斯坦
2006	1.000	1.000	1.000	1.000	1.000	1.000	1.000	1.000	1.000	1.000
2007	0.999	1.000	0.976	1.000	1.000	1.000	1.000	0.797	0.969	1.000
2008	1.000	1.000	0.993	1.000	1.000	0.982	1.000	0.783	0.942	1.000
2009	0.937	0.942	0.985	1.000	0.997	0.942	1.000	0.976	0.952	1.000
2010	0.932	1.000	1.000	1.000	1.000	0.949	1.000	0.872	0.994	0.998
2011	0.926	0.998	1.000	1.000	0.954	0.961	0.829	1.000	1.000	0.998
2012	1.000	1.000	1.000	1.000	1.000	0.961	1.000	0.885	1.000	1.000
2013	0.966	1.000	0.819	1.000	1.000	1.000	1.000	1.000	1.000	1.000
2014	1.000	1.000	0.934	1.000	1.000	0.878	1.000	1.000	0.983	1.000
2015	0.900	1.000	1.000	1.000	0.975	1.000	0.779	1.000	1.000	1.000
2016	1.000	1.000	1.000	1.000	1.000	1.000	0.540	1.000	1.000	1.000
2017	1.000	1.000	1.000	1.000	1.000	—	—	—	—	—
均值	0.972	0.995	0.976	1.000	0.994	0.981	0.911	0.948	0.975	1.000

注：由于数据限制，中亚五国 2017 年的物流业总和效率及纯技术效率暂未算出。

表 9 – 11 显示：（1）从物流业纯技术效率均值来看，中亚五国和中国西北五省区的均值都在 0.9 以上，且宁夏和乌兹别克斯坦达到了 1，说明宁夏在 2006 ~ 2017 年、乌兹别克斯坦在 2006 ~ 2017 年的物流业纯技术效率水平达到了有效。（2）其他 8 个子区域的物流业纯技术效率虽然没有达到 1，但也十分接近 1，且由高到低分别是甘肃、新疆、哈萨克斯坦、青海、土库曼斯坦、陕西、塔吉克斯坦和吉尔吉斯斯坦。（3）中国西北五省区物流业纯技术效率的总体水平要高于中亚五国。

第五，中国西北五省区与中亚五国规模效率状况及比较。物流业规模效率反映的是物流业规模对物流业效率水平的影响程度。当物流业规模效率等于 1 时，说明该地区的实际生产规模为最优生产规模，保持这样的规模生产，会促进物流业效率水平提升。反之，当物流业规模效率小于 1 时，说明该地区此时的生产规模会阻碍物流业的进一步发展。运用 DEAP2.1 软件测度的"核心区" 10 个子区域的物流业规模效率，结果如表 9 – 12 所示：

表 9 – 12   中国西北五省区与中亚五国物流业规模效率结果

年份	陕西	甘肃	青海	宁夏	新疆	哈萨克斯坦	吉尔吉斯斯坦	塔吉克斯坦	土库曼斯坦	乌兹别克斯坦
2006	0.939	0.873	1.000	1.000	0.916	1.000	0.816	1.000	1.000	1.000
2007	0.929	1.000	0.970	1.000	0.945	0.945	0.700	0.700	1.000	1.000
2008	1.000	1.000	0.905	1.000	1.000	0.750	0.750	0.750	1.000	0.740
2009	0.937	0.948	0.842	1.000	0.921	0.749	0.959	1.000	1.000	0.834
2010	0.883	0.872	0.942	1.000	0.974	0.816	1.000	0.936	1.000	0.865
2011	0.976	0.965	1.000	1.000	0.994	0.907	0.795	1.000	0.928	0.900

续表

年份	陕西	甘肃	青海	宁夏	新疆	哈萨克斯坦	吉尔吉斯斯坦	塔吉克斯坦	土库曼斯坦	乌兹别克斯坦
2012	1.000	1.000	1.000	1.000	1.000	0.946	1.000	1.000	0.993	0.941
2013	0.937	0.883	0.955	1.000	0.875	0.999	1.000	1.000	0.924	1.000
2014	0.866	0.988	0.991	1.000	0.942	1.000	0.899	1.000	0.973	1.000
2015	0.878	0.996	1.000	1.000	0.996	1.000	0.884	1.000	1.000	1.000
2016	0.828	1.000	1.000	1.000	1.000	1.000	0.870	1.000	1.000	1.000
2017	1.000	1.000	1.000	1.000	1.000	—	—	—	—	—
均值	0.925	0.957	0.964	1.000	0.965	0.911	0.933	0.940	0.983	0.935

注：由于数据限制，中亚五国 2017 年的物流业综合效率及纯技术效率暂未算出。

表 9 - 12 显示：（1）"核心区"各子区域的规模效率均值低于纯技术效率均值，说明"核心区"物流业综合效率主要受规模效率的影响。（2）丝绸之路经济带"核心区"中，宁夏的规模效率始终为 1，即规模效率有效；其他 9 个子区域的规模效率无效。（3）哈萨克斯坦的规模效率均值水平在 10 个子区域中最低，说明物流业没有达到规模经济。（4）中国西北五省区物流业规模效率的总体水平要高于中亚五国。

结合上述表 9 - 8 ~ 表 9 - 12 来看，丝绸之路经济带"核心区"整体的物流业综合效率与规模效率的变动呈相同的趋势，受物流业纯技术效率的影响小。

2. 基于 Malmquist 生产率指数的物流业效率评价

传统的 DEA 模型在对物流业效率进行评价时，只能判断决策单元在一段时间内是否为相对有效，不能判断同时处于相对有效的若干个决策单元效率的大小，同时也不能反映同一个决策单元在一段时间内物流业效率的变化。因此本章为了解决这一问题，在运用传统 DEA 模型进行效率评价的基础上，同时运用 Malmquist 生产率指数来看物流业效率在 2006 ~ 2016 年的动态变化，这样既能看到物流业效率的动态变化情况，又能找到引起物流业效率变动的因素。

第一，丝绸之路经济带"核心区"整体 Malmquist 生产率指数及其分解效率结果如表 9 - 13 所示。

表 9 - 13 2006 ~ 2016 年"核心区"整体的 Malmquist 生产率指数及分解结果

时间	技术效率（TEC）	技术进步（TCH）	纯技术效率（PEC）	规模效率（SEC）	全要素生产率（TFP）
2006 ~ 2007 年	1.138	0.884	1.063	1.071	1.006
2007 ~ 2008 年	0.950	1.187	1.007	0.944	1.128
2008 ~ 2009 年	0.984	1.130	0.986	0.998	1.112
2009 ~ 2010 年	1.028	1.133	1.004	1.024	1.165
2010 ~ 2011 年	1.010	1.016	1.016	0.994	1.026
2011 ~ 2012 年	0.970	1.149	0.981	0.989	1.114
2012 ~ 2013 年	1.006	1.075	0.996	1.010	1.081

续表

时间	技术效率（TEC）	技术进步（TCH）	纯技术效率（PEC）	规模效率（SEC）	全要素生产率（TFP）
2013～2014 年	1.023	1.061	1.036	0.988	1.086
2014～2015 年	0.980	0.961	0.999	0.982	0.942
2015～2016 年	1.044	1.006	1.027	1.017	1.050
平均	1.013	1.060	1.012	1.002	1.071

由表 9 - 13 可做出图 9 - 1 如下：

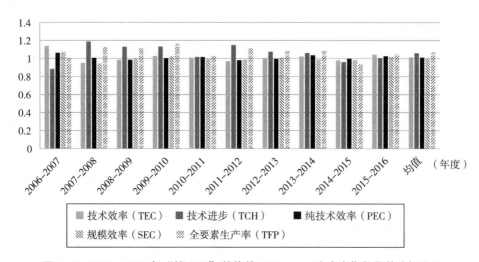

图 9 - 1　2006～2016 年"核心区"整体的 Malmquist 生产率指数及其分解结果

表 9 - 13 和图 9 - 1 显示：（1）2006～2016 年"核心区"平均全要素生产率（TFP）增加了 7.1%，平均技术效率（TEC）上升了 1.3%，平均技术进步（TCH）上升了 6%，平均纯技术效率（PEC）上升了 1.2%，平均规模效率（SEC）上升了 1.2%。说明平均全要素生产率上升主要是由平均技术进步率上升引起的，而平均技术效率上升是由平均规模技术效率和平均纯技术效率上升引起的。（2）分时期来看，全要素生产率（TFP）的变动与技术进步效率（TCH）的变动有相同的趋势，这说明，全要素生产率（TFP）指数的变动主要受技术进步效率（TCH）的影响。在 2009～2010 年全要素生产率（TFP）增长幅度最大，增长了 16.5%，此时，技术进步效率（TCH）增长幅度也达到了最大，增长了 13.3%。在 2014～2015 年全要素生产率（TFP）下降幅度最大，下降了 5.8%，此时技术进步效率（TCH）下降幅度也最大，下降了 3.9%。（3）在 2009～2010 年以及 2015～2016 年，"核心区"整体的全要素生产率（TFP）、技术效率（TEC）、技术进步效率（TCH）、规模技术效率（SEC）以及纯技术效率（PEC）均超过了 1，也就是说，这四个效率均是上升的。

第二，"核心区"分省区、分国别的 Malmquist 生产率指数及其分解结果如表 9 – 14 所示。

表 9 – 14　2006 ~ 2016 年"核心区"分省区、分国别的 Malmquist 生产率指数及其分解结果

	技术效率 （TEC）	技术进步 （TCH）	纯技术效率 （PEC）	规模效率 （SEC）	全要素生产率 （TFP）
陕西	0.97	1.05	1.00	0.97	1.02
甘肃	1.00	1.03	1.00	1.00	1.03
青海	1.05	1.07	1.06	0.99	1.13
宁夏	1.00	1.08	1.00	1.00	1.08
新疆	0.97	1.08	1.00	0.97	1.04
哈萨克斯坦	1.00	1.05	1.00	1.00	1.05
吉尔吉斯斯坦	0.91	1.12	1.00	0.91	1.02
塔吉克斯坦	1.13	1.09	1.00	1.13	1.23
土库曼斯坦	0.93	1.08	0.97	0.96	1.01
乌兹别克斯坦	1.04	1.14	1.03	1.01	1.18
平均	0.99	1.08	1.01	0.99	1.08

由表 9 – 14 可得到图 9 – 2 如下：

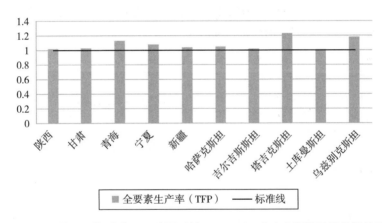

图 9 – 2　"核心区"分省区、分国别的 Malmquist 生产率指数及其分解结果

表 9 – 14 和图 9 – 2 显示：（1）"核心区"中的中国西北五省区和中亚五国 10 个子区域在 2006 ~ 2016 年的全要素生产率（TFP）均超过了 1，说明"核心区"的 10 个地区的物流业效率均有所上升。其中塔吉克斯坦的全要素生产率（TFP）上升幅度最高，上升了 23.1%，其上升主要是由于规模技术效率（SEC）引起的。吉尔吉斯斯坦的全要素生产率（TFP）上升幅度最低，只有 1.7%。其他 8 个子区域居于中间。（2）陕西、青海、新疆、吉尔吉斯斯坦、土库曼斯坦的规模技术效率（SEC）低于 1，也就是规模技术效率（SEC）是下降的，说明这

5 个地区的规模经济没有达到有效水平。（3）这 10 个子区域的技术进步效率（TCH）都大于 1，说明在 2006 ~ 2015 年这 10 个空间子区域都有一定的技术进步。

概况以上分析我们得出的结论是：（1）技术进步（TCH）是影响物流业全要素生产率（TFP）的主要因素，而物流产业技术效率（TEC）的变动主要来自规模效率（SEC）的变动。（2）"核心区"整体物流业全要素生产率（TFP）超过 1 且是上升的，说明在 2006 ~ 2016 年"核心区"整体的物流业效率水平是比较高的，技术进步（TCH）上升会影响全要素生产率（TFP）上升，主要是"核心区"对物流产业投入了大量的资金以及人力、物力，通过引进和使用先进技术和进行技术创新使得科学技术成果有效地转化为生产率。（3）"核心区"的规模技术效率（SEC）大部分时间无法达到有效，因此可以通过改变物流业的规模使其发挥出规模经济的效果。

3. 中国西北五省区与中亚五国的物流业效率比较

以中国西北五省区整体和中亚五国整体为研究主体，比较二者 2006 ~ 2016 年的物流业综合效率均值、物流业纯技术效率均值、物流业规模效率均值水平的差异。

第一，物流业综合效率均值的比较。我们可以由表 9 - 9 和表 9 - 10 中各年的物流业综合效率均值得出图 9 - 3 如下：

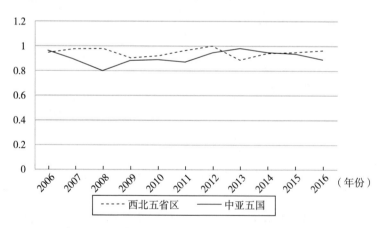

图 9 - 3　中国西北五省区与中亚五国 2006 ~ 2016 年平均综合效率比较

图 9 - 3 显示：（1）在 2006 ~ 2016 年，中国西北五省区和中亚五国的平均物流业综合效率都呈增长的趋势，且中国西北五省区略高于中亚五国。（2）在 2006 ~ 2016 年，中国西北五省区的平均物流业综合效率呈微型的"W"状，中亚五国的平均物流业综合效率变动较大，增长幅度较高。

第二，物流业纯技术效率均值的比较。由表 9 - 11 中的各地区 2006 ~ 2016

年的物流业纯技术效率可得到中国西北五省区和中亚五国 2006～2016 年的物流业纯技术效率均值，并可得出图 9-4 如下：

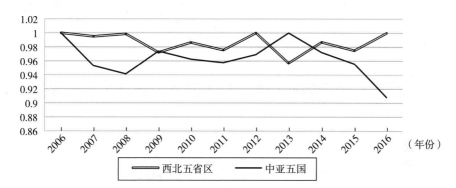

图 9-4 中国西北五省区与中亚五国 2006～2016 年纯技术效率均值比较

图 9-4 显示：（1）相比于中国西北五省区，中亚五国的物流业纯技术效率均值波动幅度较大，且呈下降的趋势。（2）中国西北五省区的物流业纯技术效率均值变化较小，且明显高于中亚五国。

第三，物流业规模效率均值的比较。由表 9-12 中的各地区 2006～2016 年的物流业规模效率可得到中国西北五省区和中亚五国 2006～2016 年的物流业规模效率均值，并可得出图 9-5 如下：

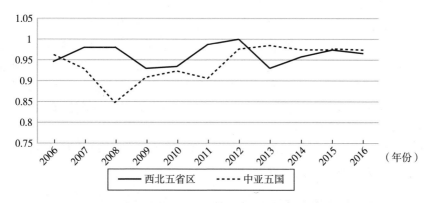

图 9-5 中国西北五省区与中亚五国 2006～2016 年规模效率均值比较

图 9-5 显示：（1）在 2012 年前，中亚五国的物流业规模效率均值变化幅度大于中国西北五省区，呈"W"状；中国西北五省区的物流业规模效率均值高于中亚五国，变化幅度相对较小，呈"M"状。（2）在 2012 年之后，中亚五国的物流业规模效率均值逐渐上升，中国西北五省区的逐渐下降，中亚五国的物流业

规模效率均值开始超过中国西北五省区。

概况以上分析可以看出，物流业综合效率水平受规模效率的影响大。丝绸之路经济带"核心区"的10个子区域在纯技术效率水平上差距不大，但在规模效率上却存在着巨大的差异，因此导致综合效率水平差距加大，也就是说物流业的规模没有达到最优会引起物流业效率水平的降低。

9.4 "核心区"不同层次物流专业人才人力资本水平测算

本节首先介绍人力资本水平计算的方法，然后对人力资本水平进行划分，之后通过选取合适的公式，对丝绸之路经济带"核心区"10个子区域的初等人力资本存量、中等人力资本存量、高等人力资本存量进行计算。

9.4.1 人力资本水平测算方法介绍及选择

目前，常用来测度人力资本水平的方法主要有教育法、成本法和未来收益法。

学者们普遍认为，教育对人力资本有着重要的作用。教育水平越高，那么一个人的人力资本水平相应越高。因此，在进行人力资本测度时，学者们通常用教育指标来衡量。这是因为，按照教育法衡量人力资本存量具有科学性和合理性，这是因为受教育层次相同的人在知识结构、认知水平、知识储备、技能习得水平上具有相似性，因此可以通过受教育程度将人力资本水平分类。

未来收益法的基本思想是将未来所有收入流的现值作为人力资本价值水平。但是在实际操作中，运用未来收益法会面临很多问题，比如如何确定未来收入，由于未来收入是不确定的，因此我们只能进行预期的估算，这样往往会导致高估人力资本水平。另外，人力资本不同于物质资本，物质资本在退出时，其余值很小或者为零，但是人力资本在退出时，其余值是很大的，并且我们无法对这样的余值进行准确的测算。

因此，考虑到数据的可获得性以及方法的科学性和可行性，本章选取教育存量法来进行人力资本水平的测度。

9.4.2 运用教育法测算人力资本水平

不同水平的人力资本存量（H_{it}）的计算方法，本章参考桂昭明[1]以及刘金涛[2]的方法，按照教育法（受教育层次相同的人，在一定程度上认知能力、知识

---

① 桂昭明. 人才资本论［M］. 北京：科学出版社，2014：15.

② 刘金涛. 异质性人力资本与经济增长关系研究［D］. 济南：山东大学，2016：52.

储备、创新能力具有相似性，因此按照受教育层次的不同划分人力资本更具有合理性）核算人力资本存量。

中国西北五省区的受教育层次划分为文盲、小学、初中、高中、大专及以上，分别对应受教育年限1.5年、6年、9年、12年、16年。初等人力资本包括文盲、小学、初中三个受教育层次；中等人力资本为高中受教育层次、高等人力资本包括大专及以上受教育层次，分别按照如下公式计算：

$$H_t = \frac{\sum\limits_{i=1}^{5} h_i l_i}{\sum\limits_{i=1}^{5} l_i} \qquad (9-12)$$

式（9-12）中，$H_{C,t}$、$H_{Z,t}$、$H_{G,t}$分别代表初等人力资本、中等人力资本、高等人力资本。$i=1$，2，3，4，5代表受教育程度为文盲、小学、初中、高中、大专及以上；l_i代表第i层学历的人数，h_i代表第i层学历的受教育年限。

在本章的研究中，由于受到数据收集的限制，中亚五国的受教育层次划分为初等教育、中等教育、高等教育三类，分别对应受教育年限9年、12年、16年。

按照以上公式计算得到的不是受教育年限的具体值，而是对应受教育人群占总人群受教育水平的比值，反映了不同的受教育层次人群在总人群中的权重，权重越大，说明该受教育水平的人力资本在总人力资本中越丰富[①]。

9.4.3 "核心区"三种类型人力资本水平测算及比较

1. 三种类型人力资本水平测算结果

按照式（9-12），运用2006~2017年《中国劳动力统计年鉴》和《中国统计年鉴》、世界银行、亚洲开发银行、Wind数据库的数据对丝绸之路经济带"核心区"的不同水平的人力资本存量进行计算，得到的结果如下：

第一，分省区、分国别的计算结果，如表9-15、表9-16和表9-17所示：

表9-15　　2006~2016年"核心区"物流从业人员初等人力资本水平

年份	陕西	甘肃	青海	宁夏	新疆	哈萨克斯坦	吉尔吉斯斯坦	塔吉克斯坦	土库曼斯坦	乌兹别克斯坦
2006	6.018	5.314	5.166	5.505	6.114	3.456	1.251	1.674	4.992	0.865
2007	6.025	5.481	5.164	5.713	6.362	3.348	1.026	1.579	4.948	0.678
2008	6.042	5.579	5.327	6.046	6.368	3.204	0.918	1.512	4.817	0.723
2009	6.228	5.610	5.386	6.045	6.506	3.150	0.864	1.791	4.824	0.537
2010	6.268	5.767	5.324	5.865	6.338	2.999	0.837	1.401	4.767	0.459

---

① 傅晓霞，吴利学. 技术效率、资本深化与地区差异：基于随机前沿模型的中国地区收敛分析 [J].经济研究，2006（10）：52-61.

年份	陕西	甘肃	青海	宁夏	新疆	哈萨克斯坦	吉尔吉斯斯坦	塔吉克斯坦	土库曼斯坦	乌兹别克斯坦
2011	5.900	5.941	5.371	5.803	6.108	2.840	0.774	1.295	4.720	0.413
2012	5.741	5.780	5.525	5.726	5.977	2.489	0.705	1.187	4.518	0.248
2013	5.880	5.663	5.389	5.811	6.019	2.338	0.659	1.090	4.394	0.307
2014	5.498	5.660	5.545	5.681	6.135	2.250	0.540	1.080	4.322	0.330
2015	5.676	5.462	5.452	5.357	5.470	1.998	0.468	1.026	4.192	0.392
2016	5.532	5.330	5.421	5.211	5.378	1.887	0.453	1.018	4.093	0.401

表9-15显示:(1)"核心区"10个子区域在2006~2016年物流业初等人力资本水平呈下降的趋势。(2)中国西北五省区的初等人力资本水平明显高于中亚五国的初等人力资本水平。其中,2016年陕西最高,为5.532,其他依次是青海为5.421、新疆为5.378、甘肃为5.330、宁夏为5.211;中亚五国中土库曼斯坦最高,为4.093,其他依次是哈萨克斯坦为1.887、塔吉克斯坦为1.018、吉尔吉斯斯坦为0.453、乌兹别克斯坦为0.401。

表9-16　　　　2006~2016年"核心区"物流从业人员中等人力资本水平

年份	陕西	甘肃	青海	宁夏	新疆	哈萨克斯坦	吉尔吉斯斯坦	塔吉克斯坦	土库曼斯坦	乌兹别克斯坦
2006	1.683	1.080	1.283	1.451	1.412	4.560	8.304	7.121	4.560	9.612
2007	1.739	1.061	1.241	1.367	1.381	4.596	8.556	7.163	4.596	9.876
2008	1.704	1.101	1.153	1.424	1.371	4.764	8.664	7.222	4.764	9.816
2009	1.555	1.139	1.064	1.437	1.377	4.740	8.712	7.703	4.740	10.090
2010	1.845	1.381	1.261	1.610	1.527	4.804	8.736	7.409	4.804	10.260
2011	2.610	1.766	1.923	1.875	1.907	4.855	8.804	7.632	4.855	10.380
2012	2.698	1.851	1.876	1.950	1.918	5.094	8.807	7.728	5.094	10.680
2013	2.526	1.928	2.017	1.799	1.823	5.225	8.917	7.830	5.225	10.580
2014	2.800	1.875	1.841	1.612	1.839	5.280	9.024	7.624	5.280	10.530
2015	2.412	2.015	1.569	2.055	2.176	5.436	9.108	7.468	5.436	10.420
2016	2.978	2.113	1.977	2.102	2.234	5.675	9.453	7.753	5.834	11.020

表9-16显示:(1)"核心区"10个子区域物流业的中等人力资本水平在2006~2016年期间均呈上升的趋势。(2)中亚五国的中等人力资本水平明显高于中国西北五省区的中等人力资本水平。其中,2016年最高的是乌兹别克斯坦,为11.02,其他依次是吉尔吉斯斯坦为9.453、塔吉克斯坦为7.753、土库曼斯坦为5.834、哈萨克斯坦为5.675;中国西北五省区中,陕西为2.978、新疆为2.234、甘肃为2.113、宁夏为2.102、青海为1.977。

表 9 - 17　　　　2006～2016 年"核心区"物流从业人员高等人力资本水平

年份	陕西	甘肃	青海	宁夏	新疆	哈萨克斯坦	吉尔吉斯斯坦	塔吉克斯坦	土库曼斯坦	乌兹别克斯坦
2006	0.412	0.129	0.407	0.522	0.663	3.776	2.704	3.530	1.045	1.646
2007	0.398	0.199	0.526	0.487	0.587	3.920	2.768	3.643	1.075	1.627
2008	0.539	0.281	0.530	0.520	0.636	3.952	2.816	3.683	1.085	1.627
2009	0.553	0.310	0.706	0.536	0.549	4.080	2.848	2.541	1.104	1.592
2010	0.658	0.501	0.794	0.839	0.826	4.264	2.864	3.630	1.120	1.504
2011	1.065	0.773	1.246	1.061	0.911	4.480	2.885	3.522	1.136	1.429
2012	1.211	0.820	1.200	0.954	1.073	4.784	3.005	3.586	1.176	1.320
2013	1.299	1.002	1.214	0.908	1.235	4.877	2.939	3.622	1.222	1.349
2014	1.541	1.061	1.276	1.163	1.076	4.960	3.008	3.915	1.277	1.371
2015	1.376	1.145	1.426	1.571	1.972	5.200	3.024	4.219	1.299	1.406
2016	1.783	1.325	1.543	1.625	1.998	5.323	3.123	4.357	1.346	1.487

表 9 - 17 显示:(1)"核心区"10 个子区域物流业的高等人力资本水平在 2006～2016 年间除乌兹别克斯坦外,都是上升的。(2)总体上高等人力资本水平远远低于初等人力资本水平和中等人力资本水平,说明在"核心区",物流从业人员中受过高等教育的劳动者较少。(3)中亚五国的高等人力资本水平基本上高于中国西北五省区的高等人力资本水平。其中,2016 年最高的是哈萨克斯坦,为 5.323,其他依次是塔吉克斯坦为 4.357、吉尔吉斯斯坦为 3.123、乌兹别克斯坦为 1.487、土库曼斯坦为 1.346;中国西北地区中新疆为 1.998、陕西为 1.783、宁夏为 1.625、青海为 1.543、甘肃为 1.325。

第二,"核心区"整体的计算结果,如表 9 - 18 和图 9 - 6 所示:

通过以上计算得到的"核心区"分省区、分国别的数据可以计算"核心区"整体三种不同人力资本水平的物流专业人才的人力资本水平均值,以此来反映"核心区"整体的人力资本水平。

"核心区"物流从业人员初等人力资本水平、中等人力资本水平、高等人力资本水平在 2006～2016 年的均值情况如表 9 - 18 所示:

表 9 - 18　　　　2006～2016 年"核心区"三种人力资本水平均值

年份	初等人力资本水平	中等人力资本水平	高等人力资本水平
2006	4.036	4.107	1.483
2007	4.032	4.158	1.523
2008	4.054	4.198	1.567
2009	4.094	4.256	1.482
2010	4.003	4.364	1.700
2011	3.917	4.661	1.851
2012	3.790	4.770	1.913
2013	3.755	4.787	1.967
2014	3.704	4.771	2.065
2015	3.549	4.810	2.264
2016	3.472	5.114	2.391

表 9 - 18 显示: (1) 在 2006～2016 年, "核心区"整体的物流从业人员的初等人力资本水平逐渐下降, 中等和高等人力资本水平呈上升趋势。(2) 目前来看, "核心区"中等人力资本水平占比最高, 高等人力资本水平占比最低。

2. 中国西北五省区与中亚五国的比较

第一, 中国西北五省区与中亚五国 2006～2016 年初等人力资本水平的均值比较如表 9 - 19 所示。

表 9 - 19　　2006～2017 年中国西北五省区与中亚五国初等人力资本水平均值比较

年份	西北五省区	中亚五国
2006	5.623	2.448
2007	5.749	2.316
2008	5.872	2.235
2009	5.955	2.233
2010	5.912	2.093
2011	5.825	2.008
2012	5.750	1.829
2013	5.752	1.758
2014	5.704	1.704
2015	5.483	1.615
2016	5.374	1.570

表 9 - 19 显示: 在 2006～2016 年, 中国西北五省区的初等人力资本水平均值明显高于中亚五国, 同时中亚五国与中国西北五省区的初等人力资本均值都呈下降的趋势。

第二, 中国西北五省区与中亚五国 2006～2016 年中等人力资本水平的均值比较如表 9 - 20 所示。

表 9 - 20　　2006～2017 年中国西北五省区与中亚五国中等人力资本水平均值比较

年份	西北五省区	中亚五国
2006	1.382	6.831
2007	1.358	6.957
2008	1.351	7.046
2009	1.314	7.197
2010	1.525	7.203
2011	2.016	7.305
2012	2.059	7.481
2013	2.019	7.555
2014	1.993	7.548
2015	2.045	7.574
2016	2.281	7.947

表 9 - 20 显示: 在 2006～2016 年, 中亚五国中等人力资本的平均值远高于中国西北五省区, 同时两个地区的中等人力资本水平都呈上升的趋势。

第三，中国西北五省区与中亚五国 2006～2016 年高等人力资本水平的均值比较如表 9-21 所示。

表 9-21　2006～2017 年中国西北五省区与中亚五国高等人力资本水平均值比较

年份	西北五省区	中亚五国
2006	0.427	2.540
2007	0.439	2.607
2008	0.501	2.633
2009	0.531	2.433
2010	0.724	2.676
2011	1.011	2.690
2012	1.052	2.774
2013	1.132	2.802
2014	1.223	2.906
2015	5.483	1.615
2016	5.374	1.570

表 9-21 显示：（1）在 2006～2016 年，中国西北五省区的高等人力资本水平呈上升趋势，且在 2015 年呈直线上升。（2）中亚五国在 2006～2016 年，高等人力资本水平呈下降趋势。（3）在 2014 年之前，中亚五国的高等人力资本水平高于中国西北五省区；但在 2015 年之后，中亚五国的高等人力资本水平低于中国西北五省区。

第四，中国西北五省区与中亚五国的物流业初等人力资本、中等人力资本、高等人力资本增速比较结果如表 9-22 所示。

表 9-22　2006～2016 年中国西北五省区与中亚五国物流业人力资本增速状况　单位:%

年份	西北五省区			中亚五国		
	初等人力资本增速	中等人力资本增速	高等人力资本增速	初等人力资本增速	中等人力资本增速	高等人力资本增速
2006	—	—	—	—	—	—
2007	2.23	-1.74	3.00	-5.38	1.84	2.61
2008	2.15	-0.53	14.06	-3.50	1.27	1.00
2009	1.41	-2.68	5.91	-0.07	2.14	-7.58
2010	-0.72	16.01	36.32	-6.30	0.08	10.00
2011	-1.49	32.23	39.75	-4.02	1.42	0.52
2012	-1.28	2.10	4.00	-8.91	2.40	3.11
2013	0.05	-1.94	7.61	-3.92	1.00	0.99
2014	-0.84	-1.25	8.11	-3.03	-0.10	3.73
2015	-3.86	2.61	22.45	-5.23	0.34	4.25
2016	-1.99	11.51	10.47	-2.77	4.93	3.22

表 9-22 显示：（1）从初等人力资本增速来看，中亚五国和中国西北五省区都呈下降趋势，中亚五国的下降幅度要大于中国西北五省区。（2）从中等人力

资本水平增速来看，中国西北五省区呈明显的先下降后上升的趋势，中亚五国呈较平稳的上升趋势，中国西北五省区的增速高于中亚五国。（3）从高等人力资本水平增速来看，中国西北五省区呈较大幅度的递增，增速远高于中亚五国，中亚五国的高等人力资本增速还出现了下降的状况，但总体呈增加趋势。

概况以上我们可以看出：（1）对"核心区"整体来说，物流专业人才的初等人力资本水平呈下降的趋势，中等人力资本水平和高等人力资本水平呈上升的趋势。（2）分省区、分国别来看，中亚五国的初等人力资本水平低于中国西北五省区，但是中亚五国的中等人力资本水平和高等人力资本水平高于中国西北五省区。（3）从增速来看，中亚五国初等人力资本的增速下降快，中国西北五省区的中等人力资本水平增速快于中亚五国，高等人力资本水平的增速也远高于中亚五国。由此可见，中亚五国与中国西北五省区都十分重视人才的培养，人力资本水平随时间逐渐提升。

9.5 "核心区"物流专业人才影响物流业效率的实证分析

本节首先建立 Tobit 多元回归模型，其次确定好实证的被解释变量、解释变量以及对效率有影响的相关控制变量，最后进行数据处理并进行相应的回归分析，得出物流专业人才对物流业效率的影响程度。

9.5.1 模型介绍

DEA 模型计算出的效率值在 0～1 之间，属于截尾的受限因变量，因此参考已有的文献，本章选用 Tobit 模型来进行回归。

Tobit 模型是由 Tobin 在 1958 年提出的采用极大似然法的截取回归模型，其形式为：

$$y_i^* = x_i\beta + u$$

$$Y = \begin{cases} 0, & \text{当 } y_i^* \leq 0 \text{ 时} \\ y_i^*, & \text{当 } y_i^* > 0 \text{ 时} \end{cases}$$

其中，u_i 是随机扰动项，β 是回归参数向量，x 是自变量向量，Y 为效率值向量，y_i^* 为截断因变量向量。

9.5.2 指标选取

1. 被解释变量

本章的被解释变量为上文通过 DEAP2.1 测算的中国西北五省区和中亚五国 2006～2016 年各年的物流业综合效率、纯技术效率、规模效率，用 WEF_{it} 表示。

2. 核心解释变量

物流专业人才。本章将物流专业人才按照人力资本水平划分为初等人力资本水平的物流专业人才、中等人力资本水平的物流专业人才、高等人力资本水平的物流专业人才。

3. 控制变量

在影响物流业效率的因素中，物流资源利用率、物流专业化程度、经济发展水平、城镇化水平、物流产业集聚水平等都会对物流业效率产生影响。因此本书将此五者选作控制变量。

第一，物流资源利用率。衡量物流业效率的关键是看投入与产出是否均衡。物流资源的利用率是对物流资源的使用程度，当其利用率低时，说明这是一个无效的投入，意味着物流资源的浪费。当其利用率高时，说明这个投入是有效的。物流资源利用率高才能保证投入与产出均衡，也就意味着物流效率的提高。本书以单位公路和铁路货运量计算的平均道路利用率衡量物流资源利用率，记作 RL。

第二，物流专业化程度。一个地区的物流业效率与该地区的物流业专业化程度密切相关。一个地区的物流业专业化程度越高，表明物流业在本地区越具有发展的比较优势，物流业发展的基础设施人力、物力等都会比较完善，因此效率也就会越高。物流专业化程度用各地区物流业产值与该地区总产值之比表示，记作 SD。

第三，经济发展水平。一个地区的经济发展水平会影响物流业的发展。当经济水平较高时，国内外贸易将会增加，贸易离不开物流，当对物流的需求增加时，相应的物流业各方面的建设投资将会增加，从而促进物流业的发展。一个地区的经济发展水平可以用人均 GDP 表示，记作 PGDP。

第四，城镇化水平。当一个地区的城镇化水平较高时，也会促进物流业效率的提升。城镇化水平高的地方意味着经济发达、人口集中，各种资源要素流动快，在这个过程中离不开物流业。我们将城市化用城市化率表示，城市化率就是城市人口占总人口的比重，记为 AJ。

第五，物流业集聚水平。物流产业集聚度。当一个地区的物流产业集聚水平较高时也会促进物流业效率的提升。当产业集聚时，会产生规模效应，规模效应有助于降低成本，同时物流产业集聚促进了人才和物流资源的流动，有助于提高合理配置水平。我们用区位熵（区位熵 $= \dfrac{\text{地区物流业产值/地区生产总值}}{\text{各地区物流业产值之和/各地区生产总值之和}}$）来表示物流产业集聚水平，记为 LQ。

9.5.3 建立 Tobit 模型

根据以上分析，本章构建的 Tobit 模型如下：

$$WEF_{it}^* = \beta_0 + \beta_1 H_{it} + \beta_2 RL_{it} + \beta_3 SD_{it} + \beta_4 PGDP_{it} + \beta_5 AJ_{it} + \beta_6 LQ_{it} + \varepsilon_{it}$$

$$(9-13)$$

将初等人力资本（CH）、中等人力资本（ZH）、高等人力资本（GH）分别依次放入式（9-13）中，得到以下三个模型：

$$WEF_{it}^* = \beta_0 + \beta_1 CH_{it} + \beta_2 RL_{it} + \beta_3 SD_{it} + \beta_4 PGDP_{it} + \beta_5 AJ_{it} + \beta_6 LQ_{it} + \varepsilon_{it}$$
$$(9-13-1)$$

$$WEF_{it}^* = \beta_0 + \beta_1 ZH_{it} + \beta_2 RL_{it} + \beta_3 SD_{it} + \beta_4 PGDP_{it} + \beta_5 AJ_{it} + \beta_6 LQ_{it} + \varepsilon_{it}$$
$$(9-13-2)$$

$$WEF_{it}^* = \beta_0 + \beta_1 GH_{it} + \beta_2 RL_{it} + \beta_3 SD_{it} + \beta_4 PGDP_{it} + \beta_5 AJ_{it} + \beta_6 LQ_{it} + \varepsilon_{it}$$
$$(9-13-3)$$

9.5.4 实证结果及分析

本章采用 EViews 8.0 对上述所建立的 Tobit 模型进行了回归，结果如表 9-23 所示：

1. 以"核心区"整体物流业综合效率为被解释变量的实证

表 9-23　　　　　　　　物流业综合效率 Tobit 模型回归分析结果

	模型 1		模型 2		模型 3	
	回归系数	P 值	回归系数	P 值	回归系数	P 值
CH	0.083954 **	0.014000				
ZH			0.038033 **	0.020000		
GH					0.0935153 **	0.015000
RL	0.000091	0.463000	0.0000666	0.511000	0.0000921	0.655000
SD	3.013686 ***	0.000000	3.104756 ***	0.000000	3.044736 ***	0.000000
PGDP	-7.21e-07	0.327000	-2.22e-06	0.655000	-1.58e-06	0.118000
AJ	0.2307865 ***	0.000000	0.2068407 ***	0.000000	0.1940935 ***	0.000000
LQ	1.048513 ***	0.000000	1.374693 ***	0.000000	1.5327947 ***	0.000000

注：* 表示在 10% 的显著性水平下通过检验，** 表示在 5% 的显著性水平下通过检验，*** 表示在 1% 的显著性水平下通过检验。

表 9-23 显示：第一，在 5% 的显著水平下，三种不同的人力资本水平都能促进物流业综合效率。具体来说，当初等人力资本水平提高 1 个百分点，物流业综合效率将提高 0.083954 个百分点；当中等人力资本水平提高 1 个百分点，物流业综合效率将提高 0.038033 个百分点；当高等人力资本提高 1 个百分点，物流业综合效率将提高 0.0935153 个百分点。由此可见，高等人力资本水平对物流业综合效率的影响程度高于初等人力资本水平和中等人力资本水平。中等人力资本水平的物流专业人才对物流业综合效率的影响程度低于初等人力资本水平，可能的原因是，"核心区"物流业效率的提升一方面靠新技术的开发与应用，另一方面还需要大量的体力劳动的操作者，初等人力资本水平的物流从业人员占的比

重较大，劳动力成本低于中等人力资本水平的物流专业人才，流动性强，广泛分布在物流行业的各个环节，因此在物流行业中初等人力资本水平的物流专业人才对物流业效率的影响程度会大于初等人力资本的影响。第二，从其他因素对物流业综合效率的影响看，在1%的显著性水平下，物流专业化程度以及城市化水平、物流业集聚水平都会对物流业效率产生较大的影响，符合之前对这两者的假设；人均GDP与物流资源利用率没有通过显著性检验，但是其系数均为正值，说明二者对物流业效率有正向影响，影响不显著可能是在研究的这一阶段该影响还未显现出来，也可能是因为经济水平提升虽然增加了对物流业的投入，但是投入过程中浪费比较严重或者投资分配不均匀，比如有的地方重复投资但有的地方尚未投资，因此无法提升物流业效率等。

2. 以中国西北五省区物流业综合效率为被解释变量的实证

表9-24　　　　中国西北五省区物流业综合效率 Tobit 模型回归分析结果

	模型1		模型2		模型3	
	回归系数	P 值	回归系数	P 值	回归系数	P 值
CH	0.017854 ***	0.000000				
ZH			0.087214 ***	0.000000		
GH					0.132513 ***	0.000000
RL	0.000084	0.243000	0.000073	0.236000	0.000065	0.732000
SD	2.633476 ***	0.000000	2.705443 ***	0.000000	2.436361 ***	0.000000
PGDP	0.000424 *	0.087000	0.000573 *	0.075000	0.000623 *	0.088000
AJ	0.426570 ***	0.000000	0.399380 ***	0.000000	0.412450 ***	0.000000
LQ	1.008563 ***	0.000000	1.109764 ***	0.000000	1.389712 ***	0.000000

注：*表示在10%的显著性水平下通过检验，**表示在5%的显著性水平下通过检验，***表示在1%的显著性水平下通过检验。

表9-24显示：第一，在1%的显著性水平下，三种人力资本水平的物流专业人才都能促进中国西北五省区的物流业效率水平提升。而且高等人力资本水平的物流专业人才对物流业综合效率的影响程度高于初等人力资本水平和中等人力资本水平的物流专业人才对物流业效率的影响程度。而且，高等人力资本水平的物流专业人才的系数为0.13，在1%的显著性水平下通过了检验，表明当中国西北五省区的高等人力资本每增加1个百分点，物流业综合效率会提高0.13个百分点。第二，在影响物流业效率的其他因素中，物流资源利用率没有通过显著性检验，但是系数均为正值，这说明，在中国西北五省区中，物流资源利用率能够带来物流业效率水平的提升，但是现在还没有发挥这种促进物流业效率的作用。经济发展水平、物流专业化程度、城镇化水平、物流业集聚水平分别在10%、1%、1%的显著性水平上通过了检验，说明随着经济发展，城镇化水平提高，物流专业化程度加深，物流业效率得到显著的提升。

3. 以中亚五国物流业综合效率为被解释变量的实证

表 9 – 25 中亚五国物流业综合效率 Tobit 模型回归分析结果

	模型 1		模型 2		模型 3	
	回归系数	P 值	回归系数	P 值	回归系数	P 值
CH	0.002361	0.147532				
ZH			0.073255 **	0.087462		
GH					0.200683 **	0.077653
RL	0.000186	0.253000	0.000267	0.277000	0.000112	0.233000
SD	4.24758 ***	0.000000	3.92645 ***	0.000000	3.30224 ***	0.000000
PGDP	− 8.38e − 07	0.484000	− 3.55e − 06	0.245000	− 2.63e − 06	0.216000
AJ	0.30673 ***	0.000000	0.29465 ***	0.000000	0.28773 ***	0.000000
LQ	0.4447507 ***	0.000000	0.4538816 ***	0.000000	0.6051487 ***	0.000000

注：* 表示在 10% 的显著性水平下通过检验，** 表示在 5% 的显著性水平下通过检验，*** 表示在 1% 的显著性水平下通过检验。

表 9 – 25 显示：第一，在 10% 的显著性水平下，中等、高等人力资本水平的物流专业人才都能促进中亚五国的物流业综合效率水平提升，高等人力资本水平的物流专业人才对物流业效率的影响程度高于中等人力资本水平的物流专业人才对物流业效率的影响程度。高等人力资本水平的物流专业人才的系数为 0.2，在 5% 的显著性水平下通过了检验，表明当中亚五国的高等人力资本每增加 1 个百分点，物流业综合效率会提高 0.2 个百分点。初等人力资本水平的物流专业人才没有通过显著性检验，但对物流业效率的影响呈正向。第二，在影响物流业效率的其他因素中，物流业专业化程度、城镇化率、物流业集聚水平在 1% 的显著性水平上对物流业综合效率产生正向影响。经济发展水平和物流资源利用率没有通过检验，但是对物流业效率水平有正向影响，这说明，中亚五国地区经济发展水平较低，还不足以对物流业效率产生正向影响。

4. 中国西北五省区与中亚五国的比较

通过以上的实证分析可以看到：第一，在中国西北五省区，三种人力资本水平的物流专业人才均通过了显著性检验，但在中亚五国，初等人力资本水平的物流专业人才没有通过显著性检验，但对物流业效率有正向影响。可能的原因是，目前，在中国西北五省区随着经济的快速发展，现代化物流业也正在蓬勃发展，物流业规模扩张，需要吸纳大量的人员从事物流行业的基本操作，如交通运输、仓储等，初等人力资本水平物流专业人才的增加会促进物流业效率的提升。对中亚五国而言，经济发展较缓慢，原来的物流业规模足以满足经济发展的需要，不需要更多基础的物流业从业人员，因此增加初等人力资本水平的物流专业人才无法对现在的物流业效率有提升，但当物流业规模扩大时，初等人力资本水平的物流专业人才会带来物流业效率水平的提升。第二，在影响物流业效率的其他因素中，经济发展水平在中国西北五省区中通过了显著性检验，对物流业效率有正向影响，但在中亚五国经济发展水平没有通过显著性检验。这说明，在中国西北五省区，经济发展水平提升带动了物流业的繁荣发展，但是中亚五国的经济发展水平较低，目前还不能带动物流业发展。

9.6 研究结论及相应的对策建议

本节首先总结了前文的实证结论，然后根据结果提出通过加强物流业专业人才的培养来促进物流业效率水平提升的对策建议。

9.6.1 结论总结

本章通过 DEA 模型和曼奎斯特生产率指数对丝绸之路经济带"核心区"在 2006～2016 年的物流业效率进行了测算和分解，并且运用 Tobit 模型实证分析了不同人力资本水平的物流专业人才对物流业效率的影响，得出的结论是：

1. 丝绸之路经济带"核心区"物流业效率评价结果

（1）从"核心区"整体来看，2006～2016 年物流业综合效率均值小于 1，DEA 无效。但平均全要素生产率上升了 7.1%，平均技术效率（TEC）上升了 1.3%，平均技术进步（TCH）上升了 6%，平均纯技术效率（PEC）上升了 1.2%，平均规模效率（SEC）上升了 1.2%，平均全要素生产率上升主要是由平均技术进步率上升引起的，而平均技术效率上升是由于平均规模技术效率和平均纯技术效率上升引起的。这些说明"核心区"整体物流业的技术水平和创新能力近十几年来有了一定程度的进步。（2）从中国西北五省区来看，在 2006～2016 年，物流业综合效率均值为 0.953，平均物流业综合效率呈一个微型的"W"状。物流业纯技术效率均值变化较小，物流业规模技术效率均值变化幅度较大。（3）从中亚五国来看，在 2006～2016 年，物流业综合效率均值为 0.91，平均物流业综合效率变动幅度大，物流业纯技术效率均值呈下降的趋势，中亚五国的物流业规模效率均值变化幅度大于中国西北五省区，呈"W"状。（4）总体上，中国西北五省区的物流业综合效率略高于中亚五国。

2. "核心区"不同层次物流专业人才人力资本水平的测算结果

（1）从"核心区"整体来看，初等人力资本水平呈下降的趋势，而中等人力资本水平和高等人力资本水平呈逐年上升的趋势，这说明物流行业的人力资本质量在不断提升，根据人力资本理论可知，当人力资本水平提升时，会带来更多的创新，从而刺激物流行业的活力和效率。（2）从中国西北五省区来看，初等人力资本水平呈下降趋势，但其初等人力资本水平高于中亚五国。中等人力资本水平呈上升趋势，其增速呈先下降后上升的趋势。在 2006～2016 年，中国西北五省区的高等人力资本水平呈上升趋势,且在 2015 年上升幅度最大。(3)从中亚五国来看,初等人力资本水平呈下降趋势,中等人力资本水平呈平稳上升的趋势,其中等人力资本水平高于中国西北五省区而高等人力资本水平呈先下降后上升的趋势。

3. "核心区"物流专业人才对物流业效率影响的实证分析结果

(1)从"核心区"整体来看,三种人力资本水平的从业人员都会促进物流业效率的提高,且高等人力资本水平对物流业效率的提升程度大于另外两个,这与全要素生产率的分解结果相吻合。"核心区"物流业效率的提升主要依靠技术进步,而高等人力资本水平的物流专业人才正是进行技术创新和技术传播的关键。回归结果显示,初等人力资本水平对物流业效率的影响程度高于中等人力资本水平的影响程度,这说明"核心区"的物流业技术水平虽然进步了,但仍然需要依靠大量一般劳动力来从事简单操作,如装卸、运输、邮递等。从其他因素对物流业综合效率的影响看,物流专业化程度以及城市化水平、物流业集聚水平都会对物流业效率产生较大的影响,符合之前对这两者的假设;人均 GDP 与物流资源利用率没有通过显著性检验,但是其系数均为正值,说明二者对物流业效率有正向影响。(2)从中国西北五省区来看,三种人力资本水平的物流专业人才都能促进中国西北五省区的物流业效率水平提升。而且高等人力资本水平的物流专业人才对物流业综合效率的影响程度高于初等人力资本水平和中等人力资本水平的物流专业人才对物流业效率的影响程度。在影响物流业效率的其他因素中,物流资源利用率没有通过显著性检验,但是系数均为正值,这说明,在中国西北五省区中,物流资源利用率能够带来物流业效率水平的提升,但是现在还没有发挥这种促进物流业效率的作用。经济发展水平、物流专业化程度、城镇化水平、物流业集聚水平通过了显著性检验,说明随着经济发展,城镇化水平提高,物流专业化程度加深,物流业效率得到显著的提升。(3)从中亚五国来看,中等、高等人力资本水平的物流专业人才都能促进中亚五国的物流业综合效率水平提升,高等人力资本水平的物流专业人才对物流业效率的影响程度高于中等人力资本水平的物流专业人才对物流业效率的影响程度。初等人力资本水平的物流专业人才没有通过显著性检验,但对物流业效率的影响呈正向。在影响物流业效率的其他因素中,物流业专业化程度、城镇化率、物流业集聚水平对物流业综合效率产生显著正向影响。经济发展水平和物流资源利用率没有通过检验,但是对物流业效率水平有正向影响,这说明,中亚五国地区经济发展水平较低,还不足以对物流业效率产生正向影响。

9.6.2 相应的对策建议

1. 针对"核心区"整体的建议

第一,鼓励技术创新,促进物流业的技术进步。(1)培养企业和员工的创新意识。完善产权保护制度，提高产权保护意识，对进行创新的个人或集体给予一定的奖励。物流企业要抓住丝绸之路经济带建设这一机遇，根据当地当时物流业发展中存在的需求和不足，改进旧技术，开发新技术，创造自主品牌。（2）应用新技术，引进世界领先技术。在互联网＋的背景下，物流企业可以将物联网技术应用到物流业的发展中，提高信息传递的准确性和及时性，以便快速发现和解决物流环节中出现的问题，从而提高物流业效率。"核心区"的物流企业可以通过聘请引进国内外知名教授以及世界 500 强企业中成功的经理人入职公司或举办讲座，使企业能够接触到目前最前沿的物流运作理念以及能够应用在物流行业中的新技术，为以后自主创新积累新知识，提供灵感。

第二，加强对物流专业人才的培养。（1）物流业是一个复合型产业，丝绸之路经济带"核心区"的物流业是面向国际的，因此要培养既能适应本国经济发展又能与国际市场接轨的复合型、应用型专业人才十分重要。高校培养国际物流专业人才时要面向国际，以培养符合国际需求条件为基本原则。对面向国内物流企业的高校学生，应当注重实操；对面向国际企业的高校学生，应当注重英语能力培养，加强国际贸易理论与政策学习。现在的教学应当立足于实际，教师所授课程应当以提高学生的实操能力为主。鼓励督促学生在读期间考取职业资格证书，可以将一部分资格证书的考取与毕业挂钩，这样能够提升学生的就业竞争力，同时促使他们认真学习。（2）加强对在职人员的培训。对在职人员进行培训时，要注重培训人员的层次能力。根据工作表现、工龄、职称等分类培训，以达到整体人力资本水平提升为目标。另外，为了提高参与培训人员的积极性，发挥培训的作用，公司可以实行培训考核机制，对于在培训考核中取得优秀成绩的员工，公司可以对其升职、加薪。通过培训考核机制也有利于公司选拔优秀人才。

第三，加大对高等人才以及高级技工的引进力度，优化人力资本结构。（1）借鉴国际先进经验，以本地需求为导向，形成健全的人才引进机制。"核心区"可以通过落实服务业人才引进的薪资待遇政策来吸引人才。要完善"核心区"的基础设施建设和医疗保障体系。放宽户籍限制，在落实高水平物流人才个人户籍的同时，对高水平专业人才的家属给予优待，让高水平物流人才可以无后顾之忧地在"核心区"生活工作。（2）增加对初等和中等人才的培训投入。目前，"核心区"物流业中，中等人力资本水平的物流人才占比重较少，对物流业效率的影响力度较低。因此，加大对初等、中等人才的培训，有利于初等、中等人才向中等、高等人才转化，促进总体人力资本存量增加。初等、中等人力资本水平的物流从业人员通常是处于一线，保证运输正常运行的技术操作人员和管理人员，因此，可以对他们进行物流操作规范、基本法律法规以及操作安全的培训，减少日常工作中的安全问题，有利于保障物流环境以及物流从业人员的安全。

第四，提高物流业专业化程度。（1）细化物流环节，制定行业标准。细化物流环节促进物流业专业化分工。将信息技术用于物流环节中，实现对每个环节的实时监控，在每个小的领域中，通过专业人员的操作与管理，实现货物储存、周转、运输的效率提升。同时，制定物流业行业标准和技术规范，通过规范化来实现专业化，物流企业在已有的行业规范和标准的保障下，根据自身的能力进行创新。（2）发展物流产业集群。首先，政府要扩大对物流业基础设施建设的投资，在"核心区"内形成规模较大、知名度高的物流园区以及物流配送中心。其次，推动工业园区发展，吸引其他物流企业向园区集中，提高分工协作能力和专业化水平，促进物流行业的专业化集聚水平。在这个过程中，政府要加强规范和监管，引导建立适度的集聚，避免垄断。最后，还要完善物流产业集群区的产业配套体系和城市支持功能，提供良好的软硬件外部环境，从而发挥物流产业集聚对物流业效率的促进作用。

2. 针对中国西北五省区的对策建议

第一，提高物流资源利用率，实现规模经济。当物流业的投入小于产出时，即为低效的。物流企业作为物流环节中物流资源的使用者和物流产出的生产者，对物流业效率的影响巨大。因此，要提高物流资源利用率，首先，物流业企业在投资和生产时要收集足够多的信息，以保证对市场进行较为准确的预测。其次，物流企业在生产过程中要注意质量的提升，高污染、高能耗的生产方式带来的效益水平提升都是暂时的，只有高质量发展才能长久。最后，物流企业可以通过联合生产等方式，形成规模经济，降低生产成本。

第二，缩小中国西北五省区间物流建设差距，促进区域物流协调发展。中国西北五省区之间物流业发展存在较大的差距。陕西、宁夏的物流业基础设施完善，铁路、公路干线完整。而青海的基础设施建设水平较低，物流业效率水平较低。因此，促进中国西北五省区物流业协调发展，对提升丝绸之路经济带整体物流业效率有重要影响。首先，在物流基础设施建设方面，要加大对青海等地区的投资。在道路交通方面，建设能够链接中国西北五省区的高标准道路体系。其次，加强中国西北五省区内部的合作，在不同省份的交汇处建立覆盖至少两省的大型物流配送中心，加快货物周转。

第三，应用现代信息技术，构建网络服务信息平台。现代化信息技术的应用对提升物流业效率水平至关重要。一个良好的网络服务信息平台能够服务多个地区，可以为物流业效率水平较为落后的地区提供技术支持。所以，首先要在中国西北五省区境内要加快网络信息技术的应用，构建好物流信息服务平台。发挥平台的信息传递功能与交流指导功能。其次，在中国西北五省区的各个地区要推广网络信息技术在物流业中的应用，通过网络体系对物流过程进行监管，从而保证物流安全和效率。

3. 针对中亚五国的对策建议

第一，加大物流人才培养力度，引导物流人才的流动。从上文的理论与实证分析可以看出，物流业从业人员的技能素质是影响物流业效率的关键。因此，要促进物流业效率水平的提升，就一定要提高员工的职业素质。首先，应设置不同层次的物流课程，对在校学生以及已就业人员进行分类培训，提高其自身的技能水平；其次，鼓励学生外出留学后回归祖国。中亚五国中，哈萨克斯坦的物流技术水平远高于其他国家，因此为了提高本国物流业员工的技术水平，国家可以鼓励学生留学，并在他们回国后提供相应的人才优待政策，这样既能够学习别国的先进技术，又能避免人才外流。

第二，完善运输线路，促进区域合作，缩小地区差异。中亚五国中，干线运输已具规模，网络结构基本形成，但是通过实证分析可以看出，物流资源利用率对物流业效率的影响并不显著，这说明了当前物流资源的投入增加并没有带来物流业生产总值的增长，物流运输设施利用率不足。为了解决这一问题，首先要发展高效的运输方式，增加铁路、公路线路里程，发展航空运输等。其次，哈萨克斯坦、塔吉克斯坦、土库曼斯坦、吉尔吉斯斯坦、乌兹别克斯坦在物流效率水平上存在较大的差别，其中，哈萨克斯坦的物流业有效率水平远高于其他四个国家，因此，为了实现周边物流业效率水平的提升，这五个国家间可以共同建立具有物流集散功能的配送中心和流园区，从而实现货物、服务信息的国际间、国际与各国国内的流动，利用物流园区的配送运输能力，从而降低成本，提高物流业效率。

第三，加快经济增长速度，促进物流业发展。通过实证分析可以看出，经济增长对物流业效率具有正向影响，但是目前的正向影响并不显著，这说明，中亚五国的经济水平较低，对物流业效率水平提升影响较小。因此，对于中亚五国来说，首先要重视经济建设，经济水平提升一方面增加了对物流的需求，促使物流业升级。另一方面，物流业的升级有利于带动经济增长，吸收劳动力，增加就业。其次，优化产业结构，形成以第三产业为主导的结构有利于物流业的健康持续发展，通过产业结构优化促进资源的优化配置，使经济发展对提高物流效率的正向作用更加明显。

第10章 物流资源利用率影响"核心区"物流业效率的实证分析

充分利用物流资源、提高物流资源利用率是提升物流业效率、畅通"一带一路"国际物流大通道的重中之重。物流资源作为物流业发展的基础支撑,其利用率水平直接制约着物流业效率的高低,进而影响整个物流产业的发展水平。物流资源利用率可以通过影响物流业的投入产出比和物流成本等影响物流业效率。在构建"一带一路"的大背景下,研究物流资源利用率对物流效率的影响,有助于整合物流资源,保证投入的有效性和产出的最大性,实现丝绸之路经济带沿线的中国省际以及国际的物流畅通,对推动"一带一路"互联互通有重要的理论意义和现实意义。

10.1 文献综述与问题的提出

10.1.1 关于物流资源的相关研究

1. 关于物流资源的概念界定

在国外文献中没有查到精确的定义,但是综合肖尼(Shawnee, K. W., 2003)、合灿(Kim W. Chan, 1997)、米奇内尔(Michnel K., 2004)、贾亚拉曼(Jayaraman, 2003)和格奥尔加科·波尔(Georgako Poul, 2004)等学者的文献可以看出,欧美、日本等物流业发达的国家对物流资源的定义主要是从企业层面进行界定的,是物流企业所依赖的技术创新、物流系统、信息系统、配送网络、基础设施、外部市场等物流服务类生产要素的综合。国外文献对物流的研究也集中在提供企业优化策略、供应链中的物流管理、物流网络的设计、对物流各功能环节的分别研究、物流系统规划等。

国内学者对于物流资源概念的研究中,姜大力、王丰(2003)在研究物流资源整合时从产业层面分广义和狭义两个角度对物流资源进行了界定,认为从广义上讲,物流资源是指物流服务和物流作业所依赖的资金、技术、知识、信息、人员、场地、设备、设施、网络等所有元素,狭义地讲主要指物流企业、物流市场

以及运输仓储等物流基础设施[①]。黄骅（2009）[②] 和宫大庆、刘世峰等（2013）[③]
在做研究时都接受了姜大力对物流资源的界定进行研究。张江滨（2008）把物流
资源定义为仓库、铁路、公路、机场、港口，以及管道运输在内的物流基础设施
和激光导引车、立体化仓库、自动化装卸的机械设备等现代化运输工具以及物流
流程的信息化改造等[④]。邵宁荃（2016）将物流资源界定为运输基础设施网络、
物流园区、转运仓储设备等有形资源[⑤]。

2. 对于物流资源分类的研究

舒辉（2004）将物流资源分为客户资源、能力资源、信息资源和物流流程四
个层面的资源[⑥]。马士华（2005）将物流资源分为运输通道、物流园区、港口及
企业所使用的物流设备等有形物流资源，以及物流人力资源、物流技术资源、物
流信息资源、物流市场需求资源、物流服务能力资源等无形资源[⑦]。马晓燕
（2011）将物流资源分为物流基础设施及配套服务设施、物流企业、物流人力资
源和物流信息技术四类资源[⑧]。丁辉（2012）将物流资源分为物流基础设施和物
流装备等硬件资源，以及企业资源、信息资源和制度资源等软件资源[⑨]。

10.1.2　关于物流资源利用率的相关研究

1. 关于物流资源利用率的概念

国内学者大都没有对物流资源利用率下一个明确的定义，但是从各位学者对
物流资源利用率的计算提取可以粗略地得出，前人定义的物流资源利用率是物流
基础设施（主要是公路、铁路和载货汽车）的利用效率。刘炳镰、余永泽
（2010）[⑩] 和余永泽、武鹏（2010）[⑪] 等从单位增加值占用的存货、库存周转率、
单位铁路通过的货运量、单位公路通过的货运量、单位载货汽车的货运量、货运
周转量与工业增加值之比六项定量指标中确定了物流资源利用率。黄洁、白捷伊

① 姜大力，王丰. 西部物流资源的优化配置研究 [J]. 物流技术，2003（7）：13 – 15.
② 黄骅. 铁路枢纽相关物流资源整合优化问题研究 [D]. 长沙：中南大学，2009.
③ 宫大庆，刘世峰. 物流资源整合环境下供应链激励机制委托代理研究 [J]. 软科学，2013（5）：51 – 65.
④ 张江滨. 浅析基于核心竞争力的物流企业资源整合 [J]. 物流科技，2008（1）：9 – 12.
⑤ 邵宁荃. 基于轴辐网络构建的区域物流资源优化配置研究：以京津冀区域为例 [J]. 北京：北京交通大学，2016.
⑥ 舒辉. 论现代物流的资源整合 [J]. 郑州航空工业管理学院学报，2004（4）：86 – 88.
⑦ 马士华，申文. 企业物流能力的影巧因素及其交叉作用研究 [J]. 物流技术，2005（4）：5 – 8 +21.
⑧ 马晓燕. 我国物流资源整合模式研究 [J]. 社会科学家，2011（9）：92 – 95.
⑨ 丁辉. 基于第四方物流视角的物流园区资源优化配置 [J]. 经济论坛，2011（8）：152 – 153.
⑩ 刘秉镰，余泳泽. 我国物流业地区间效率差异及其影响因素实证研究 [J]. 中国流通经济，2010（9）：18 – 21.
⑪ 余泳泽，武鹏. 我国物流产业效率及其影响因素的实证研究 [J]. 产业经济研究，2010（1）：65 – 71.

（2015）从库存周转率、单位公路通过的货运量、单位铁路通过的货运量、单位载货汽车的货运量、货物周转量与工业增加值之比五项定量指标来提取物流资源利用率①。王琴梅、谭翠娥（2013）等从单位铁路通过的货运量、单位公路通过的货运量、单位载货汽车的货运量、货运周转量与工业增加值之比四项指标来提取物流资源利用率②。倪明、何超（2015）选用单位铁路货运量、单位公路货运量、单位水路货运量三项指标来表示江西省物流基础设施的利用率③。袁丹、雷宏振（2015）以单位公路和铁路货运量计算的平均道路资源利用率衡量来衡量物流资源的利用率④。赵科翔、陆程程（2012）从物流资源产出率的角度关注各省区物流资源利用情况，选用经济资源条件、人力资源条件、运输资源条件、仓储资源条件和社会环境资源条件五类一级指标，地区总产值、农业总产值等二十项二级指标对物流资源利用率进行了提取⑤。

2. 关于物流资源利用率的计量

对物流资源利用率的测算提取方法方面，目前能检索到的文章包括刘秉镰、余永泽（2010），余永泽、武鹏（2010），王琴梅、谭翠娥（2013），黄洁、白捷伊（2015），陈志国、陈红（2015）和赵科翔、陆程程（2012）等都采用了主成分分析法，他们的区别主要在于对测算指标的选择不同。少数文章包括袁丹、雷宏振（2015）等对物流资源利用率直接使用比值运量来计算提取。

10.1.3 关于物流资源利用率影响物流业效率的研究

1. 国外研究

鉴于国外学者对物流资源的定义是物流企业所依赖的技术创新、物流系统、信息系统、配送网络、基础设施、外部市场等物流服务类生产要素，所以对物流资源利用率对物流业效率的影响大多也是从以上几个方面在企业层面进行讨论的。卡普里斯和谢菲（Caplice and Sheffi，1994）认为，物流基础设施利用率、生产效率和运营时间对企业物流效率有重要影响⑥。富梅罗和维塞利斯（F. Fumero and C. Vercellis，1999）接受 Capline 和 Sheffi（1994）的部分观点，并提出物流系统

---

① 黄洁，白捷伊. 云南省物流效率及其影响因素：基于 DEA 模型和 Tobit 回归模型的实证分析 [J]. 经济与管理，2015（11）：107－111.

② 王琴梅，谭翠娥. 对西安市物流效率及其影响因素的实证研究：基于 DEA 模型和 Tobit 回归模型的分析 [J]. 软科学，2013（5）：70－74.

③ 倪明，何超. 区域物流效率评价及其影响因素实证研究 [J]. 华东交通大学学报，2015（4）：65－72.

④ 袁丹，雷宏振. 丝绸之路经济带物流业效率及其影响因素 [J]. 现代物流，2015（2）：14－20.

⑤ 赵科翔，陆程程. 中国区域物流资源利用情况的实证研究 [J]. 经济研究刊，2012（6）：196－199.

⑥ C Caplice，Y Sheffi. A Review and Evaluation of Logistics Metrics [J]. *International Journal of Logistics Management*，1994，5（2）：11－28.

也对物流效率的提升有影响[①]。而凯蒂基迪萨等（Ketikidisa et al.，2008）认为信息系统的有效应用是影响物流效率的关键因素，并以欧洲东南地区企业进行了实证分析[②]。萨米瓦和阿德沃耶（Somuyiwa and Adewoye，2010）进一步论证了信息系统对提升物流业效率的重要性，并指出企业应该加强对信息成本的控制来提升企业的物流效率[③]。托马斯（Thomas，2013）进而阐述了企业的技术创新与应用能力对提高物流效率有巨大推动作用[④]。随后霍基等（Hokey et al.，2013）把研究视角拓展到企业外部，以北美地区多家物流企业为例，证明了外部市场也是影响企业物流效率的重要因素[⑤]。克内迈耶（Knemeyer，2004）认为，用户对物流企业的信任与及时沟通是影响物流企业效率的直接原因，而满意度、机会行为和企业信誉是影响物流企业效率的间接原因[⑥]。周桂珍等（GuiZhen Zhou et al.，2008）认为，中国第三方物流企业运作效率易受企业发展战略和企业管理风格的影响，而固定资产投资、员工素质、销售利润、人力成本等则是影响物流企业效率高低的主要因素[⑦]。

2. 国内研究

国内学者刘炳镰、余永泽等（2010）利用省际面板数据对中国物流业效率影响因素进行分析，发现物流资源利用率与区域物流业效率高度相关，物流资源利用率每提高一个单位，区域物流业效率就将提高 3.529 个单位[⑧]。袁丹、雷宏振（2015）以丝绸之路经济带沿线省份 2004~2012 年面板数据为基础考察物流资源利用率与物流效率之间的关系，得出物流资源利用率与物流业效率在 5% 的显著水平上相关，表明物流资源的利用率越高，越有助于降低成本，提高物流业运营

---

① F Fumero，C Vercellis. Synchronized Development of Production，Lnventory and Distribution Schedules ［J］. *Transportation Science*，1999，33（3）：330 – 340.

② P H Ketikidisa，S C Lkohc，N Dimitriadis，et al. The Use of Information Systems for Logistics and Supply Chain Managementin South East Europe：Current Status and Future Direction ［J］. *Omega*，2008，36（4）：592 – 599.

③ A O Somuyiwa，J O Adewoye. Managing Logistics Information System Theoretical Underpinning ［J］. *Asian Journal of Business Management*，2010，2（2）：41 – 47.

④ Thomas Wohrle. Adhesives Manufacturer Optimises Logistics ［J］. *Adhesion Adhesives&Sealants*，2013，10（2）：9.

⑤ Hokey Min，Sherrie Demond，Seong Jone JOO. Evaluating the Comparative Managerial Efficiency of Leading Third Party Logistics Providers in North America ［J］. *Benchmarking：An International Journal*，2013，20（1）：62 – 78.

⑥ Knemeyer M，Murphy P R. Evaluating the Performance of Third – party Logistics Arrangements—A Relationship Marketing Perspective ［J］. *Journal of Supply Chain Management*，2004（1）：35 – 51.

⑦ N Bao，G Zeng，L Zhou. Preventive Effect of Self – made Gargle Solution on Chemotherapy – induced Oral Ulcer in Patient with Colorectal Carcinoma ［J］. *Journal of Nursing Science*，2008（4）：15 – 23.

⑧ 刘秉镰，余泳泽. 我国物流业地区间效率差异及其影响因素实证研究 ［J］. 中国流通经济，2010（9）：18 – 21.

效率①。王琴梅、谭翠娥（2013）分析了西安物流资源利用率对物流业效率的影响得出，物流资源利用率是提高物流效率的一个最重要原因，物流资源利用率每提高 1 个单位，物流业效率就将提高 1.049 个单位②。余永泽、武鹏等（2010）通过随机前沿生产函数对 29 个省份的物流产业效率进行评价，得出物流资源利用率提高 1 个单位，物流产业无效率减少 0.0877 个单位，物流资源的浪费是造成区域物流产业效率低下的一个最重要的原因③。黄洁、白捷伊（2015）运用 DEA 模型对云南省 2001～2013 年的物流效率和影响因素进行了评价分析，得出物流资源利用率每提升 1%，物流效率平均可提升 0.28%，物流资源利用率是影响物流效率一个最重要原因④。

10.1.4　文献评述及本文问题的提出

由上可见，国内外学者在物流资源利用率及其对物流业效率的影响研究上已经有不少成果，这为本章的研究打下了坚实的基础，但也存在不足：（1）国内学者对物流资源利用率研究较少，对物流资源和物流资源利用率等概念没有明确的界定，在物流资源利用率影响物流业效率的研究方面缺乏理论支撑和影响机理分析，在对物流资源利用率进行计算提取时缺乏统一的指标体系，大多数研究集中在物流资源配置和物流企业资源优化等方面，缺乏物流资源利用率对物流业效率影响的研究。（2）目前国内学者大都研究局部区域范围内物流业发展与经济发展的联动关系上，缺乏对物流资源利用率影响物流业效率的研究，更缺乏对丝绸之路经济带这样的跨国范围的经济带的物流资源利用率影响物流业效率的理论与实证相结合的研究。基于此，本章将在第 2 章已经对物流资源利用率影响物流业效率的机理进行了深入分析的基础上，专门实证研究丝绸之路经济带"核心区"（本课题界定为包括中国西北五省区和中亚五国的空间范围）物流资源利用率影响物流业效率问题，并对中国西北五省区与中亚五国进行比较分析，最后根据研究结论及分析提出更具针对性的对策建议，这种研究必将对丝绸之路经济带建设的高效推进具有重要意义。

---

① 袁丹，雷宏振. 丝绸之路经济带物流业效率及其影响因素 [J]. 现代物流，2015（2）：14-20.
② 王琴梅，谭翠娥. 对西安市物流效率及其影响因素的实证研究：基于 DEA 模型和 Tobit 回归模型的分析 [J]. 软科学，2013（5）：70-74.
③ 余泳泽，武鹏. 我国物流产业效率及其影响因素的实证研究 [J]. 产业经济研究，2010（1）：65-71.
④ 黄洁，白捷伊. 云南省物流效率及其影响因素：基于 DEA 模型和 Tobit 回归模型的实证分析 [J]. 经济与管理，2015（11）：107-111.

10.2　"核心区"物流业效率评价及比较分析

在第 1~2 章，我们已经把丝绸之路经济带"核心区"划定为包括中国西北五省区和中亚五国在内的空间范围，把物流业效率界定为是物流业的投入与产出比率。在本章中，就是指交通运输业、仓储业和邮政业的投入与产出比率。在本节，我们将对该"核心区"内的中国西北五省区和中亚五国 2006~2016 年的物流业效率进行评价和比较。

10.2.1　研究方法

数据包络分析方法（Data Envelopment Analysis，DEA）是基于投入产出数据评价相同生产部门的相对有效性的方法。由查恩斯、库珀和罗兹（Charnes，Cooper and Rhodes）于 1978 年首次提出。由于 DEA 方法使用方便、应用范围较广，该方法自产生以来得到了有效发展，已由最初的 CCR 模型发展到几十种扩展模型。目前 DEA 方法已经成为多投入多产出情况下决策单元相对有效性和规模收益等方面应用最为广泛的数理方法之一。DEA 方法的应用对象是同类型的决策单元（Decision Making Units，DMU）。同类型的决策单元是指决策单元具有以下特征：（1）决策单元具有同样的目标和任务；（2）决策单元具有同样的外部环境；（3）决策单元具有同样的投入产出指标。每个决策单元都具有不同的生产函数，通过 DEA 分析，可以用来研究决策单元在多投入多产出情况下的有效性情况[1]。

由于传统的 DEA 模型对决策单元进行有效性分析时，是将决策单元视为具有同样的外部环境，而现实经济运行过程中决策单元大多处于不同的背景中。据此，学者弗里德（Fried）在其 2002 年的一篇论文中，在传统的 DEA 模型基础上提出了三阶段 DEA 模型。他认为，决策单元的相对效率值受管理无效率、环境因素和统计噪声的影响，因此有必要分离这三种影响。模型第二阶段引入随即前沿分析（Stochastic Frontier Analysis，SFA）方法用以滤除环境和随机因素对评估对象的影响[2]。

本章探究丝绸之路经济带"核心区"即中国西北五省区与中亚五国物流资源利用率对物流业效率的影响。各省份、国别之间经济、政治、社会等因素上存

---

① Gengui Zhou & Hokey Min. Evaluating the Comparative Efficiency of Chinese Third – party Logistics Providers Using Data Envelopment Analysis ［J］. *International Journal of Physical Distribution & Logistics Management*. 2008，38（4）：262 –279.

② Ross A，Droge C. An Integrated Benchmarking Approach to Distribution Centerperformance Using DEA Modeling ［J］. *Journal of Operation Management*，2002，20（1）：19 –32.

在巨大差异，因而本章选择三阶段 DEA 模型，以对各决策单元的有效性进行分析与比较。

1. 第一阶段：传统 DEA 模型分析初始效率

在第一阶段，我们使用原始投入产出数据进行初始效率评价。上文曾提到，DEA 模型是一种评价决策单元是否相对有效的方法，因此。下文中我们提到的效率是相对效率，即相对于最优决策单元的效率。DEA 模型分为投入导向和产出导向，根据实际研究中的目的，可以对导向进行选择。我们的研究对象为丝绸之路经济带"核心区"的物流业，由于物流业中投入相较于产出更容易调整的特点，导向方面选择投入导向。综上，我们将选择规模报酬可变条件下投入导向的 BCC（规模报酬可变）模型来对决策单元的相对有效性进行分析。由 BCC 模型计算出的效率值为技术效率（technology efficiency，TE），还可以进一步分解成为规模效率（scale efficiency，SE）与纯技术效率（puretechnology efficiency，PTE）的乘积。

我们选用以上投入导向下的 BCC 模型用于 DEA 分析第一阶段要得到两方面数据：一是尚未剔除环境和随机影响的各决策单元的效率值，用于初步的比较分析；二是投入变量的松弛变量（即决策单元实际投入与最佳效率下投入之差），作为第二阶段的因变量。

2. 第二阶段：似 SFA 回归剔除环境因素和统计噪声

弗里德认为，第一阶段所得松弛变量受管理无效率、环境因素和随机噪声的影响，可以采用 SFA 方法将这三种影响因素造成的投入松弛分离，剔除环境因素和随机噪声造成的投入松弛，就可以得到由于管理无效率造成的投入松弛。其表达式如下所示：

$$s_{ni} = f^n(Z_i ; \beta^n) + V_{ni} + U_{ni}$$

其中，$n = 1, 2, \cdots, N$，为 n 个投入，$i = 1, 2, \cdots, I$ 为 i 个投入单元，s_{ni} 为第 i 个投入单元在第 n 个投入上的松弛变量，$f^n(Z_i;\beta^n)$ 用来表示环境因素对松弛变量的影响，通常用 $f^n(Z_i;\beta^n) = Z_i\beta^n$，$Z_i$ 即为观测到的环境变量，β^n 为环境变量对应的参数。$V_{ni} + U_{ni}$ 称为联合误差项 ε_i，其中 V_{ni} 反映了随机误差，呈正态分布，即 $V_{ni} \in N(0, \sigma_{vn}^2)$，$U_{ni}$ 反映了管理的无效率，呈截断正态分布，即 $U_{ni} \in N(\mu_u, \sigma_{un}^2)$ 一般来说，$\mu_u = 0$，$U_{ni} > 0$。$V_{ni} + U_{ni}$ 独立不相关。

通过参数估计计算出 β^n、σ^2 等参数的估计值，在根据以上参数计算出 V_{ni} 和 U_{ni}。最后根据如下公式计算调整后的投入值：

$$X_{ni}^a = X_{ni} + [\max(Z_i\beta^n) - Z_i\beta^n] + [\max(V_{ni}) - V_{ni}]$$
$$n = 1, 2, \cdots, N, i = 1, 2, \cdots, I$$

其中，X_{ni}^a 为将所有决策单元放在同样的条件下得到的调整后的投入值，$[\max(Z_i\beta^n) - Z_i\beta^n]$。

调整的是环境因素的影响，$\max(Z_i \beta^n)$ 表示处于最差环境条件的情况，其他决策单元都以此为基准进行调整，环境好的多增加些投入值，环境略差的少增加些投入值，由此所有的决策单元都是处于同一环境水平。同理 $[\max(V_{ni}) - V_{ni}]$ 调整的是随机误差项的影响，最终使所有决策单元都处于相同的环境条件下。

第二阶段剔除了环境因素和随机因素对各决策单元投入松弛值的影响，使得投入变量松弛值只由管理无效率造成。

3. 第三阶段：调整后的 DEA 模型

将调整后的投入值 X_{ni}^n 在此导入传统 DEA 模型中进行相对有效性的计算。此时的计算结构更有明确反映管理无效率对投入相对有效性的影响。

10.2.2　投入产出指标、环境变量的选取及数据来源

1. 投入产出指标的选取

DEA 分析以投入产出数据作为衡量效率的要素，因此投入产出指标的选取对于结果的准确性十分重要。根据前文对物流业的界定及物流业效率的分析，并参考前人的研究，本章构建的物流业效率评价指标如表 10-1 所示。进行 DEA 进行效率分析时，应该保证决策单元的数量是投入产出指标的 2 倍以上，本书决策单元有 110 个，投入产出指标为 5 个，因此符合进行 DEA 的指标要求。

表 10-1　　　　　　　"核心区"物流业效率评价的投出与产出指标体系

投入指标	物流业从业人数（人）
	物流业固定资产投资（百万美元）
	铁路里程（千米）
产出指标	物流业产值（百万美元）
	铁路货运周转量（万吨·千米）

2. 环境变量的选取

环境变量选取应该选择对决策单元的物流业效率产生影响，但决策主体又难以改变或掌控的因素。考虑到物流业产业发展特点，本章从经济因素、社会因素、政府支持等方面考虑不可控因素。选择以下几个变量作为环境变量：选择人均 GDP 作为经济因素，选择对外开放程度即外商直接投资占国内生产总值的比重作为社会因素，选择物流业固定资产投资占政府支出的比重作为政府支持因素。

3. 数据来源

本章采用的数据来自世界发展银行数据库、世界劳工组织数据库，亚洲发展银行数据库，中亚五国各国统计年鉴和 2007~2017 年的中国统计年鉴、中国西北五省区各自的统计年鉴。

10.2.3 物流业效率评价比较

在对丝绸之路经济带"核心区"进行总体效率测算时，参考王琴梅、谭翠娥（2013）对西安市物流业效率的评价，把核心区主体的物流业投入产出情况当作一个独立的决策单元看待，进行实证结果分析。

1. 第一阶段 DEA：原始投入产出数据下的物流业效率分析

按照我们在 10.3.2 设定的投入产出指标，使用 DEAP2.1 软件对丝绸之路经济带"核心区"2006～2016 年物流业效率水平和规模报酬情况进行分析，结果如表 10-2～表 10-5 所示。

第一，"核心区"整体及 10 个子区域 2006～2016 年物流业总体效率情况，如表 10-2 所示。

表 10-2 　　　　　　　　　　2006～2016 年"核心区"物流业综合效率水平

TE	陕西	甘肃	青海	宁夏	新疆	KAZ	KGZ	TJK	TKM	UZB	均值
2006 年	0.52	0.77	0.27	0.56	0.46	1.00	0.21	0.47	1.00	0.78	0.60
2007 年	0.56	0.96	0.32	0.64	0.51	1.00	0.38	0.34	0.53	0.82	0.61
2008 年	1.00	1.00	0.39	0.66	0.52	0.71	0.45	0.45	0.32	0.46	0.60
2009 年	0.72	0.95	0.41	0.82	0.49	0.68	0.47	0.62	0.24	0.44	0.58
2010 年	0.71	0.97	0.49	0.94	0.52	0.75	0.27	0.53	0.30	0.50	0.60
2011 年	0.83	1.00	0.55	1.00	0.52	0.71	0.30	0.91	0.31	0.51	0.66
2012 年	0.91	1.00	0.52	1.00	0.54	0.78	0.34	1.00	0.30	0.60	0.70
2013 年	0.83	0.98	0.37	1.00	0.56	0.79	0.31	1.00	0.35	0.66	0.69
2014 年	0.81	0.80	0.48	1.00	0.57	1.00	0.33	1.00	0.39	0.70	0.71
2015 年	0.84	0.70	0.41	1.00	0.60	1.00	0.29	0.76	0.38	0.75	0.67
2016 年	0.84	0.63	0.59	0.96	0.59	0.91	0.26	0.67	0.26	0.62	0.62
均值	0.78	0.89	0.42	0.87	0.53	0.85	0.33	0.70	0.40	0.62	0.64
排名	4	1	8	2	7	3	10	5	9	6	

表 10-2 显示：（1）"核心区"整体的物流业综合效率均值，在 2006～2016 年均小于 1，为 0.64，DEA 无效，且经历了一个倒 U 形的变化过程，由 2006 年的 0.60 先逐步上升到 2014 年的 0.71，达到最大值，然后又逐步下降到 2016 年的 0.62。（2）"核心区"的 10 个子区域在 2006～2016 年的物流业总体效率均值也都小于 1，DEA 无效，但大小有差异，由大到小的排序依次是甘肃、宁夏、哈萨克斯坦、陕西、塔吉克斯坦、乌兹别克斯坦、新疆、青海、土库曼斯坦和吉尔吉斯斯坦，其均值分别是 0.89、0.87、0.85、0.78、0.70、0.62、0.53、0.42、0.40、0.33，总体看，中国西北五省区的水平高于中亚五国。

第二，"核心区"整体及 10 个子区域 2006～2016 年物流业纯技术效率情况，如表 10-3 所示。

表 10 – 3   2006～2016 年"核心区"物流业纯技术效率情况

PTE	陕西	甘肃	青海	宁夏	新疆	KAZ	KGZ	TJK	TKM	UZB	均值
2006 年	0.53	0.81	0.91	0.99	0.51	1.00	1.00	1.00	1.00	0.83	0.86
2007 年	0.56	0.97	0.89	1.00	0.55	1.00	1.00	0.96	0.54	0.98	0.84
2008 年	1.00	1.00	0.93	1.00	0.55	0.82	1.00	0.96	0.36	0.56	0.82
2009 年	0.76	0.95	0.85	1.00	0.50	1.00	1.00	1.00	0.29	0.53	0.79
2010 年	0.76	0.97	0.86	1.00	0.52	0.86	1.00	0.96	0.32	0.64	0.79
2011 年	0.92	1.00	0.82	1.00	0.58	1.00	1.00	1.00	0.35	0.65	0.82
2012 年	1.00	1.00	0.72	1.00	0.78	0.95	1.00	1.00	0.31	0.79	0.85
2013 年	1.00	1.00	0.52	1.00	0.73	1.00	1.00	1.00	0.35	0.89	0.85
2014 年	1.00	0.97	0.60	1.00	0.78	1.00	1.00	1.00	0.43	0.95	0.87
2015 年	1.00	0.71	0.57	1.00	0.91	1.00	0.98	1.00	0.44	1.00	0.86
2016 年	1.00	0.63	0.57	0.97	0.91	0.92	0.98	0.99	0.26	0.82	0.81
均值	0.87	0.91	0.75	1.00	0.66	0.95	1.00	0.99	0.42	0.79	0.83
排名	6	5	8	1	9	4	2	3	10	7	

表 10 – 3 显示：（1）"核心区"整体的物流业纯技术效率均值，在 2006～2016 年均小于 1，DEA 无效，且经历了一个"下降—上升—下降"的变化过程，总体略有下降，由 2006 年的 0.86 降到 2016 年的 0.81。（2）"核心区"的 10 个子区域在 2006～2016 年的物流业纯技术效率均值，除了宁夏和吉尔吉斯斯坦达到了 1，DEA 有效外，其他 8 个子区域的均值都小于 1，DEA 无效，但大小有差异，由大到小的排序依次是塔吉克斯坦、哈萨克斯坦、甘肃、陕西、乌兹别克斯坦、青海、新疆、土库曼斯坦，其均值分别是 0.99、0.95、0.91、0.87、0.79、0.75、0.66、0.42，总体看，中国西北五省区的水平高于中亚五国。

第三，"核心区"整体及 10 个子区域 2006～2016 年物流业规模效率情况，如表 10 – 4 所示。

表 10 – 4   2006～2016 年"核心区"物流业规模效率水平

SE	陕西	甘肃	青海	宁夏	新疆	KAZ	KGZ	TJK	TKM	UZB	均值
2006 年	0.99	0.95	0.30	0.57	0.91	1.00	0.21	0.47	1.00	0.94	0.73
2007 年	1.00	0.99	0.36	0.64	0.94	1.00	0.38	0.35	0.98	0.84	0.75
2008 年	1.00	1.00	0.42	0.66	0.95	0.86	0.45	0.47	0.89	0.82	0.75
2009 年	0.95	0.99	0.48	0.82	0.99	0.68	0.47	0.62	0.83	0.83	0.77
2010 年	0.94	0.99	0.57	0.94	1.00	0.87	0.27	0.55	0.91	0.78	0.78
2011 年	0.90	1.00	0.67	1.00	0.88	0.79	0.30	0.91	0.90	0.79	0.81
2012 年	0.91	1.00	0.72	1.00	0.70	0.79	0.34	1.00	0.96	0.76	0.82
2013 年	0.83	0.98	0.74	1.00	0.77	0.79	0.31	1.00	1.00	0.74	0.82
2014 年	0.81	0.83	0.79	1.00	0.72	1.00	0.33	1.00	0.91	0.73	0.81
2015 年	0.84	0.98	0.72	1.00	0.65	1.00	0.29	0.76	0.88	0.75	0.79
2016 年	0.84	1.00	0.75	1.00	0.65	0.99	0.27	0.67	1.00	0.75	0.79
均值	0.91	0.97	0.59	0.87	0.83	0.89	0.33	0.71	0.93	0.79	0.78
排名	3	1	9	5	6	4	10	8	2	7	

表 10 - 4 显示：(1)"核心区"整体的物流业规模效率均值，在 2006～2016 年均小于 1，DEA 无效，但经历了一个持续上升的变化过程，由 2006 年的 0. 73 变到 2016 年的 0. 79。(2)"核心区"的 10 个子区域在 2006～2016 年的物流业规模效率均值都小于 1，DEA 无效，但大小有差异，由大到小的排序依次是甘肃、土库曼斯坦、陕西、哈萨克斯坦、宁夏、新疆、乌兹别克斯坦、塔吉克斯坦、青海、吉尔吉斯斯坦，其均值分别是 0. 97、0. 93、0. 91、0. 89、0. 87、0. 83、0. 79、0. 71、0. 59、0. 33，总体看，中国西北五省区的水平高于中亚五国。

第四，"核心区" 10 个子区域 2006～2016 年物流业规模报酬变动情况，如表 10 - 5 所示。

表 10 - 5　　　　　2006～2016 年"核心区"物流业规模报酬变动情况

规模报酬	2006 年	2007 年	2008 年	2009 年	2010 年	2011 年	2012 年	2013 年	2014 年	2015 年	2016 年
陕西	irs	irs	–	drs	drs	drs	drs	drs	drs	drs	drs
甘肃	irs	irs	–	irs	irs	–	–	drs	drs	drs	–
青海	irs	irs	irs	irs	irs	irs	irs	irs	irs	irs	irs
宁夏	irs	irs	irs	irs	irs	irs	–	–	irs	–	irs
新疆	irs	irs	irs	irs	irs	drs	drs	drs	drs	drs	drs
KAZ	–	–	drs	drs	drs	drs	drs	drs	drs	–	drs
KGZ	irs	irs	irs	irs	irs	irs	irs	irs	irs	irs	irs
TJK	irs	irs	irs	irs	irs	irs	–	–	–	irs	irs
TKM	–	irs	irs	irs	irs	irs	irs	irs	drs	drs	drs
UZB	drs	drs	drs	drs	drs	drs	drs	drs	drs	drs	drs

表 10 - 5 显示：(1) 在 2006～2016 年，中国西北的陕西、甘肃、新疆和中亚的土库曼斯坦的物流业规模报酬呈现"递增—不变—递减"的变动趋势，说明这四个子区域目前的物流业规模研究过大，今后需要优化物流业发展结构、提高物流业资源配置效率、着重走内涵扩大再生产的物流业高质量发展道路。(2) 在 2006～2016 年，中国西北的青海、宁夏和中亚的吉尔吉斯斯坦、塔吉克斯坦的物流业规模报酬基本呈现出持续递增的变动趋势，说明这四个子区域目前的物流业发展规模还不足，今后在注重物流业技术提高的同时，需着重发展物流业规模，把物流业规模报酬搞上去。(3) 在 2006～2016 年，中亚的乌兹别克斯坦和哈萨克斯坦的物流业规模报酬基本呈现出持续递减的变动趋势，说明这两个子区域目前的物流业发展规模已经足够大，今后需要调整物流业的结构和资源利用水平，不断改善物流业的信息化等技术水平，走内涵扩大再生产的物流业高质量发展道路。

2. 第二阶段：SFA 回归结果

将上述第一阶段得出的丝绸之路经济带"核心区"投入变量松弛变量作为被解释变量，以人均生产总值、对外开放水平、政府支持作为解释变量，使用 Frontier 4. 1 软件进行 SFA 回归，结果如表 10 - 6 所示：

表 10 - 6　　　　　　　　"核心区"物流业效率的 SFA 回归结果

	固定资产投资松弛变量		人员投入松弛变量		铁路里程松弛变量	
	系数	标准差	系数	标准差	系数	标准差
常数项	- 4. 63	3. 41	- 30530. 32 ***	1. 00	- 652. 62 ***	9. 99
对外开放水平	- 0. 05 **	0. 02	445. 29 ***	1. 00	- 2. 77 ***	0. 07
经济发展水平	0. 04 **	0. 02	- 637. 26 ***	1. 00	5. 81 ***	0. 12
政府支持	11. 44 ***	3. 02	62950. 61 ***	1. 00	1260. 11 ***	1. 35
σ^2	370. 16 ***	1. 00	11147287000. 00 ***	1. 00	1800748. 20 ***	1. 00
γ	0. 99 ***	0. 00	0. 99 ***	0. 02	0. 99 ***	0. 00
log 函数值	- 391. 71		- 1352. 23		- 875. 18	
LR 单边检验	161. 77		50. 38		44. 10	

注：*** 、** 分别代表 1% 、5% 水平上显著。

表 10 - 6 显示：第一，三个模型的 LR 单边检验均通过了 0.1% 的检验水平，说明第二阶段的 SFA 分析是极其有必要的。第二，三个环境变量对三种投入松弛变量的系数几乎全部都能通过显著性检验。由此可以看出，外部环境因素对丝绸之路经济带"核心区"的物流业投入冗余存在显著影响。γ 表示管理无效率方差占总方差的比率，当 γ 趋近于 1 时，说明管理无效率影响占据主导地位，这一结果表明了应用 SFA 来剔除管理因素和随机因素对投入变量的影响是很有必要的。第三，进一步分析环境变量对投入冗余的影响：（1）对外开放水平。对外开放水平对固定资产投资和铁路里程投入两个变量影响都为负，说明对外开放水平的提高将导致两者投入的减少。我们认为：提高对外开放水平，会导致货物运输量的提高，会促进现有铁路、仓库等现有物流资源的有效利用，节约物流业投入成本，从而有利于 DEA 效率的提高。对外开放水平对人员投入的影响为正，即对外开放水平的提高会提高物流业从业人员冗余量，不利于物流业水平的提高。这可能是由于对外开放水平的提高，需要有更多的从事与对外贸易有关的物流业运输专业人才。（2）经济发展水平。经济发展水平对固定资产投资和铁路里程投入两个变量的影响都为正，说明经济发展水平的提高会增加固定资产投资和铁路里程，可能会导致两者的投入冗余量增加，不利于 DEA 效率的提高。而经济发展水平与人员投入松弛变量的关系为负，即随着地方经济发展水平的提高，人员投入冗余量会降低，可能是由于随着地方经济发展水平的提高，地方可以使用更加便捷、科技含量更高的物流基础设施，从而在一定程度上降低了对大批劳动力的需求。（3）政府支持。政府支持与固定资产投资、人员投入、铁路里程投入关系均显著为正，说明政府支持会导致三类投入冗余变量的增加，不利于 DEA 效率的提高。可能是因为政府会根据对地方经济、贸易等的发展对地区的物流业基础设施进行大批量的投资和增雇人员，短期内会造成大量的物流业基础设施的闲置，在一定程度上形成投入冗余。

3. 第三阶段：调整数据后的 DEA 结果

我们采用罗登跃、陈巍巍等的推导作为管理无效率项的公式，对投入变量冗余进行了调整，将调整后的投入变量带入 DEA 模型进行效率测算，结果如表 10 - 7 ~表 10 - 10 所示。

第一，"核心区"调整数据后的物流业综合效率情况如表 10 - 7 所示。

表 10 - 7   "核心区"调整投入变量后的物流业综合效率测算结果

TE	陕西	甘肃	青海	宁夏	新疆	KAZ	KGZ	TJK	TKM	UZB	整体
2006 年	0.58	0.86	0.27	0.46	0.55	1.00	0.09	0.10	0.40	0.49	0.48
2007 年	0.63	0.96	0.30	0.48	0.59	1.00	0.16	0.17	0.33	0.59	0.52
2008 年	1.00	1.00	0.30	0.50	0.63	0.76	0.22	0.25	0.26	0.57	0.55
2009 年	0.81	0.94	0.32	0.74	0.62	0.78	0.23	0.27	0.22	0.56	0.55
2010 年	0.85	0.97	0.35	0.83	0.62	0.79	0.13	0.31	0.27	0.65	0.58
2011 年	0.95	1.00	0.37	0.95	0.67	0.76	0.15	0.46	0.28	0.65	0.63
2012 年	1.00	1.00	0.34	1.00	0.81	0.82	0.17	0.58	0.32	0.78	0.68
2013 年	0.96	1.00	0.30	1.00	0.76	0.92	0.15	0.64	0.40	0.86	0.70
2014 年	0.93	0.87	0.34	0.96	0.79	1.00	0.16	0.64	0.46	0.91	0.70
2015 年	0.98	0.77	0.33	0.92	0.87	1.00	0.14	0.46	0.46	0.95	0.69
2016 年	1.00	0.73	0.35	0.90	0.87	0.91	0.13	0.41	0.31	0.81	0.64
均值	0.88	0.92	0.33	0.79	0.71	0.89	0.16	0.39	0.34	0.71	0.61
排名	3	1	9	4	6	2	10	7	8	5	

表 10 - 7 显示：（1）调整后"核心区"整体的物流业综合效率均值，在 2006 ~ 2016 年均小于 1，为 0.61，DEA 无效，且经历了一个倒 U 形的变化过程，由 2006 年的 0.48 先逐步上升到 2014 年的 0.70，达到最大值，然后又逐步下降到 2016 年的 0.64，总体比调整前降低了一点。（2）调整后"核心区"的 10 个子区域在 2006 ~ 2016 年的物流业总体效率均值也都小于 1，DEA 无效，但大小有差异，由大到小的排序依次是甘肃、哈萨克斯坦、陕西、宁夏、乌兹别克斯坦、新疆、塔吉克斯坦、土库曼斯坦、青海和吉尔吉斯斯坦，其均值分别是 0.92、0.89、0.88、0.79、0.71、0.71、0.39、0.34、0.33、0.16，其中前八名比调整前高了，但后四名比调整前低了，且总体看，我国西北五省区的水平高于中亚五国。

第二，"核心区"调整数据后的物流业纯技术效率情况如表 10 - 8 所示。

表 10 - 8   "核心区"调整投入变量后的物流业纯技术效率测算结果

PTE	陕西	甘肃	青海	宁夏	新疆	KAZ	KGZ	TJK	TKM	UZB	整体
2006 年	0.61	0.95	1.00	1.00	0.69	1.00	0.99	1.00	1.00	1.00	0.92
2007 年	0.65	1.00	0.94	0.98	0.71	1.00	1.00	0.96	0.83	1.00	0.91
2008 年	1.00	1.00	0.86	0.98	0.73	0.86	1.00	0.97	0.64	0.68	0.87
2009 年	0.83	0.96	0.80	1.00	0.73	1.00	1.00	1.00	0.44	0.60	0.84

续表

PTE	陕西	甘肃	青海	宁夏	新疆	KAZ	KGZ	TJK	TKM	UZB	整体
2010 年	0.87	0.99	0.76	1.00	0.72	0.89	0.98	0.98	0.49	0.67	0.83
2011 年	0.96	1.00	0.68	1.00	0.71	0.92	0.99	1.00	0.59	0.68	0.85
2012 年	1.00	1.00	0.65	1.00	0.83	0.96	1.00	1.00	0.48	0.81	0.87
2013 年	1.00	1.00	0.58	1.00	0.77	1.00	1.00	1.00	0.51	0.88	0.87
2014 年	1.00	0.99	0.61	1.00	0.79	1.00	1.00	1.00	0.54	0.94	0.89
2015 年	1.00	0.78	0.60	1.00	0.89	1.00	0.97	0.95	0.53	1.00	0.87
2016 年	1.00	0.75	0.63	1.00	0.88	0.92	0.98	0.93	0.41	0.83	0.83
均值	0.90	0.95	0.74	1.00	0.77	0.96	0.99	0.98	0.59	0.83	0.87
排名	6	5	9	1	8	4	2	3	10	7	

表 10 - 8 显示：（1）调整后"核心区"整体的物流业纯技术效率均值，在 2006～2016 年均小于 1，为 0.87，DEA 无效，且经历了一个"下降—上升—下降"的变化过程，总体略有下降，由 2006 年的 0.92 变到 2016 年的 0.83，但比调整前略有提高。（2）调整后"核心区"的 10 个子区域在 2006～2016 年的物流业纯技术效率均值，除了宁夏达到了 1，DEA 有效外，其他 9 个子区域的均值都小于 1，DEA 无效，但大小有差异，由大到小的排序依次是吉尔吉斯斯坦、塔吉克斯坦、哈萨克斯坦、甘肃、陕西、乌兹别克斯坦、新疆、青海、土库曼斯坦，其均值分别是 0.99、0.98、0.96、0.95、0.90、0.83、0.77、0.74 和 0.59，总体看，比调整前有所提高，且中国西北五省区的水平略高于中亚五国。

第三，"核心区"调整数据后的物流业规模效率情况如表 10 - 9 所示。

表 10 - 9　　　　"核心区"调整投入变量后的物流业规模效率测算结果

SE	陕西	甘肃	青海	宁夏	新疆	KAZ	KGZ	TJK	TKM	UZB	整体
2006 年	0.94	0.91	0.27	0.46	0.79	1.00	0.09	0.10	0.40	0.49	0.55
2007 年	0.97	0.96	0.32	0.48	0.83	1.00	0.16	0.18	0.40	0.59	0.59
2008 年	1.00	1.00	0.34	0.51	0.86	0.89	0.22	0.26	0.41	0.84	0.63
2009 年	0.97	0.98	0.40	0.74	0.85	0.78	0.23	0.27	0.50	0.93	0.66
2010 年	0.98	0.99	0.47	0.83	0.86	0.89	0.13	0.31	0.54	0.97	0.70
2011 年	0.99	1.00	0.55	0.95	0.94	0.83	0.15	0.46	0.48	0.96	0.73
2012 年	1.00	1.00	0.53	1.00	0.98	0.86	0.17	0.58	0.66	0.96	0.77
2013 年	0.96	1.00	0.52	1.00	0.99	0.92	0.16	0.64	0.78	0.97	0.79
2014 年	0.93	0.88	0.55	0.96	0.99	1.00	0.16	0.64	0.84	0.97	0.79
2015 年	0.98	0.99	0.55	0.92	0.98	1.00	0.14	0.49	0.87	0.95	0.79
2016 年	1.00	0.97	0.56	0.90	0.98	0.99	0.14	0.44	0.75	0.97	0.77
均值	0.97	0.97	0.46	0.79	0.91	0.92	0.16	0.40	0.60	0.87	0.71
排名	1	2	8	6	4	3	10	9	7	5	

表 10 - 9 显示：（1）调整后"核心区"整体的物流业规模效率均值，在 2006～2016 年均小于 1，为 0.71，DEA 无效，但基本经历了一个持续上升的变化过程，由 2006 年的 0.55 上升到 2016 年的 0.77，但比调整前略有下降。

（2）调整后"核心区"的 10 个子区域在 2006～2016 年的物流业规模效率均值都小于 1，DEA 无效，但大小有差异，由大到小的排序依次是陕西、甘肃、哈萨克斯坦、新疆、乌兹别克斯坦、宁夏、土库曼斯坦、青海、塔吉克斯坦、吉尔吉斯斯坦，其均值分别是 0.97、0.97、0.92、0.91、0.87、0.79、0.60、0.46、0.40、0.16，总体看比调整前略有下降，中国西北五省区的水平高于中亚五国。

第四，"核心区"调整数据后的物流业规模报酬变动情况，如表 10－10 所示。

表 10－10　　　　"核心区"调整投入变量后的物流业规模报酬变动情况

	2006 年	2007 年	2008 年	2009 年	2010 年	2011 年	2012 年	2013 年	2014 年	2015 年	2016 年
陕西	irs	irs	－	irs	irs	irs	－	drs	drs	drs	drs
甘肃	irs	irs	－	irs	irs	－	－	－	drs	irs	irs
青海	irs	irs	irs	irs	irs	irs	irs	irs	irs	irs	irs
宁夏	irs	irs	irs	irs	irs	irs	－	－	irs	irs	irs
新疆	irs	irs	irs	irs	irs	irs	irs	irs	irs	irs	irs
KAZ	－	－	drs	drs	drs	drs	drs	drs	－	－	irs
KGZ	irs	irs	irs	irs	irs	irs	irs	irs	irs	irs	irs
TJK	irs	irs	irs	irs	irs	irs	irs	irs	irs	irs	irs
TKM	irs	irs	irs	irs	irs	irs	irs	irs	irs	irs	irs
UZB	irs	irs	irs	irs	irs	irs	irs	irs	irs	irs	irs

表 10－10 显示：（1）调整后的 2006～2016 年，中国西北的陕西和甘肃的物流业规模报酬呈现"递增—不变—递减"的变动趋势，但递减的年限都比调整前推后了，今后这两个区域应该着重优化物流业发展结构、提高物流业资源配置效率、着重走内涵扩大再生产的物流业高质量发展道路。（2）调整后的 2006～2016 年，中国西北的青海、宁夏、新疆以及中亚的吉尔吉斯斯坦、塔吉克斯坦和乌兹别克斯坦的物流业规模报酬基本都呈现出持续递增的变动趋势，说明这 7 个子区域目前的物流业发展规模还不足，今后在注重物流业技术提高的同时，需着重发展物流业规模，把物流业规模报酬提高上去。（3）调整后的 2006～2016 年，中亚的哈萨克斯坦的物流业规模报酬除了 2016 年递增外，其他年份都呈现出持续递减的变动趋势，说明哈萨克斯坦目前的物流业发展规模已经足够大，今后只有通过调整物流业的结构和资源利用水平，不断改善物流业的信息化等技术水平，走内涵扩大再生产的物流业高质量发展道路，才能提高物流业的效率水平。

4. 调整前后结果的进一步对比分析

第一，我们将上述分析所得的调整前后的丝绸之路经济带"核心区"整体的三种物流业效率值的分析结果加以整理，汇聚成表 10－11：

表 10 - 11　　　"核心区"整体数据调整前后物流业三种效率均值的对比

	TE		PTE		SE	
	调整前	调整后	调整前	调整后	调整前	调整后
2006 年	0.60	0.48	0.86	0.92	0.73	0.55
2007 年	0.61	0.52	0.84	0.91	0.75	0.59
2008 年	0.60	0.55	0.82	0.87	0.75	0.63
2009 年	0.58	0.55	0.79	0.84	0.77	0.66
2010 年	0.60	0.58	0.79	0.83	0.78	0.70
2011 年	0.66	0.63	0.82	0.85	0.81	0.73
2012 年	0.70	0.68	0.85	0.87	0.82	0.77
2013 年	0.69	0.70	0.85	0.87	0.82	0.79
2014 年	0.71	0.70	0.87	0.89	0.81	0.79
2015 年	0.67	0.69	0.86	0.87	0.79	0.79
2016 年	0.62	0.64	0.81	0.83	0.79	0.77
均值	0.64	0.61	0.83	0.87	0.78	0.71

表 10 - 11 显示：（1）"核心区"整体调整后的物流业综合效率值和规模效率值大部分低于调整前，而调整后的纯技术效率都高于调整前，可见"核心区"物流业的综合技术效率的下降主要是由于规模效率值的下降造成的。（2）丝绸之路经济带"核心区"在 2006～2016 年基本上都没有达到综合效率最优，且整体上反映出投入产出效率普遍较低。（3）从时间角度分析，丝绸之路经济带"核心区"的物流业综合技术效率呈现先上升后下降的趋势。

第二，我们将上述分析所得的调整前后的丝绸之路经济带"核心区"整体的物流业规模报酬变动情况加以整理，汇聚成表 10 - 12：

表 10 - 12　　　　　"核心区"整体的物流业规模报酬变动情况

年份	规模报酬递增		规模报酬递减		规模报酬不变	
	调整前	调整后	调整前	调整后	调整前	调整后
2006	7	9	1	0	2	1
2007	8	9	1	0	1	1
2008	6	7	2	1	2	2
2009	7	9	3	1	0	0
2010	6	9	3	1	1	0
2011	4	6	4	1	2	1
2012	3	6	4	1	3	3
2013	2	6	5	2	3	2
2014	3	7	6	2	1	1
2015	3	8	5	1	2	1
2016	5	9	4	1	1	0
总计	54	87	38	11	18	12

表 10 - 12 显示：（1）对比丝绸之路经济带"核心区"第一、第三阶段规模报酬情况可以发现，"核心区"总体规模报酬情况由规模报酬递增、规模报酬递

减、规模报酬不变情况同时存在变为规模报酬递增为主体。（2）对比调整前后结果可以发现，在剔除了环境因素和随机因素影响后，"核心区"整体的物流业综合技术效率降低，而综合技术效率的降低主要来自规模效率的降低。而"核心区"物流业规模状态也调整至规模报酬递增为主。

第三，我们将上述分析所得的调整前后的中国西北五省区物流业三种效率值的分析结果加以整理，汇聚成表10 - 13：

表10 - 13　　　中国西北五省区数据调整前后物流业三种效率均值的对比

年份	TE		PTE		SE	
	调整前	调整后	调整前	调整后	调整前	调整后
2006	0.52	0.54	0.75	0.85	0.74	0.67
2007	0.60	0.59	0.79	0.86	0.78	0.71
2008	0.72	0.68	0.90	0.91	0.81	0.74
2009	0.68	0.68	0.81	0.86	0.85	0.79
2010	0.72	0.73	0.82	0.87	0.89	0.82
2011	0.78	0.79	0.86	0.87	0.89	0.89
2012	0.79	0.83	0.90	0.90	0.87	0.90
2013	0.75	0.80	0.85	0.87	0.86	0.89
2014	0.73	0.78	0.87	0.88	0.83	0.86
2015	0.71	0.77	0.84	0.85	0.84	0.88
2016	0.69	0.77	0.81	0.85	0.85	0.88
均值	0.70	0.72	0.84	0.87	0.84	0.82

表10 - 13显示：（1）无论数据调整前后，中国西北五省区物流业的三种效率值都小于1，DEA无效，这反映出中国西北五省区物流业投入产出效率普遍较低。从时间角度分析，中国西北五省区的物流业综合技术效率呈现先上升后下降的趋势。（2）无论数据调整前或后，中国西北五省区在2006～2016年的物流业综合效率和规模效率均是上升的，但物流业的纯技术效率在数据调整前是上升的，但在数据调整后基本没有变。可见，调整后的物流业综合效率的上升主要是规模效率贡献的。（3）中国西北五省区调整后的物流业综合效率值和纯技术效率值大部分高于调整前，而调整后的规模效率在2011年前都小于调整前，但在2012年后都高于调整前，均值略有下降，可见中国西北五省区调整后物流业的综合技术效率的主要受纯技术效率值的影响。

第四，我们将上述分析所得的调整前后的中亚五国物流业三种效率值的分析结果加以整理，汇聚成表10 - 14：

表10 - 14　　　中亚五国数据调整前后物流业三种效率均值的对比

年份	TE		PTE		SE	
	调整前	调整后	调整前	调整后	调整前	调整后
2006	0.69	0.42	0.97	0.99	0.72	0.42
2007	0.61	0.45	0.89	0.96	0.71	0.47

续表

年份	TE		PTE		SE	
	调整前	调整后	调整前	调整后	调整前	调整后
2008	0.48	0.41	0.74	0.83	0.70	0.52
2009	0.49	0.41	0.76	0.81	0.68	0.54
2010	0.47	0.43	0.76	0.80	0.68	0.57
2011	0.55	0.46	0.78	0.84	0.74	0.58
2012	0.60	0.53	0.81	0.85	0.78	0.64
2013	0.62	0.59	0.85	0.88	0.77	0.69
2014	0.68	0.63	0.88	0.90	0.80	0.72
2015	0.64	0.60	0.88	0.89	0.74	0.69
2016	0.54	0.51	0.80	0.81	0.74	0.66
均值	0.58	0.50	0.83	0.87	0.73	0.59

表 10 - 14 显示：（1）无论数据调整前后，中亚五国物流业的三种效率值都小于 1，DEA 无效，这反映出中亚五国物流业投入产出效率普遍较低。从时间角度分析，中亚五国的物流业综合技术效率值在调整后呈现先上升的趋势。（2）数据调整后，中亚五国在 2006～2016 年的物流业综合效率和规模效率均是上升的，但物流业的纯技术效率是下降的，这说明调整后的物流业综合效率的上升主要是规模效率贡献的。（3）中亚五国调整后的物流业综合效率值和规模效率值大部分低于调整前，而调整后的纯技术效率高于调整前，可见中亚五国调整后物流业的综合技术效率值主要受规模效率值的影响。

第五，我们将上述分析所得的调整前后的"核心区"10 个子区域物流业三种效率值的分析结果加以整理，汇聚成表 10 - 15：

表 10 - 15　"核心区"10 个子区域数据调整前后物流业三种效率均值的对比

西北五省区和中亚五国	TE		PTE		SE	
	调整前	调整后	调整前	调整后	调整前	调整后
陕西	0.779	0.880	0.866	0.901	0.910	0.974
甘肃	0.886	0.919	0.910	0.947	0.974	0.971
青海	0.421	0.325	0.748	0.738	0.591	0.459
宁夏	0.871	0.792	0.996	0.997	0.875	0.794
新疆	0.534	0.705	0.664	0.767	0.833	0.914
KAZ	0.847	0.886	0.950	0.958	0.891	0.923
KGZ	0.329	0.156	0.997	0.990	0.330	0.157
TJK	0.702	0.390	0.988	0.981	0.708	0.397
TKM	0.398	0.336	0.422	0.588	0.932	0.602
UZB	0.621	0.710	0.786	0.827	0.794	0.872

表 10 - 15 显示：（1）数据调整后，"核心区"10 个子区域中物流业综合效率值变大了的是陕西、甘肃、新疆、哈萨克斯坦和乌兹别克斯坦，变小了的是青海、宁夏、吉尔吉斯斯坦、塔吉克斯坦、土库曼斯坦。（2）数据调整后，"核心

区"10个子区域中物流业纯技术效率值变大了的是陕西、甘肃、宁夏、新疆、哈萨克斯坦、土库曼斯坦和乌兹别克斯坦，变小了的是青海、塔吉克斯坦和吉尔吉斯斯坦。（3）数据调整后，"核心区"10个子区域中物流业规模效率值变大了的是陕西、新疆、哈萨克斯坦和乌兹别克斯坦，变小了的是甘肃、青海、宁夏、吉尔吉斯斯坦、塔吉克斯坦和土库曼斯坦。

10.3 "核心区"物流资源利用率现状及比较分析

本节首先描述丝绸之路经济带"核心区"物流资源现状，然后从铁路资源利用率方面提取该"核心区"物流资源利用率状况并进行比较分析。

10.3.1 "核心区"物流资源现状描述

1. 铁路资源方面

第一，2006～2016年，丝绸之路经济带"核心区"铁路货运周转量情况如表10-16所示：

表10-16   2006～2016年"核心区"铁路货运周转量情况   单位：亿吨·千米

年份	陕西	甘肃	青海	宁夏	新疆	KAZ	KGZ	TJK	TKM	UZB
2006	853	896	93	206	561	1719	7	12	87	180
2007	936	993	121	213	590	1912	8	13	104	193
2008	1122	1120	149	226	661	1912	8	13	110	216
2009	1185	1130	166	253	655	2149	7	13	115	242
2010	1268	1240	192	280	706	1973	7	8	120	223
2011	1354	1390	228	325	742	2132	8	7	120	225
2012	1447	1457	247	366	791	2236	9	6	120	225
2013	1515	1551	249	364	868	2358	9	6	120	225
2014	1603	1523	273	306	844	2312	9	6	120	227
2015	1436	1314	223	245	712	2165	9	4	127	228
2016	1518	1220	240	242	702	1898	8	2	133	229

表10-16显示：（1）在2006～2016年，丝绸之路经济带"核心区"10个子区域中，除了塔吉克斯坦的铁路货运周转量持续下降（由2006年的12亿吨·千米下降到2016年的2亿吨·千米，不是建铁路，而是拆铁路）外，其他9个子区域的铁路货运周转量基本都持续上升。（2）"核心区"10个子区域中，2006年铁路货运周转量由高到低的排序是哈萨克斯坦、陕西、甘肃、新疆、宁夏、乌兹别克斯坦、青海、土库曼斯坦、塔吉克斯坦和吉尔吉斯斯坦；到了2016年的排名是哈萨克斯坦、陕西、甘肃、新疆、宁夏、青海、乌兹别克斯坦、土库曼斯坦、吉尔吉斯斯坦和塔吉克斯坦。可见，10年来，前五名排序没有变，青海由

第 7 名上升到第 6 名，塔吉克斯坦由第 9 名滑落到了第 10 名。

第二，2006～2016 年，丝绸之路经济带"核心区"铁路里程情况如表 10－17 所示：

表 10－17　　　　　　2006～2016 年"核心区"铁路里程情况　　　单位：千米

年份	陕西	甘肃	青海	宁夏	新疆	KAZ	KGZ	TJK	TKM	UZB
2006	3185	2435	1652	790	2761	14204	417	616	2529	4014
2007	3185	2435	1652	789	2761	14205	417	616	3069	4005
2008	1195	2435	1676	811	2761	14205	417	616	3060	4230
2009	3320	2435	1677	890	3673	14205	417	616	3095	4230
2010	4079	2441	1863	1248	4229	14205	417	621	3115	4227
2011	4083	2442	1858	1267	4320	14202	417	621	3115	4258
2012	4094	2487	1858	1290	4750	14184	417	621	3115	4192
2013	4421	2596	1858	1290	4741	14319	417	621	3115	4192
2014	4524	3403	2125	1290	5463	14767	417	621	3115	4192
2015	4549	3847	2350	1290	5868	14767	424	597	3115	4238
2016	4633	4102	2349	1320	5869	14767	424	597	3115	4304

表 10－17 显示：（1）在 2006～2016 年，丝绸之路经济带"核心区"10 个子区域中，除了塔吉克斯坦的铁路里程下降（由 2006 年的 616 千米下降到 2016 年的 577 千米，不是建铁路，而是拆铁路）外，其他 9 个子区域的铁路里程都是持续上升的。（2）"核心区"10 个子区域中，2006 年铁路里程由高到低的排序是哈萨克斯坦、乌兹别克斯坦、陕西、新疆、土库曼斯坦、甘肃、青海、宁夏、塔吉克斯坦和吉尔吉斯斯坦；到了 2016 年的排名是哈萨克斯坦、新疆、陕西、乌兹别克斯坦、甘肃、土库曼斯坦、青海、宁夏、塔吉克斯坦和吉尔吉斯斯坦。（3）10 年来，哈萨克斯坦、陕西、青海和宁夏排序没有变，各自仍然占据第 1 名、第 3 名、第 7 名和第 8 名；新疆由第 4 名提前到了第 2 名，增速最快；甘肃由第 6 名提前到了第 5 名，也有提升；乌兹别克斯坦由第 2 名滑落到了第 4 名，滑落最大；土库曼斯坦由第 5 名滑落到了第 6 名；塔吉克斯坦和吉尔吉斯斯坦最后两名的位置没有变。总体来看，10 年来中国西北五省区铁路里程增加较快，中亚五国增加较慢，塔吉克斯坦甚至还有减少。

第三，2006～2016 年，丝绸之路经济带"核心区"铁路密度情况如表 10－18 所示：

表 10－18　　　　　　2006～2016 年"核心区"铁路密度情况　　单位：千米/万平方千米

年份	陕西	甘肃	青海	宁夏	新疆	KAZ	KGZ	TJK	TKM	UZB
2006	155	57	23	119	17	51	21	43	51	89
2007	155	57	23	119	17	51	21	43	62	94
2008	58	57	23	122	17	51	21	43	62	94
2009	161	57	23	134	22	51	21	43	63	94

续表

年份	陕西	甘肃	青海	宁夏	新疆	KAZ	KGZ	TJK	TKM	UZB
2010	198	57	26	188	25	51	21	43	63	94
2011	199	57	26	191	26	52	21	43	63	96
2012	199	58	26	194	29	53	21	43	63	94
2013	215	61	26	194	29	53	21	43	63	94
2014	220	80	29	194	33	53	21	43	63	94
2015	221	90	33	194	35	53	21	42	63	94
2016	225	96	33	199	35	53	21	42	63	96

表 10-18 显示：（1）在 2006~2016 年，丝绸之路经济带"核心区"10 个子区域中，除了塔吉克斯坦的铁路密度下降（由 2006 年的 43 下降到 2016 年的 42，不是建铁路、而是拆铁路）外，其他 9 个子区域的铁路密度都持续上升，且中国西北五省区上升快，中亚国家上升缓慢。（2）"核心区"10 个子区域中，2006 年铁路密度由高到低的排序是陕西、宁夏、乌兹别克斯坦、甘肃、哈萨克斯坦、土库曼斯坦、塔吉克斯坦、青海、吉尔吉斯斯坦和新疆；到了 2016 年的排名是陕西、宁夏、甘肃、乌兹别克斯坦、土库曼斯坦、哈萨克斯坦、塔吉克斯坦、新疆、青海和吉尔吉斯斯坦。（3）10 年来，陕西、宁夏和塔吉克斯坦排序没有变，各自仍然占据第 1 名、第 2 名和第 7 名；新疆由第 10 名提前到了第 7 名，增速最快；甘肃由第 4 名提前到了第 3 名，土库曼斯坦由第 6 名提升到了第 5 名，都有提升；乌兹别克斯坦由第 3 名滑落到了第 4 名，哈萨克斯坦由第 5 名滑落到了第 6 名，青海由第 8 名滑落到了第 9 名，吉尔吉斯斯坦由第 9 名滑落到了第 10 名。

2. 公路资源方面

第一，2006~2016 年，丝绸之路经济带"核心区"公路货运周转量情况如表 10-19 所示：

表 10-19　　　2006~2016 年"核心区"公路货运周转量情况　　　　单位：亿吨·千米

年份	陕西	甘肃	青海	宁夏	新疆	KAZ	KGZ	TJK	TKM	UZB
2006	229	147	51	72	332	538	8	18		160
2007	255	157	56	78	366	615	9	26	89	181
2008	905	475	187	478	612	635	11	29	96	210
2009	1032	490	199	497	601	663	13	37	104	232
2010	1196	524	228	538	653	803	13	41	114	245
2011	1470	647	258	608	733	1211	13	48	117	261
2012	1745	895	281	700	824	1323	14	58		275
2013	1685	811	203	509	929	1453	12	63		292
2014	1917	993	234	530	1037	1557	13	58		315
2015	1827	912	222	572	1060	1618	14	57		339
2016	1926	950	236	578	1102	1633	15	53		133

表 10-19 显示：（1）在 2006~2016 年，丝绸之路经济带"核心区"10 个子区域中，除了塔吉克斯坦和乌兹别克斯坦的公路货运周转量先上升后下降外，

其他 8 个子区域的公路货运周转量基本都持续上升。（2）"核心区" 10 个子区域中，2006 年公路货运周转量由高到低的排序是哈萨克斯坦、新疆、陕西、甘肃、乌兹别克斯坦、宁夏、青海、塔吉克斯坦和吉尔吉斯斯坦（土库曼斯坦无数据）；到了 2016 年的排名是陕西、哈萨克斯坦、新疆、甘肃、宁夏、青海、乌兹别克斯坦、塔吉克斯坦和吉尔吉斯斯坦（土库曼斯坦无数据）。可见，10 年来，中国西北五省区的公路货运周转量都有了较大的跃升，尤其是陕西由第 3 名跃升为第 1 名，而中亚五国提升缓慢。

第二，2006～2016 年，丝绸之路经济带 "核心区" 公路货运量情况如表 10－20 所示：

表 10－20　　　　　　　2006～2016 年 "核心区" 公路货运量情况　　　　单位：万吨

年份	陕西	甘肃	青海	宁夏	新疆	KAZ	KGZ	TJK	TKM	UZB
2006	35811	23826	5864	6029	25214	158260	2490	2560	50987	69004
2007	39736	25325	6278	6583	26840	166740	2710	3047	53537	75490
2008	60713	18201	6805	21762	40039	172100	3190	3319	56053	82680
2009	67963	20812	7173	23263	38657	168750	3500	4231	59584	97690
2010	77123	24050	7962	25453	41682	197180	2390	5075	63457	106260
2011	90419	28790	8952	29016	46451	247550	2540	5240	64662	114940
2012	104593	39517	9700	32646	51954	271840	3840	5999	65955	121600
2013	105566	45072	9588	32502	59620	298335	3940	6551	74727	138730
2014	119343	50781	11030	34318	64758	312910	2720	6760	76595	132410
2015	107731	52281	13233	36995	64505	317402	2820	6830	80731	139924
2016	113363	54761	14047	37421	65139	318066	2930	7861	82426	147340

表 10－20 显示：（1）在 2006～2016 年，丝绸之路经济带 "核心区" 10 个子区域中的公路货量基本都持续上升。（2）"核心区" 10 个子区域中，2006 年公路货运周转量由高到低的排序是哈萨克斯坦、乌兹别克斯坦、土库曼斯坦、陕西、新疆、甘肃、宁夏、青海、塔吉克斯坦和吉尔吉斯斯坦；到了 2016 年的排名是哈萨克斯坦、乌兹别克斯坦、陕西、土库曼斯坦、新疆、甘肃、宁夏、青海、塔吉克斯坦和吉尔吉斯斯坦。可见，10 年来，陕西由第 4 名提升为第 3 名，土库曼斯坦由第 3 名滑落为第 4 名，总体上中国西北五省区的公路货运量提升比中亚五国更快。

3. 航空运输方面

2006～2016 年，丝绸之路经济带 "核心区" 航空货运周转量情况如表 10－21 所示：

表 10－21　　　　　　　2006～2016 年 "核心区" 航空货运周转量情况　　　　单位：亿吨·千米

年份	陕西	甘肃	青海	宁夏	新疆	KAZ	KGZ	TJK	TKM	UZB
2006	1.500	0.160	0.074	0.069	0.892	0.164	0.012	0.024	0.105	0.676
2007	1.080	0.190	0.081	0.069	0.909	0.172	0.012	0.036	0.110	0.663
2008	1.250	0.213	0.102	0.065	0.929	0.165	0.021	0.048	0.105	0.717

年份	陕西	甘肃	青海	宁夏	新疆	KAZ	KGZ	TJK	TKM	UZB
2009	0.920	0.208	0.109	0.081	0.970	0.146	0.022	0.059	0.092	0.760
2010	1.390	0.178	0.065	0.108	0.984	0.424	0.013	0.010	0.062	1.537
2011	1.160	0.189	0.057	0.122	0.970	0.510	0.015	0.015	0.031	1.538
2012	0.980	0.208	0.079	0.118	1.440	0.540	0.008	0.016	0.028	1.107
2013	1.686	0.199	0.112	0.145	1.600	0.582	0.006	0.005	0.023	0.990
2014	1.070	0.166	0.121	0.187	1.729	0.446	0.002	0.030	0.042	1.102
2015	1.130	0.201	0.123	0.204	1.660	0.377	0.001	0.018	0.048	1.143
2016	0.990	0.200	0.134	0.236	1.610	0.389	0.001	0.015	0.060	1.123

表 10 - 21 显示：（1）在 2006～2016 年，丝绸之路经济带"核心区"10 个子区域中，甘肃、青海、宁夏、新疆、哈萨克斯坦和乌兹别克斯坦这 6 个子区域的航空货运周转量基本都持续上升，而陕西、吉尔吉斯斯坦、塔吉克斯坦和土库曼斯坦这 4 个子区域的航空货运周转量是下降的，可能是由于铁路和公路货运的替代作用导致的。（2）"核心区"10 个子区域中，2006 年航空货运周转量由高到低的排序是陕西、新疆、乌兹别克斯坦、哈萨克斯坦、甘肃、土库曼斯坦、青海、宁夏、塔吉克斯坦和吉尔吉斯斯坦；到了 2016 年的排名是新疆、乌兹别克斯坦、陕西、哈萨克斯坦、宁夏、甘肃、青海、土库曼斯坦、塔吉克斯坦和吉尔吉斯斯坦。可见，10 年来，除了陕西外，中国西北的其他四省区航空货运周转量都有了较大的提升。

10.3.2　物流资源利用率的提取

1. 指标设置

考虑到指标数据的可得性，本章确定从铁路资源利用率方面提取物流资源利用率，这样反而更全面。设物流资源利用率为 u，铁路货运周转量为 Rr，铁路营运里程为 Lr，则物流资源利用率提取公式为 $u = \dfrac{Rr}{Lr}$。

2. 数据来源

在物流资源利用率测算提取中，2006～2016 年铁路货运周转量、铁路营运里程来自 2007～2017 年的中国统计年鉴、中国西北五省区各自的统计年鉴、世界银行数据库等。

10.3.3　"核心区"物流资源利用率总体评价

我们根据"核心区"整体 2006～2016 年间铁路货运周转量和铁路里程计算得出的物流资源利用率情况如表 10 - 22 所示：

表 10 - 22　　　　　"核心区"整体 2006～2016 年物流资源利用率情况　　　　单位：亿吨

	2006 年	2007 年	2008 年	2009 年	2010 年	2011 年	2012 年	2013 年	2014 年	2015 年	2016 年	均值
陕西	26.78	29.38	93.84	35.71	31.08	33.16	35.34	34.26	35.44	31.56	32.77	38.12
甘肃	36.80	40.79	45.99	46.39	50.78	56.92	58.59	59.74	44.75	34.14	29.75	45.88
青海	5.62	7.30	8.89	9.87	10.32	12.29	13.28	13.41	12.83	9.51	10.21	10.32
宁夏	26.05	27.03	27.82	28.47	22.46	25.65	28.35	28.20	23.76	19.01	18.36	25.02
新疆	20.33	21.37	23.95	17.83	16.69	17.18	16.65	18.31	15.44	12.14	11.96	17.44
KAZ	12.39	13.79	13.79	15.50	14.25	15.18	15.44	16.27	15.96	14.94	12.22	14.52
KGZ	1.71	1.80	2.04	1.79	1.77	1.91	2.21	2.21	2.21	2.04	1.90	1.96
TJK	1.98	2.07	2.07	2.08	1.30	1.13	0.89	0.89	0.89	0.66	0.38	1.30
TKM	3.43	3.40	3.59	3.73	3.85	3.85	3.85	3.85	3.85	4.06	4.28	3.79
UZB	4.50	4.59	5.14	5.77	5.31	5.23	5.35	5.35	5.40	5.43	5.33	5.22
总体	13.96	15.15	22.71	16.71	15.78	17.25	18.00	18.25	16.05	13.35	12.72	

表 10 - 22 显示：第一，在 2006～2016 年，丝绸之路经济带"核心区"整体的物流资源利用率呈先增高后降低再增高再降低的"M"形趋势，物流资源利用率的均值约在 15 亿吨左右波动。第二，在"核心区"10 个子区域中，陕西、甘肃、青海、哈萨克斯坦、吉尔吉斯斯坦、土库曼斯坦和乌兹别克斯坦这 7 个子区域的物流资源利用率在 2006～2016 年是上升的，但青海、宁夏和塔吉克斯坦这 3 个子区域的物流资源利用率在 2006～2016 年是下降的。

10.3.4　物流资源利用率的比较分析

1. 中亚五国物流资源利用率的比较分析

我们根据中亚五国 2006～2016 年铁路货运周转量和铁路里程计算得出的物流资源利用率情况如表 10 - 23 所示：

表 10 - 23　　　　　中亚五国 2006～2016 年物流资源利用率情况

	2006 年	2007 年	2008 年	2009 年	2010 年	2011 年	2012 年	2013 年	2014 年	2015 年	2016 年	均值
KAZ	12.39	13.79	13.79	15.50	14.25	15.18	15.44	16.27	15.96	14.94	12.22	14.52
KGZ	1.71	1.80	2.04	1.79	1.77	1.91	2.21	2.21	2.21	2.04	1.90	1.96
TJK	1.98	2.07	2.07	2.08	1.30	1.13	0.89	0.89	0.89	0.66	0.38	1.30
TKM	3.43	3.40	3.59	3.73	3.85	3.85	3.85	3.85	3.85	4.06	4.28	3.79
UZB	4.50	4.59	5.14	5.77	5.31	5.23	5.35	5.35	5.40	5.43	5.33	5.22
均值	4.80	5.13	5.32	5.77	5.29	5.46	5.55	5.72	5.66	5.43	4.82	5.39

表 10 - 23 显示：第一，中亚五国物流资源利用率比较稳定，物流资源利用率的均值在 5 亿吨左右浮动。具体来看，哈萨克斯坦物流资源利用率情况最高，在样本期内，物流资源利用率平均值为 14.52 亿吨，远高于其他四国。乌兹别克斯坦的物流资源利用率平均值为 5.22，与中亚五国的均值 5.39 很接近，排名第二。土库曼斯坦、吉尔吉斯斯坦和塔吉克斯坦的均值分别排名第三、第四和第

五。第二，从变动趋势来了看，哈萨克斯坦物流资源利用率在 2006～2016 年变动稍大，而其他四国的变动很小。

2. 中国西北五省区物流资源利用率的比较分析

我们根据中国西北五省区 2006～2016 年间铁路货运周转量和铁路里程计算得出的物流资源利用率情况如表 10－24 所示：

表 10－24　　　中国西北五省区 2006～2016 年物流资源利用率情况

	2006 年	2007 年	2008 年	2009 年	2010 年	2011 年	2012 年	2013 年	2014 年	2015 年	2016 年	均值
陕西	26.78	29.38	93.84	35.71	31.08	33.16	35.34	34.26	35.44	31.56	32.77	38.12
甘肃	36.80	40.79	45.99	46.39	50.78	56.92	58.59	59.74	44.75	34.14	29.75	45.88
青海	5.62	7.30	8.89	9.87	10.32	12.29	13.28	13.41	12.83	9.51	10.21	10.32
宁夏	26.05	27.03	27.82	28.47	22.46	25.65	28.35	28.20	23.76	19.01	18.36	25.02
新疆	20.33	21.37	23.95	17.83	16.69	17.18	16.65	18.31	15.44	12.14	11.96	17.44
五省	23.12	25.17	40.10	27.65	26.27	29.04	30.44	30.78	26.44	21.27	20.61	27.36

表 10－24 显示：（1）中国西北五省区物流资源利用率在 2006～2016 年呈现出上升—下降—上升—下降的"M"形变动趋势，均值为 27.36。（2）按均值排名，由大到小依次是甘肃、陕西、宁夏、新疆和青海。（3）从波动幅度看，陕西在 2007～2009 年间经历了一次剧烈波动，由 2007 年的 29.38 猛烈上升到 2008 年的 93.84，又断崖式下跌到 2009 年的 35.71，其他年份大体平稳；其他四省区的变动比较平稳。

3. 中亚五国与中国西北五省区物流资源利用率的比较分析

我们根据表 10－23 和表 10－24，将中国西北五省区和中亚五国 2006～2016 年的物流资源利用率变动走势进一步进行比较，情况如图 10－1 所示：

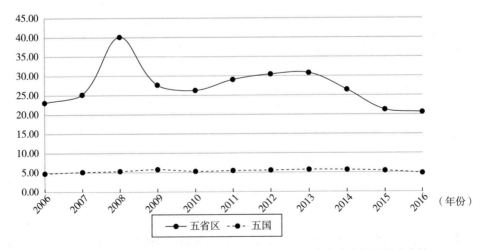

图 10－1　中国西北五省区和中亚五国 2006～2016 年物流资源利用率走势

图 10 - 1 显示：（1）从丝绸之路经济带"核心区"整体来看，中国西北五省区物流资源利用率高于中亚五国物流资源利用率。（2）从变动趋势来看，中国西北五省区物流资源利用率波动较大，而中亚五国物流资源利用率变动较为平稳。

10.4 "核心区"物流资源利用率影响物流业效率的实证分析

10.4.1 Tobit 模型介绍

Tobit 模型也称为截距回归模型或样本选择模型，用来考察因变量受到某些条件限制下的回归问题①。上文 DEA 模型分析得到的物流业效率值均在 0 到 1 之间，那么在回归方程中因变量就被限制在这个区间内。效率值具有非负截断特征，对这类受限因变量模型的估计，用 OLS 法会得到有偏的结果，Tobit 模型更合适。

本章参考前人文献的基础上，建立随机效应 Tobit 模型如下：

$$E_j^* = \beta\chi_j + \varepsilon_j$$

$$E_j = \begin{cases} E_j^* = \beta\chi_i + \varepsilon_i & 0 < E_j^* \leqslant 1 \\ 0 & E_j^* < 0 \end{cases}$$

$$j = 1, 2, 3, \cdots, 31$$

其中，E_j 是第 j 个省（市）的物流业效率值，β 是待测系数向量，χ_j 为该省市区物流业效率影响因素向量，ε_j 为随机扰动项，E_j^* 为潜在的物流业效率，服从正态分布，当 $0 < E_j^* \leqslant 1$ 时，$E_j = E_j^*$ 表示可观测到的物流业效率值，否则表示无法观测到。

10.4.2 变量选择与数据来源

本章的研究变量为物流资源利用率，由于前文进行了较为详细的分析，本节不再赘述。根据物流业发展特点，再结合数据可得性，本章选取了几个重要的变量作为控制变量，对物流资源利用率影响物流业效率进行实证研究。下面将对选择的变量进行解释说明。

1. 政府支持

物流业及其基础设施建设在经济发展中起着"先行官"的作用，对于促进地区经济发展，加强对外交流合作等起着重要推动作用。然而，由于物流业基础设施及配套设施投资大、收益周期长等特点，该领域内的投资主要由政府主导，

---

① 高铁梅．计量经济分析方法与建模：EViews 应用及实例［M］．北京：清华大学出版社，2009.

所以政府支持是地方物流业发展的一个重要因素。本章将政府支持作为一个重要控制变量，并用物流业固定资产投资占政府开支的比重来衡量政府支持的力度。

2. 经济发展水平

经济发展水平对物流业的发展起到支撑和引致需求的作用。如果把物流基础设施作为物流业效率提升的硬件条件，那么地区经济发展水平就是物流业发展的软件需求。一个地区经济发展水平越高，经济实力越强，对物流业需求的规模也就越大。地区经济发展为物流业效率提升提供必要的外部经济环境，比如发达的物流市场、专业物流人才等，经济发展水平越高，对物流业发展的支撑作用也就越明显。这里选取地方人均 GDP 作为经济发展水平的衡量指标。

3. 对外开放程度

对外开放程度是衡量一国经济对外开放规模和水平的重要指标。对外开放程度反映在对外经济关系的各个方面，首先从商品市场开始，即相对稳定的外贸进出口。其次，一国或地区对外开放程度与外商投资有密切的联系，对外开放程度越高，所吸引的外商投资相应会增大，外商投资会进入经济体的各个产业层面，对推动相关产业的发展会有一定的作用。本章用外商直接投资占地方 GDP 的比重来表示对外开放程度。

4. 物流业集聚程度

物流业集聚度通过降低物流业交易成本实现规模经济促进物流业效率提升。所谓产业集聚，就是在一个适当大的区域范围内，生产某种产品的若干个同类企业和为这些企业配套的上下游企业以及相关的服务业高密度地聚集在一起。物流业集聚是指物流相关企业的大规模集中，包括物流园、物流公司、邮政快递企业等，通过集聚可以共享区域内基础设施和物流信息资源，降低企业的搜寻成本和交易成本，细化优化生产链分工，从而实现提高规模经济水平，降低物流业成本、促进物流业效率的提升。本章用各地方物流业区位商作为物流业集聚度的衡量指标。

5. 产业结构

产业结构是指各产业的构成以及各产业之间的联系和比例关系。随着国民经济的发展，分工越来越细化，越来越多的生产部门分化出来，在每个经济发展阶段组成国民经济的产业部门是不尽相同的，因此我们把包括产业的构成、各产业之间的相互关系在内的结构特征概括为产业结构。物流业作为第三产业的重要组成部分，它的效率提升与产业结构的构成息息相关。本章用第三产业增加值占总 GDP 的比例作为产业结构的衡量指标。

在数据来源上，控制变量中所需数据均来自世界银行数据库、亚洲发展银行数据库、中国统计年鉴、中国西北五省区统计年鉴等。

10.4.3　建立模型

本节在已经表明上述的主要研究变量和控制变量后，建立 Tobit 模型如下：

$$Y_{k,it} = \beta_{0it} + \beta_1\, utal_{it} + \beta_2\, spprt_{it} + \beta_3\, lnecnm_{it} + \beta_4\, opn_{it} + \beta_5\, clstr_{it} + \beta_6\, indst_{it} + u_{it}$$

其中，Y 为因变量，k 取 1、2 和 3 时分别代表物流业的综合效率、纯技术效率和规模效率。β_0 表示常数项，β_1，β_2，… 分别是各自变量的系数，i 表示地区，$i = 1$，2，3，…，10，分别代表中国西北五省区和中亚五国，t 代表年份，$t = 2006$，2004，2005，…，2016。$utal_{it}$ 表示 i 地区第 t 年的物流资源利用率；$spprt_{it}$ 表示 i 地方 t 年政府对物流业及其基础设施的支持力度；$lnecnm_{it}$ 表示 i 地区第 t 年的经济实力，opn_{it} 表示 i 地区第 t 年的对外开放程度，$clstr_{it}$ 表示 i 地区第 t 年的物流业集聚水平，$indst_{it}$ 表示 i 地区第 t 年的产业结构。

10.4.4　实证结果及分析

本节运用 EViews10 软件对上述模型进行回归分析，根据上文对物流业效率的测度，物流业的综合效率等于纯技术效率与规模效率的乘积，根据这个思想本节分别从物流资源利用率对物流业综合效率、纯技术效率和规模效率三个层面进行研究。

1. 对物流业综合效率的影响

物流业综合效率作为物流业纯技术效率和规模效率的集中体现，最能直观地体现物流业的发展情况。"核心区"整体的物流资源利用率对物流业综合效率的影响结果如表 10 - 25 所示。

表 10 - 25　"核心区"整体的物流资源利用率对物流业综合效率的影响结果

变量	系数	标准差	Z 统计量	显著性水平
物流资源利用率	0.010755	0.000787	13.669490	0.0000 ***
政府支持	-0.354554	0.149660	-2.369068	0.0178 **
经济发展水平	0.071103	0.012856	5.530676	0.0000 ***
对外开放程度	-0.013102	0.003036	-4.315657	0.0000 ***
物流业集聚	0.324094	0.027311	11.866980	0.0000 ***
产业结构	0.004265	0.001433	2.976630	0.0029 ***
常数项	-0.545547	0.120647	-4.521828	0.0000 ***

注：*** 、** 、* 分别表示在 1%、5%、10% 的水平下显著。

表 10 - 25 显示：（1）"核心区"物流资源利用率与物流业综合效率高度正相关，且通过了 1% 的显著性水平检验，当物流资源利用率提高 1 个单位，丝绸之路经济带"核心区"物流业综合效率提高 0.010755 个单位。也就是说提高物流资源利用率，可以有效提高物流业综合效率。（2）从控制变量中的政府支持来看，"核心区"整体的物流业综合效率与政府支持的相关性为负，且通过了

5%的显著性水平检验，也就是说，当政府支持每提高 1 个单位时，"核心区"整体的物流业综合效率降低 0.354554 单位。这可能是因为政府对物流业支持力度越大，会增加对物流业及其基础设施的投资，会在一定程度上或在短时间内，造成物流资源的闲置，最终导致物流业综合效率的下降。（3）从控制变量中的经济发展水平来看，"核心区"整体的物流业综合效率与经济发展水平正相关，且相关性在 1% 的水平上显著。当经济发展水平每提高 1 个单位时，物流业技术效率提高 0.071103 个单位。（4）从控制变量中的对外开放程度来看，"核心区"物流业综合效率与对外开放程度呈负相关关系，通过了 1% 的显著性水平检验，当"核心区"整体的对外开放程度每提高 1 个单位时，物流业综合效率降低 0.013102 个单位。我们分析其中的原因，可能是由于包括了中国西北五省和中亚五国的丝绸之路经济带"核心区"，由于地处内陆深处，利用外商直接投资的数量非常有限，还不足以对"核心区"物流业效率产生作用；同时，"核心区"的经济发展水平有限，从对外开放中接受技术溢出的能力也不足。（5）从控制变量中的物流业集聚水平来看，"核心区"物流业集聚与物流业综合效率正相关且显著，物流业集聚水平每提高 1 个单位，会引起物流业综合效率提高 0.324094 个单位。（6）从控制变量中的产业结构来看，"核心区"产业结构与物流业综合效率呈正相关关系，且在 1% 的显著性水平下显著，产业结构也就是第三产业 GDP 占总 GDP 比重每提高 1%，物流业综合效率提高 0.004265 个单位。

2. 对物流业纯技术效率的影响

纯技术效率反映的是决策单元在一定投入要素（最优规模时）的生产效率，衡量的是在规模一定的情况下物流业发展水平的高低和物流业区域规划的合理程度。我们实证研究的"核心区"整体的物流资源利用率对物流业纯技术效率的影响结果如表 10 - 26 所示。

表 10 - 26 "核心区"整体的物流资源利用率对物流业纯技术效率的影响结果

变量	系数	标准差	Z 统计量	显著性水平
物流资源利用率	0.005739	0.001036	5.538210	0.0000 ***
政府支持	- 0.629760	0.197115	- 3.194920	0.0014 ***
经济发展水平	- 0.095400	0.038989	- 2.446830	0.0144 **
对外开放程度	- 0.014750	0.003999	- 3.688420	0.0002 ***
物流业集聚	- 0.013220	0.035970	- 0.367610	0.7132
产业结构	0.016344	0.001887	8.660961	0.0000 ***
常数项	0.501720	0.158903	3.157399	0.0016 ***

注：***、**、*分别表示在 1%、5%、10% 的水平下显著。

表 10 - 26 显示：（1）"核心区"物流资源利用率与物流业纯技术效率在 1% 的显著性水平下呈正相关关系，即当物流资源利用率每提高 1 个单位时，物流业纯技术效率提高 0.005739 个单位。（2）从控制变量中的物流业集聚水平来看，

"核心区"物流业集聚对物流业纯技术效率没有影响，可能的原因是，"核心区"整体的物流业在地理空间上形成了一定程度的集聚，但物流相关企业的耦合能力不强。（3）从控制变量中的政府支持来看，政府支持对"核心区"物流业纯技术效率的影响通过了 1% 的显著性水平检验但为负，即当政府支持每提高 1 个单位时，物流业纯技术效率降低了 0.62976 个单位。（4）从控制变量中的经济发展水平来看，"核心区"区域经济发展水平对物流业纯技术效率的影响为负，通过了 5% 的显著性水平检验，即当区域经济发展水平每提高 1 个单位时，物流业纯技术效率降低 0.0954 个单位。（5）从控制变量中的产业结构来看，"核心区"产业结构与物流业纯技术效率有显著正相关，"核心区"产业结构也就是第三产业 GDP 占总 GDP 比重每提高 1 个百分点，物流业纯技术效率提高 0.016344 个单位。（6）从控制变量中的对外开放程度来看，"核心区"对外开放程度与物流业纯技术效率有显著的负相关关系，当"核心区"整体的对外开放程度每提高 1 个单位时，物流业纯技术效率降低 0.01475 个单位。本部分有负向关系的是政府支持和对外开放程度，可能的原因同以上我们对物流业综合效率处所做的分析。

3. 对物流业规模效率的影响

规模效率反映的是由规模因素影响的生产效率。本节重点研究物流资源利用率对物流业规模效率的影响。我们实证研究的"核心区"整体的物流资源利用率对物流业规模效率的影响结果如表 10－27 所示。

表 10－27　"核心区"整体的物流资源利用率对物流业规模效率的影响结果

变量	系数	标准差	Z 统计量	显著性水平
物流资源利用率	0.006225	0.000920	6.766260	0.0000***
政府支持	0.161274	0.175010	0.921513	0.3568
经济发展水平	0.244880	0.034616	7.074095	0.0000***
对外开放程度	0.000808	0.003550	0.227723	0.8199
物流业集聚	0.340638	0.031937	10.666070	0.0000***
产业结构	−0.010440	0.001675	−6.233870	0.0000***
常数项	−0.099180	0.141084	−0.703020	0.4820

注：***、**、*分别表示在 1%、5%、10% 的水平下显著。

表 10－27 显示：（1）"核心区"整体的物流业规模效率与物流资源利用率具有显著的正相关关系，区域物流资源利用率每提高 1 个单位，物流业规模效率提高 0.006225 个单位。（2）从控制变量中的政府支持和对外开放程度来看，都没有通过显著性检验，也就是说这两个因素对"核心区"整体的物流业规模效率影响不显著。政府支持因素不显著的可能原因是，由于政府在投资过程中，不但要注重物流业相关基础设施的经济效应，也要注重区域物流产业均衡布局或地方人民福祉等非经济因素，所以在建设时，有时可能难以达到物流产业的规模效应。对外开放程度不显著的原因主要在于"核心区"开放程度低、引进外商直

接投资少，同时当地的经济发展水平也难以很好地接受外商直接投资产生的溢出效应。（3）从控制变量中的经济发展水平和物流业集聚来看，都与物流业规模效率显著正相关，且都通过了1%的显著性水平检验，当经济发展水平每提高1个单位时，"核心区"物流业规模效率提高0.24488个单位；当物流业集聚水平每提高1个单位时，"核心区"物流业规模效率提高0.340638个单位。（4）从控制变量中的产业结构来看，产业结构与物流业规模效率相关性为负，在1%的显著性水平下相关性显著，当产业结构每提高1个单位，即当区域第三产业产值占总GDP的比重每提高1个单位时，物流业规模效率降低0.01044个单位。

概况以上几方面的分析，我们可以得出以下三点结论：（1）物流资源利用率与物流业效率之间存在显著性正向关系，提高物流资源利用率能相应对物流业效率起到提升作用。（2）物流资源利用率对物流业效率的影响主要是通过对物流业规模效率的影响来实现的。物流资源利用对物流业综合效率的影响系数为0.010755，对纯技术效率和规模效率的影响系数分别是0.005739和0.006225，可见物流资源利用率对物流业效率的影响主要通过作用于规模效率来体现。（3）对于控制变量来讲，区域经济发展水平、物流业集聚和产业结构即第三产业占GDP的比重对物流业效率提升都有一定的正向作用；政府支持和对外开放水平对"核心区"目前的物流业效率呈负向影响。

10.4.5 物流资源利用率对物流业效率影响的比较分析

1. 对中亚五国的分析

第一，我们实证研究中亚五国的物流资源利用率对物流业综合效率的影响，结果如表10－28所示。

表 10－28　　　中亚五国的物流资源利用率对物流业综合效率的影响结果

变量	系数	标准差	Z 统计量	显著性水平
物流资源利用率	0.043696	0.008297	5.266508	0.0000 ***
政府支持	－ 1.602980	0.304619	－ 5.262260	0.0000 ***
经济发展水平	－ 0.113970	0.073788	－ 1.544510	0.1225
对外开放程度	－ 0.009910	0.003771	－ 2.626690	0.0086 ***
物流业集聚	0.365633	0.033390	10.950390	0.0000 ***
产业结构	9.36E － 05	0.002327	0.040227	0.9679
常数项	0.370416	0.308947	1.198961	0.2305

注：*** 、** 、* 分别表示在1%、5%、10%的水平下显著。

表10－28显示：（1）中亚五国物流资源利用率与物流业综合效率高度正相关，且通过了1%的显著性水平检验，当物流资源利用率每提高1个单位，中亚五国的物流业综合效率提高0.043696个单位。（2）从控制变量中的政府支持来看，中亚五国的物流业综合效率与政府支持的相关性为负，且通过了1%的显著

性水平检验，也就是说，当政府支持每提高 1 个单位时，中亚五国的物流业综合效率会降低 1.60298 个单位。（3）从控制变量中的经济发展水平来看，中亚五国的物流业综合效率与经济发展水平负相关但不显著。（4）从控制变量中的对外开放程度来看，中亚五国物流业综合效率与对外开放程度呈负相关关系，通过了 1% 的显著性水平检验，当中亚五国的对外开放程度每提高 1 个单位时，物流业综合效率降低 0.00991 个单位。（5）从控制变量中的物流业集聚水平来看，中亚五国物流业集聚与物流业综合效率正相关且显著，物流业集聚水平每提高 1 个单位，会引起物流业综合效率提高 0.365633 个单位。（6）从控制变量中的产业结构来看，中亚五国产业结构与物流业综合效率呈正相但不显著。

第二，我们实证研究中亚五国的物流资源利用率对物流业纯技术效率的影响，结果如表 10 - 29 所示。

表 10 - 29　　　中亚五国的物流资源利用率对物流业纯技术效率的影响结果

变量	系数	标准差	Z 统计量	显著性水平
物流资源利用率	0.033283	0.006838	4.867261	0.0000 ***
政府支持	- 1.724170	0.251061	- 6.867530	0.0000 ***
经济发展水平	- 0.363730	0.060815	- 5.980900	0.0000 ***
对外开放程度	- 0.008000	0.003108	- 2.574910	0.0100 ***
物流业集聚	0.047462	0.027519	1.724669	0.0846 *
产业结构	0.015824	0.001918	8.249369	0.0000 ***
常数项	1.174837	0.254628	4.613936	0.0000 ***

注：***、**、* 分别表示在 1%、5%、10% 的水平下显著。

表 10 - 29 显示：（1）中亚五国物流资源利用率与物流业纯技术效率在 1% 的显著性水平下呈正相关关系，即当物流资源利用率每提高 1 个单位时，物流业纯技术效率提高 0.033283 个单位。（2）从控制变量中的物流业集聚水平来看，中亚五国物流业集聚对物流业纯技术效率在 10% 的水平下有显著的正向影响，即当物流业集聚水平每提高 1 个单位时，物流业纯技术效率提高 0.047462 个单位。（3）从控制变量中的政府支持来看，政府支持对中亚五国物流业纯技术效率的影响通过了 1% 的显著性水平检验但为负，即当政府支持每提高 1 个单位时，物流业纯技术效率降低 1.72417 个单位。（4）从控制变量中的经济发展水平来看，中亚五国区域经济发展水平对物流业纯技术效率的影响为负，通过了 1% 的显著性水平检验，即当区域经济发展水平每提高 1 个单位时，物流业纯技术效率降低 0.36373 个单位。（5）从控制变量中的产业结构来看，中亚五国产业结构与物流业纯技术效率有显著正相关，中亚五国产业结构也就是第三产业 GDP 占总 GDP 比重每提高 1 个百分点，物流业纯技术效率提高 0.015824 个单位。（6）从控制变量中的对外开放程度来看，中亚五国对外开放程度与物流业纯技术效率有显著的负相关关系，当中亚五国的对外开放程度每提高 1 个单位时，物流业纯技术效率降低 0.008 个单位。

第三，我们实证研究中亚五国的物流资源利用率对物流业规模效率的影响，结果如表10 – 30所示。

表10 – 30 　　　中亚五国的物流资源利用率对物流业规模效率的影响结果

变量	系数	标准差	Z统计量	显著性水平
物流资源利用率	0.015916	0.008146	1.953948	0.0507 **
政府支持	− 0.283060	0.299068	− 0.946480	0.3439
经济发展水平	0.216399	0.072444	2.987143	0.0028 ***
对外开放程度	− 0.004520	0.003702	− 1.221520	0.2219
物流业集聚	0.316202	0.032782	9.645750	0.0000 ***
产业结构	− 0.014810	0.002285	− 6.478990	0.0000 ***
常数项	0.250551	0.303318	0.826035	0.4088

注：*** 、 ** 、 * 分别表示在1%、5%、10%的水平下显著。

表10 – 30显示：（1）中亚五国的物流业规模效率与物流资源利用率具有显著的正相关关系，区域物流资源利用率每提高1个单位，物流业规模效率提高0.015916个单位。（2）从控制变量中的政府支持和对外开放程度来看，都没有通过显著性检验，也就是说这两个因素对中亚五国的物流业规模效率影响不显著。原因可能与"核心区"整体部分的分析相同。（3）从控制变量中的经济发展水平和物流业集聚来看，都与物流业规模效率显著正相关，且都通过了1%的显著性水平检验，当经济发展水平每提高1个单位时，中亚五国物流业规模效率提高0.216399个单位；当物流业集聚水平每提高1个单位时，中亚五国物流业规模效率提高0.316202个单位。（4）从控制变量中的产业结构来看，中亚五国的产业结构与物流业规模效率相关性为负，在1%的显著性水平下相关性显著，当产业结构每提高1个单位，即当区域第三产业产值占总GDP的比重每提高1个单位时，物流业规模效率降低0.01481个单位。

2. 对中国西北五省区的分析

第一，我们实证研究中国西北五省区的物流资源利用率对物流业综合效率的影响，结果如表10 – 31所示。

表10 – 31 　　　中国西北五省区物流资源利用率对物流业综合效率的影响结果

变量	系数	标准差	Z统计量	显著性水平
物流资源利用率	0.009464	0.000676	13.991780	0.0000 ***
政府支持	− 0.308550	0.216679	− 1.423990	0.1544
经济发展水平	0.186715	0.049921	3.740238	0.0002 ***
对外开放程度	0.023520	0.018000	1.306670	0.1913
物流业集聚	0.526783	0.063898	8.244176	0.0000 ***
产业结构	0.002240	0.003280	0.682893	0.4947
常数项	− 0.695420	0.192300	− 3.616310	0.0003 ***

注：*** 、 ** 、 * 分别表示在1%、5%、10%的水平下显著。

表 10 - 31 显示：（1）中国西北五省区物流资源利用率与物流业综合效率高度正相关，且通过了 1% 的显著性水平检验，当物流资源利用率每提高 1 个单位，中亚五国的物流业综合效率提高 0.009464 个单位。（2）从控制变量中的政府支持、对外开放程度和产业结构来看，中国西北五省区的物流业综合效率与政府支持的关系为负、与对外开放程度和产业结构的关系为正，但与这三项的关系都不显著。（3）从控制变量中的经济发展水平和物流业集聚水平来看，中国西北五省区的物流业综合效率与经济发展水平和物流业集聚水平都显著正相关，经济发展水平每提高 1 个单位时，中国西北五省区的物流业综合效率会提高 0.186715 个单位；物流业集聚水平每提高 1 个单位时，中国西北五省区的物流业综合效率会提高 0.526783 个单位。

第二，我们实证研究中国西北五省区的物流资源利用率对物流业纯技术效率的影响，结果如表 10 - 32 所示。

表 10 - 32　中国西北五省区的物流资源利用率对物流业纯技术效率的影响结果

变量	系数	标准差	Z 统计量	显著性水平
物流资源利用率	0.004319	0.000874	4.943599	0.0000 ***
政府支持	-1.403560	0.279830	-5.015760	0.0000 ***
经济发展水平	0.000355	0.064470	0.005504	0.9956
对外开放程度	0.161073	0.023247	6.928905	0.0000 ***
物流业集聚	0.270166	0.082521	3.273916	0.0011 ***
产业结构	0.013153	0.004236	3.105399	0.0019 ***
常数项	0.140043	0.248346	0.563903	0.5728

注：***、**、* 分别表示在 1%、5%、10% 的水平下显著。

表 10 - 32 显示：（1）中国西北五省区物流资源利用率与物流业纯技术效率在 1% 的显著性水平下呈正相关关系，即当物流资源利用率每提高 1 个单位时，物流业纯技术效率提高 0.004319 个单位。（2）从控制变量中的对外开放程度、物流业集聚水平和产业结构来看，中国西北五省区的对外开放程度、物流业集聚水平和产业结构都对物流业纯技术效率在 1% 的水平下有显著的正向影响，即当对外开放程度每提高 1 个单位时，物流业纯技术效率提高 0.161073 个单位；当物流业集聚水平每提高 1 个单位时，物流业纯技术效率提高 0.270166 个单位；当产业结构也就是第三产业 GDP 占总 GDP 比重每提高 1 个百分点，物流业纯技术效率提高 0.013153 个单位。（3）从控制变量中的政府支持来看，政府支持对中国西北五省区物流业纯技术效率的影响通过了 1% 的显著性水平检验但为负，即当政府支持每提高 1 个单位时，物流业纯技术效率降低了 1.403560 个单位。（4）从控制变量中的经济发展水平来看，中国西北五省区区域经济发展水平对物流业纯技术效率的影响为正，但不显著。

第三，我们实证研究中国西北五省区的物流资源利用率对物流业规模效率的影响，结果如表 10 - 33 所示。

表 10 - 33　　中国西北五省区物流资源利用率对物流业规模效率的影响结果

变量	系数	标准差	Z 统计量	显著性水平
物流资源利用率	0.006360	0.000970	6.559012	0.0000 ***
政府支持	1.171810	0.310601	3.772718	0.0002 ***
经济发展水平	0.169057	0.071560	2.362469	0.0182 **
对外开放程度	- 0.132190	0.025803	- 5.123020	0.0000 ***
物流业集聚	0.325493	0.091595	3.553617	0.0004 ***
产业结构	- 0.010100	0.004701	- 2.148110	0.0317 **
常数项	0.063760	0.275655	0.231303	0.8171

注：*** 、** 、* 分别表示在 1%、5%、10% 的水平下显著。

表 10 - 33 显示：（1）中国西北五省区的物流业规模效率与物流资源利用率具有显著的正相关关系，区域物流资源利用率每提高 1 个单位，物流业规模效率提高 0.00636 个单位。（2）从控制变量中的政府支持、经济发展水平和物流业集聚来看，都与物流业规模效率存在显著的正相关关系，其中政府支持和物流业集聚通过了 1% 的显著性水平检验，经济发展水平通过了 5% 的显著性水平检验，当政府支持每提高 1 个单位时，物流业规模效率会提高 1.17181 个单位；当经济发展水平每提高 1 个单位时，物流业规模效率提高 0.169057 个单位；当物流业集聚水平每提高 1 个单位时，物流业规模效率提高 0.325493 个单位。（3）从控制变量中的对外开放程度和产业结构来看，中国西北五省区的对外开放程度和产业结构与物流业规模效率相关性为负，其中对外开放程度通过了 1% 的显著性水平检验，产业结构通过了 5% 的显著性检验，但对外开放程度每提高 1 个单位时，物流业规模效率下降 0.13219 个单位；当产业结构每提高 1 个单位，即当区域第三产业产值占总 GDP 的比重每提高 1 个单位时，物流业规模效率降低 0.0101 个单位。

综上可知，中国西北地区物流资源利用率与物流业效率之间存在显著的正向关系，这种正向关系在 1% 的显著性水平下显著。当物流资源利用率每提高 1 个单位时，中国西北五省物流业技术效率提高 0.009464 个单位，物流业纯技术效率提高 0.004319 个单位，物流业规模效率提高 0.00636 个单位，也就是说中国西北五省物流资源利用率主要是通过提高规模效率提高物流业技术效率的。

3. 对中亚五国与中国西北五省区的比较分析

通过以上对中亚五国与中国西北五省区的物流资源利用率影响物流业效率情况进行分别研究后，我们可以得出以下结论：（1）物流资源利用率对物流业综合效率具有显著的正向影响。分区域来看，物流资源利用率对物流业综合效率的影响在中亚五国更为明显。（2）将物流业综合效率分解为物流业纯技术效率和规模效率,对物流业纯技术效率和物流业规模效率的影响依然是中亚五国较大。
(3)物流业集聚对物流业效率的影响表现较为显著,说明提高物流业集聚度能显著提升物流业效率。(4)政府支持看起来对物流业效率起到了负向作用,但分析来看,政府支持有利于发挥区域物流产业的规模效益,因此长远看来,政府支持对区域物流业效率提高作用显著。(5)提高对外开放水平,不利于中亚五国的物流业效率,这可能与当地的对外开放程度不高、经济发展水平较低,还不能很好地利用对外开放带来的好处有关。对外开放水平对中国西北五省区的物流业效率作用较为明显,虽然提高对外开放水平不利于规模效益的发挥,但在对外开放过程中,积极引入先进的物流业技术及管理经验,能有效提高物流业纯技术效率。(6)产业结构对中亚五国和中国西北五省区的物流业技术效率作用不显著,但均与物流业纯技术效率之间存在较强的正向关系。

10.5 研究结论及相应的政策建议

10.5.1 研究结论总结

本章运用三阶段 DEA 模型对丝绸之路经济带"核心区"2006~2016 年的物流业效率进行了评价分析,然后对该"核心区"的物流资源利用率进行了提取测算并对分区域进行了比较分析,再后运用 Tobit 模型研究了物流资源利用率对物流业效率的影响,并分区域测算了物流资源利用率对物流业综合效率、纯技术效率和规模效率的影响大小。得出的主要结论是:

(1)丝绸之路经济带"核心区"物流业效率水平总体较低,核心区 11 年间物流业效率平均值为 0.61,其中中国西北五省物流业效率的平均值为 0.71,中亚五国物流业效率的平均值为 0.50,中国西北五省区高于中亚五国。中国西北五省区中物流业效率由高到低的排名为甘肃、陕西、宁夏、新疆、青海,物流业效率值分别为 0.92、0.88、0.79、0.71、0.33。中亚五国物流业效率由高到低的排名为哈萨克斯坦、乌兹别克斯坦、塔吉克斯坦、土库曼斯坦、吉尔吉斯斯坦,物流业效率分别为 0.89、0.71、0.39、0.34、0.16。

(2)丝绸之路经济带"核心区"内部物流资源利用率差距明显。中国西北五省区的物流资源利用率高于中亚五国的物流资源利用率。其中中国西北五省区物流资源利用率由高到低的排名为甘肃、陕西、宁夏、新疆、青海,对应的物流资源利用率分别为 45.88、38.12、25.02、17.44、10.32。中亚五国物流资源利用率由高到低的排名为哈萨克斯坦、乌兹别克斯坦、土库曼斯坦、吉尔吉斯斯坦、塔吉克斯坦,对应的物流资源利用率分别为 14.52、5.22、3.79、1.96、1.30。各省区、各国物流资源利用率与物流业效率排名大致符合但又存在差异,这说明物流资源利用率是影响物流业效率的重要因素但不是唯一因素。

（3）"核心区"整体的物流资源利用率对物流业效率具有显著的正向影响，物流资源利用率每提升 1 个单位，物流业综合效率会提升 0.010755 个单位，物流业纯技术效率会提升 0.005739 个单位，物流业规模效率会提升 0.006225 个单位。分区域来看，中亚五国的物流资源利用率对物流业效率具有显著的正向影响，物流资源利用率每提升 1 个单位，物流业综合效率会提升 0.043696 个单位，物流业纯技术效率会提升 0.033283 个单位，物流业规模效率会提升 0.015916 个单位。中国西北五省区的物流资源利用率对物流业效率具有显著的正向影响，物流资源利用率每提升 1 个单位，物流业综合效率会提升 0.009464 个单位，物流业纯技术效率会提升 0.004319 个单位，物流业规模效率会提升 0.00636 个单位。可见，中亚五国的物流资源利用率对物流业效率的影响程度较大。

10.5.2 相应的对策建议

1. 对中亚五国的对策建议

第一，完善物流业基础设施体系，使物流要素有效衔接。完善的基础设施体系是物流业迅速发展的基础条件，中亚五国的物流基础设施相对还很落后，而且相互之间差距明显，应在优化升级各国物流业基础设施的同时，着力改善塔吉克斯坦、吉尔吉斯斯坦的物流业基础设施建设，促进五国内物流一体化，实现物流业要素有效衔接，提高物流资源的利用率。

第二，采取以提升物流业纯技术效率为主、规模效率为辅的策略全面提升物流业的综合效率。对于提升纯技术效率来讲就要合理配置资源，降低物流业投入的冗余率，减少资源的浪费，使投入的资源都得到充分运用以取得最优产出。对提升规模效率来说就是控制物流业的规模，科学规划，整合物流资源，大力发展第三方物流为主体的专业化和社会化物流。

第三，提高中亚五国的物流信息化装备水平，打造丝绸之路经济带"核心区"云物流平台。中亚各国应凭借其处于丝绸之路经济带"核心区"中的核心的区位优势，大力发展基于云计算的高水平物流信息管理系统，克服地广人稀、经济分散性带来的物流运距过长、成本过高的劣势，降低物流企业之间的搜寻成本，提高物流业的效率。

2. 对中国西北五省区的对策建议

第一，进一步加大西北地区物流基础设施建设，尤其要注重物流"新基建"建设。基础设施建设是提升物流资源利用率的基础保障，中国西北地区幅员辽阔并连接亚欧非，应该着重加强物流基础设施的建设。同时，结合提高物流资源利用要求物流企业提高自身物流技术，积极采用先进的物流技术与信息技术，推动区域物流纯技术的提升，如采用射频识别（RFID）技术、条码识别技术和 GPS 系统等先进技术，可一定程度地避免物流资源的浪费的需要，应该加大政府对物流"新基建"的投资并适当引入外资，促进区域物流产业发展的同时引进先进的物流运输技术。

第二，侧重物流从业人员教育培训。就现阶段来说，任何行业离不开高素质的专业从业人员，物流资源利用率的提高也需要高素质的物流人员提供人力支持。目前中国西北地区物流业从业人员供需不匹配，虽然从业人员众多，但专业化物流从业人员较少。随着科技的进步，物流行业已从原来的车拉马驮式服务变为高信息化水平的云物流平台，对专业化从业人员的需求明显加强。要提升物流资源利用率，人力支持必须要到位，信息化物流会大大提升物流资源的利用效率，所以培养高素质的物流从业人员也就成了重中之重。要培养高素质的物流从业人员，除了在普通高等教育上有所侧重之外，还要大力发展中高等职业教育，设立专门的物流培训学校，大力进行针对化的物流技能培训，提升物流从业人员的专业技能，使其进一步利用信息化物流平台，提升物流资源利用率。

第三，进行靶向精准物流投资。进行靶向精准物流投资，才能为提升物流资源利用率提供财力后盾。从上文分析中我们很明显地看出，中国西北五省区在2008年左右对物流业的投资都加大了很多，导致在物流业投资上存在较大的冗余。鉴于此，今后中国应该实现靶向精准物流投资，加大对物流信息产业、技术研发和物流专业化教育投资，促进物流投资的合理利用，不断挖掘其内部潜力，而对于重大物流公共基础设施项目，比如交通运输、邮政业路网建设项目，必须加强统筹规划，坚决防止盲目建设，避免重复建设造成的资源浪费。

第四，实行"物流＋互联网"战略。实行"物流＋互联网"战略，才能为提升物流资源利用率提供跨时空服务。"互联网＋"这一概念自提出就被各行各业广泛采纳，物流业也不例外。物流业作为主体，引入"互联网＋"的概念后本章将此融合为"物流＋互联网"。实行"物流＋互联网"模式，可以跨越物流的时空限制，加快建设和大力应用物流领域基础数据库，有效开发信息资源。通过网络平台与信息技术将企业的经营网点连接起来，通过网络与用户、制造商、供应商及相关单位联结，实现资源共享、信息共用、实时跟踪、有效控制，全程管理物流各环节，提高物流产业链的整体生产率，推动物流服务业的高效发展。此外，对于自身内部提供物流服务存在一定劣势的企业，可通过大力发展第三方物流企业为其提供高质量的物流服务。由于第三方物流企业具有专业化、信息化和个性化等优点，由其提供物流服务可节约大多数企业的物流运行成本，减少物流活动作业时间，从而提高物流资源的利用率。

第 11 章　对外开放程度影响"核心区"物流业效率的实证分析

丝绸之路经济带作为"通道经济"，其物流业效率的提升具有重要意义；同时，丝绸之路经济带作为"跨国经济"，对外开放程度对沿线各国，尤其是对深处其内陆腹地的中国西北五省区和中亚五国这些经济带上的"核心区"而言，更是具有非凡的意义。为此，本章将基于技术溢出理论，分别从国际贸易和 FDI 两个方面解释对外开放如何通过示范效应、竞争效应、规模效应、联系效应和人员培训效应等五个路径对物流业效率产生影响，进而通过模型实证分析对外开放程度对该"核心区"物流业效率的影响，以便提出针对性的建议。这对促进该"核心区"更好地开放、提高其物流业效率，必将具有重要意义。

11.1　文献综述与问题的提出

国内外关于对外开放程度及其与物流业效率关系的研究成果，大体有以下三个方面的内容：

11.1.1　关于对外开放程度指标的选取

对外开放程度是一个国家或地区经济开放性的综合性衡量指标，对一个国家或地区的对外开放程度进行定量的描述，需要涉及国际贸易、国际投资等对外开放的各方面。单一地选取指标会使研究的结果不够准确。

1. 外贸依存度

李翀（1998）认为，在国际贸易方面可以用进出口总额占 GDP 的比值衡量一个国家的对外开放程度[1]。沈绿珠（2000）的研究认为，度量中国地区经济的开放程度可以用进出口总额占 GDP 的比重，该指标能够反映区域经济对进出口的依存程度[2]。赵伟等（2005）指出，外贸依存度是最早用来分析经济开放程度

---

[1]　李翀. 我国对外开放程度的度量与比较［J］. 经济研究，1998（1）：26–29.

[2]　沈绿珠. 我国区域经济外向化程度的实证分析［J］. 厦门大学学报（哲学社会科学版），2000（4）：67–72.

的指标，即经济开放程度用进出口贸易总额与国内生产总值 GDP 的比值表示。用外贸依存度衡量对外开放程度直观简单，在对外贸易方面是被国内外研究广泛采用的衡量指标[①]。杨丹萍等（2011）在国际贸易方面也选取外贸开放度衡量浙江省的经济开放度，运用浙江省 1992～2009 年的相关数据，建立模型实证分析了经济开放程度对经济增长的影响[②]。

2. 外资依存度

李翀（1998）认为在国际投资方面可以采用接受外来直接投资（FDI）和对外直接投资总额（OFDI）对国内生产总值 GDP 的比率度量一个国家的对外开放程度。赵伟等（2005）同样认为，从对外投资角度来研究对外开放程度的指标是对外直接投资和接受外来直接投资总额对 GDP 的比率。杨丹萍等（2011）在对外投资方面选取实际利用外资占 GDP 的比重，即外资依存度作为衡量浙江省经济开放度的一个指标。本国的 FDI 与 OFDI 之和与 GDP 的比值即外资依存度，用来反映外资参与本国社会再生产和本国资金参与他国社会再生产的程度。也有研究将外商直接投资（FDI）直接作为衡量指标。本章根据数据的可得性，将外资依存度，即 FDI 占 GDP 的比率作为对外开放程度在对外投资方面的衡量指标。

3. 其他指标

除了以上国际贸易、国际投资两个方面的指标，国内外也有学者将对外金融比率、关税率、非关税壁垒覆盖率等指标作为在贸易方面的衡量指标。张瀛（2008）用关税（或进出口总额/GDP）衡量商品市场开放度，用中外利差（或直接投资和组合投资/GDP）衡量金融市场开放度[③]。国外学者华纳·麦克斯·高登（Warner Max Corden，1966）首先提出将有效保护率作为对外开放程度的衡量指标，尝试用该指标表示某些产业增加值的保护率[④]。另外，大卫·多拉尔（David Dollar，1992）利用价格扭曲度，即商品的真实价格对开放贸易条件下价格的扭曲程度来衡量经济开放程度[⑤]。

11.1.2　关于对外开放程度对物流业效率影响的研究

国内外大多数学者是将对外开放程度作为众多对物流业效率影响的因素之一

---

①　赵伟，何元庆，徐朝晖. 对外开放程度度量方法的研究综述 [J]. 国际贸易问题，2005（6）：32 – 35.

②　杨丹萍，张冀. 经济开放度对经济增长的影响分析：基于浙江省 1992 – 2009 年数据的实证检验 [J]. 国际贸易问题，2011（6）：101 – 110.

③　张瀛. 汇率制度、经济开放度与中国需求政策的有效性 [J]. 经济研究，2008（9）：48 – 59.

④　W M Corden. The Structure of a Tariff System and the Effective Protective Rate [J]. *Journal of Political Economy*，74，No. 3（Jun.，1966）：221 – 237.

⑤　David Dollar. Outward – Oriented Developing Economies Really Do Grow More Rapidly：Evidence from 95 LDCs，1976 – 1985 [J]. *Economic Development and Cultural Change*，40，No. 3（Apr.，1992）：523 – 544.

进行研究，并通过国际贸易或者国际投资中的一个方面选取变量。在国际贸易方面，学者通常用外贸依存度（进出口额占 GDP 的比重）代表对外开放程度；在国际投资方面通常用外商直接投资（FDI）代表对外开放程度。国内关于对外开放程度对物流业效率影响的研究主要有以下两个部分：

1. 外贸依存度对物流业效率影响的研究

外贸依存度指一个国家或地区进出口额占 GDP 的比率。丁斌等（2014）用外贸依存度衡量对外开放程度，认为对外开放程度对物流业效率有显著影响，进出口贸易的增加会促进当地物流业的发展。张昭（2014）对中部地区各省的物流业效率与外贸依存度之间的动态和长期关系进行实证分析，研究显示，物流业效率与外贸依存度在短期内存在着动态的相互影响关系，在长期内对外贸易的发展对物流效率水平的提升不显著。袁丹等（2015）以进出口额占地区国内生产总值的比重衡量对外开放程度，认为进出口额占 GDP 比重的扩大将产生更多对物流业的需求，增多的需求会促进各地区物流业的发展，但是回归后发现正向影响并不显著①。

2. 外商直接投资（FDI）对物流业效率影响的研究

田振中（2011）用 FDI 衡量对外开放程度，得出对外开放程度对于区域物流业效率并没有显著影响的结论②。张宝友等（2013）分析认为，FDI 对中国物流业效率影响比较大，FDI 的技术含量、盈利能力和本地化程度与物流产业效率均成正相关③。李振杰（2015）实证分析了外商投资对我国物流产业效率的影响，结果显示，中国物流业效率并没有因数量扩张式的外商投资规模增加而提升，但受到基于技术提升的外商投资质量的显著影响④。黄洁（2015）用外商投资总额来表示对外开放程度，回归结果显示，云南省对外开放程度与物流效率呈正相关，对外开放程度对物流业效率的提升作用不大，两者的相关度也不是很高，说明云南省的对外开放程度还不能促使物流业效率的提升⑤。潘涛（2015）在研究中认为，FDI 是河南省物流业效率演化发展的正向驱动力量之一⑥。

11.1.3 文献评述及本文研究的切入点

综上所述，国内外学者在对外开放程度及其对物流业效率影响的研究上已有不

① 袁丹，雷宏振．丝绸之路经济带物流业效率及其影响因素［J］．中国流通经济，2015（2）：14－20．

② 田振中．我国区域物流业运行效率评价及其影响因素［J］．物流研究，2011（33）：40－41．

③ 张宝友，朱卫平，孟丽君．物流产业效率评价及与 FDI 质量相关性分析：基于 2002－2011 年数据的实证［J］．经济地理，2013（1）：105－111＋125．

④ 李振杰．外商投资质量对我国物流产业效率影响的测算［J］．统计与决策，2015（7）：98－101．

⑤ 黄洁，白捷伊，王小腾．云南省物流效率及影响因素：基于 DEA 模型和 Tobit 回归模型的实证分析［J］．经营与管理，2015（11）：107－111．

⑥ 潘涛．河南省物流业效率演化发展的影响因素［J］．社会科学家，2015（8）：79－83．

少成果，这为本章的研究开展打下了坚实的基础，但现有研究也存在不足：（1）对外开放程度指标选取多是单一变量或过于复杂的衡量指标。（2）对外开放程度通过哪些途径对物流业效率产生影响的机理尚没有得到有力的解释。（3）对外开放程度对物流业效率是否有影响的结论众说纷纭，没有达成一致的共识，原因是通过国际贸易、国际投资两个方面进行分别讨论使结论不够准确。（4）缺乏对丝绸之路经济带"核心区"这样的跨国性的区域对外开放程度对物流业效率影响的理论结合实证的整体分析并进行分区域讨论和比较的研究。基于此，本章将从技术溢出理论的视角，在第 2 章已经深入分析了对外开放程度影响物流业效率的机理的前提下，首先分别通过 DEA 模型和熵权法测度各国、各地区的物流业效率和对外开放程度指数，其次运用 Tobit 模型回归分析对外开放程度影响该"核心区"物流业效率的状况，最后提出相应的对策建议。

11.2　核心概念界定

本节主要介绍对外开放程度等相关概念及其衡量指标。

11.2.1　对外开放程度及其衡量

对外开放程度是一个国家或地区的国际开放程度，反映一个国家或地区融入全球经济的程度或对全球经济的依存状况。有学者将对外开放程度与贸易开放度相提并论，也有学者提出，对外开放程度不是只包括贸易开放度，还应当包括投资开放度[①]。本章接受这种观点，认为对外开放程度包括贸易开放度和投资开放度。

在贸易开放度方面，外贸依存度和进、出口额一直是用来衡量一个国家对外开放程度的主要指标，外贸依存度一般用进出口总额与 GDP 的比重来表示，反映一个国家或地区参与国际贸易或参与国际分工的程度。本文将外贸依存度作为国际贸易方面的核心指标。在投资开放度方面，外商直接投资（FDI）的规模可以体现出一个国家或地区吸引外资的能力，FDI 规模越大，该国家或地区的对外开放程度越高。因此，本章选取外资依存度（FDI 占 GDP 的比重）作为国际投资方面反映对外开放程度的重要指标。

11.2.2　物流、物流业和物流业效率

什么是物流？中国在 2006 年颁布的《物流术语》指出：物流是物品从供应地向接收地的实体流动过程。根据实际需要，将运输、储存、装卸、搬运、包

---

① 周茂荣，张子杰. 对外开放度测度研究述评［J］. 国际贸易问题，2009（8）：121－128.

装、流通加工、配送、回收、信息处理等基本功能实施有机结合。

物流业是指从事物流活动或各种物流支援活动的产业。国务院最新发布的《物流业发展中长期规划（2014—2020）》中对物流业的定义是："物流业是融合运输、仓储、货代、信息等产业的复合型服务业，是支撑国民经济发展的基础性、战略性产业。"

什么是物流业效率？著名经济学家保罗·萨缪尔森将效率定义为：对资源的分配和利用达到人类生产的需要，与此同时能够尽可能少地浪费。可见，效率主要考察投入与产出之间的关系。物流业效率就是物流业总产出与物流业总投入之间的关系，可用公式表示为：EFF = Y / X，EFF 代表物流业效率，Y 代表物流业总产出，X 代表物流业总投入。可以看出，物流业在一定量投入的情况下，产出越多，效率越高。

11.3　"核心区"物流业效率的测算

这里的"核心区"就是指丝绸之路经济带"核心区"，本书把它界定为：是指从地理空间上来看，在整个经济带上发挥着承东启西、连接南北作用的中心区域。从空间范围上来看，该"核心区"包括中国西北五省区（包括陕西、甘肃、青海、宁夏和新疆）和中亚五国即包括哈萨克斯坦（KAZ）、吉尔吉斯斯坦（KGZ）、乌兹别克斯坦（UZB）、土库曼斯坦（TKM）和塔吉克斯坦（TJK）。这样的界定既符合历史事实，也符合现实需要。[①]

11.3.1　DEA 测算方法的选择

根据数据可得性和研究方向的侧重，本章选取 DEA 模型的 BC^2 方法测算物流业效率。该方法包括投入导向型和输出导向型，前者是在产出不变的情况下寻求最小投入，后者是在投入一定的情况下寻求最大产出。对于区域物流系统来说，对资源的投入量相对比较容易控制，因此本章选择的是投入导向型模型，即在物流业产出不变的情况下，寻求投入最小的状态。

假设有 j 个决策单元（DMU），DMU_j 投入、产出变量分别为

$$X_j = (X_{1j}, X_{2j}, \cdots, X_{mj})^T j = 1, 2, \cdots, n \qquad (11-1)$$

$$Y_j = (Y_{1j}, Y_{2j}, \cdots, Y_{nj})^T j = 1, 2, \cdots, n \qquad (11-2)$$

在投入导向型模型中，θ 是每个 DMU_j 的效率评价指数，θ 满足以下公式：

---

① 王琴梅，张玉. 丝绸之路经济带"核心区"物流业效率整体评价及分省区、分国别比较 [J]. 陕西师范大学学报（哲学社会科学版），2017，46（5）：5–15.

$$\theta^0 = \min \sigma \qquad (11-3)$$

$$\text{s. t.} \begin{cases} \sum_{j=1}^{n} \lambda_j X_j + s^- = \sigma X_{j0} & (11-4) \\\\ \sum_{j=1}^{n} \lambda_j Y_j - s^+ = Y_{j0} & (11-5) \\\\ \sum_{j=1}^{n} \lambda_j = 1 & (11-6) \end{cases}$$

式（11-3）～式（11-6）中，$\lambda j \geqslant 0$；s^-，s^+ 为引入的松弛变量，$s^- \geqslant 0$，$s^+ \geqslant 0$；$j = 1, 2, \cdots, n$。

11.3.2　指标选取和数据来源

1. 指标选取

通过总结以往学者研究，考虑到中亚五国与中国西北五省区相关数据统计口径的一致性问题，本章构建了 DEA 模型的评价指标体系，如表 11-1 所示。

表 11-1　　　　　　　　　物流业效率投入、产出指标体系

指标类型	指标名称	单位	变量
投入指标	物流业就业人数	万人	X_1
	交通运输里程	千米	X_2
	物流业固定资产投资	亿元	X_3
产出指标	物流业产值增加值	亿元	Y_1
	铁路货物周转量	亿吨·千米	Y_2
	航空货物周转量	百万吨·千米	Y_3

2. 数据搜集与整理

本章的数据来源于《中国统计年鉴》、中国西北五省区统计年鉴、亚洲开发银行统计数据库、世界银行公开数据库。经过收集与整理，"核心区" 2008～2015 年的物流业投入产出数据特征描述如表 11-2 和表 11-3 所示。

表 11-2　　　　　　2008～2015 年"核心区"物流业投入数据特征描述

区域	最小值			平均值			最大值			标准差		
	X_1	X_2	X_3	X_1	X_2	X_3	X_1	X_2	X_3	X_1	X_2	X_3
陕西	23.3	5700.0	492.1	30.0	7850.0	937.4	39.1	9600.0	1628.4	6.2	1374.3	342.8
甘肃	11.8	3700.0	130.7	13.4	5175.0	422.6	15.7	7300.0	887.4	1.7	1278.1	295.4
青海	4.0	1900.0	107.2	4.6	2975.0	251.0	5.8	5000.0	500.1	0.6	1060.7	155.2
宁夏	3.5	1800.0	76.9	4.1	2412.5	161.3	4.9	2800.0	313.1	0.6	364.3	79.8
新疆	12.7	3400.0	300.2	16.1	6637.5	582.5	20.4	10200.0	1143.0	3.4	2444.8	281.4
哈萨克斯坦	58.6	27012.0	3865.0	67.3	27193.0	4530.8	76.5	27725.1	6370.3	6.8	242.5	911.6
吉尔吉斯斯坦	13.2	2112.0	101.5	15.9	2146.0	138.0	19.3	2180.0	203.1	2.0	36.3	33.7

区域	最小值			平均值			最大值			标准差		
	X_1	X_2	X_3	X_1	X_2	X_3	X_1	X_2	X_3	X_1	X_2	X_3
塔吉克斯坦	4.3	2523.0	74.4	5.5	2528.0	114.6	5.8	2533.0	187.7	0.5	4.6	36.7
土库曼斯坦	30.8	5299.0	626.0	36.3	5333.0	1129.7	41.1	5385.0	1610.3	4.2	32.8	339.3
乌兹别克斯坦	56.3	7158.0	901.4	60.9	7184.9	1439.8	67.6	7196.0	1931.2	4.0	24.3	346.0

注：X_1 代表物流业就业人数（万人）；X_2 代表交通运输里程（公里）；X_3 代表物流业固定资产投资（亿元）。

表 11-2 显示：（1）在中国西北五省区范围内，陕西的物流业就人数、交通运输里程和物流业固定资产额这三项指标的最大值、平均值、最小值和标准差均基本都是最大，其次是新疆，说明陕西的物流业投入最多，同时波动幅度也是最大；三个投入指标中最小的是宁夏。（2）在中亚五国范围内，哈萨克斯坦的三个物流业投入指标的最大值、平均值、最小值和标准差均大于其他国家，乌兹别克斯坦次之，最小的塔吉克斯坦。（3）在整个"核心区"范围内，哈萨克斯坦的三项物流业投入基本是最大的，其次是乌兹别克斯坦；陕西的交通运输里程标准差最大。总体看，中亚五国的物流业就业人数多于中国西北五省区。

表 11-3　　　　　2008~2015 年"核心区"物流业产出数据特征描述

区域	最小值			平均值			最大值			标准差		
	Y_1	Y_2	Y_3	Y_1	Y_2	Y_3	Y_1	Y_2	Y_3	Y_1	Y_2	Y_3
陕西	378.6	1121.7	92.0	555.8	1366.3	119.8	713.0	1603.4	168.6	120.4	165.6	24.6
甘肃	211.1	1120.1	16.6	259.3	1340.5	19.5	319.7	1522.9	21.3	38.3	167.9	1.6
青海	43.0	149.1	5.7	67.4	215.9	5.7	90.6	272.6	12.3	15.9	43.2	2.6
宁夏	93.3	225.7	6.5	165.2	295.6	12.9	200.7	365.6	20.4	42.5	53.4	4.8
新疆	191.8	655.0	92.9	330.2	747.4	128.5	536.1	868.2	172.9	130.8	79.9	35.4
哈萨克斯坦	868.0	1897.6	14.6	1209.1	2152.9	39.9	1499.7	2358.5	58.2	209.6	157.1	16.4
吉尔吉斯斯坦	28.1	7.4	0.1	33.5	8.5	1.1	39.8	9.2	2.2	4.5	0.8	0.8
塔吉克斯坦	36.1	5.5	1.0	58.1	7.9	2.5	81.2	12.8	6.0	18.7	3.2	1.9
土库曼斯坦	83.4	109.7	2.8	120.1	118.1	5.5	200.8	119.9	10.5	40.7	3.7	2.9
乌兹别克斯坦	257.3	215.9	71.7	354.5	226.2	111.2	433.9	242.4	153.8	69.9	7.4	30.7

注：Y_1 代表物流业产值增加值（亿元）；Y_2 代表铁路货物周转量（亿吨·公里）；Y_3 代表航空货物周转量（百万吨·公里）。

表 11-3 显示：（1）在中国西北五省区范围内，物流业产值增加值和铁路货物周转量这两项指标均是陕西最大，但航空货物周转量是新疆最大，铁路货物周转量甘肃排第二位，这三项产出指标中青海均为最小。（2）在中亚五国范围内，哈萨克斯坦的物流业产值增加值和铁路货物周转量远远大于其他四个国家，乌兹别克斯坦的航空货物周转量排名第一位，吉尔吉斯斯坦的物流业产出最小。（3）在整个"核心区"范围内，前两项物流业产出是哈萨克斯坦最大，其次是陕西；航空货物周转量最大是新疆、第二是陕西、第三是乌兹别克斯坦；三项物流业产

出最小的依然是吉尔吉斯斯坦和塔吉克斯坦。

11. 3. 3　测算结果及分析

1. "核心区"整体的效率分析

根据表 11 - 2 和表 11 - 3 的数据，采用前面选定的 BC^2 方法中投入导向型模型对"核心区"物流业效率进行计算，结果如表 11 - 4 所示。

表 11 - 4　　丝绸之路经济带"核心区"整体 2008 ~ 2015 年物流业平均效率趋势

指标	2008 年	2009 年	2010 年	2011 年	2012 年	2013 年	2014 年	2015 年
综合技术效率平均值	0. 631	0. 599	0. 639	0. 633	0. 646	0. 668	0. 674	0. 679
纯技术效率平均值	0. 833	0. 837	0. 866	0. 869	0. 895	0. 894	0. 917	0. 924
规模效率平均值	0. 746	0. 708	0. 741	0. 733	0. 725	0. 748	0. 745	0. 750

表 11 - 4 显示：（1）"核心区"整体 2008 ~ 2015 年物流业效率偏低，DEA 无效。其中，物流业综合技术效率平均值在 0. 599 ~ 0. 679 之间，总体呈上升趋势，如图 11 - 2 所示；各年纯技术效率值在 0. 833 ~ 0. 924 之间，显著高于综合技术效率平均值且持续提高；规模效率平均值在 0. 708 ~ 0. 750 之间，低于纯技术效率平均值且基本上属于持平的状态，说明该"核心区"整体的物流业综合技术效率低主要是由于物流业发展规模不够造成的。（2）综合技术效率平均值上升的原因是纯技术效率平均值的上升。纯技术效率衡量以既定投入资源提供相应产出（或服务）的能力，它上升说明该"核心区"整体的物流业不但没有出现投资过热的现象，而且应该继续增加投资、扩大规模来提高物流业的整体规模效率，最终使物流业的综合技术效率更高。

根据表 11 - 4 中的数据，我们可以做出如图 11 - 1 所示：

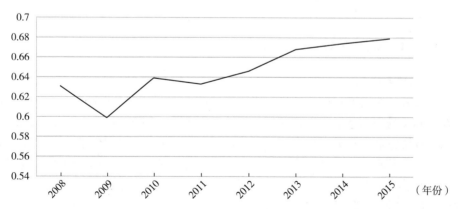

图 11 - 1　丝绸之路经济带"核心区"2008 ~ 2015 年物流业综合技术效率均值趋势

图 11 - 1 显示："核心区"整体在 2008 ~ 2015 年的物流业综合技术效率均值呈现波动中不断上升的趋势。

2. "核心区"内中、外两区域效率的比较分析

本章将丝绸之路经济带"核心区"分为中国西北五省区和中亚五国两个区域。根据表 11 - 2 和表 11 - 3 的数据，测算出的中、外两区域三种效率的结果如表 11 - 5 所示。

表 11 - 5　　　　　2008 ~ 2015 年"核心区"内中、外两区域平均效率

	平均综合技术效率	平均纯技术效率	平均规模效率
中国西北五省区	0.853	0.959	0.887
中亚五国	0.439	0.800	0.587

表 11 - 5 显示：（1）2008 ~ 2015 年中国西北五省区的物流业三种效率都高于中亚五国。（2）中亚五国的平均综合技术效率和平均规模效率都远远低于中国西北五省区，而平均纯技术效率与中国的差距较小，说明中亚五国与中国西北五省区的差距，主要在于物流业发展规模上。

11.4　"核心区"对外开放程度影响物流业效率的实证分析

本节首先从外商直接投资和国际贸易两个方面对丝绸之路经济带"核心区"对外开放程度的现状进行描述及分析。在实证方面，文章选取外资依存度、外贸依存度衡量对外开放程度，作为核心解释变量；经济发展水平、城镇化水平、物流资源利用率、产业结构水平等作为其他解释变量；被解释变量分别为"核心区"物流业效率值，通过 Tobit 模型对"核心区"对外开放程度影响物流业效率的情况进行实证分析。

11.4.1　对外开放程度指数的测算及比较

1. 测算方法

对外开放主要通过国际贸易和国际投资两个方面对物流业效率产生影响。本章在国际贸易方面选取外贸依存度（进出口总额占 GDP 的比重）作为一个指标，在国际投资方面选择外资依存度（本章涉及的"核心区"即中亚五国和中国西北五省区，基本以引进外资为主，所以本章的外资依存度，将只计算 FDI 占 GDP 的比率）作为一个指标，通过熵权法进行加权，可以得到各国、各省区对外开放程度指数并进行比较。

熵权法的基本原理是通过度量评价指标体系中指标数据所蕴含的信息量来计算各指标的权重。假定评价对象样本为 m 个，n 个评价指标。那么多指标评价矩

阵为：$X = (x_{ij}) \, mn$，其中 x_{ij} 表示第 i 样本中第 j 项指标的数值。计算的时候首先使用公式 $f_{ij} = x_{ij} / \sum_{1}^{m} x_{ij}$ 对数据进行无量纲处理；然后计算第 j 项指标信息熵值 e 与信息效用值 d，其中 $e_j = -k \sum_{1}^{m} f_{ij} \ln f_{ij}$，其中 $k = 1/\ln m$，第 j 项指标的信息效用值 $d_j = 1 - e_j$；之后确定第 j 项指标的权重 $w_j = d_j / \sum_{1}^{m} d_j$；最后根据熵值赋权法所确定的权重对评价对象进行评价。熵权法通过对矩阵、公式运算，最终得到较为客观、科学的结果，增强了研究的可信度。

经过运用 Excel 软件计算，得出外贸依存度和外资依存度的指标权重分别为 0.624、0.376。

2. 测算结果及分析

根据两个对外开放指标的权重以及丝绸之路经济带"核心区"各国、各省区在 2008 ~ 2015 年的外贸依存度、外资依存度的平均值，可以计算出 2008 ~ 2015 年"核心区"各国、各省区对外开放程度指数的平均值，并根据数值大小进行排名，结果如表 11 - 6 所示。相关的数据来源于《中国统计年鉴》、中国西北五省区统计年鉴、亚洲开发银行统计数据库、世界银行公开数据库。

表 11 - 6　　　　2008 ~ 2015 年丝绸之路经济带"核心区"各国、各省区
对外开放程度指数平均值及排名

	外贸依存度平均值	外资依存度平均值	对外开放程度指数平均值	排名
陕西省	0.083	0.137	0.103	8
甘肃省	0.086	0.080	0.083	9
青海省	0.032	0.137	0.071	10
宁夏回族自治区	0.091	0.129	0.105	7
新疆维吾尔自治区	0.276	0.060	0.195	5
中国西北五省区平均值	0.113	0.109	0.112	*
哈萨克斯坦	0.585	0.069	0.391	3
吉尔吉斯斯坦	1.046	0.076	0.682	1
塔吉克斯坦	0.677	0.023	0.431	2
土库曼斯坦	0.208	0.121	0.175	6
乌兹别克斯坦	0.546	0.022	0.349	4
中亚五国平均值	0.612	0.062	0.405	*
"核心区"整体平均值	0.363	0.086	0.259	*

表 11 - 6 显示：（1）中亚五国的对外开放程度整体高于中国西北五省区。其中，吉尔吉斯斯坦最高，而青海省最低。青海省的平均外贸依存度仅为 0.032，说明青海省在国际商品贸易市场的参与度还需大力提升。（2）中亚五国的平均外贸依存度是中国西北五省区的 5.4 倍，说明中亚五国更加依赖国际贸易，国际

贸易的参与度高；而在国际投资方面，中国西北五省区的平均外资依存度几乎是中亚五国的1.8倍，说明中国西北五省区对外资的吸引力更强。（3）中国西北五省区中，只有新疆的对外开放程度指数与中亚五国比较接近且超过了土库曼斯坦，其他省区的外贸依存度比中亚各国低很多，这或许与它们地处内陆有关，但封闭的政策也许是主要原因。

11.4.2　Tobit 模型的选择和建立

1. 模型的选择

由于用 DEA 模型的 BC^2 方法所计算出的效率值介于0与1之间，为受限因变量，若直接以效率值为被解释变量建立计量模型，并直接采用普通最小二乘法对模型进行回归，由于无法完整地呈现数据，会导致估计偏差。因此本章采用处理限值因变量的 Tobit 模型来进行回归分析。

2. 变量的选取和数据来源

模型的被解释变量为该"核心区"整体、中国西北五省区和中亚五国的物流业综合技术效率，核心解释变量为对外开放程度，控制变量选取了经济发展水平（用 GDP 衡量）、物流资源利用率（用单位公路和铁路货运量计算的平均道路资源利用率衡量）、产业结构（用第三产业产值占 GDP 的比重衡量）、城镇化水平（用城镇人口占地区总人口的比重衡量）等四个变量。相关的数据来源于《中国统计年鉴》、中国西北五省区统计年鉴、亚洲开发银行统计数据库、世界银行公开数据库。

3. 模型的建立

本书建立的 Tobit 模型表达式为：

$$Y_{it} = c + \beta_0 + \beta_1 O_{it} + \beta_2 G_{it} + \beta_3 R_{it} + \beta_4 S_{it} + \beta_5 C_{it} + \varepsilon \qquad (11-7)$$

$$Y_{it} = \begin{cases} Y_{it}^* = \beta X_{it} + \mu & Y_{it}^* > 0 & (11-8) \\ 0 & Y_{it}^* \leq 0 & (11-9) \end{cases}$$

式（11-7）~式（11-9）中，Y^* 为截断因变量向量；Y 为效率值向量；β 为各影响因素的回归系数；O 代表对外开放程度；G 代表经济发展水平；R 代表物流资源利用率；S 代表产业结构；C 代表城镇化水平；ε、μ 均为误差项，且 $\mu \sim (0, \sigma^2)$。

在进行实证研究时，先对丝绸之路经济带"核心区"整体进行 Tobit 回归，考虑到中国西北五省区和中亚五国在经济环境、政策法规等各方面存在显著差异，又分别对中国西北五省区和中亚五国单独进行回归。

11.4.3　实证结果及分析

实证回归结果如表 11-7 所示：

表 11 - 7　　　 "核心区" 对外开放程度影响物流业效率的 Tobit 模型估计结果

	"核心区" 整体	中国西北五省区	中亚五国
常数项	- 0. 479 *** (- 3. 18)	- 0. 891 ** (- 2. 15)	- 0. 451 ** (- 2. 08)
对外开放程度	- 0. 418 ** (- 2. 35)	0. 512 (1. 01)	- 0. 716 *** (- 3. 74)
经济发展水平	- 3. 83e - 06 (- 0. 820)	- 4. 04e - 06 (- 0. 62)	- 0. 00003 * (- 1. 80)
物流业资源利用率	0. 022 *** (6. 560)	0. 024 *** (4. 22)	0. 053 * (1. 88)
产业结构	0. 011 *** (4. 110)	0. 016 ** (2. 42)	0. 017 *** (4. 42)
城镇化水平	0. 007 *** (2. 790)	0. 009 (1. 23)	0. 007 ** (2. 11)
LR chi2	73. 13	30. 67	47. 25
Prob > chi2	0. 0000	0. 0000	0. 0000

注: 1. *** 、 ** 、 * 分别表示在 1% 、5% 、10% 的水平下显著。2. 括号中的数值表示估计系数的 t 值。

对表 11 - 7 的分析说明: (1) 对外开放程度对物流业效率的影响, 在中国西北五省区的系数为正但不显著, 说明随着我国西北五省区对外开放程度的提高, 物流业效率有提高的趋势; 但对外开放程度对 "核心区" 整体在 5% 的水平下显著为负, 对中亚五国在 1% 的水平下显著为负, 这很可能说明该 "核心区" 整体, 尤其是其中的中亚五国的物流业不能很好地吸收对外开放带来的技术溢出和应对开放带来的竞争压力。 (2) 物流资源利用率对物流业效率的影响, "核心区" 整体和中国西北五省区都在 1% 的水平下有显著正向作用, 中亚五国在 10% 的水平下有显著的正向作用, 说明整个 "核心区", 尤其是中国西北五省区进一步提高物流资源利用率更有潜力。 (3) 产业结构对物流业效率的影响, "核心区" 整体和中亚五国都在 1% 的水平下有显著的正向作用, 中国西北五省区在 5% 的水平下有显著的正向作用, 说明整个 "核心区", 尤其是中亚五国进一步提高第三产业比重更有利于物流业效率的提升。 (4) 城镇化水平对物流业效率的影响, "核心区" 整体在 1% 的水平下有显著的正向作用, 中国西北五省区的系数为正但不显著, 中亚五国在 5% 的水平下显著为正, 说明整个 "核心区", 尤其是中亚五国进一步提高城镇化水平更有利于物流业效率的提升。 (5) 经济发展水平对物流业效率的影响, "核心区" 整体和中国西北五省区都不显著, 中亚五国在 10% 的水平下显著为负, 但是系数很小, 接近于 0, 说明整个 "核心区" 进一步提高经济发展水平对物流业效率的提升作用很小, 这或许与物流业发展不足有关。

11.5 研究结论及相应的对策建议

在前面几节中，首先是基于国际贸易和 FDI 的技术溢出理论深入分析对外开放程度对物流业效率影响的机理，其次测度 2008～2015 年"核心区"的物流业效率和对外开放程度，最后进一步运用实证方法研究对外开放程度对物流业效率的影响。本节将在总结前文研究结论的基础上，针对性地提出提升物流业效率的对策建议。

11.5.1 研究结论总结

本章依据 2008～2015 年的相关数据，首先运用 DEA 模型测算了丝绸之路经济带"核心区"的物流业效率，然后选取外贸依存度和外资依存度两个指标，采用熵权法测算出该"核心区"各国、各省区的对外开放程度指数，最后建立 Tobit 模型对"核心区"对外开放程度影响物流业效率的情况进行回归实证分析，得出的主要结论是：

（1）对外开放程度指的是一个国家或地区的国际开放程度。其衡量指标也是用以测算某一国家或地区经济融入国际经济的程度或对世界经济的依存状况。在国际贸易方面，外贸依存度（进出口总额与 GDP 的比重）一直是用来衡量一个国家对外开放程度的主要指标：在国际投资方面，外资依存度（外商直接投资即 FDI 占 GDP 的比重）也是反映对外开放程度的另一个重要指标。本章就选取外贸依存度和外资依存度这两个指标衡量"核心区"对外开放程度。物流业效率就是物流业总产出与物流业总投入之间的关系，可用公式表示为 $EFF = Y/X$。根据国际贸易和 FDI 的技术溢出理论，对外开放程度可以通过示范效应、竞争效应、规模效应、联系效应和人员培训效应等五个路径对物流业效率产生影响。

（2）丝绸之路经济带"核心区"是包括中国西北五省区和中亚五国在内的空间范围。根据中国西北五省区统计年鉴和中亚五国统计局等数据来源，本章测算出的该"核心区"物流业效率结果是：①"核心区"整体 2008～2015 年物流业效率小于 1，DEA 无效。其中，物流业综合技术效率平均值在 0.599～0.679 之间，总体呈上升趋势；各年纯技术效率值在 0.833～0.924 之间，显著高于综合技术效率平均值且持续提高；规模效率平均值在 0.708～0.750 之间，低于纯技术效率平均值且基本上属于持平的状态，说明该"核心区"整体的物流业综合技术效率低主要是由于物流业发展规模不够造成的。②综合技术效率平均值上升的原因是纯技术效率平均值的上升。纯技术效率衡量以既定投入资源提供相应产出（或服务）的能力，它上升说明该"核心区"整体的物流业不但没有出现投资过热的现象，而且应该继续增加投资、扩大规模来提高物流业的整体规模效率，最终使物流业的综合技术效率更高。③2008～2015 年中国西北五省区的物流业三种效率都高于中亚五国。中亚五国的平均综合技术效率和平均规模效率都远远低于中国西北五省区，而平均纯技术效率与中国的差距较小，说明中亚五国与中国西北五省区的差距，主要在于物流业发展规模上。

（3）本章根据两个对外开放指标的权重以及丝绸之路经济带"核心区"各国、各省区在 2008～2015 年间的外贸依存度、外资依存度的平均值，用熵权法测度出的该"核心区"对外开放程度的结果是：①中亚五国的对外开放程度整体高于中国西北五省区。其中，吉尔吉斯斯坦最高，而青海省最低。青海省的平均外贸依存度仅为 0.032，说明青海省在国际商品贸易市场的参与度还需大力提升。②中亚五国的平均外贸依存度是中国西北五省区的 5.4 倍，说明中亚五国更加依赖国际贸易，国际贸易的参与度高；而在国际投资方面，中国西北五省区的平均外资依存度几乎是中亚五国的 1.8 倍，说明中国西北五省区对外资的吸引力更强。③中国西北五省区中，只有新疆的对外开放程度指数跟中亚五国比较接近，且超过了土库曼斯坦，其他省区的外贸依存度比中亚各国低很多，这或许与它们地处内陆有关，但政策也许是主要原因。

（4）实证分析"核心区"对外开放程度对物流业效率影响的结果显示：①对外开放程度对物流业效率的影响，在中国西北五省区的系数为正但不显著，说明随着中国西北五省区对外开放程度的提高，物流业效率有提高的趋势；但对外开放程度对"核心区"整体在 5% 的水平下显著为负，对中亚五国在 1% 的水平下显著为负，这很可能说明该"核心区"整体，尤其是其中的中亚五国的物流业不能很好地吸收对外开放带来的技术溢出和应对开放带来的竞争压力。②物流资源利用率对物流业效率的影响，"核心区"整体和中国西北五省区都在 1% 的水平下有显著正向作用，中亚五国在 10% 的水平下有显著的正向作用，说明整个"核心区"，尤其是中国西北五省区进一步提高物流资源利用率更有潜力。③产业结构对物流业效率的影响，"核心区"整体和中亚五国都在 1% 的水平下有显著的正向作用，中国西北五省区在 5% 的水平下有显著的正向作用，说明整个"核心区"，尤其是中亚五国进一步提高第三产业比重更有利于物流业效率的提升。④城镇化水平对物流业效率的影响，"核心区"整体在 1% 的水平下有显著的正向作用，中国西北五省区的系数为正，但不显著，中亚五国在 5% 的水平下显著为正，说明整个"核心区"，尤其是中亚五国进一步提高城镇化水平更有利于物流业效率的提升。⑤经济发展水平对物流业效率的影响，"核心区"整体和中国西北五省区都不显著，中亚五国在 10% 的水平下显著为负，但是系数很小接近于 0，说明整个"核心区"进一步提高经济发展水平对物流业效率的提升作用很小，这或许与物流业发展不足有关。

11.5.2　相应的对策建议

根据以上理论结合实证分析所得结论，由于中国西北五省区与中亚五国在对外开放程度和物流业效率水平方面都存在着显著的差异。因此，我们在这一节分"核心区"整体、中国西北五省区和中亚五国这三个层面，分别提出相应的对策建议。

1. 针对"核心区"整体的对策建议

第一，国际贸易技术溢出效果方面的建议。①加强高技术含量产品和服务进出口贸易。"核心区"总体上进行的国际贸易活动，尤其是进口的商品和服务技术性不强，使国际贸易技术溢出效应不能得到完全有效发挥。因此应加大高科技产品和服务的进口，以增加进口产品和服务带来的技术溢出，提高物流业效率，最终提高区域全要素生产率。②改善商品和服务的出口贸易结构。国内外相关研究表明，"核心区"产品和服务的出口贸易仍停留在较为低端阶段，消费者对"核心区"出口商品和服务的逆向建议不多，从而技术进步的效果不理想。因此，应大力发展高科技商品和服务的出口贸易，提升高技术商品和服务在出口商品中的比例，并建立积极的逆向反馈机制，即使发现和改进商品和服务在技术上的不足，以达到技术进步和全要素生产率提升的目的。

第二，引进外资和加强 FDI 技术溢出效果方面的建议。①"核心区"要营造良好的外商投资环境。要吸引物流业外商直接投资，首先要营造更好的营商环境，如健全的产权制度保障、优惠的土地政策以及完备的法律体系。在引进外资方面要将营造的良好环境细节落实到实处，这是加大引进外资的前提。②"核心区"引进外资时注重提高 FDI 质量。不是所有的外资企业都能带来加大的技术溢出效应，有一定综合实力、盈利水平强、技术水平高的企业，如世界 500 强公司应该是重点引进的对象。这些企业研发投入大、水平高，人员培训体系健全，发展更加稳定，因此可以带来较为长期稳定的知识、技术溢出，对"核心区"物流业效率乃至区域全要素生产率都会产生长期的有利影响。

第三，促进经济发展水平提高方面的建议：①大力发展互通有无的商品市场。一个地区经济发展状况如何可以从消费看出，消费水平一般代表着一个地区的经济水平。在鼓励消费者进行消费时，还要不断发展商品市场，本地的商品要流通出去，外地的商品也应流通进来，而商品的流通离不开物流业的支持，因此大力发展互通有无的商品市场可以促进物流业的发展。②发挥优势不断加大高质量投资。"核心区"幅员辽阔，各地区经济发展水平不同，优势也不尽相同。在加大投资方面应按照本地优势，如中国西北五省区拥有更好的基础设施建设，更加完备的营商环境；中亚五国拥有价格更低的土地和劳动力成本等。充分利用优势加大投资必定能提高物流业效率和全要素生产率。

第四，在城镇化发展水平方面的建议：①不断推进新型城镇化进程。国际上公认，从发展中国家向发达国家转变的一个重要衡量指标是城镇化水平。"核心区"的城镇化发展水平还很低，还远远没有到达尽头，因此城市仍要不停吸收资本，提高产业集聚水平，产生更多正的外部性，以进一步提高物流业效率、技术进步以及全要素生产率。②提升城市基础设施水平。城市发展到一定阶段，会出现房价过高、交通拥堵等"城市病"，这些问题都会阻碍城市中产业效率的提升。因此，应不断加强城市道路建设、发展健全的城市公共轨道交通以改善城市交通状况，增加土地供给、发展健康的房地产市场以平稳房价，以达到长期促进物流业效率和区域全要素生产率提升的目标。

第五，在人力资本水平方面的建议。①扩大普通高等学校的招生规模。普通高等学校是社会集中培养人才最高效的场所，年轻人通过进入高校学习，才能成为未来各行各业的中坚力量。"核心区"现阶段仍然缺少高素质人才，高校扩大招生规模可以给更多的年轻人提供学习知识和技能的机会，最终可以提高整个社会的人力资本水平。②发展各类成人专业培训。"核心区"很多年龄偏大、无法顺利进入普通高校学习的农民、农民工和其他社会人士，需要在社会上参加专业的培训学习，有针对性的、较灵活的培训方案可以在一定程度上提高他们的素质水平，以适应"核心区"新型工业化、城镇化、农业现代化和信息化发展的需要。

第六，在产业结构水平方面的建议。①引导和鼓励工业企业做大做强。发展工业是有利于国计民生的事情，工业的发展还能带动第三产业如物流业的市场需求，因此"核心区"应该鼓励符合地区比较优势的工业企业不断做大做强。②工业企业的税收适量减免。为了使得"核心区"具有地区比较优势的工业企业不断做大做强，适当对工业企业的税收进行减免，能激发市场活力，增加市场规模，提高对服务业包括物流业的需求，进而最终使物流业效率得到提升。

2. 对中国西北五省区的对策建议

中国西北五省区的物流业人力资本水平、基础设施建设水平相对于中亚五国较高，技术溢出效应的吸收能力强。但是由于对外开放程度还很低，物流业发展的技术、资金等比较短缺，因此在对外开放的技术溢出环节出现了技术溢出供应不足的情况，应该分别从国际贸易和 FDI 两个方面继续加大对外开放程度：

第一，加强高技术含量物流业服务进口贸易。中国西北五省区在进行物流业的国际贸易中比中亚五国相对落后，尤其是物流业服务进口贸易中缺少高技术含量的服务产品。这就导致物流业国际贸易的技术溢出效应不明显。因此加强高技术含量的物流服务商品的贸易，尤其是进口贸易，可以提高中国西北五省区物流企业的技术水平，进而改善物流产业效率。

第二，引进外资时注重提高物流业 FDI 质量。中国西北五省区的外资依存度虽然比中亚五国高一些，但是和中亚五国都存在着物流业规模较小、技术较为落后的情况，引进的物流外资企业的质量并不高，这为 FDI 的技术溢出带来了一定难度，导致技术溢出效应的效果不明显。因此需要在引进外资时注重提升 FDI 的质量，多引进技术水平较高、盈利能力较强、有一定综合实力的外资物流企业。

第三，其他对应性措施。上述实证结果及分析说明，中国西北五省区物流资源利用率、第三产业占比的提高，都有利于物流业效率的提升。因此，今后中国西北五省区应采取切实措施，进一步提高物流资源利用率和第三产业占比。

3. 对中亚五国的对策建议

中亚五国的对外开放程度较高，尤其是参与国际贸易活动更多，但是物流业的规模、人力资本水平、基础设施建设水平较低，导致对外开放带来的技术溢出的吸收能力不足，再加上物流业发展的资金短缺，使物流业技术溢出的效果不理想，应该分别从以下几个方面提高物流业效率：

第一，加强基础设施建设水平。中亚五国的物流业平均综合技术效率远低于中国西北五省区，DEA 非有效的原因主要是规模效率较低，物流业发展的规模不足，导致投入了资源并不能得到充分的产出。提高中亚五国的物流业效率，需要大力加强和完善可以适应经济发展的基础设施，利用丝绸之路经济带建设带来的机遇，将本国物流业效率提高到一个较高的水平。

第二，注重提高内资物流企业的技术吸收能力。中亚五国的内资物流企业都要不断地提高员工素质，优化组织结构，加大技术创新的力度，从而全面提升内资物流企业对技术溢出的吸收能力，使物流业国际贸易和 FDI 对内资物流企业的技术溢出效应充分发挥出来。

第三，大力培养、引进物流高技术人才。中亚五国都应该重视物流人才的重要性，在对外开放的同时大力培养、引进物流高技术人才，并增加科研院所的经费开支，提升高技术人才的收入水平，以提高本地区物流业技术创新水平和技术溢出吸收能力，促进物流产业效率的提高。

第四，鼓励物流企业进行研发投资。中亚五国在引进物流业 FDI 时，鼓励物流跨国公司进行研发投资或与内资物流企业进行合作研发，使企业间的技术优势互补，促进物流行业整体技术水平的进步。各国政府可以在鼓励物流企业研发投资时给予相关企业一定的研发补贴或税收优惠政策。

第五，其他对应性措施。上述实证结果及分析说明，中亚五国物流资源利用率、第三产业占比和城镇化水平的提高，都有利于物流业效率的提升。因此，今后中亚五国应采取切实措施，进一步提高物流资源利用率、第三产业占比和城镇化水平。

总之，不论是丝绸之路经济带"核心区"整体，还是其中的中国西北五省区或中亚五国，都应该充分利用"一带一路"机遇扩大对外开放。中国西北五省区的外贸依存度和外资依存度与中国东、中部地区仍然存在较大的差距，对外开放程度较低，阻碍了西部地区的发展，使得对外开放没有对物流业效率产生更显著的影响。中亚各国也有类似的情况。因此，"核心区"应充分利用"一带一路"的历史机遇，通过增加进出口贸易和加大吸引外资力度提升对外开放程度，不断提高外贸和外资活动在国民经济中的比重，以更好地促进物流业的发展和效率的提升。

第 12 章　信息技术影响"核心区"
物流业效率的实证分析

丝绸之路经济带建设的五通目标都可以通过"物流畅通"来体现，而物流畅通离不开信息技术武装物流业，即物流业的信息化和智能物流的发展。2016年，国务院部署推进"互联网＋高效物流"，同时国家发改委的相关建议明确提出要推动信息产业融合驱动下的现代物流产业的发展，要通过物流网、物联网和互联网整合需求和服务匹配来促进"智能物流"迅速发展。本章以丝绸之路经济带"核心区"（本文界定为包括中亚五国和中国西北五省区的空间范围）为对象，实证研究信息技术对物流业效率的影响，最后根据研究结论提出相应的对策建议，具有重要意义。

12.1　文献综述与问题的提出

12.1.1　关于信息技术的研究

通过搜集国内外学者研究信息技术的文献，可将其归纳整理为信息技术的概念和信息技术发展水平的测度两个方面。

1. 关于信息技术的概念

虽然信息技术的概念在学术界还没有达成共识，但有不少学者从不同角度予以界定。佩罗（Perrow C., 1976）认为，信息技术就是一个用于完成工作的系统[1]。巴科普洛斯等（J. A. Y. Bakopoulos et al., 1985）提到，信息技术致力于信息的存储、处理和沟通，进而把这些资源组成一个能够执行一项任务的系统的方式[2]。科伦索（2003）指出，涉及信息的有关活动，其中包括获取、识别、传递、处理、存储等，用以增强人类信息能力的技术均可以被称为"信息技术"[3]。图尔班等（2009）提出，信息技术是组织用以对用户管理所使用的信息系统和系

① Perrow C. A Framework for the Comparative Analysis of Organizations [J]. *American Sociological Review*, 1967, 32（2）：194－208.

② Bakopoulos Y J A, Treacy M E. *Information Technology and Corporate Strategy*：*A Research Perspective* [M]. Massachusetts Institute of Technology, 1985.

③ 迈克尔·科伦索. 组织变革改善策略 [M]. 北京：经济管理出版社，2003.

统用户所采取的措施①。

国内学者针对信息技术的概念也提出了不同的观点。乌家培等（2002）提出，能够完成信息的收集、传送、存储、加工、发布与利用等技术的总和被称为"信息技术"②。张正德（1995）指出，可用于信息操作的各种方法和专业技能，以及工艺过程或者是作业程序的相关工具和物资设备被称作是"信息技术"③。张才明（2008）表示，一切涉及信息的生产、流通、收集、存储、处理和应用的专用技术、相关的方法、制度和技能等，以及其相关的工具和物资设备等是指"信息技术"④。邹安全（2017）认为信息技术是人类生产斗争和科学实验中，经由认识自然和改造自然积累起来的以及使其标准化的经验、知识、技能和体现这些相关劳动资料的有目的的结合过程⑤。

2. 关于信息技术水平的测算

卡勒曼（Kahraman，2007）首先构建了由 4 个主指标和 11 个子指标组成的物流业信息技术评价和选择的多属性决策模型，然后提出了一种层次模糊 TOP-SIS 方法来解决复杂的模糊数据选择问题⑥。德米罗娃和西卡（Demirova and Siyka，2017）通过技术和物流的兼容性，提出一种构建技术与物流过程之间智能链接的优化模型的方法，使用智能工业将共享真实的信息⑦。尼曼等（Niemann H. et al. , 2013）在物流企业智能传感器专利申请的基础上，考察了物流产业与信息产业的融合水平⑧。赖基鸿（Kee - Hung Lai，2005）通过对行业中的 1500 家公司进行横截面调查，研究了信息技术（IT）在香港物流业中的应用⑨。哈奥根（Ha, Oh - Keun，2014）建立关系模型，即结构模型，旨在将 RFID 技术引入

①　埃弗拉伊姆·图尔班等. 管理信息技术 ［M］. 北京：中国人民大学出版社，2009.

②　乌家培，谢康，王明明. 信息经济学 ［M］. 北京：高等教育出版社. 2002：19 - 20.

③　张正德. 美国信息技术的发展及其经济影响 ［M］. 武汉：武汉大学出版社，1995.7.

④　张才明. 信息技术的概念和分类问题研究 ［J］. 北京交通大学学报（社会科学版），2008，7（3）：89 - 92.

⑤　邹安全. 现代物流信息技术与应用 ［M］. 武汉：华中科技大学出版社，2017：13.

⑥　Kahraman, C, Ates, N Y, Cevik, S, Gulbay, M, Erdogan, S A. Hierarchical Fuzzy TOPSIS Model for Selection Among Logistics Information Technologies ［J］. *Logistics Inform. Manage.* 2007，20（2）：143 - 168.

⑦　Demirova, Siyka. Industrial Information Technology A Revolutionary Factorin Logistics ［D］. Acta Technica Corvininesis - Bulletin of Engineering. Oct. - Dec. 2017，Vol. 10 Issue 4：4，25 - 28.

⑧　Niemann H, Moehrle M G, Walter L. The Development of Business Method Patenting in the Logistics Industry - insights from the Case of Intelligent Sensor Networks ［J］. *International Journal of Technology Management*，2013，61（21）：177 - 197.

⑨　Kee - Hung Lai, Ngai EWT, Cheng TCE. Information Technology Adoption in Hong Kong's Logistics Industry ［J］. *Transportation Journal*（*American Society of Transportation & Logistics Inc*）. 2005，44（4）：1 - 9.

韩国餐饮供应链①。

12. 1. 2 关于物流业信息技术的研究

1. 关于物流业信息技术种类的研究

祁隽（2016）介绍了包括条码技术、EDI 技术、RFID 技术、GIS 技术和 GPS 技术等几种目前比较常用的物流信息技术②。王先庆和彭雷清（2017）是在对物流创新与改革的方向、路径和策略的阐发中指出，云计算、物联网和区块链等现代化信息技术已经在物流业领域得到广泛应用③。汪传雷等（2013）认为，现代物流是以各种信息通信技术为核心，应用信息通信技术包括数据采集系统、电子数据交换系统和全球定位系统等，最终实现物流与信息流的融合④。

2. 关于区域物流业信息化水平测度的模型与方法研究

王新安等（2009）用互联网上网人数、WWW 站点数、市内电话户数和移动电话户数等七个指标运用因子分析法和 Q 型聚类分析法对区域物流信息化水平进行测量⑤。魏修建等（2012）从互联网普及率、电话普及率、邮电业务总量和邮路总长度这四个方面测度区域物流业信息化水平⑥。郭明德等（2019）基于因子分析法从物流业的信息化投入水平、信息化产出水平和信息化宏观发展水平这 3 个维度对我国东部和中部物流业信息化水平进行测量⑦。李丫丫等（2018）以 WOID 数据样本与 KPWW 测算方法，从信息产业与物流产业相互融合的角度出发，测算国内区域这两个产业的融合度，即文中提到的物流产业的智能化水平⑧。

12. 1. 3 关于信息技术对物流业效率影响的研究

1. 国外研究

茵卓娜（Introna L. D.）早在 1991 年就肯定了信息通信技术产业对物流产业的

---

① Ha O - K, Song Y - S, Chung K - Y, Lee K - D, Park D. Relation Model Describing the Effects of Introducing RFID in the Supply Chain：Evidence from the Food and Beverage Industry in South Korea ［J］. *Personal & Ubiquitous Computing*. 2014；18（3）：553 - 561.

② 祁隽. 物流信息技术在物流业应用情况探析 ［J］. 现代经济信息，2016，1（2）：343.

③ 王先庆，彭雷清. 物流革命与物流创新的方向、路径及策略 ［J］. 中国流通经济，2017，31（07）：120 - 126.

④ 汪传雷，张莉莉，李从春. 物流产业专利信息分析 ［J］. 情报杂志，2013，32（5）：103 - 109.

⑤ 王新安，魏修建，谢芳. 陕西物流发展水平评价指标体系、模型与发展对策研究 ［J］. 统计与信息论坛，2009（05）：68 - 74.

⑥ 魏修建，郑广文，张丽淑. 基于 ANP 的省域物流业综合发展水平探析 ［J］. 现代财经 - 天津财经大学学报，2012（11）：101 - 110.

⑦ 郭明德，李红. 区域物流业信息化水平测度：以我国中、东部省份为例 ［J］. 科技管理研究，2019，39（09）：62 - 68.

⑧ 李丫丫，王磊，彭永涛. 物流产业智能化发展与产业绩效提升：基于 WIOD 数据及回归模型的实证检验 ［J］. 中国流通经济，2018（3）.

重要性①。哈森和伯德（Hazen and Byrd，2012）研究发现，物流信息技术（LIT）创新会为采用 FID 或 EDI 技术的企业带来积极的绩效结果，与合作伙伴建立积极的关系有助于从技术采用中获得最大的利益②。赖等（Lai, F. et al.，2007）研究发现第三方物流公司的信息技术战略导向对其发展竞争优势有显著影响③。布尔拉克斯（Bourlakis，2005）发现零售商信息技术战略在物流战略中的整合过程，是充分吸收信息技术和物流战略并将获得优越的经济效益和运营效率④。达莱奥和塞尔吉（D'Aleo and Sergi，2017）基于欧盟物流竞争力研究信息技术和人力资源对物流绩效的影响⑤。班尼斯特等（Banister D. et al.，2004）系统地指出，服务与知识经济下信息通信技术对运输业效率的提升作用显著⑥。泽尔布斯特等（Zelbst P. J. et al.，2010）以 155 家企业的数据为样本，考察无线射频技术与信息共享技术对物流业供应链绩效的影响⑦。托尼等（Thoni A. et al.，2017）分别从供应流、信息系统与可持续性等四个方面入手，分析了信息通信技术对物流业可持续发展的影响⑧。伊达尔戈等（Hidalgo A. et al.，2009）认为，对信息与通信技术（ICT）创新的采纳能够提高运输和物流服务（TLS）的质量⑨。阿瓦拉等（Awara et al.，2018）研究表明，信息技术对卡拉巴尔大都市在线零售商的供应链绩效有正向影响⑩。

2. 国内研究

陈思等（2017）在对电商物流业效率的研究中指出，商品仓储信息线上可视

① Introna L D. The Impact of Information Technology on Logistics [J]. *International Journal of Physical Distribution & Logistics Management*, 1991, 21 (5)：32 – 37.

② Hazen, B T, Byrd, T A. Toward Creating Competitive Advantage with Logistics Information Technology [J]. *Distrib. Logistics Manage.* 2012, 42 (1), 8 – 35.

③ Lai, F, Zhao, X, Wang, Q. Taxonomy of Information Technology Strategy and its Impact on the Performance of Third – party Logistics (3PL) in China [J]. *Int. J. Prod. Res.* 2007, 45 (10), 2195 – 2218.

④ Bourlakis, M, Bourlakis, C. Integrating Logistics and Information Technology Strategies for Sustainable Competitive Advantage [J]. *Logistics Inform. Manage.* 2005, 19 (4), 389 – 402.

⑤ D'aleo V, Sergi B S. Human factor：The Competitive Advantage Driver of the EU's Logistics Sector [J]. *International Journal of Production Research*, 2017, 55 (3)：642 – 655.

⑥ Banister D, Stead D. Impact of Information and Communications Technology on Transport [J]. *Transport Reviews*, 2004, 24 (5)：611 – 632.

⑦ Zelbst P J, Green Jr K W, Sower V E, et al. RFID Utilization and Information Sharing：the Impact on Supply Chain Performance [J]. *Journal of Business & Industrial Marketing*, 2010, 25 (8)：582 – 589.

⑧ Thoni A, Tjoa A M. Information Technology for Sustainable Supply Chain Management：A Literature Survey [J]. *Enterprise Information Systems*, 2017, 11 (6)：828 – 858.

⑨ Hidalgo A, LÓpez V. Drivers and Impacts of ICT Adoption on Transport and Logistics Services [J]. *Asian Journal of Technology Innovation*, 2009, 17 (2)：27 – 47.

⑩ Awara, N F, Udoh, E G, Anyadighibe, J A. Information Technology Tools and Supply Chain Performance of Online Retailers in Calabar Metropolis [J]. *Global Journal of Social Sciences*, 2018, v. 17：55 – 67.

化技术有助于物流系统效率提升①。王先庆、彭雷清（2017）在对物流革命与物流创新的方向、路径及策略的阐述中提出，现代化信息技术在物流业领域的广泛应用将重塑物流业态，并且能显著地提升物流业效率②。王威（2016）在分析了中国传统物流行业弊端的基础上指出互联网时代，大数据有助于构造智慧物流，提升物流业效率③。张伟年等（2019）研究互联网普及率对中国跨境电商发展的影响④。张亮亮等（2019）将技术创新水平归为宏观环境因素来研究对物流产业技术效率的影响⑤。

12.1.4 文献评述与本文研究的切入点

综上所述，国内外关于信息技术及其对物流业效率的影响研究，已经有不少研究成果，这为本章的研究打下了坚实的基础，但现有研究也存在一些不足：（1）信息技术影响物流业效率的作用机理还没有详细阐述；（2）对于物流业效率的研究已经非常多，丝绸之路经济带途经多个国家，但对其跨国范围的物流业效率研究较少；（3）理论结合实证研究信息技术影响物流业效率的成果还比较少。据此，本章将在第2章运用经济学的经典理论深入分析信息技术影响物流业效率的作用机理的前提下，首先对 2006～2017 年丝绸之路经济带上处于"核心区"的跨国性区域（本课题组界定为包括中国西北五省区和中亚五国在内的空间范围）的信息技术发展水平和物流业效率进行测算及比较，以此为基础实证研究该"核心区"信息技术对物流业效率的影响情况并针对结论提出相应的对策建议。

12.2 信息技术影响物流业效率的理论模型

本节主要是在界定信息技术核心概念的基础上，在第2章对信息技术影响物流业效率的作用机理进行深入分析的前提下，提出研究假说和建立理论模型。

---

① 陈思，甘蜜，郭茜. 商品仓储信息线上可视化对电商物流业效率的影响［J］. 中国流通经济，2017，31（8）：41 – 48.

② 王先庆，彭雷清. 物流革命与物流创新的方向、路径及策略［J］. 中国流通经济，2017，31（7）：120 – 126.

③ 王威. "互联网＋"对物流业的影响［J］. 通信企业管理，2016（9）：34 – 35.

④ 张伟年，卢晓静，李孟华. 中国跨境电商发展的影响因素研究［J］. 海南大学学报（人文社会科版），2019，37（3）：57 – 63.

⑤ 张亮亮，苏涛永，张健. 中国物流产业技术效率：时空分异、影响因素与演进逻辑：基于 PP – SFA 模型的实证分析［J］. 商业经济与管理，2019（4）：30 – 45.

12.2.1　信息、技术和信息技术

信息（Information）一词作为学术研究术语出现始于 20 世纪 30 年代，比较公认的是 1948 年。在这一年，美国数学家维纳（Wiener）用排除法界定信息的概念，认为信息就是信息，既不是物质，也不是能量。同年，美国数学家香农（Shannon）以概率论为工具通过一组编码定理来表征信息传递的重要规律，指出信息是能够用来消除不确定性的知识。《图书馆·情报与文献学名词》对"信息"一词的界定，从广义上是指客观事物存在、运动和变化的方式、特征、规律及其表现形式。狭义上是指用来消除随机不确定性的东西[①]。中国相关学者也对信息的概念进行了界定。吴理门（2016）指出，信息是关于客观事实的可通信的知识，也是客观世界各种事物特征的反映[②]。李贞（2011）指出，信息是客观存在的一切事物及其运动状态的表征，通过物质载体以消息、情报或信号灯方式表达出来并进行传递和交换[③]。

"技术"一词是"技"和"术"的合成词。从经济学角度来讲，"技术"一词的内涵与对其认识和定义的角度密切相关。从内涵来看，技术具体可以分为广义和狭义两个层次。从广义上来说，技术就是一种实践技巧的总称；从狭义上来说，技术是一种专有知识，是属于部分经济个体所有的特殊商品[④]。根据内涵界定，本书认为技术是指为了实现某种投入转化为另一种产出，经济行为人通过配合一组特殊的知识与经济活动（包括但不限于研发投入）才能得以完成的方式[⑤]。

什么是信息技术？对于信息技术的概念目前还没有一个确定的说法。ISO（国际标准化组织）和 IEC（国际电工委员会）对信息技术的定义描述为：针对信息的采集、描述、处理、保护、传输、交流、表示、管理、组织、储存和补救而采用的系统和工具的规范、设计及其开发[⑥]。2004 年出版的《信息技术词典》将信息技术界定为：利用计算机、网络和现代通信手段获取、传递、存储、处理、显示和分配信息的相关技术[⑦]。本章对于信息技术的概念就采用这个《信息技术词典》中的界定。

---

① 图书馆·情报与文献学名词审定委员会. 图书馆·情报与文献学名词（预公布）[M/OL]. 北京：科学出版社，2017：2.

② 吴理门. 物流信息技术 [M]. 杭州：浙江大学出版社，2016.

③ 李贞. 物流信息技术与应用 [M]. 北京：航空工业出版社，2011.

④⑤ 周燕. 国际贸易、R&D 溢出和发展中国家的技术进步 [D]. 厦门：厦门大学，2009.

⑥ 靖继鹏. 应用信息经济学 [M]. 北京：科学出版社，2002：132.

⑦ 郭建波，郭建中. 信息技术词典 [M]. 北京：化学工业出版社，2004.

12.2.2　研究假说和理论模型

1. 研究假说

基于第 2 章中即 2.12 对信息技术影响物流业效率的理论机理分析，这里我们提出本章的研究假说，即信息技术能够提升物流业效率。

2. 理论模型

柯布 – 道格拉斯生产函数主要是用于衡量生产过程中资本投入量与劳动投入量对产出的影响。该生产函数的基本数量关系为：

$$Y = F(K,L) = K^\alpha L^\beta \qquad (12-1)$$

将式（12 – 1）具体应用于物流业来看，Y 为产出即物流业生产总值，K 为物流业固定资产投资，L 为劳动力投入即物流业雇佣员工数，其中 α 和 β 分别表示各生产要素的产出弹性。

物流业的信息技术是信息技术在物流业活动中的具体应用，在物流业中，物流业的信息技术进步就可以代表技术进步因素变化，因此在考虑技术进步因素的情况下，柯布 – 道格拉斯生产函数就会衍生为：

$$Y = A * F(K,L) = A * K^\alpha L^\beta \qquad (12-2)$$

在式（12 – 2）中，这里的 A 为广义的技术进步，其余变量与式（12 – 1）中的含义一致。

在这里将广义的技术进步分为信息技术进步和其他技术进步，因此，式（12 – 2）中的模型可以进一步写为：

$$Y = A'K^\alpha L^\beta I^\gamma \qquad (12-3)$$

式（12 – 3）中 A' 为其他技术投入，I 表示信息技术发展水平，γ 为信息技术发展水平要素的产出弹性，其余变量含义与式（12 – 1）中所表示的一致。

对式（12 – 3）两边取对数，可以得到：

$$InY = InA' + \alpha InK + \beta InL + \gamma InI \qquad (12-4)$$

本章对物流业效率的定义是物流业产出与物流业投入之间的比值，以柯布 – 道格拉斯生产函数为基础，投入资本、劳动及其他影响因素，产出物流业生产总值可以计算出物流业效率。当其他要素不变时，产出是投入的 γ 倍，根据技术边际生产递增可以看出，信息技术对物流业效率的提升是正向影响。

12.3　"核心区"物流业效率和信息技术现状评价

本节运用 Super – SBM 模型测度 "核心区" 2006～2017 年的物流业效率，并比较分析其发展情况；描述分析 "核心区" 信息技术发展现状，在此基础上用主成分分析法测度 2006～2017 年 "核心区" 信息技术发展水平并进行比较分析。

12.3.1 "核心区"物流业效率的评价

1. 评价方法选择及理由

数据包络分析（data envelopment analysis，DEA）模型的基本原理是运用数学规划方法来确定决策单元（Decision Making Unit，DMU）生产有效的前沿面，在保持 DMU 的输出或者输入不变的前提下，将所有的 DMU 对生产前沿面进行投影的基础上，根据 DMU 对生产前沿面的偏离程度判断其相对有效性的一种非参数估计方法[①]。2002 年，托恩（Tone）提出了一种非径向的 DEA 模型——基于松弛变量的超效率 DEA 模型（Slacks - based Measure，SBM）[②]，该模型直接将松弛变量加入目标函数，其结果不仅是实现效益比例的最大化，而且是实际利润的最大化。

班克、吉福德和班克瑞特（Banker，Gifford and Bankeret）等在传统 DEA - CCR 模型的基础上，首次提出了超效率 DEA（SE - DEA，supper - efficiency data envelopment analysis）模型，这一模型的提出主要是针对 DEA 测算出来的效率值存在多个 DEA 有效，即效率值为 1，无法进一步区分 DEA 有效的决策单元之间的效率值排名。SE - DEA 模型在进行评价 DMUi（第 i 个决策单元）的效率时，先将其排除在外，然后用其他 DMU 的输出和输入线性组合替代 DMU_i 的输出和输入，按比例增加一个有效 DMU 的投入，可以保持其效率值不变，则增加该有效 DMU 的投入比例就是 SE（Supper - efficiency）评价值。

SE - SBM 模型实际上是提取了 SE - DEA 模型与 SBM 模型的优势，这与传统的 DEA 模型相比较显示出两方面进步之处，一方面，在决策单元效率有效的情况下进一步进行比较；另一方面，能够起到恰当处理非期望产出问题[③]。

具体模型如式（12 - 5）：

$$\min \rho = \frac{1 + \dfrac{1}{m} \sum_{i=1}^{m} \dfrac{s_i^-}{x_{ik}}}{1 - \dfrac{1}{q} \sum_{i=1}^{m} \dfrac{s_r^+}{y_{rk}}}$$

$$\text{s. t.} \quad \sum_{j=1, j \neq k}^{n} x_{ij} \lambda_j - s_i^- \leqslant x_{ik} \tag{12 - 5}$$

$$\sum_{j=1, j \neq k}^{n} y_{rj} \lambda_j + s_r^+ \leqslant y_{rk}$$

① 魏权龄. 数据包络分析 [M]. 北京：科学出版社，2004.

② Kaoru T. A Slacks - based Measure of Efficiency in Data Envelopment Analysis [J]. *European Journal of Operational Research*，2002，143（1）：32 - 41.

③ 孙秀梅，张慧，王格，等. 基于超效率 SBM 模型的区域碳排放效率研究的调查研究：以山东省 17 个地级市为例 [J]. 生态经济（中文版），2016，32（5）：68 - 73.

$$\lambda, s^-, s^+ \geqslant 0$$

$$i = 1, 2, \cdots, m; r = 1, 2, \cdots, q; j = 1, 2, \cdots, n(j \neq k)$$

式（12-5）中，ρ 为物流业效率值；x_k 表示 DMU 的投入变量，y_k 表示 DUM 的产出变量；s_i^- 为投入变量对应的松弛变量，s_i^+ 为产出变量对应的松弛变量；λ_j 为约束条件；n 为 DUM 的个数。

2. 评价指标建立及数据来源与描述

第一，建立评价指标。本章建立评价指标体系时，在参考王琴梅、张玉[①]（2017）和袁丹、雷宏振[②]（2015）的基础上，考虑到测度指标体系的科学性和测度所需数据的可获得性，我们选取的物流业产出指标为：物流业增加值（10亿元）和铁路货物周转量（百万吨·千米）；物流业投入指标为：物流业从业人员数量（千人）和物流业固定资产存量（10亿元）。

第二，数据来源。所需数据来源：中国西北五省区及中亚五国统计年鉴、联合国经济社会理事会网站、亚洲开发银行数据库、世界银行网站公开数据库、独立国家联合体执行委员会网站以及中国驻土库曼斯坦经济商务参赞处网站。

第三，投入产出数据描述。根据建立的投入产出指标，对 2006~2017 年丝绸之路经济带"核心区"10 个子区域投入产出数据的特征进行概括性描述，具体结果见表 12-1 和表 12-2。

表 12-1　　2006~2017 年"核心区"物流业效率投入指标数据特征描述

	最大值		平均值		最小值		标准差	
	X_1	X_2	X_1	X_2	X_1	X_2	X_1	X_2
陕西	435.6	1891.6	303.6	912.5	194.1	355.2	105.6	490.3
甘肃	128.8	1100.0	109.9	448.0	97.5	102.0	11.9	365.2
青海	46.4	730.5	37.9	281.2	31.8	70.4	5.2	218.4
宁夏	39.8	367.7	34.0	160.8	29.2	48.9	3.7	108.6
新疆	171.9	1978.5	134.9	609.7	102.7	169.5	29.5	505.6
KAZ	779.6	601.0	669.3	380.7	538.5	228.3	88.0	113.6
KGZ	217.5	28.6	161.7	15.2	120.2	7.0	29.5	6.5
TJK	66.0	23.7	55.6	12.7	42.7	4.4	6.8	5.9
TKM	213.0	191.7	171.2	109.9	139.0	12.8	26.1	56.6
UZB	637.4	193.1	540.9	124.5	434.7	29.7	70.6	51.5

注：X_1 代表物流业从业人员数量（千人）；X_2 物流业固定资产存量（10 亿元）。

表 12-1 显示：（1）在中国西北五省区范围内，物流从业人员数和物流业固定资产存量这两项指标的最大值、平均值、最小值和标准差均是陕西最大，其次

① 王琴梅，张玉. 丝绸之路经济带"核心区"物流业效率整体评价及分省区、分国别比较［J］. 陕西师范大学学报（哲学社会科学版），2017，46（5）：5-15.

② 袁丹、雷宏振. 丝绸之路经济带物流业效率及其影响因素［J］. 中国流通经济，2015，29（2）：14-20.

是新疆,说明陕西的物流业投入最多,同时波动幅度也最大;两个投入指标中最小的是宁夏。(2)在中亚五国范围内,哈萨克斯坦的两个物流业投入指标的最大值、平均值、最小值和标准差均大于其他国家,乌兹别克斯坦次之,最小的塔吉克斯坦。(3)在整个"核心区"范围内,物流从业人员的投入哈萨克斯坦最多,其次是陕西;物流业固定资产存量这一指标是陕西最大,其次是新疆和甘肃,中亚五国对物流业固定资产投资相对中国西北五省来看较小。

表 12 - 2　　　　2006~2017 年"核心区"物流业效率产出指标数据特征描述

	最大值		平均值		最小值		标准差	
	Y_1	Y_2	Y_1	Y_2	Y_1	Y_2	Y_1	Y_2
陕西	832.6	164177	555.8	132320.8	291.8	85280	177.6	25543.6
甘肃	319.7	155075	249.2	126869.2	169.2	89620	47.2	20677.4
青海	103.7	27258	67.8	20385.1	34.9	9280	22.6	5924.0
宁夏	205.8	36562	154.2	27334.6	56.2	20570	56.8	5514.3
新疆	668.2	86969	351.7	72514.8	165.6	56130	174.6	10236.2
KAZ	1400.2	235846	1055.7	208261.6	637.4	188159	233.0	16825.7
KGZ	42.6	935	29.9	835.8	14.6	715	7.5	86.2
TJK	77.7	1282	47.6	704.4	13.5	165	19.3	377.2
TKM	194.0	13327	148.5	11686.4	125.2	8670	21.8	1247.6
UZB	452.8	24238	342.9	22008.1	213.7	18007	70.3	1705.3

注:Y_1 代表物流业增加值(十亿元);Y_2 代表铁路货物周转量(百万吨·公里)。

表 12 - 2 显示:(1)在中国西北五省区范围内,物流业增加值和铁路货物周转量这两项指标均是陕西最大,物流业增加值新疆排第二位,铁路货物周转量甘肃排第二位,这两项产出指标中青海均为最小。(2)在中亚五国范围内,哈萨克斯坦的物流业增加值和铁路货物周转量远远大于其他四个国家,乌兹别克斯坦排名第二位,土库曼斯坦排第三位,吉尔吉斯斯坦和塔吉克斯坦的物流业产出最小。(3)在整个"核心区"范围内,哈萨克斯坦物流业产出最大,其次是陕西;物流业增加值和铁路货物周转量这两项产出指标均比较小的依然是吉尔吉斯斯坦和塔吉克斯坦。

3. 评价结果及分析比较

这里用 DEA - SOLVER Pro5.0 软件中的 Super - SBM 模型对"核心区"2006~2017 年物流业产出与投入的数据进行测算。通过式(12 - 5)可以计算出分省区、分国别的物流业效率,具体结果如表 12 - 3 所示。

表 12 - 3　　　　丝绸之路经济带"核心区"2006~2017 年物流业效率

	2006 年	2007 年	2008 年	2009 年	2010 年	2011 年	2012 年	2013 年	2014 年	2015 年	2016 年	2017 年	均值
陕西	0.88	0.88	0.90	0.95	0.95	0.94	0.95	0.81	0.77	0.80	0.67	0.64	0.85
甘肃	0.99	0.96	0.97	0.94	0.80	0.85	0.89	0.54	0.55	0.50	0.45	0.49	0.74
青海	0.47	0.43	0.36	0.35	0.35	0.33	0.31	0.29	0.32	0.34	0.35	0.38	0.36

	2006 年	2007 年	2008 年	2009 年	2010 年	2011 年	2012 年	2013 年	2014 年	2015 年	2016 年	2017 年	均值
宁夏	1.50	1.51	1.40	1.48	1.71	1.60	1.58	1.70	1.47	1.43	1.53	1.33	1.52
新疆	0.79	0.70	0.64	0.67	0.56	0.51	0.75	0.67	0.94	0.96	0.96	0.98	0.76
KAZ	2.56	2.85	1.00	0.99	0.99	0.99	0.99	0.99	0.99	0.99	1.84	3.23	1.53
KGZ	0.27	0.50	0.27	0.21	0.27	0.12	0.13	0.12	0.09	0.17	0.10	0.19
TJK	0.76	0.89	2.39	3.14	2.70	3.14	3.12	3.45	3.55	3.31	2.66	3.08	2.68
TKM	1.80	1.18	0.36	0.19	0.30	0.30	0.31	0.30	0.29	0.23	0.43	0.14	0.48
UZB	0.48	0.50	0.96	0.92	0.91	0.88	0.93	0.94	0.96	0.97	1.14	0.12	0.81
均值	1.05	1.04	0.92	0.98	0.95	0.96	1.00	0.98	0.99	0.96	1.02	1.05	0.99

注：测度效率所用的物流业固定资产投入考虑到存量效应，因此按照永续盘存法进行估计（张军等，2004）。

表 12 - 3 显示：（1）从各子区域在 2006 ~ 2017 年的总体变化来看，子区域物流业效率一直呈现出不同程度变动，其中变动幅度较大的有塔吉克斯坦、哈萨克斯坦和土库曼斯坦，其中塔吉克斯坦在总体上呈现大幅上升的趋势，哈萨克斯坦呈现先下降后上升的 U 形变化趋势，土库曼斯坦的物流业效率总体呈现下降趋势；其中波幅最小的是青海省和宁夏。（2）从效率值来看，2006 年物流业效率排名前三的区域是：哈萨克斯坦、土库曼斯坦和宁夏，这三个区域均为 DEA 有效，其中最高的哈萨克斯坦物流业效率超过了 2.5；2017 年物流业效率排名前三的区域有：哈萨克斯坦、塔吉克斯坦和宁夏，除了这三个区域和新疆，其余区域的物流业效率都小于 1，为 DEA 无效。（3）对比世界银行发布的 2016 年物流绩效评价指数（LPI），其中中亚五国范围内，物流绩效指数最高的是哈萨克斯坦，排名第二的是乌兹别克斯坦，这与本书计算的物流业效率结果一致；其中中国的物流绩效指数虽然很高，但由于中国西北五省（区）地处中国整体发展相对落后的区域，因此，这与本书测算的效率值基本相符，与此同时，中国西北五省（区）需要借助"丝绸之路经济带"建设为动力，不断提升物流业效率。

12.3.2　"核心区"信息技术发展现状

关于"核心区"信息技术发展现状的描述，同时考虑中国西北五省（区）和中亚五国数据的可得性，这里我们从互联网覆盖率、移动电话使用率和固定电话使用率三个方面展开具体描述。

1. "核心区"互联网覆盖率发展状况描述

我们通过查找《中国统计年鉴》和西北五省（区）统计年鉴和世界银行公开数据库等，将收集到的"核心区"10 个子区域的互联网覆盖率发展情况用图 12 - 1 表示。

图 12 - 1 显示：（1）在变化趋势方面，该"核心区"互联网覆盖率在 2006 ~ 2017 年的变化总体上呈现出上升趋势，各个子区域均出现了不同程度的上升。

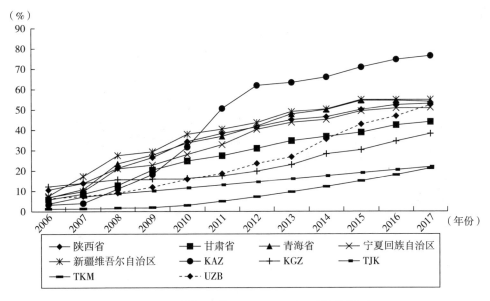

图 12 - 1　"核心区"2006～2017 年互联网覆盖率

（2）在变化程度方面，2006 年时，"核心区"10 个子区域互联网覆盖率最高不到 15%，经过 2006～2017 年这 12 年的发展，到 2017 年时，各子区域互联网覆盖率最低也超过了 20%，其中最高的区域是哈萨克斯坦，互联网覆盖率已经接近 80%，同时也是"核心区"中互联网覆盖率发展最快的区域。（3）在发展现状方面，2017 年互联网覆盖率超过 50% 的区域有：陕西、青海、宁夏、新疆和乌兹别克斯坦，其中覆盖不足 30% 的塔吉克斯坦和土库曼斯坦还需大力发展，以进一步实现信息技术对各行业的促进作用。

2."核心区"移动电话使用率发展状况描述

我们通过查找《中国统计年鉴》和西北五省（区）统计年鉴和世界银行公开数据库等，将收集到的"核心区"10 个子区域的移动电话使用率发展情况用图 12 - 2 表示。

图 12 - 2 显示：（1）在变化趋势方面，2006～2017 年间"核心区"移动电话使用率总体上呈现上升趋势。（2）在变化幅度方面，2006 年时，"核心区"内移动电话使用率均不足 60%，其中使用率最高的是哈萨克斯坦，到 2017 年时，各子区域移动电话使用率均超过了 60%，其中，土库曼斯坦 2006 年时移动电话使用率在"核心区"范围内最低，但 12 年以后最高，并且已经超过了 160%，说明土库曼斯坦在研究年份移动电话普及速度非常快。（3）从发展现状来看，2017 年各子区域中，仅有新疆、甘肃和乌兹别克斯坦的移动电话使用率不足100%，其余子区域的移动电话使用率均超过了 100%，说明到 2017 年时，大部

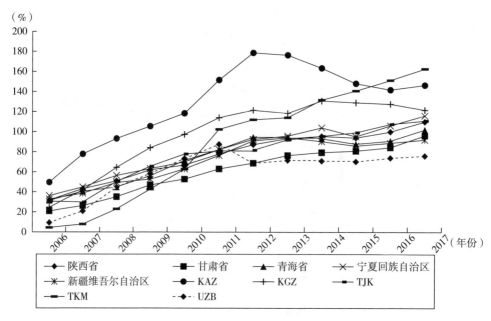

分区域已经实现了移动电话的全覆盖，甚至有一部分人有多部移动电话，这也符合目前人们的生活和对信息需求的现状。

3. "核心区"固定电话使用率发展状况描述

我们通过查找《中国统计年鉴》和西北五省（区）统计年鉴和世界银行公开数据库等，将收集到的"核心区"10个子区域的固定电话使用率发展情况用图12－3表示。

图12－3显示：（1）在变化趋势方面，"核心区"固定电话使用率在2006～2017年总体呈现出不同程度的下降趋势。（2）在变化幅度方面，2006年时，中国西北五省（区）的固定电话使用率在"核心区"范围内均比较高，都在20%以上，2006～2017年，下降较为明显的子区域为新疆和宁夏，下降幅度均超过了10%。（3）在发展现状方面，2017年"核心区"范围内各子区域的固定电话使用率基本都已经下降至20%以下，其中最低的是塔吉克斯坦，仅有5%，可能是由于移动电话的便携性及其功能的多样性使得固定电话在一定范围内被替代，这也符合目前的发展趋势。

12.3.3 "核心区"信息技术发展水平测度及分析

信息技术作为本章的核心解释变量，其发展水平的提高对降低物流业成本、增加物流业产出、进而提高物流业效率具有重要作用。因此，在这里我们将测算

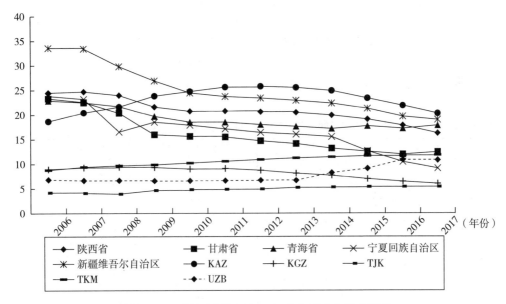

图 12 - 3　"核心区" 2006～2017 年固定电话使用率

并分析 2006～2017 年"核心区"信息技术发展状况。

1. 测算方法选择

主成分分析（Principal Component Analysis，PCA）是由皮尔森（Pearson）和霍特林（Hotelling）提出的一种基于各指标之间的相关关系，利用降维的思想将原来的多个指标转换成少数几个综合的指标，从而使得研究实现简化目的的统计方法①。通过计算之后得到的每个主成分均是原来多个相关变量进行线性组合而成的，而且各个主成分之间互不相关，因此，主成分与原来各变量相比而言更具有一定的优越性。

2. 指标体系及数据来源

第一，建立指标体系。关于信息技术产业发展水平的衡量指标，在考虑到计算结果的合理性和数据的可得性，同时参考杨道玲②（2018）和魏修建③（2012）对国家信息化发展水平和物流业信息化水平的评价指标体系，我们采用的衡量信息技术发展水平的指标为互联网普及率、移动电话使用率和固定电话使用率。

第二，数据来源。本章的原始数据来源于中国西北五省（区）2007～2018

①　刘方舟．基于主成分分析的区域港口竞争力评价研究［D］．长沙：长沙理工大学，2013.

②　杨道玲，李祥丽．"一带一路"沿线国家信息化发展水平测评研究［J］．电子政务，2018（1）：100－109.

③　魏修建，郑广文，张丽淑．基于 ANP 的省域物流业综合发展水平探析［J］．现代财经－天津财经大学学报，2012（11）：101－110.

年的统计年鉴、世界银行公开数据库、中亚五国2007～2018年的统计年鉴。

3. 信息技术发展水平测算结果及分析比较

本章运用SPSS软件,采用主成分分析法分别通过第一步(原始数据的标准化)、第二步(提取主成分)、第三步(计算主成分值)和第四步(计算综合得分)等,最后得到计算结果,如表12－4所示。

表12－4 "核心区"2006～2017年信息技术发展水平测算结果

	2006年	2007年	2008年	2009年	2010年	2011年	2012年	2013年	2014年	2015年	2016年	2017年	均值
陕西	0.26	0.31	0.38	0.42	0.48	0.53	0.58	0.61	0.62	0.64	0.66	0.68	0.51
甘肃	0.19	0.22	0.25	0.29	0.34	0.38	0.41	0.45	0.47	0.48	0.51	0.55	0.38
青海	0.22	0.27	0.35	0.40	0.47	0.52	0.58	0.61	0.62	0.64	0.64	0.67	0.50
宁夏	0.24	0.28	0.33	0.38	0.42	0.48	0.55	0.58	0.60	0.58	0.61	0.62	0.47
新疆	0.32	0.39	0.46	0.47	0.52	0.56	0.62	0.66	0.65	0.66	0.66	0.66	0.55
KAZ	0.22	0.31	0.41	0.51	0.63	0.85	1.00	1.00	0.98	0.95	0.95	0.96	0.73
KGZ	0.13	0.19	0.26	0.32	0.35	0.41	0.44	0.45	0.51	0.51	0.53	0.53	0.39
TJK	0.02	0.07	0.13	0.19	0.23	0.25	0.27	0.31	0.33	0.35	0.38	0.40	0.24
TKM	0.00	0.01	0.06	0.12	0.18	0.31	0.35	0.37	0.44	0.49	0.53	0.59	0.29
UZB	0.03	0.07	0.14	0.20	0.26	0.32	0.30	0.33	0.39	0.45	0.49	0.53	0.29
均值	0.16	0.21	0.28	0.33	0.39	0.46	0.51	0.54	0.56	0.57	0.60	0.62	0.44

表12－4显示:(1) 2006～2017年"核心区"整体的信息技术发展水平基本呈现上升趋势,由2006年的0.16上升到2017年的0.62,2017年基本是2006年的4倍,可以看出信息技术在这12年间发展非常迅速。12年的总体均值为0.44。(2) 从10个子区域的比较来看,12年间的均值由高到低分别是哈萨克斯坦、新疆、陕西、青海、宁夏、吉尔吉斯斯坦、甘肃、土库曼斯坦、乌兹别克斯坦和塔吉克斯坦,均值分别为0.73、0.55、0.51、0.50、0.47、0.39、0.38、0.29、0.29和0.24,最高的是哈萨克斯坦,最低的是塔吉克斯坦,都属于中亚国家。(3) 从总体上看,中亚五国相互间的发展水平差异比较大,中国西北五省(区)相互间发展水平更均衡。

为更直观地比较中亚五国和中国西北五省区,我们根据表12－4做出图12－4:

图12－4显示:(1) "核心区"范围内信息技术发展水平一直呈现上升趋势,包括整个"核心区"范围、中国西北五省(区)和中亚五国范围内的发展水平变化趋势基本一致。(2) 从增长速度来看,2006～2011年的增长速度比较快,2011～2017年间的增长速度逐渐放缓。(3) 从发展水平来看,2006～2017年,中国西北五省(区)的信息技术发展水平一直高于中亚五国,"核心区"整个的信息技术发展水平则一直居于中亚五国与中国西北五省区之间,且经过12年的发展,中亚五国与中国西北五省(区)之间的信息技术发展水平差异也在逐渐缩小。

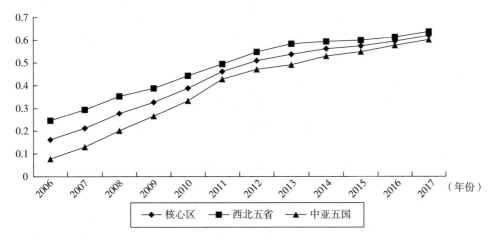

图 12 - 4　2006～2017 年"核心区"信息技术发展趋势

12.4　"核心区"信息技术影响物流业效率的实证分析

本节首先建立信息技术影响物流业效率的面板固定效应（Fixed Effects Model，FEM）回归模型，然后用 2006～2017 年"核心区"的数据进行实证检验，并在此基础上对回归结果进行稳健性和进一步检验，最后针对实证结果进行具体解释分析。

12.4.1　模型设定

1. 面板固定效应模型

第一，个体固定效应模型。个体固定效应模型就是对于不同个体而言，有不同截距项的面板数据模型。个体固定效应模型对于不同的时间序列截距项不同，但对于不同横截面，模型的截距无明显变化。具体表达式如下：

$$y_{it} = \beta_0 + \beta_1 x_{it} + \beta_2 Control_{it} + \mu_{it} \tag{12 - 6}$$

第二，时间固定效应模型。时间固定效应模型就是对于不同（时点）截面而言，有不同截距项的面板数据模型。时间固定效应模型对于不同的截面截距不同，但对不同个体，模型的截距无明显变化。具体表达式如下：

$$y_{it} = \beta_0 + \beta_1 x_{it} + \beta_2 Control_{it} + \beta_3 \alpha_t + \mu_{it} \tag{12 - 7}$$

第三，个体时间双固定效应模型。个体时间双固定效应模型就是对于不同截面而言，有不同截距项的面板数据模型，对于不同的个体，也有不同截距项的模型。具体表达式如下：

$$y_{it} = \beta_0 + \beta_1 x_{it} + \beta_2 Control_{it} + \beta_3 \alpha_t + \beta_4 \gamma_i + \mu_{it} \qquad (12-8)$$

式（12-6）~式（12-8）中，i 表示不同区域，t 为不同时间，y 为物流业效率，x 为信息技术发展水平，Control 为控制变量，α_t 为时间固定效应，γ_i 表示个体固定效应，β 为各变量对物流业效率的影响程度，μ_{it} 为残差项。

2. 面板 Tobit 固定效应模型

考虑到前文测算的"核心区"物流业效率值均大于 0，因此选用截断回归，即 Tobit 模型。同时考虑到回归结果的稳健性，这里建立面板数据固定效应 Tobit 模型，具体模型如式（12-9）所示。

$$\begin{cases} y_{it}^* = \beta_0 + \beta_1 x_{it} + B_3 Control + \alpha_i + \alpha_t + \varepsilon_{it} \\ y_{it} = \max (0, y_{it}^*) \end{cases} \qquad (12-9)$$
$$i = 1, \cdots, N; \ t = 1, \cdots, T$$

式（12-9）中，y_{it}^* 是潜在应变量，潜变量大于 0 时被观察到，取值为 y_{it}，小于等于 0 时在 0 处截尾，x_{it} 是自变量向量，β 是系数向量，误差项 ε_{it} 独立且服从正态分布，α_i 为个体固定效应，α_t 为时间固定效应。

3. 面板门槛效应模型

为了进一步验证不同信息技术发展水平对物流业效率的影响，本章在这里用汉森（Hansen，1999）提出的面板门槛效应模型[1]。该模型用于检验信息技术对物流业效率的回归是否存在非线性关系（即门槛），其优势在于能够根据数据的内在特点自动确定不同区间，从而有效避免人为因素带来的主观性影响[2]。针对所分的不同区间将门槛效应模型分为单门槛模型和多门槛模型，其中单门槛模型具体如式（12-10）所示。

$$\begin{cases} y_{it} = \mu_i + \beta_1' x_{it} I (q_{it} \le \delta) + \beta_2' Control_{it} + \varepsilon_{it} \\ y_{it} = \mu_i + \beta_1' x_{it} I (q_{it} > \delta) + \beta_2' Control_{it} + \varepsilon_{it} \end{cases} \qquad (12-10)$$

式（12-10）中，i 和 t 分别代表地区与时间，μ_i 表示个体效应，q_{it} 为门槛变量，在本文中具体是指信息技术发展水平，δ 为待估的门槛值，$I(\cdot)$ 代表指示性函数，扰动项 ε_{it} 满足独立同分布。

单门槛模型的原假设 H0 为零门槛值，备择假设 H1 为有一个门槛值，"核心区"信息技术发展水平对物流业效率影响的 P 值通过在 1%、5% 或 10% 下的显著性检验，则认为至少存在一个门槛值，还需要继续检验是否存在更多的门槛值。需要建立多门槛模型，具体如式（12-11）所示。

① Hansen B E. Threshold Effects in Non–Dynamic Panel：Estimation, Testing, and Inference ［J］. *Journal of Environment Economics and Management*, 1991, （21）：260–274.

② 林莉. 基于面板门槛模型的融资约束对经营绩效影响实证研究 ［D］. 泉州：华侨大学, 2014.

$$\begin{cases} y_{it} = \mu_i + \beta'_1 x_{it} I\ (q_{it} \leqslant \delta_1) + \beta'_2 Control_{it} + \varepsilon_{it} \\ y_{it} = \mu_i + \beta'_1 x_{it} I\ (\delta_1 < q_{it} \leqslant \delta_2) + \beta_2 Control_{it} + \varepsilon_{it} \\ y_{it} = \mu_i + \beta'_1 x_{it} I\ (q_{it} > \delta_2) + \beta'_2 Control_{it} + \varepsilon_{it} \end{cases} \quad (12-11)$$

式（12 – 11）中所有的字母含义与式（12 – 10）一致，其中 δ_1 和 δ_2 分别表示多门槛下的不同门槛值。

12.4.2 变量介绍及描述性统计

1. 被解释变量

本章的被解释变量是"核心区"的物流业效率，用物流产业产出与投入的比值表示，具体值来自表 12 – 8 中的"核心区"2006 ~ 2017 年各年的效率值。

2. 核心解释变量

本章研究信息技术对物流业效率的影响。因此，核心解释变量就是丝绸之路经济带"核心区"的信息技术水平，它的值来自表 12 – 4 中的"核心区"2006 ~ 2017 年各年的信息技术水平值。

3. 控制变量

物流业效率除了受到信息技术发展的影响之外，还可受到其他因素的影响。在参考王琴梅、谭翠娥（2013）[①] 和王春豪、张杰等（2018）[②] 等相关文献的基础上，结合本章研究对象的特性，我们这里选取经济发展水平、城镇化发展水平、人力资本水平、产业结构和人口密度状况，作为控制变量，具体介绍如下：

第一，经济发展水平。经济发展水平（GDP）是一个地区整体发展状况的具体表现，这个指标能在一定程度上反映物流业发展规模的基础，同时也会对物流业效率产生影响。这里用 GDP 反映地区经济发展水平。

第二，城镇化发展水平。城镇化发展水平（TOWN），城镇化的加速推进为现代产业聚集和人口集中提供了重要基础，这必将促进包括物流业在内的第三产业的快速发展。这里用城镇常住人口占全区常住人口的比重来衡量地区的城镇化发展水平。

第三，人力资本水平。人力资本水平（EDU）对物流业效率的影响在于物流业作为新兴的第三产业，其发展需要大量技术型和管理型等高水平人才加入，因此，物流业发展的需要对人力资本水平必然提出了更高的要求。这里用高等教育毛入学率来反映地区人力资本水平。

第四，产业结构。产业结构（FABRIC）的优化升级必然会促进现代化第三

---

① 王琴梅，谭翠娥. 对西安市物流效率及其影响因素的实证研究：基于 DEA 模型和 Tobit 回归模型的分析 [J]. 软科学，2013，27（5）：70 – 74.

② 王春豪，张杰，丁阳. 中国区域公路物流效率差异及其影响因素研究 [J]. 数理统计与管理，2018，37（2）：318 – 328.

产业整体发展，尤其是其中的物流业也会迅速发展，同时体现出物流业效率的提高。这里用第三产业产值占地区生产总值的比重来表示地区产业结构。

第五，人口密度。人口密度（PEO）在一定程度上带动了生活所需各种资源的集聚，物流业作为与人们生活紧密相关的支撑性产业，会随着人口密度的提升对物流业效率提出更高要求。这里在这里用常住人口占区域面积的比重来表示人口密度。

4. 控制变量的描述性统计

以上控制变量的数据来源是 2007～2018 年的《中国统计年鉴》、中国西北五省（区）统计年鉴、中亚五国国家统计局网站、中国经济与社会发展统计数据库（国际数据）、世界银行公开数据库、亚洲发展银行统计数据库等。我们通过运用 Stata15 软件得出了 2006～2017 年"核心区"整体的控制变量描述性统计情况，如表 12－5 所示：

表 12－5　　　　　　　"核心区" 2006～2017 年控制变量的描述性统计

	样本数	平均值	标准差	最小值	最大值
PEO	120	53.01	52.35	5.67	186.53
GDP	120	24.32	1.21	21.76	26.33
TOWN	120	44.50	9.06	26.51	57.92
FABRIC	120	40.93	7.43	28.19	63.59
EDU	120	27.63	13.91	0.86	57.62

注：表中回归所需控制变量的样本量为 120 个，涉及 10 个子区域的 12 年数据。

表 12－5 显示：（1）从标准差来看，各子区域间的标准差最小的是经济发展水平，说明各区域间的经济发展水平相差不大，这也是以"核心区"为对象进行研究的目的；差异最大的是人口密集水平，这不仅取决于区域人口总数，同时也与区域面积有关，但是从一定程度上来讲，人口密度小的区域对依靠信息技术来提升物流业效率提出了更高的要求。（2）人力资本水平的最小值仅有 0.86，说明"核心区"范围内的有些子区域急需实现人力资本水平的升级，这样才有助于更好地利用信息技术来提升物流业效率。

12.4.3　实证结果及比较分析

本节是通过实证的方式来检验信息技术对物流业效率的影响。下面我们分别通过基准回归、稳健性检验和进一步检验，针对不同的样本数据和模型来验证本章提出的研究假说，最后对实证结果进行具体分析。

1. 基准回归

本章在做基准回归时，以"核心区" 2006～2017 年的数据为样本，分别通过随机效应、时间固定效应、个体固定效应和时间个体双固定效应四个方面进行回归。这种依次递进并结合横向比较的方法，一方面用以检验本章提出的研究假说，另一方面用以确定本章整体回归所适用的特定效应。具体的回归结果如表12－6所示。

表 12－6　　　　　　　2006～2017 年"核心区"整体的信息技术影响
物流业效率的基准回归结果

	模型 1	模型 2	模型 3	模型 4
信息技术发展水平	－ 0. 025	0. 937 ***	1. 281 **	1. 281 ***
	（－ 0. 12）	（3. 38）	（2. 65）	（3. 85）
PEO	0. 003 ***	0. 004 ***	0. 006	0. 006
	（4. 86）	（7. 12）	（0. 23）	（0. 54）
GDP	0. 051	0. 007	－ 0. 645 **	－ 0. 645 ***
	（1. 25）	（0. 19）	（－ 2. 40）	（－ 3. 95）
TOWN	0. 00	－ 0. 001	0. 046	0. 046 **
	（0. 03）	（－ 0. 28）	（1. 65）	（2. 54）
FABRIC	0. 001	0. 002	－ 0. 024	－ 0. 024 **
	（0. 25）	（0. 45）	（－ 1. 59）	（－ 2. 49）
EDU	0. 001	－ 0. 004	－ 0. 016	－ 0. 016 **
	（0. 18）	（－ 1. 33）	（－ 1. 82）	（－ 1. 99）
_cons	－ 1. 195	－ 0. 417	14. 473 **	14. 473 ***
	（－ 1. 36）	（－ 0. 59）	（2. 91）	（4. 17）
N	120	120	120	120
个体固定效应	不控制	不控制	控制	控制
时间固定效应	不控制	控制	不控制	控制
r2	—	0. 5	0. 164	0. 164
F		16. 977	4. 176	3. 399

注：（1） ＊，＊＊ 和 ＊＊＊ 分别表示10%，5% 和1% 的显著性水平，括号内为 t 值（下同）。（2）以2006～2017 年"核心区"的数据为样本，通过不同的回归模型对比，表现出的信息技术发展水平对物流业效率的影响是存在差异的。模型 1 为在随机效应下，信息技术发展水平对物流业效率影响的回归结果，模型 2 是在模型 1 的基础上控制了时间固定效应，模型 3 是在模型 1 的基础上增加了个体固定效应，模型 4 是在模型 1 的基础上进一步增加了时间和个体双固定效应。

表 12－6 显示：（1）信息技术发展水平对物流业效率的影响在随机效应模型之下的回归结果不显著，说明不同时间和不同个体差异会对物流业效率产生影响。（2）模型 2 在模型 1 的基础上控制时间固定效应，回归结果由不显著变为1% 水平上的正向显著，同时模型 3 在模型 1 的基础上控制了个体固定效应，回归结果也由不显著变为5% 水平上的正向显著，说明时间和个体的差异分别会对物流业效率产生影响，因此，有必要同时控制时间效应和个体效应进行检验。（3）模型 4 是这四个回归结果中最为显著的，显著性水平为1% 水平上的正向显著，同时信息技术发展水平每提升 1 单位会带来物流业效率提升 1. 28 个单位，因此，可以说明信息技术发展水平对物流业效率的影响更适用时间个体双固定效应模型，这也为本章在接下来的稳健性检验和进一步研究提供了重要的选择基

础。（4）从控制变量来看，基本上只有在同时控制时间效应和个体效应时，各控制变量对物流业效率的影响才显著，其中城镇化的影响显著为正，但经济发展水平、产业结构和人力资本水平都显著为负，这可能是由于各区域的经济发展水平还处于数量增长的需要，物流业水平尚未得到重视，出现效率低下的状态不能与当地经济水平相匹配；各区域产业结构可能还处于大力发展农业或者工业发展的初级阶段，对提升物流业效率的需求不明显，落后的状态尚未得到改善；人力资本水平可能还处于初期的培养阶段，没有形成规模效应，对物流业的溢出效应尚未显现，或者说物流业目前的发展规模和现状还不能吸引高水平人才。

2. 稳健性检验

为了进一步检验"核心区"信息技术发展水平对物流业效率影响结论的稳定性以及遗漏变量可能带来的内生性问题，下面我们通过分不同区域、分解释变量和变换回归模型等方法来验证基准回归的结论。

第一，分不同区域检验。根据基准回归中模型4的结果，进一步将"核心区"范围样本根据区域分为中国西北五省（区）和中亚五国两个分样本，分别用面板固定效应模型进行回归。具体结果见表12 -7。

表12 -7 "核心区" 2006 ~2017 年信息技术影响物流业效率的
分不同区域回归结果

	模型 5	模型 6
信息技术发展水平	0. 006 *** (4. 95)	3. 26 (1. 75)
PEO	-4. 22 (-1. 5)	0. 001 (0. 08)
GDP	0. 852 ** (2. 50)	2. 338 *** (8. 04)
TOWN	0. 146 ** (2. 81)	-0. 280 *** (-6. 77)
FABRIC	0. 107 *** (6. 18)	0. 059 (0. 80)
EDU	-0. 001 ** (-2. 9)	-0. 01 (-0. 61)
_cons	-27. 15 *** (-3. 3)	-43. 381 *** (-5. 78)
N	60	60
个体固定效应	控制	控制
时间固定效应	控制	控制
r2	0. 713	0. 669
F	39. 97	35. 73

注：（1） *，** 和 *** 分别表示10% ，5% 和1% 的显著性水平。（2）表12 -7 中，模型5是中国西北五省（区）的信息技术发展水平对物流业效率的回归结果，模型6是中亚五国信息技术发展水平对物流业效率的回归结果。

表 12 - 7 显示：（1）从模型 5 得到的中国西北五省（区）的回归结果来看，信息技术发展水平对物流业效率的影响在 1% 的水平上正向显著；控制变量中经济发展水平、城镇化水平和产业结构对物流业效率的影响正向显著，说明这些因素的提升能够提升物流业效率；人力资本水平对物流业效率显著影响，但作用效果为负向，或许是因为：一方面，目前的物流业发展对人力资本的需求大部分为快递员、运输员和分拣员等，这些人员对人力资本的要求不高；另一方面，人力资本水平的发展还不足以对物流业发展起到正向溢出效应；人口密度对物流业效率的影响不显著，或许是由于目前该区域的人口集聚水平还不够。（2）从模型 6 得到的中亚五国的回归结果来看，信息技术发展水平对物流业效率的影响为正向，但还没有呈现出显著，可能是由于中亚五国的信息技术水平较低，它的发展还没有对物流业形成溢出效应；控制变量中的人口密度对中亚五国物流业效率的影响不显著，或许是人口的集聚程度不够、没有对物流业发展产生更高的需求或带动作用；产业结构对物流业效率的影响不显著，这可能是该区域的第三产业整体发展水平本身就不高，还没有形成对物流业的规模需求；人力资本水平对物流业效率的影响也不显著，可能的原因是该区域物流业发展对人力资本还没有提出更高的要求，或者是人力资本从根本上就供给不足。（3）对比模型 5 和模型 6 的回归结果来看，中国西北五省（区）信息技术发展水平对物流业效率的影响比中亚五国更显著，可能是由于不同区域之间的发展从根本上是存在差异，或者是区域间的政策作用不同而产生差异。

第二，分解释变量检验。为了进一步验证信息技术发展水平对物流业效率的影响结果的稳定性，将本章用于测算信息技术发展水平的三个二级指标分别对物流业效率进行回归，以揭示其内部的影响。基于基准回归的结果，在这里进行分解释变量检验时，用时间和个体双固定效应模型，将信息技术发展水平这一指标拆分为互联网覆盖率、移动电话使用率和固定电话使用率这三个分解释变量。具体结果如表 12 - 8 所示。

表 12 - 8　　"核心区" 2006 ~ 2017 年信息技术影响物流业效率的分解释变量回归结果

	模型 7	模型 8	模型 9
互联网覆盖率	0.009 *** (3.44)		
移动电话使用率		0.011 * (1.96)	
固定电话使用率			0.001 (0.37)
PEO	0.003 *** (6.83)	0.004 *** (6.44)	0.003 *** (6.04)
GDP	0.026 (0.85)	0.012 (0.28)	0.074 ** (2.51)

续表

	模型 7	模型 8	模型 9
TOWN	−0. 002	0. 002	0. 001
	(−0. 44)	(0. 43)	(0. 17)
FABRIC	0. 006	0. 004	0. 001
	(1. 17)	(0. 75)	(0. 25)
EDU	−0. 003	0. 000	0. 002
	(−1. 01)	(0. 13)	(0. 84)
_cons	−0. 872	−0. 599	−1. 860 ***
	(−1. 36)	(−0. 69)	(−3. 03)
N	120	120	120
个体固定效应	控制	控制	控制
时间固定效应	控制	控制	控制
r2	0. 501	0. 464	0. 444
F	17. 09	14. 703	13. 593

注：（1）＊，＊＊ 和 ＊＊＊ 分别表示10%、5% 和1% 的显著性水平。（2）表 12 − 8 中的模型 7 为互联网覆盖率对物流业效率的影响回归结果，模型 8 为移动电话使用率对物流业效率的影响回归结果，模型 9 为固定电话使用率对物流业效率的影响回归结果。

表 12 − 8 显示：（1）从模型 7 得出结果显示，互联网覆盖率对物流业效率的影响为1% 水平上的正向显著，并且互联网覆盖率每提升 1 个单位带来的物流业效率提升 3. 44 个单位；从模型 8 得出结果显示，移动电话使用率对物流业效率的影响为10% 水平上的正向显著，移动电话使用率每提升 1 个单位所带来的物流业效率提升 1. 96 个单位；从模型 9 结果来看，固定电话使用率对物流业效率的影响不显著，这与目前移动电话在很大程度上取代了固定电话有关。（2）从控制变量的影响情况来看，模型 7 到模型 9 得出的结果中均出现了城镇化水平、产业结构和人力资本水平的回归结果不显著，可能是由于"核心区"城镇化水平比较低，没有形成人口在城镇集聚进而对物流业效率提出更高要求，或者是因为该区域一级城镇的物流覆盖程度不高、不能形成对物流业效率的促进作用；"核心区"范围内的主要产业可能主要集中在农业，尤其是中亚五国对于工业和第三产业的发展比较薄弱，因此不能通过产业带动来促进物流业效率提升；针对整个"核心区"人力资本不能正向作用于物流业效率，可能是由于人力资本水平本身就比较薄弱，同时物流业目前的发展对高水平人才需求不是非常旺盛。

第三，更换回归模型检验。上述基准回归结果和分解释变量的回归结果分别显示信息技术发展水平及其分解释变量在一定程度上对物流业效率的影响正向显著。考虑到物流业的效率值均为大于 0，同时基准回归结果显示的面板数据使用固定效应，这里参照霍诺雷（Honore，1992）[1] 拓展的面板固定效应 Tobit 模型，对本章的研究结果进行进一步的稳健性检验。由于固定效应面板 Tobit 模型本身

---

① Honore Bo E. Trimmed LAD and Least Squares Estimation of Truncated and Censored Regression Models with Fixed Effects [J]. *Econometric*, 1992 (60): 533 − 565.

的局限性，不能同时控制个体效应和时间效应固定，因此在这里分别针对个体效应固定和时间效应固定进行了回归检验，具体结果见表 12 – 9。

表 12 – 9　　　　"核心区" 2006～2017 年信息技术影响物流业效率的
更换回归模型检验结果

	模型 10	模型 11	模型 12	模型 13	模型 14	模型 15	模型 16	模型 17
信息技术 发展水平	1.191** (2.19)				1.670** (2.11)			
互联网 覆盖率		0.015*** (2.62)				0.019*** (2.98)		
移动电话 使用率			0.006* (1.68)				0.007* (1.75)	
固定电话 使用率				0.012 (1.05)				0.01 (0.49)
PEO	0.004*** (5.45)	0.004*** (5.94)	0.004*** (8.83)	0.004*** (5.01)	0.009 (0.23)	0.007 (0.18)	0.007 (0.21)	0.005 (0.16)
GDP	0.006 (0.27)	0.021 (0.60)	0.086*** (3.77)	0.021 (0.43)	-0.887** (-2.17)	-0.801** (-1.98)	-0.26 (-0.91)	-0.204 (-1.16)
TOWN	-0.002 (-0.47)	-0.002 (-0.56)	0.001 (0.17)	0.001 (0.40)	0.067* (1.74)	0.047 (1.33)	0.029 (0.81)	0.035 (0.81)
FABRIC	0.003 (0.60)	0.007 (1.26)	0.003 (0.58)	0.005 (0.87)	-0.035 (-1.44)	-0.043** (-2.05)	-0.006 (-0.34)	-0.005 (-0.26)
EDU	-0.005 (-1.03)	-0.004 (-0.93)	0.001 -0.57	0.000 (-0.13)	-0.020* (-1.69)	-0.015 (-1.53)	-0.013 (-1.29)	-0.013 (-1.36)
个体固定效应					控制	控制	控制	控制
时间固定效应	控制	控制	控制	控制				
N	120	120	120	120	120	120	120	120

注：(1) *，** 和 *** 分别表示 10%，5% 和 1% 的显著性水平。(2) 表 12 – 9 中的模型 10 到模型 13 分别为信息技术发展水平、互联网覆盖率、移动电话使用率和固定电话使用率在时间效应固定的情况下对物流业效率的影响结果，模型 14 到模型 17 分别为信息技术发展水平、互联网覆盖率、移动电话使用率和固定电话使用率在个体效应固定的情况下对物流业效率的影响结果。

表 12 – 9 显示：(1) 模型 10 和模型 14 中得出的结果显示，信息技术发展水平对物流业效率的影响无论是控制时间效应固定还是个体效应固定，回归结果均是在 5% 的水平上正向显著，在时间效应固定时信息技术发展水平每提升 1 个单位对应的物流业效率提升 2.19 个单位，在个体效应固定时信息技术发展水平每提升 1 个单位对应的物流业效率提升 2.11 个单位。(2) 模型 11 和模型 15 的回归结果显示，互联网覆盖率对物流业效率的影响分别在控制时间效应固定和个体效应固定的情况下均是在 1% 的水平上正向显著，在固定时间效应时互联网覆盖率每提升 1 个单位，对物流业效率的影响为 2.62 个单位，在固定个体效应时互联网覆盖率每提升 1 个单位，对物流业效率的影响为 2.98 个单位。(3) 模型 12 和模型 16 显示出移动电话对物流业效率的影响程度在控制时间固定效应和个体固定效应情况下均是在 10% 的水平上正向显著，并且不同固定效应情况下的影

响程度基本一致。（4）模型 13 和模型 17 的回归结果显示，无论是控制个体固定效应还是时间固定效应的情况下，固定电话对物流业效率的影响均不显著，这与分解释变量的回归结论一致，是由于固定电话已经基本被移动电话取代。（5）从控制变量的回归结果来看，各控制变量均在不同程度上出现对物流业效率的显著影响，只是产业结构和人力资本水平这两个控制变量对物流业效率的影响结果是负向的，可能是由于"核心区"第三产业发展缓慢，物流业发展还不足、效率提升受到了一定限制；由于"核心区"物流业水平本身比较低，主要人员水平比较低，同时该区域人力资本水平总体比较低，不能形成对物流业的溢出效应。

3. 进一步检验——门槛效应

进行门槛效应检验，这是为了研究"核心区"信息技术水平在不同发展阶段对物流业效率的影响情况如何，以进一步深入探究信息技术目前的发展现状，进而用以更好地指导信息技术促进物流业效率提升。

第一，信息技术发展水平对物流业效率影响的门槛效应检验结果。这里运用 Stata15 软件设置 1000 次自抽样的方法搜寻信息技术发展水平对物流业效率影响的门槛值，分别进行单门槛、双门槛和三门槛检验，具体门槛个数及门槛值见表 12 - 10 和表 12 - 11。

表 12 - 10　　　"核心区"信息技术发展水平影响物流业效率的
门槛估计值和置信区间

	门槛值	95% 置信区间
单门槛	0. 0000	-
双门槛	0. 8521	[0. 6755, 0. 9462]
三门槛	0. 0173	

表 12 - 11　　　"核心区"信息技术发展水平影响物流业效率的
门槛自抽样检验结果

门槛数	自抽样次数	F 值	P 值	10% 临界值	5% 临界值	1% 临界值
单门槛	1000	533. 64	0. 000 ***	23. 921	30. 2792	43. 5863
双门槛	1000	21. 84	0. 054 *	17. 4589	22. 3261	34. 5244
三门槛	1000	18. 36	0. 479	73. 1893	120. 3101	174. 6918

表 12 - 10 结合表 12 - 11 显示："核心区"信息技术发展水平对物流业效率的影响存在双门槛，其中第一个门槛在起点位置，且门槛值在 1% 水平上通过显著性检验；第二个门槛值为 0. 8521，且门槛值在 10% 的水平上通过显著性检验。因此，接下来基于这两个门槛值分别进行固定效应回归。

第二，信息技术发展水平对物流业效率影响的门槛模型回归结果。针对以上检验"核心区"信息技术发展水平对物流业效率的影响中存在的两个门槛值，分别进行回归，具体回归结果见表 12 - 12。

表 12 - 12　　　　　　　　"核心区"信息技术发展水平影响物流业效率的
门槛模型回归结果

	模型 18 - 单门槛			模型 19 - 双门槛		
	Coef.	t	P > | t |	Coef.	t	P > | t |
PEO	- 0.01	- 1.63	0.11	- 0.01	- 2	0.05 *
GDP	- 0.11	- 0.92	0.36	0.04	0.30	0.76
TOWN	0.00	0.33	0.74	0.001	0.45	0.65
FABRIC	- 0.00	- 0.45	0.65	- 0.01	- 1.90	0.06 *
EDU	0.00	0.17	0.87	0.00	0.15	0.88
Iq_1	223264	21.32	0.00 ***	223809	23.30	0.00 ***
Iq_2				- 0.794	- 3.81	0.00 ***
_cons	3.50	1.27	0.21	0.63	0.24	0.81
sigma_u	0.60			0.60		
sigma_e	0.09			0.08		
rho	0.98			0.98		

注：（1）＊，＊＊和＊＊＊分别表示 10%，5% 和 1% 的显著性水平。（2）表 12 - 12 中的模型 18 和模型 19 分别为信息技术发展水平对物流业效率的单门槛和双门槛回归结果。

表 12 - 12 显示：（1）在这两个门槛效应回归中，信息技术对物流业效率的影响都是显著，说明物流业效率提升对信息技术的发展依赖程度较高，这与基准回归的结论一致。（2）人口密度和产业结构对物流业效率的影响在第一个门槛值处不显著，但是到第二个门槛值处变成显著影响，说明随着人口集中所带来的资源集聚水平提升和产业结构不断优化带动的第三产业发展对物流业效率的影响作用不断提升。（3）经济发展水平、城镇化水平和人力资本水平对物流业效率在两个门槛处的回归均不显著，可能的原因是经济发展水平的提升倒逼物流业发展的作用还不是很大，也可能是"核心区"经济发展水平和物流业效率不匹配所致；针对城镇化水平对物流业效率影响不显著，或许是因为城镇化水平太低并没有对物流业效率提出更高的要求，或者是因为物流业在城镇的覆盖率还不足以影响到其销量；针对人力资本水平对物流业效率的影响不显著，可能是因为该区域的人力资本水平还不足以对物流业效率产生促进作用，或者该区域的物流业效率对人资本的需求还处于初级阶段，对高水平人才需求较少。

第三，分解释变量对物流业效率影响的门槛效应检验。分析互联网覆盖率、移动电话使用率和固定电话使用率对物流业效率影响的门槛效应将有助于弄精准通过哪一项具体的信息技术来提升物流业效率。通过对每一个分解释变量依次进行单门槛、双门槛和三门槛检验，搜寻其对物流业效率影响的门槛值及其门槛个数，结果如表 12 - 13 和表 12 - 14 所示。

表 12 - 13　　　　"核心区"信息技术影响物流业效率的分解释变量
门槛估计值和置信区间

变量	门槛数	门槛值	置信区间
互联网覆盖率	单门槛	1.32	—
	双门槛	4.02	[3.77, 5.00]
	三门槛	66	
移动电话使用率	单门槛	4.51	—
	双门槛	29.82	[26.23, 30.71]
固定电话使用率	单门槛	9.39	[9.31, 9.41]

表 12 - 14　　　　"核心区"信息技术影响物流业效率的分解释变量
门槛自抽样检验结果

门槛变量	门槛数	F 值	P 值	10% 临界值	5% 临界值	1% 临界值
互联网覆盖率	单门槛	499.06	0.00 ***	27.01	46.30	76.07
	双门槛	41.94	0.00 ***	17.96	21.70	29.60
	三门槛	33.40	0.17	47.63	61.62	106.30
移动电话使用率	单门槛	584.98	0.00 ***	26.36	35.65	57.51
	双门槛	8.99	0.53	19.06	25.35	43.67
固定电话使用率	单门槛	22.19	0.25	42.24	72.84	230.99

注：*** 、** 、* 分别表示在1%、5%、10%的水平下显著。

表 12 - 13 结合表 12 - 14 显示："核心区"互联网覆盖率对物流业效率的影响三门槛效应没有通过检验，说明存在两个门槛值，分别为 1.32 和 4.02，自抽样检验的 P 值均为 0.00；移动电话使用率对物流业效率的影响存在一个门槛值，双门槛效应的 P 值没有通过检验，这一门槛值为 4.51；固定电话使用率对物流业效率的影响不存在门槛值，这也符合前面基准回归与稳健性回归中的固定电话使用率对物流业效率的影响不显著。

第四，分解释变量对物流业效率影响的门槛模型回归结果。根据分解释变量的门槛个数检验结果，针对互联网覆盖率对物流业效率影响存在的双门槛效应和移动电话使用对物流业效率影响存在的单门槛效应进行固定效应回归分析，结果如表 12 - 15 所示。

表 12 - 15　　　　"核心区"信息技术分解释变量对物流业效率影响的
门槛效应回归结果

	模型 20 - 互联网覆盖率 影响的单门槛			模型 21 - 互联网覆盖率 影响的双门槛			模型 22 - 移动电话使用率 影响的单门槛		
	Coef.	t	P > | t |	Coef.	t	P > | t |	Coef.	t	P > | t |
PEO	0.03	1.99	0.05 *	0.02	1.84	0.07 *	0.01	0.49	0.63
GDP	-0.69	-2.61	0.01 **	-0.66	-2.49	0.01 **	-0.58	-2.07	0.04 *
TOWN	0.04	2.23	0.03 *	0.03	1.60	0.11	0.02	1.20	0.23
FABRIC	0.00	-0.21	0.83	0.00	-0.01	1.00	0.00	-0.06	0.96

续表

	模型 20 - 互联网覆盖率影响的单门槛			模型 21 - 互联网覆盖率影响的双门槛			模型 22 - 移动电话使用率影响的单门槛		
	Coef.	t	P > | t |	Coef.	t	P > | t |	Coef.	t	P > | t |
EDU	0.00	-0.54	0.59	0.00	-0.31	0.76	0.00	-0.23	0.82
Iq_1	0.01	3.02	0.00***	0.05	1.97	0.05*	0.00	-1.79	0.08*
Iq_2				0.01	3.15	0.00***			
cons	14.05	2.34	0.02**	13.59	2.26	0.03*	13.10	2.09	0.04*
sigma_u	1.43			1.33			0.69		
sigma_e	0.21			0.20			0.21		
rho	0.98			0.98			0.91		

注：***、**、*分别表示在1%、5%、10%的水平下显著。

表 12 - 15 显示的互联网覆盖率对物流业效率的单门槛和双门槛效应回归以及移动电话使用率对物流业效率的回归结果可以看出：（1）模型 20 的结果是，互联网使用率对物流业效率的影响在小于第一个门槛值时为在 1% 的水平上正向显著，互联网覆盖率每提升 1 个单位带来的物流业效率提升 0.01 个单位；同时控制变量中的人口密度、经济发展水平和产业结构对物流业效率的影响在小于第一个门槛期间为显著影响，说明在较低水平的物流业效率处，这些因素能够显著促进物流业效率提升；但是城镇化水平和人力资本水平对物流业效率的影响在此期间不显著，说明物流业发展在较低的阶段尚未受到城镇化发展带来的集聚效应和人力资本水平背后的高等教育普及带来的溢出效应。（2）在互联网覆盖率发展的第二个门槛时，其对物流业效率的影响依然是 1% 水平上的正向显著，同时相比于第一个发展期间，出现的产业结构对物流业效率的影响由上一区间的显著影响变得不显著了，可能是在互联网覆盖水平不断提升时产业结构的发展变化没有跟随其快速进步，出现了不能显著提升物流业效率的状况。（3）移动电话使用率对物流业效率的影响在仅有的一个门槛值区间为 10% 的水平上正向显著，但是出现人口密度、产业结构、城镇化水平和人力资本水平这些控制变量在移动电话使用率发展到这一区间不能显著影响物流业效率，可能的原因是在移动电话使用率进一步提升时，也需要加速人口集聚、产业结构不断优化、城镇化进一步发展和高等教育入学率的继续提升。

12.5　研究结论及相应的对策建议

在前面几节中，首先建立了信息技术影响物流业效率的理论模型，然后测度 2006 ~ 2017 年"核心区"的物流业效率和信息技术发展水平，最后进一步运用实证方法研究信息技术发展水平对物流业效率的影响。本节将在总结前文研究结论的基础上，针对性地提出提升物流业效率的对策建议。

12.5.1 研究结论总结

本章以丝绸之路经济带"核心区"的信息技术对物流业效率的影响为考察对象，在现状描述的基础上，首先运用超效率 SBM 模型和主成分分析法分别对该"核心区"物流业效率和信息技术发展水平进行测度和比较，然后通过面板固定效应等模型分析信息技术对物流业效率的影响大小。得出的主要结论是：

（1）信息技术是指利用计算机、网络和现代通信手段获取、传递、存储、处理、显示和分配信息的相关技术[①]。其水平高低可以用互联网覆盖率、移动电话使用率和固定电话使用率等三个指标表示。物流业效率是指物流业总投入与物流业总产出之间的比率关系[②]。其高低可以用物流业总产出/物流业总投入来表示[③]。

（2）丝绸之路经济带"核心区"是包括中国西北五省区和中亚五国在内的空间范围。根据中国西北五省区统计年鉴和中亚五国统计局等数据来源，本章测算出的该"核心区"物流业效率结果是：①在 2006~2017 年的 12 年间，"核心区"整体的物流业效率均值为 0.99，为 DEA 无效，但在 2006~2017 年有 5 年的效率值是大于 1 的，为 DEA 有效，其他 7 年均小于 1，大致呈现出"W"变化趋势。②在"核心区"范围内的 10 个子区域中，2006~2017 年的 12 年中，物流业效率均值由高到低的排序是塔吉克斯坦、哈萨克斯坦、宁夏、陕西、乌兹别克斯坦、新疆、甘肃、土库曼斯坦和吉尔吉斯斯坦；中亚五国各区域效率值极差为 2.49，中国西北五省（区）的效率极差为 1.16，中亚五国比中国西北五省区的效率均值差异更大，中国西北五省区相互之间更均衡。③本章测算的中亚各国物流业效率值排名次序，与世界银行最新公布的物流绩效指数 LPI 排名次序基本一致。

（3）本章测度出的该"核心区"信息技术发展水平结果是：①2006~2017 年"核心区"整体的信息技术发展水平基本呈现上升趋势，由 2006 年的 0.16 上升到 2017 年的 0.62，2017 年基本是 2006 年的 4 倍，可以看出信息技术在这 12 年间发展非常迅速。12 年的总体均值为 0.44。②从"核心区"10 个子区域的比较来看，12 年间的均值由高到低分别是哈萨克斯坦、新疆、陕西、青海、宁夏、吉尔吉斯斯坦、甘肃、土库曼斯坦、乌兹别克斯坦和塔吉克斯坦，均值分别为 0.73、0.55、0.51、0.50、0.47、0.39、0.38、0.29、0.29 和 0.24，最高的是哈萨克斯坦，最低的是塔吉克斯坦，都属于中亚国家。③从总体上看，中亚五国相互间的发展水平差异比较大，中国西北五省（区）相互间发展水平更均衡。

---

① 郭建波，郭建中. 信息技术词典［M］. 北京：化学工业出版社，2004.
②③ 王琴梅，谭翠娥. 对西安市物流效率及其影响因素的实证研究：基于 DEA 模型和 Tobit 回归模型的分析［J］. 软科学，2013（5）.

（4）实证分析"核心区"信息技术对物流业效率影响的结果显示：①信息技术发展水平对物流业效率的影响适用固定效应模型，并且信息技术发展水平对物流业效率的影响在 1% 的水平上正向显著。②通过分区域回归发现，中国西北五省区信息技术的影响在 1% 水平上正向显著，中亚五国信息技术对物流业效率正向影响，但不显著。③通过分解释变量回归分析发现，互联网覆盖率和移动电话使用率对物流业效率的影响正向显著，但是固定电话使用率对物流业效率的影响不显著，可能是由于固定电话逐渐被移动电话所替代所致。④通过将回归模型更换为面板固定效应 Tobit 的回归结果发现，无论是个体效应固定还是时间效应固定，结果都是信息技术发展水平、互联网覆盖率和移动电话使用率对物流业效率的影响正向显著，固定电话使用率对物流业效率的影响不显著，这与基准回归和分解释变量回归的结果基本一致。⑤进一步通过固定面板门槛效应的回归结果显示，信息技术发展水平对物流业效率的影响存在双门槛效应，分解释变量的门槛效应检验中发现互联网覆盖率对物流业效率的影响存在双门槛效应，移动电话使用率对物流业效率的影响存在单门槛效应，而固定电话使用率对物流业效率的影响不存在门槛效应，这也与基准回归和分解释变量回归的结论基本一致。

12.5.2 针对性对策建议

根据以上理论结合实证分析所得结论为依据，为进一步通过信息技术发展并应用于物流活动中，以提升"核心区"物流业效率，我们在这一节分"核心区"整体、中国西北五省（区）和中亚五国这三个层面，分别提出相应的对策建议。

1. 针对"核心区"整体的对策建议

第一，"核心区"加速完善物流信息网络与建设智慧物流园区。实证结论显示信息技术发展水平提升将从整体上为物流业发展提供基础支撑，具体可以通过加速完善"核心区"物流信息网络与建设智慧物流园区得以实现。物流信息网络为物流业发展提供"连接器"的作用，智慧物流园区为物流业效率提升提供"加速器"的作用。"核心区"完善物流信息网络和建设智慧型物流园区，不仅能够使"核心区"内部以至整个丝绸之路沿线上的国家和地区物流业发展受益，同时能够缩小不同国家和地区间物流业信息技术的差距，进而在整体上提升物流业效率，这也将加速推进"丝绸之路经济带"倡议的落地。物流信息网络是利用计算机硬件、软件、网络通信以及其他设备，进行物流信息的收集、传输、加工、储存、维护和更新，以实现物流信息资源的共享[①]。智慧型物流园区是将互联网、新一代信息技术和现代化管理等应用于物流园区的实际运营中，实现物流园区运作的可视化、智能化、可控化、网络化、信息化和自动化[②]。完善的物流

---

① 纪良纲，张云朝．京津冀区域物流信息网络一体化研究［J］．经济与管理，2010，24（4）：5 - 8.
② 王之泰．城镇化需要"智慧物流"［J］．中国流通经济，2014，28（3）：4 - 8.

信息网络和智慧型物流园区,可以实现"丝绸之路经济带"沿线上物流活动智能化运作、不同园区间物流和信息流对接的便捷化。具体通过以下三个方面实现:一是完善物流信息网络。在"核心区"范围内,信息技术作为物流活动实现的基础支撑设施,协助陆路、航空线路、管道等高质量运作,进而提升物流业效率。同时进一步完善物流信息网络,加速建设包括高铁、互联网和移动信息通信技术等为引领方向的现代化物流信息网络。这种在"核心区"范围内高度集中"陆、空、管、网"为一体的复合型物流信息网络体系为物流业效率的提升提供了基础保障,甚至为"丝绸之路经济带"沿线国家物流业快速发展提供了更好的枢纽作用①。二是加速智慧物流园区标准化建设。智慧型物流园区既是提升物流业效率的主战场,也是发展应用于物流业信息技术的试验田。智慧物流园区目前建设的重要任务是标准化,因为"丝绸之路经济带"以及其"核心区"范围的物流活动是属于跨国、跨区域的作业。标准化既能满足物流园区内不同环节的连接,同时也可以实现尤其是跨国、跨区域间的园区信息交换和物流活动实施。因此,"核心区"建设的智慧型物流园区不仅要满足标准化建设的需要,还应该积极引进先进的专用物流信息技术,同时也要注重物流业信息技术的自我创新。三是政策支持园区建设。"核心区"在建设智慧型物流园区面临的最大困境是资金不足和跨国区域的政策支持。建设需要充分借助亚投行、"丝路基金"和亚洲基础设施投资银行等投融资平台的帮助,同时充分发挥民间资本的作用,借助 PPP 模式为智慧型物流园区建设提供必要的资金帮助。智慧型园物流区建设需要提高政府管理和服务水平,同时也需要从税收优惠、审批变审核登记等方面鼓励智慧型物流园区建设。

第二,提升高等教育质量的同时注重培养和引进物流技术型人才。人才是技术创新的动力,高等教育是人才培养的重要手段。针对实证得出的信息技术对物流业效率提升的正向促进作用,"核心区"提出高质量发展高等教育,应该从提升高等教育以满足社会各方面发展需求的程度出发,为满足社会对高等教育人才能力和素质的需求,同时也将从整体上全面提升物流从业人员质量。就地培养和异地引进物流技术型人才将从技术层面加速物流业的信息技术创新和升级,同时也可以增加新型物流业信息技术的应用程度,这种高水平的人力资本配合先进的物流业信息技术将有助于物流业效率的加速提升。具体可以通过三个方面予以实现:一是实现高等教育从数量向质量转变。"丝绸之路经济带"建设以及其沿线国家物流业发展开始对复合型和国际化技术型人才需要快速增多,因此对高等教育培育人才提出了更高的要求。高等教育从数量向质量改变的过程,一方面需要积极引导学生树立终身学习意识,不仅要将所学专业知识应用到具体实践中,同

① 王胜利,白暴力. 习近平新时代中国特色社会主义交通运输理论研究:马克思主义交通运输理论的丰富和发展 [J]. 陕西师范大学学报(哲学社会科学版),2018,47(2):20-29.

时也要培养学生再学习的能力，使其有能力解决以后工作中的难题，并且将其进一步的实践所得予以深化；另一方面要注重高等职业技术院校学生的多元化培养，主要培养学生技术操作的同时可以提供一到两年的公共基础课程，这不仅能够满足物流业发展对专业人才的需求，同时也能使高等教育带来的全民素质得以提高，进一步提升"核心区"物流业效率。二是培养物流技术型创新人才。首先，以实践和应用为导向完善物流技术型人才培养体系，包括专业课程设置、注重实践环节和学习成果考核，培养物流技术型人才的创新力；其次，通过"产—学—研—创—用"全方位结合的方式培养技术创新型人才，重点使"核心区"范围内的龙头企业、"双一流"高等院校、科研院所和行业协会等相关人员参与物流活动过程，为了能从实践中找到信息技术创新的契机；最后，以赛督学，设置各种物流业信息技术操作技能大比武，鼓励物流技术型人才参与区域间、行业间和企业间的专业信息技术创新比赛，激发物流业信息技术人才的创造力。三是积极引进物流技术型人才。"核心区"在整个"丝绸之路经济带"沿线上是一个凹地，因此在物流活动过程中要积极引进物流技术型人才，不仅能够提升该区域的物流业效率，同时也能够提升整个"丝绸之路经济带"沿线上的物流业效率。一方面，实现"核心区"范围内各子区域间物流技术型人才流动，提升该区域物流技术型人才质量；另一方面，不断优化现有人才计划，进一步引进国内、"丝绸之路经济带"沿线上以及发达国家的物流技术型高端人才，通过智力支持实现"核心区"物流业信息技术发展水平提升，进而提升物流业效率。

第三，推进信息技术与物流业深度融合并加强"核心区"内相互联系。在"互联网＋"时代下，物流业作为一个复合型服务业，已经在与信息技术逐步实现着跨界融合，同时结合信息技术对整个"核心区"物流业效率有促进作用的实证结论，可以得出信息技术在物流业的应用成为带动物流产业链升级的加速器。从"核心区"空间范围层面来提升物流业效率，就需要在加速推进产业深度融合的同时，加强"核心区"内的相互联系，具体从以下三个方面实现：一是物流业积极引进信息技术。"核心区"范围内的信息技术能够显著促进物流业效率提升，需要在物流业活动各环节广泛应用信息技术。物流业发展过程中应积极引进最先进的信息技术，同时将这些信息技术充分运用于物流活动的各个环节，在具体物流活动过程中反馈不能满足需要的信息技术，通过这种产业活动中的应用与反馈机制来促进信息技术与物流业的深度融合。二是信息技术创新渗入物流业。大数据、5G 技术、云计算和物联网等正在为信息技术行业不断充入新活力的同时，"核心区"需要快速迎合新的信息技术冲击，其中该区域的物流业也会受到渗透。鼓励物流业相关技术人员加入物流业信息技术的创新行列，将信息技术充分应用于物流业活动的具体环节，这种信息技术与物流业的深度融合将会为物流业效率提升起到"加速器"的作用。三是"核心区"加强联系，提升整体物流水平。在"丝绸之路经济带"建设的关键时期，中国西北五省（区）

的物流业信息技术在整体上还是有很大发展空间。需要加强自身物流业信息技术的创新和对最先进信息技术的借鉴学习，同时也要向与其相邻的中亚五国输出最新应用于物流业的信息技术。作为"核心区"重要组成部分的中亚五国，应当通过专业人才跨国交流学习、技术交流会等与中国西北五省（区）密切联系，在自身发展物流业信息技术的同时，也要注重学习、借鉴和积极引进先进的物流业信息技术。这将在整体上缩小物流业信息技术水平的差距，并且有助于促进物流业效率提升。

2. 针对中国西北五省区的对策建议

前面的研究发现中国西北五省区物流业效率水平差异较中亚五国小，但整体水平并不是最高的。回归结论显示信息技术发展水平对物流业效率的影响为正向显著，因此在中国西北五省区范围内，需进一步发展信息技术以提升整体物流业效率。具体通过以下两方面得以实现。

第一，促进西北地区物流业一体化发展。针对中国西北五省区整体物流业效率不高，需要整合物流业资源使其趋向一体化发展。一是整合该区域已有物流活动节点，加强跨省区物流园区间合作，根据园区规模和区位差异，使其在中国西北五省区物流活动过程中相互协作。二是整合物流运输通道，通过借助于信息技术的支持，实现高速公路、一般公路和其他运输通道间的相互转换和共同作用，以保证物流活动高效完成。三是整合物流信息网络，完善物流信息网络覆盖，实现物流业信息技术全面普及，进而提升西北地区物流业水平。通过对物流资源的整合将加速物流业一体化发展和物流业效率提升。

第二，西北地区物流企业整合发展。在中国西北五省区物流业效率还有待进一步提升时，企业作为市场经济发展的动力，优化整合物流企业资源，同时不断扩大物流企业活动规模，将会显著提升物流业效率。一是通过学习先进的企业管理和运营理念，鼓励企业创新的同时引进物流作业新技术，将显著促进物流活动降本增效。二是物流活动链上的企业可以通过与上下游企业联合或者合作来扩大物流活动规模，同时小规模企业之间的兼并，不仅能够扩大企业规模，同时也能产生规模经济效应①。这种企业间的共同进步和协作，将直接提升物流活动效率。

3. 针对中亚五国的对策建议

上文测算出的物流业效率结果发现，中亚五国区域的跨国间物流效率水平差异较大。同时回归结果显示信息技术对物流业效率正向影响，因此，要通过信息技术发展来促进中亚五国跨国间物流业均衡发展，具体从两个方面展开。

第一，成立物流业联合发展机构。中亚五国物流业要协同、快速发展，以实现整个丝绸之路经济带沿线上的国家合作共赢，需要成立以哈萨克斯坦牵头的物

---

① 骆鹏，赵红丽. 西北五省物流一体化的经济效应与发展对策［J］. 商业经济研究，2019（15）：96－100.

流业联合发展委员会。一是该联合发展委员会通过物流业政策沟通制定物流业跨国间发展规划、构建跨国间物流链、不断削减国家间贸易壁垒、加强物流作业设施标准化建设等方面展开具体活动，以谋求中亚五国跨国间物流业共同发展。二是该联合发展委员会还可以成立跨国间物流业联合会，通过学界、政界和行业界之间的跨界讨论与合作，实现以共商、共建和共享为目的的物流业发展指导意见。三是该联合发展委员会进一步可以通过推动具体政策建议的落地，实现中亚五国物流业协同发展。

第二，物流业培育和发展跨国龙头企业。针对中亚五国跨国间的经济水平和物流业发展基础上存在的差异，要协同发展中亚五国物流业效率，就需要在中亚五国范围内培育和发展跨国的物流企业。一是发展现存优势物流企业的同时培育一批创新型物流企业，政府出台支持性政策，通过"扶优培新"来提升行业竞争力。二是积极鼓励物流企业引进先进的信息技术和管理理念，旨在培育具有强竞争力的物流企业集群，显现物流业集聚效应。三是鼓励这些优势物流企业跨国开拓中亚市场，在参与国际竞争的同时不断发展壮大[1]。利用企业对产业发展的带动优势，来提升整个中亚五国的物流业效率。

---

① 任志远. 中国新疆与中亚国家物流业合作发展研究 [D]. 乌鲁木齐：新疆财经大学，2015.

第 13 章　运输差异影响"核心区"
物流业效率的实证分析

运输设施的存在不仅是货物运输及物流业发展的载体，而且运输干线的辐射作用也能大大带动周边城市的发展。基于此，本章将实证分析运输差异对丝绸之路经济带"核心区"物流业效率的影响，这对今后进一步完善该"核心区"的交通运输基础设施，提高物流业效率，进而促进经济发展具有重要意义。

13.1　文献综述与问题的提出

13.1.1　国内外文献综述

对于国内外相关文献，本节主要将其分为以下三个方面：

1. 关于物流业效率评价的研究

辛纳（Schinnar A. P.，1980）运用 DEA 模型对物流企业效率进行评价，基于此来对第三方物流企业进行选择[1]。赵中平（2004）从宏观的角度进行分析，主要是针对企业的供应物流，利用分析得到的计算指标，并基于此将物流分为规模度和结构比两个方面，从而得到企业供应物流系统基本的效率评价指标[2]。罗杰斯（Rogers K. J.，2007）建立了 DEA 模型，对美国的 19 家仓库进行评价分析[3]。巫汝春（2008）主要研究的是港口的物流效率，基于中国沿海主要的五大港口的相关数据，运用定量和定性相结合的方法，分析研究出影响该地区物流业效率的主要因素，构建了适用于中国港口物流业能力的评价体系，全面阐述了港口物流业效率的评价方法[4]。高慕瑾（2012）主要探究的是陕西省的物流业效率，在国内外研究成果的基础上，对物流业的一些基本概念做了鉴定，通过分析陕西省物流业和经济发展的基础环境以及对其现状的评价，分析总结出影响该省

---

① Chinnar A P. Measuring Productive Efficiency of Public Service Provision [J]. *University of Pennsylvania, School of Public and Urban Policy*，1980（9）：143 – 148.

② 赵中平. 企业供应物流系统效率评价研究 [D]. 长沙：湖南大学，2005.

③ Rogers K J，Hamdan A. Evaluating the Efficienvy of 3PL Logistics Operations [J]. *International Journal of Production Economics*，2007（5）：1 – 10.

④ 巫汝春. 港口物流能力评价体系研究 [D]. 武汉：武汉理工大学，2008.

物流业效率的重要因素①。国内学者杨亚利、郭丽芳、戴宏等（2016）运用 DEA 分析法，运用泛珠江三角地区的物流业相关数据，对该地区的物流业效率进行评价分析，用实证分析证明该地区各省之间物流业发展水平存在一定的差距及说明差距产生的原因，并针对各省提出相应的发展建议②。

2. 关于影响物流业效率的相关因素的研究

对于这一方面的研究，克内迈耶（Knemeyer，2004）不同于其他以物流企业为对象的研究，他是从用户的角度探索物流业效率的影响因素。其研究结果显示，用户对物流业企业的信任和用户与企业间的交流是影响物流企业效率的直接原因，而用户满意度、机会行为及企业的信誉是影响物流企业效率的间接原因③。田振中（2011）着重研究了中国区域物流业的效率，通过研究分析，其结果表示地区经济的发展程度、信息化程度、对外开放程度以及劳动者素质的高低等因素都会对中国区域物流业的运行效率产生重要的影响④。国内学者王琴梅、谭翠娥（2013）基于西安物流业的相关数据，利用 Tobit 回归模型对各影响因素对物流业效率做出回归分析。用实证证明了西安市经济发展水平、区位优势等影响因素对物流业效率的提高具有正相关的关系⑤。张毅、牛冲槐、庞继芳（2013）通过分析影响上市物流企业规模效率变化的因素，研究得出提高资产利用率和差异化服务水平有利于规模效率快速提高的结论，其研究结果表明，通过提高交通运输的综合协调能力可以有效提高物流企业的规模效率⑥。潘涛（2015）基于河南省物流业的相关数据，运用 DEA 方法对其效率进行评价，同时辅以灰色系统模型研究影响该省物流业效率发展的几大要素⑦。

3. 关于丝绸之路经济带物流业效率及其影响因素的研究

王争鸣（2014）通过分析丝绸之路经济带的交通运输部局，得出铁路运输在交通中起重要意义的结论，并进一步研究了国内运输通道的构成及网络节点，提出通过健全完善相关城市铁路枢纽及相关配套工程以促进区域交通发展的建议⑧。国内学者袁丹、雷宏振（2015）在丝绸之路经济带背景下，实证分析了其

---

① 高慕瑾，雷玲. 西部物流效率的实证分析 [D]. 昆明：云南财经大学，2012.

② 杨亚利，郭丽芳，戴宏. 经济新常态下泛珠三角区域物流业效率评价研究 [J]. 改革与战略，2016（4）：71 – 77.

③ Knemeyer M，Murphy P R. Evaluating the Perfor-Mance of Third – party Logistics Arrangements：A Rela-tion-Ship Marketing Perspective [J]. *Journal of Supply Chain Management*. 2004 – 01：35 – 51.

④ 田振忠. 我国区域物流业运行效率评价及其影响因素 [J]. 商业经济研究，2011（11）：40 – 41.

⑤ 王琴梅，谭翠娥. 对西安市物流效率及其影响因素的实证研究：基于 DEA 模型和 Tobit 回归模型的分析 [J]. 软科学，2013（5）：70 – 74.

⑥ 张毅，牛冲槐，庞继芳. 我国物流上市企业规模效率及影响因素研究 [J]. 数理统计与管理，2013（3）：511 – 520.

⑦ 潘涛. 河南省物流业效率演化发展的影响因素 [J]. 社会科学家，2015（8）：79 – 83.

⑧ 王争鸣. "丝绸之路经济带"铁路通道发展战略研究 [J]. 铁道工程学报，2014（1）：24 – 31.

物流业效率现状，并研究得出技术进步、资源利用效率以及物流专业化程度等因素对其物流业效率的相关关系和影响程度[①]。鄢飞、王译（2016）基于丝绸之路经济带的相关数据，用物流绩效指数（LPI）指标对其物流绩效进行评价和分析，并将中国同中亚五国物流及其影响因素之间的关系进行对比分析，得出丝绸之路经济带物流绩效在世界均值之下，且各国间物流绩效的差异比较大等结论[②]。张璇、杨雪荣、王峰等（2016）以丝绸之路经济带规划的西北省区和周边主要国家的物流投入产出数据为基础，以 GDP 作为因变量，利用 DEA 模型对物流业纯技术效率、总技术效率和规模效率进行评价，其结果对提高丝绸之路经济带国内外物流业的高速发展提出基础性的意见和建议[③]。

13.1.2　本章研究的切入点

以上文献对本章的研究提供了良好的基础和借鉴。但现有研究也存在缺陷：一是缺乏对丝绸之路经济带"核心区"物流业效率的研究成果；二是缺乏将运输差异作为影响物流业效率的重要因素的研究成果。基于此，本章专门将运输差异对丝绸之路经济带"核心区"物流业效率的影响作为自己的任务，试图在第 2 章理论机理分析的基础上，全面地实证分析 2006~2019 年丝绸之路经济带"核心区"运输差异对物流业效率的影响大小并针对性地提出对策建议，研究必有新意。

13.2　"核心区"运输差异情况分析

本节主要介绍丝绸之路经济带"核心区"运输差异的具体情况。

13.2.1　中国西北五省区运输差异情况

1. 中国西北五省区公路运输差异情况

我们通过查找和整理 2020 年《中国统计年鉴》和西北五省区统计年鉴中的相关数据，得出中国西北五省区公路运输方面的数据，如表 13-1 所示。

---

① 袁丹，雷宏振. 丝绸之路经济带物流业效率及其影响因素 [J]. 中国流通经济，2015（2）：14-20.
② 鄢飞，王译. 基于 LPI 的丝绸之路经济带物流绩效分析 [J]. 中国流通经济，2016（8）：28-34.
③ 张璇，杨雪荣，王峰. 新丝绸之路经济带物流效率评价：基于三阶段 DEA 实证分析 [J]. 学习与实践，2016（5）：21-32.

表 13 - 1 2019 年中国西北五省区公路运输差异情况

地区	陕西	甘肃	青海	宁夏	新疆	西北五省平均	全国平均
总货运量（万吨）	154749.0	63611.0	19551.0	43661.8	100062.7	76327.1	136070.6
公路货运量（万吨）	109801.0	58227.7	16102.0	34359.9	69289.7	57556.1	101044.1
总货物周转量（亿吨·千米）	3482.2	2710.6	572.1	710.3	4139.3	2322.9	5707.2
公路货物周转量（亿吨·千米）	1731.4	979.6	290.5	437.4	801.8	848.1	1754.0
公路里程（千米）	180100.0	151400.0	83800.0	36600.0	194200.0	129220.0	147426.5

表 13 - 1 显示：第一，陕西省公路货运情况。陕西省的各种运输方式中，公路运输的营业里程和货运量占比较大，2019 年数据显示，陕西省等级公路里程占公路总里程比重为 92.3%。第二，甘肃省公路货运情况。甘肃省的公路里程处于五省区中第三位，总货运量在五省区中排名第三，略低于新疆，但是甘肃省的公路货运量处于五省区中第二位，公路货运量占比达到了 91.5%。第三，青海省公路货运情况。在中国西北五省区中，青海省的公路运输较为落后，公路里程尚未达到国家平均里程，货运量和货物周转量也落后于其他四省，但数据显示，高速公路的占比较高，如果合理建设和利用交通设施，青海省的发展会逐渐提高。第四，宁夏回族自治区公路货运情况。在中国西北五省区中，宁夏的公路营业里程最低，但其货运量和货物周转量略高于青海省。在宁夏的公路线路中，高速公路和等级公路占比较高，这在一定程度上促进了其货运量和货物周转量的增加。第五，新疆维吾尔自治区公路货运情况。新疆地区的公路里程、公路货运量和货运周转量处于中国西北五省地区第一位。

总体看，甘肃省和新疆的公路货运在中国西北五省区中居于前列，有极大的带动优势；陕西和青海比较落后，但都具有自己的发展潜能；宁夏处于中间发展水平，未来还有很大的发展空间。

2. 中国西北五省区铁路运输差异情况

我们通过查找和整理 2020 年《中国统计年鉴》和西北五省区统计年鉴中的相关数据，得出中国西北五省区铁路运输方面的数据，如表 13 - 2 所示。

表 13 - 2 2019 年中国西北五省区铁路运输差异情况

地区	陕西	甘肃	青海	宁夏	新疆	西北五省平均	全国平均
总货运量（万吨）	154749.0	63611.0	19551.0	43661.8	100062.7	76327.1	136070.6
铁路货运量（万吨）	44751.0	5365.7	3223.1	8150.6	15133.1	15324.7	12908.8
总货物周转量（万吨·千米）	3482.2	2710.6	572.1	710.3	4139.3	2322.9	5707.2

地区	陕西	甘肃	青海	宁夏	新疆	西北五省平均	全国平均
铁路货物周转量（万吨·千米）	1750.2	1516.7	271.6	213.6	1272.4	1004.9	887.7
铁路营业里程（千米）	5400.0	4800.0	2400.0	1600.0	6900.0	4220	4088.2

表 13 - 2 显示：第一，陕西省铁路货运情况。陕西省的铁路运输营业里程、货运量和货物周转量在各种运输方式中仅低于公路，是除公路外的第二大运输主力军。第二，甘肃省铁路货运情况。随着经济的进一步发展，甘肃省已经基本形成了以兰州为枢纽，以陇海—兰新线为主要干线，其他分支干线为鱼刺状分布的铁路线路格局。第三，青海省铁路货运情况。青海省在"十三五"期间规划构建的"1268"铁路建设格局成功落实，形成了以青藏铁路为 1 条主轴线，打造西宁、格尔木 2 个铁路枢纽。第四，宁夏回族自治区铁路货运情况。宁夏的银川与甘肃的兰州和陕西的西安构成西北地区的三角带中心，但因受自然条件较差、起步较晚等因素的制约，并没有形成真正意义上的运输大通道。第五，新疆维吾尔自治区铁路货运情况。新疆的铁路营业里程高于陕西省，处于西北地区第一位，但是其铁路货运量和铁路货运周转量都不如陕西省，这说明新疆的铁路运输没有充分利用好运输空间，没有合理的运输管理体系，导致运输效率较低，货运量和货物周转量的降低。

总体看，陕西和新疆的铁路营业里程均在全国的平均水平之上，甘肃与全国平均水平基本持平，青海和宁夏均在全国的平均水平之下。

3. 中国西北五省区航空运输差异情况

我们通过查找和整理 2020 年《中国统计年鉴》和西北五省区统计年鉴中的相关数据，得出中国西北五省区航空运输方面的数据，如表 13 - 3 所示。

表 13 - 3   2019 年中国西北五省区航空货运输差异情况

地区	陕西	甘肃	青海	宁夏	新疆	西北五省平均	全国平均
总货运量（万吨）	154749.0	63611.0	19551.0	43661.8	100062.7	76327.1	136070.6
航空货运量（万吨）	9.0	1.0	4.8	3.3	21.7	8	22.2
总货物周转量（亿吨·千米）	3482.2	2710.6	572.1	710.3	4139.3	2322.9	5707.2
航空货物周转量（亿吨·千米）	1.3	0.2	0.3	0.4	1.8	0.8	7.7

表 13 - 3 显示：第一，陕西省航空货运情况。陕西省航空货运量和周转量虽然在总的运输方式中占比不大，但是同比增速为 28.5% 和 18.2%，处于一个快

速增长阶段。第二，甘肃省航空货运情况。2019 年甘肃省加快发展运输，推动本省航空事业的发展，甘肃省航空运输在 2019 年货运总量超过 1 万吨，航空运输周转量达到 0.2 亿吨·千米。第三，青海省航空货运情况。青海省航空运输的比重不高，但青海省对航空的发展比较重视，目前，青海的航空枢纽体系也在不断完善。第四，宁夏回族自治区航空货运情况。宁夏 2019 年航空货运量和周转量较低。目前宁夏计划逐步完善空中的运输通道，完成河东机场的三期扩建工程，建设银川机场的货运物流中心，推动航空货物转运中心的建设。第五，新疆维吾尔自治区航空货运情况。新疆地区 2019 年航空货运量为 21.7 万吨，在西北五省区中最高，主要是由于新疆地区不断拓展航空网络。

4. 中国西北五省区管道运输差异情况

我们通过查找和整理 2020 年《中国统计年鉴》和西北五省区统计年鉴中的相关数据，得出中国西北五省区管道运输方面的数据，如表 13 - 4 所示。

表 13 - 4　　　　　2019 年中国西北五省区管道运输差异情况

地区	陕西	甘肃	青海	宁夏	新疆	西北五省平均	全国平均
总货运量（万吨）	154749.0	63611.0	19551.0	43661.8	100062.7	76327.1	136070.6
管道货运量（万吨）	399.2	10293.3	221.0	1147.9	15563.0	5524.9	2684.1
总货物周转量（亿吨·千米）	3482.2	2710.6	572.1	710.3	4139.3	2322.9	5707.2
管道货物周转量（亿吨·千米）	119.8	1022.3	9.7	58.9	2063.3	654.8	157.3

表 13 - 4 显示：第一，陕西省管道运输情况。陕西省 2019 年有多条输气管道，天然气管道里程超过 3400 千米，输气能力可达到每年 165 亿立方米，输气量也逐年攀升。第二，新疆管道运输情况。新疆拥有大量的油气资源，是西气东输的起点，也是中国西部发展的重要阵地。数据显示，新疆的管道货运量在五省区中排名第一，同时货物周转量也远高于第二位甘肃省。第三，甘肃、青海、宁夏管道运输情况。随着"一带一路"政策的进一步落实，甘肃也逐渐重视油汽资源的开发和利用，长庆油田、庆阳石化、玉门油田等公司的原油加工量逐年增加。

13.2.2　中亚五国运输差异情况

1. 中亚五国公路运输差异情况

我们通过查找和整理 2020 年中亚五国统计年鉴、亚洲开发银行统计数据库、世界银行公开数据库等的相关数据，得出中亚五国公路货物运输方面的数据，如表 13 - 5 所示。

表 13 - 5   **2019 年中亚五国公路货运差异情况**

地区	哈萨克斯坦	吉尔吉斯斯坦	塔吉克斯坦	土库曼斯坦	乌兹别克斯坦	中亚五国平均
总货运量（万吨）	432572.5	3420.0	8287.0	46898.8	131980.0	124631.7
公路货运量（万吨）	360963.6	3170.0	7633.0	44419.3	117770.0	106791.2
总货物周转量（亿吨·千米）	6538.7	29.1	894.8	285.9	726.0	1694.9
公路货物周转量（亿吨·千米）	1986.6	18.4	892.4	148.1	159.0	640.9
公路里程（千米）	97400.0	34563.0	14200.0	14000.0	42100.0	40452.6

表 13 - 5 显示：第一，哈萨克斯坦坦公路货运情况。公路是哈萨克斯坦最主要的交通运输方式，其拥有的公路网仅次于俄罗斯，在独联体地区居第二位。第二，吉尔吉斯斯坦公路货运情况。吉尔吉斯斯坦是典型的内陆国家，没有出海口。境内多山，平均海拔 2750 米，恶劣的自然条件成为制约其经济发展的障碍。公路运输是其最重要的运输方式，约占本国货运总量的 95% 以上和客运总量的 99% 以上。第三，塔吉克斯坦公路货运情况。塔吉克斯坦国土面积的 93% 为山地，地形地貌复杂，筑路困难，交通条件较差。交通主要以公路为主。第四，土库曼斯坦公路货运情况。土库曼斯坦公路总长逾 14000 千米，约 2/3 为最近十几年新建，无高速公路。其中，国道 6540 千米，国际公路 2280 千米。国内运输主要依靠公路来进行。第五，乌兹别克斯坦公路货运情况。截至 2019 年，乌兹别克斯坦拥有中亚地区最密集的公路交通网。

2. 中亚五国铁路运输差异情况

我们通过查找和整理 2020 年中亚五国统计年鉴、亚洲开发银行统计数据库、世界银行公开数据库等的相关数据，得出中亚五国铁路货物运输方面的数据，如表 13 - 6 所示。

表 13 - 6   **2019 年中亚五国铁路货运差异情况**

地区	哈萨克斯坦	吉尔吉斯斯坦	塔吉克斯坦	土库曼斯坦	乌兹别克斯坦	中亚五国平均
总货运量（万吨）	432572.5	3420.0	8287.0	46898.8	131980.0	124631.7
铁路货运量（万吨）	41940.6	224.3	654.0	2447.9	7010.0	10455.3
总货物周转量（亿吨·千米）	6538.7	29.1	894.8	285.9	726.0	1694.9
铁路货物周转量（亿吨·千米）	3039.5	8.7	2.3	137.7	234.0	684.4
铁路营业里程（千米）	15100.0	424.0	620.0	7680.0	4700.0	5704.8

表 13 - 6 显示：第一，哈萨克斯坦铁路货运情况。哈萨克斯坦作为世界上最大的内陆国家，铁路交通在全国交通运输中扮演着重要角色。据哈萨克斯坦国有

铁路公司统计,哈萨克斯坦铁路技术指标、现代化程度以及运输能力在独联体地区位居第三位,仅次于俄罗斯和乌克兰。第二,吉尔吉斯斯坦铁路货运情况。吉尔吉斯斯坦境内铁路交通不发达,自 1991 年苏联解体后,其铁路网被分割为互不相连的南北两部分,截至 2019 年数据显示,铁路总长度为 424 千米。第三,塔吉克斯坦铁路货运情况。塔吉克斯坦有北、中、南三条互不相连的铁路线,通过邻国乌兹别克斯坦与独联体及周边国家相连。截至 2019 年数据显示,塔吉克斯坦铁路总长 950.7 千米,可用营业铁路长度 620 千米。第四,土库曼斯坦铁路货运情况。截至 2019 年数据显示,目前土库曼斯坦境内铁路营业里程为 7680 千米,共有 742 座铁路桥。土库曼斯坦境内现已基本形成东西贯通、南北相连的铁路布局,路网呈不规则的"大"字形分布,无电气化铁路。第五,乌兹别克斯坦铁路货运情况。截至 2019 年,乌兹别克铁路总长度大约 7000 千米,铁路营运里程仅 4700 千米正在使用中,其中电气化道路达到 1000 多千米。铁路货运是该国中仅次于公路货运的第二大占比运输方式,目前乌兹别克斯坦正逐步对铁路进行电气化改造。

3. 中亚五国航空运输差异情况

我们通过查找和整理 2020 年中亚五国统计年鉴、亚洲开发银行统计数据库、世界银行公开数据库等的相关数据,得出中亚五国航空货物运输方面的数据,如表 13 –7 所示。

表 13 –7   2019 年中亚五国航空货运差异情况

地区	哈萨克斯坦	吉尔吉斯斯坦	塔吉克斯坦	土库曼斯坦	乌兹别克斯坦	中亚五国平均
总货运量	432572.50	3420.00	8287.00	46898.8	131980.0	124631.7
航空货运量 (万吨)	4.65	0.03	0.11	31.6	10.4	9.4
总货物周转量 (亿吨·千米)	6538.70	29.10	894.80	285.9	726.0	1694.9
航空货物周转量 (亿吨·千米)	1.50	0.10	0.03	0.2	1.2	0.6

表 13 –7 显示:第一,哈萨克斯坦航空货运情况。哈萨克斯坦国土辽阔,航空运输在哈萨克斯坦占有重要地位。哈萨克斯坦的航空货物运输规模不大,但近年来航空客运量增长较快。第二,吉尔吉斯斯坦航空货运情况。吉尔吉斯斯坦现有 14 家航空公司从事民航经营。其中,吉尔吉斯斯坦本国民航企业 7 家,外航企业 7 家。第三,塔吉克斯坦航空货运情况。塔吉克斯坦目前国内主要机场有杜尚别机场、胡占德机场、库利亚布机场。第四,土库曼斯坦航空货运情况。土库曼斯坦境内有 5 个国际机场(阿什哈巴德国际机场、土库曼纳巴 特国际机场、土库曼巴什国际机场、达绍古兹国际机场、马雷国际机场)和 1 个地方机场(巴尔坎纳巴特机场)。第五,乌兹别克斯坦航空货运情况。乌兹别克斯坦在苏联时

期即享有"中亚航空港"之美称,而且是中亚地区唯一能生产飞机的国家。由于地处欧亚大陆腹地的内陆国家,因此航空运输业处于特殊地位,在发展国际经贸合作和旅游等方面发挥着重要作用。

4. 中亚五国管道运输差异情况

我们通过查找和整理2020年中亚五国统计年鉴、亚洲开发银行统计数据库、世界银行公开数据库等的相关数据,得出中亚五国管道货物运输方面的数据,如表13-8所示。

表13-8 2019年中亚五国管道货运差异情况

地区	哈萨克斯坦	吉尔吉斯斯坦	塔吉克斯坦	土库曼斯坦	乌兹别克斯坦	中亚五国平均
总货运量（万吨）	432572.50	3420.000	8287.00	46898.80	131980	124631.7
管道货运量（万吨）	29663.69	24.280	—	—	7200	12296.0
总货物周转量（亿吨·千米）	6538.70	29.100	894.80	285.90	726	1694.9
管道货物周转量（亿吨·千米）	17.16	1.928	—	—	332	117.0

表13-8显示:第一,哈萨克斯坦能源资源丰富,原油储量全世界排名第12位,管道运输在国际贸易中具有无可比拟的优越性。哈萨克斯坦管道运输经历了2009~2013年和2014~2016年两个快速增长阶段,管道运输里程增长到2.3万千米。第二,乌兹别克斯坦管道运输业自1905年起迅速发展。据该国统计,国家委员会数据显示管道运输总量不断提高,管道运输总量占比年均达到了5%,成为与铁路运输总量相比不相上下的重要运输方式之一,管道铺设总长度不断增加。第三,塔吉克斯坦历来被认为是油气资源贫乏的国家,95%以上的石油及天然气依赖进口。该国境内所建设的油气管道均为与他国合资或融资建设。第四,土库曼斯坦资源丰富,天然气探明储量约为50万亿立方米,约占世界总储量的10%;石油储量约120亿吨。

13.2.3 中国西北五省区与中亚五国运输差异情况比较

1. 公路运输差异情况比较分析

经济的发展成为决定运输量的最重要的因素之一。通过表13-1和表13-5显示的数据可以看出,中国西北五省区的平均公路总里程均大于中亚五国的总里程,公路货运量以及公路货物周转量相比于中亚五国来说也要高出许多,这主要得益于中国政府的统一规划建设实施整体性公路规划。而中亚五国内陆国家,地理条件复杂,山脉、沙漠纵横其间,公路运输途中会遭遇恶劣天气等各种不利因素导致物流效率变低。虽然中亚五国以公路运输为主,但公路网建设还有很大发展空间。

2. 铁路运输差异情况比较分析

通过表 13 - 2 和表 13 - 6 显示的数据可以看出，中亚五国中除哈萨克斯坦的铁路总里程较长，其余四国与中国西北五省的铁路里程都还存有差异，尤其是塔吉克斯坦和吉尔吉斯斯坦的铁路里程在这 10 个地区中处于最末位，还应加大铁路建设。

3. 航空运输差异情况比较分析

通过表 13 - 3 和表 13 - 7 显示的数据可以看出，中国西北五省区的航空货运量大部分低于中亚五国，主要是由于中国致力于构建四通八达的铁路枢纽，而没有注重建设机场数量，因此航空货运量相比较而言偏低，但是通过对比航空货物周转量可以看出，中国西北五省区的航空运输的货物变现率比较高，航空货运周转量与中亚五国基本持平。

4. 管道运输差异情况比较分析

通过表 13 - 4 和表 13 - 8 显示的数据可以看出，中亚管道总长度 1818 千米，其中乌兹别克斯坦境内 525 千米，哈萨克斯坦境内 1293 千米。中亚地区一直是油气含量丰富的基地，土库曼斯坦、哈萨克斯坦和乌兹别克斯坦天然气剩余可采储量均排在世界前 20 名。这三国的天然气可采储量占世界总可采储量的 4.3%，而土库曼斯坦的天然气远景资源量更是高居世界第五位。在"一带一路"建设大背景下，中国中亚管道运输量在不断攀升。

13.3 "核心区"物流业效率评价及分析

本节首先选用 DEA 模型，然后选取合理的评价指标，再后收集和处理数据，最后对该"核心区"的物流效率进行评价及分析。

13.3.1 中国西北五省区物流业效率的评价及分析

1. DEA 评价方法的选取

本章选取数据包络分析法（Data Envelopment Analysis，DEA），这是 1978 年根据法雷尔（Farrell）提出的技术效率的概念发展而来的[1]，该方法将通过投入一定生产要素得到一定产出的经济系统成为决策单元，就是基于决策单元的输入数据和输出数据来评价同类型的具有多投入、多产出的决策单元是否相对有效。在排除随机性误差的前提下，若决策单元的值在效率前沿面上，即决策单元有

---

① M J Farrell. The Measurement of Productive Efficiency [J]. *Journal of Royal Statistical Society*, 1957, 120: 253 - 281.

效，效率值是 1；反之，决策单元为相对无效，效率值在 0 到 1 之间①。

DEA 模型中有众多模型：CCR 模型、BCC 模型、C^2GS^2 模型和 C^2WH 模型等。其中规模报酬不变的 CCR 模型是最基本的 DEA 模型，可以判断决策单元是否同时是纯技术效率最大和规模报酬不变。设定第 i 个决策单元的技术效率为标量 θ，当 θ = 1，松弛变量 $S^+ = S^- = 0$ 时，是 DEA 有效，决策单元实现最大产出和最优组合；当 θ = 1，$S^+ \neq 0$，$S^- \neq 0$ 时，决策单元为弱 DEA 有效。此时决策单元技术无效或者规模无效；当 θ < 1 时，成为 DEA 无效，此时技术和规模都无效。现实中，社会不可能保持统一规模的进行生产，随着规模的变化，产出会随之不同，所以技术导致的效率变化与规模导致的效率变化就会产生混淆，为此，引入了 BCC 模型即变动规模报酬模型，BCC 模型是在原有 CCR 模型上加入约束条件 $\sum_{i=1}^{n}\lambda = 1$，其他过程同 CCR 模型相似，最终得到最优解 θ，当 θ = 1，$S^+ = S^- = 0$ 时，决策单元为 DEA 有效，技术效率最佳，决策单元的最大产出和组合达到最优；当 θ = 1，$S^+ \neq 0$，$S^- \neq 0$ 时，结果与之相反；当 θ < 1 时，DEA 无效，技术效率是无效的②。

2. 评价指标体系的建立

评价指标体系的建立是评价物流效率的关键一步，评价者不同会导致选择的评价指标有所不同，不同的评价指标的选择会导致分析结果千差万别，所以，保证物流效率评价合理性的前提，是在评价指标的合理选择之后建立的恰当的评价指标体系。

在选择评价指标时，要使评价结果合情合理，要遵循几个原则：重要性原则，即要选择对评价的目标有重要影响的重要指标；可比性原则，在横向和纵向上都要保证评价指标具有可比性；系统性原则，系统的分析，保证评价的全面客观；均衡性，要保证评价指标能在评价体系中均匀分布；间接性原则，要避免各评价指标之间出现线性相关关系③。

在总结以往学者研究的基础上，综合"核心区"的物流业效率的影响因素，根据所要建立的评价指标体系，本章所选择指标分别如表 13 - 9 所示：

表 13 - 9　　　　　　　　　物流业效率的评价指标体系

投入指标	1. 物流业从业人员人数（万人），本章选取交通运输、仓储和邮政服务业的从业人员人数作为指标
	2. 物流固定资产投资额（亿元），即交通运输等的固定资产投资额
	3. 线路运输长度（万千米），本章选取运输总里程作为线路长度的指标

① 林略，于乐. 我国物流企业经营效率的三阶段 DEA 评价 [J]. 中国商贸，2011 (21)：137 - 139.

② 覃波. 基于 DEA 模型的我国物流企业经营效率评价研究 [J]. 中南大学学报，2007 (6).

③ 刘满芝，周梅华，杨娟. 基于 DEA 的城市物流效率评价模型及实证 [J]. 统计与决策，2009 (6)：50 - 52.

续表

产出 指标	1. 物流业产值（亿元），物流业产值是衡量物流业效率的有效性的重要指标 2. 交通运输货运量（万吨），包括铁路、公路、航空、管道等全部运输方式的货运量的综合 3. 货运周转量（亿吨·千米），指的是全部运输方式的货运周转量①

3. 数据的收集和处理

本节数据选取的是 2006～2019 年中国西北五省区 14 年的数据，各输入输出指标来源于 2007～2020 年的《中国统计年鉴》及西北五省区统计年鉴。决策单元（DWU）个数为 14 个，投入指标数三个，产出指标数三个。采用变动规模报酬的 DEA 模型即 BCC 模型。

中国西北五省区具体指标数据较多，这里不列出，有需要的可单独索要。

4. 效率评价过程及结果分析

第一，总技术效率比较。总技术效率反映了每个城市在当前的技术水平之下能达到的最大产出的比例。总技术效率结果是 1，即说明该地区技术效率是有效的，是处在生产前沿上达到的最大产出；反之，结果小于 1，则是无效的，还存在可以提高的空间。中国西北五省区的总技术效率如表 13－10 所示：

表 13－10　　中国西北五省区 2006～2019 年总技术效率评价结果

年份	陕西	甘肃	青海	宁夏	新疆
2006	0.962	0.915	1.000	0.674	0.875
2007	0.978	1.000	1.000	0.872	1.000
2008	1.000	1.000	1.000	1.000	1.000
2009	0.975	0.962	0.938	1.000	0.935
2010	0.988	0.947	0.936	0.974	0.936
2011	1.000	1.000	1.000	1.000	0.983
2012	1.000	1.000	1.000	1.000	1.000
2013	0.972	1.000	0.936	0.942	1.000
2014	1.000	0.996	0.94	0.928	1.000
2015	1.000	0.954	1.000	0.964	0.967
2016	1.000	0.958	0.999	1.000	1.000
2017	1.000	1.000	0.989	0.946	0.946
2018	1.000	1.000	1.000	0.858	1.000
2019	1.000	1.000	1.000	0.958	1.000
均值	0.991	0.981	0.981	0.937	0.974
排名	1	2	3	5	4

表 13－10 显示：总体来看，中国西北五省区的总技术效率相差不大，处于相对较高水平的省份是陕西、甘肃和青海，宁夏总技术效率偏低，但均值都小于

---

① 覃波. 基于 DEA 模型的我国物流企业经营效率评价研究 [J]. 中南大学学报，2007（6）.

1，所以各省都存在很大的提升空间。在各省每年度的总技术效率中，宁夏小于1的年份最多，而且宁夏的平均值最低，说明宁夏的物流业效率相对较低，急需改善，应该多向其他省份学习，充分发挥区域优势，带动物流业的发展。

第二，纯技术效率比较。纯技术效率是除去规模效应的影响，研究的投入因素对总技术效率的影响。纯技术效率结果为1，即表示在不考虑规模大小的影响下，投入因素已经达到了最大的利用程度；反之，说明没有达到最大利用程度，存在改善的空间，可以通过引进先进人才，改进技术，提高物流业从业人员的素质等方式提高其利用效率。中国西北五省区的纯技术效率如表 13 – 11 所示：

表 13 – 11　　　中国西北五省区 2006 ~ 2019 年纯技术效率评价结果

年份	陕西	甘肃	青海	宁夏	新疆
2006	1.000	1.000	1.000	0.969	1.000
2007	1.000	1.000	1.000	1.000	1.000
2008	1.000	1.000	1.000	1.000	1.000
2009	0.985	0.965	0.94	1.000	0.995
2010	1.000	0.999	1.000	1.000	1.000
2011	1.000	1.000	1.000	1.000	1.000
2012	1.000	1.000	1.000	1.000	1.000
2013	0.977	1.000	0.941	1.000	1.000
2014	1.000	0.998	0.955	0.992	1.000
2015	1.000	0.961	1.000	1.000	0.999
2016	1.000	0.972	1.000	1.000	1.000
2017	1.000	1.000	0.997	0.975	0.955
2018	1.000	1.000	1.000	0.904	1.000
2019	1.000	1.000	1.000	0.984	1.000
均值	0.997	0.992	0.988	0.987	0.996
排名	1	3	4	5	2

表 13 – 11 显示：总体来看，中国西北五省区的平均纯技术效率均值都小于1，说明西北五省区的投入因素都没有达到最大的利用空间。相比较陕西省达到最大利用率的年份比较多，而且均值最高，所以，西北五省可以借鉴陕西省的经验，通过先进的技术，专业的人才等提高投入因素的利用率，带动物流业的发展。

第三，规模效率比较。规模效率指的是社会生产规模的大小与投入产出是否是匹配的。若规模报酬结果是1，即说明规模有效，如果规模报酬递增，即需要适当的增加投入，如果规模报酬递减，则说明需要加强投入资源管理。西北五省区的规模效率如表 13 – 12 和表 13 – 13 所示：

表 13 - 12　　　　　中国西北五省区 2006～2019 年规模效率评价结果

年份	陕西	甘肃	青海	宁夏	新疆
2006	0.962	0.915	1.000	0.696	0.875
2007	0.978	1.000	1.000	0.872	1.000
2008	1.000	1.000	1.000	1.000	1.000
2009	0.989	0.998	0.999	1.000	0.94
2010	0.988	0.948	0.936	0.974	0.936
2011	1.000	1.000	1.000	1.000	0.983
2012	1.000	1.000	1.000	1.000	1.000
2013	0.995	1.000	0.994	0.942	1.000
2014	1.000	0.998	0.985	0.936	1.000
2015	1.000	0.993	1.000	0.964	0.968
2016	1.000	0.985	0.999	1.000	1.000
2017	1.000	1.000	0.992	0.971	0.991
2018	1.000	1.000	1.000	0.949	1.000
2019	1.000	1.000	1.000	0.974	1.000
均值	0.994	0.988	0.993	0.948	0.978
排名	1	3	2	5	4

表 13 - 13　　　　　中国西北五省区 2006～2019 每年规模报酬

年份	陕西	甘肃	青海	宁夏	新疆
2006	递增	递增	－	递增	递增
2007	递增	－	－	递增	－
2008	－	－	－	－	－
2009	递增	递减	递减	－	递增
2010	递增	递增	递增	递增	递增
2011	－	－	－	－	递增
2012	－	－	递减	－	－
2013	递减	－	递减	递减	－
2014	－	递减	递减	递减	－
2015	－	递增	－	递减	递增
2016	－	递增	递减	－	－
2017	－	－	递减	递减	递增
2018	－	－	－	递减	－
2019	－	－	－	递减	－

注：－表示规模报酬不变。

　　表 13 - 12 和表 13 - 13 显示：陕西省的规模效率最高，但是仍未达到 1，规模无效，综合 2006～2019 年的数据，只有新疆地区保持规模报酬递增或不变的状态，其他省份均存在规模报酬递减的时期，因此对于除新疆地区外的其他省份需要适当增加投入，以刺激规模效率增长。规模效率最低的是宁夏，宁夏规模报酬后自从 2012 年后一直处于递减状态，而且规模效率比较低，应该合理提高投入要素的利用效率，不断加强对投入资源的合理安排，提高规模效率。青海和甘肃的规模效率仅次于陕西，近三年保持规模报酬不变，但整体趋势还是递增的。

综上说明五省区的物流业规模还有很大的发展空间。

第四，中国西北五省区三种物流业效率的综合比较分析。我们将表 13 – 10 ~ 表 13 – 12 中的数据加以整理和计算，得出表 13 – 14 如下：

表 13 – 14　　　中国西北五省区 2006 ~ 2019 年三种物流业效率均值的比较

	总技术效率均值	纯技术效率均值	规模效率均值
陕西	0.991	0.997	0.994
甘肃	0.981	0.992	0.988
青海	0.981	0.988	0.993
宁夏	0.937	0.987	0.948
新疆	0.974	0.996	0.978

表 13 – 14 显示：2006 ~ 2019 年中国西北五省区均为非纯技术有效且非规模有效，除了青海省是规模效率略大于纯技术效率外，其余四省均是规模效率低于纯技术效率，其中除青海省外，其他四省区 2006 ~ 2012 年规模报酬基本都呈现递增状态，说明规模非有效是物流效率无效的主要原因，但是 2013 ~ 2019 年中国西北五省区大都呈现规模报酬递减或规模报酬不变状态，说明中国西北五省区注意加大物流的投入，扩大物流的规模，同时注意提高资源利用率。比较突出的是宁夏，宁夏在 2013 ~ 2019 年规模报酬呈现递减状态，而且纯技术效率均值比较高，规模效率相对于纯技术效率差距较大，说明宁夏资源利用程度较高但是资源投入量不够，应该在提高资源利用度的同时，加大资源的投入力度，改进技术，提高生产质量，从而提高物流业效率。

13.3.2　中亚五国物流业效率的评价及分析

1. 评价方法的选取和评价指标体系的建立

为了方便对比中亚五国与中国西北五省区的差异情况，因此同样选取上文中所选用的数据包络分析法（DEA），评价指标体系同样选取表 13 – 9 中的内容进行评价分析。

2. 数据的收集和处理

针对中亚五国物流业效率的评价，数据选取的是 2006 ~ 2019 年中亚五国 14 年的数据，各输入输出指标来源于中亚五国的官方统计机构以及世界银行数据库。构成面板数据后，采取 D 决策单元（DWU）个数为 14 个，投入指标数 3 个，产出指标数 3 个。采用变动规模报酬的 DEA 模型即 BCC 模型。采用 Deap 2.1 软件来对中亚五国地区的物流业相关数据进行处理。

中亚五国具体指标数据较多，这里不列出，有需要的可向作者单独索要。

3. 效率评价过程及结果分析

第一，总技术效率比较。总技术效率是对决策单元的资源配置能力、资源使用效道率等多方面能力的综合衡量与评价。总技术效率结果是 1，即说明该地区技术效率是有效的，是处在生产前沿上达到的最大产出；反之，结果小于 1，则是无效的，还存在可以提高的空间。中亚五国的总技术效率如表 13 - 15 所示：

表 13 - 15   中亚五国 2006 ~ 2019 年总技术效率评价结果

年份	乌兹别克斯坦	哈萨克斯坦	塔吉克斯坦	吉尔吉斯斯坦	土库曼斯坦
2006	1.000	0.702	0.864	1.000	1.000
2007	1.000	0.737	0.788	0.968	1.000
2008	1.000	0.607	0.825	1.000	1.000
2009	1.000	0.583	0.942	1.000	0.974
2010	0.739	0.677	0.866	1.000	1.000
2011	0.775	0.825	0.96	1.000	0.986
2012	0.824	0.897	0.932	1.000	0.998
2013	0.835	0.818	0.977	1.000	1.000
2014	0.861	0.882	1.000	0.954	1.000
2015	0.879	0.879	0.888	0.946	0.974
2016	0.892	0.870	0.971	0.979	0.975
2017	1.000	1.000	1.000	1.000	1.000
2018	1.000	1.000	0.969	0.995	1.000
2019	1.000	1.000	1.000	1.000	1.000
均值	0.915	0.820	0.927	0.989	0.993
排名	4	5	3	2	1

表 13 - 15 显示：总体来看，中亚五国的总技术效率相差不大，处于相对较高水平的国家是土库曼斯坦和吉尔吉斯斯坦，乌兹别克斯坦和哈萨克斯坦的总技术效率偏低并且均值都小于 1，没有达到 DEA 有效水平，各个国家也都还存在提升的空间。在中亚五国的每年总技术效率中，哈萨克斯坦和乌兹别克斯坦小于 1 的年份都是比较多的，而且哈萨克斯坦的平均值最低，说明哈萨克斯坦的物流业效率相对较低，急需改善，应该多向其他国家学习，充分发挥区域优势，带动物流业的发展。

第二，纯技术效率比较。纯技术效率是除去规模效应的影响，由于管理和技术等因素影响的生产效率。如果纯技术效率结果为 1，即表示在不考虑规模大小的影响下，投入因素已经达到了最大的利用程度；反之，说明没有达到最大利用程度，存在改善的空间。中亚五国的纯技术效率如表 13 - 16 所示：

表 13 - 16   中亚五国 2006 ~ 2019 年纯技术效率评价结果

年份	乌兹别克斯坦	哈萨克斯坦	塔吉克斯坦	吉尔吉斯斯坦	土库曼斯坦
2006	1.000	1.000	1.000	1.000	1.000
2007	1.000	1.000	1.000	0.968	1.000
2008	1.000	0.784	0.951	1.000	1.000
2009	1.000	0.652	1.000	1.000	1.000
2010	0.742	0.756	0.971	1.000	1.000

续表

年份	乌兹别克斯坦	哈萨克斯坦	塔吉克斯坦	吉尔吉斯斯坦	土库曼斯坦
2011	0.779	0.921	1.000	1.000	0.99
2012	0.826	1.000	0.974	1.000	0.999
2013	0.842	0.848	1.000	1.000	1.000
2014	0.918	0.95	1.000	0.956	1.000
2015	1.000	0.946	1.000	0.949	0.982
2016	0.966	0.902	1.000	0.991	0.985
2017	1.000	1.000	1.000	1.000	1.000
2018	1.000	1.000	0.969	1.000	1.000
2019	1.000	1.000	1.000	1.000	1.000
均值	0.934	0.911	0.990	0.990	0.997
排名	2	5	4	3	1

表 13 - 16 显示：总体来看，中亚五国中乌兹别克斯坦和土库曼斯坦的纯技术效率均值比较高，达到 DEA 有效水平的年份比较多，说明两国的投入因素基本上达到了最大的利用空间。而其他三个国家通过数据对比来看，纯技术效率均值都小于 1，但相差不大，这三个国家可以借鉴乌兹别克斯坦和土库曼斯坦利用物流资源的经验，通过先进技术，专业人才等因素提高物流效率，带动物流业的发展。

第三，规模效率比较。规模效率指的是社会生产规模的大小与投入产出是否是匹配的，反映的是实际规模与最优生产规模的差距。若规模报酬结果是 1，即说明规模有效，如果规模报酬递增，即需要适当地增加投入，如果规模报酬递减，则说明需要加强投入资源管理。中亚五国的规模效率如表 13 - 17 和表 13 - 18 所示：

表 13 - 17　　　　　　中亚五国 2006～2019 年规模效率评价结果

年份	乌兹别克斯坦	哈萨克斯坦	塔吉克斯坦	吉尔吉斯斯坦	土库曼斯坦
2006	1.000	0.702	0.864	1.000	1.000
2007	1.000	0.737	0.788	0.999	1.000
2008	1.000	0.775	0.867	1.000	1.000
2009	1.000	0.896	0.942	1.000	0.974
2010	0.996	0.895	0.892	1.000	1.000
2011	0.996	0.896	0.96	1.000	0.997
2012	0.998	0.897	0.957	1.000	1.000
2013	0.992	0.965	0.977	1.000	1.000
2014	0.937	0.929	1.000	0.998	1.000
2015	0.879	0.929	0.888	0.997	0.992
2016	0.924	0.965	0.971	0.989	0.99
2017	1.000	1.000	1.000	1.000	1.000
2018	1.000	1.000	1.000	0.995	1.000
2019	1.000	1.000	1.000	1.000	1.000
均值	0.98	0.899	0.936	0.998	0.997
排名	4	3	5	1	2

表 13 - 18　　　　　　　　　　中亚五国 2006 ~ 2019 年规模报酬

年份	乌兹别克斯坦	哈萨克斯坦	塔吉克斯坦	吉尔吉斯斯坦	土库曼斯坦
2006	-	递增	递增	-	-
2007	-	递增	递增	递减	-
2008	-	递增	递增	-	-
2009	-	递增	递增	-	递增
2010	递减	递增	递增	-	-
2011	递减	递增	递增	-	递增
2012	递减	递增	递增	-	-
2013	递增	递增	递增	-	-
2014	递增	递增	-	递增	-
2015	递增	递增	递增	递增	递增
2016	递增	递增	递增	递增	递增
2017	-	-	-	-	-
2018	-	-	-	递增	-
2019	-	-	-	-	-

注：- 表示规模报酬不变。

表 13 - 17 和表 13 - 18 显示：吉尔吉斯斯坦和土库曼斯坦的规模效率最高，但是仍未达到 1，没有达到 DEA 有效水平，综合 2006 ~ 2019 年数据，可以看出中亚五国在这 14 年中大都处于规模效率不变的状态，只有少部分年份处于一个规模效率递增的状态，说明此时应该合理提高投入要素的利用效率，不断加强对投入资源的合理安排，提高规模效率。中亚五国中乌兹别克斯坦和哈萨克斯坦的规模效率处于最后两位，需要扩大物流业规模以提高物流业效率，需要注意的是，规模效率的提高不光是需要政策上的支持，还需要整个物流业产业链的发展，总体来说，中亚五国规模效率整体趋势还是递增的，中亚五国的物流业都存在很大的发展空间。

第四，中亚五国三种物流业效率的综合比较分析。我们将表 13 - 15 ~ 表13 - 17 中的数据加以整理和计算，得出表 13 - 19 如下：

表 13 - 19　　　　中亚五国 2006 ~ 2019 年三种物流业效率均值的比较

国家	总技术效率均值	纯技术效率均值	规模效率均值
乌兹别克斯坦	0.915	0.934	0.980
哈萨克斯坦	0.820	0.911	0.899
塔吉克斯坦	0.927	0.990	0.936
吉尔吉斯斯坦	0.989	0.990	0.998
土库曼斯坦	0.993	0.997	0.997

表 13 - 19 显示：2006 ~ 2019 年中亚五国中塔吉克斯坦、吉尔吉斯斯坦、土库曼斯坦基本保持在纯技术有效但非规模有效，其他各国则均为非纯技术有效且非规模有效，除了乌兹别克斯和吉尔吉斯斯坦是规模效率高于纯技术效率外，均

是规模效率低于纯技术效率,中亚五国中塔吉克斯坦和乌兹别克斯坦的规模效率平均值比较低,说明规模非有效是物流效率无效的主要原因,针对塔吉克斯坦的状况,处于纯技术效率接近1,而规模效率小于1时,这说明就本身的技术效率而言没有投入需要减少、没有产出需要增加,但总技术效率之所以没有达到有效,主要是因为其规模和投入、产出不相匹配,需要增加规模或减少规模。此外,纯技术效率值接近1,表示在目前的技术水平上,投入的物流资源的使用是有效率的,未能达到总技术效率有效的根本原因在于其规模无效,因此该国改革的重点应在于如何更好地发挥其规模效益。哈萨克斯坦不仅是纯技术效率小于1,并且规模效率值也小于1,这说明该国在现有的物流资源使用上利用率不够充分,物流产业的规模与其投入以及产出不吻合,相比之下,吉尔吉斯斯坦和土库曼斯坦的平均总技术效率值较高,并且平均纯技术效率和平均规模效率也都保持一个比较高的状态。因此通过以上分析数据得出结论,中亚五国物流业效率还存在很大的发展空间,物流业效率的进一步发展必须建立在加大资源的投入力度、改进技术、优化资源配置上,同时各国还应该加大各种政策支持以促进物流产业的发展。

13.3.3 中国西北五省区与中亚五国物流业效率的比较

1. 中国西北五省区物流业效率整体评价

根据中国西北五省区 2006~2019 年物流业效率的评价结果,将中国西北五省区每一年的总技术效率、纯技术效率和规模效率的平均值进行分析,具体结果如表 13-20 所示:

表 13-20　　　 2006~2019 年中国西北五省区物流业效率整体评价结果

年份	总技术效率（crste）	纯技术效率（vrste）	规模效率（scale）
2006	0.885	0.994	0.890
2007	0.970	1.000	0.970
2008	1.000	1.000	1.000
2009	0.962	0.977	0.985
2010	0.956	1.000	0.956
2011	0.997	1.000	0.997
2012	1.000	1.000	1.000
2013	0.970	0.984	0.986
2014	0.973	0.989	0.984
2015	0.977	0.992	0.985
2016	0.991	0.994	0.997
2017	0.976	0.985	0.991
2018	0.972	0.981	0.990
2019	0.992	0.997	0.995
均值	0.973	0.992	0.980

表 13 - 20 显示：（1）2006～2008 年中国西北五省区的物流业总体效率值处于快速增长期，处于 DEA 无效，2008～2019 年且总体效率大致呈现出"凸"字形的起伏变动趋势。（2）物流业纯技术效率明显较高，物流业规模效率相比较来说较低，说明物流业总体效率不高是因为物流业规模太小导致的。（3）2013～2019 年，三种效率基本处于稳定状态，纯技术效率维持较高水平，规模效率有明显提升，总体效率随着这两种效率的变化而变化。

2. 中亚五国物流业效率整体评价

根据中亚五国 2006～2019 年物流业效率的评价结果，将中亚五国每一年的总技术效率、纯技术效率和规模效率的平均值进行分析，具体结果如表 13 - 21 所示：

表 13 - 21　　　　　　　2006～2019 年中亚五国物流业效率整体评价结果

年份	总技术效率（crste）	纯技术效率（vrste）	规模效率（scale）
2006	0.913	1.000	0.910
2007	0.899	0.994	0.905
2008	0.886	0.947	0.928
2009	0.900	0.930	0.962
2010	0.856	0.894	0.957
2011	0.909	0.938	0.970
2012	0.930	0.960	0.970
2013	0.926	0.938	0.987
2014	0.939	0.965	0.973
2015	0.913	0.975	0.937
2016	0.937	0.969	0.678
2017	1.000	1.000	1.000
2018	0.993	0.994	0.999
2019	1.000	1.000	1.000
均值	0.929	0.965	0.941

表 13 - 21 显示：（1）2006～2019 年中亚五国的物流业总体效率值在 2006 年和 2007 年等于 1，处于 DEA 有效，其余年份均小于 1，处于 DEA 无效，且总技术效率大致呈现出波浪形的起伏变动趋势。（2）在 2006～2008 年物流业纯技术效率较高，物流业规模效率较低，说明物流业总体效率不高也是因为物流业规模太小导致的。在 2009～2015 年，规模效率一直高于纯技术效率，并且在这个阶段总体效率也在稳步增长，说明中亚地区重视物流规模会拉动物流业总体效率增长。（3）在 2016～2019 年，规模效率经历了一次大幅度变动，之后稳定在了较高水平，规模效率与总技术效率也逐渐趋于平坦，稳定在了较高水平。

3. 中国西北五省区与中亚五国物流业效率整体比较评价

通过前面的评价分析，可以看出中国西北五省地区与中亚五国物流业效率近年来逐渐趋于稳定且效率稳步上升的趋势，但考虑到中国西北五省地区与中亚五国的国情及地理具体情况有所不同，因此进行物流业效率的整体比较评价。近年来，"一带一路"分别与哈萨克斯坦 2050 战略、吉尔吉斯斯坦"国家稳定发展战略"、乌兹别克斯坦"福利与繁荣年"规划、塔吉克斯坦"能源交通粮食"三大战略及土库曼斯坦建设"强盛幸福时代"发展战略实现对接，寻找契合点，为各国发展提供了新的机遇，对于促进中国西北五省区与中亚五国的物流业效率增长产生了巨大动力。为了方便比较，因此选取相同的年份针对中国西北五省区和中亚五国进行物流业效率比较，其结果如表 13 - 22 所示。

表 13 - 22　　2006 ~ 2019 年中国西北五省区与中亚五国物流业效率评价结果比较

省区、国家	总技术效率（crste）	纯技术效率（vrste）	规模效率（scale）	总体效率排名
陕西	0.991	0.997	0.994	2
甘肃	0.981	0.992	0.988	5
青海	0.981	0.988	0.993	4
宁夏	0.937	0.987	0.948	7
新疆	0.974	0.996	0.978	6
乌兹别克斯坦	0.915	0.934	0.980	9
哈萨克斯坦	0.82	0.911	0.899	10
塔吉克斯坦	0.927	0.990	0.936	8
吉尔吉斯斯坦	0.989	0.990	0.998	3
土库曼斯坦	0.993	0.997	0.997	1

表 13 - 22 显示：（1）在 2006 ~ 2019 年 14 年间中国西北五省与中亚五国的平均总技术效率小于 1，DEA 无效，这说明整体区域性物流业效率偏低，还存在较大的提升空间。（2）通过观察数据我们可以发现，总体效率处在前三位的分别是土库曼斯坦、陕西省、吉尔吉斯斯坦，这三个地区的纯技术效率和规模效率和其他国家相比都比较高，其他地区中新疆的纯技术效率最高，非常接近 1，但规模效率与前三个地区相比较低，其他各个地区的规模效率以及总技术效率普遍较低，因而拉低了总体效率的水平。（3）在中国西北五省地区的物流业总体效率中排名第一的是陕西，在考察的这 10 个地区中排名第二，与第一名的差距主要是在于该省的规模效率较低，进而造成了总体效率不足的情况。（4）宁夏地区的总技术效率与规模效率极低，即使该省纯技术效率名列前茅，但是总体效率排名却比较靠后，因此该省应该将重点放在调整物流业规模上。（5）在中亚五国中排名最后的是哈萨克斯坦，该国的纯技术效率以及规模效率都比较低，说明哈萨克斯坦当下的发展重点应该是培养物流人才，提高物流技术，调整物流业规模，提高物流资源的有效利用率。（6）乌兹别克斯坦、塔吉克斯坦的物流业总体效率普遍偏低，分别在考察地区中位于第八位、第九位，这三省的物流业效率状况形成鲜明对比，一个纯技术效率较高，但是规模效率偏低，另一个则刚好相

反。这说明这两国分别存在着物流业规模相对较小的问题和存在技术水平较差的情况，这两个关键的问题导致了这两个地区的物流资源未能得到合理配置和利用，严重制约了物流业总体效率的发展。

13.4　"核心区"运输差异影响物流业效率的实证分析

13.4.1　变量选取和模型建立

1. 变量选取和数据来源

货物周转量是各种运输方式在运输过程中的每批货物的重量乘以实际运送的距离的累积数额。既包括了所承载货物的数量，也包括了运输的距离等因素，可以全面地反映该运输的成果，所以，本章用货物周转量作为核心解释变量，用以衡量该运输方式与物流业效率之间的关系。货物周转量的数值可以从统计年鉴中获得。然后用回归模型，实证分析各运输方式对物流业效率的影响。

2. Tobit 模型的建立

由于用 DEA 模型计算出的效率值是分布在 0 ~ 1 之间的离散的数值，如果用普通最小二乘法进行回归系数分析，有可能出现有偏且不一致的情况，所以，Tobit 提出采用极大似然法的截取回归模型来替代最小二乘法。该模型表示如下：

$$Y^* = \begin{cases} Y^* = \beta X + \mu & (Y^* > 0) \\ 0 & (Y^* \leqslant 0) \end{cases} \tag{13-1}$$

由此，本章采用 Tobit 模型进行对物流业效率和运输差异影响因素之间进行相关性分析，建立回归模型为：

$$Y_{ij} = \beta_0 + \beta_1 T_{1ij} + \beta_2 T_{2ij} + \beta_3 T_{3ij} + \beta_4 T_{4ij} + \mu \tag{13-2}$$

式（13-2）中，β_0 是常数项；β_1、β_2、β_3、β_4 是自变量的回归系数；Y 是各省物流业效率，用已经得到的 CCR 表示；T_1、T_2、T_3、T_4 表示公路、铁路、航空和管道运输的货运量，i、j 分别表示年份、中国西北五省区及中亚五国。

建立回归模型之前，对模型进行 F 检验，本章利用 EViews11.0 对模型进行检验，通过得到的混合估计模型的残差平方以及固定模型效应的残差平方和计算出了 F 值大于查表值，因此建立个体固定效应模型。

13.4.2　中国西北五省区运输差异影响物流业效率的实证分析

中国西北五省区 2006 ~ 2019 年货运周转量平均增长率如表 13-23 所示：

表 13 - 23   中国西北五省区 2006 ~ 2019 年货运周转量平均增长率

省份	公路	铁路	航空	管道
陕西	16.85%	5.69%	- 1.09%	—
甘肃	15.74%	4.13%	0.01%	—
青海	14.25%	8.61%	11.23%	0.61%
宁夏	14.87%	0.29%	14.62%	10.72%
新疆	7.02%	6.50%	5.52%	29.78%

注:"—"表示由于数据缺失,无法计算具体数值。

表 13 - 23 显示:中国西北五省区公路运输是物流业运输中的重要的载体,各省的货运量和货物周转量中,公路远高于其他三种运输方式。

1. 公路运输差异对物流业效率的影响分析

中国西北五省区 2006 ~ 2019 年公路运输差异对物流业效率的影响情况如表 13 - 24 所示:

表 13 - 24   2006 ~ 2019 年中国西北五省区公路运输差异对物流业
效率的影响对比

省份	系数	标准差	Z 统计量	P 值
陕西	- 0.0001480	0.0001090	- 1.358713	0.1742 *
甘肃	- 0.0001890	0.0000882	- 2.142767	0.0321 **
青海	- 0.0011960	0.0020410	- 0.586122	0.5578 *
宁夏	0.0001180	0.0002950	0.401457	0.6881 *
新疆	- 0.0000194	0.0004200	- 0.046254	0.9631 *

注:*** 、 ** 、 * 分别表示在 1% 、5% 、10% 的水平下显著。

表 13 - 24 显示:中国西北五省地区的相关系数除了宁夏地区外都为负数,说明对于陕西、甘肃、青海、新疆来讲,公路运输的发展对该省物流业效率的影响没有直接的正相关关系,公路运输的货运周转量的增加并没有带动相对应的物流业效率的提高。

2. 铁路运输差异对物流业效率的影响分析

中国西北五省区 2006 ~ 2019 年铁路运输差异对物流业效率的影响情况如表 13 - 25 所示:

表 13 - 25   2006 ~ 2019 年中国西北五省区铁路运输差异对物流业
效率的影响对比

省份	系数	标准差	Z 统计量	P 值
陕西	0.000576	0.000208	2.775563	0.0055 ***
甘肃	0.000475	0.000114	4.149161	0.0000 ***
青海	0.005549	0.002227	2.491937	0.0127 **
宁夏	0.002799	0.000515	5.430549	0.0000 ***
新疆	0.001003	0.000434	2.309619	0.0209 **

注:*** 、 ** 、 * 分别表示在 1% 、5% 、10% 的水平下显著。

表 13 - 25 显示：中国西北五省区铁路运输的相关系数均高于各省公路运输的相关系数，其中青海省的相关系数相对较大，说明青海省铁路运输对其物流业效率的影响程度较大。并且各省的统计性在都维持在 5% 或 1% 的显著性水平下，说明随着铁路运输的增加，会对物流业效率的提高产生正向的带动作用。

3. 航空运输差异对物流业效率的影响分析

中国西北五省区 2006 ~ 2019 年间航空运输差异对物流业效率的影响情况如表 13 - 26 所示：

表 13 - 26　　　　**2006 ~ 2019 年中国西北五省区航空运输差异对物流业效率的影响对比**

省份	系数	标准差	Z 统计量	P 值
陕西	0. 356112	0. 124708	2. 855560	0. 0043 ***
甘肃	2. 633925	0. 542405	4. 856008	0. 0000 ***
青海	− 0. 134835	1. 257012	− 0. 107266	0. 9146 *
宁夏	0. 672001	0. 346232	1. 940898	0. 0523 *
新疆	0. 106252	0. 425884	0. 249486	0. 8030 *

注：*** 、** 、* 分别表示在 1% 、5% 、10% 的水平下显著。

表 13 - 26 显示：青海的相关系数为负值且没有通过 10% 的显著性检验，同时航空运输的货运周转量平均增长率呈现负值，说明青海的航空运输还有很大的发展空间，可能由于考虑的因素不全面导致分析的结果不理想。除甘肃外，航空运输对物流业效率的相关系数均为正值，说明航空业的发展是有利于增进物流业的发展的，在中国西北五省区中，甘肃的航空运输相关系数比较大，这也与其地广人稀的地理优势有着一定的联系。

13. 4. 3　中亚五国运输差异影响物流业效率的实证分析

我们通过整理来自中亚五国统计年鉴、世界银行数据库公开数据库、亚洲开发银行数据库以及各国官方统计部门公布数据，得出在所考察的 2006 ~ 2019 年的各种运输方式的货运周转量平均增长率，同时采取 EViews11 软件采用 Tobit 模型来对物流业效率和运输差异影响因素之间进行相关性分析，为了方便比较中国西北五省区与中亚五国之间的差异，因此建立相同的回归模型来进行操作。

表 13 - 27　　　　**中亚五国 2006 ~ 2019 年货运周转量平均增长率**

国家	公路	铁路	航空	管道
乌兹别克斯坦	− 0. 05%	1. 49%	3. 39%	− 1. 03%
哈萨克斯坦	10. 57%	3. 63%	4. 57%	40. 84%
塔吉克斯坦	10. 08%	− 12. 00%	0. 31%	—
吉尔吉斯斯坦	6. 43%	1. 13%	− 10. 16%	− 0. 82%
土库曼斯坦	4. 72%	2. 25%	3. 59%	—

注："—"表示由于数据缺失，无法计算具体数值。

表 13 - 27 显示：对于中亚五国来说，公路运输是物流业运输中的重要的载体，各国的货运量和货物周转量中，公路远高于其他三种运输方式，说明，在物流业的发展中公路运输起着重要的作用。由表 13 - 27 可以看出各国公路运输里程、公路货运量及货运周转量在总量中占比等情况。

1. 公路运输差异对物流业效率的影响分析

中亚五国 2006~2019 年公路运输差异对物流业效率的影响情况如表 13 - 28 所示：

表 13 - 28　　　　　2006~2019 年中亚五国公路运输差异对物流业
效率的影响对比

国家	系数	标准差	Z 统计量	P 值
乌兹别克斯坦	0.001728	0.0008140	2.123597	0.0337 **
哈萨克斯坦	− 0.000031	0.0000648	− 0.477682	0.6329 *
塔吉克斯坦	0.001162	0.0000438	26.543620	0.0000 ***
吉尔吉斯斯坦	0.012539	0.0119770	1.046905	0.2951 *
土库曼斯坦	− 0.000606	0.0018380	− 0.329841	0.7415 *

注：*** 、** 、* 分别表示在 1% 、5% 、10% 的水平下显著。

表 13 - 28 显示：哈萨克斯坦和土库曼斯坦的相关系数为负值，且在 10% 的显著性水平下其统计性不显著，说明对于这两国来说，公路运输的发展对该国物流业效率的影响没有直接的正相关关系，公路运输的货运周转量的增加并没有带动该国的物流业效率的提高。一方面，可能由于数据误差及考虑影响因素较少导致分析数据结果不准确；另一方面，也可能由于对这两国来讲，公路运输状况已经接近饱和状态，因此把有限的资源投入到其他运输方式中更有利。其他三个国家的相关系数均大于 0，说明公路运输对物流业效率存在正相关关系，公路运输对中亚五国物流业效率是有影响的。

2. 铁路运输差异对物流业效率的影响分析

中亚五国 2006~2019 年铁路运输差异对物流业效率的影响情况如表 13 - 29 所示：

表 13 - 29　　　　　2006~2019 年中亚五国铁路运输差异对物流业
效率的影响对比

国家	系数	标准差	Z 统计量	P 值
乌兹别克斯坦	0.003154	0.0011040	2.858271	0.0043 ***
哈萨克斯坦	0.000117	0.0000868	1.342977	0.1793 *
塔吉克斯坦	0.042195	0.0033670	12.530930	0.0000 ***
吉尔吉斯斯坦	0.091209	0.0210270	4.337748	0.0000 ***
土库曼斯坦	0.010618	0.0022430	4.732825	0.0000 ***

注：*** 、** 、* 分别表示在 1% 、5% 、10% 的水平下显著。

表 13 – 29 显示:中亚五国铁路运输的相关系数均高于公路运输的相关系数,这说明中亚五国铁路运输对物流业效率的影响比较大。其中吉尔吉斯斯坦的铁路运输相关系数最大,这说明吉尔吉斯斯坦的铁路运输对其物流业效率的影响程度较大。哈萨克斯坦的铁路相关系数最小,但其统计性在 10% 的显著性水平下是不显著的,所以这并不能肯定地说明随着铁路运输的增加,物流业效率增幅就是最小的,单方面看铁路运输对哈萨克斯坦的物流业效率,铁路对其还是有一定的贡献的。

3. 航空运输差异对物流业效率的影响分析

中亚五国 2006～2019 年航空运输差异对物流业效率的影响情况如表 13 – 30 所示:

表 13 – 30　　　　　　2006～2019 年中亚五国航空运输差异对物流业
效率的影响对比

国家	系数	标准差	Z 统计量	P 值
乌兹别克斯坦	− 0.040812	0.118871	− 0.343328	0.7314 *
哈萨克斯坦	0.535691	0.238924	2.242096	0.0250 **
塔吉克斯坦	− 1.250712	1.032897	− 1.210878	0.2259 *
吉尔吉斯斯坦	0.025915	0.088060	0.294293	0.7685 *
土库曼斯坦	− 1.444371	0.623004	− 2.318398	0.0204 **

注: ***、**、* 分别表示在 1%、5%、10% 的水平下显著。

表 13 – 30 显示:乌兹别克斯坦、塔吉克斯坦、土库曼斯坦的相关系数均为负值,值得注意的是,只有土库曼斯坦的显著性水平比较高。对于哈萨克斯坦和吉尔吉斯斯坦来说,航空运输对这两国物流业效率的相关系数均为正值,说明航空业的发展是有利于增进物流业发展的,在中亚五国中,哈萨克斯坦的航空运输相关系数比较大,这与其国家经济发展也有一定的关系,其他国家可能难以负担起航空运输的高昂成本。

13.4.4　中国西北五省区与中亚五国的比较

通过以上分别阐述中国西北五省区与中亚五国各种运输方式对于物流业效率的影响,同时通过实证分析可以得出几个结论:

1. 公路运输方面

通过实证分析得到的数据可以看出,中国西北五省区的公路运输相关系数虽然负值比较多,但大多显著性水平都比较低,参考价值不高。而中亚五国中有三个国家公路运输的影响系数为正,显著高于中国西北五省区。

2. 铁路运输方面

通过实证分析得到的数据可以清楚地看到,中国西北五省区的铁路运输相关系数均为正值并且数值较大，加之新疆地区由于特殊的地理位置及油气资源，因此西北地区管道运输分担了铁路运输的许多货运量，中国西北地区铁路运输的显著性水平也比较高，说明铁路运输的发展一定会极大地促进中国西北五省区的物流运输业的发展。观察中亚五国地区的实证分析数据我们看出，各国的铁路运输相关系数均为正值，并且基本都达到1%的显著性水平，虽然其相关系数并没有中国西北五省区的数值大，但是同样也说明了铁路运输也是促进整个中亚地区物流业发展的重要一环。

3. 航空运输方面

通过实证分析得到的数据看出，中国西北五省区中与中亚五国的航空运输发展状况类似，航空运输的相关系数差距较大，并且各省区的显著性水平差距也比较大，这说明目前中国西北五省区及中亚五国的航空运输业发展不均衡不充分的特点，还存在很大的发展空间。

13.5 研究结论及相应的对策建议

在前面几节理论和实证分析的基础上，本节对实证结果进行总结评价并提出相应的对策建议。

13.5.1 研究结论总结

1. 关于物流业效率评价分析

（1）在2006～2019年的14年间中国西北五省区与中亚五国的三种物流业效率均值都小于1，DEA无效，这说明"核心区"整体性的物流业效率偏低，还存在较大的提升空间。（2）在2006～2019年的14年间中国西北五省区的物流业总体效率（即总技术效率）均值、纯技术效率均值和规模效率均值分别是0.973、0.992和0.980，纯技术效率高于规模效率，因此，总体效率的无效主要是规模效率较低导致的。（3）在2006～2019年的14年间中亚五国的物流业总体效率均值、纯技术效率均值和规模效率均值分别是0.929、0.965和0.941，纯技术效率高于规模效率，因此，总体效率的无效主要是规模效率较低导致的。（4）在2006～2019年的14年间中国西北五省区的三种物流业效率均值都高于中亚五国，且中国西北五省区的总体效率大致呈现出"凸"字形的起伏变动趋势，而中亚五国的总体效率呈现出比较平缓的波浪型起伏变动趋势。

2. 关于中国西北五省

各种运输方式对物流业效率的影响有着一定的差异，陕西省、甘肃省和青海省的公路运输影响较大，新疆的管道运输相比其他四省影响较大，宁夏的航空运输对物流业效率的拉动作用较大。

3. 关于中亚五国

不同的运输方式对于中亚五国物流业效率的影响也不相同，在公路运输方面影响较大的主要是塔吉克斯坦和乌兹别克斯坦，其显著性水平很高而且相关系数也比较大。在铁路运输方面影响较大的主要是乌兹别克斯坦、塔吉克斯坦、吉尔吉斯斯坦和土库曼斯坦，保持在1%的显著性水平，并且其相关系数与其他国家相比也比较大。在航空运输方面影响较大的主要是哈萨克斯坦，该国航空运输发展对物流业效率的拉动作用较大。

13.5.2 相应的对策建议

1. 针对中国西北五省区的建议

第一，完善中国西北五省区的运输条件和组织结构。优化五省区运输组织结构，使五省区的各种运输方式都得到合理的安排，既要发挥优势运输对物流业效率的重要拉动作用，又要巩固和提高相对劣势的运输方式的贡献，使得各运输方式优劣互补，共同为物流业效率增砖添瓦。

第二，合理安排，充分发挥各运输方式的优势作用。通过数据对比，了解各省区的具体情况，了解各省区的优势运输产业及薄弱方面。对于丝绸之路"核心区"五省区而言，了解各省区的运输现状并明晰之间的运输差异，长善救失、扬长补短，充分利用各省区间的运输差异，合理安排运输方式和运输内容，可以有效提高物流业的效率，促进物流业行业的快速发展。

第三，加强政策引导和技术改革，降低物流运输成本。中国西北五省有一个共同的特点就是物流业发展的产业园区、物流业运输、仓储、融资等方面都没有一个具体的政策，这容易导致物流业发展的盲目性。因此，应尽快制定完善的物流业发展制度，同时，加强政府部门对物流业的引导，防止出现地方保护政策，为物流业创造一个公平的环境。

第四，加强五省区交通互通，平衡五省区运输环境。要实现物流业效率的提高，制定标准的物流业管理体系，可以有效提高物流业的发展水平。西部地区经济起步较晚，发展较为缓慢，使物流业总量的提高受到限制，物流业的发展受到了制约，所以，提高中国西北五省区的整体经济发展水平，加强五省区的合作互通，提高综合经济实力，为物流业发展创建一个稳定的经济环境保障。

2. 针对中亚五国的建议

第一，促进物流业技术研发，构建"互联网＋物流"运输体系。"互联网＋"代表一种新的经济形态，即能充分发挥互联网在生产要素配置中的优化和集成作用，将互联网的创新成果深度融合于经济社会各领域之中，也能提升实体经济的创新力和生产力，形成更广泛的以互联网为基础设施和实现工具的经济发展新形态。因此构建"互联网＋物流"运输体系将会带来整个物流产业的革新发展。

第二，提高中亚地区的规模效率及纯技术效率带动物流业发展。通过本书针对中亚五国地区的物流业效率分析，可以看出整个中亚地区的规模效率普遍不高，纯技术效率不能与现有物流产业相匹配的现状，因此要想提升中亚地区的规模效率及纯技术效率，应当注重这几方面的发展：一是结合互联网优化供应链流程，利用动态路线系统提高运输效率并通过 AR 技术改善物流仓储环节。二是需要尽可能地完善中亚地区的物流资源配置和货物流转方式，随着"一带一路"合作的不断加深，中国与中亚地区的贸易依存度不断加深，物流总额不断攀升，应以这一大趋势为依托，提高中亚地区的物流业规模。三是应当注重中亚地区物流企业普遍存在的经营规模小、运输力不足、技术匮乏等现状，尽可能以兼并重组、协作联盟等方式做大做强一批技术水平先进、主营业务突出、核心竞争力强的大型现代物流企业集团。

第三，加大基础设施建设，调整优化物流业产业结构。当前中亚地区交通运输基础设施不完善的现状亟待改进。虽然近年来各国政府已经投入大量资金用于基础设施建设，尤其是耗费大量资金和时间在新建高速公路、铁路、管道并且修复原有道路区。但是，中亚地区的基础设施建设相比于中国来说仍然落后于经济发展的需求，应加大力度建设。同时，目前中亚地区最普遍的运输方式是公路，再次是铁路、管道、空运最后则是水运。各种运输方式都各有其优缺点，选择时需要慎重考虑。中亚地区存在着各种运输方式的物流管理部门各自为政，物流运输合力难以形成的问题。因此目前调整优化个中亚地区的物流产业结构刻不容缓。

3. 针对"核心区"整体的建议

第一，优化"核心区"贸易结构以减少各地区运输差异。提高贸易互补性，进一步扩大物流业规模，充分发挥中国西北五省区的特点，作为中国西部对外开放的排头兵，新疆地区与中亚地区紧密相连，结合"十四五"规划关于物流运输业的前景规划及西北其他四省区所特有的地广人稀特点，增设物流产业基地，将青海等偏远地区快捷纳入全国综合交通运输体系，扩大整个"核心区"内的物流业规模并优化各种物流资源配置。

第二，加大"核心区"运输基础设施投资建设以提高运输效率。目前存在基础设施总量不足，物流仓储配套设施兼容性、适配性较差等问题，因此对于现有运输道路的修缮及新建公路、铁路、管道等运输基础设施应尽快加紧建设，随着"核心区"内物流贸易量的不断加大，必然会带来物流量的急剧攀升，因此应建立大型中转枢纽，建设国际物流集散中心等基础设施，进一步提高物流业规模效率。

第三，通过现代物流理念与技术改善"核心区"物流企业竞争状况。整合现有物流资源，建立多种形式的物流服务体系，建立包括整个"核心区"在内的 10 个地区的物流公共信息与市场交易平台，支持区域内工业企业创新物流管理模式，组件独立完整的物流经营实体，同时整合一批小微型物流企业，形成大小物流企业良性竞争发展的环境。

第四，协商出台"核心区"内区域性政策，构建新型现代物流发展环境。为了促进"核心区"经济快速发展，比如针对"核心区"内的物流企业，各国应当给予扶持政策，并对在生产运输途中所产生的一系列问题优先解决，对重要工业产品消耗品如运输工具燃油等价格进行优惠，同时对于物流企业在规划和建设土地审核及审批上优先安排，在过境运输及跨区域物流过程中的查审手续进行优化，提高物流效率。

第五，构建"核心区"内"互联网＋物流"实现物流业转型升级。推进整个"核心区"内的物流业发展，联合大数据、云计算、物联网等先进信息技术与物流活动深度融合，利用互联网等先进信息技术手段，重塑企业物流业务流程，创新企业资源组织方式，促进线上线下融合发展不断提高物流业信息化、标准化、组织化、智能化水平，实现物流业转型升级，带动整个"核心区"内物流业效率的提升。

第六，培育跨境物流专业性人才增加"核心区"物流业人才储备。随着中国与整个中亚地区的物流业不断发展，对于物流人才的需求也将不断扩大，因此各国相关部门应积极发挥引导作用，推进以跨境物流企业为核心的"产、学、研"合作，加快建设高质量的物流实习基地，学习国际物流行业先进理念和运营思路，培养一批既通晓中亚地区法律法规又具有实操能力的实用型物流人才，促进整个"核心区"的物流产业发展。

第14章　全书研究结论总结及政策建议

本章对全书研究结论进行总结及分析，据此提出相应的政策建议，并对未来研究进行展望。

14.1　全书研究结论总结

本课题成果基于丝绸之路经济带建设的阶段性特征和实际调研、获取数据的可行性，把包括中国西北五省区和中亚五国在内的空间范围划定为丝绸之路经济带"核心区"，并就该"核心区"物流业效率及其影响因素作为自己的研究主题，主要从内涵界定、机理分析、效率评价及比较、各主要因素影响程度实证、对策建议等问题进行了重点研究。得出的主要结论是：

1. 对核心概念的界定

本课题成果首先清晰界定了丝绸之路经济带"核心区"和物流、物流业、物流业效率的概念内涵。丝绸之路经济带"核心区"（本成果中简称"核心区"）从概念上讲是指一种空间范围，是在整个丝绸之路经济带上发挥承东启西、连接南北作用的地理中心区域。从范围上讲，丝绸之路经济带"核心区"是包括中国的西北五省区（陕西、甘肃、青海、宁夏、新疆）和中亚五国（哈萨克斯坦、吉尔吉斯斯坦、塔吉克斯坦、土库曼斯坦、乌兹别克斯坦）在内的空间范围。这样界定和划分，既符合历史，也符合现实需要。物流是物品从供应地向接受地的实体流动过程。物流业是指从事物流活动或各种物流支援活动的产业。在现实的产业分类及统计年鉴中，物流业基本包括运输业、仓储业和邮政业等。效率在经济学中主要考察投入与产出之间的关系，因此，物流业效率考察的就是物流业总投入与总产出之间的关系，可以用公式 $E = Y/X$ 表示物流业效率。

2. 主要因素影响物流业效率的机理分析

根据相关经济学理论深入分析了物流业聚集水平、市场化、产业结构演进、金融发展、经济发展水平、物流专业人才、物流资源利用率、对外开放程度、信息技术、运输差异等主要因素影响物流业效率的机理。物流业集聚水平是处于同一地理位置上的属于物流业的公司和机构相互联系的深度及集中程度。根据外部经济、交易费用、内生增长、劳动分工、竞争优势和知识溢出等理论，物流业集聚水平提高能够产生外部经济、交易费用降低、知识溢出、分工细化和竞争优势等效应，提高物流业效率。市场化是指资源配置和经济运行的调节方式从计划转为市场的整个过程。根据市场、政府有效或失灵理论，市场化将通过调整市场与政府关系、推动要素和产品市场发展、活跃民营经济发展等影响物流业效率。产业结构演进主要指产业结构合理化和产业结构高级化。产业结构合理化能够通过产业和区域关联效应以及结构效应、产业结构高级化能够通过升级和创新效应，提升物流业效率。金融发展主要指一国或一地区金融规模扩大、金融结构优化以及金融效率提高。根据金融结构论、金融深化论、金融功能论等，金融发展能够扩大物流业资金支持、优化物流业资金配置、强化物流业风险管理、促进物流业技术创新等提升物流业效率。根据经济增长和发展理论，经济发展水平能够通过影响物流业的需求、基础设施建设、技术水平、人员素质以及区域产业结构等影响物流业效率。物流专业人才是物流业中具有专业知识技能的专门人才，是专业化人力资本的载体。基于舒尔茨、罗默和卢卡斯等的人力资本及知识溢出理论，物流专业人才将通过集聚、知识溢出、学习、生产、创新和规模经济等效应影响物流业效率。物流资源利用率是道路、仓储等物流基础设施的使用效率。根据"黑大陆"、成本冰山和成本削减的乘数等物流理论，交通运输业、仓储业和邮政业等资源利用率的提高，都将通过更具体的方式提高物流业效率。对外开放程度是一个国家或地区的国际开放程度，包括贸易开放度和投资开放度。根据国际贸易和 FDI 的技术溢出理论，国际贸易和 FDI 将通过示范、竞争、规模、人员培训以及关联等效应对东道国技术进步产生溢出，提高其物流业效率。信息技术是利用计算机、网络和现代通信手段获取、传递、存储、处理、显示和分配信息的相关技术。根据劳动分工、人力资本、扩大再生产和干中学模型等理论，信息技术将通过分工、工作、生产和学习等效应提高物流业效率。运输差异是指不同地区运输组织结构不同，以及同种运输在线路构建、设施建设以及用途等方面的差异性。根据韦伯的工业区位论、胡佛的运输成本论等，运输差异将通过影响运输成本和运输产出而影响物流业效率。

3. 丝绸之路经济带"核心区"物流业效率评价结果及比较

我们对"核心区"物流业效率状况，首先在第 3 章的总论中进行了系统全面的评价及比较，得出的主要结论是：（1）在 2004～2017 年，"核心区"整体的物流业总体效率、纯技术效率和规模效率均值分别为 0.664、0.807 和 0.824，均小于 1，DEA 无效，且总体效率和规模效率呈波动中略有上升、纯技术效率呈波动中略有下降的趋势。（2）在 2004～2017 年，"核心区"内的中国西北五省区物流业总体效率、纯技术效率和规模效率均值分别为 0.696、0.788 和 0.883，均小于 1，DEA 无效，且总体效率和规模效率呈波动中上升、纯技术效率呈波动中下降的趋势。（3）在 2004～2017 年，"核心区"内的中亚五国物流业总体效率、纯技术效率和规模效率均值分别为 0.633、0.825 和 0.767，均小于 1，DEA 无效，且总体效率和纯技术效率呈波动中略有下降、规模效率呈倒 U 形变化趋势。

（4）考察期内，中国西北五省区的物流业总体效率和规模效率均值高于"核心区"整体和中亚五国，中亚五国的物流业纯技术效率均值高于"核心区"整体和中国西北五省区。总体看，中国西北五省区高于中亚五国。（5）"核心区"物流业总体效率排序与国际物流绩效指数（LPI）近年的排序大体一致。本课题成果分论的各章也对"核心区"物流业效率状况分别进行了评价及比较，得出的结论与总论是基本一致的，略有不同也是由于本课题允许各子课题采取略有不同的模型、指标体系和时间样本所致，以便相互对照和印证、保证研究结论的客观正确性。

4. "核心区"物流业效率与影响因素相关性大小实证结果及分析

我们对"核心区"物流业效率主要影响因素的回归实证，首先在第 3 章的总论中进行了分析，得出的主要结论是：（1）对"核心区"整体物流业效率有显著正向影响的因素是物流业集聚水平、经济发展水平、人口密度、对外贸易水平和物流资源利用率，有显著负向影响的因素是信息化水平、城镇化水平和金融发展水平，影响不显著的因素是地区产业结构、市场化水平和人力资本水平。这与"核心区"信息化、城镇化、市场化和人力资本水平较低，金融发展不足和产业结构不合理有关。（2）对中国西北五省区物流业效率有显著正向影响的因素是物流业集聚水平、经济发展水平、人口密度、金融发展水平、对外贸易水平和市场化水平，有显著负向影响的因素是城镇化水平和信息化水平，影响不显著的因素是地区产业结构、物流资源利用率和人力资本水平。这与中国西北五省区城镇化、信心化水平低，人力资本水平与经济发展水平不对应，物流资源存在一定冗余，产业结构不够优化有关。（3）对中亚五国物流业效率有显著正向影响的因素是物流业集聚水平、对外贸易水平、经济发展水平、城镇化水平、物流资源利用率和人力资本水平，有显著负向影响的因素是人口密度、金融发展水平和市场化水平，影响不显著的因素是信息化水平和地区产业结构。这与中亚五国的人口稀少、金融发展滞后和市场化进程缓慢等有关。

本课题成果分论的各章重点对"核心区"物流业效率主要影响因素分别进行实证回归分析，得出的结论是：（1）物流业集聚水平对"核心区"物流业效率存在正向影响，主要通过影响物流业的发展规模而影响物流业总体效率。中亚五国和"核心区"整体物流业集聚水平较高，中国西北五省区物流业集聚水平亟待提高。（2）市场化程度对物流业总体效率的影响在"核心区"整体和中国西北五省区显著为正且对中国西北五省区影响更大，对中亚五国影响为负且显著，原因可能是其市场化发展治理水平和经济发展水平与物流业发展不够匹配等。（3）产业结构合理化演进对物流业效率的影响为正且显著，但产业结构高级化演进对物流业效率的影响不显著，说明"核心区"的产业结构高级化水平不足。（4）金融发展水平对三种物流业效率的影响在"核心区"整体和中国西北五省区都显著，但在中亚五国只对物流业总体效率和纯技术效率的影响显著正向，而对物流业规模效率影响不显著，这很可能与中亚五国金融发展不足有关。（5）经济发展水平对物流业总体效率的影响在"核心区"内的中国西北五省区和中亚五国都显著为正且在中国西北五省区较高，说明中国西北五省区的经济发展水平已经与物流业的发展产生了明显的互动作用。（6）初等、中等、高等三种人力资本水平的物流专业人才对物流业效率的影响在"核心区"整体和中国西北五省区都为正且高等的影响更显著；中等、高等两种人力资本水平的物流专业人才对物流业效率的影响在中亚五国都为正且高等的影响更显著，初等的影响不显著但呈正向。（7）物流资源利用率对物流业效率的影响在"核心区"整体、中国西北五省区和中亚五国都显著为正且在中亚五国最大，说明中亚五国的物流资源更能物尽其用。（8）对外开放程度对物流业效率的影响在中国西北五省区为正但不显著，在"核心区"整体和中亚五国都显著为负，说明"核心区"整体、尤其是中亚五国的物流业不能很好地吸收对外开放带来的技术溢出和应对开放带来的竞争压力。（9）信息技术发展水平对物流业效率的影响在"核心区"整体和中国西北五省区都显著为正，但在中亚五国影响不显著，可能与中亚国家信息技术发展不均衡有关。（10）对于中国西北五省区和中亚五国来说，各种运输方式都不同程度地影响着物流业效率。

14.2 相应的政策建议

我们在前面的第 3 章的总论实证分析和第 4～13 章的分论实证分析中，每章都针对自己的分析结论提出了相应的对策建议。这里，我们将进一步概括政策建议的要点。

1. 对中国西北五省区的政策建议

（1）针对实证分析中得出中国西北五省区物流业纯技术效率没有"核心区"整体和中亚五国高的结论，中国西北五省区要大力推进物流业的创新发展战略、继续加大物流业科技投入，不断提升物流业技术水平。（2）针对实证分析中得出中国西北五省区物流业集聚水平没有中亚五国和"核心区"整体高的结论，中国西北五省区要进一步科学规划物流园区和物流枢纽中心，着力拉升国家物流枢纽城市西安、兰州、乌鲁木齐集聚和辐射周边的能力和档次，促进整个西北地区物流业集聚发展，提高物流业集聚水平。（3）针对实证分析中得出中国西北五省区的对外开放程度对物流业效率的影响虽然为正但并不显著的结论，中国西北五省区要想方设法利用好"一带一路"建设，尤其是其中的丝绸之路经济带建设提供的契机和良好平台，积极开拓对外贸易渠道，积极引进高效实用的外资技术，进一步提高对外开放中吸收技术溢出的能力和抵御竞争压力的能力，让国内国外两种资源、两个市场为大西北发展增添新动力、拓展新空间。（4）针对实证分析中得出初等、中等、高等三种人力资本水平的物流专业人才对物流业效率的影响在中国西北五省区都为正且高等的影响更显著的结论，中国西北五省区应该适应智慧物流、数字物流蓬勃兴起的大趋势，积极引导具有高等人力资本水平的物流专业人才向物流业集聚，提高物流从业人员的整体素质，敢于在数字物流发展中捷足先登。（5）针对实证分析中得出中国西北五省区的物流资源利用率对物流业效率的影响为正但并不如中亚五国显著的结论，中国西北五省区要加强物流资源管理和优化配置，进一步挖掘物流资源存量的潜力，消除物流资源冗余，尽量让所有物流资源能物尽其用。（6）针对实证分析中得出中国西北五省区的产业结构高级化、城镇化和信息化水平对物流业效率的影响还不显著的结论，中国西北五省区要切实贯彻新发展理念，促进地区经济高质量发展。要深入推进新型工业化、新型城镇化、农业现代化和信息化进程，通过四化同步实现巩固脱贫攻坚成果与乡村振兴的良好对接，通过地区特色优势产业的集群化发展促进人口的集中、产业结构的合理化和高级化。还要注意通过进一步提升金融发展水平来发挥好金融对物流业高效发展的杠杆作用等。

2. 对中亚五国的政策建议

（1）针对实证分析中得出中亚五国的物流业规模效率均值要低于"核心区"整体和中国西北五省区的结论，说明从整体看中亚五国物流业总体效率低的原因主要是规模效率低、物流业发展规模不足，因此，中亚国家今后应注重物流业投入增加和规模化发展，为物流业高效发展提供基础支撑。（2）针对实证分析中得出中亚五国的人口密度对物流业效率的影响为负的结论，说明中亚国家地广人稀，总量只有七千多万的五国人口对物流业的带动和支撑乏力，因此积极促进人口增加并向城镇集中是必然选择。（3）针对实证分析中得出中亚五国的市场化程度对物流业效率的影响为负的结论，说明中亚国家的现代市场经济体制还不成熟、不完善，因此不断完善现代市场经济体制，提高利用市场机制的能力和市场化发展的治理能力是当务之急。（4）针对实证分析中得出中亚五国的金融发展对三种物流业效率的影响不显著、甚至为负的结论，说明中亚国家金融发展滞后、物流业发展资金匮乏，因此，积极推进金融广化和深化，提高金融发展水平，为物流业发展融通资金十分必要。（5）针对实证分析中得出中亚五国的对外开放程度对三种物流业效率的影响不显著、甚至为负的结论，说明中亚国家对外开放水平还不高，经济发展水平低，物流业还不能很好地吸收对外开放带来的技术溢出和应对开放带来的竞争压力。因此，努力发展经济、提高对外开放水平，增强吸收对外贸易和引进 FDI 中技术溢出的能力和抵御竞争压力的能力对中亚五国很重要。（6）针对实证分析中得出中亚五国的信息化水平、初等人力资本水平的物流专业人才、产业结构高级化对物流业效率的影响不显著的结论，说明中亚国家信息化水平不高且差距大，初等人力资本水平的物流专业人才的水平太低，产业结构高级化不足，因此，要努力引进和创新信息技术、提高信息化水平和初等物流从业人员的人力资本水平，大力推进工业化和城镇化，促进特色优势产业集聚和地区产业结构的优化升级。

3. 对"核心区"整体的建议

（1）针对实证分析中得出"核心区"整体的物流业总体（综合）效率、纯技术效率和规模效率均值分别为 0.664、0.807 和 0.824，均小于 1，DEA 无效，且总体效率和规模效率呈波动中略有上升、纯技术效率呈波动中略有下降的趋势，说明近十几年来"核心区"整体存在的主要问题是物流业纯技术效率下降、物流业技术进步能力并不足的问题。因此，"核心区"内各省区、各国要不断进行技术创新和技术引进，坚持走物流业发展的内涵式扩大再生产道路，其中的中国西北五省区更是要率先践行这一条。（2）虽然实证分析中得出了"核心区"整体的物流业规模效率要高于纯技术效率和总体效率的结论，但规模效率均值仍然只有 0.824，小于 1，DEA 无效，结合实证分析中对规模报酬变化情况的考察，我们建议今后"核心区"在以内涵发展为主、保证物流业高质量发展的前提下适度发展物流业规模也是必要的，尤其对"核心区"内 10 个子区域中的宁夏、吉尔吉斯斯坦、塔吉克斯坦、土库曼斯坦特别重要。（3）实证分析结论显示，信息化对"核心区"整体以及其中的中国西北五省区和中亚五国的物流业效率的影响作用不显著、甚至为负，说明"核心区"信息化水平不高（虽然在不断提高），因此，除了"核心区"中各子区域努力推进信息技术引进和创新、提高物流业信息技术水平外，作为高效互联互通的互联网、大数据、云计算等，也应该在"核心区"物流业的区域合作方面发挥巨大作用，为此，建议"核心区"共同构建物流业"互联网＋"的平台，共享物流业资源和信息、数据等，让网络技术成为"核心区"物流业联动发展的翅膀。（4）中国西北五省区与中亚五国应多样化、多渠道创新物流业交流与合作方式，在进一步利用好丝路基金、"上合组织"成员的经贸合作平台和中欧班列平台的同时，应建立各种行业共享平台和民间组织交流平台，促进物流业互利共享，构建"核心区"物流业命运共同体。

14.3 进一步研究展望

由于研究对象具有跨国性（区域）和复合性（物流业），本课题成果还存在不足和缺憾。需要今后进一步深入研究的问题如下：

（1）物流业效率评价指标需要进一步完善。本课题成果选择数据包络分析（DEA），建立了三投入三产出的"核心区"物流业效率的评价指标体系。还有一些指标没有包含在内，例如管道和水路货运量及货运周转量等指标。因此，今后尚需对物流业效率的评价指标体系进行进一步完善。

（2）实证分析中选取的影响丝绸之路经济带"核心区"物流业效率的因素

需要更全面。虽然本课题成果预先考虑到了影响丝绸之路经济带"核心区"物流业效率的一些特殊因素，如地区安全形势、特殊天气和气候以及合作协调水平等，但在实证分析中由于这些因素不好统计和计量表达，受数据的可获得性和可度量性的限制，没有加入这些特殊影响因素。也就是说，本课题成果选取的影响丝绸之路经济带"核心区"物流业效率的因素可能不够全面。这也是本课题成果实证分析的最大欠缺。因此，今后要进一步加强对影响该"核心区"物流业效率的特殊因素的实证研究。

（3）实证分析的时间段基本在 2004～2017 年，需要不断更新。由于获取数据的困难和研究过程的渐进性，因此实证分析中的最近年限数据基本是 2017 年，只有少数章节达到 2019 年（第 13 章），这也是一个遗憾和不足。因此，今后要不断更新数据，跟踪研究。

参考文献

（一）中文文献

［1］保罗·萨缪尔逊．经济学：第12版［M］．北京：中国发展出版社，1992：182－1186．

［2］陈文玲，梅冠群．"一带一路"物流体系的整体架构与建设方案［J］．经济纵横，2016（10）：0019－08．

［3］陈耀．丝绸之路经济带建设要围绕"西向开放"做文章［J］．区域经济评论，2014（2）：85－87．

［4］樊纲．公有制宏观经济理论大纲［M］．上海：三联书店上海分店，1990．

［5］樊纲，王小鲁，张立文，朱恒鹏．中国各地区市场化相对进程报告［J］．经济研究，2003（3）：9－18＋89．

［6］冯耕中．现代物流与供应链管理［M］．西安：西安交通大学出版社，2003．

［7］高新才．丝绸之路经济带与通道经济发展［J］．中国流通经济，2014，28（4）：92－96．

［8］国务院第二次经济普查领导小组办公室，中国物流与采购联合会．中国物流业发展研究报告［M］．北京：中国统计出版社，2011．

［9］何兴强，欧燕，史卫，刘阳．FDI技术溢出与中国吸收能力门槛研究［J］．世界经济，2014（10）：52－76．

［10］李海舰．中国流通产业创新的政策内容及其对策建议［J］．中国工业经济，2003（12）：39－47．

［11］李忠民，夏德水，姚宇．我国新丝绸之路经济带交通基础设施效率分析——基于DEA模型的Malmqusit指数方法［J］．求索，2014（2）：97－102．

［12］刘秉镰，余泳泽．我国物流业地区间效率差异及其影响因素实证研究——基于数据包络分析模型及托宾模型的分析［J］．中国流通经济，2010，24（9）：18－21．

［13］刘生龙，胡鞍钢．交通基础设施与中国区域经济一体化［J］．经济研究，2011，46（3）：72－82．

［14］陆铭．大国大城：当代中国的统一、发展与平衡［M］．上海：人民出版社，2016：156－157．

［15］罗纳德·H. 科斯．企业、市场与法律［M］．北京：华夏出版社，2013：28－42．

［16］马克思．资本论：第一卷［M］．北京：人民出版社.1975．

［17］马克思．资本论：第二卷［M］．北京：人民出版社，1975：170，169，152．

［18］马歇尔．经济学原理［M］．北京：华夏出版社，2013：249－268．

［19］迈克尔·波特．国家竞争优势［M］．北京：华夏出版社，2002：2．

［20］庞瑞芝，邓忠奇．服务业生产率真的低吗？［J］．经济研究，2014（12）．

［21］庞瑞芝．我国主要沿海港口的动态效率评价［J］．经济研究，2006（6）：92－100．

［22］邵军，徐康宁．转型时期经济波动对我国生产率增长的影响研究［J］．经济研究，2011（12）：97－110．

［23］谭崇台等．发展经济学［M］．太原：山西经济出版社，2001．

［24］田刚，李南．中国物流业技术进步与技术效率研究［J］．数量经济技术经济研究，2009，26（2）：76－87．

［25］王琴梅．分享改进论——转型期区域非均衡协调发展的机制研究［M］．北京：人民出版社，2007．

［26］王琴梅，谭翠娥．对西安市物流效率及其影响因素的实证研究——基于 DEA 模型和 Tobit 回归模型的分析［J］．软科学，2013（5）．

［27］王琴梅，王珍妮．丝绸之路经济带"核心区"物流业集聚水平对物流业效率的影响［J］．改革与战略，2019，35（1）：50－60．

［28］王琴梅，杨军鸽．农业现代化推动新型城镇化的效应分析［J］．陕西师范大学学报：哲学社会科学版，2014（5）．

［29］王琴梅，张玉．丝绸之路经济带"核心区"物流业效率整体评价及分省区、分国别比较［J］．陕西师范大学学报：哲学社会科学版，2017（5）：5－15．

［30］王岳平．产业结构对交通运输业发展影响的定量分析［J］．管理世界，2004（6）：65－72．

［31］王之泰．流通成本及物流成本问题探讨［J］．中国流通经济，2013，27（5）：12－15．

［32］西奥多·W. 舒尔茨．论人力资本投资［M］．吴珠华，译．北京：北京经济学院出版社，1990：2－8．

［33］亚当·斯密．国民财富的性质和原因研究（上卷）［M］．郭大力，王亚南，译．北京：商务印书馆，1972．

［34］余泳泽，刘秉镰．中国区域物流产业技术进步及其影响因素研究［J］．上海经济研究，2010（10）：3－12．

［35］约翰．伊特韦尔，默里．米尔盖特．新帕尔格雷夫经济学大辞典（第二卷）［M］．北京：经济科学出版社，1992：11－126.

［36］约瑟夫·斯蒂格利茨．经济学［M］．北京：中国人民大学出版社，2000：64.

［37］张竞轶，张竞成．基于三阶段 DEA 模型的我国物流效率综合研究［J］．管理世界，2016（8）：178－179.

［38］张培刚．农业与工业化（上卷）［M］．武汉：华中科技大学出版社，2009：7.

［39］2015 年 3 月 28 日，国家发改委、外交部、商务部联合发布《推动共建丝绸之路经济带和 21 世纪海上丝绸之路的愿景与行动》。

［40］2016 世界银行发布的《联结以竞争：全球经济中的贸易物流》报告。

（二）外文文献

［1］A Fragoudaki, D Giokas, K Glyptou. Efficiency and Productivity Changes in Greek Airoprts During the Crisis Years 2010－2014［J］. *Journal of Air Transport Management*, 2016, 57: 306－315.

［2］Awara, N F, Udoh, E G, Anyadighibe, J A. Information Technology Tools and Supply Chain Performance of Online Retailers in Calabar Metropolis［J］. *Global Journal of Social Sciences*, 2018, v.17: 55－67.

［3］Baran Joanna, G Aleksandra. Seaport Efficiency and Productivity Based on Data Envelopment Analysis and Malmquist Productivity Index［J］. *Logistics and Sustainable Transport*, 2015, 6（1）: 25－33.

［4］D'aleo V, Sergi B S. Human Factor: The Competitive Advantage Driver of the EU's Logistics Sector［J］. *International Journal of Production Research*, 2017, 55（3）: 642－655.

［5］Demirova, Siyka. Industrial Information Technology A Revolutionary Factorin Logistics［D］. Acta Technica Corvininesis－Bulletin of Engineering. Oct－Dec2017, Vol. 10 Issue 4: 4, 25－28.

［6］Feifei Qin. Evaluating the Impact of Organizational Patterns on the Efficiency of Urban Rail Transit Systems in China［J］. *Journal of Transport Geography*, 2014, 40: 89－99.

［7］Ferrari, C, Migliardi, A, & Tei, A. A Bootstrap Analysis to Investigate the Economic Efficiency of the Logistics Industry in Italy［J］. *International Journal of Logistics: Research & Applications*, 2018, 21（1）: 20－34.

［8］Ha O－K, Song Y－S, Chung K－Y, Lee K－D, Park D. Relation model

Describing the Effects of Introducing RFID in the Supply Chain: Evidence from the Food and Beverage Industry in South Korea [J]. *Personal & Ubiquitous Computing.* 2014; 18 (3): 553 – 561.

[9] Hazen, B T, Byrd, T A. Toward Creating Competitive Advantage with Logistics Information Technology [J]. *Distrib. Logistics Manage.* 2012, 42 (1), 8 – 35.

[10] Hokey Min, Sherrie Demond, Seong Jone JOO. Evaluating the Comparative Managerial Efficiency of Leading Third Party Logistics Providers in North America [J]. *Benchmarking: An International Journal*, 2013, 20 (1): 62 – 78.

[11] Hong Gyun Park. The Efficiency and Productivity Analysis of Large Logistics Providers Services in Korea [J]. *The Asian Journal of Shipping and Logistics*, 2015, 31 (4): 469 – 476.

[12] Ho T H D, Daniel J, Nadeem S P, et al. Improving the Reliability of Warehouse Operations in the 3PL Industry: An Australian 3PL Case Study [C] // 2018 International Conference on Production and Operations Management Society (POMS). 2019.

[13] Iannone F. The Private and Social Cost Efficiency of Port Hinterland Container Distribution Through a Regional Logistics System [J]. *Transportation Research Part A*, 2012, 46 (9): 1424 – 1448.

[14] Jemelka M, Chramcov B , Pavel Kříž. Increasing the Efficiency of Logistics in Warehouse Using the Combination of Simple Optimization Methods [C] // Proceedings of the Computational Methods in Systems and Software. 2018.

[15] Jihong Chen, Zheng Wan, Fangwei Zhang, Nam – Kyu Park, Xinhua He, Weiyong Yin, Sergio Preidikman. Operational Efficiency Evaluation of Iron Ore Logistics at the Ports of Bohai Bay in China: Based on the PCA – DEA Model [J]. *Mathematical Problems in Engineering*, 2016 (1).

[16] Kristina Vaičiūtėa, Jolanta Skirmantienė, Lidia Domanska. Assessment of Transport Specialists' Competencies in Transport/Logistics Companies [J]. *Procedia Engineering*, 2017, 187: 628 – 634.

[17] Luisa Martí, Juan Carlos Martín and Rosa Puertas. A DEA – LOGISTICS PERFORMANCE INDEX [J]. *Journal of Applied Economics.* Vol XX , No. 1 (May 2017): 169 – 192.

[18] Melaku Dubie. An Evaluation of Logistics Sprawl in Chicago and Phoenix [J]. *Journal of Transport Geography*, 2018 (2): 231 – 237.

[19] Mi Gan, Si Chen. The Identification of Truck – related Greenhouse Gas Emissions and Critical Impact Factors in an Urban Logistics Network [J]. *Journal of Cleaner Production*, 2018 (1): 561 – 571.

[20] Min H , Joo S J. Benchmarking the Operational Efficiency of Third Party Lo-

gistics Providers Using Data Envelopment Analysis [J]. *Supply Chain Management*, 2013, 11 (3): 259 – 265.

[21] Niemann H, Moehrle M G, Walter L. The Development of Business Method Patenting in the Logistics Industry – insights from the Case of Intelligent Sensor Networks [J]. *International Journal of Technology Management*, 2013, 61 (21): 177 – 197.

[22] Pei – hua Fu, Hong – bo Yin. Logistics Enterprise Evaluation Model Based On Fuzzy Clustering Analysis [J]. *Physics Procedia*, 2012, 24 (C): 1583 – 1587.

[23] QueAnh Dang. ASEM – the Modern Silk Road: Travelling Ideas for Education Reforms and Partnerships Between Asia and Europe [J]. *Comparative Education* , 2013 (1).

[24] Rita Markovits – Somogyi and Zoltán Bokor. Assessing the Logistics Efficiency of European Countries by Using the DEA – PC Methodology [J]. *Transport*, 2014, 29 (2): 137 – 145.

[25] Saleh Fahed Alkhatib, Robert Darlington. A Novel Technique for Evaluating and Selecting Logistics Service Providers Based on the Logistics Resource View [J]. *Expert Systems with Applications*, 2015, 42 (20): 6976 – 6989.

[26] Tan, Lingling, etc. A Panel Analysis of the Sustainability of Logistics Industry in China: Based on Non – radial Slacks – based Method [J]. *Environmental Science and Pollution Research*, 2019, Jul. 26 (21): 21948 – 21963.

[27] Teodor Gabriel Crainic, Benoit Montreuil. Physical Internet Enabled Hyperconnected City Logistics [J]. *Transportation Research Procedia*, 2016, Vol. 12.

[28] Thomas Wohrle. Adhesives Manufacturer Optimises Logistics [J]. *Adhesion Adhesives&Sealants*, 2013, 10 (2): 9.

[29] Thoni A, Tjoa A M. Information Technology for Sustainable Supply Chain Management: a Literature Survey [J]. *Enterprise Information Systems*, 2017, 11 (6): 828 – 858.

[30] Wanke, P F. Determinants of Scale Efficiency in the Brazilian Third – Party Logistics Industry from 2001 to 2009 [J]. *BAR – Brazilian Administration Review*, 2012, 9 (1): 66 – 87.

[31] Wohlgemuth, Murilo, etc. Assessment of the Technical Efficiency of Brazilian Logistic Operators Using Data Envelopment Analysis and One Inflated Beta Regression [J]. *Annals of Operations Research*, 2020, 286 (1 – 2): 703 – 717.

[32] Wu H I. Efficiency Assessment of Chinese Logistics Firms using DEA [J]. *International Journal of Shipping & Transport Logistics*, 2012, 4 (3): 212 – 234.

[33] Yong – Ping C , Liang – Liang Z . Regional Convergence or Divergence: Logistics Industry Efficiency and It's Convergence Test in China—Study on Panel Data of

30 Provinces in 2006 – 2015 ［J］. *Journal of Business Economics*, 2018.

［34］ Zhao, Meng. Analyzing the Operation Efficiency of Logistics Chain Service Providers: An Analytical Method ［J］. *Journal of Interdisciplinary Mathematics*, 2018: 1 – 11.

后 记

作为西北人，我很小就见识过长长的驼队及其声声驼铃。长大读书了，知道了那驼队行走的路叫"丝绸之路"，一条用驼队连接了亚欧大陆两千多年的贸易之路、人文交流之路、物流之路。当今，中华要复兴，丝绸之路必复兴，而且要把曾经用驼队连接的"丝绸之路"升级为用汽车、火车、管道、航班等立体交通运输网络连接并辐射带动沿线地区发展、造福六十多个国家的"丝绸之路经济带"。这是一幅多么壮丽的画卷、一件多么令人激动的事情啊！

毫无疑问，丝绸之路经济带是构建人类命运共同体的重要平台，是推动我国对外开放高质量发展、构建国民经济"双循环"新发展格局的重要路径。作为通道经济，丝绸之路经济带物流业的高效发展无疑是经济带建设的重中之重。因此，从 2014 年年初开始，我就满怀热情地开始钻研丝绸之路经济带"核心区"物流业效率及其影响因素问题，并有幸于 2016 年获得国家社科基金资助。几年来，围绕本课题研究我带领团队迎难而上，勇敢攀登，深入调研，广泛交流，不仅锻炼了队伍，顺利完成了课题结项工作，研究成果还得到了陕西师范大学"一带一路"文化研究院高水平成果资助计划资助和陕西师范大学优秀学术著作出版基金资助。能为家乡、祖国甚至友好邻邦国家的发展贡献智慧，将儿时感性记忆中的驼队及其铃声上升为现代物流业效率及其影响因素的理性分析，心中真是充满了感激和喜悦！

感谢我们所处的这个伟大时代，感谢习近平主席提出共建"一带一路"倡议所提供的研究机遇，感谢我指导的研究生们踏实勤奋地搜集和处理大量数据。本书研究和写作人员是：王琴梅（第 1 章和第 14 章的独立作者、第 2 章至第 13 章的第一作者）、罗瑞（参与第 2 章、第 3 章和第 12 章写作）、李娟（参与第 2 章和第 6 章写作）、张玉（参与第 3 章写作）、王珍妮（参与第 2 章和第 4 章写作）、马媛（参与第 2 章和第 5 章写作）、曹樱子（参与第 2 章和第 7 章写作）、庞海月（参与第 2 章和第 9 章写作）、梁昌一（参与第 2 章和第 11 章写作）、景英（参与第 2 章写作）、张婷（参与第 10 章写作）、东玉革（参与第 8 章写作）、郭哲宇（参与第 13 章写作）。

衷心感谢为本书出版默默奉献的经济科学出版社的李军等同志以及所有帮助过我的人们。

王琴梅

2022 年 5 月于长安